Hedgefonds als aktive Investoren

Frankfurter wirtschaftsrechtliche Studien

Herausgegeben von
Theodor Baums, Andreas Cahn, Friedrich Kübler,
Hans-Joachim Mertens, Eckard Rehbinder
und Gunther Teubner

Band 93

PETER LANG
Frankfurt am Main · Berlin · Bern · Bruxelles · New York · Oxford · Wien

Stefan Brass

Hedgefonds als aktive Investoren

Rechtliche Schranken und rechtspolitische Vorschläge

PETER LANG
Internationaler Verlag der Wissenschaften

Bibliografische Information der Deutschen Nationalbibliothek
Die Deutsche Nationalbibliothek verzeichnet diese Publikation in der Deutschen Nationalbibliografie; detaillierte bibliografische Daten sind im Internet über http://dnb.d-nb.de abrufbar.

Zugl.: Frankfurt (Main), Univ., Diss., 2009

Umschlaggestaltung und Lichtbildwerk:
Olaf Glöckler, Atelier Platen, Friedberg

Gedruckt auf alterungsbeständigem,
säurefreiem Papier.

D 30
ISSN 0723-0427
ISBN 978-3-631-60380-2

www.peterlang.de

Meinen Eltern

Vorwort

Die vorliegende Arbeit wurde im Wintersemester 2009/2010 von der rechtswissenschaftlichen Fakultät der Goethe-Universität in Frankfurt am Main als Dissertation angenommen. Die Druckfassung befindet sich auf dem Stand von April 2009.

Danken möchte ich zunächst meinem Doktorvater, Herrn Prof. Dr. Dres. h.c. Theodor Baums, der die Anregung zu diesem Thema gab. In meiner Zeit als sein Wissenschaftlicher Mitarbeiter wies er mir mit konstruktiven Ratschlägen den Weg, ließ mir aber zugleich große Freiheit bei der Bearbeitung. Hervorzuheben ist, dass seine Betreuung jederzeit auch über das rein Fachliche hinausging. Er stand mir vielmehr in allen Belangen als interessierter, kompetenter und vor allen Dingen hilfsbereiter Ansprechpartner zur Verfügung. Insbesondere unsere Gespräche über meine berufliche Zukunft gaben mir mehr als wertvolle Hilfestellungen. Nicht nur aus diesem Grunde empfand ich die Zeit am Lehrstuhl in persönlicher und fachlicher Hinsicht als besonders anregende Zeit, die mir stets in bester Erinnerung bleiben wird. Mein Dank gilt ferner Frau Prof. Dr. Brigitte Haar, LL. M. (Chicago) für die zügige Erstellung des Zweitgutachtens. Den Herausgebern dieser Schriftenreihe danke ich für die Aufnahme der Arbeit.

Verbunden bin ich außerdem meinen ehemaligen Kollegen und den sonstigen Mitarbeitern vom Institute for Law and Finance (ILF) der Goethe-Universität in Frankfurt für wertvolle Ratschläge und Hinweise. An der Stelle gebührt mein besonderer Dank meinem Zimmergenossen Herrn Matthias Döll, der ein wichtiger und zu jeder Zeit offener Ansprechpartner war. Herrn Roland Schmidtbleicher danke ich für inspirierende und kritische Diskussionen, die zur Entstehung des Werkes beigetragen haben. Gleiches gilt für Herrn Dr. Tim Florstedt und Frau Dr. Julia Redenius-Hövermann. Herrn Till Wansleben danke ich für die Durchsicht des Manuskripts.

Ein ganz spezieller Dank geht daneben an Frau Victoria Núñez Francisco, die durch Einfallsreichtum und Geschick die Fertigstellung des Werkes zu beschleunigen wusste.

Schließlich gilt mein herzlichster Dank meinen Eltern, die mir durch ihre fortwährende Unterstützung dies alles ermöglicht haben. Ihnen ist die Arbeit gewidmet.

Frankfurt, im Dezember 2009 *Stefan Brass*

Inhaltsübersicht

Inhaltsverzeichnis

Einführung und Gang der Untersuchung

Hedgefonds als aktive Investoren stehen hierzulande spätestens seit den Geschehnissen um die *Deutsche Börse AG* im Jahr 2004/05 im Mittelpunkt des rechtspolitischen Interesses.[1] Sie beeinflussen die strategischen und operativen Entscheidungen ihrer Portfoliogesellschaften, statt ihre Beteiligungen lediglich passiv zu verwalten.[2] Nach der Auflösung der „Deutschland AG" und einer zunehmenden Streuung des Anteilsbesitzes nähert sich die deutsche Aktionärskultur damit zusehends der angelsächsischen an.[3] Zumindest im angelsächsischen Raum hat sich das Machtverhältnis der Entscheidungsfindung in Gesellschaften zwischen Vorstand und Anteilseignern insbesondere durch das Auftreten aktivistischer Hedgefonds (*hedge fund activism*)[4] in Richtung der Aktionäre verschoben.[5]

Kernpunkt der Debatte um den Aktivismus von Hedgefonds ist, ob dies ein neues Rollenmodell darstellt, an dem sich institutionelle Investoren in der *Corporate Governance* von Unternehmen zukünftig orientieren werden.[6] Als „aktivistisch" lässt sich dabei jedes rechtliche oder faktische Verhalten eines Investors bezeichnen, das darauf abzielt, Veränderungen im Unternehmen hervorzurufen. Letztlich trifft im internationalisierten Kapitalmarkt die angelsächsische, insbesondere die US-amerikanische Aktionärskultur auf die deut-

---

[1] Vgl. *Hippe*, Anforderungen an Kapitalmarktkommunikation nehmen zu, in: Börsenzeitung vom 19.05.2007, S. B1; *O.V.*, Deutsche Börse greift TCI mit scharfen Worten an, in: FAZ vom 19.04.2005, S. 1; *Potthoff/Schönauer*, Seifert am Rande des Abgrunds, in: Handelsblatt vom 27.04.2005, S. 24; *O.V.*, Schlagabtausch zwischen Börse und TCI, in: Börsenzeitung vom 19.04.2005, S. 4; *O.V.*; TCI betreibt Ablösung Breuers, in: FAZ vom 15.04.2005, S. 11; *O.V.*, TCI bringt Werner Seifert zu Fall, in: Börsenzeitung vom 10.05.2005, S. 5; *O.V.*, Fonds siegen bei Deutscher Börse, Seifert und Breuer müssen gehen, in: Handelsblatt vom 10.05.2005, S. 1, 18; *O.V.*, Börsen-Chef Seifert tritt zurück, in: FAZ vom 10.05.2005, S. 15, 45; *O.V.*, Seifert und Breuer werfen das Handtuch, in: Börsenzeitung vom 10.05.2005, S. 1.

[2] Vgl. *Fieseler/Meckel*, Der Feind in meinem Board, in: FAZ vom 04.02.2008, S. 20.

[3] Vgl. *Hank/Meck*, Angriff der gierigen Aktionäre, in: Frankfurter Allgemeine Sonntagszeitung vom 07.09.2008, S. 35; FAZ vom 07.03.2006, S. 23 „Investoren setzen Vorstände stärker unter Druck"; *Fieseler/Meckel*, Der Feind in meinem Board, in: FAZ vom 04.02.2008, S. 20.

[4] Vgl. *Klein/Zur*, Hedge Fund Activism, S. 1; *Kahan/Rock*, Hedge Funds in Corporate Governance and Corporate Control; *Brav/Jiang/Partnoy/Thomas*, Hedge Fund Activism, Corporate Governance and Firm Performance; *Thompson*, The Limits of Hedge Fund Activism; *Briggs*, Corporate Governance and the new Hedge Fund Activism: An empirical Analysis.

[5] Vgl. *Anabtawi/Stout*, Fiduciary Duties for Activist Shareholders, S. 51.

[6] Vgl. *Klein/Zur*, Hedge Fund Activism, S. 1; *Richter*, Eine Zäsur für die Corporate Governance, in: FAZ vom 19.05.2005, S. 27.

sche Aktiengesellschaft, deren Organisationsverfassung möglicherweise nicht auf aktives Investorenverhalten ausgerichtet ist. Diese Konfrontation stellt sowohl Leitungsorgane als auch das deutsche Gesellschafts- und Kapitalmarktrecht auf die Probe.

Im Ansatz ist diese Debatte nicht neu: Das Verhältnis von Aktionär, Hauptversammlung und Verwaltung beherrscht die rechtspolitische Diskussion seit den ersten aktienrechtlichen Gesetzgebungen. Die Trennung von Eigentum und Kontrolle, die spätestens seit den klassischen Arbeiten von *Berle* und *Means*[7] bekannt ist, führt immer wieder zu der Frage, wie der Einfluss der Aktionäre und die Kontrolle der Verwaltung sinnvoll geregelt und verbessert werden kann.[8]

Zugleich haben diese Entwicklungen zu einer verstärkten Auseinandersetzung mit den Gefahren von Hedgefonds geführt. Während die Risiken von Hedgefonds um die Jahrtausendwende auf Grund der Vorgänge bei *Long Term Capital Management*[9] und angesichts der Finanzkrise 2007/2008[10] vorwiegend wegen ihres befürchteten Einflusses auf die Finanzmarktstabilität diskutiert wurden, rücken in der öffentlichen Diskussion daneben nun die von ihrem Aktivismus ausgehenden Risken für Portfoliogesellschaften und deren Aktionäre in den Vordergrund. Ob Hedgefonds dabei unmoralisch, hochaggressiv, rücksichtslos oder gierig vorgehen,[11] ist an dieser Stelle nicht zu erörtern. Ob das Verhalten aktiver Hedgefonds hingegen nach geltendem Recht auch *un-*

---

[7] *Berle/Means*, The modern Corporation and private Property, 1933, passim. Siehe zuvor dazu bereits *Rathenau*, Vom Aktienwesen, 1918 (freilich mit anderer rechtspolitischer Tendenz).

[8] *Spindler*, Stimmrecht und Teilnahme an der Hauptversammlung, S. 35.

[9] Siehe exemplarisch *President's Working Group on Financial Markets*, Hedge Funds, Leverage, and the Lessons of Long Term Capital Management, S. 10 f.; *Edwards*, The Regulation of Hedge Funds: Financial Stability and Investor Protection, in: Baums/Cahn, Hedge Funds: Risks and Regulation, S. 30 f.; *Johanning/Werner*, Risikomanagement für Hedge Funds, in: Dichtl/Kleeberg/Schlenger, Handbuch Hedge Funds, S. 381, 382; *Bessler/Drobetz/Henn*, Hedge Funds: Die Königsdisziplin der Kapitalanlage, in: Dichtl/Kleeberg/Schlenger, Handbuch Hedge Funds, S. 6; *Luttermann/Backmann*, ZIP 2002, 1017, 1020; *Weber*, Hedge Funds, S. 28, 60 f.; *Clashinrichs*, Hedge Funds, S. 24.

[10] Die Subprime-Krise im Sommer 2007 begann mit Liquiditätsproblemen der beiden von *Bear Stearns* aufgelegten Hedgefonds „High Grade Structured Credit Strategies Enhanced Leverage Fund“ und „High Grade Structured Credit Strategies Fund“. Siehe *Bednarz*, RIW 2007, 34; *Wilhelmi*, WM 2008, 861.

[11] Vgl. etwa *Iwersen*, Investoren umzingeln westfälische Balda, in: Handelsblatt vom 14.01.2007 (Online-Ausgabe) zum Engagement der Hedgefonds bei der Balda AG: „hochaggressive Hedgefonds“; *Hank/Meck*, Angriff der gierigen Aktionäre, in: Frankfurter Allgemeine Sonntagszeitung vom 07.09.2008, S. 35; *Eidenmüller*, DStR 2007, 2116; *Seifert/Voth*, Invasion der Heuschrecken.

rechtmäßig ist oder gegebenenfalls de lege ferenda *unrechtmäßig sein sollte*, bildet freilich den Ausgangspunkt dieser Untersuchung.

Aktionäraktivismus (*shareholder activism*) zielt zwar grundsätzlich auf eine reine Verbesserung der Performance ab und erfolgt damit im Interessengleichlauf mit den übrigen Aktionären. Gefahren für Portfoliogesellschaft und Mitgesellschafter entstehen aber dann, wenn zwischen Aktivisten und übrigen Aktionären Interessenkonflikte bestehen. So stehen Hedgefonds zum einen im Verdacht, als kurzfristig orientierte Anleger den Interessen einer langfristigen Unternehmenserhaltung zuwiderzuhandeln. Zum anderen bauen Hedgefonds in manchen Fällen Positionen in anderen Unternehmen auf, deren Wert von Entscheidungen der beeinflussten Gesellschaft abhängt. In diesem Fall besteht das Risiko, dass Hedgefonds die Portfoliogesellschaft nicht im Interesse der Gesellschaft, sondern im Interesse der anderen Positionen und damit gegebenenfalls in schädlicher Weise beeinflussen.

Einflussmacht muss an Verantwortung gebunden sein.[12] Es ist zu diskutieren, ob das geltende Recht ausreichende Einflussschranken vorsieht, inwieweit es einen angemessenen Ausgleich herstellt und ob die geltenden Regelungen den neuen Entwicklungen anzupassen sind. Ziel dieser Untersuchung ist es damit, zu klären, ob das geltende Recht die mit einer Einflussnahme von Hedgefonds hervorgerufenen Risiken ausreichend auffängt oder ob darüber hinaus Regulierungsbedarf besteht.

Daraus ergibt sich der folgende Aufbau unserer Überlegungen:

Zunächst sind Ausprägungen und wirtschaftliche Ursachen aktiven Verhaltens von Hedgefonds zu erforschen (Teil 1.). Die bei der Untersuchung dieser Wirkungszusammenhänge gewonnenen Erkenntnisse bilden sodann die Grundlage für die juristische Analyse des Hedgefonds-Aktivismus und die Formulierung entsprechender rechtlicher Kriterien. Dabei wird das herausgearbeitete Verhalten von Hedgefonds an den Vorgaben des geltenden Gesellschafts- und Kapitalmarktrechts gemessen (Teil 2.). Zu ermitteln ist im Anschluss, ob die rechtlichen Schranken aktivistischer Hedgefondsstrategien vor den potentiellen Risiken einer Einflussnahme ausreichend schützen oder ob darüber hinaus Maßnahmen *de lege ferenda* erforderlich erscheinen (Teil 3.). Ei-

---

[12] Vgl. *Zöllner*, Die Schranken mitgliedschaftlicher Stimmrechtsmacht bei den privatrechtlichen Personenverbänden, S. 337, 350; *Wiedemann*, Gesellschaftsrecht I, S. 431 f.; *Timm*, WM 1991, 481, 489; BGHZ 65, 15, 19

ne Zusammenfassung und eine wirtschaftspolitische Schlussbetrachtung beschließen die Untersuchung (Teil 4.).

Der Untersuchungsgegenstand ist dabei in zweifacher Hinsicht einzugrenzen: Da sich Hedgefonds nur an börsennotierten Unternehmen beteiligen, ist die Untersuchung zum einen auf die börsennotierte Aktiengesellschaft zu beschränken. Zum anderen geht es bei den folgenden Überlegungen primär um die Bewertung aktiven Aktionärverhaltens. Zwar beeinflussen Hedgefonds Gesellschaften auch als Gläubiger, indem sie günstig Forderungen gegen notleidende Unternehmen erwerben (*distressed debt*) und versuchen, deren Restrukturierung zu optimieren (*restructuring*). Regelmäßig wandeln die Fonds indes im Laufe dieses Prozesses ihre Fremdkapitalinstrumente in gewinnberechtigte Eigenkapitalanteile um (*debt equity swap*), um von einer erfolgreichen Sanierung wirtschaftlich profitieren zu können. Damit treten sie auch in *distressed debt*-Konstellationen schließlich als Verbandsmitglied gegenüber der Gesellschaft auf und beeinflussen sie wiederum aus dieser Position heraus. Dem Rechnung tragend werden in erster Linie die Auswirkungen aktiven Aktionärverhaltens untersucht. Hingegen wird die Einflussnahme von Hedgefonds als Gläubiger von Gesellschaften in entsprechender Kürze abgehandelt.

Teil 1. Hedgefonds und ihre Einflussnahme auf Portfoliogesellschaften

A. *Ökonomische Charakteristik von Hedgefonds*

Hedgefonds beeinflussen verstärkt Portfoliogesellschaften, um ihre strategischen Ziele zu erreichen.[13] Dabei begünstigen die typischen ökonomischen Merkmale der Investmentgesellschaften, dass sie im erhöhten Maße auf das Unternehmensgeschehen einwirken. Die Aktivitäten sind damit im Wesentlichen durch die wirtschaftliche Struktur der Fonds bedingt.[14] Ursachen und Erscheinungsformen einer von Hedgefonds praktizierten Einflussnahme lassen sich aus diesem Grunde nur vor dem Hintergrund der ökonomischen Charakteristika erklären. Insbesondere um die von Hedgefonds verwendeten Einflusstechniken, ihre Motivation und die von ihrem aktivistischen Verhalten ausgehenden Gefahren bestimmen zu können,[15] ist zunächst aufzudecken, welche Ziele und Strategien Hedgefonds verfolgen und welcher Anlageinstrumente sie sich bedienen. Nachdem im Folgenden zunächst Begriff und Entstehungsgeschichte skizziert werden (I.), sind ökonomische Eigenschaften (II.) und Strategien (III.) von Hedgefonds darzulegen. Für eine Abgrenzung wird sodann der Unterschied zu sonstigen Formen alternativer Investments aufgezeigt (IV.). Um die Marktrelevanz abzuschätzen, werden Volumen und Struktur der Hedgefondsbranche aufgedeckt (V.). Schließlich werden Nutzen und Risiken von Hedgefonds für Anleger und Markt besprochen (VI.).

I. Ökonomischer Begriff

Eine einheitliche, allgemein akzeptierte Definition des Begriffs *Hedgefonds*[16] existiert nicht.[17] Die Bezeichnung entstammt dem Sprachgebrauch des Kapi-

---

[13] Siehe exemplarisch die Fälle *Deutsche Börse AG/TCI* (S. 82 ff.), *ABN Amro/TCI* (S. 87), *Techem/Elliott Capital* (S. 91 ff.), *Chiron/ValueAct* (S. 89 ff.), *Ahold/Paulson* (S. 97 ff.), *Ihr Platz* (S. 108 ff.). Zu den Zielen einer Einflussnahme von Hedgefonds auf Portfoliogesellschaften mit weiteren praktischen Fallbeispielen unten S. 80 ff.

[14] Vgl. *Kahan/Rock*, Hedge Funds in Corporate Governance and Corporate Control, S. 1, 32.

[15] Siehe zur tatsächlichen Untersuchung einer Einflussnahme von Hedgefonds auf Portfoliogesellschaften unten Abschnitt B., S. 51 ff.

[16] Von den orthographischen und sprachlichen Spielarten „Hedge Fonds", „Hedge Funds", „Hedgefunds" etc. wird im Folgenden abgesehen und nur einheitlich der Begriff „Hedgefonds" verwendet.

talmarkts und wird als Sammelbegriff für eine äußerst heterogene Gruppe von Investmentgesellschaften verwendet.[18] Dabei ist die begriffliche Abgrenzung zu anderen Investmentformen unscharf und ergibt sich nicht unmittelbar durch Auslegung der tradierten Bezeichnung.[19] Der Begriff *Hedge* lässt sich im Sinne von „Absicherung" übersetzen.[20] Dies erscheint im Hinblick auf heutige Erscheinungsformen der Hedgefonds irreführend, da es den Anschein einer risikoarmen Anlageform hervorruft.[21] Im Gegensatz hierzu übernehmen Hedgefonds gezielt Risiken, um ihre Ertragsziele zu erreichen.[22]

Die Bezeichnung „Hedgefonds" geht auf die von den ersten Fonds dieser Art verfolgte marktneutrale Anlagestrategie zurück.[23] Im Jahr 1949 gründete *Alfred Winslow Jones*[24] einen Anlagefonds in der Rechtsform einer Limited Investment Partnership.[25] Dieser Fonds setzte neben den traditionellen Investitionsinstrumenten teilweise Fremdkapital zur Finanzierung der Anlagen des

---

[17] Vgl. Regierungsentwurf eines Gesetzes zur Modernisierung des Investmentwesens und zur Besteuerung von Investmentvermögen (Investmentmodernisierungsgesetz); BT-Drucks. 15/1553, S. 108; *IOSCO*, Regulatory and Investor Protection Issues Arising from the Participation by Retail Investors in (Funds of) Hedge Funds, Report by the Technical Committee, S. 5; *Lähn*, Hedge Fonds, S. 256; *Seifert*, Managing Currency Risk for Emerging Markets Hedge Funds, S. 7; *Wilhelmi*, WM 2008, 861, 862; *Luttermann/Backmann*, ZIP 2002, 1017; *Ricke*, BKR 2004, 60, 61.

[18] *Kumpan*, ZHR 170, 39, 43; *SEC*, Staff Report to the United States Securities and Exchange Commission, Implications of the Growth of Hedge Funds, S. 33 f.; *Stastny*, Hedgefonds und Finanzmarktstabilität, S. 4; *Berg*, Hedge Fonds in Deutschland, S. 18; *v. Livonius*, WM 2004, 60, 61; *Lähn*, Hedge Fonds, S. 267; *Ricke*, BKR 2004, 60, 61 f.; *Gerke/Mager/Kiehn*, ZBB 2002, 479, 481; *Schuhmacher*, ZfgK 2001, 1290, 1292; *Albrecht/Mandl*, Hedgefonds in der Kapitalanlage von Versicherungsunternehmen - Caveats aus wissenschaftlicher Sicht, S. 11.

[19] *Kayser/Steinmüller*, Finanz-Rundschau 2002, 1269, 1270.

[20] Von engl. „to hedge" = absichern, einzäunen.

[21] RegE InvG, BT-Drucks. 15/1553 , S. 107; *Single*, ZfgK 2001, 240; *Oho/Remel*, BB 2002, 1449; *Clashinrichs*, Hedge Funds, S. 15; *Cottier*, Hedge Funds and Managed Futures, S. 14; *Berger/Steck*, ZBB 2003, 192, 193; *Spindler/Bednarz*, WM 2006, 553, 554; *Ricke*, BKR 2004, 60, 61.

[22] *Deutsche Bundesbank*, Monatsbericht März 1999, S. 32; *Pichl*, Hedge Funds, S. 5; *Clashinrichs*, Hedge Funds, S. 86.

[23] *Deutsche Bank*, Hedge Fonds – eine Branche mit Perspektive, 2005, S. 1; *Bankenverband*, Hedgefonds – Eine Branche entwächst den Kinderschuhen, 2005, S. 3.

[24] *Jones* war Australier und immigrierte in die USA, wo er an der Columbia University in Soziologie promovierte. In den 1930er Jahren fungierte er als Vizekonsul der US-Botschaft in Berlin und war ab 1940 als Wirtschaftspublizist für die Magazine *Fortune* und *Times* tätig.

[25] Später wandelte *Jones* diesen in eine General Limited Partnership um. Vgl. *Clashinrichs*, Hedge Funds, S. 22. Eine Limited Investment Partnership ist vergleichbar mit einer Kommanditgesellschaft, die General Limited Partnership mit einer GmbH & Co. KG nach deutschem Recht.

Fonds (*Leverage*) und Leerverkäufe (*Short-Selling*) ein.[26] Dabei wurden als unterbewertet eingestufte Finanzinstrumente[27] gekauft (*Long-Position*) und gleichzeitig als überbewertet deklarierte Finanzinstrumente derselben Branche leer verkauft (*Short-Position*).[28] Idee dieser Anlagekonstruktion war, zwischen dem *systematischen* Risiko des Marktes und dem *spezifischen* Risiko einer Anlage zu unterscheiden. Das Ziel bestand darin, das Marktrisiko zu minimieren respektive zu neutralisieren und das Risiko einer Aktie zu optimieren.[29] Mit der Kombination dieser gegensätzlichen Transaktionen gilt das gesamte Portfolio des Fonds als gegenüber dem Marktrisiko abgesichert (*gehedgt*).[30] Bei erfolgreicher Umsetzung der Strategie werden in fallenden Märkten die Verluste der Longpositionen durch die Gewinne der Shortpositionen aufgewogen.[31] Der Portfolioertrag hängt damit nur noch von dem spezifischen (*unsystematischen*) Risiko der einzelnen Finanzinstrumente ab.[32] Aus dieser Grundkonzeption wurden im Laufe der Zeit mehrere Strategien entwickelt, die über den Absicherungseffekt hinaus zur Erzielung vom allgemeinen Marktrisiko unbeeinflusster Erträge eingesetzt werden.[33] Auch wenn die Bezeichnung „Hedge" Fonds sehr eng mit dem klassischen Transaktionsmotiv *Hedging* – im Sinne von perfekter negativer Korrelation zweier Positionen, z.B. am Kassa- und Terminmarkt[34] – verwandt ist, gehört Hedging im engeren Sinne nicht zu den

---

26 *Clashinrichs*, Hedge Funds, S. 21; *Gerster*, Informationsasymmetrien im Finanzdienstleistungsbereich, S. 46; *Lähn*, Hedge Fonds, S. 270.

27 Zum Begriff des Finanzinstruments siehe § 2 Abs. 2 b WpHG.

28 Mit einem Leerverkauf wird ein Gewinn bei fallenden Kursen erzielt. Die Wette bezieht sich also auf sinkende Werte. Zur Systematik von Leerverkauf und Wertpapierdarlehen siehe unten S. 12 ff.

29 *Gerster*, Informationsasymmetrien im Finanzdienstleistungsbereich, S. 47; *Clashinrichs*, Hedge Funds, S. 21; *Cottier*, Hedge Funds and Managed Futures, S. 13.

30 *Richter/Sturm*, Finanz Betrieb 2005, 592, 593; *Stastny*, Hedgefonds und Finanzmarktstabilität, S. 4; *Bankenverband*, Hedgefonds – Eine Branche entwächst den Kinderschuhen, S. 3.

31 Heute würde man diesen Ansatz als Long/Short Equities Hedgefonds klassifizieren. Siehe hierzu unten S. 31.

32 *Stastny*, Hedgefonds und Finanzmarktstabilität, S. 4; *Lähn*, Hedge Fonds, S. 270, 271; *Al-Sharkas*, The Return in Hedge-Fund Strategies, S. 222; *Weber*, Hedge Funds, S. 20; *Ricke*, BKR 2004, 60, 61.

33 *Kayser/Steinmüller*, Finanz-Rundschau 2002, 1269, 1270. Vgl. auch *Weber*, Hedge Funds, S. 17. Zu den verschiedenen Strategien siehe unten S. 23.

34 *Hedging* ist normalerweise ein Sicherungsgeschäft zur Minderung von Verlusten, die durch ungünstige Kurs- oder Preisentwicklungen entstehen können. Als *Hedger* wird derjenige bezeichnet, der im Kassamarkt eine Position besitzt und sich mit einer entgegengesetzten Position am Terminmarkt gegen Verluste bzw. ungünstige Kursentwicklungen absichert. Damit wird Hedging an Devisen- und Finanzmärkten durchgeführt, um ein vorhandenes Risiko durch die Übernahme

typischen Strategien von Hedgefonds.[35] Wie bei dem Ursprungsmodell steht in der Regel nicht der Absicherungscharakter im Vordergrund, sondern Strategien, bei denen die Risiken in bestimmte Teilrisiken separiert und bewusst eingegangen werden.[36] Insoweit ist die häufig verwendete Bezeichnung „Risikofonds" zutreffender als der Begriff „Hedgefonds".[37]

II. Typische Merkmale

Unter dem Sammelbegriff *Hedgefonds* wird eine Vielzahl von Investmentgesellschaften gefasst, die unterschiedliche Anlagestrategien und Handelstechniken nutzen. Mehrfach ist versucht worden, Hedgefonds begrifflich zu bestimmen:

Die *Deutsche Bundesbank* versteht unter Hedgefonds flexibel operierende und auf ein besonderes Ertragsprofil zielende Anlagegesellschaften, deren Kapitalgeber eine eng begrenzte Zahl institutioneller Investoren oder vermögender Privatpersonen sind und die nur wenigen Regulierungen unterliegen.[38] Andere Autoren verstehen sie als Investmentfonds, welche Fremdkapital in signifikantem Umfang verwenden, Derivate zur direkten Investition benutzen und

---

eines zweiten, kompensatorischen Risikos exakt auszugleichen. Die Risikoabsicherung ist der Entstehungsgrund von Finanztermininstrumenten. Vgl. *Kümpel*, Bank- und Kapitalmarktrecht, Rn. 14.84; *Bretzler/Rudolph*, Hedge Fonds & Alternative Investments, S. 15; *Lähn*, Hedge Fonds, S. 257.

[35] *Bessler/Drobetz/Henn*, Hedge Funds: Die Königsdisziplin der Kapitalanlage, in: Dichtl/Kleeberg/Schlenger, Handbuch Hedge Funds, S. 5; *Gerster*, Informationsasymmetrien im Finanzdienstleistungsbereich, S. 41; Hedgefonds, S. 20. Zu den typischen Strategien von Hedgefonds siehe unten S. 23 ff.

[36] *Bretzler/Rudolph*, Hedge Fonds & Alternative Investments, S. 16; *Clashinrichs*, Hedge Funds, S. 15. Selbst wenn die verfolgten Strategien nicht der Grundkonzeption entsprechen, jedoch Marktinsuffizienzen auszunutzen versuchen, werden solche Fonds als Hedgefonds bezeichnet. Vgl. *Cottier*, Hedge Funds and Managed Futures, S. 14; *Al-Sharkas*, The Return in Hedge-Fund Strategies, S. 220. Zu den unterschiedlichen Strategien von Hedgefonds siehe unten S. 23.

[37] *Deutsche Bundesbank*, Monatsbericht März 1999, S. 32. Anders *Pichl*, Hedge Funds, S. 5, die den Begriff „Risikofonds" für nicht treffend erachtet. Sie verweist darauf, dass im Grunde jedes Investment, das nicht in kurzfristige Geldmarktanlagemöglichkeiten investiert, mit Risiken behaftet ist. Dies ändert jedoch nichts daran, dass Hedgefonds bewusst (darüber hinaus gehende) Risiken eingehen, welches auch der mit dem 4. Kapitel des Investmentgesetzes in Deutschland eingeführte Begriff „Sondervermögen mit zusätzlichen Risiken" deutlich zum Ausdruck bringt. Den Begriff *„Hedge Fund"* führte das *Fortune*-Magazin im Jahre 1966 erstmalig ins Feld. Ein Artikel über die Erfolge der Anlagestrategie von *Alfred Winslow Jones* erläuterte, dass dieser in einem 10-Jahres-Vergleich den besten traditionellen Anlagefonds nach Abzug seiner Gewinnbeteiligung um 87 Prozent übertraf. Auf Grund der Absicherung gegen das Marktrisiko wurde diese Strategie darin als „Hedge Fund" bezeichnet. Siehe *Loomis*, The Jones Nobody Keeps Up With, in: Fortune, April 1966, S. 237-247; deutsche Übersetzung des Artikels in: *Kaiser*, Hedgefonds, S. 59. Siehe hierzu auch *Pichl*, Hedge Funds, S. 2; *Weber*, Hedge Funds, S. 19 f.

[38] *Deutsche Bundesbank*, Monatsbericht März 1999, S. 32.

die Möglichkeit zu Leerverkäufen besitzen.[39] Darüber hinaus werden Hedgefonds als Geldsammelstellen definiert, deren Manager selbst beteiligt sind, bei ihren Investmententscheidungen frei agieren können und keinen rechtlichen Beschränkungen unterliegen.[40] Erklärt werden sie daneben als vor allem in den USA ansässige private Anlagegemeinschaften, welche an den globalen Kapitalmärkten auftreten, einen raschen Vermögenszuwachs anstreben, nur eine begrenzte Anzahl an Investoren aufnehmen, um von gesetzlichen und sonstigen Beschränkungen befreit zu sein, wobei die Mehrzahl der Fonds nicht der amerikanischen Wertpapieraufsicht *Securities Exchange Commission* (SEC) unterliegt.[41] Auch sei unter Hedgefonds eine Vielzahl von Anlagestrategien zu verstehen, die mit liquiden oder halbliquiden Instrumenten arbeiten und über die Investition in Mischfonds zugänglich sind.[42]

Eine einheitliche Definition, die allen Hedgefonds Strategien gerecht wird, scheitert indes an der Heterogenität des Hedgefonds-Sektors.[43] Auch der deutsche Gesetzgeber hat bewusst von einer eigenen Definition des Begriffes „Hedgefonds“ wegen der Vielfalt der Anlageform und Strategiearten abgesehen.[44]

---

[39] *Cottier*, Hedge Funds and Managed Futures, S. 17; *Clashinrichs*, Hedge Funds, S. 17.

[40] Vgl. *Kaiser*, Hedgefonds, S. 19. Auch *Lähn*, Hedge Fonds, S. 266 hebt die geringe aufsichtsrechtliche Überwachung und Regulierung als wichtigstes Unterscheidungsmerkmal hervor. Der deutsche Gesetzgeber stellt in § 112 Absatz 1 Satz 1 InvG auf die fehlende Beschränkung bei der Auswahl der Vermögensgegenstände ab. Vgl. unten Fn. 94.

[41] *Pichl*, Hedge Funds, S. 7.

[42] *Nicholas*, Marktneutrale Investments, S. 36. Für weitere Definitionsversuche siehe die Aufstellung bei *Lhabitant*, Hedge Funds, S. 14.

[43] *Clashinrichs*, Hedge Funds, S. 16.

[44] RegE InvG, BT-Drucks. 15/1553, S. 101; *Spindler/Bednarz*, WM 2006, 553, 554. Zur aufsichtsrechtlichen Erfassung von Hedgefonds führte der Gesetzgeber stattdessen in § 112 InvG den Begriff „Sondervermögen mit zusätzlichen Risiken“ ein. Bezeichnet werden hiermit Investmentvermögen, welche den Grundsatz der Risikomischung beachten und im Übrigen im Rahmen ihrer Anlagestrategien keinen Beschränkungen bei der Auswahl der Vermögensgegenstände unterworfen sind. Daneben müssen die Vertragsbedingungen den Einsatz von Leerverkäufen und/oder Leverage vorsehen. Die Bezeichnung „mit zusätzlichen Risiken“ bringt zum Ausdruck, dass die Manager von Hedgefonds in der Regel bei der Anlage der von ihnen verwalteten Mittel keinen Beschränkungen unterliegen und dadurch für die Anleger besondere Risiken begründet werden. In wie viele Vermögensgegenstände anzulegen ist, hängt von der Anlagestrategie, der Art der Vermögensgegenstände und den übrigen Umständen des Einzelfalles ab. Abgegrenzt werden Sondervermögen mit zusätzlichen Risiken zu „gewöhnlichen“ Investmentfonds, dass sie hinsichtlich der Zusammenstellung ihres Portfolios grundsätzlich keinen Beschränkungen unterworfen sind und entweder mit Leverage arbeiten oder Leerverkäufe tätigen. Der Gesetzgeber wollte vor von diesen Merkmalen ausgehenden Gefahren schützen und knüpft seine aufsichtsrechtliche

Aus diesem Grund ist es sinnvoll, ausgehend von den unterschiedlichen Definitionsansätzen, den Begriff „Hedgefonds" anhand von Typusmerkmalen inhaltlich zu erschließen.[45] Als typische Orientierungspunkte lassen sich die Zielsetzungen von Hedgefonds (1.) ermitteln, daneben die hierfür bemühten Instrumente (2.), die Bedeutung des Managers (3.), die intransparente Anlagepolitik (4.), die vorgesehene kurzfristige Kapitalbindung (5.), der angestrebte niedrige Regulierungsgrad (6.) und schließlich die Anlegerstruktur (7.).

1. Absolute Ertragserzielung durch Nutzung von Ineffizienzen

Hedgefonds sind darauf ausgerichtet, eine positive absolute Rendite unabhängig von Markttrends zu erwirtschaften.[46] Während der Erfolg bei traditionellen Investments in der Regel an der so genannten relativen Rendite gemessen wird, bemisst sich dieser bei Hedgefonds an der absoluten Rendite. Der Unterschied besteht darin, dass eine relative Rendite nach Ergebnissen (*Performance*) im Vergleich mit bestimmten Standardwerten (*Benchmarks*) ermittelt wird. Danach gilt ein Investmentfonds, der bei einem allgemeinen Kursabfall um 20 Prozent nur einen Wertverlust von zehn Prozent erlitten hat, als relativ erfolgreich.[47] Ziel eines Hedgefonds ist in Abgrenzung hierzu der absolute Erfolg. Ein Gewinn soll unabhängig von der aktuellen Marktentwicklung erzielt werden, d.h. sowohl bei steigenden als auch fallenden Kursen an den Ak-

---

Regulierung daher an diese Kriterien unabhängig davon an, ob die Investmentgesellschaft auch ökonomisch als Hedgefonds zu qualifizieren ist.

[45] Vgl. *Cottier*, Hedge Funds and Managed Futures, S. 15; *Lhabitant*, Hedge Funds, S. 14.

[46] *FSA*, Hedge Funds: A discussion of risk and regulatory engagement, Discussion Paper, S. 10; *Kahan/Rock*, Hedge Funds in Corporate Governance and Corporate Control, S. 32; *Deutsche Bank*, Hedge Fonds – eine Branche mit Perspektive, 2005, S. 2; *FMA*, Hedge Fonds – Bedeutung am Finanzplatz Österreich und regulatorischer Rahmen, S. 6, 9; *Ricke*, BKR 2004, 60, 61; *Berger/Steck*, ZBB 2003, 192, 193; *Luttermann/Backmann*, ZIP 2002, 1017; *Single*, ZfgK 2001, 240; *Stastny*, Hedge Fonds und Finanzmarktstabilität, S. 5; *Ineichen*, Absolute Returns: the Risk and Opportunities of Hedge Fund Investing, S. 114; *Gerster*, Informationsasymmetrien im Finanzdienstleistungsbereich, S. 44; *Clashinrichs*, Hedge Funds, S. 19; *Lähn*, Hedge Fonds, S. 259; *Bretzler/Rudolph*, Hedge Fonds & Alternative Investments, S. 18; *Cottier*, Hedge Funds and Managed Futures, S. 18; *Gerke/Mager/Kiehn*, ZBB 2002, 479, 480.

[47] *Kayser/Steinmüller*, Finanz-Rundschau, 2002, 1269, 1271; *Spindler/Bednarz*, WM 2006, 553; *Deutsche Bundesbank*, Monatsbericht März 1999, S. 31, 33; *Weber*, Hedge Funds, S. 15; *Seifert*, Managing Currency Risk for Emerging Markets Hedge Funds, S. 8; *Maatman/Raaijmakers*, Hedge Funds in Company Law: Virus or Vaccine?, S. 6.

tien-, Renten, Devisen- und Rohstoffmärkten.[48] Aus diesem Grund werden Hedgefonds den *Absolute-Return-Investments* zugerechnet.[49]

Sie setzen daneben im Gegensatz zu traditionellen Anlagegesellschaften voraus, dass Märkte von Ineffizienzen geprägt sind.[50] Unterstellt wird, dass solche Ineffizienzen in der aktuellen Bewertung entweder auf Informationsineffizienzen – d.h. nicht alle bewertungsrelevanten Informationen sind in den aktuellen Kursen enthalten – oder auf der nicht korrekten oder vollständigen Verarbeitung dieser Informationen beruhen – d.h. die aktuellen Marktbewertungen insbesondere für komplexe Produkte weichen von den eigenen Modellbewertungen ab. Hedgefondsmanager gehen davon aus, dass solche privaten Informationen früher oder später an die Märkte gelangen und dadurch eine Bewertungskorrektur eintritt. Zugleich gehen sie davon aus, dass sich die mit den eigenen Modellen errechneten Bewertungen als Preise am Markt längerfristig durchsetzen werden.[51]

Um nun eine überdurchschnittliche absolute Rendite zu erzielen, sollen diese Fehlbewertungen des Marktes erkannt und ausgenutzt werden (*Arbitrage*).[52] Von besonderer Relevanz sind hierfür die besonderen Fähigkeiten der Portfoliomanager, die zukünftigen Kurs- und Preisentwicklungen besser prognostizieren zu können als andere Marktteilnehmer (*Spekulation*).[53] Nach dieser Ein-

---

[48] *Bessler/Drobetz/Henn*, Hedge Funds: Die Königsdisziplin der Kapitalanlage, in: Dichtl/Kleeberg/Schlenger, Handbuch Hedge Funds, S. 5; *Gerster*, Informationsasymmetrien im Finanzdienstleistungsbereich, S. 44; *Ricke*, BKR 2004, 60, 61.

[49] *Berg*, Hedge Fonds in Deutschland, S. 19; *Pichl*, Hedge Funds, S. 16; *Kaiser*, Hedgefonds, S. 131.

[50] *Gerster*, Informationsasymmetrien im Finanzdienstleistungsbereich, S. 44; *Seifert*, Managing Currency Risk for Emerging Markets Hedge Funds, S. 13.

[51] *Bessler/Drobetz/Henn*, Hedge Funds: Die Königsdisziplin der Kapitalanlage, in: Dichtl/Kleeberg/Schlenger, Handbuch Hedge Funds, S. 5.

[52] *Berger/Steck*, ZBB 2003, 192, 193; *Maatman/Raaijmakers*, Hedge Funds in Company Law: Virus or Vaccine?, S. 5.

[53] *Deutsche Bundesbank*, Monatsbericht März 1999, S. 33; *Bessler/Drobetz/Henn*, Hedge Funds: Die Königsdisziplin der Kapitalanlage, in: Dichtl/Kleeberg/Schlenger, Handbuch Hedge Funds, S. 5. Als *Alpha* wird der Anteil des Fondsertrags bezeichnet, welcher als individuelle Managerleistung durch das Ausnutzen von Informationsvorteilen oder Marktineffizienzen entsteht. Diese Komponente wird regelmäßig als charakteristisches Merkmal von Alternative Investments erwähnt, vgl. *Deutsche Bundesbank*, Monatsbericht März 1999, S. 33; *Ibbotson/Chen*, The A,B,Cs of Hedge Funds: Alphas, Betas and Costs, S. 10; *Bretzler/Rudolph*, Hedge Fonds & Alternative Investments, S. 16; *Gerster*, Informationsasymmetrien im Finanzdienstleistungsbereich, S. 44; *Al-Sharkas,* The Return in Hedge-Fund Strategies, S. 219, *Albrecht/Mandl*, Hedgefonds in der Kapitalanlage von Versicherungsunternehmen - Caveats aus wissenschaftlicher Sicht, S. 10. Demgegenüber stellt der *Beta*-Faktor den Anteil der allgemeinen Marktentwicklung (Marktrendite) an der Gesamtrendite dar. Zu dieser Unterscheidung und ihrer Bedeutung für eine Portfoliodiversifikation institutionel-

schätzung basieren Wettbewerbsvorteile nicht lediglich auf finanziellen oder technologischen Potentialen, sondern wesentlich auf der Ungleichverteilung von Informationen, Wissen und Erfahrung der einzelnen Marktteilnehmer. Demnach müssen vorhandene Informationsasymmetrien systematisch erkannt und ausgebaut werden, um Wettbewerbsvorteile zu erzielen.[54]

2. Instrumente

Ferner werden die verwendeten Anlageinstrumente als wesentlich für die wirtschaftliche Einordnung als Hedgefonds angeführt. Charakteristisch sollen der Einsatz von Leerverkäufen (*Short-Selling*) (a) und Fremdkapital zur Finanztitelinvestition (*Leverage*) (b) sein.[55] Auch der deutsche Gesetzgeber sieht Leerverkauf und Leverage in § 112 Absatz 1 Satz 2 InvG als Einstufungskriterien an, wobei die Vertragsbedingungen des Sondervermögens mindestens eines von beiden Merkmalen vorsehen müssen. Demgegenüber lassen sich indes ökonomisch auch Investmentgesellschaften, die sich nicht dieser Anlageinstrumente bedienen, als Hedgefonds klassifizieren.[56]

a) Leerverkauf

Mit *Leerverkauf* (*Short Selling*) wird die Veräußerung von Finanzinstrumenten ohne physische Deckung bezeichnet, wobei auf fallende Kurse gewettet wird. Damit werden vermeintlich überbewertete Titel verkauft, die sich im Veräußerungszeitpunkt nicht im Anlagevermögen des Verkäufers befinden.[57] Die Wertpapierschuld nach einem Leerverkauf wird als *Short-Position* bezeichnet. Die zur Erfüllung des Geschäfts benötigten Stücke beschafft der Leerverkäu-

---

ler Investoren siehe *Enos/Gmür*, ZfgK 2006, 849, 850; *Wagner*, Keine schöne neue Investmentwelt ohne Risikomanagement, in: Handelsblatt vom 04.11.2006, Sonderbeilage S. B2. Zur besonderen Bedeutung des Portfoliomanagers siehe unten S. 16 f.

54 *Gerster*, Informationsasymmetrien im Finanzdienstleistungsbereich, S. 209.

55 *SEC*, Staff Report to the United States Securities and Exchange Commission, Implications of the Growth of Hedge Funds, S.37 f.; RegE InvG, BT-Drucks. 15/1553, S. 107; *FMA*, Hedge Fonds – Bedeutung am Finanzplatz Österreich und regulatorischer Rahmen, S. 6; *Bessler/Drobetz/Henn*, Hedge Funds: Die Königsdisziplin der Kapitalanlage, in: Dichtl/Kleeberg/Schlenger, Handbuch Hedge Funds, S. 5; *Ricke*, BKR 2004, 60, 61; *Gerke/Mager/Kiehn*, ZBB 2002, 479, 480; *Kumpan*, ZHR 170, 39, 44; *Weber*, Hedge Funds, S. 17; *Jud*, Das Prime Brokerage Geschäft mit Hedgefonds, S. 10.

56 Vgl. hierzu unten Fn. 94.

57 *Berger/Steck*, ZBB 2003, 192, 193; *Gerke/Mager/Kiehn*, ZBB 2002, 479, 480; *Nicholas*, Marktneutrale Investments, S. 24; *Seifert*, Managing Currency Risk for Emerging Markets Hedge Funds, S. 9; *Deutsche Bank*, Hedge Fonds – eine Branche mit Perspektive, S. 9, *Schuhmacher*, ZfgK 2001, 1290, 1292. Ausführlich *SEC*, Staff Report to the United States Securities and Exchange Commission, Implications of the Growth of Hedge Funds, S. 39 f. Vgl. auch § 112 Absatz 1 Satz 2 Br. 2 InvG.

fer regelmäßig über ein *Wertpapierdarlehen*: eine Übertragung von Wertpapieren auf Zeit mit der Verpflichtung, dass der Darlehensnehmer Papiere gleicher Art, Güte und Menge nach Ablauf der vereinbarten Frist zurück zu übertragen und für die Dauer der Überlassung ein Entgelt zu entrichten hat.[58] Der Darlehensnehmer erlangt das Eigentum an den gelieferten Stücken und kann über diese frei verfügen; er ist dann insbesondere berechtigt, die Wertpapiere weiter zu veräußern oder zu verleihen.[59] Der Darlehensgeber steigert mit Hilfe des ihm zu entrichtenden Darlehenszinses die Performance seines Portfolios. Er lässt sich vom Darlehensnehmer Sicherheiten für die von ihm gelieferten Stücke bestellen (*collateral*): dafür kommen Wertpapiere, Geldguthaben oder Bankgarantien in Betracht.[60]

In Deutschland müssen als Wertpapierdarlehensgebühr (p.a.) bezahlt werden: für *DAX*-Titel zwischen 0,1 und 0,25 Prozent, *MDAX* zwischen 0,25 und 0,6 Prozent sowie für *NEMAX* zwischen einem und sechs Prozent des Nominalbetrages. Bei Aktien mit einem sehr geringen Free Float oder einer sehr hohen Volatilität kann unter Umständen auch überhaupt kein Darlehen zu Stande kommen. Bei etablierten Handelsbeziehungen zwischen den *Prime Brokern* (insbesondere Vermittler des Wertpapierdarlehens, siehe hierzu unten Rn.) und Hedgefonds ist eine hundertprozentige Besicherung der Wertpapiere unüblich. Literaturangaben zufolge kann von einer Besicherung des Wertpapierdarlehens von unter 40 Prozent des Nominalbetrages bei Hedgefonds ausgegangen werden.[61]

Das Wertpapierdarlehen wird insbesondere in der deutschen Bankpraxis häufig auch als „Wertpapierleihe" bezeichnet. Hierbei handelt es sich um eine an den Wortlaut des englischen Terminus „Securities Lending and Borrowing" angelehnte, rechtlich aber nicht korrekte Bezeichnung. Denn die bisweilen immer noch so bezeichnete Wertpapierleihe stellt ein Sachdarlehen nach § 607 BGB und keine Leihe nach § 598 BGB dar, weil die Wertpapiere im Wege des Vollrechtserwerbs übertragen werden und für die Gebrauchsüberlassung, anders als bei einer Leihe, ein Entgelt vereinbart wird. Zudem sind nur Aktien gleicher Art und Güte[62] und nicht die ursprünglich übertragenen Stücke zurückzugewähren. In der neueren bankrechtlichen und aktienrechtli-

---

58 Vgl. beispielhaft *Bankenverband*, Rahmenvertrag für Wertpapierdarlehen, S.1, abrufbar unter www.bankenverband.de; *Berner*, Die Bank 1999, 867; *Maatman/Raaijmakers*, Hedge Funds in Company Law: Virus or Vaccine?, S. 5.

59 *Kienle*, in: Schimansky/Bunte/Lwowski, Bankrechts-Handbuch, § 105 Rn. 43.

60 *Lenenbach*, Kapitalmarkt- und Börsenrecht, Rn. 13.12 f.

61 Vgl. *Kaiser*, Hedgefonds, S. 29. Zum Problem, dass durch einen steigenden Kurs des geliehenen Finanztitels auch die gestellten Sicherheiten analog zu erhöhen sind, siehe *Kodres*, Hedge Fund Investment Strategies, in: Eichengreen/Mathieson, Hedge Funds and Financial Market Dynamics, S. 52 und unten S. 44.

62 Vgl. § 607 Absatz 1 Satz 2 BGB.

chen Terminologie wird das Wort „Wertpapierleihe" daher zunehmend durch den präzisen Terminus *Wertpapierdarlehen* ersetzt.[63] Der Leerverkäufer spekuliert darauf, dass die Kurse bis zum Erfüllungszeitpunkt sinken und er sich daher billiger eindecken kann. Die Differenz zwischen Verkaufs- und Einkaufskurs verbleibt ihm als Gewinn oder als Verlust.[64] Alternativ lassen sich Short-Positionen auch durch den Einsatz von Derivaten generieren.[65]

b) Leverage

Zur Steigerung der erwarteten Rendite des eingesetzten Kapitals werden häufig zusätzlich kreditfinanzierte Mittel eingesetzt. *Leverage*[66] bedeutet den Einsatz von Fremdkapital für Wertpapiertransaktionen oder zum Kauf von Finanztiteln, bei dem regelmäßig die Titel selbst als Sicherheit dienen. Leverage als Hebelwirkung ist die bei ertragreichen Investitionen durch zinsgünstige Kreditfinanzierung entstehende rentabilitätserhöhende Wirkung auf das Eigenkapital.[67] Lediglich dieses ist gewinnberechtigt, während das Fremdkapital nur Anspruch auf Zinsen hat. Die Rendite des eingesetzten Eigenkapitals nimmt mit steigender Verschuldung zu, solange die Gesamtkapitalrendite – d.h. die Rendite auf das insgesamt im Unternehmen eingesetzte Eigen- und Fremdkapital – größer ist als der Fremdkapitalzins.[68] Daher wird bei Einsatz von Fremdkapital die Eigenkapitalrendite erhöht, wenn das Portfolio einen

---

[63] Vgl. *Kienle*, in: Schimansky/Bunte/Lwowski, Bankrechts-Handbuch, § 105 Rn. 1; *Kümpel*, Bank- und Kapitalmarktrecht, Rn. 13.6 ff.; *Ekkenga*, in: Claussen, Bank- und Börsenrecht für Studium und Praxis, § 6 Rn. 202; *U. H. Schneider*, in: Assmann/Schneider, WpHG, § 22 Rn. 68; *Kort*, WM 2006, 2149; *Berner*, Die Bank 1999, 867; *Schmid/Mühlhäuser*, BB 2001, 2609; *Gillor*, Der Rahmenvertrag für Finanzgeschäfte der Europäischen Bankenvereinigung (EMA), S. 27 f.; *Müller-Michaels*, Wertpapierleihe zum Erreichen des Squeeze-out hat ausgespielt, in: Börsenzeitung vom 07.02.2007, S. 2.

[64] *Berger/Steck*, ZBB 2003, 192, 193; *Lähn*, Hedge Fonds, S. 270; *Seifert*, Managing Currency Risk for Emerging Markets Hedge Funds, S. 9. Die Gewährung eines Wertpapierdarlehens sorgt nicht nur durch die zu zahlende Prämie für einen Mehrertrag und dadurch zu einer gesteigerten Rendite. Auch auf der Kostenseite wirkt die Übertragung von Teilen des Portfolios effizient, da für diese Wertpapiere keine anteilige Depotgebühr mehr zu zahlen ist. Vgl. *Kaiser*, Hedgefonds, S. 29; *Sieger/Hasselbach*, WM 2004, 1370.

[65] So beispielsweise über *Put-Optionen* oder *Futures Short*, vgl. *Ferro*, Manager ersetzen Leerverkäufe durch Derivate, in: Handelsblatt vom 23.11. 2005, S. 36; *Kaiser*, Hedgefonds, S. 30 f.; *SEC*, Staff Report to the United States Securities and Exchange Commission, Implications of the Growth of Hedge Funds, S. 37; *Spindler/Bednarz*, WM 2006, 553, 554; *Ricke*, BKR 2004, 60, 61.

[66] Von engl. lever = Hebel.

[67] Vgl. *Seifert*, Managing Currency Risk for Emerging Markets Hedge Funds, S. 8; *Ricke*, BKR 2004, 60, 61.

[68] *Diem*, Akquisitionsfinanzierungen, S. 3; *Weitnauer*, Venture Capital, S. 234; *Pichl*, Hedge Funds, S. 13.

die Fremdfinanzierungskosten übersteigenden Gewinn erzielt. Bei fallenden Kursen wirkt der Leverage dagegen in umgekehrter Richtung. Ist das Anlageergebnis negativ, so ist nicht nur der Einsatz in entsprechender Höhe verloren, sondern es ist zudem auch das die Anlage finanzierende Darlehen aus Eigenmitteln zu bedienen.[69] Die Hebelwirkung eines solchen Leverage steigert daher nicht nur den erwarteten Ertrag, sondern auch das Ertragsrisiko.

Der Einsatz von Leverage ist abhängig von der verfolgten Strategie und wird daher von Hedgefonds im unterschiedlichen Maße eingesetzt.[70] Um den Hebeleffekt maximal auszunutzen, haben einige große Hedgefonds ihre Positionen im sehr hohen Maße kreditfinanziert. Die Höhe der Fremdkapitalaufnahme wird bei Hedgefonds im Unterschied zu anderen Finanzinstitutionen nicht durch gesetzliche Vorschriften beschränkt. Als Sicherungsmittel dienen lediglich die erworbenen Finanzinstrumente, die von den Hedgefonds an die Gläubigerbanken verpfändet werden. Theoretisch kann daher durch jeweils erneute Verpfändung unbeschränkt Fremdkapital zum Wertpapiererwerb aufgenommen werden.[71] Die Risiken des in derartiger Weise stark expandierenden Handelsvolumens stehen in diesem Fall in starkem Missverhältnis zum vorhandenen Eigenkapital.[72] Eine Prävention vor Ausfallrisiken hängt damit von einem effizienten Risikomanagement der Parteien ab.[73] Leverage lässt

---

[69] Vgl. *Chadha/Jansen*, The Hedge Fund Industry: Structure, Size, and Performance, in: Eichengreen/Mathieson, Hedge Funds and Financial Market Dynamics, S. 35; *Nicholas*, Marktneutrale Investments, S. 25; *Seifert*, Managing Currency Risk for Emerging Markets Hedge Funds, S. 8.

[70] *Weber*, Hedge Funds, S. 55.

[71] Anders als bei gewöhnlichen Investmentfonds können bei Hedgefonds Sicherheiten an Gegenständen des Fondsvermögens im Zusammenhang mit der Aufnahme von Krediten oder bei Derivategeschäften zu leverage-Zwecken jederzeit und ohne Begrenzung bestellt werden, § 31 Absatz 5 InvG. Siehe auch *v. Livonius*, WM 2004, 60, 64; *Wallach*, Rechtliche und steuerliche Rahmenbedingungen für Hedge Funds in Deutschland, in: Dichtl/Kleeberg/Schlenger, Handbuch Hedge Funds, S. 59.

[72] Vor dem Beinahezusammenbruch von *Long Term Capital Management* (LTCM) betrug das Verhältnis von Fremdkapital zu Eigenkapital ca. 25:1. Siehe *Pichl*, Hedge Funds, S. 13. Zu den Risiken von Leverage siehe auch *President's Working Group on Financial Markets*, Hedge Funds, Leverage, and the Lessons of Long Term Capital Management, S. 75.

[73] Für Hedgefonds ist es auf Grund von Konkurrenz- und Marktentwicklung schwieriger geworden, Gewinne zu erzielen, weswegen sie zur Ertragsmaximierung im erhöhten Maße Wertpapierkredite für ihre Transaktionen einsetzen. Üblich sei, dass Prime Broker die Anforderungen für Wertpapierkredite mit steigendem Volumen lockern, da sie mit den Zinsen und den Wertpapieren, die sie als Sicherheit halten, hohe Gewinne erzielen. Analysten zufolge soll *Bear Stearns*, einer der drei größten Prime Broker, vor der Subprime-Krise mindestens 30 Prozent vom Gewinn mit dem Hedgefondsgeschäft erzielt haben. Im Geschäftsjahr 2006 habe *Goldman* mit dem Prime Brokerage Geschäft 2,2 Mrd. Dollar und damit eine Steigerung um 22 Prozent im Vergleich zum Vorjahr erwirtschaftet, siehe *O.V.*, Aufsichtsbehörden nehmen Kredite an Hedgefonds ins Visier,

sich – ebenso wie Short-Positionen – über den Einsatz von Derivaten generieren.[74]

3. Die Rolle des Fondsmanagers und dessen ergebnisorientierte Vergütungsstruktur

Die Art der eingesetzten Instrumente erfordert des Weiteren eine starke Ausrichtung des gesamten Fonds an den Fähigkeiten und Kenntnissen des Managers.[75] Im Gegensatz zu traditionellen Anlageformen korreliert die Rendite eines Hedgefonds mit den Fähigkeiten des Managers und nicht mit der allgemeinen Marktentwicklung.[76] Die herausgehobene Stellung des Fondsmanagers äußert sich zudem in Ausgestaltung und Höhe der Managervergütung. Zum einen wird ähnlich dem Private-Equity-Bereich typischerweise eine jährliche *management fee* in Abhängigkeit von der Größe des verwalteten Vermögens (meist ein Prozent p.a. bezogen auf den Nettovermögenswert – *net asset value*) zur Abdeckung der laufenden Kosten erhoben. Ferner ist im Gegensatz zu traditionellen Investmentfonds eine ergebnisorientierte Gehaltsstruktur zur Motivationsförderung des Managements üblich.[77] Den Managern wird in der Regel im Erfolgsfall eine Beteiligung an den wirtschaftlichen Erlösen in Höhe von 20 Prozent gewährt (*performance-based fee*).[78] Dies führt dazu, dass Hedge-

---

in: Börsenzeitung vom 10.01.2007, S. 5. Zu den Risiken für den Gesamtmarkt auf Grund starker Hebeleffekte und der Bedeutung eines effizienten Risikomanagements siehe unten S. 44 f. Zum faktischen Zusammenbruch von *Bear Stearns* im Verlauf der Subprime Krise 2008 siehe *Wittkowski*, Die Finanzkrise eskaliert, in: Börsenzeitung vom 18.03.2008, S. 1, 8.

[74] Vgl. § 112 Absatz 1 Satz 2 Nr. 1 InvG.

[75] Vgl. *Kumpan*, ZHR 170, 39, 45.

[76] Aus diesem Grund werden die eingesetzten Strategien auch als *Skill Based Strategies* bezeichnet, vgl. *Kaiser*, Hedgefonds, S. 130; *Bretzler/Rudolph*, Hedge Fonds & Alternative Investments, S. 18; *Weber*, Hedge Funds, S. 18; *Seifert*, Managing Currency Risk for Emerging Markets Hedge Funds, S. 13; *Klein/Zur*, Hedge Fund Activism, S. 9; *Maatman/Raaijmakers*, Hedge Funds in Company Law: Virus or Vaccine?, S. 2.

[77] *Ibbotson/Chen*, The A,B,Cs of Hedge Funds: Alphas, Betas and Costs, S. 4; *Weber*, Hedge Funds, S. 17.

[78] Durchschnittlicher Prozentsatz nach TASS® Research Database, siehe www.tremont.com; *Cottier*, Hedge Funds and Managed Futures, S. 36; *Kahan/Rock*, Hedge Funds in Corporate Governance and Corporate Control, S. 32; *Deutsche Bank*, Hedge Fonds – eine Branche mit Perspektive, S. 4 f.; *FSA*, Hedge funds: A discussion or risk and regulatory engagement, Discussion Paper, S. 10; *FMA*, Hedge Fonds – Bedeutung am Finanzplatz Österreich und regulatorischer Rahmen, S. 10; *Bretzler/Rudolph*, Hedge Fonds & Alternative Investments, S. 25; *Ricke*, BKR 2004, 60, 61; *Lhabitant*, Hedge Funds, S. 17; *Seifert*, Managing Currency Risk for Emerging Markets Hedge Funds, S. 7; *Schumacher*, ZfgK 2001, 1290, 1291 f.; *Single*, ZfgK 2001, 240, 243; *Stastny*, Hedge-Fonds und Finanzmarktstabilität, S. 5; *Gerke/Mager/Kiehn*, ZBB 2002, 479, 480; *Greupner*, 40 San Diego L. Rev. 1555, 1559 (2003).

fondsmanager nicht zwingend bestrebt sind, einen Index zu schlagen, sondern zunächst ihren Ehrgeiz auf die Erzielung möglichst hoher absoluter Zuwächse legen.[79] Regelmäßig wird diese Erfolgsbeteiligung erst nach Rückzahlung des eingesetzten Kapitals der Investoren nebst Erzielung einer im Voraus fixierten Mindestrendite (meist zwischen fünf bis zehn Prozent p.a. – *hurdle rate*) gewährt und ist zudem an den Ausgleich sämtlicher eventuell zuvor erlittener Verluste des Fonds gebunden (*high water mark*).[80] Die Fondsmanager sind zudem oft mit einem großen Teil des eigenen Vermögens in den Fonds investiert.[81] Durch Eigenbeteiligung und Vergütungsstruktur wird damit ein Interessengleichlauf mit den übrigen Anlegern hergestellt, der die Motivation des Managements noch verstärkt, hohe Renditen zu erwirtschaften.[82]

4. Intransparente Anlagepolitik

Um Marktineffizienzen ausnutzen zu können, legen die Fonds ihre Handelsstrategien – soweit gesetzlich zulässig – regelmäßig nicht offen.[83] Die Hedgefonds-Manager rechtfertigen dies damit, dass bei entsprechender Publizität mehrere Marktteilnehmer die Strategie anwenden und der Markt effizient werden würde.[84] Auf diese Weise schützen die Manager die nachhaltige Profitabilität ihrer Strategien. Um Nachahmungsstrategien insbesondere in Nischenmarktsegmenten zu verhindern und infolge der hohen Komplexität der Strategien besteht regelmäßig nur eine geringe Transparenz der Fondsaktivitä-

---

[79] *Pichl*, Hedge Funds, S. 11.

[80] Vgl. *FMA*, Hedge Fonds – Bedeutung am Finanzplatz Österreich und regulatorischer Rahmen, S. 10; *Lhabitant*, Hedge Funds, S. 18; *Kahan/Rock*, Hedge Funds in Corporate Governance and Corporate Control, S. 32.

[81] *Deutsche Bank*, Hedge Fonds – eine Branche mit Perspektive, S. 5; *Cottier*, Hedge Funds and Managed Futures, S. 18; *Clashinrichs*, Hedge Funds, S. 19; *Weber*, Hedge Funds, S. 20; *Sachverständigenrat zur Begutachtung der gesamtwirtschaftlichen Entwicklung*, Die Chancen nutzen – Reformen mutig voranbringen, Jahresgutachten 2005/06, S. 464; *Al-Sharkas*, The Return in Hedge-Fund Strategies, S. 220; *Seifert*, Managing Currency Risk for Emerging Markets Hedge Funds, S. 7; *Jud*, Das Prime Brokerage Geschäft mit Hedgefonds, S. 9; *Weber*, Hedge Funds, S. 17. Vgl. auch *Single*, ZfgK 2001, 240, 242.

[82] *Clashinrichs*, Hedge Funds, S. 19; *Kaiser*, Hedgefonds, S. 19; *Bretzler/Rudolph*, Hedge Fonds & Alternative Investments, S. 21.

[83] *FMA*, Hedge Fonds – Bedeutung am Finanzplatz Österreich und regulatorischer Rahmen, S. 6, 9. Da Hedgefonds in den USA unter die Ausnahmetatbestände des Investment Company Act fallen, sind sie nicht den entsprechenden Transparenzverpflichtungen unterworfen, vgl. *Seifert*, Managing Currency Risk for Emerging Markets Hedge Funds, S. 7, *Lhabitant*, Hedge Funds, S. 24 f. und unten Fn. 107.

[84] *Bretzler/Rudolph*, Hedge Fonds & Alternative Investments, S. 25; *Seifert*, Managing Currency Risk for Emerging Markets Hedge Funds, S. 13; *Lhabitant*, Hedge Funds, S. 18.

ten.[85] In diesem Zusammenhang spricht man auch von *Black Box-Investitionen*.[86]

5. Kurzfristige Kapitalbindung

Hedgefonds unterbinden regelmäßig einen kurzfristigen Zugriff auf das investierte Kapital der Anleger.[87] Es wird eine Bindungsfrist implementiert, innerhalb derer die Anleger ihr Kapital nicht aus dem Fonds zurückziehen können. Meist muss der Anleger eine Kündigungsfrist einhalten. In der Regel liegt diese Kündigungsfrist zwischen einem und drei Monaten.[88] Die Vertragsbedingungen von inländischen Hedgefonds können gemäß § 116 InvG im Gegensatz zu den sonstigen regulierten Investmentvermögen bestimmen, dass die Rücknahme von Anteilen nicht jederzeit, sondern nur zu bestimmten Terminen – mindestens aber einmal pro Quartal – erfolgt. Zudem hat der Anleger die Rückgabe bis zu 40 Tage (Single-Hedgefonds) oder bis zu 100 Tage (Dach-Hedgefonds) vor dem Rücknahmetermin zu erklären.[89]

Ziel dieser strikten Kapitalbindungsregeln bei Hedgefonds ist zum einen die Gewährleistung von Flexibilität, vor allem bei Anlagen in illiquiden Positionen. Bezweckt wird zum anderen der Schutz des Anlegers vor einer Verschlechterung der Fondsentwicklung infolge eines plötzlich einsetzenden Ka-

---

[85] *Cottier*, Hedge Funds and Managed Futures, S. 18; *Al-Sharkas*, The Return in Hedge-Fund Strategies, S. 223 f. Zu den Publizitätspflichten des deutschen Rechts siehe unten S. 210 ff. Zur entsprechenden Forderung des Bundesfinanzministeriums nach mehr Transparenz bei Hedgefonds siehe *Roche/Wefers*, Die Qualität der Aufsicht ist nicht überall identisch, in: Börsenzeitung vom 09.12.2006, S. 6. Im Jahre 2005 erließ die SEC Transparenzrichtlinien, welche US-amerikanischen Hedgefonds eine Pflicht zur Registrierung und Berichterstattung auferlegten, sofern sie ein Vermögen von mehr als 25 Millionen USD verwalten und ihren Anlegern einen Kapitalabzug innerhalb von 2 Jahren gewähren, vgl. *Spindler/Bednarz*, WM 2006, 601, 602; *FMA*, Hedge Fonds – Bedeutung am Finanzplatz Österreich und regulatorischer Rahmen, S. 70. Nachdem viele Hedgefonds ihre Anlagebedingungen modifizierten, um einer Registrierung zu entgehen, legten einige Vertreter der Hedgefond-Industrie Klage gegen die SEC-Richtlinien ein. Ein Bundesberufungsgericht erklärte diese Richtlinien daraufhin für unwirksam. Siehe hierzu *O.V.*, Registrierung bei SEC wird von großen Gesellschaften umgangen, in: FAZ vom 11.11.2005, S. 21.

[86] *Single*, ZfgK 2001, 243; *Bretzler/Rudolph*, Hedge Fonds & Alternative Investments, S. 18.

[87] *FMA*, Hedge Fonds – Bedeutung am Finanzplatz Österreich und regulatorischer Rahmen, S. 9, 65; *Cottier*, Hedge Funds and Managed Futures, S. 41; *Sachverständigenrat zur Begutachtung der gesamtwirtschaftlichen Entwicklung*, Die Chancen nutzen – Reformen mutig voranbringen, Jahresgutachten 2005/06, S. 464.

[88] In den USA werden sogar teilweise Bindungsfristen von mehr als zwei Jahren vereinbart, vgl. *Bratton*, Hedge Funds and Governance Targets, S. 10.

[89] Vgl. *Pütz*, Absolutreport 8/2003, S. 26, 30.

pitalabflusses.[90] Wird nämlich auf Grund eines exogenen Schocks in kurzer Zeit viel Kapital aus dem Fonds abgezogen, muss der Fondsmanager zunächst die liquiden Positionen auflösen, um Anlegeranteile zurückzuzahlen. Abgesehen von einer Veränderung der Anlagestruktur zu Gunsten der noch im Fonds investierten Anleger könnten weitere Abflüsse dazu führen, dass auch illiquide Positionen aufgelöst werden müssten. Vor allem in Markturbulenzen können illiquide Positionen jedoch oft nur zu Schleuderpreisen veräußert werden. Zudem führen Kapitalbindungsbestimmungen zu geringeren administrativen Kosten, weil der regelmäßige Abfluss kleiner Anlagebeträge aus dem Fonds unterbunden wird.[91] Daher können diese Bestimmungen einen positiven Einfluss auf die Wertentwicklung des Hedgefonds haben.

6. Regulierungsvermeidung

Um die erwähnten Merkmale annehmen und einsetzen zu können, müssen die gesetzlichen Rahmenbedingungen des Fondssitzes dies auch zulassen.[92] Demzufolge wählen Hedgefonds Standort,[93] Rechtsform und Kapitalgeber meist derart, dass sie unter rechtliche Ausnahmetatbestände fallen und möglichst wenig durch Regulierungs-, Aufsichts- und Besteuerungsvorschriften behindert werden.[94] In erster Linie streben Hedgefonds-Manager eine be-

---

[90] Vgl. *Wallach*, Rechtliche und steuerliche Rahmenbedingungen für Hedge Funds in Deutschland, in: Dichtl/Kleeberg/Schlenger, Handbuch Hedge Funds, S. 66.

[91] *Berg*, Hedge Fonds in Deutschland, S. 26; *Seifert*, Managing Currency Risk for Emerging Markets Hedge Funds, S. 13.

[92] Zu den Hedgefonds-Strategien siehe S. 23.

[93] Entsprechend ihrem regionalen Hauptsitz lassen sich Hedgefonds in *Offshore* und *Onshore-Fonds* einteilen. Als Offshore-Hedgefonds werden alle Investmentgesellschaften bezeichnet, die gemäß der oben aufgeführten Eigenschaften als Hedgefonds klassifiziert und zusätzlich in geographischen Regionen beheimatet sind, in denen sie keiner Regulierung unterworfen sind. Diese Klassifikation ist dabei an die Identifikation ihrer regionalen Hauptsitze als Offshore-Zentren der von der Organisation for Economic Co-Operation and Development (OECD) aufgestellten Charakteristika für Steueroasen (*Tax Havens*) angelehnt. Angeführt werden insbesondere die Cayman Inseln, Curacao, die Bermudas, Bahamas, British Virgin Islands, Dublin, Luxemburg und Malta, da dort (nahezu) keine regulatorischen Vorschriften existieren. Die in den USA, der sonstigen Eurozone oder auch dem Vereinigten Königreich zugelassenen Hedgefonds zählen daher nicht zur Offshore Hedgefonds Industrie, da es – wenngleich nur wenige – Regulierungen für sie gibt. Vgl. *FMA*, Hedge Fonds – Bedeutung am Finanzplatz Österreich und regulatorischer Rahmen, S. 10; *Kaiser*, Hedgefonds, S. 26; *Seifert*, Managing Currency Risk for Emerging Markets Hedge Funds, S. 7. Zur *Organisation for Economic Co-Operation and Development* (OECD) und den neuesten Änderungen zu den als Steueroasen identifizierten Staaten siehe http://www.oecd.org.htm. unter dem Stichwort *Tax Haven Update*.

[94] *Deutsche Bundesbank*, Monatsbericht März 1999, S. 33; *Lähn*, Hedge Fonds, S. 265; *Ricke*, BKR 2004, 60, 61. Aufsichtsrechtlich sind Hedgefonds in Deutschland durch das Investmentgesetzes

schränkungsfreie Anlagepolitik an, damit sie im Gegensatz zu regulären Investmentfonds Anlagemärkte, Instrumente und Strategien frei wählen und ohne Vorgaben investieren können.[95]

Insbesondere in den USA passen Hedgefonds aus diesem Grund ihren Investorenkreis den aufsichtsrechtlichen Bedingungen an: Sie akzeptieren in der Regel nur sogenannte *qualified purchasers* und nutzen so den Ausnahmetatbestand Section 3(c)(7) Investment Company Act (ICA), um einer weitergehenden Regulierung im Hinblick auf Transparenzverpflichtungen, Leveragebeschränkungen und Gebührenbeschränkungen zu entgehen.[96] Ob eine Person als qualified purchaser einzustufen ist, bemisst sich nicht nach deren individuellen Kenntnissen, sondern nach der Größe des (investierten) Vermögens; für die im Ausnahmetatbestand angeführten finanzstarken Personengruppen wird der gesetzliche Anlegerschutz reduziert.[97] Ferner umgehen Hedgefonds in den USA eine Besteuerung auf Fondsebene, indem sie als Rechtsform regelmäßig eine *Limited Liability Company* oder *Private Limited Partnership* wählen.[98]

---

reguliert. Vgl. ausführlich zur Regulierung von Hedgefonds *Kumpan*, ZHR 170, 39; *v. Livonius*, WM 2004, 60; *Wallach*, Rechtliche und steuerliche Rahmenbedingungen für Hedge Funds in Deutschland, in: Dichtl/Kleeberg/Schlenger, Handbuch Hedge Funds, S. 61.

95 *FSA*, Hedge funds: A discussion or risk and regulatory engagement, Discussion Paper, S. 10; *Klein/Zur*, Hedge Fund Activism, S. 8; *Spindler/Bednarz*, WM 2006, 553, 554; RegE InvG, BT-Drucks. 15/1553, S. 107; *Sachverständigenrat zur Begutachtung der gesamtwirtschaftlichen Entwicklung*, Die Chancen nutzen – Reformen mutig voranbringen, Jahresgutachten 2005/06, S. 464; *Luttermann/Beckmann*, ZIP 2002, 1017, 1018; *Al-Sharkas*, The Return in Hedge-Fund Strategies, S. 227.

96 Vgl. *Lhabitant*, Hedge Funds, S. 25 f.; *Bekier*, Marketing of Hedge Funds, S. 174; *Seifert*, Managing Currency Risk for Emerging Markets Hedge Funds, S. 7; *Kumpan*, ZHR 170, 39, 57; *Berger/Steck*, ZBB 2003, 192, 199.

97 Nach Section 2(a)(51) ICA (15 U.S.C. 80a-2(a)(51)) ist dies eine natürliche Person, die nicht weniger als 5 Mio. USD investiert hat, ein Familienunternehmen, das nicht weniger als 5 Mio. USD investiert hat, ein Trust, dessen Verwalter und Gründer als qualified purchaser einzustufen sind und jede Person, die nicht weniger als 25 Mio. USD besitzt und investiert. Von diesen Personengruppen wird vermutet, dass sie finanziell erfahren sind oder zumindest auf Grund des großen Privatvermögens Verluste besser kompensieren können, ohne dass ihr Existenzminimum angegriffen wird.

98 *Lähn*, Hedge Fonds, S. 265; *Greupner*, 40 San Diego L. Rev. 1555, 1559 (1993); *Kayser/Steinmüller*, Finanz-Rundschau 2002, 1269, 1271; *Ibbotson/Chen*, The A,B,Cs of Hedge Funds: Alphas, Betas and Costs, S. 4; *Verret*, Dr. Jones and the raiders of lost capital, S. 6; *Lhabitant*, Hedge Funds, S. 16. Eine Limited Liability Company ist mit der deutschen GmbH, eine Private Limited Partnership mit der deutschen Kommanditgesellschaft vergleichbar. Limited Liability Companies und Private Limited Partnerships sind in den USA nicht separat steuerpflichtig, so dass jegliche Steuerverbindlichkeiten, die auf Grund profitabler Investitionen der Fonds entstehen, nur die jeweiligen individuellen Anleger der Fonds treffen. Vgl. *SEC*, Staff Report to the United States Securities and Exchange Commission, Implications of the Growth of Hedge

Das deutsche Aufsichtsrecht behandelt Hedgefonds als spezielle Form von Investmentfonds. Dabei können inländische Hedgefonds sowohl von einer Kapitalanlagegesellschaft als rechtlich unselbstständiges *Sondervermögen* aufgelegt als auch in der Rechtsform der *Investmentaktiengesellschaft* errichtet werden.[99] Single-Hedgefonds ist eine weitgehend beschränkungslose Anlagepolitik gestattet;[100] der Einsatz von Fremdkapital ist jedoch begrenzt.[101] Wegen des vergleichsweise hohen Verlustrisikos ist der öffentliche Vertrieb von Hedgefonds-Anteilen in Deutschland grundsätzlich untersagt.[102]

Bislang bilden allerdings in Deutschland aufgelegte Hedgefonds eine seltene Ausnahme. Um eine Regulierung insgesamt zu umgehen, sind rund 50 Prozent der derzeitig existierenden Hedgefonds an Offshore-Finanzplätzen eingetragen.[103] Weitere ca. 40 Prozent der Fonds sind in den USA registriert. Eu-

---

Funds, S. 9; *O'Halloran*, 79 Tul. L. rev. 461, 465 f. (2004). Ausführlich zur Regulierung von Hedgefonds in den USA siehe *Bednarz*, RIW 2007, 34.

99 Für diese gelten die allgemeinen Mindestkapitalanforderungen, die sich bei einer Auflegung als Sondervermögen auf 730.000 €, bei der Gründung einer Investmentaktiengesellschaft auf 300.000 € belaufen. Siehe § 11 Absatz 1 Nr. 1 InvG für die Kapitalanlagegesellschaft, § 97 Absatz Nr. 1 InvG für die Investmentaktiengesellschaft. Infolge der rechtlichen Unselbstständigkeit stehen die im Sondervermögen enthaltenen Vermögenswerte entweder im Miteigentum der Anleger (sog. Miteigentumslösung) oder im Eigentum der Kapitalanlagegesellschaft, die die Vermögenswerte treuhänderisch für die Anleger verwaltet (sog. Treuhandslösung). Bei der Investmentaktiengesellschaft hingegen ist das Fondsvermögen mit dem Gesellschaftsvermögen identisch. Die im Fonds enthaltenen Vermögenswerte gehören der Investmentaktiengesellschaft, die Anleger sind Aktionäre der Gesellschaft. Vgl. *Wallach*, Rechtliche und steuerliche Rahmenbedingungen für Hedge Funds in Deutschland, in: Dichtl/Kleeberg/Schlenger, Handbuch Hedge Funds, S. 57; *Pütz/Schmies*, BKR 2004, 51, 52.

100 Vgl. § 112 InvG.

101 Vgl. § 114 i.V. mit § 53 InvG. Vgl. auch § 112 Absatz 4 InvG.

102 Vgl. § 112 Absatz 2 InvG für Sondervermögen, § 101 InvG für Aktien einer Investmentaktiengesellschaft, § 135 Absatz 1 Satz 2 InvG für Anteile an ausländischen Fonds. Nicht ausgeschlossen ist aber der vom Anwendungsbereich des InvG nicht erfasste Erwerb derartiger Single-Hedgefonds im Wege einer Privatplatzierung sowie von Zertifikaten. Vgl. *Pütz/Schmies*, BKR 2004, 51, 59. Ebenso gilt dies nicht für Anteile von Dach-Hedgefonds, da diese Konstruktion mit geringeren Ausfallrisiken behaftet ist. Dach-Hedgefonds unterliegen gemäß § 113 InvG besonderen aufsichtsrechtlichen Verpflichtungen, welche einen ausreichenden Anlegerschutz sicherstellen sollen. So dürfen Leverage und Leerverkäufe für Dach-Sondervermögen nicht durchgeführt werden (§ 113 I 3 InvG). Der Fonds darf zudem nicht mehr als 20 Prozent des Sondervermögens in einen einzelnen Zielfonds, nicht mehr als zwei Zielfonds vom gleichen Emittenten oder Fondsmanager und nicht in Zielfonds anlegen, die ihre Mittel selbst in anderen Zielfonds anlegen (§ 113 IV InvG). Vgl. *Wallach*, Rechtliche und steuerliche Rahmenbedingungen für Hedge Funds in Deutschland, in: Dichtl/Kleeberg/Schlenger, Handbuch Hedge Funds, S. 72, 77; *v. Livonius*, WM 2004, 60, 67. Zu Dach-Hedgefonds (Funds of Funds) siehe unten S. 35.

103 Vgl. *FMA*, Hedge Fonds – Bedeutung am Finanzplatz Österreich und regulatorischer Rahmen, S. 6, 27; *Berger/Steck*, ZBB 2003, 192, 193; *Stastny*, Hedge-Fonds und Finanzmarktstabilität, S. 5; *Ricke*, BKR 2004, 60, 61; *Spindler/Bednarz*, WM 2006, 553, 554; *Sachverständigenrat zur Begutach-*

ropa spielte bisher als rechtliches Domizil von Hedgefonds eine untergeordnete Rolle. Viele neu gegründete Fonds werden jedoch mittlerweile in Europa aufgelegt; beinahe ein Fünftel aller Hedgefonds wird von Großbritannien aus verwaltet.[104]

7. Anlegerstruktur

Hedgefonds verlangen von ihren Anlegern häufig eine hohe Mindesteinlage, so dass sich fast ausschließlich vermögende Privatpersonen und institutionelle Investoren beteiligen können.[105] Ursache hierfür ist zum einen, dass Hedgefonds, wie beispielsweise in den USA, häufig aufsichtsrechtlich dazu angehalten sind, lediglich finanzstarke Investoren aufzunehmen.[106] Zum anderen bevorzugen viele Fondsmanager vermögende Privatkunden, weil diese in der Regel einen längeren Anlagehorizont haben und höhere Anlagesummen investieren als Kleinanleger. In Amerika investierten in den sechziger und siebziger Jahren in erster Linie wohlhabende private Anleger in Hedgefonds.[107] In der Zwischenzeit ist dort und in England das Interesse an Hedgefonds aber auch bei institutionellen Anlegern stark angestiegen,[108] die auf diese Weise ihr Portfolio mit *absolute return*-Strategien diversifizieren.[109] In den USA bilden Pensionsfonds und Stiftungen die wichtigsten Anlegergruppen unter den institutionellen Investoren.[110] Deutschen Pensionseinrichtungen und Versiche-

---

tung der gesamtwirtschaftlichen Entwicklung, Die Chancen nutzen – Reformen mutig voranbringen, Jahresgutachten 2005/06, S. 472.

104 *Bankenverband*, Hedgefonds – Eine Branche entwächst den Kinderschuhen, S. 4. Zur Rolle Londons als Zentrum für Hedgefonds-Manager siehe *FSA*, Hedge Funds: A discussion of risk and regulatory engagement, Feedback Statement, S. 3.

105 *v. Livonius*, WM 2004, 60, 61; *Luttermann/Backmann*, ZIP 2002, 1017, 1018; *FSA*, Hedge funds: A discussion of risk and regulatory engagement, Discussion Paper, S. 10; *Cottier*, Hedge Funds and Managed Futures, S. 39; *Lhabitant*, Hedge Funds, S. 19; *Sachverständigenrat zur Begutachtung der gesamtwirtschaftlichen Entwicklung*, Die Chancen nutzen – Reformen mutig voranbringen, Jahresgutachten 2005/06, S. 464.

106 Siehe zur Regulierungsvermeidung von Hedgefonds oben S. 19 f.

107 *Bekier*, Marketing of Hedge Funds, S. 98; *Nicholas*, Marktneutrale Investments, S. 34.

108 *Pichl*, Hedge Funds, S. 39. In Nordamerika ist der durchschnittliche Investitionsanteil von institutionellen Investoren von 2,5 Prozent im Jahr 2001 auf fünf Prozent im Jahr 2003 angestiegen, vgl. *Ibbotson/Chen*, The A,B,Cs of Hedge Funds: Alphas, Betas and Costs, S. 3. Zur Situation in England siehe *FSA*, Hedge Funds: A discussion of risk and regulatory engagement, Feedback Statement, S. 3.

109 Vgl. *Seifert*, Managing Currency Risk for Emerging Markets Hedge Funds, S. 12; *Lhabitant*, Hedge Funds, S. 20 f.; *Maatman/Raaijmakers*, Hedge Funds in Company Law: Virus or Vaccine?, S. 3.

110 Vgl. *Cottier*, Hedge Funds and Managed Futures, S. 111.

rungen ist es zwar seit 2004 gestattet, in Hedgefonds zu investieren. Institutionelle Anleger in Deutschland halten sich bei der Investition in alternative Investments allerdings bislang zurück.[111]

III. Anlagestrategien

Grundprinzip beinahe aller Hedgefonds ist es, von Marktineffizienzen zu profitieren, indem sie überbewertete oder unterbewertete Vermögenstitel aufspüren und gewinnbringend auszunutzen versuchen.[112] Im Einzelnen verfolgen Hedgefonds-Manager aber ganz unterschiedliche Strategien, um hohe Renditen zu erzielen.[113] Schon seit mehreren Jahrzehnten vernachlässigen dabei viele Fonds die anfängliche Idee, sich durch Hedging-Geschäfte abzusichern. Obwohl sie nicht mehr viel mit dem ursprünglichen Fonds von *Jones* gemein haben, werden aber auch sie als Hedgefonds bezeichnet.[114]

Im Einzelfall fällt es schwer, die von einem Fonds verfolgten Strategien zu bestimmen, weil viele Manager es vermeiden, sie einem öffentlichen Publikum vorzustellen und auf diese Weise eine Nachahmung zu ermöglichen.[115] Daneben wandeln sie ihre Strategien den Marktgegebenheiten entsprechend ständig ab.[116] Zudem zeigt die jüngere Entwicklung, dass sich die unterschiedlichen Investitionsstrategien zu vermischen beginnen. So ist einerseits zu beobachten, dass Hedgefonds längerfristige Investitionen zum Beispiel im Bereich von Private Equity eingehen,[117] andererseits aber auch, dass Investitionsfonds Strategien einsetzen, die bislang nur von Hedgefonds angewandt wurden. Inwieweit es sich hierbei um vereinzelte Versuche handelte, das individuelle Anlageergebnis durch abweichendes Investitionsverhalten zu verbes-

---

[111] Nach Angaben des *Bundesverbandes Investment und Asset Management e.V.* (BVI) sind derzeit mit rund 1,3 Milliarden Euro nur etwa zwei Prozent des Vermögens deutscher Pensionseinrichtungen in Hedgefonds investiert (Stand 2006), siehe www.bvi.de. Zur wachsenden Bedeutung von Hedgefonds für institutionelle Investoren siehe *Enos/Gmür*, ZfgK 2006, 849.

[112] *Deutsche Bundesbank*, Monatsbericht März 1999, S. 33; *Cottier*, Hedge Funds and Managed Futures, S. 14; *Berger/Steck*, ZBB 2003, 192, 193; *Maatman/Raaijmakers*, Hedge Funds in Company Law: Virus or Vaccine?, S. 5.

[113] *Al-Sharkas*, The Return in Hedge-Fund Strategies, S. 220.

[114] Siehe hierzu *Pichl*, Hedge Funds, S. 4; *Cottier*, Hedge Funds and Managed Futures, S. 14.

[115] *Berg*, Hedge Fonds in Deutschland, S. 30. Zur fehlenden Transparenz der Anlagestrategien siehe oben S. 17.

[116] *Verret*, Dr. Jones and the raiders of lost capital, S. 2.

[117] *IMF*, Global Financial Stability Report, 2005, S. 82; *Rettberg*, Großinvestoren umwerben den Mittelstand, in: Handelsblatt vom 16.12.2005, S. 27; *Spindler/Bednarz*, WM 2006, 553, 555. Zur Abgrenzung zu Private Equity Fonds siehe unten S. 36.

sern, oder ob es sich um eine Tendenz zur Symbiose der unterschiedlichen Anlageklassen handelt, wird zu beobachten sein.[118]

Während die meisten Hedgefonds passive (*buy and hold-*) Taktiken verfolgen, üben lediglich einige Vertreter unternehmensbezogener Strategien aktiv Einfluss auf Portfoliogesellschaften aus.[119] Letztere stehen somit im Fokus unserer Untersuchung. Im Folgenden wird zunächst „*event driven*" als unternehmensbezogene Strategie einschließlich der Unterkategorien hierzu dargestellt (1.). Nur im Überblick skizziert werden ferner die wichtigsten sonstigen (makroökonomischen) Strategien (2.) sowie zuletzt Dach-Hedgefonds als Variationskategorie (3.).[120]

---

[118] *Bankenverband*, Hedgefonds – Eine Branche entwächst den Kinderschuhen, S. 6. Vgl. hierzu auch *FMA*, Hedge Fonds – Bedeutung am Finanzplatz Österreich und regulatorischer Rahmen, S. 14.

[119] Hedgefonds der Kategorie *event driven* sollen nach einer Umfrage des Analyseunternehmens *Lipper* ca. 23 Prozent des globalen Hedgefonds-Volumens ausmachen, vgl. *O.V.*, Event-Hedgefonds laut Umfrage vorn, in: Börsenzeitung vom 19.12.2006, S. 5. Einer Schätzung von *J.P. Morgan* zufolge wurden bis 2006 mit ca. fünf Prozent des Hedgefonds-Volumens aktivistische Strategien verfolgt. Sofern diese Strategien hohe Renditen erzielen sollten, könne sich dieser Anteil zukünftig jedoch drastisch erhöhen bzw. – im Falle des Misserfolgs – erheblich verringern, vgl. *Kahan/Rock*, Hedge Funds in Corporate Governance and Corporate Control, S. 2, 18; *J.P. Morgan*, Global Mergers and Acquisitions Review, S. 89; *Schmolke*, ZGR 2007, 701, 717.

[120] Auch wenn die verschiedenen Anlagestrategien von Hedgefonds sowohl in der Praxis als auch in der Forschung relativ gut charakterisiert und abgegrenzt sind, so bestehen hinsichtlich der Gruppierung dieser Anlagestrategien in ein Gesamtschema erhebliche Unterschiede. Anders als bei traditionellen Anlageklassen existiert kein allgemein akzeptiertes Klassifikationssystem, siehe *Berg*, Hedge Fonds in Deutschland, S. 30; *Lähn*, Hedge Fonds, S. 290; *Al-Sharkas*, The Return in Hedge-Fund Strategies, S. 221. Vielmehr finden sich mehrere dokumentierte Möglichkeiten zur Einordnung der einzelnen Hedgefonds-Strategien. Insbesondere werden diese nach Direktionalität, Volatilität, Anlageklassen, geographischer Ausrichtung oder Branchenfokus gegliedert, vgl. *Kaiser/Hilpold*, Alternative Investment-Strategien, S. 13. Weltweit existieren mehrere Hedgefonds-Indizes, welche von verschiedenen Consulting-Unternehmen konzipiert wurden. Diesen Indizes liegen unterschiedliche Methoden der Strategieklassifikation zu Grunde, weswegen auch deren Ergebnisse heterogen ausfallen. Zu den unterschiedlichen Klassifikationsmöglichkeiten siehe ausschnittsweise *Van Hedge Fund Advisors* (4 Hauptkategorien, http://www.vanhedge.com/-indices.html); *Managed Account Reports Inc.* (8 Hauptkategorien, http://www.marhedge.com); *Hedge Fund Research*, (5 Hauptkategorien, http://www.hedgefundresearch.com/index.php?fuse=indices-str&1162203740); *CSFB/Tremont* (10 Hauptkategorien, http://hedgeindex.com); *Alternative Investment Management Association* (http://www.aima.org). Eine Linkübersicht zu anderen Datenbanken findet sich unter http://www.aima.org/aima.asp?id=94&source=press). Wie bei der *Alternative Investment Management Association* (AIMA, http://www.aima.org) wird zur Darstellung an dieser Stelle eine Einteilung nach den angewandten Investmentprozessen vorgenommen.

1. Event Driven

Ereignisgetriebene Strategien (*event driven*) nutzen spezielle Situationen eines Unternehmens zur Spekulation aus.[121] Dabei werden Long- und gegebenenfalls Short-Positionen in Finanzinstrumente von Unternehmen aufgebaut, deren Titel voraussichtlich innerhalb eines kurzen Zeitraumes auf Grund ungewöhnlicher Begebenheiten ihren Wert verändern werden.[122] Solche Unternehmensereignisse sind beispielsweise Insolvenz oder drohende Insolvenz, Restrukturierungen, Fusionen, Übernahmen, Aktienrückkäufe sowie die Ausgliederung von Unternehmensteilen (*spin-off*).[123] Um die Rendite zu steigern, beeinflussen einige Fonds Eintritt und Verlauf dieser Situationen.[124] *Event driven* hat unter den Hedgefonds-Strategien in den letzten Jahren massiv an Bedeutung gewonnen, was sich in einem gestiegenen prozentualen Anteil am Gesamtvolumen widerspiegelt.[125] Deren wichtigste Untergruppen sind *merger arbitrage* (a) sowie *distressed securities/ distressed debt*-Hedgefonds (b).

a) Merger Arbitrage

Bei der *merger arbitrage* werden gleichzeitig Long- und/oder Short-Positionen in Finanzinstrumenten von Unternehmen aufgebaut, die sich in einer Übernahmesituation befinden.[126] Nach dem Bekanntwerden einer geplanten Übernahme fällt in der Regel der Aktienkurs der Bietergesellschaft (*bidder*), während der Kurs der Zielgesellschaft (*target*) regelmäßig steigt.[127] Letztlich reflektieren beide Werte gemeinsam den Wert des Unternehmens nach der Über-

---

[121] Vgl. *Kodres*, Hedge Fund Investment Strategies, in: Eichengreen/Mathieson, Hedge Funds and Financial Market Dynamics, S. 51; *Kaiser/Hilpold*, Alternative Investment-Strategien, S. 61, 64; *FMA*, Hedge Fonds – Bedeutung am Finanzplatz Österreich und regulatorischer Rahmen, S. 6.

[122] *Seifert*, Managing Currency Risk for Emerging Markets Hedge Funds, S. 14.

[123] *Kaiser*, Hedgefonds, S. 142; *Bretzler/Rudolph*, Hedge Fonds & Alternative Investments, S. 28; *Kodres*, Hedge Fund Investment Strategies, in: Eichengreen/Mathieson, Hedge Funds and Financial Market Dynamics, S. 53; *Spindler/Bednarz*, WM 2006, 553, 554; *Gerke/Mager/Kiehn*, ZBB 2002, 479, 480; *Berger/Steck*, ZBB 2003, 192, 193; *Seifert*, Managing Currency Risk for Emerging Markets Hedge Funds, S. 14.

[124] *Weber*, Hedge Funds, S. 52.

[125] Vgl. nur die Darstellung in *Deutscher Investor Relations Verband*, recent trends in shareholder activism, S. 4, abrufbar unter http://www.dirk.org/upload/pdf/jahreskonferenz/jahreskonferenz10/workshop%203.2.pdf.

[126] *Bretzler/Rudolph*, Hedge Fonds & Alternative Investments, S. 28; *Al-Sharkas*, The Return in Hedge-Fund Strategies, S. 221; *Weber*, Hedge Funds, S. 108.

[127] *FMA*, Hedge Fonds – Bedeutung am Finanzplatz Österreich und regulatorischer Rahmen, S. 14; *Thompson*, The Limits of Hedge Fund Activism, S. 33; *Albrecht/Mandl*, Hedgefonds in der Kapitalanlage von Versicherungsunternehmen - Caveats aus wissenschaftlicher Sicht, S. 11; *Weber*, Hedge Funds, S. 110.

nahme.[128] Geht ein Hedgefondsmanager von einer erfolgreichen Transaktion aus, investiert er entsprechend der obigen Annahme in Finanztitel der Zielgesellschaft (*long*) und verkauft Titel des Bieters leer (*short*). Die Differenz zwischen Übernahmepreis und Marktbewertung nach Bekanntwerden der Übernahme (*Arbitrage Spread*) ist auf die Unsicherheit bezüglich des Zustandekommens der Übernahme zurück zu führen.[129]

Damit ist entscheidender Risikofaktor dieser Strategie, ob die Übernahme erfolgreich verlaufen wird (*Deal Risk*).[130] Vor der Investition ist diese Wahrscheinlichkeit hinreichend anhand sämtlicher verfügbarer Unternehmensdaten, Analystenberichte oder Pressemitteilungen zu analysieren. Wenn möglich, erfolgen Gespräche mit beteiligten Managern oder Brancheninsidern. Hinzu tritt ein hohes Verlustrisiko, wenn erworbene größere Aktienpakete nach dem Scheitern eines Deals wieder veräußert werden sollen. Analysiert wird die erwartete Rendite für den Zeitraum bis zur Realisierung durch Veräußerung (*Standstill Return*), welche das Risiko eines Misserfolgs ausreichend kompensieren muss.[131]

Regelmäßig sind die zu erzielenden Gewinnspannen bei freundlichen Übernahmen geringer als bei feindlichen Übernahmen[132], da bei einer im Interessengleichlauf mit dem Zielvorstand stehenden Übernahme das Risiko des Scheiterns geringer ist und dies auch vom Markt entsprechend eingeschätzt wird. Zudem erzielen *merger arbitrage* Hedgefonds im Falle einer feindlichen Übernahme die höchsten Renditen, weil in solchen Situationen die Preise für eine Übernahme regelmäßig hoch sind.[133] Wetten Hedgefonds auf ein Scheitern der geplanten Übernahme, investieren sie wie im Fall der *Deutschen Börse*

---

[128] *Kodres*, Hedge Fund Investment Strategies, in: Eichengreen/Mathieson, Hedge Funds and Financial Market Dynamics, S. 51.

[129] *Bretzler/Rudolph*, Hedge Fonds & Alternative Investments, S. 28.

[130] *Merger arbitrage* wird auch als *Risk Arbitrage* bezeichnet. Vgl. *Clashinrichs*, Hedge Funds, S. 51; *Kaiser*, Hedgefonds, S. 144; *Weber*, Hedge Funds, S. 109. Kritisch gegenüber diesem Begriff *Kodres*, Hedge Fund Investment Strategies, in: Eichengreen/Mathieson, Hedge Funds and Financial Market Dynamics, S. 51, da Arbitrage im Gegensatz zur Spekulation eine grundsätzlich risikolose Investitionstechnik darstellt.

[131] *Weber*, Hedge Funds, S. 109.

[132] Von einer feindlichen Übernahme (*hostile takeover*) ist die Rede, wenn der Kauf der Kapitalmehrheit an einem Unternehmen gegen den Willen von dessen Vorstand, Aufsichtsrat oder Belegschaft erfolgt. In Abgrenzung hierzu spricht man von einer freundlichen Übernahme (*friendly takeover*), wenn der Erwerb mit dem Einverständnis dieser Unternehmensmitglieder verbunden ist, vgl. *Merkt/Göthel*, US-amerikanisches Gesellschaftsrecht, Rn. 1313.

[133] *Pichl*, Hedge Funds, S. 36.

AG im Jahr 2005[134] in entgegengesetzter Richtung. In diesem Fall gehen sie *long* in Werte des Bieters, da sich dessen Kurs nach einem erfolglosen Übernahmeversuch voraussichtlich wieder erholt und auf der anderen Seite *short* in Werte der Zielgesellschaft, da diese mutmaßlich an Wert verliert.[135] Investitionsmöglichkeiten ergeben sich für *merger arbitrage* Hedgefonds vor allem in Zeiten der Hausse und des Booms, da Übernahmen in diesen Konjunkturphasen häufiger erfolgen.[136]

B) Distressed Securities/Distressed Debt

Distressed securities/distressed debt Hedgefonds erwerben Finanzinstrumente und Forderungen von Unternehmen, die restrukturierungsbedürftig, insolvent oder zumindest insolvenzgefährdet sind.[137] Investiert wird in Aktien, Gewinnanteilsscheine, Bankdarlehen, Anleihen, Hypotheken, Leasingkontrakte, Ansprüche aus Handelsgeschäften oder anderen Unternehmensverbindlichkeiten des in der Schieflage befindlichen Unternehmens. Neben der Intervention als Eigenkapitalgeber ersetzen Hedgefonds als Kreditgeber im deutschen Mittelstand zunehmend die Hausbanken.[138]

Daneben stellen manche Hedgefonds Kapital zur Finanzierung einer Akquisition des Unternehmens wie *leveraged buy outs* (LBO), *management buy outs* (MBO) bzw. *management buy ins* (MBI) zur Verfügung, die die Nachfolge des Unternehmens und damit das Fortbestehen der Geschäftsaktivität gewährleisten sollen. Solche Hedgefonds werden dann der Subkategorie *Special Situations* zugeordnet. Diese versuchen, durch außergewöhnliche Ereignisse, wie derartige Akquisitionen oder die Ankündigung von Aktienrückkäufen, verursachte Preisveränderungen auszunutzen.[139] Eine Unternehmensakquisition, bei welcher der Erwerber zur Finanzierung des Erwerbspreises neben Eigenkapital in erheblichem Umfang auch Fremdkapital einsetzt, nennt man allgemein einen *leveraged buy out* (LBO). Ist der Eigenkapitalinvestor das Management der Zielgesellschaft, spricht man von einem *management buy out* (MBO). Handelt es sich dagegen um externe Füh-

---

134 Siehe zum Fall der *Deutschen Börse AG* unten S. 82.

135 *Seifert*, Managing Currency Risk for Emerging Markets Hedge Funds, S. 14.

136 *Clashinrichs*, Hedge Funds, S. 52. Im Jahr 2006 zählte diese Strategie zu den erfolgreichsten der Hedgefonds-Branche, da sich der Markt für Übernahmen und Fusionen (M&A) zu diesem Zeitpunkt auf Rekordniveau befand, vgl. *O.V.*, Hedgefonds sind das Zünglein an der Waage, in: FAZ vom 06.07.2006, S. 21.

137 *Bretzler/Rudolph*, Hedge Fonds & Alternative Investments, S. 30; *Cottier*, Hedge Funds and Managed Futures, S. 134; *Weber*, Hedge Funds, S. 101. In den Bereich fallen insbesondere Unternehmen, die bereits hochverzinsliche Wertpapiere (*High Yields*) begeben haben. Entscheidendes Kriterium ist zudem das *Downgrading* von Unternehmen, die ursprünglich als Investmentgrade bewertet waren (*Fallen Angels*), vgl. *Kaiser/Hilpold*, Alternative Investment-Strategien, S. 62; *Kestler/Striegel/Jesch*, NZI 2005, 417, 419.

138 *O.V.*, Hedgefonds greifen nach dem Mittelstand, in: FAZ vom 25.04.2007, S. 19.

139 Vgl. *Seifert*, Managing Currency Risk for Emerging Markets Hedge Funds, S. 14; *Ricke*, BKR 2004, 60, 62.

rungskräfte, wird die Transaktion als ***management buy in*** (MBI) bezeichnet.[140] Damit ergibt sich nur scheinbar eine Überschneidung mit dem Tätigkeitsbereich von *private equity*-Fonds. Diese decken im Gegensatz zu Hedgefonds das Gebiet ***private debt*** ab. Umschrieben werden hiermit nicht öffentlich gehandelte Forderungen gegenüber nicht notierten Unternehmen.[141] Jedoch haben sich einige Hedgefonds auf „gefallene" *leveraged buy outs* spezialisiert. Dies sind Unternehmen, die häufig nach einer Übernahme durch *private equity*-Fonds auf Grund des hohen Grades der Fremdfinanzierung in Insolvenzgefahr geraten sind. Angesichts der hohen Fremdfinanzierungsquoten der letzten Jahre wird damit gerechnet, dass sich solche Fälle zukünftig mehren.[142]

Derartige Finanztitel werden regelmäßig mit einem Abschlag am Markt gehandelt. Der günstige Preis reflektiert die schlechte Unternehmenssituation, die Unsicherheit über die zukünftige Entwicklung des Unternehmens und das spezifische hohe Ausfallrisiko.[143] Oftmals entstehen deutliche Ineffizienzen der Marktbewertung.[144] Zum einen reagieren Investoren in Krisensituationen häufig emotional und veräußern Not leidende Wertpapiere zu niedrigen Kursen, ohne das Fortführungspotential des Unternehmens zu beachten (Irrationalität und Risikoaversion der Investoren). Daneben sind viele institutionelle Investoren aufsichtsrechtlich verpflichtet, Positionen in Unternehmen glattzustellen, die nicht mehr als Investmentgrade einzustufen sind.[145] Zudem gefährden institutionelle Investoren ihre Bonitätsbewertung durch die Rating-Agenturen, wenn sie notleidende Kredite halten.[146] Auch erfordert die Bewertung von Ansprüchen gegen notleidende Unternehmen einen hohen finanz- und rechtsanalytischen Aufwand, den viele Gläubiger angesichts des Ausfallrisikos nicht investieren möchten. Daher veräußern diese ihre Ansprüche oft unterhalb des tatsächlichen Preisniveaus.[147]

Diese Faktoren führen dazu, dass Finanztitel von in (Zahlungs-)-Schwierigkeiten geratenen Unternehmen in der Summe deutlich unter ihrem tatsächlichen Wert notieren. Da traditionelle Investoren in derartigen Situati-

---

140 Siehe hierzu *Diem*, Akquisitionsfinanzierungen, S. 2 f.

141 Vgl. *Kestler/Striegel/Jesch*, NZI 2005, 417, 421. Zu Private Equity Fonds siehe unten S. 36 f.

142 Siehe *Maier*, Schlüssel-Erlebnis, Financial Times Deutschland vom 27.02.2007.

143 *Weber*, Hedge Funds, S. 99; *Kaiser/Hilpold*, Alternative Investment-Strategien, S. 61; *Kestler/Striegel/Jesch*, NZI 2005, 417, 419.

144 *Clashinrichs*, Hedge Funds, S. 48; *Kaiser/Hilpold*, Alternative Investment-Strategien, S. 64. *Beverini/Cova*, Hedge Funds are changing distressed debt, in: IFLR June 2006, S. 12; *Seifert*, Managing Currency Risk for Emerging Markets Hedge Funds, S. 14.

145 *Bretzler/Rudolph*, Hedge Fonds & Alternative Investments, S. 30.

146 Vgl. *Schulz*, Private Equity Gesellschaften wehren sich gegen Kredithandel, in: FAZ vom 07.09.2006, S. 22.

147 Vgl. *Seifert*, Managing Currency Risk for Emerging Markets Hedge Funds, S. 14.

onen regelmäßig zurückhaltend agieren, ist dieser Markt durch eine geringe Nachfrage und damit wenig Liquidität gekennzeichnet.[148] Hedgefonds hingegen treten häufig als Liquiditätsanbieter auf und versuchen, temporäre Ineffizienzen zu ihrem Vorteil zu nutzen.[149]

Ziel der Strategie ist, die günstig erworbenen Titel nach einer Erholung des Unternehmens wieder mit Gewinn zu veräußern. Im Falle von *distressed debt* versuchen die Fonds, im Laufe des Restrukturierungsprozesses ihre Fremdkapitalinstrumente in gewinnberechtigte Eigenkapitalanteile umzuwandeln (*debt equity swap*), um von einer erfolgreichen Sanierung wirtschaftlich profitieren zu können.[150]

In manchen Fällen spekulieren die Fonds auf eine Refinanzierung. Dann kaufen sie den Gläubigerbanken oder *collaterised loan obligation-Fonds* (CLO-Fonds) die Tranchen deutlich unter dem Nominalbetrag in der Erwartung ab, um mit dem Unternehmen und anderen Geldgebern eine Umschuldung oder Restrukturierung des Kredits aushandeln zu können. Gelingt dies, erhalten die Fonds das eingesetzte Kapital regelmäßig verzinst zurück.[151]

Das Risiko dieser Anlagestrategie bezieht sich auf den Fortbestand respektive die Erholung (*turn-around*) des Unternehmens und korreliert grundsätzlich nicht mit der allgemeinen Marktentwicklung.[152] Daher ist die finanzielle, operative und strategische Situation des Unternehmens zu analysieren.[153] Hohe Kursgewinne lassen sich erzielen, sofern Sanierungs- und Restrukturierungsmaßnahmen erfolgreich umgesetzt werden. Gleichzeitig weisen diese Titel wegen der hohen Unsicherheit und des langen Anlagehorizonts ein hohes Risikoniveau auf.[154]

---

[148] *Kaiser/Hilpold*, Alternative Investment-Strategien, S. 64.

[149] *Kaiser/Hilpold*, Alternative Investment-Strategien, S. 66; *Schulz*, Private Equity Gesellschaften wehren sich gegen Kredithandel, in: FAZ vom 07.09.2006, S. 22.

[150] Vgl. *Weber*, Hedge Funds, S. 105.

[151] Zu der Kritik von Private Equity Fonds, dass infolge des Erwerbs von Fremdkapital durch Hedgefonds noch mehr Parteien als früher am Umschuldungsprozess beteiligt sind, und dies eine erfolgreiche Umschuldung erschwere, siehe *Schulz*, Private Equity Gesellschaften wehren sich gegen Kredithandel, in: FAZ vom 07.09.2006, S. 22.

[152] *Bretzler/Rudolph*, Hedge Fonds & Alternative Investments, S. 30.

[153] Vgl. *Kodres*, Hedge Fund Investment Strategies, in: Eichengreen/Mathieson, Hedge Funds and Financial Market Dynamics, S. 51; *Cottier*, Hedge Funds and Managed Futures, S. 135; *Clashinrichs*, Hedge Funds, S. 49.

[154] Diese Strategie wird auch als *high yield* oder *orphan equities*-Strategie bezeichnet.

Das Ausfallrisiko aus erworbenen Schuldtiteln lässt sich durch Shortpositionen oder Derivate – zumindest teilweise – absichern. So lässt sich ein Kredit oder eine Anleiheinvestition durch den Leerverkauf von Aktien oder den Erwerb von Put-Optionen auf die Aktie des Unternehmens hedgen.[155] Im Gegensatz zu den anderen Kategorien wird Leverage als Investitionsinstrument kaum verwendet.[156] Gelegentlich werden kurzfristige Positionen vor entscheidenden Ereignissen wie Gerichtsentscheidungen oder Umschuldungsverhandlungen eingegangen.[157] Investitionsmöglichkeiten ergeben sich für *distressed securities* Hedgefonds vor allem in den insolvenzintensiven Konjunkturphasen der Baisse und Rezession.[158]

Während der U.S. Bankruptcy Code seit der Reform 1978 auf einen Erhalt des Unternehmens ausgerichtet ist, hatte die Anwendung der alten Konkursordnung des deutschen Rechts im Falle der Zahlungsunfähigkeit regelmäßig die Beendigung der Geschäftstätigkeit und eine vollständige Liquidation des Unternehmens zur Folge.[159] Auch sah die Vergleichsordnung nur einstimmige Gläubigerbeschlüsse vor, was den wirksamen Abschluss von Vergleichen unwahrscheinlich gestaltete. Aus diesem Grund war der US-amerikanische Markt für *distressed securities* wesentlich größer als in Deutschland und im Rest Europas, weswegen außerhalb Nordamerikas nur wenige *distressed securities*-Fonds aufgetreten sind. Mit Erlass der Insolvenzordnung im Jahre 1999 hat sich die rechtliche Ausgangssituation geändert. Ziel der Insolvenzordnung ist nun auch der Fortbestand des Unternehmens.[160] Damit führt die Zahlungsun-

---

155 Zu *convertible arbitrage* siehe unten S. 34.

156 *Pichl*, Hedge Funds, S. 28; *Kaiser/Hilpold*, Alternative Investment-Strategien, S. 62, 63; *Weber*, Hedge Funds, S. 104.

157 *Cottier*, Hedge Funds and Managed Futures, S. 136.

158 *Clashinrichs*, Hedge Funds, S. 49.

159 *Weber*, Hedge Funds, S. 100; *Rutkis*, Hedgefonds als alternative Investments, S. 33. Auch andere europäische Rechtsordnungen sahen für diesen Fall lediglich eine Abwicklung vor, vgl. *Cottier*, Hedge Funds and Managed Futures, S. 135.

160 Bei der ganz überwiegenden Zahl der Konkursverfahren erfolgte nach altem Recht eine Abweisung mangels Masse, weil nicht genügend Geld für einen Vergleich mit den Gläubigern vorhanden war und selbst bei Verwertung vorhandener Vermögensgegenstände nicht einmal die vorrangigen Masseverbindlichkeiten und Kosten bezahlt werden konnten. Aber auch bei ausreichender Masse, Eröffnung des Konkursverfahrens und anschließender Verwertung des Schuldnervermögens wurden oft unnötig Unternehmen stillgelegt. Der Schuldner und der Insolvenzverwalter können nun einen Insolvenzplan vorlegen, der abweichend vom Gesetz Regelungen trifft, die zur Bewältigung der Insolvenz sinnvoll erscheinen und der bestmöglichen Befriedigung der Gläubiger dienen. Eine planmäßige Umgestaltung und Sanierung steht hierbei im Vordergrund. Siehe BT-Drucks. 12/2443, S. 194 ff.; *Eidenmüller*, Unternehmenssanierung zwischen Markt und Gesetz, S. 49 ff.

fähigkeit nicht mehr regelmäßig zur Liquidierung der Unternehmen, wodurch der Markt für *distressed securities* in Deutschland und in anderen europäischen Ländern eine sicherere ökonomische und rechtliche Grundlage erhalten hat.[161]

Nach dem Ausmaß der Einflussnahme auf das Unternehmen lassen sich *distressed securities* Hedgefonds in aktive und passive Fonds einteilen.[162] Aktive Fonds versuchen direkten Einfluss auf die Restrukturierung zu nehmen und so den aktuellen Unternehmenswert durch eine effizientere Ressourcennutzung zu erhöhen.[163] Passive *distressed securities*-Hedgefonds erwerben dagegen lediglich Anteile und Schuldtitel mit einem Abschlag und warten auf eine Genesung des Unternehmens und der Titel (*buy and hold*). Diese Fonds versuchen dabei nicht, Einfluss auf die Entscheidungen der Unternehmensgremien zu nehmen.[164]

2. SONSTIGE STRATEGIEN

A) LONG/SHORT EQUITY

Long/Short Equity basiert auf dem kombinierten Kauf und Leerverkauf von Aktien. Hierbei werden als unterbewertet erachtete Aktien gekauft (*long-Position*) und gleichzeitig als überbewertet eingeschätzte Aktien leer verkauft (*short-Position*).[165] Hedgefonds im Bereich *long/short-equity* folgen der Maxime, dass sich die relative Wertentwicklung von Aktien einfacher prognostizieren lässt als die Gesamtmarktentwicklung.[166] Dementsprechend hängt der Erfolg dieser Strategie in erster Linie von der Erfahrung und den Fähigkeiten der Fondsmanager ab, die richtige Titelselektion durchzuführen.[167] Durch diese Selektion sollen die Long-Positionen so ausgewählt werden, dass sie genau so

---

161 Insbesondere auch Italien und Frankreich haben ihr Insolvenzrecht neu geregelt, vgl. *Beverini/Cova*, Hedge Funds are changing distressed debt, in: IFLR June 2006, S. 12.

162 Vgl. *Weber*, Hedge Funds, S. 93.

163 *Kaiser/Hilpold*, Alternative Investment-Strategien, S. 63; *Clashinrichs*, Hedge Funds, S. 50; *Kestler/Striegel/Jesch*, NZI 2005, 417, 419. Diese Vorgehensweise wird von einigen Seiten als neuartig und (noch) untypisch für Hedgefonds dargestellt. Vgl. *Beverini/Cova*, Hedge Funds are changing distressed debt, in: IFLR June 2006, S. 12.

164 *Clashinrichs*, Hedge Funds, S. 50. *Beverini/Cova*, Hedge Funds are changing distressed debt, in: IFLR June 2006, S. 12; *Weber*, Hedge Funds, S. 101.

165 *Seifert*, Managing Currency Risk for Emerging Markets Hedge Funds, S. 15; *Kaiser/Hilpold*, Alternative Investment-Strategien, S. 200.

166 *Kaiser/Hilpold*, Alternative Investment-Strategien, S. 200.

167 Vgl. zur Bedeutung des Fondsmanagers oben S.16.

schnell oder schneller an Wert gewinnen wie der Markt, aber langsamer fallen oder sogar weiter steigen, wenn der Markt fällt. Short-Positionen andererseits sollen schneller fallen als der Markt.[168] Im Gegensatz zu aktienmarktneutralen Strategien, welche stets versuchen, ein marktneutrales Portfolio zu halten,[169] haben *long/short*-Portfolios häufig ein Übergewicht auf einer der beiden Seiten.[170]

Die Long-Positionen werden daher in der Regel nicht vollständig, sondern nur teilweise durch Leerverkäufe gedeckt, so dass neben dem spezifischen Risiko ein gewisses Marktrisiko verbleibt.[171] Dieses Verhältnis von Long- zu Short-Positionen – sogenanntes *offenes Marktrisiko* – wird variiert. Die Variation erfolgt entsprechend der Erwartungen in Bezug auf die Gesamtmarktentwicklung. Wird ein deutlicher Anstieg erwartet, so wird die Investition in Longpositionen im Verhältnis erhöht. Es werden also weniger Leerverkäufe getätigt. In Erwartung fallender Kurse kann die Shortseite auch überwiegen.[172] Eine Dominanz auf der Kaufseite wird als *long bias* bezeichnet, während ein Portfolio mit einer Konzentration auf der Leerverkaufsseite einen sogenannten *short bias* aufweist.[173] Im Unterschied zu traditionellen Investmentfonds kann ein solches Portfolio sowohl von steigenden als auch fallenden Aktienkursen profitieren. Ein traditioneller Fondsmanager hat wegen des Leerverkaufsverbots[174] einen eingeschränkten Spielraum und kann nur versuchen, Aktien mit einer erwarteten relativ schlechten Performance von seinem Portfolio fern zu halten. Die Short-Position erlaubt dem Hedgefonds-Manager hingegen, auch in einer Baisse positive Renditen zu erzielen.[175] Leverage wird zur Steigerung der erwarteten Rendite regelmäßig im hohen Maße verwendet.

---

[168] *Clashinrichs*, Hedge Funds, S. 21.

[169] Wenn eine vermeintlich unterbewertete Position gekauft und eine als überbewertet erscheinende Position desselben Sektors im gleichen Umfang leerverkauft wird, spricht man von sog. *Pair Trades*, vgl. *Kaiser*, Hedgefonds, S. 131. Zu marktneutralen Strategien siehe unten S. 33.

[170] *Kaiser/Hilpold*, Alternative Investment-Strategien, S. 199.

[171] *Deutsche Bundesbank*, Monatsbericht März 1999, S. 32. In der Annahme, dass Markttrends häufiger steigen als fallen, werden Long-Positionen durch Short-Positionen tendenziell im Verhältnis 3:1 abgesichert. Vgl. *Clashinrichs*, Hedge Funds, S. 37.

[172] *Clashinrichs*, Hedge Funds, S. 21.

[173] *Kaiser*, Hedgefonds, S. 131; *Kaiser/Hilpold*, Alternative Investment-Strategien, S. 199.

[174] Nach § 59 InvG dürfen traditionelle Kapitalanlagegesellschaften keine Vermögensgegenstände verkaufen, wenn diese zum Zeitpunkt des Geschäftsabschlusses nicht zum Sondervermögen gehören.

[175] *Kaiser/Hilpold*, Alternative Investment-Strategien, S. 201.

b) Marktneutrale Strategien (Relative Value/Arbitrage)

Marktneutrale Aktienstrategien oder statistische Arbitrage konstruieren Portfolios mit Long- und Short-Positionen eines Sektors, deren Nominalwerte sich weitgehend decken. Durch diese betragsgleichen Investitionen soll das allgemeine Marktrisiko vollständig neutralisiert werden.[176] Ziel dieser Strategie ist, dass der Wert der Long-Positionen den der Short-Positionen übersteigt. Renditen sollen auf Grund von relativen Preisbewegungen und unabhängig von Marktvolatilitätsschwankungen erwirtschaftet werden.[177] Regelmäßig wird ein hohes Maß an Leverage zur Ertragsmaximierung eingesetzt.[178] Bei derartigen Aktienportfolios bilden die Titelselektion und die Gesamtmarktentwicklung die zwei primären Risikofaktoren.[179]

c) Global Macro

Mit der Liberalisierung und Internationalisierung der Finanzmärkte in den achtziger Jahren entstanden *global macro* - Hedgefonds. Diese versuchen, makroökonomische Trendveränderungen auf den globalen Märkten frühzeitig zu erkennen und gewinnbringend auszunutzen.[180] Deren Manager generieren Renditen, indem sie extreme Preis-Wert-Disparitäten und andauernde Trends der Aktienmärkte, Zinskurven, Wechselkurse oder bei Rohstoffen identifizieren.[181] Anschließend werden fremd finanzierte Wetten auf die antizipierten Preisbewegungen getätigt. Diese Strategie hat einen hohen Kapitalbedarf, um eventuelle Interventionen anderer Marktteilnehmer zu marginalisieren.[182]

Auf Grund der Größe des verwalteten Vermögens, zuzüglich des verwendeten Fremdkapitals, wird gerade Macro-Hedgefonds häufig eine marktmanipulierende Wirkung unterstellt.[183] Macro-Hedgefonds lösen jedoch meist nur eine Herdenbewegung aus, da viele Anleger den als Fachkapazitäten gelten-

---

[176] Im Gegensatz hierzu wird bei Long/Short-Strategien das systemische Risiko nicht neutralisiert, sondern entsprechend der Wette auf steigende oder fallende Märkte ausgestaltet.

[177] *Seifert*, Managing Currency Risk for Emerging Markets Hedge Funds, S. 15.

[178] Vgl. *Weber*, Hedge Funds, S. 79.

[179] *Kaiser/Hilpold*, Alternative Investment-Strategien, S. 175.

[180] *Kodres*, Hedge Fund Investment Strategies, in: Eichengreen/Mathieson, Hedge Funds and Financial Market Dynamics, S. 47. Daher zählt *global macro* zu den opportunistischen Strategien, vgl. *Weber*, Hedge Funds, S. 65

[181] *Lähn*, Hedge Fonds, S. 273; *Bretzler/Rudolph*, Hedge Fonds & Alternative Investments, S. 26; *Weber*, Hedge Funds, S. 64 f.; *Seifert*, Managing Currency Risk for Emerging Markets Hedge Funds, S. 14.

[182] *Kaiser*, Hedgefonds, S. 148.

[183] *Cottier*, Hedge Funds and Managed Futures, S. 139; *Clashinrichs*, Hedge Funds, S. 47.

den Managern folgen.[184] Daher geben viele Macro-Hedgefonds offene Positionen nicht bekannt, was die ohnehin schon niedrige Transparenz verschlechtert.[185]

Im Rahmen dieser zweiten Gründungsphase entwickelten sich eine Vielzahl unterschiedlichster Strategien und Ziele, so dass die Hedgefonds-Industrie spätestens seit diesem Zeitpunkt nicht mehr als homogene Gruppe mit einheitlicher marktneutraler Strategie aufgefasst werden kann.[186]

D) Convertible Bond Arbitrage

Convertible Bond Arbitrage - Hedgefonds nutzen unterschiedlich verlaufende Wertentwicklungen zwischen Wandelschuldverschreibungen (*convertible bonds*) und den zu Grunde liegenden Aktien, um Gewinne zu erzielen. Wandelschuldverschreibungen setzen sich aus einer Anleihe- und einer Optionskomponente zusammen. Die Optionskomponente gewährt dem Gläubiger das Recht, seinen Anspruch auf Rückzahlung des Nennbetrags gegen eine bestimmte Anzahl Aktien (*Underlying*) des Emittenten oder eines anderen Unternehmens (*Umtauschanleihe*) einzutauschen.[187] Der Wert der reinen Anleihekomponente (sogenannter *Bond Floor*) begrenzt das Verlustrisiko nach unten. Gleichzeitig bietet die Optionskomponente die Chance, an steigenden Aktienkursen zu partizipieren. Daher setzt sich der Wert einer Wandelanleihe aus dem Anleihewert und dem Umtausch/Optionswert zusammen. Dies führt zu einem asymmetrischen Risiko/Rendite-Profil. Während die Wandelanleihe bei steigenden Aktienkursen einen der Aktienkursentwicklung sehr ähnlichen Kursverlauf zeigt, so verliert die Wandelanleihe bei fallenden Aktienkursen in der Regel deutlich weniger an Wert.[188] Als Richtwert wird angenommen, dass eine Wandelanleihe 70 Prozent der Aufwärts-, aber nur 50 Prozent der Abwärtsbewegung der zu Grunde liegenden Aktie nachvollzieht.[189] Diese Bewertungsineffizienzen nutzen Convertible Bonds Arbitrage - Hedgefonds zur

---

[184] *Deutsche Bundesbank*, Monatsbericht März 1999, S. 38. Populäre Macro Hedgefonds Manager waren beispielsweise *George Soros*, *Julian Robertson* und *Michael Steinhardt*. Vgl. zum Problem der Herdenbewegung unten S. 48.

[185] *Cottier*, Hedge Funds and Managed Futures, S. 140. Vgl. zur niedrigen Transparenz der Fondsaktivitäten oben S. 17.

[186] *Lähn*, Hedge Fonds, S. 274.

[187] *Habersack*, in: Münchener Kommentar AktG, § 221 Rn. 24, *Lutter*, in: Kölner Kommentar AktG, § 221 Rn. 94, *Hüffer*, Aktiengesetz, § 221 Rn. 4; *Groß*, in: Handbuch börsennotierte AG, § 48 Rn. 27; *Wehner*, ZfgK 2003, 928.

[188] *Weber*, Hedge Funds, S. 88; *Clashinrichs*, Hedge Funds, S. 40.

[189] *Wehner*, ZfgK 2003, 928.

Generierung von Renditen.[190] Im Normalfall kaufen die Fondsmanager als unterbewertet identifizierte Wandelanleihen und verkaufen die entsprechenden Aktien leer.[191] Erwirtschaftet werden soll damit ein von den Marktbewegungen unabhängiger Ertrag. Bei steigenden Kursen verliert der Fonds mit der Short-Position der Aktien, dieser Verlust wird jedoch durch den Kursverlauf der Wandelanleihe ausgeglichen. Bei fallenden Kursen hingegen werden Gewinne durch die Short-Position erzielt, während die Wandelanleihe nur gering an Wert einbüßt.[192]

3. Dach-Hedgefonds

Dach-Hedgefonds (*funds of funds*) investieren in einen Pool von mehreren (Single-) Hedgefonds (Zielfonds) und bilden die Alternative zu den spezialisierten Fonds.[193] Bei diesem tendenziell konservativen Ansatz steht nicht die Empfehlung einzelner spezifischer Hedgefonds im Vordergrund, sondern die Optimierung verschiedener Fondsstrategien und damit die Erzielung eines besseren Risiko-/Ertragsverhältnisses.[194] Entweder sind sie breit über alle Stilrichtungen diversifiziert oder bilden spezifische Stil, Länder- oder Risikoschwerpunkte ab.[195] Infolge des Diversifikationseffektes ist das Verlustrisiko, aber auch die Ertragswahrscheinlichkeit bei einem Fund of Funds geringer als bei einem einzelnen Hedgefonds.[196] Einen Kostennachteil für den Anleger stellt zudem die doppelte Gebührenbelastung dar.[197] Aus Anlegerschutzgesichtspunkten ist Privatanlegern in Deutschland im Wege des öffentlichen Vertriebs im Hinblick auf das reduzierte Verlustrisiko lediglich ein Erwerb von Dach-Hedgefonds-Anteilen gestattet.[198]

---

190 *Kaiser/Hilpold*, Alternative Investment-Strategien, S. 25.

191 *Kaiser/Hilpold*, Alternative Investment-Strategien, S. 13.

192 *Weber*, Hedge Funds, S. 88.

193 *Al-Sharkas*, The Return in Hedge-Fund Strategies, S. 221; *Wallach*, Rechtliche und steuerliche Rahmenbedingungen für Hedge Funds in Deutschland, in: Dichtl/Kleeberg/Schlenger, Handbuch Hedge Funds, S. 67.

194 *Bretzler/Rudolph*, Hedge Fonds & Alternative Investments, S. 44; *Seifert*, Managing Currency Risk for Emerging Markets Hedge Funds, S. 17.

195 *Weber*, Hedge Funds, S. 53.

196 *Cottier*, Hedge Funds and Managed Futures, S. 143.

197 *Seifert*, Managing Currency Risk for Emerging Markets Hedge Funds, S. 17; *Ricke*, BKR 2004, 60, 65.

198 Vgl. § 113 InvG und *Wallach*, Rechtliche und steuerliche Rahmenbedingungen für Hedge Funds in Deutschland, in: Dichtl/Kleeberg/Schlenger, Handbuch Hedge Funds, S. 77.

IV. Abgrenzung zu sonstigen alternativen Anlageformen

Hedgefonds zählen zur Gruppe der alternativen oder als „nicht traditionell" bezeichneten Investments.[199] Neben diesen werden insbesondere *Private Equity* und *Venture Capital* Fonds den alternativen Investments zugeordnet.[200] Die oben erläuterten Charakteristika erlauben zwar eine klare Abgrenzung von klassischen Anlageformen, Hedgefonds sind jedoch nach der anderen Seite von sonstigen Arten alternativer Investments abzugrenzen. Allgemeingültige Definitionen finden sich für diese Investmentkategorien ebenfalls nicht. Die Übergänge sind fließend; in einigen Punkten überschneiden sich die Anlageformen. Im Folgenden werden daher Private Equity Fonds (1.) und Venture Capital Fonds (2.) anhand typischer Merkmale dargestellt und von Hedgefonds abgegrenzt.

1. Private Equity Fonds

Private Equity hat sich als Oberbegriff für alle Formen des privaten Beteiligungskapitals etabliert.[201] Dem entsprechend investieren Private Equity-Anlagegesellschaften in Unternehmen, die sich in den unterschiedlichsten Entwicklungsstadien befinden und regelmäßig nicht börsennotiert sind.[202] Mit

---

199 RegE InvG, BT-Drucks. 15/1553, S. 107; *FMA*, Hedge Fonds – Bedeutung am Finanzplatz Österreich und regulatorischer Rahmen, Paper November 2005, S. 6; *Lähn*, Hedge Fonds, S. 257; *Weber*, Hedge Funds, S.13, 15. Einige wollen in Hedgefonds keine eigene Asset-Klasse erblicken, sondern fassen sie als normale Asset-Manager auf, welche lediglich andere Strategien und Ziele (*absolute return*, hierzu sogleich) als Long-Only Manager verfolgen. Siehe hierzu *Al-Sharkas*, The Return in Hedge-Fund Strategies, S. 229.

200 *Bretzler/Rudolph*, Hedge Fonds & Alternative Investments, S. 5.

201 *Kestler/Striegel/Jesch*, NZI 2005, 417, 419; *Sachverständigenrat zur Begutachtung der gesamtwirtschaftlichen Entwicklung*, Die Chancen nutzen – Reformen mutig voranbringen, Jahresgutachten 2005/06, S. 464. In den USA versteht man unter *Private Equity* das Eigenkapital nicht börsennotierter Unternehmen. Im Gegensatz hierzu umschreibt der Begriff *Public Equity* börsennotiertes Eigenkapital. In Europa wird der Begriff Private Equity häufig sehr unpräzise verwendet und dem *Venture Capital*, auch Risikokapital, gleichgesetzt. Der Marktbereich Venture Capital ist jedoch lediglich als Teilsegment des umfassenderen Marktes für Private Equity zu verstehen, vgl. *Pichl*, Hedge Funds, S. 19.

202 Damit findet auf diesen Bereich das Wertpapiererwerbs- und Übernahmegesetz (WpÜG) regelmäßig keine Anwendung, da dieses nur für öffentliche Angebote zum Erwerb von Aktien oder gleichgestellten Wertpapieren einer AG oder KGaA mit Sitz im Inland gilt, wenn diese zum Handel an einem organisierten Markt in einem Staat des europäischen Wirtschaftsraumes zugelassen sind (§§ 1, 2 WpÜG). In Ausnahmefällen beteiligen sich Private Equity Fonds auch an börsennotierten Unternehmen, um ein Delisting zu betreiben und damit das Unternehmen von der Börse zu nehmen (*going from public to private*), vgl. *Maatman/Raaijmakers*, Hedge Funds in Company Law: Virus or Vaccine?, S. 11.

einer Frühfinanzierung soll die mangelnde Liquidität zu Beginn der Unternehmensentwicklung überbrückt werden. Wegen des höheren Risikos in dieser Phase werden Innovationsfinanzierungen nahezu ausschließlich mit Eigenkapital respektive dem „Risikokapital" von Private Equity Gesellschaften finanziert und kaum von Kreditinstituten.[203] Dagegen liegt der Schwerpunkt der Geschäftsaktivitäten von Private Equity Gesellschaften bei Unternehmen mit Finanzierungsbedürfnissen in späteren Phasen der Unternehmensentwicklung. Die Beteiligungen dienen dann vielfach der Finanzierung des Wachstums von Unternehmen (*Expansionsfinanzierung*), wobei dieses Ziel häufig durch Unternehmenskäufe realisiert werden soll. Daneben werden die Beteiligungen verwendet, um spezielle Maßnahmen von Unternehmen zu finanzieren. Zum einen werden auf diesem Wege Börsengänge der Unternehmen finanziert (*Bridge-Finanzierung*). Zudem stellen Private Equity Gesellschaften liquide Mittel zur Finanzierung von Leveraged Buy Outs (LBO), Management Buy Outs (MBO) oder Management Buy Ins (MBI) zur Verfügung, welche die Nachfolge des Unternehmens gewährleisten sollen.[204] Auch die Übernahme von Anteilen der Altgesellschafter eines Unternehmens (*Replacement Capital*) stellt ein Geschäftsfeld von Private Equity Gesellschaften dar.[205] Schließlich realisieren sie erforderliche Umstrukturierungen des Unternehmens (*Restructuring*).[206]

Private Equity Fonds beschränken sich in der Regel auf eine kleine Anzahl von Anlageobjekten – in der Regel nicht mehr als zehn – und sind daher nur sehr gering diversifiziert. Üblicherweise können die Fondsanteile nicht übertragen oder vorzeitig an die Gesellschaft zurückgegeben werden.[207] Die Laufzeit der Fonds liegt meist zwischen sieben und zwölf Jahren; damit zeichnen sich Private Equity Fonds durch einen normalerweise mittelfristigen bis langen Investitionshorizont aus, was – neben der Anlage in nicht börsennotierte Gesellschaften – als wichtiges Merkmal für die Abgrenzung zu Hedgefonds gilt. Im Gegensatz hierzu weisen Hedgefonds regelmäßig einen kurzfristigen

---

[203] *Pichl*, Hedge Funds, S. 21. Da dies das Hauptbetätigungsfeld von Venture Capital Fonds darstellt, treten in diesem Segment Überschneidungen auf. Vgl. unten S. 38.

[204] *Weber*, Hedge Funds, S. 16; *Pichl*, Hedge Funds, S. 21. Zu Leveraged Buy Outs, Management Buy Outs und Management Buy Ins oben Fn. 139 und *Diem*, Akquisitionsfinanzierungen, S. 2 f.

[205] *Pichl*, Hedge Funds, S. 21.

[206] *Deutsche Bank*, Basisinformationen zu Vermögensanlagen mit Alternativen Investments, 2004, S. 6.

[207] *SEC*, Staff Report to the United States Securities and Exchange Commission, Implications of the Growth of Hedge Funds, S. 8.

Anlagehorizont auf, insbesondere da die Kapitalgeber nach einer kurzen Bindungsfrist (*lock-up period*) die Rückzahlung ihrer Einlage verlangen können.[208] Allerdings orientieren sich Hedgefonds jüngst auch in zunehmendem Maße längerfristig.[209] Darüber hinaus investieren Hedgefonds ebenfalls in Unternehmen, um diese zu restrukturieren.[210] Insbesondere an diesen Punkten zeigt sich, dass sich die unterschiedlichen Investitionsstrategien einender stark annähern.[211] Längerfristige Engagements von Hedgefonds dürften jedoch noch nicht der Regelfall sein.[212]

2. Venture Capital Fonds

Venture Capital ist ein Teilsegment des Private Equity Marktes und bezieht sich auf die Finanzierung von Jungunternehmen, d.h. ausschließlich Unternehmen, die sich in der *Seed-* oder *Start-up Phase*[213] und damit in einem sehr frühen Entwicklungsstadium befinden.[214] Venture Capital Gesellschaften in-

---

[208] Siehe zur Kapitalbindung oben S. 18.

[209] *Bankenverband*, Hedgefonds – Eine Branche entwächst den Kinderschuhen, S. 6.

[210] Manche Hedgefonds erwerben Anteile von Unternehmen, um diese nach einer erfolgreichen Restrukturierung wieder mit Gewinn veräußern zu können. Zu den Strategien *event driven* und *distressed securities* siehe oben S. 25 ff.

[211] Um Hedgefonds von Private Equity Fonds und Venture Capital Fonds aufsichtsrechtlich abzugrenzen, bestimmt § 112 Absatz 1 Satz 3 InvG Folgendes: Die Vertragsbedingungen des Fonds müssen vorsehen, dass nicht mehr als 30 Prozent des Wertes des Sondervermögens in Beteiligungen an Unternehmen investiert werden dürfen, die nicht an einer Börse zugelassen oder in den organisierten Markt einbezogen sind. Damit soll einerseits verhindert werden, dass Private Equity Fonds sich als „Hedgefonds" ausgeben und so die Möglichkeiten des Investmentgesetzes nutzen. Andererseits kommt eine Anlagemöglichkeit von 30 Prozent in solchen Unternehmensbeteiligungen den Bedürfnissen der Anbieter von Hedgefonds bei der Durchführung von Anlagestrategien entgegen und wird vom Gesetzgeber als ausreichend angesehen. Private Equity und Venture Capital Fonds sollten von den Bestimmungen des InvG bewusst ausgenommen und im Rahmen einer eigenständigen Regelung erfasst werden, vgl. RegE InvG, BT-Drucks. 15/1553, S. 65, 108; *v. Livonius*, WM 2004, 60, 63 f.; *Wallach*, Rechtliche und steuerliche Rahmenbedingungen für Hedge Funds in Deutschland, in: Dichtl/Kleeberg/Schlenger, Handbuch Hedge Funds, S. 60.

[212] *Bankenverband*, Hedgefonds – Eine Branche entwächst den Kinderschuhen, S. 6; *Kumpan*, ZHR 170, 39, 46 f.; *Sachverständigenrat zur Begutachtung der gesamtwirtschaftlichen Entwicklung*, Die Chancen nutzen – Reformen mutig voranbringen, Jahresgutachten 2005/06, S. 464.

[213] Beteiligungskapital wird in der *Seed-Phase* vor allem für die Erstellung des Geschäftskonzeptes sowie den zumeist erheblichen Aufwendungen für Forschung und Entwicklung zur Schaffung eines vermarktungsfähigen Produktes bis zur Fertigstellung eines Prototyps verwendet. Daran schließt sich die *Start-up Phase* an, in der die eigentliche Betriebserrichtung und die Markteinführung erfolgen.

[214] *Pichl*, Hedge Funds, S. 23; *SEC*, Staff Report to the United States Securities and Exchange Commission, Implications of the Growth of Hedge Funds, S. 8; *Sachverständigenrat zur Begutachtung*

vestieren regelmäßig in Unternehmen mit hoher Innovationskraft. Dabei dient das investierte Kapital der Gründung, der Entwicklung und der ersten Expansion der Geschäftsaktivitäten.[215] Ihre Komplementäre spielen oft eine aktive Rolle in den Gesellschaften, in die sie investieren, und nehmen so auf die Geschäfte der Gesellschaften Einfluss.[216] Im Unterschied hierzu beteiligen sich Private Equity Fonds in aller Regel nicht am Management, sondern gehen eine stille Beteiligung ein.[217] Da auch Hedgefonds nun verstärkt auf die Geschäftspolitik ihrer Portfoliogesellschaften einwirken, lassen sich Venture Capital Gesellschaften hauptsächlich über die Investition in nicht börsennotierte Gesellschaften von Hedgefonds abgrenzen.

V. Volumen und Struktur des Hedgefonds - Sektors

Der Hedgefonds-Sektor ist seit seiner Entstehung Anfang der fünfziger Jahre erheblich gewachsen.[218] Ein fester Aktien- und Bondmarkt sowie stark volatile Wechselkurse ließen Hedgefonds in den neunziger Jahren enorme Gewinne erwirtschaften und die Hedgefonds-Industrie hohe Vermögenszuwächse erzielen.[219] Während in dieser Zeit *global macro*-Fonds das Bild dominierten, verfolgt heute die Mehrzahl der Investmentgesellschaften aktienbasierte (*equity-based*) Strategien wie *long/short equity* und *event driven*.[220]

Nach einem rasanten Anstieg des Volumens des von der Branche verwalteten Vermögens während der Jahre 1999-2006 schrumpft dieses seit der Finanzkrise 2007/2008.[221] Gegenwärtig existieren weltweit schätzungsweise 8000 Hedgefonds, die ein Vermögen von mehr als 1,9 Billion USD verwalten und

---

der gesamtwirtschaftlichen Entwicklung, Die Chancen nutzen – Reformen mutig voranbringen, Jahresgutachten 2005/06, S. 464.

215 *Pichl*, Hedge Funds, S. 23.

216 *Kumpan*, ZHR 170, 39, 46; *SEC*, Staff Report to the United States Securities and Exchange Commission, Implications of the Growth of Hedge Funds, S. 8.

217 *Pichl*, Hedge Funds, S. 23.

218 Zum Wachstum der Hedgefonds-Industrie *Deutsche Bank*, Hedge Fonds – eine Branche mit Perspektive, 2005, S. 12 ff.

219 *FMA*, Hedge Fonds – Bedeutung am Finanzplatz Österreich und regulatorischer Rahmen, S. 25; *Pichl*, Hedge Funds, S. 4; *Nicholas*, Marktneutrale Investments, S. 33.

220 Vgl. *Ibbotson/Chen*, The A,B,Cs of Hedge Funds: Alphas, Betas and Costs, S. 3; *Weber*, Hedge Funds, S. 53 f.; *Bundesverband Alternativer Investments* (BAI), Statistik: HFR-Hedgefonds-Strategien Q2 2008 nach AUM, siehe http://www.bvai.de.

221 Vgl. *Bundesverband Alternativer Investments* (BAI), Statistik: Anzahl der Hedgefonds 1990 – Q2 2008, siehe http://www.bvai.de. Einige Autoren sprechen sogar – wohl überspitzt – von dem Untergang der Branche, vgl. *Kuckelkorn*, Hedgefonds-Ära geht zu Ende, in: Börsenzeitung vom 30.10.2008, S. 8.

anlegen.[222] Hedgefonds verwalten zwar lediglich zwischen zwei bis fünf Prozent der liquiden Finanzmittel weltweit,[223] sie sind jedoch für ein Viertel bis zur Hälfte des täglichen Handels an den großen Börsen – wie New York und London – verantwortlich.[224] Indem sie Fremdkapital und Derivate einsetzen, verstärken sie zudem ihren Einfluss auf das Finanzsystem. Bis August 2008 hat die *BaFin* bislang 23 Single-Hedgefonds und 12 Dach-Hedgefonds zugelassen, die insgesamt ein Vermögen von etwa 2,6 Mrd. USD verwalten.[225] Deutsche Anleger waren nach Schätzungen bis Ende 2005 insgesamt mit etwa 15 Milliarden Euro in Hedgefonds investiert.[226]

---

222 So der *Bundesverband Alternativer Investments* (BAI), Stand: 2. Halbjahr 2008, siehe www.bvai.de. Dabei ist zu beachten, dass die Zahlen je nach Datenanbieter stark voneinander abweichen. Vgl. zum extremen Wachstum der letzten Jahre *Roche/Wefers*, Die Qualität der Aufsicht ist nicht überall identisch, in: Börsenzeitung vom 09.12.2006, S. 6; *Schulte*, Hedgefonds erobern neue Welten, in: Börsenzeitung vom 01.12.2006, S. 29; *O.V.*, Hedgefonds verwalten weniger Kapital, in: Handelsblatt vom 25.8.2005, S. 19; *Maatman/Raaijmakers*, Hedge Funds in Company Law: Virus or Vaccine?, S. 4; *FSA*, Hedge Funds: A discussion of risk and regulatory engagement, Discussion Paper, S. 11; *Deutsche Bank*, Hedge Fonds – eine Branche mit Perspektive, 2005, S. 2; *Ibbotson/Chen*, The A,B,Cs of Hedge Funds: Alphas, Betas and Costs, S. 3; *Seifert*, Managing Currency Risk for Emerging Markets Hedge Funds, S. 11; *Stastny*, Hedge-Fonds und Finanzmarkstabilität, S. 11; *Garbaravicius/Dierick*, Hedge Funds and their implications for financial stability, S. 22. *Wefers*, G7 setzt auf positive Seiten von Hedgefonds, in: Börsenzeitung vom 13.02.2007, S. 6; *FMA*, Hedge Fonds – Bedeutung am Finanzplatz Österreich und regulatorischer Rahmen, S. 6. Noch im Jahr 2000 verwalteten Hedgefonds lediglich 490 Milliarden USD, vgl. *Spindler/Bednarz*, WM 2006, 553.

223 *Stastny*, Hedge-Fonds und Finanzmarkstabilität, S. 17; *FMA*, Hedge Fonds – Bedeutung am Finanzplatz Österreich und regulatorischer Rahmen, S. 25; *Hippe*, Anforderungen an Kapitalmarktkommunikation nehmen zu, in: Börsenzeitung vom 19.05.2007, S. B1.

224 *FSA*, Hedge Funds: A discussion of risk and regulatory engagement, Discussion Paper, S. 14; *Deutsche Bank*, Hedge Fonds – eine Branche mit Perspektive, S. 16; *Seifert*, Managing Currency Risk for Emerging Markets Hedge Funds, S. 10. Vgl. dazu auch *Gibson*, 73 Temp. L. Rev. 681, 685 (2000).

225 Vgl. *BaFin*, Liste der genehmigten inländischen Sondervermögen mit zusätzlichen Risiken, Stand: 4. August 2008.

226 *Sachverständigenrat zur Begutachtung der gesamtwirtschaftlichen Entwicklung*, Die Chancen nutzen – Reformen mutig voranbringen, Jahresgutachten 2005/06, S. 465. Unter den Anlageformen überwiegen nicht-börsennotierte Zertifikate mit 8 Milliarden Euro. Es folgen Einzel- und Dach-Hedgefonds ohne Vertriebszulassung in Deutschland (4,7 Milliarden), in Deutschland zugelassene Einzel- und Dachfonds (1,3 Milliarden Euro) und börsennotierte Zertifikate (1 Milliarde Euro). Vgl. *FMA*, Hedge Fonds – Bedeutung am Finanzplatz Österreich und regulatorischer Rahmen, S. 28.

VI. Nutzen und Risiken von Hedgefonds für Anleger und Markt

Von allen Institutionen der internationalen Finanzmärkte haben vermutlich Hedgefonds den schlechtesten Ruf.[227] Im Folgenden werden Nutzen (1.) und Risiken (2.) der Branche sowohl für den Anleger als auch für den Gesamtmarkt besprochen.

1. Nutzen

Betrachtet man zunächst die Vorteile von Hedgefonds, so zeigt sich, dass sie sowohl für den Anleger als auch für den Gesamtmarkt von vielfältigem Nutzen sind:

a) Nutzen für den Anleger

Für Kapitalanleger ist die Anlage in Hedgefonds nicht nur wegen der vielfach erzielten hohen Gewinne interessant.[228] Zum einen übernehmen Hedgefonds – insbesondere durch das Engagement in Derivaten[229] oder den Erwerb notleidender Kredite[230] – spezielle Risiken, die andernfalls in den Bilanzen von Unternehmen verblieben wären, und bilden dadurch eine wichtige Quelle für Risikotransfer[231] und -Diversifikation.[232] Viele Hedgefonds sind zum anderen darum bemüht, sich gegen Marktrisiken abzusichern und damit das von ihnen verwaltete Vermögen zu erhalten. Zudem weist die Anlage in Hedgefonds

---

[227] *Bankenverband*, Hedgefonds – Eine Branche entwächst den Kinderschuhen, S. 3.

[228] *Seifert*, Managing Currency Risk for Emerging Markets Hedge Funds, S. 8. Zur durchschnittlichen Renditeverteilung von Hedgefonds, Aktien und Anleihen der Jahre 1994-2005 siehe *FMA*, Hedge Fonds – Bedeutung am Finanzplatz Österreich und regulatorischer Rahmen, S. 33.

[229] *Garbaravicius/Dierick*, Hedge Funds and their implications for financial stability, S. 25; *SEC*, Staff Report to the United States Securities and Exchange Commission, Implications of the Growth of Hedge Funds, S. 4.

[230] Zur Strategie Distressed Debt und dem Erwerb notleidender Kredite siehe oben S. 27.

[231] Siehe dazu *Deutsche Bundesbank*, Monatsbericht März 1999, S. 42; *Garbaravicius/Dierick*, Hedge Funds and their implications for financial stability, S. 25; *SEC*, Staff Report to the United States Securities and Exchange Commission, Implications of the Growth of Hedge Funds, S. 4; *FMA*, Hedge Fonds – Bedeutung am Finanzplatz Österreich und regulatorischer Rahmen, S. 11; *Seifert*, Managing Currency Risk for Emerging Markets Hedge Funds, S. 10; *Lähn*, Hedgefonds, S. 25; *Ricke*, BKR 2004, 60, 63; *FSA*, Hedge Funds: A discussion of risk and regulatory engagement, Discussion Paper, S. 5.

[232] *Weber*, Hedge Funds, S. 34 f.; *Spindler/Bednarz*, WM 2006, 553, 556; *Ricke*, BKR 2004, 60, 63.

regelmäßig eine niedrige Korrelation zu anderen Anlagemöglichkeiten – wie beispielsweise Aktien oder Renten – auf.[233]

b) Nutzen für den Gesamtmarkt

Da die komplexen Strategien von Hedgefonds Gewinnchancen ausnutzen, die durch Marktunvollkommenheiten und Marktversagen entstanden sind, tragen die Hedgefonds zur Stabilität des Finanzsystems bei.[234] Hedgefonds korrigieren durch Arbitrage unvollkommene Preisbildungen an den Finanzmärkten. Abweichungen von Fundamentalwerten werden schneller als Ineffizienz des Marktes erkannt und ausgeglichen.[235] Insbesondere wenig liquide Märkte profitieren vom Vorhandensein von Hedgefonds, weil diese durch das Bereitstellen von Liquidität einen Preisbildungsprozess überhaupt erst ermöglichen.[236] Sie besitzen eine höhere Flexibilität und können im Gegensatz zu anderen Marktteilnehmern unmittelbar die Handelsseite wechseln.[237] Insbesondere treten sie in fallenden Märkten auf der Käuferseite auf, weil sie beispielsweise eine Preisentwicklung als temporäre Übertreibung erkannt haben und konträ-

---

233 *SEC*, Staff Report to the United States Securities and Exchange Commission, Implications of the Growth of Hedge Funds, S. 5; *Deutsche Bank*, Hedge Fonds – eine Branche mit Perspektive, S. 16 f.; *FMA*, Hedge Fonds – Bedeutung am Finanzplatz Österreich und regulatorischer Rahmen, S. 6; *Ricke*, BKR 2004, 60, 63; *Gerke/Mager/Kiehn*, ZBB 2002, 479; *Single*, ZfgK 2001, 240; *Schuhmacher*, ZfgK 2001, 1290, 1291; *Deutsche Bundesbank*, Monatsbericht März 1999, S. 40; *Ibbotson/Chen*, The A,B,Cs of Hedge Funds: Alphas, Betas and Costs, S. 5; *Edwards*, 13 J. Econ. Perspectives 189, 194 (1999); *Kumpan*, ZHR 170, 39, 52; *Nicholas*, Marktneutrale Investments, S. 33. Die einzelnen Korrelationen sind stilabhängig. Empirische Daten hierzu bei *Albrecht/Mandl*, Hedgefonds in der Kapitalanlage von Versicherungsunternehmen - Caveats aus wissenschaftlicher Sicht, S. 25. Da die Strategie Long/Short Equity im Gegensatz zu den anderen Strategien eine nennenswerte Korrelation zum Aktienmarkt aufweist, wird sie aus diesem Grund nach Ansicht von Branchenbeobachtern zukünftig an Bedeutung abnehmen, weil die Diversifikationseffekte der Beimischung in ein traditionelles Investmentportfolio zu gering seien, vgl. *FMA*, Hedge Fonds – Bedeutung am Finanzplatz Österreich und regulatorischer Rahmen, S. 39.

234 *Bankenverband*, Hedgefonds – Eine Branche entwächst den Kinderschuhen, S. 3, 14; *FSA*, Hedge Funds: A discussion of risk and regulatory engagement, Discussion Paper, S. 14; *European Central Bank*, Financial Stability Review, Dezember 2006, S. 12; *FMA*, Hedge Fonds – Bedeutung am Finanzplatz Österreich und regulatorischer Rahmen, S. 7; *President's Working Group on Financial Markets*, Hedge Funds, Leverage, and the Lessons of Long Term Capital Management, A5-A7; *OECD*, Financial Market Trends, 1999, No. 73, S. 27, 44; *Deutsche Bank*, Hedge Fonds – eine Branche mit Perspektive, S. 16; *O'Halloran*, 79 Tul. L. rev. 461, 465 (2004).

235 *FMA*, Hedge Fonds – Bedeutung am Finanzplatz Österreich und regulatorischer Rahmen, S. 11; *Sachverständigenrat zur Begutachtung der gesamtwirtschaftlichen Entwicklung*, Die Chancen nutzen – Reformen mutig voranbringen, Jahresgutachten 2005/06, S. 465; *Ricke*, BKR 2004, 60, 63.

236 *Stastny*, Hedgefonds und Finanzmarktstabilität, S. 17; *O'Halloran*, 79 Tul. L. rev. 461, 465 (2004); *Kumpan*, ZHR 170, 39, 53.

237 Vgl. zur Regulierungsdichte und der damit einhergehenden Flexibilität von Hedgefonds oben S. 19.

re Positionen aufbauen (*negative feedback trading*). Bei Übertreibungen wie dem Hightechboom der Jahre 1998-2000 zählten Hedgefonds zu den ersten Verkäufern, während sie in Crashsituationen regelmäßig die ersten Marktteilnehmer sind, die wieder Käufe tätigen.[238]

2. Risiken

Die Tätigkeit von Hedgefonds kann aber auch Gefahren für die einzelnen Anleger sowie für den Gesamtmarkt hervorrufen:

a) Risiken für den Anleger

Zwar bieten Hedgefonds die Chance auf eine sehr hohe Rendite, bergen aber gleichzeitig das hohe Risiko des Totalverlusts, weil Hedgefonds mangels aufsichtsrechtlicher Vorgaben auch hochriskante Anlagen tätigen können.[239] Nicht auszuschließen ist, dass Anleger nicht immer alle notwendigen Informationen erhalten, wenn Hedgefonds keinen oder nur geringen Veröffentlichungspflichten unterliegen.[240] Dies erschwert den Anlegern, die zunehmend komplexer werdenden Strategien der Fonds zu verstehen und die damit verbundenen Risiken einzuschätzen.[241] Zudem ist die Bewertung der vom Hedgefonds gehaltenen Finanzinstrumente entscheidend für die Ermittlung des Ausgabe- bzw. Rückgabepreises der Fondsanteile und daraus abgeleitet die Berechnung der Performance. Die Methoden der Kursfeststellungen sind aber insbesondere bei der Bewertung von Derivaten für den Anleger wenig transparent und nachvollziehbar. Bei einer Bewertung durch die Gegenpartei des Geschäfts (*Counterparty Quotes*) können bei enger Verflechtung mit dem Hedgefonds Interessenkonflikte auftreten, welche möglicherweise das Ergebnis verzerren (*Bewertungsrisiko*).[242] Gleichzeitig führt die starke Abhängigkeit

---

[238] *Kaiser*, Hedgefonds, S. 85; *Deutsche Bundesbank*, Monatsbericht März 1999, S. 38; *Clashinrichs*, Hedge Funds, S. 27; *Lähn*, Hedgefonds, S. 343; *Spindler/Bednarz*, WM 2006, 553, 555.

[239] *Pichl*, Hedge Funds, S. 7; *Deutsche Bank*, Hedge Fonds – eine Branche mit Perspektive, S. 17 f.; *Richter/Sturm*, Finanz Betrieb 2005, 592, 594; *Spindler/Bednarz*, WM 2006, 553, 555.

[240] *SEC*, Staff Report to the United States Securities and Exchange Commission, Implications of the Growth of Hedge Funds, S. 83. Zur fehlenden Transparenz siehe oben S. 17.

[241] *FSA*, Hedge Funds: A discussion of risk and regulatory engagement, Discussion Paper, S. 33; *FMA*, Hedge Fonds – Bedeutung am Finanzplatz Österreich und regulatorischer Rahmen, S. 7.

[242] Starken Bewertungsschwierigkeiten ausgesetzt sind vor allem die Strategien *distressed securities*, *convertible arbitrage* und *emerging markets*. Vgl. *FMA*, Hedge Fonds – Bedeutung am Finanzplatz Österreich und regulatorischer Rahmen, S. 21 f.

des Fondserfolgs von der Qualifikation des Fondsmanagers zu einem hohen Betriebsrisiko auf Grund individueller Managementfehler.[243]

B) RISIKEN FÜR DEN GESAMTMARKT

Hedgefonds stehen im Verdacht, zwei unterschiedliche Formen von Marktstörungen hervorrufen zu können. Diskutiert wird erstens, dass sie die Stabilität des Finanzsystems gefährden, wenn sie sich verspekulieren (1). Zweitens sollen Hedgefonds aktiv den Preisbildungsprozess am Markt beeinträchtigen können (2).

AA) GEFÄHRDUNG DER STABILITÄT DES FINANZSYSTEMS DURCH FEHLSPEKULATION

Eine Form der Marktstörung kann durch Liquiditätsprobleme einzelner großer Hedgefonds auftreten, wenn diese zugleich stark konzentrierte Positionen halten. Auf Grund der insgesamt größeren Risiken, die Hedgefonds übernehmen können, und ihrer Schockanfälligkeit ist die Gefahr von Illiquidität und Insolvenz bei ihnen größer als bei anderen Finanzunternehmen.[244] Hedgefonds versuchen, Informationsineffizienzen und damit einhergehende Fehlbewertungen des Marktes auszunutzen. Ökonomen erwarten zwar langfristig eine Konvergenz zwischen Wert und Preis von Finanzinstrumenten. Kurzfristig kann es allerdings insbesondere durch neue Marktinformationen (*Schocks*) zu Ungleichgewichten kommen. So kann sich ein Preisbildungsprozess über einen längeren Zeitraum hinziehen, selbst wenn er nur durch wenige kleine Schocks gestört wird.[245] Bestehen diese Ungleichgewichte an den Märkten länger, als es Liquidität und insbesondere die Solvenz des Hedgefonds erlauben, die Position aufrecht zu erhalten, ist dieser gezwungen, die Position aufzulösen und damit Verluste zu realisieren (*Fehlspekulation*).[246]

Zudem kann infolge einer ungünstigen Marktentwicklung der Wert der Wertpapiere sinken, die der Hedgefonds bei seinem Prime Broker als Sicherheit für die Fremdkapitalfinanzierung hinterlegt hat. Übersteigt eine dadurch ent-

---

[243] *Deutsche Bank*, Hedge Fonds – eine Branche mit Perspektive, S. 18; *Kumpan*, ZHR 170, 39, 56. Zur Bedeutung des Fondsmanagers siehe oben S. 16.

[244] *Deutsche Bundesbank*, Monatsbericht März 1999, S. 39; *Stastny*, Hedgefonds und Finanzmarktstabilität, S. 21.

[245] *Bessler/Drobetz/Henn*, Hedge Funds: Die Königsdisziplin der Kapitalanlage, in: Dichtl/Kleeberg/Schlenger, Handbuch Hedge Funds, S. 6.

[246] Man spricht in diesem Zusammenhang auch von *Limits of Arbitrage*.

standene Nachschusspflicht (*Margin Call*) die liquiden Mittel des Fonds, müssen Investments aufgelöst werden (*Liquiditätsrisiko*).[247]

Die Stabilität des Finanzsystems kann dann beeinträchtigt werden, wenn der schlagartige Abbau sehr umfangreicher „gehebelter" Positionen dazu führt, dass einzelne Segmente ansonsten liquider Märkte austrocknen und andere Marktteilnehmer ihre Positionen nicht mehr schließen können.[248] Zudem können Liquiditätsprobleme einzelner großer Hedgefonds dann zu einer Marktstörung führen, wenn diese mit dem Bankensektor als Kern des Finanzsystems eine enge Kapital- und Transaktionsverflechtung aufweisen.[249] In der Regel beschränken sich Kreditinstitute nicht auf eine Eigenkapitalfinanzierung und werden häufig zugleich als Fremdkapitalgeber und Transaktionsgegenpartei der Hedgefonds tätig.[250] Im Falle einer Fehlspekulation durch Hedgefonds ist der Verlust auf der Bankenseite daher nicht auf die damit einhergehende Abwertung der Eigenkapitalbeteiligungen an den Hedgefonds beschränkt. Auch eine Fremdkapitalisierung in Form von Krediten oder Anleihefinanzierung sowie offene Transaktionen in hohem Umfang drohen dann durch einen Ausfall in einen Verlust hohen Ausmaßes für die Kreditinstitute umzuschlagen.[251] Das Destabilisierungspotential der Hedgefonds ist dabei umso größer, je höher das von ihnen betriebene Leverage ist.[252] Daher ist die-

---

247 *Deutsche Bundesbank*, Monatsbericht März 1999, S. 38. Besonders vom Liquiditätsrisiko betroffen sind Hedgefonds - Strategien, die illiquide Finanzinstrumente in ihrem Portfolio halten. Hierzu zählen in erster Linie *distressed securities*, *distressed debt*, *convertible arbitrage* und *emerging markets*, vgl. *FMA*, Hedge Fonds – Bedeutung am Finanzplatz Österreich und regulatorischer Rahmen, S. 19.

248 *Garbaravicius/Dierick*, Hedge Funds and their implications for financial stability, S. 44 f.; *Deutsche Bank*, Hedge Fonds – eine Branche mit Perspektive, S. 17; *Bankenverband*, Hedgefonds – Eine Branche entwächst den Kinderschuhen, S. 15; *Kaiser*, Hedgefonds , S. 86; *Deutsche Bundesbank*, Monatsbericht März 1999, S. 31, 32; *Spindler/Bednarz*, WM 2006, 553, 555; *Stastny*, Hedgefonds und Finanzmarktstabilität, S. 4.

249 *FSA*, Hedge Funds: A discussion of risk and regulatory engagement, Discussion Paper, S. 18; *Sachverständigenrat zur Begutachtung der gesamtwirtschaftlichen Entwicklung*, Die Chancen nutzen – Reformen mutig voranbringen, Jahresgutachten 2005/06, S. 469 f.; *Deutsche Bundesbank*, Monatsbericht März 1999, S. 39; *President's Working Group on Financial Markets*, Hedge Funds, Leverage, and the Lessons of Long Term Capital Management, S. 23; *FMA*, Hedge Fonds – Bedeutung am Finanzplatz Österreich und regulatorischer Rahmen, S. 7, 64; *Friedrich/Bahr*, Hedge Funds, S 130; *Lähn*, Hedge Fonds, S. 343. In Hedgefonds sind neben Privatpersonen regelmäßig internationale Kreditinstitute und andere institutionelle Anleger investiert. Siehe zur Anlegerstruktur oben S. 22.

250 *President's Working Group on Financial Markets*, Hedge Funds, Leverage, and the Lessons of Long Term Capital Management, S. 1-10, 13, 14.

251 *Lähn*, Hedge Fonds, S. 324.

252 Vgl. *O.V.*, Sorge um Risiken bei Amaranth, in: Börsenzeitung vom 1.12.2006, S. 29; *Kaiser*, Hedgefonds, S. 86; *Friedrich/Bahr*, Hedge Funds, S 130; *Kumpan*, ZHR 170, 39, 53; *Deutsche Bundesbank*, Monatsbericht März 1999, S. 39; *Garbaravicius/Dierick*, Hedge Funds and their impli-

ses Potential bei bestimmten Arbitrage-Strategien als hoch einzustufen,[253] während es bei den derzeit besonders im Rampenlicht stehenden ereignisorientierten Strategien (*event driven*)[254] geringer ausfällt.[255]

Bei unzureichender Ausgestaltung des Risikomanagements kann damit die Krise eines einzelnen Hedgefonds Liquiditätsprobleme von Kreditinstituten und anderen Marktteilnehmern hervorrufen.[256] Ein effizientes Risikomanagement der Kreditinstitute wird jedoch in der Regel durch die fehlende Transparenz der Hedgefonds-Aktivitäten erschwert.[257] Allerdings kann ein solches selbst bei verbesserter Transparenz durch den Interessenkonflikt behindert werden, der entsteht, wenn Banken gleichzeitig Einleger und Kreditgeber eines Hedgefonds sind.[258] Zwar soll sich das Risikomanagement in den letzten Jahren verbessert haben und auch die intensive Nutzung von Leverage zurückgegangen sein,[259] doch ist nicht auszuschließen, dass der erhöhte Wettbewerb unter den Banken im Prime-Brokerage-Geschäft[260] mit Hedgefonds

---

cations for financial stability, S. 22. Vgl. auch *IOSCO*, Hedge Funds and other Highly Leveraged Institutions, November 1999, S. 6 f. und RegE InvG, BT-Drucks. 15/1553, S. 109.

253 Hohes *leverage* ist insbesondere bei *convertible arbitrage* und *global macro* anzutreffen. Zu den unterschiedlichen Strategien siehe oben S. 23 ff.

254 Zur Strategie *event driven* siehe oben S. 25 ff.

255 Vgl. *Spindler/Bednarz*, WM 2006, 553, 554.

256 *Lähn*, Hedge Fonds, S. 324. Vgl. auch *FMA*, Hedge Fonds – Bedeutung am Finanzplatz Österreich und regulatorischer Rahmen, S. 42. Für eine indirekte Regulierung der Hebelwirkung von Hedgefonds durch das Risikomanagement seitens der Banken als Kreditgeber siehe *IOSCO*, Hedge Funds and other Highly Leveraged Institutions, S. 37; *European Central Bank*, Financial Stability Review, Dezember 2006, S. 46.

257 Siehe zur fehlenden Transparenz oben S. 17. Eine Offenlegungspflicht für Hedgefonds wird vielfach als geeignetes Instrument angesehen, um das Risiko von Marktstörungen zu minimieren, vgl. *Roche/Wefers*, „Die Qualität der Aufsicht ist nicht überall identisch“, in: Börsenzeitung vom 09.12.2006, S. 6. Damit könne die Transparenz erhöht werden und die Marktdisziplin bei Kreditgebern, Gegenparteien und Investoren gestärkt werden. Hierbei könne es jedoch nicht das Ziel sein, Hedgefonds zur Offenlegung ihrer Geschäftsstrategien zu verpflichten,vgl. *Bankenverband*, Banken 2006 – Fakten, Meinungen, Perspektiven, S. 91.

258 *Deutsche Bundesbank*, Monatsbericht März 1999, S. 44.

259 *FSA*, Hedge Funds: A discussion of risk and regulatory engagement, Discussion Paper, S. 20; *Sachverständigenrat zur Begutachtung der gesamtwirtschaftlichen Entwicklung*, Die Chancen nutzen – Reformen mutig voranbringen, Jahresgutachten 2005/06, S. 470; *Bankenverband*, Banken 2006 – Fakten, Meinungen, Perspektiven, S. 91; *Garbaravicius/Dierick*, Hedge Funds and their implications for financial stability, S. 32, 37; *FMA*, Hedge Fonds – Bedeutung am Finanzplatz Österreich und regulatorischer Rahmen, S. 63.

260 *Prime Broker* erbringen aus einer Hand zentrale Dienstleistungen, die zur Umsetzung der Hedgefonds–Strategien erforderlich sind. Hierzu gehören insbesondere die Bereitstellung von Fremdkapital gegen Sicherheiten, die Verleihung von Wertpapieren zur Unterstützung bei Leerverkäufen sowie die Abwicklung der getätigten Wertpapiergeschäfte. Weitere Services wie Fonds-

die Risikobereitschaft im Bankensektor erhöht.[261] Diese Form der Marktstörung durch Hedgefonds gilt im Falle von Long Term Capital Management als empirisch nachgewiesen.

Der von *John Meriwether* 1994 gegründete Fonds *Long Term Capital Management* (LTCM) galt von Beginn an als einer der erfolgreichsten Hedgefonds. Zu den Partnern zählten der ehemalige stellvertretende Vorsitzende der amerikanischen Notenbank *David Mullins* sowie die Professoren *Robert Merton* und *Myron Scholes*, die 1997 den Nobelpreis für Wirtschaftswissenschaften erhielten. Zu Beginn betrug das Vermögen des Fonds 1,25 Milliarden Dollar; zu Spitzenzeiten verwaltete er 130 Milliarden Dollar. Spezialisiert hatte man sich auf Arbitragegeschäfte im internationalen Anleihenmarkt. LTCM finanzierte seine Investments fast ausschließlich über Kredite, für welche relativ wenig Sicherheiten zu hinterlegen waren. Ab dem Jahr 1997 wandte sich der Fonds dem spekulativeren Aktien- und Optionshandel zu, da die erhöhte Konkurrenz bei der Anleihearbitrage keine ausreichenden Renditen mehr zuließ. Anfang 1998 stand dem nach der Rückzahlung verbliebenen Kapital des Fonds in Höhe von ca. 4 Mrd. USD ein Portfoliowert von ca. 100 Milliarden USD gegenüber, was einem Leverage von 25:1 entspricht. Der Nominalwert der gehandelten Derivate belief sich auf 1.250 Milliarden USD. Auf Grund von Spekulationen auf russische Aktien, Anleihen und den russischen Rubel wurde LTCM besonders stark von der Russlandkrise 1998 betroffen. Komplexe, weniger liquide Finanzinstrumente, die LTCM erworben hatte, verloren an Wert, während jene Instrumente im Wert stiegen, die der Fonds leerverkauft hatte und in der Folge teuer zurückkaufen musste. Die dadurch ausgelösten Liquiditätsprobleme von LTCM brachten das Welt-Finanzsystem an den Rand des Zusammenbruchs. Eine Krise konnte nur durch einen von der US-amerikanischen Notenbank arrangierten Notkredit von 14 Großbanken, die bei LTCM als Kreditgeber fungierten, abgewendet werden. Dem Fonds wurden insgesamt 3,65 Milliarden Dollar an Krediten zur Verfügung gestellt. Dadurch konnten die eingegangenen Positionen gehalten werden.[262]

---

verwaltung und Risikomanagement können das Leistungsspektrum des Prime Brokers ergänzen, aber auch an andere Dienstleister ausgelagert sein. Die Rolle des Prime Brokers ist abzugrenzen von der einer klassischen Depotbank. Insbesondere ist der Schutz der Anlegerinteressen und die damit verbundene Sorgfaltspflicht nicht Hauptaugenmerk des Prime Brokers. Stattdessen wird das Fondsvermögen überwiegend im eigenen Interesse verwaltet, da es in der Regel als Sicherheit für die an den Fonds vergebenen Kredite dient. Ausführlich hierzu *Kaiser*, Hedgefonds, S. 108 ff; *FMA*, Hedge Fonds – Bedeutung am Finanzplatz Österreich und regulatorischer Rahmen, S. 41 f.; *Jud*, Das Prime Brokerage Geschäft mit Hedgefonds , S. 19 f.; *Pütz/Schmies*, BKR 2004, 51, 55..

261 Vgl. *O.V.*, Sorge um Risiken bei Amaranth, in: Börsenzeitung vom 01.12.2006, S. 29; *O.V.*, Bernanke gegen Aufsicht von Hedgefonds, in: Börsenzeitung vom 18.05.2006, S. 6; *Spindler/Bednarz*, WM 2006, 553, 555 m. w. Nachw.

262 Siehe *President's Working Group on Financial Markets*, Hedge Funds, Leverage, and the Lessons of Long Term Capital Management, S. 10 f.; *Edwards*, The Regulation of Hedge Funds: Financial Stability and Investor Protection, in: Baums/Cahn, Hedge Funds: Risks and Regulation, S. 30 f.; *FMA*, Hedge Fonds – Bedeutung am Finanzplatz Österreich und regulatorischer Rahmen, S. 12; *Seifert*, Managing Currency Risk for Emerging Markets Hedge Funds, S. 8; *MacHarg*, Waking Up to Hedge Funds: Is U.S. Regulation Really Taking a New Direction?, in: Baums/Cahn, Hedge Funds: Risks and Regulation, S. 55, 73 f.; *Johanning/Werner*, Risikomanagement für Hedge Funds, in: Dichtl/Kleeberg/Schlenger, Handbuch Hedge Funds, S. 381, 382; *Bessler/Drobetz/Henn*, Hedge Funds: Die Königsdisziplin der Kapitalanlage, in: Dichtl/Kleeberg/Schlenger, Handbuch Hedge Funds, S. 6; *Luttermann/Backmann*, ZIP 2002, 1017, 1020; Edwards, 13 J. Econ. Perspec-

Für Diskussionsstoff sorgte im Jahr 2006 insbesondere der Hedgefonds *Amaranth*, der innerhalb kürzester Zeit mehr als fünf Milliarden USD verlor.[263] Auch sollen Hedgefonds im Rahmen der Finanzkrise 2007/2008 als Käufer von Subprime-Krediten oder mit ihnen unterlegten Finanzinstrumenten eine entscheidende Rolle gespielt haben.[264] Allerdings handelt es sich bei diesem Risiko einer Marktstörung weniger um eine spezifische Gefahr von Hedgefonds als um das allgemeine Systemrisiko, das einem hohen Leverage und entsprechenden Anlagestrategien inhärent ist.[265]

bb) Destabilisierende Spekulation

Erörtert wird daneben, dass Hedgefonds Preisineffizienzen nicht nur ausnutzen, sondern auch gegebenenfalls hervorrufen oder verstärken können. So kann die Stabilität der Finanzmärkte zum einen gefährdet sein, wenn ein einzelner Marktteilnehmer genügend Mittel sammeln kann, um Preise von Vermögenswerten durch Transaktionen signifikant zu beeinflussen – sogenannte *preisdestabilisierende Spekulation.* Andererseits kann eine solche destabilisierende Tendenz von einem Marktteilnehmer dann erreicht werden, wenn durch seine eigenen Transaktionen Signalwirkungen bei anderen Marktteilnehmern ausgelöst werden, sich der Spekulation in eine bestimmte Richtung anzuschließen. Dieses hervorgerufene gleichgerichtete Marktverhalten könnte dann durch sein summiertes Transaktionsvolumen ebenso eine insgesamt preisdestabilisierende Wirkung zur Folge haben (sogenanntes *Herdenverhalten).*[266]

Für beide Wege der Preisbeeinflussung muss der entsprechende Fonds über eine gewisse Marktmacht verfügen. Im ersten Fall besteht diese Marktmacht in dem ihm zur Verfügung stehenden Kapital, welches zielgerichtet zur destabilisierenden Spekulation eingesetzt werden kann. Im Falle der Auslösung ei-

---

tives 189, 197 f. (1999); *Weber*, Hedge Funds, S. 28, 60 f.; *Clashinrichs*, Hedge Funds, S. 24. Siehe auch *Lowenstein*, When Genius Failed, 2002.

263 Vgl. etwa *Bednarz*, RIW 2007, 34; *O.V.*, Fehlspekulation erschüttert Banker – Milliardenverluste des Hedgefonds Amaranth schüren Angst vor einer Finanzkrise, in: Handelsblatt vom 20.09.2006, S. 25; *O.V.*, Sorge um Risiken bei Amaranth, in: Börsenzeitung vom 01.12.2006, S. 29; *Rieke/Maisch*, Investoren fühlen sich von Amaranth düpiert, in: Handelsblatt vom 25.09.2006 (Online-Ausgabe).

264 Vgl. *Wilhelmi*, WM 2008, 861 m. w. Nachw.

265 *Lähn*, Hedge Fonds, S. 329, 344; *Garbaravicius/Dierick*, Hedge Funds and their implications for financial stability, S. 32; *Edwards*, The Regulation of Hedge Funds: Financial Stability and Investor Protection, in: Baums/Cahn, Hedge Funds: Risks and Regulation, S. 42. Vgl. auch *Pütz/Schmies*, BKR 2004, 51, 54.

266 *FMA*, Hedge Fonds – Bedeutung am Finanzplatz Österreich und regulatorischer Rahmen, S. 64.

nes Herdenverhaltens besteht diese Marktmacht in der Reputation und den Erfolgen einiger Hedgefonds-Manager.[267] Andere Marktteilnehmer werden einem einzelnen Hedgefonds nur dann bei der Spekulation in bestimmten Vermögenstiteln folgen, wenn sie entweder vom Expertenwissen der Manager des jeweiligen Fonds überzeugt sind, zukünftige Preisentwicklungen richtig und vielleicht auch besser als man selbst antizipieren zu können,[268] oder aber wenn auf Grund der geglaubten Kapitalmacht vielleicht auch gegen eine eigene Überzeugung davon auszugehen ist, dass sich der gewünschte Spekulationserfolg des Hedgefonds realisieren wird.[269] Von einem solchen Herdentrieb zu unterscheiden ist ein schlichtes gleichgerichtetes Verhalten von Hedgefonds und anderen Marktteilnehmern, das auf die weit verbreitete Nutzung ähnlicher Handelstechniken oder Verfahren zum Risikomanagement zurückzuführen ist.[270] Durch die Tätigkeit von Hedgefonds werde in diesen Fällen theoretisch die Volatilität der Märkte erhöht.[271]

Allerdings wird von mehreren Seiten darauf hingewiesen, dass die empirischen Belege nicht für den Beweis ausreichen, dass Hedgefonds als geschlossene Gruppe agieren, um die Märkte zu ihren Gunsten zu beeinflussen. Eine Herdenbildung zwischen Hedgefonds und anderen Investoren habe bislang nicht festgestellt werden können. Ein eindeutiger Nachweis dafür, dass Hedgefonds die Marktvolatilität in entscheidendem Ausmaß beeinflussen, lasse sich bislang nicht führen.[272] Zwar vermag eine destabilisierende Spekulation möglicherweise ein einzelnes Spekulationsobjekt unter Druck zu setzen. Hingegen wird eine gesamtwirtschaftliche Reaktion als Kettenreaktion nach einem Zusammenbruch des betroffenen Unternehmens allein hierdurch regelmäßig nicht hervorgerufen. Dieses limitierte systemische Ereignis (Schock) ist in der Regel nicht in der Lage, finanzielle Instabilitäten auslösende Faktoren signifikant zu beeinflussen.[273]

---

[267] *Spindler/Bednarz*, WM 2006, 553, 555; *Deutsche Bundesbank*, Monatsbericht März 1999, S. 38.

[268] Zur Bedeutung des Fondsmanagers siehe oben S. 16.

[269] *Lähn*, Hedge Fonds, S. 322.

[270] *Deutsche Bundesbank*, Monatsbericht März 1999, S. 38.

[271] *Kumpan*, ZHR 170, 39, 54.

[272] *Bankenverband*, Hedgefonds – Eine Branche entwächst den Kinderschuhen, S. 15; *FMA*, Hedge Fonds – Bedeutung am Finanzplatz Österreich und regulatorischer Rahmen, S. 68. *Weber*, Hedge Funds, S. 67, sieht Hedgefonds lediglich als Auslöser für notwendige Marktveränderungen an.

[273] Vgl. hierzu mit Beispielen *Lähn*, Hedge Fonds, S. 325.

Zwar mag ein eindeutiger Beweis fehlen, indes finden sich zumindest Anhaltspunkte dafür, dass Hedgefonds in der Vergangenheit die Märkte aktiv beeinflusst haben. Anführen lässt sich die Krise des Europäischen Währungssystems (*EWS*) von 1992 und die Hausse im europäischen Anleihemarkt von 1993 mit anschließendem Kursverfall im Jahr 1994.

Bis 1992 weitgehend unbeachtet, wurde *Quantum Funds* durch die Spekulation gegen das überbewertete Britische Pfund bekannt. Durch einen Leerverkauf des Britischen Pfunds auf dem Devisenmarkt im Wert von 10 Milliarden USD soll die britische Währung geschwächt worden sein. Quantum Funds tauschte geliehene Britische Pfund in andere europäische Währungen ein, hauptsächlich Deutsche Mark und Französischen Franc. Dieses Ereignis soll durch zahlreiche Marktteilnehmer verstärkt worden sein, welche die Handelsstrategie des Quantum Funds nachahmten (Herdenverhalten). Die britische Zentralbank *Bank of England* konnte die englische Währung durch Devisenmarktintervention nicht mehr stabilisieren und leitete am 15. September 1992 eine Abwertung des Britischen Pfunds ein. In Folge der starken Abwertung wurde das britische Pfund aus dem europäischen Währungssystem ausgeschlossen. Seitdem wird der Fondsmanager *George Soros* von mehreren Seiten für diesen Ausschluss des britischen Pfunds aus dem europäischen Währungssystem verantwortlich gemacht. Durch die erfolgreiche Wette gegen das Britische Pfund soll Quantum Funds an einem Tag einen Gewinn von einer Milliarde USD erzielt haben.[274]

---

[274] Vgl. *Clashinrichs*, Hedge Funds, S. 27; *Deutsche Bundesbank*, Monatsbericht März 1999, S. 38; *Bankenverband*, Hedgefonds – Eine Branche entwächst den Kinderschuhen, S. 15; *Pichl*, Hedge Funds, S. 4.

B. Die Einflussnahme von Hedgefonds auf Portfoliogesellschaften

Ereignisgetriebene Strategien (*event driven*) nutzen spezielle Situationen eines Unternehmens zur Spekulation aus.[275] Anders als gewöhnliche Investmentfonds erzielen Hedgefonds damit ihre Renditen nicht auf Grund des allgemeinen Marktwachstums, sondern verwenden hierzu Marktinsuffizienzen oder Fehlbewertungen.[276] Zwar hat sich *event driven* als unternehmensbezogene Strategie samt Unterkategorien bereits im Laufe der letzten Jahre herausgebildet.[277] Neu hingegen ist, dass Hedgefonds diese ökonomischen Strategien verstärkt durch aktive Tätigkeiten unterstützen, um ihre Spekulationsziele zu erreichen.[278] Da Gewinnmöglichkeiten angesichts der gewachsenen Konkurrenz und des gestiegenen Volumens[279] schwieriger zu identifizieren sind, versuchen sie auf diese Weise, Bewertungen zu verändern.[280] Die Finanzkrise 2007/2008 dürfte diesen Effekt noch verstärken, da sie der Branche hohe Verluste zugefügt hat.[281]

Zunehmend versprechen sich Hedgefonds von diesen Vorgehensweisen höhere Renditen.[282] Damit möchten sie sich von der Masse der Konkurrenz po-

---

[275] Vgl. *Kodres*, Hedge Fund Investment Strategies, in: Eichengreen/Mathieson, Hedge Funds and Financial Market Dynamics, p. 51; *Kaiser/Hilpold*, Alternative Investment-Strategien, S. 61, 64; *FMA*, Hedge Fonds – Bedeutung am Finanzplatz Österreich und regulatorischer Rahmen, S. 6.

[276] Vgl. hierzu oben S. 10.

[277] Zu den verschiedenen Hedgefonds-Strategien siehe oben S. 23.

[278] *Thaeter*, Firmen müssen auf Aktionärsaktivismus vorbereitet sein, in: Börsenzeitung vom 03.01.2007, S. 2; *Klein/Zur*, Hedge Fund Activism, S. 1; *Brav/Jiang/Partnoy/Thomas*, Hedge Fund Activism, Corporate Governance and Firm Performance, S. 4 f., 16 f.; *Thompson*, The Limits of Hedge Fund Activism, S. A 1; *Bratton*, Hedge Funds and Governance Targets, S. 5.

[279] Zur Entwicklung des Hedgefonds-Sektors siehe oben S. 39.

[280] *Klein/Zur*, Hedge Fund Activism, S. 10; *Bratton*, Hedge Funds and Governance Targets, S. 9. Vereinzelt wird dieses Vorgehen als eigenständige Strategie (so *Engert*, ZIP 2006, 2105) oder als Unterform von Arbitrage aufgefasst (*activist arbitrage*; so *Brav/Jiang/Partnoy/Thomas*, Hedge Fund Activism, Corporate Governance and Firm Performance, S. 4 f.; *Briggs*, Corporate Governance and the new Hedge Fund Activism: An empirical Analysis, S. 3).

[281] Vgl. exemplarisch *Kuckelkorn*, Hedgefonds-Ära geht zu Ende, in: Börsenzeitung vom 30.10.2008, S. 8.

[282] *Deutscher Investor Relations Verband*, Recent trends in shareholder activism, S. 4. Dass Hedgefonds mit aktivistischen Strategien hohe Renditen erzielen ist empirisch belegt in der Studie *Brav/Jiang/Partnoy/Thomas*, Hedge Fund Activism, Corporate Governance and Firm Performance.

sitiv abgrenzen, die im Schnitt rückläufige Renditen erzielt.[283] Nach eingehender Analyse wählen sie ihrer Ansicht nach unterbewertete Unternehmen aus, bei denen ein hohes Potential für Bewertungskorrekturen besteht, und versuchen dann, deren Unternehmensentscheidungen zu beeinflussen.[284] Diese Vorgehensweisen lassen sich unter dem Begriff Hedgefonds-Aktivismus (*Hedgefonds Activism*) zusammenfassen.[285] Als aktivistisch lässt sich dabei jedes positive Handeln eines Investors verstehen, das darauf abzielt, Veränderungen im Unternehmen hervorzurufen.[286]

Empirische Untersuchungen in den USA stufen Hedgefonds-Aktivismus als effektive Methode ein, signifikante Veränderungen in den Portfoliounternehmen umzusetzen.[287] Nach der vielbeachteten Studie von *Klein/Zur* erreichen Hedgefonds in 60 Prozent der untersuchten Fälle ihr angestrebtes Ziel. In 50 Prozent der Fälle haben sie die Unternehmen zu einer Strategieänderung, zur Aufgabe ihrer Übernahmeversuche oder zur Einwilligung in eine Übernahme veranlasst.[288] Auch nach der Untersuchung von *Brav/-Jiang/Partnoy/Thomas* intervenieren die Fonds in 40 Prozent der untersuchten

---

283 Vgl. etwa *O.V.*, Aktive Investoren gewinnen an Bedeutung, in: Börsenzeitung vom 22.05.2007, S. 10.

284 Vgl. *Brav/Jiang/Partnoy/Thomas*, Hedge Fund Activism, Corporate Governance and Firm Performance, S. 21; *O.V.*, Hedgefonds greifen nach dem Mittelstand, in: FAZ vom 25.04.2007, S. 19.

285 Vgl. *Klein/Zur*, Hedge Fund Activism, S. 1; *Kahan/Rock*, Hedge Funds in Corporate Governance and Corporate Control; *Brav/Jiang/Partnoy/Thomas*, Hedge Fund Activism, Corporate Governance and Firm Performance; *Thompson*, The Limits of Hedge Fund Activism; *Briggs*, Corporate Governance and the new Hedge Fund Activism: An empirical Analysis.

286 Eine allgemeingültige Definition gibt es für diesen Begriff nicht. Die meisten zitierten – US-amerikanischen – Studien stellen darauf ab, dass ein Hedgefonds fünf oder mehr Prozent der Anteile einer Gesellschaft in der Absicht erworben hat, Veränderungen im Unternehmen vorzunehmen. Die Festlegung dieser Schwelle dürfte darauf zurückzuführen sein, dass Investoren in den USA ab einer Beteiligung von fünf Prozent an public companies besonderen Transparenzverpflichtungen unterliegen (Section 13D des Securities Exchange Act of 1934) und die auf Grund dieser Verpflichtung abgegebenen Auskünfte (Schedule 13D) regelmäßig Grundlage für die empirischen Untersuchungen gewesen sind. Schedule 13D bezeichnet ein von dem Berichtspflichtigen auszufüllendes Formular, welches die zu veröffentlichenden Informationen formalisiert und standardisiert abrufbar macht. Diese Veröffentlichungen sind in der Datenbank *EDGAR* der *SEC* elektronisch abrufbar unter www.sec.gov. Vgl. *Brav/Jiang/Partnoy/Thomas*, Hedge Fund Activism, Corporate Governance and Firm Performance, S. 9 f.; *Thoma*, Der Wettbewerb um Stimmen im US-amerikanischen und deutschen Aktienrecht, S. 94 f. *Engert*, ZIP 2006, 2105 klassifiziert dieses Vorgehen hingegen als eigenständige Strategie.

287 *Klein/Zur*, Hedge Fund Activism, S. 27; *Brav/Jiang/Partnoy/Thomas*, Hedge Fund Activism, Corporate Governance and Firm Performance, S. 15.

288 Siehe *Klein/Zur*, Hedge Fund Activism, S. 27.

Fälle erfolgreich; in 25 Prozent der Fälle zumindest teilweise.[289] Eine ähnlich dichte Datenaufbereitung für den deutschen Kapitalmarkt fehlt bislang.

Nachdem Charakteristika und Erscheinungsformen von Hedgefonds vorgestellt wurden,[290] werden im Folgenden Formen, Ursachen und Auswirkungen von Hedgefonds-Aktivismus erörtert: Aufgezeigt und empirisch belegt wird vorneweg, auf welche Weise Hedgefonds Portfoliogesellschaften beeinflussen (I.) und welche Ziele sie dabei verfolgen (II.). Um den materiellen Umfang ihres Einflusses zu bestimmen, sind die Erwerbsquellen aktiver Hedgefonds aufzudecken; insbesondere werden die üblichen Verabredungen im Rahmen einer gemeinschaftlich ausgeübten Einflussnahme offen gelegt (III.). Um die Entwicklung zu erklären, werden im Anschluss die Ursachen (IV.) von Hedgefonds-Aktivismus besprochen, zudem zwecks Abgrenzung der Unterschied zu aktivem Verhalten traditioneller Investoren dargelegt (V.). Schließlich werden durch Hedgefonds-Aktivismus erzielte Vorteile, aber auch Gefahren für Portfoliogesellschaften und Mitgesellschafter herausgearbeitet (VI.). Dabei bilden diese zuletzt genannten Gefahren und Risiken den Ausgangspunkt für eine rechtliche Bewertung und die Untersuchung, ob das geltende Recht diese Interessenträger ausreichend schützt, oder ob gegebenenfalls ein Regulierungsbedarf besteht.

I. Möglichkeiten der Einflussnahme

Aktivistische Hedgefonds beeinflussen Portfoliogesellschaften sowohl rechtlich als auch faktisch. Zum einen machen sie Mitgliedschafts- und Verwaltungsrechte geltend. Hauptsächlich üben sie auf Hauptversammlungen als Verbandmitglieder ihr Stimmrecht und in vielen Fällen – oft zum Ärger der Vorstandsmitglieder – nachhaltig ihr Fragerecht aus (1.).[291] Hedgefonds wirken zum anderen faktisch auf die Entscheidungen von Aufsichtsrat und Vorstand ein, indem sie deren Mitglieder in Gesprächen von ihren unternehmenspolitischen Vorstellungen zu überzeugen versuchen. Darüber hinaus stellen Fondsvertreter den Organmitgliedern die Ausübung ihrer Mitgliedschaftsrechte in Aussicht, falls sie nicht die Wünsche der Aktivisten befolgen; insbesondere üben Hedgefonds Druck auf das Management durch öffentliche

---

289 Siehe *Brav/Jiang/Partnoy/Thomas*, Hedge Fund Activism, Corporate Governance and Firm Performance, S. 15.

290 Siehe zur Ökonomischen Charakteristik von Hedgefonds oben Abschnitt A., S. 5 ff.

291 Vgl. *Kahan/Rock*, Hedge Funds in Corporate Governance and Corporate Control, S. 4; *Maatman/Raaijmakers*, Hedge Funds in Company Law: Virus or Vaccine?, S. 8.

Äußerungen aus, indem sie deren Geschäftspolitik in Frage stellen und mit einer Abwahl oder sonstigen Konsequenzen drohen (2.).[292] Wirken Hedgefonds nach dem Erwerb von Fremdkapital auf eine Gesellschaft ein, so unterscheiden sich deren Einflussnahmemöglichkeiten strukturell von denen eines Verbandsmitglieds; wie sie als Gläubiger insbesondere die Restrukturierung einer Gesellschaft beeinflussen, wird daher gesondert unter (3.) dargelegt.

1. Rechtliche Einflussnahme

a) Stimmrecht

Als Verbandsmitglieder beeinflussen Hedgefonds einerseits Portfoliounternehmen, indem sie Stimmrechte aus selbst gehaltenen Aktien ausüben oder auch die Stimmrechtsausübung anderer Aktionäre kontrollieren. Sie versuchen, auf die Unternehmenspolitik einzuwirken, ohne die Gesellschaft vollständig übernehmen zu wollen. In aller Regel genügt ihnen dazu eine Beteiligung, die weit hinter einer Mehrheit zurückbleibt.[293] Ursache hierfür ist zum einen, dass Entscheidungen im Rahmen der Hauptversammlung grundsätzlich[294] an die Mehrheit der abgegebenen Stimmen anknüpfen.[295] Die Aktio-

---

292 *Kahan/Rock*, Hedge Funds in Corporate Governance and Corporate Control, S. 4; *Bratton*, Hedge Funds and Governance Targets, S. 10.

293 *Kahan/Rock*, Hedge Funds in Corporate Governance and Corporate Control, S. 51; *Thompson*, The Limits of Hedge Fund Activism, S. 13; *Engert*, ZIP 2006, 2105, 2107; *Seibert*, in: FS Westermann, S. 1505. Häufig erwerben Hedgefonds zwar Positionen im Umfang von ca. drei bis zehn Prozent des stimmberechtigten Kapitals. Diese Beteiligungen sind jedoch selbst von einem Kontrollerwerb im Sinne von § 29 Absatz 2 des Wertpapierübernahmegesetzes (WpÜG) in Höhe von 30 Prozent weit entfernt. Einzelnen amerikanischen Studien zufolge erwerben Hedgefonds im Durchschnitt zwischen fünf und sieben Prozent der stimmberechtigten Anteile, vgl. *Brav/Jiang/Partnoy/Thomas*, Hedge Fund Activism, Corporate Governance and Firm Performance, S. 17. Ursächlich für dieses Ergebnis ist jedoch der Umstand, dass Hedgefonds in den USA erst ab einer Beteiligung von fünf Prozent der Transparenzverpflichtung von Section 13D des Securities Exchange Act unterliegen, deren Angaben Grundlage für die empirischen Untersuchungen gewesen sind und das Ergebnis nach oben verzerren, vgl. oben Fn. 285.

294 Bei einigen Beschlussgegenständen erfordert das Gesetz die Zustimmung auch der betroffenen Aktionäre unabhängig von deren Anwesenheit in der Hauptversammlung (zum Beispiel die Fälle der Vinkulierung oder der Auferlegung von Nebenverpflichtungen, § 180 AktG). Daneben kann die Satzung auch die Einstimmigkeit aller, also auch der nicht erschienenen Aktionäre vorsehen. Hierbei handelt es sich dann jedoch nicht um ein Beschlusserfordernis im eigentlichen Sinne, sondern um ein weiteres Erfordernis, das zu der einfachen Mehrheit im Sinne des § 133 AktG hinzutreten muss (beispielsweise im Rahmen der Beschlussfassungen im Sinne der §§ 179 Absatz 2 Satz 3, 180 Absatz 1 AktG), vgl. *Hüffer*, AktG, §§ 133 Rn. 14, 180 Rn. 8.

295 Grundsätzlich reicht die einfache Mehrheit der abgegebenen Stimmen aus (einfache Stimmenmehrheit, § 133 Absatz 1 AktG). Ausnahmsweise können Gesetz oder Satzung eine größere Mehrheit oder weitere Erfordernisse bestimmen. So sind für einen wirksamen Beschluss über die

närspräsenz in den Hauptversammlungen deutscher börsennotierter Aktiengesellschaften war viele Jahre rückläufig und ist trotz Erholungstendenzen niedrig. So lag die durchschnittliche Hauptversammlungspräsenz bei den 30 DAX-Unternehmen 2008 bei 58,52 Prozent gegenüber lediglich 45,87 Prozent im Jahr 2005.[296]

Somit können Minderheiten die Abwesenheit von fast der Hälfte der Stimmberechtigten dazu nutzen, in den Hauptversammlungen bereits mit relativ kleinen Anteilsblöcken überproportionalen Einfluss auf Unternehmensentscheidungen auszuüben, um Vorteile zu erzielen.[297] Ferner erleichtern Gesellschaften mit hohem Streubesitz und wenigen Großaktionären wegen einer unterproportional vertretenen Opposition eine Einflussnahme durch Stimmrechtsausübung. Dabei kommt den Fonds entgegen, dass viele deutsche Konzernobergesellschaften keine Großaktionäre mehr haben. Vor allem Banken und Versicherungen haben in den vergangenen Jahren ihre Industriebeteili-

---

Abberufung von Aufsichtsratsmitgliedern gemäß § 103 Absatz 1 Satz 2 AktG mindestens drei Viertel der abgegebenen Stimmen erforderlich. Zu den unterschiedlichen Mehrheitserfordernissen siehe *Volhard*, in: Semler/Volhard, Arbeitshandbuch für die Hauptversammlung, § 14 Rn. 7.

[296] Vgl. *Deutsche Schutzvereinigung für Wertpapierbesitz* – DSW: HV-Präsenzen der DAX 30-Unternehmen (1998-2008) unter www.dsw-info.de. Zurückgeführt wird diese langfristige Entwicklungstendenz vor allem auf den Rückzug zahlreicher Kreditinsititute aus der Depotstimmrechtsvertretung sowie auf die zunehmende Internationalisierung der Aktionärsstrukturen zurückgeführt, siehe *BMJ*, NZG 2004, 948, 950; *Spindler*, Stimmrecht und Teilnahme an der Hauptversammlung, S. 33 ff. Als Grund für den Rückgang der Kapitalpräsenzen bei Hauptversammlungen kommt daneben die Auflösung der sogenannten *Deutschland AG* in Betracht. Der 2002 in Kraft getretenen Steuerreform, welche die Veräußerungserlöse von Beteiligungen an Kapitalgesellschaften von der Körperschaftssteuer befreit, folgte zudem eine Welle von Devestitionen. Gesellschaften konzentrierten sich auf die eigenen Kompetenzen, Randgeschäftsfelder wurden abgestoßen. Die Präsenzen auf den Hauptversammlungen sind in 2006 zwar erstmalig seit Jahrzehnten wieder gestiegen. Eine Ursache für diesen Anstieg könnte die Neufassung des § 123 AktG im Rahmen des UMAG (Gesetz zur Unternehmensintegrität und Modernisierung des Anfechtungsrechts, BGBl. I 2005, S. 2802) sein. Möglicherweise hat der Verzicht auf eine Hinterlegung der Aktien als Voraussetzung einer Teilnahme an einer Hauptversammlung in Verbindung mit der Umstellung auf das record date-System insbesondere auch ausländische Investoren bewogen, ihre bisherige Zurückhaltung gegenüber einer Teilnahme an deutschen Hauptversammlungen teilweise aufzugeben. Diese vermuteten nämlich regelmäßig zu Unrecht, dass die hinterlegten Aktien einer Veräußerungssperre unterliegen würden und verzichteten auch aus diesem Grund auf eine Hauptversammlungsteilnahme, vgl. *Dauner-Lieb*, WM 2007, 9; *BMJ*, NZG 2004, 948, 952; *Lichartz*, in: Handelsblatt vom 11.05.2006, S. 25. Ob man in diesem Zusammenhang jedoch schon von einer Kehrtwende sprechen kann, werden die Daten der nächsten Jahre zeigen. Im MDax und SDax gingen die Quoten jedenfalls weiter zurück, vgl. *Ackermann/Philippi*, „Stimm ab, Aktionär!", in: Börsenzeitung vom 19.05.2007, S. B6. Zu dem Vorschlag, dem durch die Auszahlung eines sog. Präsenzbonus zu begegnen, siehe *Klühs*, ZIP 2006, 107.

[297] Vgl. *Klühs*, ZIP 2006, 107; *Dauner-Lieb*, WM 2007, 9, 10; *Wand/Tillmann*, AG 2006, 443; *Arnold*, ZCG 2008, 221.

gungen verkauft.[298] So gesehen kann die „Kontrolle" über eine Gesellschaft in vielen Fällen schon mit kleineren Anteilen erlangt werden und nicht erst mit dem Erreichen von 30 Prozent der Stimmrechte, bei dem ein gesetzliches[299] Übernahmeangebot abgegeben werden muss.[300] Damit werden Hedgefonds selbst mit kleinen Stimmrechtsanteilen an einer Gesellschaft zu einem bedeutenden Einflussfaktor, dem mittlerweile auch viele deutsche Gesellschaften ausgesetzt sind.[301] Während sich die Fonds zunächst vorwiegend in große DAX-Unternehmen eingekauft haben, tritt zunehmend der Mittelstand in den Fokus der Aktivisten. Beispielhaft angeführt seien die Fälle *TUI*, *SAP* sowie der Sportartikelhersteller *Adidas*.[302]

Aktivistische Hedgefonds üben zum einen ihr Stimmrecht bei Beschlüssen mit personalpolitischem Bezug aus, um bei ausreichendem Potential insbesondere über einen Einfluss auf die Besetzung der Leitungsorgane die Geschäftspolitik beeinflussen zu können (1). Auch nutzen sie ihr Stimmrecht, um über Maßnahmen der Kapitalbeschaffung und -herabsetzung abzustimmen (2). In seltenen Fällen können sie daneben mit einer Stimmrechtsausübung einzelne Geschäftsführungsmaßnahmen unmittelbar beeinflussen (3).

aa) Personalpolitische Beschlüsse

Um die Geschäftspolitik der Gesellschaft ihrer Strategie anzupassen, versuchen Hedgefonds einerseits, die Zusammensetzung der Leitungsorgane zu beeinflussen, indem sie die Besetzung des Aufsichtsrats und damit mittelbar auch die des Vorstands steuern (a). Daneben können sie in der Hauptversammlung ihren Einfluss dafür einsetzen, dem Vorstand das Vertrauen zu entziehen (b) oder die Entlastung der Mitglieder von Vorstand und Aufsichtsrat zu verweigern, um ihren strategischen Wünschen Nachdruck zu verleihen (c).

---

[298] Vgl. *Benders/Schönauer*, Aufsicht stellt Ermittlungen gegen Hedgefonds ein, in: Handelsblatt vom 20.10.2005, S. 18.

[299] § 29 Absatz 2 i.V. mit § 35 WpÜG. Siehe hierzu unten S. 140 ff.

[300] Vgl. *Peltzer*, in: Semler/Peltzer, Arbeitshandbuch für Vorstandsmitglieder, § 2 Rn. 238. So reicht bei einer Präsenz von 40 Prozent der Stimmberechtigten ein Anteilsbesitz von zehn Prozent plus einer Stimme aus, um mit der Sperrminorität (25 Prozent plus eine Stimme) Satzungsänderungen zu blockieren.

[301] *Thaeter*, Firmen müssen auf Aktionärsaktivismus vorbereitet sein, in: Börsenzeitung vom 03.01.2007, S. 2; *U. H. Schneider*, AG 2006, 577; *Ackermann/Philippi*, „Stimm ab, Aktionär!", in: Börsenzeitung vom 19.05.2007, S. B 6.

[302] Vgl. *O.V.*, Heuschrecken schwärmen aus, in: FAZ vom 24.04.2007, S. 1; *O.V.*, Hedgefonds greifen nach dem Mittelstand, in: FAZ vom 25.04.2007, S. 19.

(1) Wahl und Abberufung von Aufsichtsratsmitgliedern

Das deutsche Gesellschaftsrecht gestattet Aktionären keine unmittelbare Wahl oder Abwahl von Vorstandsmitgliedern.[303] Aktionäre können im Verbund der Hauptversammlung den Aufsichtsrat abwählen und neu besetzen,[304] der wiederum die Vorstandsmitglieder bestellt und abberuft.[305] Mit diesem Recht zur Bestellung des Geschäftsführungsorgans fällt dem Aufsichtsrat die Möglichkeit zu, mit der Auswahl des Geschäftsführungspersonals von sich aus unternehmerische Akzente zu setzen und so den zukünftigen Kurs des Unternehmens mitzubestimmen.[306] Ist der Aufsichtsrat bei dieser Auswahl infolge der eigenen Wahl durch die Aktionäre fremdbestimmt, üben die Aktionäre dadurch mittelbar Einfluss auf die zukünftige Geschäftspolitik aus. Gelegenheit zur Wahl des Aufsichtsrats durch die Aktionäre bietet zum einen die vom Vorstand einberufene ordentliche Hauptversammlung, die dies als Tagesordnungspunkt vorsieht.[307] Außerdem kann eine Hauptversammlung auch durch eine Minderheit einberufen werden, sofern dies mindestens fünf Prozent der am gesamten Grundkapital beteiligten Aktionäre schriftlich unter Angabe des Zwecks und der Gründe gegenüber dem Vorstand verlangen;[308] daneben können aktive Investoren als Aktionärsminderheit (fünf Prozent des Grundkapitals oder anteiliger Betrag von 500.000,- €) beantragen, Aufsichtsratsmitglieder, die von der Hauptversammlung ohne Bindung an einen Wahlvorschlag gewählt wurden, vor Ablauf der Amtszeit abzuberufen und die ent-

---

[303] Vgl. § 84 AktG. Aktionäre von Gesellschaften im Geltungsbereich des US-amerikanischen Gesellschaftsrechts können hingegen durch Stimmrechtsabgabe unmittelbar das *board of directors* ablösen. Zudem haben sie die Möglichkeit, durch einen Wettbewerb um Stimmen (*proxy contest*), die übrigen Aktionäre zur Abgabe von Stimmrechtsvollmachten zu bewegen, die es dem Herausforderer ermöglichen, das *board of directors* abzulösen und seine Kandidaten an dessen Stelle zu setzen. Dieser Wettbewerb um Stimmen wird auch als *proxy contest for corporate control* bezeichnet, vgl. *Thoma*, Der Wettbewerb um Stimmen im US-amerikanischen und deutschen Aktienrecht, S. 38; *Merkt/Göthel*, US-amerikanisches Gesellschaftsrecht, Rn. 810 f.

[304] Aufsichtsratsmitglieder, die von der Hauptversammlung ohne Bindung an einen Wahlvorschlag gewählt worden sind, können von ihr vor Ablauf der Amtszeit mit einer Mehrheit von mindestens drei Vierteln der abgegebenen Stimmen abberufen werden, § 103 Absatz 1 Satz 1, 2 AktG, es sei denn, dass die Satzung etwas anderes, z. B. eine einfache Mehrheit vorsieht (so im Fall der *Deutschen Börse AG*, siehe hierzu unten S. 82 ff.). Zur Bestellung von Aufsichtsratsmitgliedern siehe § 101 AktG.

[305] § 84 Absatz 1, 3 AktG. Vgl. *Peltzer*, in: Semler/Peltzer, Arbeitshandbuch für Vorstandsmitglieder, § 2 Rn. 130.

[306] *Krieger*, Personalentscheidungen des Aufsichtsrats, S. 1.

[307] § 121 AktG.

[308] § 122 Absatz 1 Satz 1 AktG. Siehe zur Einberufung der Hauptversammlung auf Verlangen einer Minderheit unten S. 65.

sprechenden Aufsichtsratsmandate neu zu besetzen.[309] Damit verfügen Hedgefonds – sofern sie allein oder zusammengerechnet mit anderen Antragstellern die Beteiligungsschwelle erreichen – über ein Instrumentarium, mit dem sie jederzeit eine Abstimmung über Abwahl und Neubesetzung des Aufsichtsrates herbeiführen können.

In diesen Fällen ist der Aktivismus von Hedgefonds regelmäßig auf ein zumindest etwas längerfristiges Verhältnis und allenfalls mittelbar auf eine kurzfristige Transaktion ausgerichtet.[310] Eine derartige Gremienrepräsentation unterscheidet sich in ihrer Intention jedoch von einer entsprechenden Aufsichtsrats- oder Vorstandsbesetzung bei Venture Capital Fonds, die diese Positionen auf lange Sicht einnehmen. Hedgefonds bezwecken mit einer dauerhaften Gremienrepräsentation nämlich lediglich, zusätzliche Erträge durch spezielle Ereignisse zu erzielen. Für Hedgefonds ist es in vielen Fällen daher wirtschaftlich sinnvoll, nach einer erzwungenen Strategieänderung im Gremium zu verbleiben. In der Regel sind Unternehmen nach erzwungenen Rekapitalisierungsmaßnahmen für andere Unternehmen attraktiv, so dass eine anschließende Übernahme wahrscheinlich ist und so den Hedgefonds eine weitere Gelegenheit eröffnet wird, zusätzliche Renditen zu generieren.[311]

(2) Vertrauensentzug der Hauptversammlung gegenüber dem Vorstand

Hedgefonds können den Vorstand nach deutschem Recht nicht unmittelbar abwählen; mittelbar können die in der Hauptversammlung vertretenen Aktivisten indes eine personelle Umbesetzung des Vorstands per Beschluss begünstigen. Als wichtigen Grund zur Abberufung des Vorstands erkennt das Aktiengesetz den Vertrauensentzug durch die Hauptversammlung per Beschluss an.[312] Führen aktivistische Hedgefonds einen solchen Beschluss mit Hilfe ihres Stimmrechtspotentials herbei, ermöglichen sie dem Aufsichtsrat, den Vorstand vorzeitig abberufen zu können. Zugleich können sie durch eine damit verbundene Neubesetzung Einfluss auf die Geschäftspolitik erlangen.

---

[309] Vgl. § 122 Absatz 2 AktG.

[310] *Bratton*, Hedge Funds and Governance Targets, S. 32; *Thompson*, The Limits of Hedge Fund Activism, S. 18. Vgl. auch *O.V.*, Hedgefonds wollen Techem-Deal torpedieren, in: Börsenzeitung vom 23.01.2007, S. 10; *O.V.*, TCI bestreitet kurzfristiges Anlageinteresse, in: Börsenzeitung vom 23.04.2005, S. 1, 3.

[311] *Thompson*, The Limits of Hedge Fund Activism, S. 18.

[312] § 84 Absatz 3 Satz 2 AktG.

Wie bereits bei Beschlüssen über die Wahl und Abberufung von Aufsichtsratsmitgliedern erwähnt, unterstützt das deutsche Recht aktive Investoren bei der Verfolgung ihrer Interessen: Zum einen können Aktionärsminderheiten (fünf Prozent des Grundkapitals) vom Vorstand verlangen, dass er eine Hauptversammlung einberuft.[313] Zum anderen können sie (fünf Prozent des Grundkapitals oder anteiliger Betrag von 500.000,- €) beantragen, dem oder den Vorstandsmitgliedern das Vertrauen per Beschluss auf der ordentlichen oder außerordentlichen Hauptversammlung zu entziehen.[314] Darüber hinaus kann auch der Aufsichtsrat die Hauptversammlung einberufen und eine entsprechende Beschlussfassung beantragen, wenn es das Wohl der Gesellschaft erfordert.[315]

Zwar mag es bei Publikumsgesellschaften mit hohem Streubesitz aus praktischen Erwägungen seltener zu einem Vertrauensentzug kommen.[316] Wird eine Publikumsgesellschaft jedoch von einem oder mehreren Großaktionären wie Hedgefonds dominiert, so können die Aktivisten zum einen den Aufsichtsrat bedrängen, eine entsprechende Hauptversammlung einzuberufen oder dies selbst einfordern, wenn sie die Fünf-Prozent-Schwelle erreichen. Mit einem anteiligen Betrag von 500.000,- € können sie bereits eine Beschlussfassung über einen Vertrauensentzug auf der jeweiligen Hauptversammlung herbeiführen.

Selbst wenn sie lediglich eine Minderheitenposition einnehmen, können aktive Investoren häufig Mehrheitsbeschlüsse über einen Vertrauensentzug erzielen. Begünstigt werden sie einerseits durch den Grundsatz der einfachen Stimmenmehrheit, nach dem die Beschlüsse der Hauptversammlung grundsätzlich der Mehrheit der abgegebenen Stimmen bedürfen,[317] und andererseits, insbesondere bei Bestehen eines großen Streubesitzanteils, durch eine geringe oder gar fehlende aktive Aktionärsopposition. Wesentlicher Inhalt des Vertrauens- oder Misstrauensausspruchs ist die Billigung oder Missbilligung

---

313 § 122 Absatz 1 AktG. Siehe zur Einberufung der Hauptversammlung auf Verlangen einer Minderheit unten S. 65.

314 Vgl. § 122 Absatz 2 AktG.

315 § 111 Absatz 3 Satz 1 AktG.

316 Kritisch zu diesem Vorgehen, das für Publikumsgesellschaften den praktischen Erfordernissen nicht angemessen sei und zu einer Lähmung und Schädigung der Gesellschaft führen könne, *Wiesner*, Münchener Handbuch AG, § 20 Rn. 47.

317 Siehe § 133 Absatz 1 AktG.

von Handlungen oder Unterlassungen des Vorstandsmitglieds.[318] Die weit reichenden Befugnisse des Vorstands, dessen Aufgabe die pflichtgebundene Verwaltung des ihm anvertrauten Vermögens der Gesellschaft ist, sind nicht mehr gerechtfertigt, wenn die Aktionäre kein Vertrauen mehr in das Handeln der Vorstandmitglieder haben.[319] Wenn die Basis für eine vertrauensvolle Zusammenarbeit innerhalb der Gesellschaft entfallen ist, soll es möglich sein, einen Neuanfang zu realisieren.[320] Ein Vertrauensentzug durch den Aufsichtsrat hingegen reicht nicht. Das Erfordernis eines sachlichen Grundes würde sonst leer laufen.[321] Auch ein Vertrauensentzug durch einen Mehrheitsaktionär ist dem Vertrauensentzug durch die Hauptversammlung nicht gleichzusetzen.[322] Ebenso genügt eine reine Verweigerung der Entlastung des Vorstandes durch die Hauptversammlung nicht.[323]

Der Beschluss reicht grundsätzlich auch dann aus, wenn er seiner sachlichen Berechtigung nach zweifelhaft ist.[324] Einer zusätzlichen Begründung neben dem Vertrauensentzug bedarf es nicht.[325] Der *BGH* hat festgestellt, dass ein

---

[318] *Dietel*, Der Widerruf der Bestellung zum Vorstandsmitglied bei Vertrauensentzug der Hauptversammlung, S. 21, 49.

[319] BGHZ 13, 188, 192 f.; *LG Darmstadt*, AG 1987, 318, 320; *Hefermehl/Spindler*, in: Münchener Kommentar AktG, § 84 Rn. 104; *Hüffer*, AktG, § 84 Rn. 29; *Wiesner*, Münchener Handbuch AG, § 20 Rn. 48; *Fonk*, in: Semler/v. Schenck, Arbeitshandbuch für Aufsichtsratsmitglieder, § 9 Rn. 292. Kritisch diesem Begründungsansatz gegenüber *Dietel*, Der Widerruf der Bestellung zum Vorstandsmitglied bei Vertrauensentzug der Hauptversammlung, S. 35. Dieser verweist darauf, dass der Vorstand durch den Aufsichtsrat bestellt und von diesem überwacht wird. Demnach sei der Vorstand in erster Linie vom Vertrauen des Aufsichtsrats und nicht der Hauptversammlung abhängig.

[320] *Thüsing*, in: Fleischer, Handbuch des Vorstandsrechts, § 5 Rn. 26.

[321] *Lutter/Krieger*, Rechte und Pflichten des Aufsichtsrats, § 7 Rn. 366; *Wiesner*, Münchener Handbuch AG, § 20 Rn. 49. A. A. *OLG München*, AG 1986, 234, 235.

[322] *BGH*, WM 1962, 811; *Mertens*, in: Kölner Kommentar AktG, § 84 Rn. 106; *Wiesner*, Münchener Handbuch AG, § 20 Rn. 48; *Hefermehl/Spindler*, in: Münchener Kommentar AktG, § 84 Rn. 104. So aber die frühere Rechtsprechung, vgl. BGHZ 15, 71, 72 und die Nachweise bei *Dietel*, Der Widerruf der Bestellung zum Vorstandsmitglied bei Vertrauensentzug der Hauptversammlung, S. 29.

[323] Während eine Entlastungsverweigerung für einen abgeschlossenen Zeitraum gilt, bezieht sich hingegen ein Vertrauensentzug auf die Zukunft, vgl. *Zimmermann*, in: FS Rowedder, S. 594; *Kubis*, in: Münchener Kommentar AktG, § 120 Rn. 35, *Zöllner*, in: Kölner Kommentar AktG, § 120 Rn. 41 f., *Hüffer*, AktG, § 84 Rn. 30. A. A.. *Wiesner*, Münchener Handbuch AG, § 20 Rn. 49; *Mertens*, in: Kölner Kommentar AktG, § 84 Rn. 105; *Fonk*, in: Semler/v. Schenck, Arbeitshandbuch für Aufsichtsratsmitglieder, § 9 Rn. 292; *Lutter/Krieger*, Rechte und Pflichten des Aufsichtsrats, § 7 Rn. 366. Siehe zur Entlastungsverweigerung unten S. 63.

[324] *BGH*, AG 1975, 242; *Mertens*, in: Kölner Kommentar AktG, § 84 Rn. 105.

[325] *Säcker*, in: FS Gerhard Müller, S. 745, 748 f.; *Lutter/Krieger*, Rechte und Pflichten des Aufsichtsrats, § 7 Rn. 366. Die Gesellschaft hat bei einer Anfechtung durch ein Vorstandsmitglied im

Vertrauensentzug nicht nur dann einen wichtigen Grund für die Abberufung darstellt, wenn der Nachweis geführt ist, dass das Vorstandsmitglied seine Geschäfte nicht ordnungsgemäß geführt hat.[326] Der Vertrauensentzug genügt daher auch dann, wenn dem Vorstandsmitglied kein persönlicher Vorwurf gemacht werden kann oder es bei Meinungsverschiedenheiten über wesentliche Unternehmensentscheidungen sogar objektiv im Recht sein mag.[327] Damit bleiben die den Vertrauensentzug verursachenden Motive grundsätzlich unbeachtlich. Hat die Hauptversammlung jedoch das Vertrauen aus offenbar unsachlichen Gründen entzogen, so liegt ausnahmsweise kein wichtiger Grund vor.[328] Dem Vorstand sollte auf diese Weise die Sorge grundloser Abberufung genommen werden, um ihm ein sicheres Arbeiten zu ermöglichen.[329] Wann der Vertrauensentzug aus offenbar unsachlichen Gründen erfolgt, hat die Rechtsprechung noch nicht abschließend präzisiert. Unsachlichkeit liegt etwa vor, wenn der Vertrauensentzug nur zum Vorwand dient, willkürlich oder wegen der damit verfolgten Zwecke rechtswidrig ist, insbesondere gegen Treu und Glauben verstößt.[330]

Der Aufsichtsrat ist allerdings nicht verpflichtet, ein Vorstandsmitglied abzuberufen, dem die Hauptversammlung das Vertrauen entzogen hat; vielmehr verbleibt dem Gremium bei dieser Entscheidung ein Spielraum.[331] Dieser

---

gerichtlichen Verfahren das Vorliegen eines wichtigen Grundes zu beweisen. Das abberufene Vorstandsmitglied trägt hingegen die Beweislast dafür, dass der Vertrauensentzug aus offenbar unsachlichen Gründen erfolgt ist, vgl. *Kort*, in: Großkomm. AktG, § 84 Rn. 209.

326 BGHZ 13, 188, 192.

327 *BGH*, NJW 1975, 1657; *Säcker*, in: FS Gerhard Müller, S. 745, 746; *Baums*, Der Geschäftsleitervertrag, S. 301 f.; *Zimmermann*, in: FS Rowedder, S. 594; *Hefermehl/Spindler*, in: Münchener Kommentar AktG, § 84 Rn. 104; *Wiesner*, Münchener Handbuch AG, § 20 Rn. 48.

328 § 84 Absatz 3 Satz 1, 2 AktG. Zur Diskussion vor Einführung dieses Korrektivs *Dietel*, Der Widerruf der Bestellung zum Vorstandsmitglied bei Vertrauensentzug der Hauptversammlung, S. 21 f.

329 BGHZ 13, 188, 193.

330 Siehe BGHZ 13, 188, 193: „Ein Vertrauensentzug, der die Abberufung nur zum Vorwand dient oder willkürlich, haltlos oder wegen der damit verfolgten Zwecke unrechtlich ist, etwa weil sie gegen Treu und Glauben verstoßen, [kann] nicht als wichtiger Grund für die Abberufung anerkannt werden". Vgl. BGHZ 15, 71, 76; *BGH*, WM 1956, 1182, 1184; *LG Darmstadt*, AG 1987, 318, 320; *Hefermehl/Spindler*, in: Münchener Kommentar AktG, § 84 Rn. 105; *Dietel*, Der Widerruf der Bestellung zum Vorstandsmitglied bei Vertrauensentzug der Hauptversammlung, S. 26; *Hüffer*, AktG, § 84 Rn. 29. Ausführlich zum Korrektiv des offensichtlich unsachlichen Grundes und der Frage, ob ein solcher Vertrauensentzug durch Hauptversammlungsbeschluss bei einer Intervention von Hedgefonds im Einzelfall gegen die Treupflicht des Aktionärs verstößt, unten S. 283 ff.

331 BGHZ 13, 188, 193; *Hefermehl/Spindler*, in: Münchener Kommentar AktG, § 84 Rn. 104; *Baums*, Der Geschäftsleitervertrag, S. 300 ff. A. A. *Lutter/Krieger*, Rechte und Pflichten des Auf-

Ermessensspielraum resultiert zum einen daraus, dass sich das für die Entscheidung des Aufsichtsrats maßgebliche Unternehmensinteresse[332] nicht mit dem für die Hauptversammlungsentscheidung ausschlaggebenden (Mehrheits-) Aktionärsinteresse decken muss,[333] zum anderen aber auch daraus, dass der Vertrauensentzug durch die Hauptversammlung inhaltlich an geringere Voraussetzungen geknüpft ist.[334] Zwar dürfte der Aufsichtsrat von einer Abberufung grundsätzlich absehen, sofern er von der Richtigkeit der vom Vorstand verfolgten Geschäftspolitik entgegen der Mehrheit der Hauptversammlung überzeugt ist.[335] Entzieht die Hauptversammlung aber einem Vorstandsmitglied das Vertrauen, übt sie damit zugleich einen starken faktischen Druck auf den Aufsichtsrat aus, den Betreffenden abzuberufen.[336] Sollte der Aufsichtsrat zudem bereits teilweise[337] oder vollständig durch Großaktionäre wie Hedgefonds oder andere intervenierende institutionelle Investoren ausgewählt sein und deren Einfluss unterliegen, so dürfte bei realitätsnaher Betrachtung der Aufsichtsrat diesem Anliegen regelmäßig nachkommen und den Vorstand abberufen.

Damit ist es Hedgefonds grundsätzlich über einen in der Hauptversammlung per Mehrheitsbeschluss erwirkten Vertrauensentzug gegenüber dem Vorstand möglich, einzelne oder mehrere Vorstandsmitglieder sowie den Vorstandsvorsitzenden auch vor Ablauf des Anstellungsverhältnisses über einen von ihnen personell (mit) ausgewählten Aufsichtsrat abzuberufen und damit deren Position zu gefährden. Fehlt für den Widerruf ein wichtiger Grund, dann ist die Abberufung dennoch wirksam, bis ihre Unwirksamkeit rechtskräftig festgestellt wird.[338] Die Bestellung zum Vorstand endet damit, wenn ein entsprechender Beschluss des Aufsichtsrats vorliegt und die Abberufungserklärung dem Vorstandsmitglied zugegangen ist. Rechtskräftig festgestellt werden kann

---

sichtsrats, § 7 Rn. 368, die eine Verpflichtung zum Widerruf der Bestellung in der Regel bejahen, dem Aufsichtsrat aber auch einen „gewissen" Ermessensspielraum zubilligen wollen.

332 *Mertens*, in: Kölner Kommentar AktG, § 76 Rn. 6 f.

333 So *Mertens*, in: Kölner Kommentar AktG, § 84 Rn. 104; *Krieger*, Personalentscheidungen des Aufsichtsrats, S. 141. *Vgl. Fonk*, in: Semler/v. Schenck, Arbeitshandbuch für Aufsichtsratsmitglieder, § 9 Rn. 293.

334 *Kort*, in: Großkomm. AktG, § 84 Rn. 148; *Lutter/Krieger*, Rechte und Pflichten des Aufsichtsrats, § 7 Rn. 368. Der Vertrauensentzug darf lediglich nicht offenbar unsachlich sein, vgl. oben.

335 *Fonk*, in: Semler/v. Schenck, Arbeitshandbuch für Aufsichtsratsmitglieder, § 9 Rn. 293.

336 *Peltzer*, in: Semler/Peltzer, Arbeitshandbuch für Vorstandsmitglieder, § 2 Rn. 107; *O.V.*, Breuer kann mit einfacher Mehrheit gestürzt werden, in: FAZ vom 16.04.2005, S. 25.

337 Insbesondere bei mitbestimmten Aktiengesellschaften.

338 § 84 Absatz 3 Satz 4 AktG.

die Wirksamkeit der Abberufung allein in einem Hauptsacheverfahren.[339] Im einstweiligen Rechtsschutz kann daher nicht die Wiedereinsetzung des Vorstandsmitglieds erreicht werden, wird das Begehren allein auf das Fehlen eines wichtigen Grundes gestützt.[340]

Da die reguläre Amtsdauer regelmäßig vor Ende des gerichtlichen Hauptsacheverfahrens endet und damit praktisch eine Wiedereinsetzung trotz möglicher materieller Unwirksamkeit der Abberufung ausscheidet, hat eine solche in jedem Fall erhebliche Auswirkungen für das Vorstandsmitglied und kann sein Fortkommen erschweren, da man es als potentiell ungeeignet ansieht.[341] Aktivistischen Fonds kommt mit diesem Beschlussgegenstand ein Nötigungsmittel mit gewichtigem Drohpotential zu, sofern zugleich der Aufsichtsrat ihrem Einfluss unterliegt.[342]

(3) Verweigerung der Entlastung

Weiterhin üben aktivistische Hedgefonds ihr Stimmrecht bei Beschlüssen über die Entlastung der Mitglieder von Vorstand und Aufsichtsrat aus. Sie stellen medienwirksam in Aussicht, mit Hilfe ihres Stimmpotentials eine Entlastung zu verweigern, und versuchen auf diese Weise, Einfluss auf die Gestaltung der Geschäftspolitik zu erlangen, wenn die Mitglieder der Leitungsorgane den Aufforderungen der aktivistischen Fonds nicht nachkommen. Zwar

---

339 Das Vorstandsmitglied kann sich gegen seine Abberufung mit einer Klage gegen die AG, vertreten durch den Aufsichtsrat, zur Wehr setzen. *BGH*, NJW 1981, 2748, 2749; *Kort*, in: Großkomm. AktG, § 84 Rn. 194. In diesem Fall handelt es sich um eine Gestaltungsklage mit dem Antrag, den Widerruf der Bestellung für unwirksam zu erklären; *KG*, AG 1984, 24, 25; *Mertens*, in: Kölner Kommentar AktG, § 84 Rn. 116; *Hefermehl/Spindler*, in: Münchener Kommentar AktG, § 84 Rn. 110.

340 Dies erscheine sachgerecht, denn „die Regelung eines einstweiligen Zustandes" i.S. von § 940 ZPO trifft das Gesetz selbst, indem es den Widerruf bis zu seiner rechtskräftig festgestellten Unwirksamkeit für wirksam erklärt. Allgemeine Meinung: *OLG Stuttgart*, AG 1985, 193; *Meyer-Landrut*, in: FS Fischer, S. 483; *Thüsing*, in: Fleischer, Handbuch des Vorstandsrechts, § 5 Rn. 32; *Lutter/Krieger*, Rechte und Pflichten des Aufsichtsrats, § 7 Rn. 372; *Wiesner*, Münchener Handbuch AG, § 20 Rn. 53; *Mertens*, in: Kölner Kommentar AktG, § 84 Rn. 97; *Fonk*, in: Semler/v. Schenck, Arbeitshandbuch für Aufsichtsratsmitglieder, § 9 Rn. 298. Im Ergebnis auch *Hefermehl/Spindler*, in: Münchener Kommentar AktG, § 84 Rn. 108.

341 *Thüsing*, in: Fleischer, Handbuch des Vorstandsrechts, § 5 Rn. 31; *Hefermehl/Spindler*, in: Münchener Kommentar AktG, § 84 Rn. 103, 118; *Dietel*, Der Widerruf der Bestellung zum Vorstandsmitglied bei Vertrauensentzug der Hauptversammlung, S. 16.

342 Da die Gesellschaft aus diesem Grund in einem Gerichtsverfahren in der stärkeren Position ist, wird ein Abberufungsbeschluss von abberufenen Vorstandsmitgliedern nur sehr selten gerichtlich angefochten. Ob dies auch noch nach der ZPO-Reform gilt, die die Berufungsmöglichkeiten erheblich eingeschränkt hat (§ 522 Absatz 2 ZPO), wird die zukünftige Praxis zeigen, vgl. *Peltzer*, in: Semler/Peltzer, Arbeitshandbuch für Vorstandsmitglieder, § 2 Rn. 96. Siehe hierzu ausführlich unten S. 69 ff.

hat ein Entlastungsbeschluss im Aktienrecht keinen Anspruchsverzicht gegenüber den Gremien zur Folge.[343] Dem Beschluss kommt indessen eine erhebliche rechtstatsächliche Bedeutung zu. Über die Billigung hinaus liegt in der Entlastung typischerweise auch eine Vertrauenskundgabe für die künftige Verwaltung der Gesellschaft.[344] Vor allem bei größeren Publikumsgesellschaften zieht eine Entlastungsverweigerung eine überdurchschnittliche Medienaufmerksamkeit nach sich, die auf Seiten der betroffenen Organmitglieder dazu führt, dass diese um ihre Entlastung „kämpfen". In der Praxis kommt der Entlastungsentscheidung mithin eine psychologische Bedeutung zu, die zu den Rechtswirkungen in keinem adäquaten Verhältnis steht.[345] Damit komplettieren Aktivisten mit einer Verweigerung der Entlastung ihr Einflusspotential, da sie mit dem Beschluss zugleich bedeutsame faktische Konsequenzen für die einzelnen Organmitglieder herbeiführen können.

BB) KAPITALBESCHLÜSSE

Wenn *merger arbitrage*-Hedgefonds auf Seiten der Bietergesellschaft eine avisierte Unternehmensübernahme verhindern wollen, versuchen sie insbesondere, Kapitalerhöhungsbeschlüsse einschließlich eines genehmigten Kapitals zu blockieren, um eine notwendige Finanzierung des Anteilserwerbs zu vereiteln oder zumindest zu erschweren. Im Rahmen der Strategie *distressed securities* versuchen Hedgefonds nach dem in der Regel günstigen Erwerb von Anteilen, Einfluss auf einen Restrukturierungsprozess zu nehmen, indem sie zur Fortführung der Gesellschaft notwendige Kapitalbeschlüsse blockieren, wie beispielsweise die bei einem Kapitalschnitt erforderlichen Beschlüsse zur Kapitalherabsetzung und -erhöhung.

CC) BESCHLÜSSE ÜBER GESCHÄFTSFÜHRUNGSMAẞNAHMEN

Neben einem mittelbaren Einfluss auf die Unternehmenspolitik des Vorstandes über die Besetzung des Aufsichtsrates, dem Vertrauensentzug und einer Entlastungsverweigerung können aktive Hedgefonds im Einzelfall unmittelbar gesellschaftsrechtlich vermittelten Einfluss auf die Geschäftsführung ausüben. So können sie den Ausgang spezieller Geschäftsführungsmaßnahmen sowohl in den Fällen der von Rechtsprechung und Literatur entwickelten un-

---

[343] § 120 Absatz 2 Satz 2 AktG. Im Recht der GmbH hat die Entlastung dagegen in gewissem Umfang Präklusionswirkung, vgl. BGHZ 94, 324, 326.

[344] *BGH*, WM 1977, 361; *Hüffer*, AktG, § 120 Rn. 2.

[345] *Kubis*, in: Münchener Kommentar AktG, § 120 Rn. 2; *Mülbert*, in: Großkomm. AktG, § 120 Rn. 11; *Semler*, in: Münchener Handbuch AG, § 34 Rn. 21.

geschriebenen Hauptversammlungszuständigkeiten[346] beeinflussen, als auch dann, wenn der Vorstand ausnahmsweise die Zustimmung der Hauptversammlung zur Geschäftsführungsmaßnahme einfordert.[347] Denkbar ist dies insbesondere, wenn Hedgefonds mittels anderer Techniken den Vorstand bereits unter Druck gesetzt haben und sich dieser dadurch veranlasst sieht, zur Klärung der Mehrheitsverhältnisse oder auf Grund ungewisser Unterstützung durch die Aktionäre die in Frage stehende Geschäftsführungsmaßnahme einer Billigung durch die Hauptversammlung zu unterstellen. Indes findet sich dieser Fall bei Publikumsgesellschaften in der Praxis selten.[348]

B) SONSTIGE MITGLIEDSCHAFTSRECHTE

Daneben üben aktivistische Hedgefonds gegebenenfalls unterstützend sonstige Mitgliedschaftsrechte aus, um das Portfoliounternehmen oder dessen Geschäftsführung effektiver zu beeinflussen.

AA) EINBERUFUNG DER HAUPTVERSAMMLUNG AUF VERLANGEN EINER MINDERHEIT

Aktivistische Hedgefonds können als Minderheit die Einberufung der Hauptversammlung erwirken, wenn sie allein oder zusammengerechnet mit anderen Antragstellern grundsätzlich mindestens fünf Prozent des Grundkapitals halten und dies schriftlich unter Angabe des Zwecks und der Gründe gegenüber dem Vorstand verlangen.[349] So drohten beispielsweise Hedgefonds in den Fällen der *Deutschen Börse AG* (*TCI*) und *Cewe Color Holding AG* (*M2*) jeweils dem Vorstand an, eine außerordentliche Hauptversammlung einberufen zu lassen, um dort vorzeitig mehrere Aufsichtsratsmitglieder abzuwählen und neu zu besetzen, sollte er den Forderungen der Aktivisten nicht Folge leisten.[350] Die Satzung kann ein niedrigeres Beteiligungserfordernis zur Ausübung dieses

---

346 Siehe BGHZ 83, 122 = *BGH*, NJW 1982, 1703 (Holzmüller); BGHZ 159, 30 = *BGH*, NJW 2004, 1860 (Gelatine I); *BGH*, NJW 2004, 575 (Gelatine II).

347 Siehe § 119 Absatz 2 AktG.

348 Vgl. *Raiser/Veil*, Recht der Kapitalgesellschaften, §16 Rn. 1.

349 § 122 Absatz 1 Satz 1 AktG. Auch in Großbritannien ist die Einberufung durch Aktionäre möglich, siehe *Klein/Zur*, Hedge Fund Activism, S. 28; für das US-amerikanische Gesellschaftsrecht (Mindestquorum i.d.R. zehn Prozent) siehe *Merkt/Göthel*, US-amerikanisches Gesellschaftsrecht, Rn. 664.

350 Siehe *O.V.*, Schlagabtausch zwischen Börse und TCI, in: Börsenzeitung vom 19.04.2005, S. 4; *O.V.*, Die Kasse von Cewe Color ist dicht, in: Börsenzeitung vom 15.03.2007, S. 12. Zum Fall der *Deutschen Börse AG* siehe unten S. 82, zum Fall der *Cewe Color Holding AG* siehe unten S. 94 f.

Minderheitenrechts vorsehen.[351] Das Quorum kann durch Aktien aller Art erreicht werden – insbesondere Vorzüge –, da das Verlangen von allen Aktionären erhoben werden kann, denen das Teilnahmerecht zukommt; eine Stellvertretung ist zulässig.[352] Zudem müssen Aktionäre, die ein Minderheitenrecht ausüben wollen, seit mindestens drei Monaten vor dem Tag der Hauptversammlung Inhaber der Aktien sein und diese bis zur Entscheidung über den Antrag halten.[353] Damit sollen Aktionäre vom Minderheitenschutz ausgeschlossen bleiben, die sich die betroffenen Aktien nur kurzfristig – etwa im Wege eines Wertpapierdarlehens – beschafft haben.[354] Somit können Hedgefonds, welche diese Beteiligungsschwelle erreichen[355] und die erforderliche Besitzzeit nachweisen können, jederzeit eine Hauptversammlung und damit insbesondere eine Abstimmung über Abwahl und Neubesetzung des Aufsichtsrates durchsetzen. Um mittels ihrer Stimmrechte Einfluss auszuüben, sind sie daher unter diesen Voraussetzungen nicht darauf angewiesen, den Termin der ordentlichen Hauptversammlung abzuwarten.[356]

bb) Rede- und Auskunftsrecht in der Hauptversammlung

Einflussmöglichkeiten werden Hedgefonds zudem durch ihr Rede- und Auskunftsrecht in der Hauptversammlung eröffnet. Bei zweckwidriger Wahrnehmung kann es erhebliche Störeffekte entfalten. Gerade im Rahmen der Generaldebatte um die Entlastung der Mitglieder des Vorstands und des Aufsichtsrats, können aktivistische Fonds von ihrem Rede- und Auskunftsrecht exzessiv Gebrauch machen und auf diese Weise den Ablauf einer Hauptversammlung empfindlich beeinträchtigen. So können sie durch eine illoyale und eigennützige Ausübung des Auskunftsrechts versuchen, zum einen Einfluss auf die Geschäftsführung des Vorstands oder bestimmte unternehmerische

---

[351] § 122 Absatz 1 Satz 2 AktG. Für einen Satzungsänderungsbeschluss bedarf es einer Mehrheit, die mindestens drei Viertel des bei der Beschlussfassung vertretenen Grundkapitals umfasst, § 179 Absatz 2 Satz 1 AktG.

[352] Vgl. *Volhard*, in: Semler/Volhard, Arbeitshandbuch für die Hauptversammlung, § 14 Rn. 14 f.; *Hüffer*, AktG, § 122 Rn. 2.

[353] § 122 Absatz 1 Satz 3 i.V. mit § 142 Absatz 2 Satz 2 AktG. Mindestbeteiligung und Aktienbesitzzeit sind nachzuweisen, vgl. hierzu *Hüffer*, AktG, § 122 Rn. 3, 3a; § 142 Rn. 24.

[354] Vgl. Regierungsentwurf eines Gesetzes zur Kontrolle und Transparenz im Unternehmensbereich (KonTraG); BT-Drucks. 13/9712, S. 17.

[355] Zu den unterschiedlichen Methoden, wie Hedgefonds neben ihren Stimmrechten aus erworbenen Aktien über weitere Stimmrechte verfügen, siehe oben S. 109 ff.

[356] Vgl. hierzu und dem Minderheitenrecht nach § 122 Absatz 2 AktG, mit dem Aktionäre bewirken können, dass Gegenstände zur Beschlussfassung einer Hauptversammlung bekanntgemacht werden, oben S. 57 f.

Einzelentscheidungen zu nehmen und zum anderen auf diese Weise den auskunftspflichtigen Vorstand in ein klagebegründendes Fehlverhalten zu manövrieren.[357]

Auch im Fall der *DIS AG* haben Hedgefonds auf der ordentlichen Hauptversammlung ihr Rede- und Auskunftsrecht ausgeübt, um die Grundlage für eine spätere Anfechtungsklage zu legen und den Verlauf der Hauptversammlung so zu bremsen, dass sie bis über Mitternacht andauerte und deshalb neu angesetzt werden müsste.[358] Als Nebeneffekt können das Verlesen langer Fragenkataloge und die Antworten hierauf die Attraktivität der Hauptversammlung für die übrigen Aktionäre reduzieren.[359] In der Folge kann dies zu weiter sinkenden Aktionärspräsenzen führen, was eine effektive Einflussnahme auf die Gesellschaft für Aktivisten erleichtert.

Der Erkenntnis, dass solche Vorkommnisse niemals vollständig unterbunden werden können, steht indes der Einwand gegenüber, dass den Versammlungsleitern ein hinreichendes Instrumentarium zur Verfügung steht, um solche Fälle abzuwenden oder zumindest einzudämmen. Im Rahmen seines pflichtgemäßen Ermessens und der Verhältnismäßigkeit kann der Vorstand situationsangemessen mit einer geschickten Festlegung der Rednerreihenfolge, mit Redezeitbeschränkungen, Abmahnungen und dem Wortentzug, dem Schluss der Debatte sowie bei schweren Störungen sogar mit einem Saalverweis reagieren.[360] Provokatives Verhalten eines Aktionärs kann darüber hinaus als Indiz für die Missbräuchlichkeit einer später mit dem provozierten Vorstandsverhalten begründeten Anfechtungsklage gewertet werden.

Inhaltlich unterliegen Auskunftsrecht und Rederecht der Voraussetzung, dass die Information zur sachgemäßen Beurteilung des Gegenstandes der Tagesordnung erforderlich ist.[361] Ein bloßer Zusammenhang genügt nicht.[362] Dieses einschränkende Kriterium knüpft daran an, dass dem einzelnen Gesellschafter eine direkte Einflussnahme auf die Geschäftsführung des Vorstandes verwehrt, und er für deren Überwachung nicht zuständig ist. Die Aktionäre be-

---

[357] Vgl. *Geißler*, NZG 2001, 539, 543 f.

[358] Siehe zum Fall der *Adecco/DIS AG* unten S. 90 ff.

[359] Vgl. *Siems*, in: Spindler/Stilz, AktG, § 131 Rn. 6.

[360] Zu den Ordnungsmitteln *Quack*, in: FS Brandner, S. 118 f.; *Martens*, Missbrauch des Auskunfts-, Frage- und Rederechts sowie im Spruchstellenverfahren, S. 66 ff.; *Hüffer*, AktG, § 129 Rn. 19 ff.

[361] Vgl. § 131 Absatz 1 Satz 1 AktG.

[362] *Hüffer*, AktG, § 131 Rn. 12.

nötigen zur Wahrnehmung ihrer Mitgliedschaftsrechte in der Hauptversammlung lediglich die Informationen, die sich auf die jeweils in der Tagesordnung festgelegten Gegenstände beziehen.[363] Dabei erscheint die Restriktionswirkung dieses Merkmals zwar zunächst deswegen eingeschränkt, weil zur Beurteilung des Tagesordnungspunktes der Entlastung des Vorstandes nahezu alle Fragen und Redebeiträge erforderlich erscheinen, die sich auf geschäftsrelevante Vorgänge beziehen.[364]

Diesem Aspekt wird allerdings durch das Anlegen eines strengen Maßstabes begegnet, zumal eine Entlastung bei der AG keinen Anspruchsverzicht zur Folge hat.[365] Erforderlich sind nur Fragen zu solchen Vorgängen, die von gewissem Gewicht sind und die sich seit dem letzten Entlastungsbeschluss ereignet haben; hierdurch wird gleichzeitig verhindert, dass die Hauptversammlung als dauerhaftes Podium für stets neuerliche Grundlagendiskussionen über zurückliegende Vorgänge benutzt wird.[366] Freilich lassen sich hiermit nicht alle missbräuchlichen Fälle erfassen, weswegen Hedgefonds mit dem Rede- und Auskunftsrecht in der Hauptversammlung ein im Einzelfall effektives Einflussmittel zur Verfügung steht, wenn sie es gezielt einsetzen.[367]

2. Faktische Einflussnahme

Hedgefonds beeinflussen daneben faktisch die Leitungsorgane von Portfoliogesellschaften. Als Ausübung faktischer Anteilseignerkontrolle ist jeder nicht gesellschaftsrechtlich vermittelte Akt eines Aktionärs zu qualifizieren, der mitursächlich für eine bestimmte Unternehmensentscheidung oder eine geschäftspolitische Strategie ist.

a) Persönliche Beziehungen

Zum einen versuchen Hedgefonds, Mitglieder von Vorstand und Aufsichtsrat durch Gespräche zu einem bestimmten Handeln zu bewegen, wie es das in den USA von einigen großen Investoren praktizierte *relationship investing* kenn-

---

363 *Geißler*, NZG 2001, 539, 540.

364 *Martens*, Missbrauch des Auskunfts-, Frage- und Rederechts sowie im Spruchstellenverfahren, S. 70, 74 f.; *Zöllner*, in: Kölner Kommentar AktG (1. Aufl.), § 131 Rn. 24.

365 Vgl. *OLG Düsseldorf*, WM 1991, 2148, 2153; *Hüffer*, AktG, § 131 Rn. 12a.

366 Vgl. *Martens*, Missbrauch des Auskunfts-, Frage- und Rederechts sowie im Spruchstellenverfahren, S. 75; *Zöllner*, in: Kölner Kommentar AktG (1. Aufl.), § 131 Rn. 24 f.; *OLG Zweibrücken*, ZIP 1990, 453, 454; *Hüffer*, AktG, § 131 Rn. 19; *Geißler*, NZG 2001, 539, 540 f.

367 Zu den aus der mitgliedschaftlichen Treupflicht resultierenden Schranken des Rede- und Auskunftsrechts in der Hauptversammlung siehe unten S. 294 ff.

zeichnet.[368]. Dabei können diese informellen Vorgehensweisen einen erheblichen Einfluss auf das Management eines Unternehmens haben.[369] So streben Hedgefonds häufig keine Sitze im Aufsichtsrat an, da sie davon ausgehen, dass sie auch außerhalb des Gremiums ausreichend durch Gespräche Veränderungen bewirken können.[370] Zudem kann eine solche unmittelbare Präsentation die Flexibilität von Hedgefonds in Bezug auf offensichtliche Verstöße gegen Insidervorschriften beeinträchtigen, welche sie möglicherweise in ihrer Fähigkeit einschränken würde, die Aktie zu handeln oder mit den eigenen Investoren über die eigene Strategie zu kommunizieren.[371]

b) Androhen einer personellen Umbesetzung

Führen die Gespräche nicht zu dem gewünschten Ergebnis, drohen Hedgefonds zum anderen den Organmitgliedern – häufig medienwirksam – mit Sanktionen, um diese zu einem geschäftspolitischen Handeln zu veranlassen, das der strategischen Ausrichtung der Aktivisten entspricht. Als Kontrolleure von Stimmrechten versuchen sie, den Vorstand einer AG in der Gestaltung der Unternehmenspolitik und den Aufsichtsrat im Rahmen seiner Überwachungstätigkeit zu beeinflussen, indem sie deren Absetzung oder Umbesetzung in Aussicht stellen.[372]

aa) Umbesetzung des Aufsichtsrats

Da es den Aktivisten als Aktionären unmittelbar möglich ist, den Aufsichtsrat abzuwählen und neu zu besetzen[373], verfügen sie bei ausreichendem – gegebenenfalls gebündeltem – Stimmrechtsvolumen ein wirksames Drohpotential gegenüber Aufsichtsratsmitgliedern. In einer mitbestimmten Aktiengesellschaft besteht dieses Drohpotential indes lediglich gegenüber den Vertretern der Anteilseigner.

---

368 Vgl. *Ruffner*, Die ökonomischen Grundlagen eines Rechts der Publikumsgesellschaft, S. 418.

369 *Strenger*, in: Hommelhoff/Hopt/v. Werder, Handbuch Corporate Governance, S. 708 f.

370 Vgl. *O.V.*, Viermetz wirbt um Verständnis für Hedgefonds, in: Börsenzeitung vom 04.11.2006, S. 6.

371 *Deutscher Investor Relations Verband*, Recent trends in shareholder activism, S. 7.

372 *Kahan/Rock*, Hedge Funds in Corporate Governance and Corporate Control, S. 4; *Maatman/Raaijmakers*, Hedge Funds in Company Law: Virus or Vaccine?, S. 8.

373 Aufsichtsratsmitglieder, die von der Hauptversammlung ohne Bindung an einen Wahlvorschlag gewählt worden sind, können von ihr vor Ablauf der Amtszeit mit einer Mehrheit von mindestens drei Vierteln der abgegebenen Stimmen abberufen werden, § 103 Absatz 1 Satz 1 AktG. Zur Bestellung von Aufsichtsratsmitgliedern siehe § 101 AktG. Vgl. zur Wahl und Abberufung von Aufsichtsratsmitgliedern durch Beschluss bereits ausführlich oben S. 57 ff.

bb) Mittelbare Umbesetzung des Vorstands

Hingegen können sie eine Umbesetzung des Vorstands nur mittelbar, über einen durch eigene Wahl oder aus sonstigen Gründen mehrheitlich beeinflussten Aufsichtsrat durchsetzen. Das deutsche Gesellschaftsrecht ermöglicht es dabei den Aktionären nicht, die Entscheidungen des Aufsichtsrats zu steuern. So sind Aufsichtsratsmitglieder, auch von einzelnen Aktionären entsandte Mitglieder, nicht an Weisungen oder geäußerte Wünsche der Hauptversammlung gebunden. Sie sind nach dem Gesetzesleitbild unabhängig und dem Unternehmensinteresse verpflichtet.[374] Jedoch verhindert diese gesetzliche Vorgabe nicht, dass mächtige Aktionäre im Einzelfall einzelne Aufsichtratsmitglieder in ihrem Handeln faktisch beeinflussen. Das Bestehen einer Pflicht garantiert nicht deren Befolgung, was die Einflusstatbestände der §§ 117, 317 AktG zeigen. Allerdings erschweren die Stimmverhältnisse in paritätisch mitbestimmten Aufsichtsräten eine Einflussnahme.[375] Aber selbst im Falle einer Stimmengleichheit können Vertreter der Anteilseigner gegebenenfalls über das Doppelstimmrecht des Aufsichtsratsvorsitzenden (§ 29 Absatz 2 MitbestG) eine Mehrheitsentscheidung herbeiführen.

(1) Ist der Aufsichtsrat von den Aktivisten im Einzelfall fremdbestimmt, ist es ihnen jedenfalls möglich, nach Ablauf der jeweiligen Bestellungszeiträume[376] eine Neubesetzung des Vorstands herbeizuführen.[377]

(2) Der Aufsichtsrat kann indes die Bestellung bereits vorher widerrufen, wenn ein *wichtiger Grund* vorliegt (§ 84 Absatz 3 Satz 1 AktG). Für den Abberufungsbeschluss genügt die einfache Mehrheit; dies gilt ebenso für den Widerruf der Ernennung zum Vorstandsvorsitzenden und bei mitbestimmten

---

[374] Vgl. *Lutter/Krieger*, Rechte und Pflichten des Aufsichtsrats, Rn. 692.

[375] Vgl. § 96 Absatz 1 AktG i.V. mit § 1 Absatz 1 MitbestG.

[376] Die Bestellung ist bis zu einer Dauer von fünf Jahren zulässig, § 84 Absatz 1 Satz 1 AktG. Bei der Regelung des Vorstandsverhältnisses hat das Gesetz an der bereits in § 75 Absatz 1 Satz 1 und Absatz 4 AktG 1937 getroffenen Trennung zwischen Bestellung und Anstellung bewusst festgehalten (insb. § 84 Absatz 1 Satz 1 und 5 AktG, sog. *Trennungstheorie*) und sich damit für die dualistische Betrachtung entschieden, wonach die organschaftliche Stellung als Vorstandsmitglied durch den Akt der Bestellung begründet wird, die Regelung der schuldrechtlichen Beziehungen (Vergütung u.ä.) zwischen Gesellschaft und Vorstandsmitglied hingegen einem eigenständigen Anstellungsvertrag vorbehalten ist. Vgl. *BGH*, WM 1978, 319; *BGH*, DB 1981, 308; *Thüsing*, in: Fleischer, Handbuch des Vorstandsrechts, § 4 Rn. 53; *Krieger*, Personalentscheidungen des Aufsichtsrats, S. 3; *Hefermehl/Spindler*, in: Münchener Kommentar AktG, § 84 Rn. 87. *Kort*, in: Großkomm. AktG, § 84 Rn. 16 f.

[377] Vgl. *BGH*, WM 1962, 811.

Gesellschaften.[378] Dass der Aufsichtsrat den Vorstand infolge eines Vertrauensentzuges der Hauptversammlung abberufen kann, wurde bereits oben eingehend besprochen.[379] Zu untersuchen ist aber an dieser Stelle, ob der einem Einfluss von Hedgefonds ausgesetzte Aufsichtrat den Vorstand oder den Vorsitzenden vor Ablauf der Bestellung auch ohne ausdrücklichen Missbilligungsakt der Aktionäre abberufen kann, weil der Vorstand eine andere Geschäftspolitik verfolgt als diejenige, die von den Aktivisten gefordert wird.

(a) Dadurch, dass für die Abberufung ein wichtiger Grund erforderlich ist, will das Gesetz eine Abhängigkeit der Vorstandsmitglieder vermeiden, die ihrer eigenverantwortlichen Leitungsfunktion widerspräche.[380] „Leitung" in diesem Sinne bedeutet die Ausübung unternehmerischer Funktionen innerhalb der Gesellschaft. Erfasst sind damit in erster Linie die Ausarbeitung von langfristig angelegten Plänen und Grundsatzentscheidungen, die Koordinierung der verschiedenen Unternehmensaufgaben sowie die Ausführung oder zumindest die Überwachung der Ausführung der Geschäftspolitik.[381] Das Aktiengesetz hat dem Vorstand damit eine Sphäre eigenverantwortlicher Zielverwirklichung zugewiesen, in die weder der Aufsichtsrat[382] noch die Hauptversammlung[383] aus eigenem Recht eingreifen können. Eine eigenverantwortliche Führung der Geschäfte ist nicht möglich, wenn jederzeit ohne Angabe von Gründen eine Abberufung erfolgen kann. Nach geltendem Recht kann ein Vorstandsmitglied einer Aktiengesellschaft also nicht mehr jederzeit ohne Gründe abberufen werden, wie es vor der Aktienrechtsreform 1937 nach § 231 Absatz 3 HGB der Fall war.[384] Die Gesetzgeber des Aktiengesetzes 1937 und 1965 haben im Interesse einer größeren Unabhängigkeit des Vorstandsmitglieds bewusst den Widerruf der Bestellung an den durch exemplarische

---

[378] Vgl. *Kort*, in: Großkomm. AktG, § 84 Rn. 217; *Hefermehl/Spindler*, in: Münchener Kommentar AktG, § 84 Rn. 120; *Mertens*, in: Kölner Kommentar AktG, § 84 Rn. 126.

[379] § 84 Absatz 3 Satz 2, 3. Variante AktG. Siehe hierzu oben S. 58 ff.

[380] Vgl. BGHZ 13, 188, 193; *Kort*, in: Großkomm. AktG, § 84 Rn. 136; *Hefermehl/Spindler*, in: Münchener Kommentar AktG, § 84 Rn. 92, *Hüffer*, AktG, § 84 Rn. 26; *Peltzer*, in: Semler/Peltzer, Arbeitshandbuch für Vorstandsmitglieder, § 2 Rn. 94; *Meyer-Landrut*, in: FS Fischer, S. 482.

[381] Vgl. *Hefermehl/Spindler*, in: Münchener Kommentar AktG, § 76 Rn. 15 f.; *Mühlhoff*, Kapitalersatzrecht und Kompetenzordnung der Aktiengesellschaft, S. 107; *Fleischer*, in: Fleischer, Handbuch des Vorstandsrechts, § 1 Rn. 1 f., 47 f.

[382] Vgl. § 111 Absatz 4 Satz 1 AktG.

[383] Vgl. § 119 Absatz 2 AktG.

[384] Vgl. *Baums*, Der Geschäftsleitervertrag, S. 300.

Tatbestände konkretisierten wichtigen Grund gebunden.[385] Sowohl die in der Regel mehrjährige Bestellung und das Vorliegen eines wichtigen Grundes als Voraussetzung des Widerrufs sollen damit die Unabhängigkeit des Vorstands sichern.[386] Eine solche Unabhängigkeit soll wiederum die Interessen der Minderheitsaktionäre schützen, da die Gefahr besteht, dass je größer der Einfluss des Mehrheitsaktionärs oder der über die Stimmenmehrheit verfügenden Aktionärsgruppe in der Hauptversammlung und direkt oder indirekt im Aufsichtsrat sind, um so mehr der Vorstand seine Geschäftsführung nach den Wünschen dieser Aktionäre ausrichtet.[387]

Allerdings kann diese relative Verselbstständigung des Vorstands gegenüber den Anteilseignern aus verfassungsrechtlichen Erwägungen bestimmte Grenzen nicht überschreiten.[388] Die Stärkung erfolgte nicht im eigenen Interesse des Vorstands, da er kein selbstständiges, als solches schutzwürdiges Interesse an einer unabhängigen Geschäftsführung hat.[389] Der Vorstand einer privatrechtlichen Korporation ist nicht Leiter eines Unternehmens an sich, sondern der treuhänderische Verwalter des ihm anvertrauten Risikokapitals. Der Aktionär als wirtschaftlicher „Eigentümer" des Unternehmens im Sinne von Art. 14 GG und als Träger einer freien Vereinigung im Sinne von Art. 9 Absatz 1 GG kann verlangen, dass ihm in seiner Rolle der wirtschaftlichen Vereinigung maßgeblicher Einfluss auf die Gestaltung des Unternehmens zukommt. Das *Bundesverfassungsgericht* hat demgemäß in seinem Urteil zum Mitbestimmungsgesetz[390] ausdrücklich festgestellt, dass die gesetzliche Regelung des Gesellschaftsrechts die freie Assoziation und Selbstbestimmung der Gesellschafter in der Gesellschaft im Prinzip erhalten muss. Solange der Anteilseignerseite der ausschlaggebende Einfluss in dem für Wahl und Abberufung der Vor-

---

[385] Vgl. *Säcker*, in: FS Gerhard Müller, S. 745; *Dietel*, Der Widerruf der Bestellung zum Vorstandsmitglied bei Vertrauensentzug der Hauptversammlung, S. 11.

[386] Vgl. *Peltzer*, in: Semler/Peltzer, Arbeitshandbuch für Vorstandsmitglieder, § 2 Rn. 94; *Meyer-Landrut*, in: FS Fischer, S. 482.

[387] *Dietel*, Der Widerruf der Bestellung zum Vorstandsmitglied bei Vertrauensentzug der Hauptversammlung, S. 14; *Mestmäcker*, Verwaltung, Konzerngewalt und Rechte der Aktionäre, S. 82; *Franta*, DB 1958, 1347, 1349; *Marsilius*, AG 1961, 278, 281.

[388] *Säcker*, in: FS Gerhard Müller, S. 745, 746.

[389] Vgl. *Mestmäcker*, Verwaltung, Konzerngewalt und Rechte der Aktionäre, S. 81; *Baums*, Der Geschäftsleitervertrag, S. 300; *Dietel*, Der Widerruf der Bestellung zum Vorstandsmitglied bei Vertrauensentzug der Hauptversammlung, S. 14, 46.

[390] *BVerfG*, NJW 1979, 699.

standsmitglieder zuständigen Organ verbleibe, sei eine Regelung verfassungsrechtlich nicht zu beanstanden.[391]

(b) Ein wichtiger Grund liegt vor, wenn eine Fortsetzung des Organverhältnisses bis zum Ende der Amtszeit für die Aktiengesellschaft unzumutbar ist.[392] Dies ist in jedem Einzelfall zu prüfen.[393] Der wichtige Grund gehört zu den Generalklauseln und hat daher keinen absoluten Inhalt.[394] Die Feststellung der Unzumutbarkeit setzt voraus, dass die Interessen der Aktiengesellschaft und des Vorstandsmitgliedes gegeneinander abgewogen werden.[395] Als zu einseitig ist die Gegenansicht[396] zurückzuweisen, die nur auf die Interessen der Aktiengesellschaft verweist und die des Vorstandsmitglieds auf die Ebene des Anstellungsvertrages verweist. Ein bestehender Kündigungsschutz macht die Interessenabwägung nicht entbehrlich, sondern ist einer der dabei relevantesten Faktoren. Der Schutz, den das Vorstandsmitglied insoweit erfährt, erlaubt es allerdings, die Interessen der AG überwiegend zu berücksichtigen.[397] Bei der Beendigung jeglicher Art von Dauerrechtsverhältnis aus rechtlichem Grund ist stets eine Abwägung der Interessen aller beteiligten Parteien vorzunehmen. Für eine einschränkende Betrachtung lässt die Vorschrift keine Anhaltspunkte erkennen.[398] Der Begriff des „wichtigen Grundes", der für eine Abberufung erfüllt sein muss, ist nicht deckungsgleich mit dem „wichtigen Grund", der Voraussetzung einer außerordentlichen Kündigung ist. Die Anforderungen an den wichtigen Grund im Sinne des außerordentlichen Kündigungsrechts sind höher, so dass es möglich ist, dass ein bestimmter Sachverhalt eine Abberufung rechtfertigt, nicht aber eine außerordentliche Kündi-

---

391 Vgl. *BVerfG*, NJW 1979, 699, 707.

392 *OLG Stuttgart*, AG 2003, 211, 212; *Lutter/Krieger*, Rechte und Pflichten des Aufsichtsrats, § 7 Rn. 364; *Wiesner*, Münchener Handbuch AG, § 20 Rn. 41; *Hüffer*, AktG, § 84 Rn. 26.

393 *BGH*, WM 1962, 811; 1968, 1325, 1326; *Hefermehl/Spindler*, in: Münchener Kommentar AktG, § 84 Rn. 95.

394 *BGH*, DB 1958, 1242; *Dietel*, Der Widerruf der Bestellung zum Vorstandsmitglied bei Vertrauensentzug der Hauptversammlung, S. 16.

395 *BGH*, ZIP 2007, 119; WM 1962, 811, 812; *Hüffer*, AktG, § 84 Rn. 26 f.; *Mertens*, in: Kölner Kommentar AktG, § 84 Rn. 103; *Kort*, in: Großkomm. AktG, § 84 Rn. 140 f.; *Hefermehl*, in: Geßler/Hefermehl, AktG, § 84 Rn. 69; *Baums*, Der Geschäftsleitervertrag, S. 301.

396 *Wiesner*, Münchener Handbuch AG, § 20 Rn. 43; *Lutter/Krieger*, Rechte und Pflichten des Aufsichtsrats, § 7 Rn. 365; *Hefermehl/Spindler*, in: Münchener Kommentar AktG, § 84 Rn. 95.

397 *Mertens*, in: Kölner Kommentar AktG, § 84 Rn. 103; *Hüffer*, AktG, § 84 Rn. 26; *Säcker*, in: FS Gerhard Müller, S. 745, 746 f. Im Ergebnis auch *Baums*, Der Geschäftsleitervertrag, S. 301.

398 *Kort*, in: Großkomm. AktG, § 84 Rn. 140.

gung des Dienstvertrages gemäß § 626 BGB.[399] Dadurch kann eine sachgerechte Abwägung ermöglicht werden zwischen den im Eigentumsrecht wurzelnden Herrschaftsinteressen der Aktionäre einerseits und dem Interesse an eigenverantwortlicher Führung der Geschäfte durch das gesetzliche Vertretungsorgan andererseits.[400] Eine Abberufung eines Vorstandsmitglieds ist zumindest nicht dadurch gerechtfertigt, dass der Aufsichtsrat auf Drängen eines oder mehrerer Hedgefonds eine bestimmte Person zum Vorstandsmitglied bestellen möchte, ohne dass gegen die Geschäftsführung des Vorstands Einwendungen bestehen. Der Gesellschaft kann es in diesem Fall nämlich zugemutet werden, die Bestellung des Vorstandsmitglieds durch Zeitablauf enden zu lassen.[401] Denn die Gesellschaft kann durch die Abberufung des Vorstandsmitglieds keine Aufwendungen sparen, da sie wegen eines Fehlens eines wichtigen Grundes im Sinne von § 626 BGB zur Weiterzahlung seiner Bezüge verpflichtet bliebe.[402]

Zu überprüfen ist aber, ob auf Grund von Differenzen über die Ausrichtung der Unternehmenspolitik zwischen Aufsichtrat und Vorstand eine Fortsetzung des Organverhältnisses bis zum Ende der Amtszeit unter Berücksichtigung der Interessen von Vorstand und Aktiengesellschaft für letztere unzumutbar sein könnte. Mithin ist eine auf Tatsachen in der Vergangenheit liegende Prognose über die zukünftige Zusammenarbeit und die Arbeit des Vorstands für die Gesellschaft zu erstellen.[403] Ein überprüfungsfreier Beurteilungsspielraum des Aufsichtsrats in der Frage, ob ein wichtiger Grund vorliegt, besteht nicht.[404] Im Hinblick auf die die tatsächliche Beurteilungsprärogative des Aufsichtsrats ist eine Beschränkung der rechtlichen Nachprüfbarkeit der Aufsichtsratsentscheidung durch die Tatsacheninstanz nicht veranlasst.[405] Dagegen hat der

---

399 Vgl. *Peltzer*, in: Semler/Peltzer, Arbeitshandbuch für Vorstandsmitglieder, § 2 Rn. 136; BGHZ 15, 71, 75.

400 Vgl. *Säcker*, in: FS Gerhard Müller, S. 745, 748 m.w. Nachw.

401 *Dietel*, Der Widerruf der Bestellung zum Vorstandsmitglied bei Vertrauensentzug der Hauptversammlung, S. 64.

402 Vgl. *Dietel*, Der Widerruf der Bestellung zum Vorstandsmitglied bei Vertrauensentzug der Hauptversammlung, S. 63.

403 *Hefermehl/Spindler*, in: Münchener Kommentar AktG, § 84 Rn. 86.

404 *Kort*, in: Großkomm. AktG, § 84 Rn. 145; *Hefermehl/Spindler*, in: Münchener Kommentar AktG, § 84 Rn. 94; *Hüffer*, AktG, § 84 Rn. 26.

405 *Mertens*, in: Kölner Kommentar AktG, § 84 Rn. 104. A. A. *Krieger*, Personalentscheidungen des Aufsichtsrats, S. 138 f.; *Vollmer*, GmbHRdSch. 1984, 5, 7, 9.

Aufsichtsrat ein Ermessen in der Frage, ob er das Vorstandsmitglied bei gegebenem wichtigem Grund abberuft.[406]

(aa) Das Gesetz führt als ausdrücklich hervorgehobene Fallgruppe die *Unfähigkeit des Vorstands zur ordnungsgemäßen Geschäftsführung* an.[407] Ein wichtiger Grund liegt daher auch in der mangelnden Fähigkeit, die Gesellschaft in besonderen Situationen, die etwa ein Sanierungskonzept erforderlich macht, zu führen.[408] Bei Vorliegen einer solchen Situation liegt in der Regel ein wichtiger Grund für eine Abberufung vor, so dass nicht noch auf besondere Umstände zurückgegriffen werden muss.[409] *Event-Driven* Hedgefonds könnten gegebenenfalls durch einen Einfluss auf den Aufsichtsrat mittelbar geltend machen, dass der Vorstand nicht geeignet und damit nicht befähigt sei, das Unternehmen im Rahmen einer speziellen Unternehmenssituation zu führen, da der Vorstand mit seinen Plänen über die Unternehmensausrichtung von denen des Hedgefonds abweicht. Zwar stellen in diesem Zusammenhang fehlende Kenntnisse einen Widerrufsgrund dar, wenn sie zur Bewältigung von Sonderlagen fehlen. Aus einer unterschiedlichen Einstellung zur Unternehmenspolitik lässt sich jedoch ohne hinzutretende Umstände lediglich eine subjektive Meinungsabweichung, nicht aber eine objektive Untauglichkeit herleiten, welche eine vorzeitige Abberufung unter diesem Gesichtspunkt rechtfertigt. Eine Unfähigkeit zur ordnungsgemäßen Geschäftsführung ist zudem nicht bereits bei einem einmaligen Scheitern des Vorstandsmitglieds anzunehmen.[410] Da sich aus einer Meinungsverschiedenheit selbst kein Scheitern des Vorstands folgern lässt, stellt der Dissens über die Unternehmensausrichtung nicht ohne weiteres eine Unfähigkeit zur ordnungsgemäßen Geschäftsführung und mithin unter diesem Gesichtspunkt regelmäßig keinen wichtigen Grund zur Abberufung des Vorstandes dar.[411]

(bb) Ausschlaggebend ist damit, ob wegen Differenzen über die Ausrichtung der Unternehmenspolitik zwischen Aufsichtsrat und Vorstand eine Fortsetzung des Organverhältnisses bis zum Ende der Amtszeit unter Berücksichti-

---

[406] *Mertens*, in: Kölner Kommentar AktG, § 84 Rn. 104. Dies gilt insbesondere für den Vertrauensentzug durch die Hauptversammlung, vgl. *BGH*, WM 1961, 569, 573 f. und unten S. 397.

[407] § 84 Absatz 3 Satz 2, 2. Variante AktG.

[408] *Wiesner*, Münchener Handbuch AG, § 20 Rn. 45; *Hefermehl/Spindler*, in: Münchener Kommentar AktG, § 84 Rn. 99.

[409] *Kort*, in: Großkomm. AktG, § 84 Rn. 158 f.

[410] *OLG Köln*, WM 1988, 974, 979; *Thüsing*, in: Fleischer, Handbuch des Vorstandsrechts, § 5 Rn. 22; *Hefermehl/Spindler*, in: Münchener Kommentar AktG, § 84 Rn. 99.

[411] Vgl. *OLG München*, AG 2006, 337, 339.

gung der Interessen von Vorstand und Aktiengesellschaft für letztere unzumutbar ist.

Einerseits wird behauptet, dass ein Dissens mit dem Aufsichtsrat über die strategische Ausrichtung des Unternehmens grundsätzlich keinen wichtigen Grund für eine vorzeitige Abberufung darstellt, sofern die Schranken des Vorstandsermessens[412] gewahrt bleiben.[413] Der Vorstand sei nicht verpflichtet, sich bei der Erfüllung seiner Leitungsaufgabe allein von Aktionärsinteressen leiten zu lassen. Es sei Aufgabe, aber auch Recht des Vorstands, divergierende Interessen gegeneinander abzuwägen und danach zu einer Entscheidung zu gelangen.[414]

Überzeugend vertritt dagegen der überwiegende Teil der Literatur die Auffassung, dass unüberbrückbare Differenzen zwischen Vorstand und Aufsichtsrat über grundsätzliche Fragen der Unternehmenspolitik auch dann einen wichtigen Grund zur Abberufung darstellen können, wenn sich der Vorstand im Rahmen des ihm zustehenden Ermessensspielraums bewegt, seine Ermessensentscheidung also vertretbar ist.[415] Zwar braucht der Aufsichtsrat außer bei den genehmigungspflichtigen Entscheidungen[416] mit dem Handeln des Vorstands nicht einverstanden zu sein und darf grundsätzlich nicht in die autonome Leitungsbefugnis des Vorstands eingreifen. Bei Meinungsverschiedenheiten in *grundlegenden Fragen* bedarf es indes einer differenzierten Betrachtung: Der Aufsichtsrat hat eine Abberufung insbesondere in Erwägung zu ziehen, wenn er das Vertrauen in eine erfolgreiche Arbeit des Organmitglieds verloren hat. Als Kontrollorgan sichert er den durch ihn repräsentierten Willen der Anteilseigner über die Ausrichtung des Unternehmens. Das muss ihm auch ohne entsprechende Zustimmungsvorbehalte im Gesetz möglich sein.[417] Wegen der Bedeutung des Widerrufs der Bestellung und wegen des mit der

---

412 § 76 AktG.

413 *Hüffer*, AktG, § 84 Rn. 28; *Hefermehl/Spindler*, in: Münchener Kommentar AktG, § 84 Rn. 99.

414 *Hüffer*, AktG, § 76 Rn. 12. Siehe auch *Hopt*, ZGR 1993, 534, 536.

415 *Wiesner*, Münchener Handbuch AG, § 20 Rn. 47; *Mertens*, in: Kölner Kommentar AktG, § 111 Rn. 27; *Lutter/Krieger*, Rechte und Pflichten des Aufsichtsrats, § 7 Rn. 365; *Fonk*, in: Semler/v. Schenck, Arbeitshandbuch für Aufsichtsratsmitglieder, § 9 Rn. 290; *Thüsing*, in: Fleischer, Handbuch des Vorstandsrechts, § 5 Rn. 24; *Hefermehl/Spindler*, in: Münchener Kommentar AktG, § 84 Rn. 99. A. A. *Baums*, Der Geschäftsleitervertrag, S. 300.

416 Siehe § 111 Absatz 4 AktG.

417 *Thüsing*, in: Fleischer, Handbuch des Vorstandsrechts, § 5 Rn. 24.

Zumutbarkeit begründeten Eingriffsrechts sind aber erhöhte Anforderungen an die Bedeutung der Geschäftsführungsmaßnahme zu stellen.[418]

Zwar genügt ein Wechsel der Zusammensetzung der Aktionäre oder des Aufsichtsrats allein nicht für eine Abberufung aus wichtigem Grund.[419] Sind die Differenzen über grundlegende Unternehmensfragen jedoch auch nach intensiven Diskussionen unüberbrückbar, können sie möglicherweise die Entwicklung des Unternehmens gefährden. Der Aufsichtsrat kann damit zu der Überzeugung gelangen, dass eine gedeihliche Verfolgung des Unternehmensinteresses nicht zu erwarten sei, wenn zwischen einem Mehrheitsaktionär oder einer Gruppe von Mehrheitsaktionären und dem Vorstand kein Vertrauensverhältnis besteht und Konflikte über die Ausrichtung der Unternehmenspolitik bestehen.[420] Die teilweise in der Literatur angesprochene Konfliktlösung, dass der Aufsichtsrat die Hauptversammlung einberuft[421] und beantragt, dem oder den betreffenden Vorstandsmitgliedern das Misstrauen auszusprechen, würde jedenfalls bei Publikumsgesellschaften den praktischen Erfordernissen nicht gerecht und kann zu einer Lähmung und damit schweren Schädigung der Gesellschaft führen.[422]

Daher kann eine Interessenabwägung zu dem Ergebnis gelangen, dass bei unüberbrückbaren Differenzen in grundlegenden Fragen der Unternehmenspolitik die Belange der Gesellschaft überwiegen, weil eine weitere Ausübung der Organfunktion bis zum Ablauf der Amtszeit für die Aktiengesellschaft unzumutbar ist. Dann liegt ein wichtiger Grund für eine vorzeitige Abberufung vor. Insbesondere Unternehmensentscheidungen im Rahmen von Unternehmensübernahmen sind angesichts deren Bedeutung für die zukünftige Entwicklung des jeweiligen Unternehmens als Geschäftsführungsmaßnahme von großem Gewicht einzustufen. Verlangen Hedgefonds von Vorstand oder Aufsichtsrat, eine bestimmte Maßnahme in grundlegenden Fragen der Unternehmenspolitik vorzunehmen und kommt das Leitungsorgan dem nicht nach, ist es dem Aufsichtsrat folglich möglich, den Vorstand bereits vor Ablauf des Anstellungsverhältnisses abzuberufen, wenn er die Einstellung über die Un-

---

418 *Dietel*, Der Widerruf der Bestellung zum Vorstandsmitglied bei Vertrauensentzug der Hauptversammlung, S. 80.

419 *Hefermehl/Spindler*, in: Münchener Kommentar AktG, § 84 Rn. 102.

420 *Mertens*, in: Kölner Kommentar AktG, § 84 Rn. 109.

421 § 111 Absatz 3 Satz 1 AktG.

422 *Wiesner*, Münchener Handbuch AG, § 20 Rn. 47; *Semler*, Leitung und Überwachung der Aktiengesellschaft, S. 125 f.

ternehmenspolitik auf Grund des Einflusses der Hedgefonds teilt und einfordert. In diesem Fall steht aktivistischen Hedgefonds auch ein effektives Drohpotential gegenüber Vorstandsmitgliedern zur Verfügung.

c) Zwischenergebnis

Einzelnen institutionellen Investoren und erst recht Einzelanlegern gelingt es häufig nicht, Aufsichtsrats- und Vorstandsmitglieder bei Meinungsverschiedenheiten über die Unternehmenspolitik abzuberufen. Auch wegen des stark angestiegenen Volumens kommt hingegen Hedgefonds ein großes Einflusspotential bei der Besetzung von Aufsichtsrat und Vorstand zu, das die Fonds in jüngster Zeit regelmäßig nutzen. Auf Grund dieser Machtposition reicht es daher in der Regel aus, dass Hedgefonds aktive Maßnahmen lediglich androhen, um die gewünschte Maßnahme beim amtierenden Management durchzusetzen.

In den USA haben in den Jahren 2005 und 2006 weit mehr als 1000 Boardmitglieder abgedankt, wobei ein erheblicher Teil auf die Intervention von Hedgefonds zurückzuführen ist.[423] Nach der Studie von *Klein/Zur* sei die Übernahme von Sitzen im Management durch Hedgefonds in fast zwei von drei Fällen erfolgreich.[424]

Obwohl Hedgefonds als Aktionäre dem Vorstand keine Weisungen im Hinblick auf die Führung der Geschäfte der Gesellschaft zu erteilen vermögen,[425] sind sie doch über die Wahl ihnen verbundener Aufsichtsratsmitglieder in der Lage, in Einzelfällen für die Bestellung von Vorstandsmitgliedern zu sorgen, die sich im Zweifel nach den Absichten der aktiven Investoren richten werden. Die Regelungen zur Mitbestimmung (MitbestG) erschweren zwar in mitbestimmten Gesellschaften eine über den Aufsichtsrat vermittelte Einflussnahme von Hedgefonds. Allerdings haben auch die Mitwirkungsbefugnisse der Arbeitnehmervertreter an der Abhängigkeit der Verwaltung von mächtigen Aktionären letztlich nichts geändert.[426]

Bei Meinungsverschiedenheiten in grundlegenden Fragen der Unternehmenspolitik ist es einem von Hedgefonds beeinflussten Aufsichtsrat möglich, den

---

[423] Siehe *Eckert*, Hedgefonds als Vorstandsschreck, in: Financial Times Deutschland vom 03.11.2006 (Online-Ausgabe).

[424] Vgl. *Klein/Zur*, Hedge Fund Activism, S. 27 und oben S. 51 f.

[425] §§ 76, 199 Absatz 2 AktG.

[426] BAGE 22, 390, 397; *Emmerich*, in: Emmerich/Habersack, Aktien- und GmbH-Konzernrecht, § 17 Rn. 6; *Hüffer*, AktG, § 17 Rn. 11; *Windbichler*, in: Großkomm. AktG, § 17 Rn. 84.

Vorstand vorzeitig aus wichtigem Grund abzuberufen. Durch Androhung dieses Vorgehens soll auf den Vorstand erhöhter Druck ausgeübt werden, indem die Aktivisten ihm signalisieren, dass ein Großteil oder sogar die Mehrheit der Aktionäre hinter dem Vorhaben der Hedgefonds steht und damit sein Anstellungsverhältnis zumindest langfristig gefährdet ist, sollte er dem geschäftspolitischen Ansinnen nicht folgen. Die Position des Vorstands ist zudem dadurch geschwächt, dass dieser das tatsächliche Einflusspotential der Hedgefonds häufig nicht genau einschätzen kann, da er auf Grund fehlender Transparenz nicht über die Anzahl der kontrollierten Stimmrechte informiert und auf Vermutungen oder freiwillige Auskünfte angewiesen ist.[427] Somit steht Hedgefonds ein wirkungsvolles faktisches Einflussinstrument zur Verfügung, sofern sie den Leitungsorganen glaubhaft nahelegen können, ausreichend Stimmrechte zu kontrollieren oder Einfluss auf deren Ausübung nehmen zu können.

3. Einflussnahme als Gläubiger

Nach dem Erwerb von Fremdkapitalinstrumenten können Hedgefonds notleidende und damit gegebenenfalls insolvenzgefährdete Unternehmen als bedeutende Gläubiger faktisch beeinflussen.[428] Sie können für den Fall, dass Aktionäre oder Leitungsorgane die strategischen unternehmenspolitischen Vorschläge der Aktivisten nicht unterstützen, die Forderungen fällig stellen und im Anschluss möglicherweise die Eröffnung des Insolvenzverfahrens beantragen.[429] Eine Insolvenz birgt für die Gesellschafter die Gefahr, den Wert ihrer Beteiligung zu verlieren und für die Gläubiger die Möglichkeit, günstig an wesentliche Assets der Gesellschaft zu gelangen.[430] Aus diesem Grund können Hedgefonds ihre starke Stellung als Inhaber eines Darlehensportfolios dazu nutzen, Leitungsorgane und Aktionäre zu einem strategiekonformen Verhalten zu drängen. Mit diesem Druckmittel können sie Einfluss auf die

---

[427] Siehe zu den Publizitätspflichten des WpHG unten S. 210 ff.

[428] Zur Strategie *distressed debt* siehe oben S. 27.

[429] Gemäß § 14 Absatz 1 InsO ist der Antrag eines Gläubigers zulässig, wenn der Gläubiger ein rechtliches Interesse an der Eröffnung des Insolvenzverfahrens hat und seine Forderung und den Eröffnungsgrund glaubhaft macht. Eröffnungsgrund ist nach § 17 InsO insbesondere die Zahlungsunfähigkeit, welche in der Regel anzunehmen ist, wenn der Schuldner seine Zahlungen eingestellt hat. Möglicherweise lösen Aktivisten durch ein solches Verhalten allerdings eine Haftung aus, siehe hierzu insbesondere die rechtlichen Einflussschranken des Verbandsrechts unten S. 245 ff.

[430] Vgl. *v. Sydow/Beyer*, AG 2005, 635, 636 ff.

Besetzung des Aufsichtsrats, des Vorstands und auf die operative Geschäftsführung ausüben.

Einige Hedgefonds nehmen zudem auf den Restrukturierungs- und Refinanzierungsprozess durch aktive Teilnahme in Gläubigerversammlungen Einfluss.[431] Erwirbt der Anleger die Schuldtitel in Höhe der Sperrminorität im Rahmen einer Tranche, so kann er den Restrukturierungsprozess blockieren und gegebenenfalls verhindern. Mithilfe dieses Drohpotentials gegenüber Gesellschaftern und Leitungsorganen können Aktivisten ebenso auf die Unternehmenspolitik einwirken.

II. ZIELE DER EINFLUSSNAHME

Hedgefonds beeinflussen Portfoliogesellschaften, um absolute Renditen zu generieren oder zu maximieren.[432] Um dieses Ziel zu erreichen, streben Hedgefonds mit einer Einflussnahme unterschiedliche Veränderungen im Unternehmen an, abhängig von der gewählten Strategie und den jeweiligen Umständen.[433] Im Bereich von Unternehmensübernahmen blockieren sie sowohl auf Seiten der Bietergesellschaft als auch auf Seiten der Zielgesellschaft die Transaktion, treiben sie in einigen Fällen voran und versuchen regelmäßig bessere Konditionen zu erzielen (1.). Daneben beeinflussen sie das Unternehmen in verschiedenen Angelegenheiten der Personalpolitik, Finanzpolitik und Geschäftsführung (2.). Nach dem Erwerb von Fremdkapital notleidender Unternehmen wirken sie insbesondere auf Restrukturierungen ein (3.).

---

431 *Lhabitant*, Hedge Funds, S.100; *Cottier*, Hedge Funds and Managed Futures, S. 135; *Weber*, Hedge Funds, S. 101.

432 Vgl. *Bratton*, Hedge Funds and Governance Targets, S. 10. *Klein/Zur*, Hedge Fund Activism, S. 10; *Brav/Jiang/Partnoy/Thomas*, Hedge Fund Activism, Corporate Governance and Firm Performance, S. 4 f.; *Briggs*, Corporate Governance and the new Hedge Fund Activism: An empirical Analysis, S. 27. Zu den Ertragszielen von Hedgefonds siehe oben S. 10. Für aktive Aktionäre sei es am ertragreichsten, Aktienpositionen und ihre Überwachungstätigkeit auf Unternehmen zu konzentrieren, die einerseits über eine hohe Substanz und andererseits über eine geringe betriebliche Effizienz verfügen, vgl. *Ruffner*, Die ökonomischen Grundlagen eines Rechts der Publikumsgesellschaft, S. 418.

433 *Kahan/Rock*, Hedge Funds in Corporate Governance and Corporate Control, S. 50. Eine exemplarische Aufstellung von möglichen Einflusszielen findet sich bei *Klein/Zur*, Hedge Fund Activism, S. 40. Im Folgenden sollen nur die strukturell wichtigsten Ziele behandelt werden.

1. Corporate Control Aktivismus

In der Regel stellen Hedgefonds anteilsmäßig die größte Investorengruppe unter den Aktienkäufern nach Ankündigung einer Übernahme dar.[434] Neuerdings versuchen einige Hedgefonds verstärkt, den Ausgang von geplanten oder angekündigten Unternehmensübernahmen zu beeinflussen.[435] Indem Hedgefonds den Ausgang einer Transaktion selbst beeinflussen, erhöhen sie die Wahrscheinlichkeit eines Verlaufs der Übernahme entsprechend der eingegangenen Wette. Ein solches Eingreifen in den Prozess von Unternehmensübernahmen wird als *corporate control activism* bezeichnet.[436] Insbesondere im Rahmen einer *merger arbitrage* versuchen Hedgefonds-Manager, durch aktives Handeln auf der Bieter- (a) oder Zielseite (b) Gewinne zu erzielen oder zu erhöhen.

a) Einflussnahme auf Seiten der Bietergesellschaft

Als Aktionäre der Bietergesellschaft forcieren Hedgefonds als günstig eingeschätzte Transaktionen. Hingegen verhindern sie in manchen Fällen geplante Unternehmenskäufe, wenn sie die Transaktion als wertvernichtend einstufen.[437] Sie kritisieren öffentlich die Übernahmepläne des Managements der Portfoliogesellschaft und stellen die Abwahl von Aufsichtsrats- und damit auch Vorstandsmitgliedern in Aussicht. Daneben versuchen sie, im Rahmen der von ihnen gewählten Strategie Beschlüsse über genehmigte Kapitalien oder Kapitalerhöhungen zu blockieren oder zumindest solche Kapitalmaßnahmen in ihrem Umfang zu reduzieren. Auf diese Weise schränken sie den Vorstand in seinem Handlungsspielraum für Zukäufe ein und machen Transaktionen gegebenenfalls von dem Einverständnis der Aktionäre abhängig. Reichen nämlich die Rücklagen für derartige Zukäufe nicht aus, ist für die Fi-

---

[434] Vgl. *O.V.*, Hedgefonds sind das Zünglein an der Waage, in: FAZ vom 06.07.2006, S. 21. Danach haben Hedgefonds bei der Übernahme *BOC/Linde* 85 Prozent, bei *Arcelor/Mittal* 78 Prozent, bei *BAA/Ferrovial* 74 Prozent, bei *Endesa/Eon* 62 Prozent und bei *Schering/Bayer* 88 Prozent der nach Ankündigung veräußerten Aktien erworben.

[435] Vgl. *O.V.*, Hedgefonds sind das Zünglein an der Waage, in: FAZ vom 06.07.2006, S. 21.

[436] *Kahan/Rock*, Hedge Funds in Corporate Governance and Corporate Control, S. 1 ff.

[437] Vgl. *Thompson*, The Limits of Hedge Fund Activism, S. 14. Einige der meistbeachteten Fälle von Hedgefonds-Aktivismus der letzten Jahre handeln von Fonds, welche auf Seiten einer Bietergesellschaft eine bevorstehende Übernahme blockiert oder zumindest zu blockieren versucht haben. Siehe etwa zum Fall *Deutsche Börse AG* sogleich.

nanzierung mittels einer Kapitalerhöhung eine Zustimmung der Hauptversammlung erforderlich.[438]

Einige Fonds behindern solche Transaktionen auch im Interesse anderer von ihnen eingegangener Positionen.[439] Blockieren Hedgefonds eine angekündigte Übernahme, gewinnt der Kurs der Bietergesellschaft spätestens nach Aufgabe der Transaktion in der Regel wieder an Wert, während zugleich der Kurs der Zielgesellschaft fallen wird. Auf diese Weise können sie den Kurs sowohl der Bietergesellschaft als auch der Zielgesellschaft beeinträchtigen und die Bewertungskorrektur zur Spekulation nutzen.[440] So können Hedgefonds beim Fehlschlagen einer Übernahme profitieren, wenn sie entweder mit Short-Positionen an der Zielgesellschaft auf fallende Kurse und/oder mit Long-Positionen an Konkurrenten der Bietergesellschaft auf steigende Kurse gesetzt haben.

Dabei haben Hedgefonds in diesen Fällen auf Seiten der Bietergesellschaft auf den Ausgang einer Übernahme eingewirkt:

aa) Fall Deutsche Börse AG/London Stock Exchange

Als deutsches Musterbeispiel für eine erfolgreiche Einflussnahme von Hedgefonds steht der Fall *Deutsche Börse AG*. Der harte Kern der aktivistischen Aktionäre bestand aus einer Reihe von Hedgefonds unter Führung von *The Children's Investment Fund (TCI)*.[441] Diese kauften innerhalb weniger Wochen maßgebliche Anteile am Grundkapital der Deutschen Börse, [442] um das vom Vorstand am 12. Dezember 2004 angekündigte Übernahmeangebot für die *London Stock Exchange* zu verhindern. Sie argumentierten, das angekündigte Barangebot von 5,30 £ je Aktie sei aus Sicht der Aktionäre der Deutschen Börse zu hoch.[443] Stattdessen forderten sie umfangreiche Aktienrückkäufe und Barmittelausschüttungen. Um das Angebot zu verhindern, drohten sie dem Vorstand damit, die Einberufung einer außerordentlichen Hauptversammlung zu verlangen und dort vorzeitig die Anteilseignervertreter im Auf-

---

[438] Vgl. für die Kapitalerhöhung gegen Einlagen § 182 Absatz 1 AktG, für die bedingte Kapitalerhöhung § 193 Absatz 1 AktG. Vgl. zum Fall *Deutsche Börse AG* oben S. 82 f.

[439] Zur Interessendivergenz mit den übrigen Aktionären siehe unten S. 129.

[440] *Thompson*, The Limits of Hedge Fund Activism, S. 14.

[441] Zusammenstellungen bei *Seifert/Voth*, Invasion der Heuschrecken, S. 165; FAZ vom 13.6.2005, S. 13.

[442] Zur Entwicklung der Beteiligung *Seifert/Voth*, Invasion der Heuschrecken, S. 26 f.; danach sollen die Hedgefonds Anfang März 2005 etwa 30 Prozent der Stimmrechte kontrolliert haben.

[443] *Maisch/Schönauer*, Landung in der Wirklichkeit, in: Handelsblatt vom 10.05.2005, S. 18.

sichtsrat abzuwählen und deren Positionen neu zu besetzen.[444] Die Hedgefonds bemängelten zum einen, dass die Aktionäre vor der Entscheidung über das Angebot nicht von Vorstand oder Aufsichtsrat konsultiert worden waren.[445] Daneben kritisierten sie insbesondere den Aufsichtsratsvorsitzenden *Rolf Breuer*, der die Interessen der Aktionäre nicht ausreichend gewürdigt habe.[446] Aus diesem Grund beantragte TCI die Entlassung Breuers als Aufsichtsratsvorsitzender. Daneben beantragte der Hedgefonds, dass auch dem kompletten Aufsichtsrat die Entlastung verweigert werden sollte.[447]

Zugleich wollten die Hedgefonds auf der ordentlichen Hauptversammlung im Mai 2005 die Satzung dahin abändern, dass die Hauptversammlung bei der Wahl der Anteilseignervertreter für einen oder mehrere von ihnen kürzere Amtszeiten bestimmen könne.[448] Der Vertrag des Vorstandsvorsitzenden *Werner Seifert* lief zum August 2006 aus und stand im Herbst 2005 zur Verlängerung an.[449] Mit einem neubesetzten Aufsichtsrat einhergehend sollte die Möglichkeit eröffnet werden, den Vorstandsvorsitzenden vorzeitig abzuberufen[450] oder eine Verlängerung der Amtszeit zu unterbinden.[451] Ein mehrheitlich mit Interessenvertretern der Hedgefonds zusammengesetzter Aufsichtsrat sollte zudem bestimmen, dass bestimmte Arten von Geschäften nur mit sei-

---

[444] *O.V.*, Schlagabtausch zwischen Börse und TCI, in: Börsenzeitung vom 19.04.2005, S. 4. Vgl. §§ 103 Absatz 1, 122 AktG und oben S. 65. In den USA drohen Hedgefonds dem Board of Directors mit einer Kampfabstimmung der Aktionäre (*proxy contest*) auf der Hauptversammlung, welche über die Wiederwahl der Boardmitglieder entscheidet, um Einfluss auf die Geschäftspolitik zu nehmen, vgl. hierzu *O.V.*, In Amerika sind Kampfabstimmungen der Aktionäre keine Seltenheit, in: FAZ vom 25.05.2005, S. 22 und oben Fn. 303.

[445] *O.V.*, Der Fall Deutsche Börse wirft ein schlechtes Licht auf die Berater, in: Handelsblatt vom 17.05.2005, S. 26; *Jenkins/Cohen*, Seifert's downfall, Financial Times vom 25.05.2005, S. 13; *Schäfer*, Börse, Aktionäre und ein Phantom, in: FAZ vom 27.05.2005, S. 25.

[446] Vgl. *Potthoff*, Hedgefonds TCI bestreitet koordinierte Attacke auf die Börse, in: Handelsblatt vom 18.04.2005, S. 24; *O.V.*, TCI beantragt Abwahl Breuers, in: Börsenzeitung vom 15.04.2005, S. 3.

[447] *O.V.*, TCI betreibt Ablösung Breuers, in: FAZ vom 15.04.2005, S. 11; *O.V.*, Hedgefonds TCI beantragt Breuers Abwahl, in: Börsenzeitung vom 15.04.2005, S. 1.

[448] *O.V.*, Börse plant flexiblere Amtszeit der Aufsichtsräte, in: Börsenzeitung vom 13.04.2005, S. 4.

[449] *O.V.*, Wo mindestens zwei Stühle wackeln, in: FAZ vom 11.03.2005, S. 29.

[450] Vgl. § 84 Absatz 3 AktG. Siehe auch *O.V.*, Breuer kann mit einfacher Mehrheit gestürzt werden, in: FAZ vom 16.04.2005, S. 25.

[451] Vgl. § 84 Absatz 1 Satz 2 AktG. Siehe auch *Potthoff/Schönauer*, Börsenaufsicht greift in Machtkampf ein, in: Handelsblatt vom 15.04.2005, S. 25; *Braunberger/Scherff*, Finales Duell um die Macht bei der Deutschen Börse, in: FAZ vom 24.05.2005, S. 43.

ner Zustimmung vorgenommen werden dürften.[452] Damit sollte Druck auf den Vorstand ausgeübt werden, die kritisierte Geschäftspolitik im Sinne der Hedgefonds zu ändern.[453]

Zunächst wehrte sich *Seifert* gegen die Angriffe und zeigte sich gegenüber den aktivistischen Hedgefonds unkooperativ.[454] Der Aufsichtsrat tagte kurz darauf und sprach sich für das Übernahmeangebot auf die LSE aus. Ebenso deckte der Aufsichtsratsvorsitzende *Breuer* den Vorstandsvorsitzenden. Nachdem die kritischen Stimmen der Hedgefonds lauter wurden, lenkte der Vorstand ein und schlug in einem offenen Brief an *Christopher Hohn*, Managing Partner von *TCI Fund Management*, vor, einen Aktionärsbeirat zu schaffen. Dieser Beirat sollte der stärkeren Berücksichtigung von Aktionärsinteressen von Vorstand und Aufsichtsrat dienen. Bindende Entscheidungen sollte er jedoch nicht treffen können.[455] Auch leitete die Deutsche Börse AG auf Druck der Kritiker hin ein Aktienrückkaufprogramm ein, welches den Aktienkurs erhöhte.[456]

Diese Zugeständnisse brachten die Fonds jedoch nicht von ihrer ursprünglichen Forderung ab.[457] Sie verlangten den Rücktritt des Vorstandsvorsitzenden.[458] Auf Grund der Intervention der Hedgefonds traten zunächst der Vorstandsvorsitzende *Werner Seifert* und zum Jahresende der Aufsichtsratsvorsitzende *Rolf Breuer* ab.[459] Andere Aufsichtsratsmitglieder stellten ihr Amt mit

---

[452] Vgl. § 111 Absatz 4 Satz 2 AktG.

[453] *Braunberger/Scherff*, Finales Duell um die Macht bei der Deutschen Börse, in: FAZ vom 24.05.2005, S. 43.

[454] Vgl. *O.V.*, Deutsche Börse greift TCI mit scharfen Worten an, in: FAZ vom 19.04.2005, S. 1; *Potthoff/Schönauer*, Seifert am Rande des Abgrunds, in: Handelsblatt vom 27.04.2005, S. 24; *O.V.*, Schlagabtausch zwischen Börse und TCI, in: Börsenzeitung vom 19.04.2005, S. 4.

[455] *O.V.*, Aktionärsbeirat – Beispiel guter Corporate Governance?, in: Börsenzeitung vom 13.04.2005, S. 2.

[456] *O.V.*, Deutsche Börse legt Quartalszahlen früher als geplant vor, in: Handelsblatt vom 26.04.2005, S. 21; *O.V.*, Deutsche Börse zieht Quartalsausweis vor, in: Börsenzeitung vom 26.04.2005, S. 4.

[457] *O.V.*, Für Rolf Breuer könnte es eng werden, in: FAZ vom 16.04.2005, S. 23; *O.V.*, TCI betreibt Ablösung Breuers, in: FAZ vom 15.04.2005, S. 11; *O.V.*, TCI bringt Werner Seifert zu Fall, in: Börsenzeitung vom 10.05.2005, S. 5.

[458] *O.V.*, Breuer bleibt vorerst Aufsichtsratschef, in: FAZ vom 21.04.2005, S. 21.

[459] *O.V.*, Fonds siegen bei Deutscher Börse, Seifert und Breuer müssen gehen, in: Handelsblatt vom 10.05.2005, S. 1, 18; *O.V.*, Börsen-Chef Seifert tritt zurück, in: FAZ vom 10.05.2005, S. 15, 45; *O.V.*, Seifert und Breuer werfen das Handtuch, in: Börsenzeitung vom 10.05.2005, S. 1.

Ablauf der Hauptversammlung zur Verfügung, um eine Neuordnung im Aufsichtsrat zu erleichtern.[460]

Auf der Hauptversammlung sprach sich bei einer für die Deutsche Börse AG hohen Präsenz von fast 60 Prozent die Mehrheit der Aktionäre für eine Dividendenerhöhung aus. Daneben beschlossen die Aktionäre, kürzere Amtszeiten der Aufsichtsräte zu ermöglichen. Auf diese Weise sollte die Zusammensetzung des Aufsichtsrates zukünftig rascher an die Aktionärsstruktur angepasst werden können. Nur 68 Prozent der Aktionäre stimmten hingegen für eine Entlastung von Vorstand und Aufsichtsrat, womit der Antrag auf Grund Verfehlens der 75 Prozent-Hürde abgelehnt wurde.[461] Auch für einen vom Vorstand avisierten Vorratsbeschluss, nach dem dieser zu Kapitalerhöhungen ermächtigt werden sollte, fand sich in der Hauptversammlung keine erforderliche Mehrheit.[462] Diese Ablehnung schränkte das Unternehmen bei der Finanzierung von Übernahmen oder Fusionen ein. Mit der Ausgabe neuer Aktien hätte die Deutsche Börse AG die Übernahme der LSE finanzieren können. Auf der anderen Seite standen die bisher umfangreichen Barmittel auf Grund der erzwungenen Aktienrückkäufe nicht mehr im ausreichenden Umfang zur Verfügung. Zudem ermächtigte die Hauptversammlung den Vorstand zum weiteren Erwerb eigener Aktien. Dadurch war eine Übernahmefinanzierung faktisch nur noch mit einer Zustimmung der Aktionäre möglich.[463] Letztlich zog der Vorstand der Deutschen Börse AG das angekündigte Übernahmeangebot für die London Stock Exchange auf Grund der Intervention der Hedgefonds zurück.

Die aktivistischen Hedgefonds spekulierten allerdings nicht nur darauf, dass ein Scheitern des Übernahmeangebots den Kurs der Deutschen Börse-Aktien

---

[460] *O.V.*, Zaß gibt Aufsichtsratsmandat der Börse ab, in: FAZ vom 20.05.2005, S. 17; *Scherff*, Der Angreifer gibt sich die Ehre, in: FAZ vom 22.05.2005, S. 46; *O.V.*, Börse tauscht zwei weitere Aufsichtsräte, in: FAZ vom 23.05.2005, S. 16.

[461] Grundsätzlich ist für einen solchen Beschluss eine einfache Mehrheit ausreichend, vgl. *Hüffer*, AktG, § 120 Rn. 7. Die Satzung sah jedoch für eine Entlastung von Aufsichtsrat und Vorstand das Erfordernis einer Dreiviertelmehrheit vor, vgl. *O.V.*, Börsen-Aktionäre verweigern mehr Kapital, in: FAZ vom 27.05.2005, S. 23.

[462] Sog. genehmigtes Kapital, vgl. § 202 AktG. Der Beschluss der Hauptversammlung bedarf einer Mehrheit, die mindestens drei Viertel des bei der Beschlussfassung vertretenen Grundkapitals umfasst. Bei der Deutschen Börse AG kam es bislang noch nie dazu, dass ein Beschluss über einen Antrag auf ein neues genehmigtes Kapital nicht die erforderliche Mehrheit erhielt. Auch auf anderen Hauptversammlungen kommt dies selten vor, vgl. *O.V.*, Börsen-Aktionäre verweigern mehr Kapital, in: FAZ vom 27.05.2005, S. 23; *O.V.*, Börse fällt mit Kapitalantrag durch, in: Börsenzeitung vom 27.05. 2005, S. 1.

[463] Vgl. § 182 Absatz 1 AktG.

steigern könnte. Darüber hinaus erwarben mehrere Aktivisten Put-Optionen auf Aktien der *London Stock Exchange* oder verkauften deren Aktien als potentielle Zielgesellschaft leer und spekulierten insoweit auf fallende Kurse.[464] Zusammengenommen bewirkten die Positionen, dass die Fonds nicht zwingend an einem Kursanstieg der Deutschen Börse Aktie interessiert waren, wenn nur der Aktienkurs der London Stock Exchange in Folge der verhinderten Übernahme in ausreichendem Maße einbrach. Ein solcher Kursverlust war zwangsläufig, weil mit der Deutschen Börse der aussichtsreichste Bieter weggefallen und damit keine oder eine niedrigere Übernahmeprämie zu erwarten war.[465]

bb) Fall ABN Amro/Capitalia

Im Jahr 2007 forderte wiederum *TCI* in einem veröffentlichten Brief das Management der niederländischen Großbank *ABN Amro* insbesondere auf, die italienische Bank *Capitalia* nicht wie beabsichtigt zu übernehmen. TCI befürchtete bei einer solchen Akquisition negative Auswirkungen auf den Aktienkurs der ABN Amro, da mit einem hohen Preis zu rechnen sei.[466] Letztlich sah das Management der niederländischen Bank von einem Zusammenschluss ab.

cc) Fall Barclays/ABN Amro

Im anschließenden Bietergefecht um *ABN Amro* als Zielgesellschaft wollten Hedgefonds erreichen, dass ein Konsortium um die Royal Bank of Scotland (RBS) den Zuschlag erhielte.[467] Aus diesem Grund baute der Hedgefonds *Atticus* neben seinem Anteil an ABN Amro eine Beteiligung von ungefähr einem Prozent am Bieterkonkurrenten *Barclays* auf und forderte in einem veröffentlichten Brief das Management auf, sein Transaktionsvorhaben abzubrechen.[468] Auf diese Weise nahmen die Hedgefonds bei der Bietergesellschaft Barclays im Interesse ihrer Position bei der Zielgesellschaft ABN Amro Ein-

---

464 *O.V.*, in: FAZ vom 11.05.2005, S. 22; *Schulz*, Im Portrait: Christopher Hohn, in: FAZ vom 15.5.2005, S. 48; *O.V.*, in: FAZ vom 28.09.2005, S. 23.

465 Tatsächlich sank die Aktie von ihrem Höchststand 5,90 £ (11.01.2005) auf 4,97 £ unmittelbar nach Aufgabe des Übernahmevorhabens (07.03.2005). Zu diesem Zeitpunkt dürften die Hedgefonds ihre Leerverkaufspositionen aufgelöst haben, so dass sie der Kursanstieg in den folgenden Monaten nicht mehr betraf.

466 *O.V.*, Hedgefonds TCI nimmt ABN Amro unter Beschuss, in: Börsenzeitung vom 22.02.2007, S. 3; Hedge Fonds will ABN Amro zerschlagen, in: Handelsblatt vom 21.02.2007 (Online-Ausgabe).

467 Siehe zum Fall *ABN Amro/Barclays* unten S. 87 ff.

468 *O.V.*, Barclays droht Revolte in Sachen ABN Amro, in: Börsenzeitung vom 12.06.2007, S. 3.

fluss, um von einem höheren Angebot der RBS zu profitieren. Zwar zog Barclays ihr Angebot nicht zurück, unterlag aber dem konkurrierenden Angebot der RBS.[469]

b) Einflussnahme auf Seiten der Zielgesellschaft

Als Aktionäre der Zielgesellschaft drängen Hedgefonds den Vorstand dieser Gesellschaft dazu, ein Angebot anzunehmen, das ihrer Einschätzung nach eine ausreichende Rendite für die Anteilsinhaber verspricht. Hingegen blockieren sie eine geplante Übernahme zum einen, um den Übernahmepreis und damit die Rendite nach einem Verkauf der Anteile zu erhöhen;[470] zum anderen verhindern sie die Transaktion, wenn andere Interessenten einen höheren Preis zu zahlen bereit sind. Sie wirken faktisch auf den Vorstand ein, die Verhandlungen abzubrechen, Gegenmaßnahmen oder Gespräche mit anderen Interessenten einzuleiten.

Auch eine Übernahmeblockade auf Seiten der Zielgesellschaft erfolgt in manchen Fällen im Interesse anderer Positionen. So können Hedgefonds bei einem Scheitern der Transaktion Gewinne erzielen, wenn sie mit einer größeren Long-Position bei der Bietergesellschaft auf steigende Kurse gesetzt haben.[471] Sind sie in diesem Fall zugleich Aktionäre des Bieters, intervenieren sie effektiv auf beiden Seiten. Ebenso können sie einen Ertrag mit Long-Positionen in Konkurrenten der Zielgesellschaft erwirtschaften, deren Wert bei einem sinkenden Kurs der Zielgesellschaft mutmaßlich steigt.

In folgenden Fällen haben Hedgefonds die jeweiligen Zielgesellschaften beeinflusst:

aa) Fall Royal Bank of Scotland/ABN Amro

Nachdem der Hedgefonds *TCI* als Aktionär die niederländische Großbank *ABN Amro* dazu veranlasst hatte, die italienische Bank *Capitalia* nicht wie beabsichtigt zu übernehmen,[472] übte der Fonds erneut Druck auf den Vorstand aus. TCI hatte ABN Amro dazu gedrängt, sich aufzuspalten[473] oder ganz an

---

[469] Ausführlich zum Fall *Royal Bank of Scotland/ABN Amro* siehe unten S. 97 f.

[470] Angeblich würde damit zugleich die Wahrscheinlichkeit erhöht, dass die Transaktion zu einem angemessenen Preis zu Stande komme, vgl. *O.V.*, Hedgefonds sind das Zünglein an der Waage, in: FAZ vom 06.07.2006, S. 21.

[471] Vgl. hierzu unten S. 129 ff.

[472] Zum Fall ABN Amro/Capitalia oben S.

[473] Zu diesem Fall und der Forderung von Hedgefonds, ein Unternehmen aufzuspalten unten S. 97 ff.

eine andere Bank zu verkaufen. Daraufhin führte das Management der ABN Amro im Frühjahr 2007 exklusive Übernahmegespräche mit der britischen *Barclays* Bank, die ein Angebot in Höhe von umgerechnet 36,25 Euro je Aktie und damit insgesamt 67 Milliarden Euro für die niederländische Bank abgab, womit dies bereits die bislang größte Fusion der Welt dargestellt hätte. Dabei gaben die Parteien bereits bekannt, sich auf eine einvernehmliche Übernahme der Bank geeinigt zu haben.[474]

Um mit einem Verkauf den höchstmöglichen Preis zu erzielen, drohte der Hedgefonds dem Vorstand damit, ABN Amro zu verklagen, falls sie ihre Übernahmegespräche nicht auch für andere Kaufinteressenten öffne.[475] Interesse bekundeten zunächst die *Royal Bank of Scotland* (RBS), die spanische *Banco Santander* sowie die belgisch-niederländische *Fortis*-Gruppe. Im Gegensatz zu Barclays wollten diese als Konsortium ABN Amro zerschlagen.

Um die anderen Interessenten von der Abgabe eines höheren Angebotes abzuhalten und damit eine Zerschlagung des Unternehmens zu verhindern, kündigte der Vorstand der Großbank an, die ABN-Tochtergesellschaft *La Salle* für 21 Milliarden Dollar an die Bank of America zu verkaufen.[476] TCI sprach sich dagegen in einem Brief an den Aufsichtsratsvorsitzenden aus und verlangte die sofortige Absetzung des Vorstandsvorsitzenden, der mit diesem Verhalten nicht im Interesse der Aktionäre gehandelt habe.[477]

Das Bankenkonsortium um RBS gab im Anschluss ein Angebot für ABN Amro in Höhe von 72 Milliarden Euro ab, was einem Preis pro Aktie in Höhe von 39,- € entsprach. Separat bot das Konsortium für La Salle 24,5 Milliarden Dollar. Auf einer außerordentlichen Hauptversammlung der ABN Amro vom April 2007 stimmten deren Aktionäre bei einer Präsenz von 51 Prozent für den von TCI gestellten Antrag mit 68 Prozent der Stimmen, wonach die Verwaltung aktiv nach Wegen suchen solle, durch Verkäufe oder Fusionen von Unternehmensteilen den Wert der niederländischen Großbank zu steigern. Mit diesem für das Management rechtlich nicht bindenden Beschluss

---

474 *O.V.*, Barclays und ABN schmieden größte Bankenfusion, in: FAZ vom 24.04.2007, S. 11; *O.V.*, Barclays bietet 67 Mrd. Euro für ABN Amro, in: Börsenzeitung vom 24.04.2007, S. 1.

475 *O.V.*, TCI: ABN Amro soll offen sein, in: Börsenzeitung vom 27.03.2007, S. 1, 4.

476 Mit der Veräußerung von wesentlichen Unternehmensteilen soll einer potentiellen Bietergesellschaft der Anreiz genommen werden, die Gesellschaft feindlich zu übernehmen. Dieses Vorgehen wird als *crown jewelry defence* bezeichnet.

477 *O.V.*, Nun klagen auch amerikanische Aktionäre gegen ABN Amro, in: FAZ vom 03.05.2007, S. 18.

sollte faktisch Druck auf den Vorstand ausgeübt werden, entsprechend den Vorstellungen der Aktionäre zu handeln. Zum Zeitpunkt der Hauptversammlung sollen verschiedene Hedgefonds mit insgesamt 30 Prozent an der Großbank beteiligt gewesen sein.[478] Der Vorstand von ABN Amro wies das höhere RBS-Angebot zunächst zurück. Die Offerte von RBS sei auf Grund finanzieller Auswirkungen sowie aufsichtsrechtlicher und steuerlicher Probleme nicht besser als das Barclays-Angebot zu bewerten.[479]

Zwar wendeten sich einzelne Aktionäre der ABN Amro erfolglos gegen den Verkauf von La Salle an die Bank of America. So entschied der Oberste Niederländische Gerichtshof, dass der Verkauf nicht der Zustimmung der Aktionäre der ABN Amro bedürfe.[480] Die Intervention der Hedgefonds hatte letztlich dennoch Erfolg: Der Vorstand der ABN Amro widerrief seine Empfehlung für das niedrigere Barclays-Angebot, und das Konsortium um RBS erlangte in Folge seiner Offerte mehr als 95 Prozent der ABN Amro-Anteile. Als Eingeständnis der Niederlage legte der ABN Amro-Vorstandsvorsitzende *Rijkman Groening* sein Amt nieder.

BB) FALL NOVARTIS/CHIRON

Der Schweizer Pharmakonzern *Novartis* kündigte im Jahre 2005 an, zusätzliche 58 Prozent der Anteile an dem US-Biotechunternehmen *Chiron* zu einem Preis von 40 Dollar pro Aktie erwerben zu wollen. Nachdem zunächst im Vorfeld eine Erhöhung des Erwerbspreises von 45 Dollar ausgehandelt wurde, veröffentlichte *ValueAct*, ein Hedgefonds und drittgrößter Anteilseigner der Zielgesellschaft Chiron, einen Brief an den Vorstandsvorsitzenden und kündigte Maßnahmen gegen die geplante Übernahme an. Dies entfachte eine Revolte der Anteilseigner gemeinsam mit dem Investmentfonds *Legg Mason*, zweitgrößter Aktionär der Zielgesellschaft, der zusammen mit *Institutional Shareholder Services* (ISS) den Widerstand von ValueAct unterstützte und empfahl, gegen die Transaktion zu stimmen. Um die Transaktion zu vollenden, besserte Novartis sein Angebot auf 48 Dollar nach. Damit erzielte ValueAct durch

---

[478] Vgl. *O.V.*, Aktionäre von ABN Amro unterstützen den Hedgefonds TCI, in: FAZ vom 27.04.2007, S. 20.

[479] *O.V.*, ABN Amro weist Royal-Bank-Gebot zurück, in: Börsenzeitung vom 08.05.2007, S. 3.

[480] Vgl. *Hetzel/Jost*, Barclay kommt der Übernahme von ABN Amro näher, in: Die Welt vom 14.07.2007 (Online-Ausgabe); *O.V.*, ABN Amro weist Royal-Bank-Gebot zurück, in: Börsenzeitung vom 08.05.2007, S. 3.

die Androhung von Gegenmaßnahmen letztlich eine Erhöhung des Übernahmeangebots in Höhe von 32 Prozent.[481]

cc) Fall Adecco SA/Deutscher Industrie Service AG

Insbesondere erwerben Hedgefonds gemeinschaftlich Anteile von insgesamt mindestens fünf Prozent, um einen Squeeze Out und damit einhergehend ein von der Bietergesellschaft geplantes Delisting der Zielgesellschaft zu blockieren und auf diese Weise den Preis in die Höhe zu treiben.

Bei dem Düsseldorfer Zeitarbeitsunternehmen *Deutscher Industrie Service AG* (DIS) waren 2006 der New Yorker Hedgefonds *Elliott International* mit zehn Prozent und der britische Hedgefonds *Dorchester Asset Management* mit drei Prozent der Anteile investiert. Als die Schweizer *Adecco SA* die DIS AG übernehmen und das Unternehmen durch ein Delisting von der Börse nehmen wollte, sperrten sich die Hedgefonds gegen die Offerte der Bietergesellschaft. Adecco wurden auf das Übernahmeangebot hin nur 83 Prozent statt der für ein Squeeze-Out erforderlichen 95 Prozent[482] der Aktien angedient. Daraufhin unterbreitete Adecco den verbliebenen Minderheitsaktionären ein Barabfindungsangebot, das mit 55,80 Euro deutlich unter dem aktuellen Kurs von 74 Euro lag.

Um diese Abfindung zu erhöhen, griffen die Hedgefonds zu aktiven Maßnahmen. Auf der ordentlichen Hauptversammlung beantragten die Hedgefonds mehrfach Änderungen zur Geschäftsordnung und die Abwahl des Versammlungsleiters wegen behaupteter Interessenkonflikte, um so Grundlagen für spätere Anfechtungsklagen zu erhalten und den Verlauf der Hauptversammlung so zu bremsen, dass sie bis über Mitternacht andauern und deshalb neu angesetzt werden müsste. Nachdem die Hauptversammlung tatsächlich bis nach Mitternacht andauerte, stellte Elliott ein Ultimatum an den Vorstand, eine neue Hauptversammlung anzuberaumen. Andernfalls werde Elliott selbst eine außerordentliche Hauptversammlung per Minderheitsverlangen einberufen.

Daneben erhob Elliott gegen die DIS AG eine Klage auf Erteilung solcher Informationen, welche der DIS Vorstand auf der Hauptversammlung nach Auffassung des Hedgefonds nicht oder nicht ordnungsgemäß erteilt habe. Insbesondere klagte der Fonds auf Einsicht in das dem Vorstand vorliegende

---

481 *Kahan/Rock*, Hedge Funds in Corporate Governance and Corporate Control, S. 11.

482 Vgl. §§ 327a AktG, 39a Absatz 1 WpÜG.

Wertgutachten, nach dem die DIS-Aktie mit 51,82 Euro bewertet worden ist. Trotz ausdrücklicher Aufforderung habe der Vorstand den Aktionären die Offenlegung des Gutachtens und weitergehende Informationen verweigert. Zugleich wendeten sie sich gegen den Wechsel zweier DIS-Vorstände an die Spitze der Adecco, der im Rahmen der Übernahmeverhandlungen vereinbart worden war, und auf Grund dessen der Vorstand bei der Entscheidung über die Offerte nach Auffassung der Hedgefonds befangen gewesen sei. Im Wege einer einstweiligen Verfügung versuchten die Minderheitsaktionäre, den Wechsel des Vorstandsvorsitzenden zu verhindern. Das *LG Düsseldorf* wies den Antrag indes zurück und führte aus, dass für den Wechsel ausschließlich der Aufsichtsrat und nicht die Hauptversammlung der DIS AG zuständig sei.

Erfolgreich war jedoch eine einstweilige Verfügung gegen die DIS AG, wonach sie das Verfahren zum Widerruf der Börsenzulassung der DIS-Aktien derzeit nicht weiter betreiben und einstweilen die Aussetzung des bereits begonnenen Verfahrens bei der Frankfurter Wertpapierbörse beantragen musste. Angefochten wurden neben dem Delisting - Beschluss auch alle anderen wesentlichen Entscheidungen der Hauptversammlung. Damit wollten die Minderheitsaktionäre die DIS AG dazu veranlassen, die Hauptversammlung zu wiederholen, wenn sie bei ihren Börsenrückzugsplänen bleiben wolle.[483]

Schließlich einigten sich die Parteien außergerichtlich. Dabei zahlte sich auch diese Intervention für die Hedgefonds und die verbliebenen sonstigen Minderheitsaktionäre aus: Ende 2007 erzielten sie für ihre Anteilspakete in Höhe von fast 16 Prozent einen Preis von 113 Euro pro Aktie, also einen Aufpreis von mehr als 100 Prozent gegenüber dem ursprünglichen Angebot in Höhe von 55,80 Euro.[484]

dd) Fall Macquarie/BC Partners/Techem

Sind Hedgefonds der Auffassung, dass das letzte Angebot nicht den Wert der Aktie erreicht, blockieren sie häufig die Transaktion endgültig und spekulieren auf einen zukünftigen Verkauf zu höheren Konditionen.

Im Jahr 2007 scheiterte beispielsweise die Übernahme des Energiedienstleisters *Techem* durch *Macquarie* und *BC Partners*. Die in der Zielgesell-

---

483 Vgl. *Ruhkamp*, HV der DIS AG eskaliert, in: Börsenzeitung vom 09.06.2006, S. 10; *O.V.*, Hedgefonds verstärkt Druck auf Zeitarbeitsfirma DIS, in: Börsenzeitung vom 06.06.2006, S. 13; *O.V.*, Hedgefonds sind das Zünglein an der Waage, in: FAZ vom 06.07.2006, S. 21; *O.V.*, DIS erwartet 2007 zweistelliges Wachstum, in: Börsenzeitung vom 03.03.2007, S. 10.

484 Vgl. *O.V.*, Adecco plant Squeeze Out bei DIS AG, in: Handelsblatt vom 03.09.2007 (Online-Ausgabe).

schaft Techem investierten Hedgefonds, allen voran *Elliott Capital Adivisors*, die 5,6 Prozent an Techem hielten, forderten mehr als die gebotenen 55 Euro je Aktie. Schätzungen zufolge hielten Hedgefonds rund 40 Prozent der Techem-Aktien, wobei einige von ihnen 60 bis 65 Euro je Aktie gefordert haben sollen.[485]

Die Bietergesellschaften erhöhten ihr Angebot jedoch nicht. Vielmehr legten sie als Bedingung für das Übernahmeangebot eine Schwelle von 70,5 Prozent fest, die inklusive eigener Aktien den Abschluss eines Beherrschungsvertrages erlaubt hätte.[486] Da den Bietergesellschaften aber auf Grund der Intervention der mit substanziellen Positionen investierten Hedgefonds nur ungefähr 40 bis 50 Prozent des Kapitals angedient wurden, scheiterte die Übernahme.[487]

Im Anschluss schlugen die Hedgefonds eigene Vertreter für die Neuwahl des Aufsichtsrats auf der ordentlichen Hauptversammlung vor.[488] Die zu 66 Prozent besuchte Hauptversammlung wählte schließlich einen dieser Vertreter in den Aufsichtsrat. Daneben beschloss die Hauptversammlung auf Intervention der Hedgefonds hin, dass der Ermächtigungsrahmen für Kapitalerhöhungen entgegen den Anträgen des Vorstands von nominal 12,35 Millionen Euro (50 Prozent des Grundkapitals) auf 4,94 Millionen Euro (20 Prozent des Grundkapitals) gesenkt wurde. Mit erfolgreichen Gegenanträgen kippten die Hedgefonds zudem den Vorschlag des Vorstands, wonach Satzungsänderungen künftig mit einer Hauptversammlungsmehrheit von 85 Prozent statt der bislang üblichen 75 Prozent erfolgen müssten. Dadurch konnten die Hedgefonds ihren Gestaltungsspielraum wahren.[489]

---

[485] Vgl. *O.V.*, Techem-Kauf vor dem Scheitern, in: Börsenzeitung vom 02.02.2007, S. 9; *O.V.*, Hedgefonds wollen Techem Deal kippen, in: Börsenzeitung vom 23.01.2007, S. 1.

[486] *O.V.*, Techem-Vorstand entscheidet sich doch für Macquarie, in: Börsenzeitung vom 10.1.2007, S. 9; Vgl. *O.V.*, Hedgefonds wollen Techem-Deal torpedieren, in: Börsenzeitung vom 23.01.2007, S. 10.

[487] Vgl. *O.V.*, Techem-Übernahme scheitert an Hedgefonds, in: Börsenzeitung vom 03.02.2007, S. 9; *O.V.*, Heuschrecken schwärmen aus, in: FAZ vom 24.04.2007, S. 1.

[488] Nach Angaben der Hedgefonds sollte ein neubesetzter Aufsichtsrat dem Vorstand zur Seite stehen, „der sowohl über umfangreiche Erfahrungen und Sachkenntnisse verfügt als auch unbehaftet von jeglichen Interessenkonflikten im Interesse der Gesellschaft und aller ihrer Aktionäre tätig“ werden könne. Vgl. *O.V.*, Hedgefonds drängen in Techem-Aufsichtsrat, in: Börsenzeitung vom 15.03.2007, S. 12.

[489] *O.V.*, Hedgefonds zeigen Techem die Richtung, in: FAZ vom 26.03.2007, S. 16; *O.V.*, Hedgefonds lassen bei Techem die Muskeln spielen, in: Börsenzeitung vom 27.03.2007, S. 9.

ee) Fall Fortress/Telent

Auch der Hedgefonds *Polygon Investment Partners* blockierte 2006 die von dem US-Finanzinvestor *Fortress* beabsichtigte Übernahme des britischen Telekomausrüsters *Telent*. Für die Übernahme entsprechend dem „Scheme of Arrangement“[490] benötigte Fortress mindestens 75 Prozent der Stimmrechtsanteile an Telent.[491] Allein Polygon hielt allerdings bereits 23,94 Prozent an der Zielgesellschaft.[492] Auf Grund der Intervention des Hedgefonds erhielt die Bietergesellschaft Fortress nicht die erforderliche Anzahl der Aktien, so dass die Übernahme schließlich scheiterte.

2. Corporate Governance Aktivismus

Hedgefonds beeinflussen daneben Portfoliogesellschaften in Angelegenheiten der Unternehmensführung, um besondere Renditen zu erzielen.[493] Erwirtschaftet das Unternehmen unterdurchschnittliche Erträge, versuchen Aktivisten, die Geschäftsstrategie zu verändern. Damit sie ihre unternehmenspolitischen Vorstellungen umsetzen können, nehmen sie einerseits auf die Besetzung der Leitungsorgane Einfluss (a). Sind die gebildeten Rücklagen nach Ansicht der Fonds zu groß, forcieren sie Aktienrückkäufe oder Dividendenauszahlungen (b). Handelt es sich um ein breit aufgestelltes Unternehmen oder besitzt es verwertbare Aktiva, drängen Hedgefonds häufig auf eine Zerschlagung (c).[494] Als Aktionäre notleidender Unternehmen wirken sie auf die Gestaltung einer Restrukturierung ein (d). Diese auf die Unternehmensführung ausgerichteten Aktivitäten lassen sich unter dem Begriff *Corporate Governance Activism* zusammenfassen.[495]

a) Mittelbare Einflussnahme auf Gremienbesetzung

Um eine Einwirkung auf die Geschäftspolitik des Unternehmens vorzubereiten oder zu effektivieren, können aktivistische Hedgefonds die Personalbesetzung der Gesellschaftsgremien beeinflussen. Neben der Besetzung des Aufsichtsrats durch eine koordinierte Stimmrechtsausübung können sie durch

---

[490] Vgl. *Prinz*, Umstrukturierung durch Schemes of Arrangement mit Gesellschaftern im englischen Recht.

[491] *O.V.*, Hedgefonds kommen Fortress in die Quere, in: Börsenzeitung vom 22.07.2006, S. 10.

[492] Vgl. zu Interessenkonflikten auf Grund von Short-Positionen unten S. 130 ff.

[493] *Kahan/Rock*, Hedge Funds in Corporate Governance and Corporate Control, S. 4.

[494] *Kahan/Rock*, Hedge Funds in Corporate Governance and Corporate Control, S. 50.

[495] Vgl. *Kahan/Rock*, Hedge Funds in Corporate Governance and Corporate Control, S. 4.

faktische Beeinflussung der Aufsichtsratsmitglieder sowohl die Wahl des Aufsichtsratsvorsitzenden[496] als auch die Wahl und Abberufung des Vorstands mittelbar steuern. Das ist bereits oben eingehend behandelt worden; darauf kann hier verwiesen werden.[497]

b) Auflösen von Rücklagen – Fall Cewe Color

Aktivistische Hedgefonds nehmen häufig Unternehmen in den Blick, die eine hohe Eigenkapitalquote aufweisen.[498] Bei hoher Liquidität des Unternehmens erzwingen sie Sonderdividendenausschüttungen oder Aktienrückkäufe, sofern die Gesellschaft keine klare Strategie für ihre Rücklagen vorweisen kann.[499] Dies fußt auf der Annahme, dass Unternehmensmanager dazu tendieren, ein Unternehmen über dessen optimale Größe hinaus wachsen zu lassen und es durch einen wahllosen Erwerb von Gegenständen und anderen Unternehmen zu vergrößern. Daher würden Unternehmen überobligatorische Rückstellungen bilden, um diese Zukäufe finanzieren zu können.[500] Hedgefonds versuchen in diesen Fällen, durch ihre Intervention den Vorstand ungeachtet seiner Leitungskompetenz[501] dazu zu veranlassen, bei Aufstellung des Jahresabschlusses keine anderen Gewinnrücklagen zu bilden. Daneben versuchen sie, den Vorstand zu veranlassen, bereits gebildete Gewinnrücklagen bei Aufstellung des Jahresabschlusses aufzulösen. Mit Feststellung des Jahresabschlusses werden die vom Vorstand in der Aufstellung vorgeschlagenen bilanzpolitischen Maßnahmen sowie die von ihm vorgeschlagenen Auflösungen von Rücklagen wirksam. Dass solche Maßnahmen zulässig sind, macht sie noch nicht wirtschaftlich sinnvoll. Ermessensleitende Gesichtspunkte müssen insoweit unter Konkretisierung des Unternehmensinteresses, das Selbstfinanzierungsinteresse der Aktiengesellschaft, das Dividendeninteresse der Aktionäre

---

[496] Während die Hauptversammlung unmittelbar über die Besetzung der Aufsichtsratsmitglieder abstimmt, werden der Aufsichtsratsvorsitzende und sein Stellvertreter nicht von den Aktionären, sondern aus der Mitte des Aufsichtsrats gewählt, § 107 Absatz 1 Satz 1 AktG.

[497] Siehe oben S. 69 ff.

[498] *O.V.*, Aktive Investoren gewinnen an Bedeutung, in: Börsenzeitung vom 22.05.2007, S. 10; *Deutscher Investor Relations Verband*, Recent trends in shareholder activism, S. 6.

[499] *Maatman/Raaijmakers*, Hedge Funds in Company Law: Virus or Vaccine?, S. 9; *Kuckelkorn*, Francioni in der Klemme, in: Börsenzeitung vom 23.02.2007, S. 1; *Bratton*, Hedge Funds and Governance Targets, S. 6; *Anabtawi/Stout*, Fiduciary Duties for Activist Shareholders, S. 31.

[500] Grundlegend dazu *Jensen*, The Free Cash Flow Theory of Takeovers: A Financial Perspective on Mergers and Acquisitions and the Economy. Siehe auch *Klein/Zur*, Hedge Fund Activism, S. 11.

[501] Vorstand und Aufsichtsrat können höchstens die Hälfte des Jahresüberschusses in andere Gewinnrücklagen einstellen, § 58 Absatz 2 Satz 1 AktG.

und die langfristige Position der Gesellschaft am Kapitalmarkt sein, soweit es dafür auf die Dividendenpolitik ankommt.[502] Zwar hat der Aufsichtsrat den vom Vorstand aufgestellten Jahresabschluss zur Feststellung zu überprüfen und zu billigen. Indem die Hedgefonds jedoch zugleich auf den Aufsichtsrat einwirken oder sogar einzelne Mitglieder stellen, wird dieser im Einzelfall möglicherweise den Jahresabschluss auch dann billigen, wenn nach objektiver Ermessensüberprüfung die Maßnahme als unzweckmäßig einzustufen wäre. Die Hedgefonds beeinflussen damit aktiv den Ausgleich zwischen dem Interesse der Geschäftsleitung an der Selbstfinanzierung des Unternehmens und dem Interesse der anlageorientierten Aktionäre an für sie verfügbarer Kapitalrendite zu ihren Gunsten. Der Bilanzgewinn wird durch Entnahmen aus Gewinnrücklagen erhöht.[503] Damit ist es Hedgefonds ermöglicht, mit Stimmrechtsabgabe einen Verwendungsbeschluss dahin zu erwirken, dass diese Rücklagen an die Aktionäre ausgeschüttet werden.[504]

Beispielsweise forderte im Herbst 2006 der amerikanische Hedgefonds *M2 Capital Management LP* das Management des nach Darstellung des Fonds überkapitalisierten Fotoverarbeiters *Cewe Color AG* in mehreren Briefen und Gesprächen auf, kreditfinanzierte Sonderausschüttungen in Höhe von 37 bis 120 Millionen Euro an die Aktionäre auszukehren. Die vergleichsweise hohe Eigenkapitalquote von 41,5 Prozent, ein hoher Cashflow sowie ein bereits getätigter Aktienrückkauf in Höhe von zehn Prozent erweckten den Eindruck überschüssiger Liquidität, den die Fonds abschöpfen wollten.[505] Dem beugte sich der Vorstand der mit lediglich 113 Millionen Euro Eigenkapital ausgestatteten Cewe Color AG nicht. Der Vorstand verwies darauf, dass das Unternehmen Liquidität zur Umstrukturierung benötige und hielt es für unverantwortlich, in Zeiten des Personalabbaus fremdfinanzierte Ausschüttungen zu tätigen.

Um das Ziel dennoch zu erreichen, drohte der zu diesem Zeitpunkt noch mit 8,97 Prozent beteiligte Hedgefonds damit, drei Vorstände auszutauschen. Zu diesem Zweck kündigte der Hedgefonds an, eine außerordentliche Hauptversammlung einzuberufen. Dort wolle er durchsetzen, vier der sechs Aufsichts-

---

502 Vgl. hierzu *Baums*, in: FS K. Schmidt, S. 58 ff.

503 Siehe nur *Hüffer* Aktiengesetz, § 58 Rn. 3. Vgl. auch § 158 Absatz1 Nr. 3 AkG.

504 Daher liegt bei Ausschüttung dieser Rücklagen auch kein Verstoß gegen das Verbot der Einlagenrückgewähr nach § 57 AktG vor.

505 Vgl. *O.V.*, Hedgefonds wollen Cewe-Liquidität abgreifen, in: Börsenzeitung vom 31.1.2007, S. 9.

räte der Cewe Color Holding AG abzuwählen, neue Aufsichtsräte zu wählen und den Vorständen das Misstrauen auszusprechen.[506] Um noch mehr Aufsehen zu erregen, publizierte M2 die Forderungen im Internet.[507] Im Zuge der Auseinandersetzung erhöhte M2 seine Beteiligung auf 10,2 Prozent.[508] Unterstützt wurde das Vorhaben von dem Hedgefonds KCapital, der mit 7,6 Prozent in Cewe Color investiert war, sowie von Seneca Capital Investment Partnership und Standard Capital Partners, womit die Hedgefonds circa 25 Prozent des stimmberechtigten Kapitals hielten. Zudem sollen die Fonds auch über im Wege von Wertpapierdarlehen erworbene Stimmrechte verfügt haben. Einem veränderten Aufsichtsrat sollte dann der Vorschlag einer Sonderausschüttung unterbreitet werden, den dann eine neu einberufene Hauptversammlung mit einfacher Stimmenmehrheit beschließen können sollte.

Um die Ausschüttungspläne zu verhindern, versuchte das Management der Cewe Color AG, eine Mehrheit in der Hauptversammlung zu organisieren.[509] Auf der Seite des Vorstands positionierte sich die Erbengemeinschaft des Unternehmensgründers, die 27 Prozent der Stimmen hielt. Der Erbengemeinschaft stand ein vertragliches Entsendungsrecht für zwei Aufsichtsratsmitglieder zu. Nachdem eines dieser beiden Mitglieder zunehmend die Interessen der Hedgefonds vertrat, erklärte der entsendete Aufsichtsratsvertreter auf Drängen der Erbengemeinschaft seinen Rücktritt und wurde ersetzt.[510] Zudem leitete der Vorstand ein Aktienrückkaufprogramm ein, das den Aktienkurs erhöhen und so den Hedgefonds eine weitere Aufstockung ihrer Anteile erschweren sollte.[511] Eine außerordentliche Hauptversammlung wurde nicht einberufen, da der Vorstand der Cewe Color AG nach eigener Darstellung kein den Anforderungen entsprechendes Einberufungsverlangen für die von

---

[506] Vgl. *O.V.*, Die Kasse von Cewe Color ist dicht, in: Börsenzeitung vom 15.03.2007, S. 12.

[507] Siehe http://www.fixcewecolor.com.

[508] Vgl. *O.V.*, Hedgefonds stockt bei Cewe Color auf, in: Börsenzeitung vom 10.02.2007, S. 9.

[509] Vgl. *O.V.*, Hedgefonds wollen Cewe-Liquidität abgreifen, in: Börsenzeitung vom 31.01.2007, S. 9; *O.V.*, Cewe Color rüstet sich für Showdown, in: Börsenzeitung vom 03.03.2007, S. 11; *O.V.*, Cewe Color ganz digital, in: Börsenzeitung vom 17.02.2007, S. 8.

[510] Vgl. *O.V.*, Bei Cewe beginnt die heiße Phase, in: Börsenzeitung vom 13.02.2007, S. 10; *O.V.*, Eskalation bei Cewe Color, in: Börsenzeitung vom 09.02.2007, S. 9.

[511] Vgl. *O.V.*, Cewe wehrt sich mit Aktienrückkauf, in: Börsenzeitung vom 06.02.2007, S. 9; *O.V.*, Cewe Color kämpft weiter gegen Finanzinvestoren, in: Börsenzeitung vom 27.03.2007, S. 11.

dem Hedgefonds geforderte außerordentliche Hauptversammlung erhalten hatte, obwohl M2 allein schon genügend Stimmrechte hielt.[512]

Durch den Aufruf beider Lager waren auf der ordentlichen Hauptversammlung im April 2007 87 Prozent der Anteilseigner vertreten. Eine Einzelentlastung des Aufsichtsratsvorsitzenden beschloss die Hauptversammlung mit 58 Prozent der Stimmen. Die vier von der Verwaltung zur Wiederwahl vorgeschlagenen Aufsichtsräte erhielten die Mehrheit der Stimmen. Zudem beschloss die Hauptversammlung mit knapper Mehrheit, dass die Abberufung von Aufsichtsratsmitgliedern künftig entsprechend dem gesetzlichen Leitbild gemäß § 103 Absatz 1 Satz 2 AktG lediglich mit einer qualifizierten Mehrheit von 75 Prozent beschlossen werden könne.[513] Zwei Anträge auf Sonderprüfungen wurden abgelehnt, da sie Gegenstände außerhalb des Entlastungszeitraums betrafen.[514] Damit ist es den Hedgefonds im Fall der Cewe Color AG nicht gelungen, über eine Neubesetzung der Organe an eine Sonderausschüttung zu gelangen.

c) Erzwingen einer Zerschlagung

Handelt es sich um ein breit aufgestelltes Unternehmen oder besitzt es verwertbare Aktiva, drängen Hedgefonds häufig auf eine Zerschlagung, um eine höhere Rendite zu erzielen. Sie üben Druck auf Gesellschaften aus, diese aufzuspalten, wenn die Summe der Einzelteile vom Markt höher bewertet wird als das zusammengefasste Unternehmen.[515] Dazu kann es kommen, wenn die Koordination zwischen den Unternehmensteilen gestört oder nicht optimal ausgenutzt ist.

Diese Intention von Hedgefonds zeigte sich in folgenden Beispielsfällen:

aa) Fall Ahold

Im Jahr 2006 verlangten die Hedgefonds *Paulson&Co* und *Centaurus Capital*, die nach eigenen Angaben 6,4 Prozent der Anteile hielten, vom Vorstand des niederländischen Lebensmitteleinzelhändlers *Ahold*, das Unternehmen aufzu-

---

[512] Vgl. *O.V.*, Cewe Color bietet Hedgefonds die Stirn, in: Börsenzeitung vom 02.03.2007, S. 13.

[513] Die Satzung der Cewe Color AG ermöglichte zuvor, dass eine Abberufung von Aufsichtsratsmitgliedern mit einfacher Stimmenmehrheit beschlossen werden kann. Damit sah die Satzung eine andere Mehrheit als die im Gesetz grundsätzlich aufgestellte vor, vgl. § 103 Absatz 1 Satz 3 AktG; *Hüffer*, AktG, § 103 Rn. 4.

[514] Vgl. *O.V.*, Cewe lässt Hedgefonds ziemlich blass aussehen, in: Börsenzeitung vom 28.04.2007, S. 11.

[515] *Maatman/Raaijmakers*, Hedge Funds in Company Law: Virus or Vaccine?, S. 9; *Thompson*, The Limits of Hedge Fund Activism, S. 17.

spalten und die Erlöse auszuschütten.[516] Angetrieben von dieser Kampagne veräußerte Ahold sein US-Cateringunternehmen *Foodservice* und andere Sparten. Von den Erlösen wurden 2 Milliarden Euro an die Aktionäre ausgeschüttet.[517]

bb) Fall ABN Amro

Im Frühjahr 2007 forderte der Hedgefonds *TCI* in einem veröffentlichten Brief das Management der niederländischen Großbank *ABN Amro* auf, das Unternehmen aufzuspalten. Der Kursverlauf von ABN Amro sei im Vergleich mit konkurrierenden Großbanken unterdurchschnittlich. Der Hedgefonds hielt nach eigenen Angaben mehr als ein Prozent an der Bank. Damit waren die Satzungskriterien von ABN Amro erfüllt, um Tagesordnungspunkte für die Hauptversammlung beantragen zu können. TCI verwies auf Analysen, wonach der Wert der ABN Amro Aktie als Summe der Einzelteile deutlich über 30 Euro liege.[518] Die Erträge aus Verkäufen sollten den Aktionären über Aktienrückkäufe oder Sonderdividenden zufließen.[519] Der Vorstand fügte als Reaktion auf diese Forderungen hin einen entsprechenden Punkt in die Tagesordnung für die Hauptversammlung ein, der eine Abstimmung über die Zerschlagung der Großbank vorsah.[520] Daraufhin sollte die ABN-Tochtergesellschaft La Salle für 21 Milliarden Dollar an die Bank of America verkauft werden.[521]

cc) Fall Deutsche Börse AG II

Der amerikanische Hedgefonds *Atticus Capital* forderte 2007 in einem veröffentlichten Brief an die *Deutsche Börse AG*, dass diese die Abwicklungstochter Clearstream veräußern, den Aktionären höhere Auskehrungen zahlen und ein Aktienrückkaufprogramm einleiten solle. Hierbei berief sich der Hedgefonds auf Analystenstudien, die für den Fall der Zerschlagung der Börse von einem deutlich höheren Wert der Aktie ausgingen. Der Vorstand könne den Aktio-

---

[516] *O.V.*, Finanzinvestoren setzen das Ahold-Management unter Druck, in: FAZ vom 15.08.2006, S. 13; *O.V.*, Hedgefonds wollen Ahold zerschlagen, in: Börsenzeitung vom 15.08.2006, S. 17.

[517] *O.V.*, Ahold will mit Verkäufen Krise überwinden, in: Börsenzeitung vom 07.11.2006, S. 13.

[518] Vgl. *O.V.*, Mehr Wert durch Aufspaltung, in: Börsenzeitung vom 03.03.2007, S. 5.

[519] *O.V.*, Hedgefonds TCI nimmt ABN Amro unter Beschuss, in: Börsenzeitung vom 22.02.2007, S. 3.

[520] *Bickerton/Croft*, ABN Amro geht auf Hedgefonds zu, Financial Times Deutschland vom 28.03.2007, S. 17.

[521] *O.V.*, Barclays und ABN schmieden größte Bankenfusion, in: FAZ vom 24.04.2007, S. 11.

nären keine ertragreicheren Alternativen in Form der Verwendung der Mittel im Unternehmen präsentieren.[522] Der Hedgefonds kontrollierte mittels Aktien und Derivaten 11,7 Prozent des stimmberechtigten Kapitals der Deutschen Börse AG.[523] Mit einer Aufspaltung zeigte sich der Vorstand nicht einverstanden, jedoch würden dem Aufsichtrat und den Aktionären Pläne für einen Umbau der Konzernstruktur zur Zustimmung vorgelegt.[524]

D) EINFLUSSNAHME AUF RESTRUKTURIERUNGSGESTALTUNG

Aktive Fonds im Bereich *distressed securities* versuchen nach dem Erwerb von Anteilen notleidender Gesellschaften direkten Einfluss auf die Restrukturierung zu nehmen und so den aktuellen Unternehmenswert durch eine effizientere Ressourcennutzung zu erhöhen.[525] Sie unterbreiten eigene Restrukturierungs- oder Umschuldungspläne, setzen auf eigene Kosten Unternehmensberater bei den betroffenen Unternehmen ein und nehmen Einfluss auf die Entscheidungen des Vorstandes.[526] Daneben können sie bei einem ausreichenden Stimmrechtsanteil eine Blockadepolitik gegenüber notwendigen Kapitalmaßnahmen betreiben, um ihre Restrukturierungsabsichten durchzusetzen.

3. EINFLUSSNAHME ALS FREMDKAPITALGEBER/GLÄUBIGER

Hedgefonds können als Fremdkapitalgeber versucht sein, die personelle Besetzung der Leitungsorgane faktisch zu verändern oder dies zumindest anzudrohen, um einen effektiven Einfluss auf die Unternehmensführung zu erlangen (a). Sie versuchen, in Krisensituationen des Unternehmens Einfluss auf die Restrukturierung zu nehmen (b) und im Wege einer Kapitalrestrukturierung ihr Kapital in Eigenkapital zu tauschen (*debt equity swap*), um schließlich

---

522 *Kuckelkorn*, Francioni in der Klemme, in: Börsenzeitung vom 23.02.2007, S. 1.

523 *O.V.*, Hedgefonds Atticus setzt Börse unter Druck, in: Börsenzeitung vom 23.02.2007, S. 1.

524 *O.V.*, Atticus macht bei der Börse mobil, in: Börsenzeitung vom 23.02.2007, S. 3. Vgl. § 119 Absatz 2 AktG.

525 *Kaiser/Hilpold*, Alternative Investment-Strategien, S. 63; *Clashinrichs*, Hedge Funds, S. 50; *Kestler/Striegel/Jesch*, NZI 2005, 417, 419. Diese Vorgehensweise wird von einigen Seiten als neuartig und (noch) untypisch für Hedgefonds dargestellt. Vgl. *Beverini/Cova*, Hedge Funds are changing distressed debt, in: IFLR June 2006, S. 12. Siehe zur Strategie *distressed securities* oben S. 27 ff.

526 *Cottier*, Hedge Funds and Managed Futures, S. 135; *Clashinrichs*, Hedge Funds, S. 50. Kommen solche aktiven Investmentansätze zum Zug, so befindet man sich an der Grenze zum Distressed-Investing-Modell des Private-Equity Bereichs, in dem die Investoren eine aktive Rolle spielen. Vgl. *Beverini/Cova*, Hedge Funds are changing distressed debt, in: IFLR June 2006, S. 12; *Weber*, Hedge Funds, S. 106; *Kaiser/Hilpold*, Alternative Investment-Strategien, S. 66. Zu Private Equity Fonds siehe oben S.36.

am Sanierungsergebnis wirtschaftlich teilnehmen zu können (c). Anhand von praktischen Beispielsfällen ist dieses Vorgehen zu veranschaulichen (d).

a) Mittelbare Einflussnahme auf Gremienbesetzungen

Auch als Fremdkapitalgeber drohen Hedgefonds dem Management mit einer personellen Umbesetzung. Zwar können die Fonds als Fremdkapitalgeber grundsätzlich mangels Stimmrecht nicht den Aufsichtsrat abwählen und so eine Wieder- oder Neubesetzung der betreffenden Vorstandsmitglieder erwirken.[527] Wenn sie jedoch auf Grund von Absprachen mit Aktionären oder durch Derivate über ausreichend Stimmrechte verfügen und deren Ausübung kontrollieren, können sie eine Abberufung des Aufsichtsrats gegebenenfalls herbeiführen.[528] Auf diese Weise können Aktivisten dann eine Wiederbestellung des Vorstands(-mitglieds) gegebenenfalls unterbinden, sofern der Aufsichtsrat einem ausreichenden Einfluss durch die Aktivisten unterliegt und sich dem beugt.[529]

Zudem könnte möglicherweise ein von Hedgefonds beeinflusster Aufsichtsrat einzelne Mitglieder oder den gesamten Vorstand abberufen, wenn der Fonds vom Vorstand eine bestimmte Geschäftspolitik verlangt, der Vorstand dieser Forderung nicht nachkommt, und der Aufsichtsrat sich den Forderungen des Hedgefonds anschließt. Dann müsste diese Forderung eines Nichtaktionärs – hier: eines Fremdkapitalgebers – einen wichtigen Grund für eine Abberufung darstellen können.[530] Der wichtige Grund muss nicht in der Person des Vorstandsmitglieds selbst liegen.[531] Gegen die Zulässigkeit einer Abberufung von Vorstandsmitgliedern ausschließlich auf Grund des Druckes Dritter spricht zwar, dass das Erfordernis eines wichtigen Grundes gerade eine jederzeitige Abberufung des Vorstandes verhindern und dessen Unabhängigkeit vom Aufsichtsrat gewährleisten soll.[532] Das Gesetz[533] sieht zudem eine Abberufung dann vor, wenn die Hauptversammlung dem Vorstandsmitglied das Vertrauen entzieht, wobei allerdings auch insoweit offensichtlich unsachliche Gründe

---

[527] Vgl. § 103 Absatz 1 AktG.

[528] Vgl. zum Umfang des verfügbaren Stimmrechtspotentials unten S. 81 ff.

[529] Vgl. oben S. 57.

[530] Vgl. § 84 Absatz 3 Satz 1 AktG.

[531] *Hüffer*, AktG, § 84 Rn. 27; *Hefermehl/Spindler*, in: Münchener Kommentar AktG, § 84 Rn. 96.

[532] *OLG München*, AG 2006, 337, 339; BGHZ 13, 188, 193; *Kort*, in: Großkomm. AktG, § 84 Rn. 136; *Hefermehl/Spindler*, in: Münchener Kommentar AktG, § 84 Rn. 92; *Hüffer*, AktG, § 84 Rn. 26; *Peltzer*, in: Semler/Peltzer, Arbeitshandbuch für Vorstandsmitglieder, § 2 Rn. 94.

[533] § 84 Absatz 3 Satz 2 AktG.

nicht genügen.[534] Wenn bereits eine jederzeitige Abberufung des Vorstandes nach dem Ermessen des Aufsichtsrates, also ohne wichtigen Grund, ausscheidet, dann muss dies grundsätzlich erst recht gelten, wenn die Forderung nach Abberufung von Dritten erhoben wird.[535] Der *BGH* hat überzeugend entschieden, dass eine fristlose Kündigung eines Vorstandsmitgliedes wegen eines hierauf gerichteten Streiks oder einer Streikandrohung der Belegschaft grundsätzlich nicht in Betracht komme.[536] Daraus lässt sich folgern, dass es zur fristlosen Entlassung und der damit einhergehenden Abberufung eines Vorstandsmitglieds nicht genügt, dass das Mitglied Anlass zu einem Streit mit dem Ziel seiner sofortigen Entlassung oder Abberufung gegeben hat. Praktisch würde sonst jedes Verlangen außenstehender Interessengruppen, ein Vorstandsmitglied zu entfernen, einen wichtigen Kündigungs- und Abberufungsgrund darstellen. Denn ein Anlass für ein solches Verlangen ließe sich regelmäßig insbesondere aus dem natürlichen Gegenspiel von Fremdkapitalgeber und -nehmer oder aus der Betätigung oder Haltung eines Vorstandsmitglieds herleiten. Dann würde schon die Verursachung oder auch nur das Entstehen von Spannungen oder der Umstand, dass ein Vorstandsmitglied durch eine gelegentlich unnachgiebige, im allgemeinen aber sachgerechte Ausübung seines Amtes Kritik gefunden oder sich missliebig gemacht hat, einen wichtigen Grund darstellen.[537] Ausdrücklich offen gelassen hat der Senat indes, ob ein rechtswidriger Streik dann einen wichtigen Grund für eine fristlose Kündigung und eine damit einhergehende Abberufung darstellt, wenn dem bestreikten Unternehmen ohne die von den Streikenden verlangte Entlassung ein unbilliger oder unzumutbarer Nachteil, eine Störung des Betriebes von unabsehbarer Dauer oder die Vernichtung seiner Existenz droht.[538]

Große Teile der Literatur[539] vertreten die Auffassung, dass auch ein rechtswidriger Streik mit dem Ziel der Entfernung eines Vorstandsmitglieds aus dem Amt eine Abberufung rechtfertigen kann, wenn andere Lösungen zur

---

534 Ausführlich hierzu oben S. 58.

535 *OLG München*, AG 2006, 337, 339.

536 BGHZ 34, 392. Zustimmend *Mertens*, in: Kölner Kommentar AktG, § 84 Rn. 110; *Hefermehl/Spindler*, in: Münchener Kommentar AktG, § 84 Rn. 102.

537 Vgl. BGHZ 34, 392, 399.

538 BGHZ 34, 392, 401.

539 *Mertens*, in: Kölner Kommentar AktG, § 84 Rn. 110; *Hefermehl/Spindler*, in: Münchener Kommentar AktG, § 84 Rn. 102; *Ulmer*, in: Ulmer/Habersack/Henssler, MitbestG, § 31 Rn. 31; wohl auch *Thüsing*, in: Fleischer, Handbuch des Vorstandsrechts, § 5 Rn. 23.

Wiederherstellung des Arbeitsfriedens nicht zu Gebote stehen und schwerwiegende wirtschaftliche Interessen der Gesellschaft beeinträchtigt werden. Anlass für eine Abberufung könne damit sein, dass ein nicht zu den Organen der Aktiengesellschaft gehörender Dritter die weitere Zusammenarbeit mit einem sich pflichtgemäß verhaltenden Vorstandsmitglied ablehnt und nur durch die Abberufung des Vorstandsmitglieds ein schwerer und unzumutbarer Schaden für die Gesellschaft verhütet werden kann.[540] (Damit sei eine Fortsetzung des Organverhältnisses bis zum Ende der Amtszeit für die Aktiengesellschaft unzumutbar.) Dieser Auffassung hat sich die Rechtsprechung angeschlossen.[541] Wenn aus Sicht des Unternehmens die Beibehaltung der Organstellung des betroffenen Vorstandsmitglieds zu einer unmittelbaren Existenzgefährdung führe, könne ausnahmsweise auch der von einem Kreditgeber ausgeübte Druck einen wichtigen Grund für eine Abberufung darstellen, wenn auf andere Weise nicht Abhilfe geschaffen werden kann.[542] Zwar könne dies zu einer erheblichen Einflussnahme Dritter auf die Unternehmensleitung einer Aktiengesellschaft führen. Unzumutbar sei aber für das Unternehmen, an einem Vorstandsmitglied festhalten zu müssen, wenn dies zu einer Insolvenz des Unternehmens führen würde. In den Fällen, in denen eine Existenzgefährdung des Unternehmens drohe, sei das Risiko einer Außensteuerung durch Dritte in Kauf zu nehmen. Daher könne ein wichtiger Grund für eine Abberufung eines Vorstandsmitglieds ausnahmsweise auch dann vorliegen, wenn diese lediglich von einem außerhalb der Gesellschaft stehenden Dritten verlangt werde.[543]

Das *OLG München* bejahte im zu entscheidenden Fall auch eine Unzumutbarkeit der Fortsetzung des Organverhältnisses nach einer Abwägung zwischen den Interessen der Aktiengesellschaft und denen des Vorstandsmitglieds.[544] Dem Interesse der Aktiengesellschaft an ihrer Existenzsicherung und Abwendung eines Insolvenzverfahrens stehe lediglich das Interesse des Klägers gegenüber, nicht in seiner Organstellung beeinträchtigt zu werden. Hieraus würden sich noch nicht unmittelbar und zwingend wirtschaftliche Folgen für den Kläger ergeben. So erscheine es durchaus nahe liegend, dass der Kläger

---

540 *Dietel*, Der Widerruf der Bestellung zum Vorstandsmitglied bei Vertrauensentzug der Hauptversammlung, S. 65.

541 *OLG München*, AG 2006, 337, 340; *BGH*, ZIP 2007, 119

542 *OLG München*, AG 2006, 337, 340.

543 *OLG München*, AG 2006, 337, 339.

544 *OLG München*, AG 2006, 337, 340.

zwar als „Sonderopfer" seine Abberufung als Vorstandsmitglied hinnehmen müsse, ein wichtiger Grund für eine Kündigung eines möglichen Anstellungsvertrages bei einer Abberufung eines Vorstandsmitglieds auf Druck Dritter aber dennoch nicht zu bejahen sei.[545] Zwar ist eine Abwägung in jedem Einzelfall vorzunehmen, um das Vorliegen eines wichtigen Grundes zu ermitteln.[546] Notleidende Unternehmen sind jedoch in der Regel insolvenzgefährdet. Da auch Gläubiger einer Gesellschaft die Eröffnung eines Insolvenzverfahrens beantragen können,[547] haben Hedgefonds nach einem Erwerb von Fremdkapital Einfluss auf das Fortbestehen der Gesellschaft. Da ohne weitere Umstände kein wichtiger Grund für eine außerordentliche Kündigung des Anstellungsverhältnisses vorliegt, behält das Vorstandsmitglied in diesen Fällen den Vergütungsanspruch. Unter diesem Aspekt erleidet das Vorstandsmitglied keine wirtschaftlichen Beeinträchtigungen. Ob das Vorstandsmitglied dadurch Nachteile für das berufliche Fortkommen erleiden wird, weil es durch eine Abberufung in den Verdacht der Unfähigkeit, der Unverträglichkeit oder der Ungeeignetheit gerät, lässt sich nur für den Einzelfall beurteilen. Jedenfalls kann eine existenzielle Bedrohung der Gesellschaft nicht allein aus dem Grund hingenommen werden, weil das Fortkommen des Vorstandsmitglieds möglicherweise gefährdet ist. Demzufolge wird bei einer Interessenabwägung regelmäßig das Interesse am Erhalt des gesamten Unternehmens das Interesse des Vorstandsmitglieds daran überwiegen, seine Organstellung bis zum regulären Ablauf der Bestellung ausüben zu können. Mithin kann man in derartigen Konstellationen in der Regel vom Vorliegen eines wichtigen Grundes sowie von einer grundsätzlichen Möglichkeit zur vorzeitigen Abberufung ausgehen.

Nach dem Erwerb von Fremdkapital notleidender Unternehmen steht Hedgefonds mit der Befugnis, die Eröffnung eines Insolvenzverfahrens beantragen zu können, regelmäßig ein wirkungsvolles Druckmittel gegenüber dem Aufsichtsrat zur Verfügung, um ihn zu veranlassen, ein oder mehrere Vor-

---

545 *OLG München*, AG 2006, 337, 340.

546 Vgl. oben S. 73 f. Aus diesem Grund hat der *BGH* in seinem Hinweisbeschluss auf die Revision des Klägers hin das Vorliegen einer klärungsbedürftigen und klärungsfähigen Rechtsfrage verneint, da dies nur für den jeweiligen Einzelfall entschieden werden könne, vgl. *BGH*, ZIP 2007, 119.

547 Gemäß § 14 Absatz 1 InsO ist der Antrag eines Gläubigers zulässig, wenn der Gläubiger ein rechtliches Interesse an der Eröffnung des Insolvenzverfahrens hat und seine Forderung und den Eröffnungsgrund glaubhaft macht. Eröffnungsgrund ist nach § 17 InsO insbesondere die Zahlungsunfähigkeit, welche in der Regel anzunehmen ist, wenn der Schuldner seine Zahlungen eingestellt hat.

standsmitglieder vorzeitig abzuberufen. Sollten Hedgefonds vom Vorstand bestimmte Entscheidungen in grundlegenden Fragen der Unternehmenspolitik abverlangen und der Vorstand dem nicht nachkommen, können Hedgefonds im Einzelfall eine Abberufung erzwingen und diese androhen, um ihre Vorstellungen durchzusetzen. Daneben werden sie dem dem Unternehmensinteresse verpflichteten Aufsichtsrat in Aussicht stellen, nach Eintritt der Voraussetzungen einen Antrag auf Eröffnung des Insolvenzverfahrens zu stellen, sollte der Aufsichtsrat nicht ohnehin schon dem Einfluss der Aktivisten unterliegen.

B) FAKTISCHE EINFLUSSNAHME AUF RESTRUKTURIERUNGEN

Nach dem Erwerb von Schuldtiteln nehmen einige Hedgefonds auf den Restrukturierungs- und Refinanzierungsprozess zudem durch die Ausübung von Verwaltungsrechten in Gläubigerversammlungen Einfluss.[548] Ein Restrukturierungsplan muss von der Gläubigerversammlung jeder einzelnen Tranche genehmigt werden.[549] Erwirbt der Anleger die Schuldtitel in Höhe einer Sperrminorität im Rahmen einer Tranche, so kann er den Restrukturierungsprozess blockieren. Bei einem Scheitern der Restrukturierung werden durch eine nachfolgende Insolvenz die Verbindlichkeiten des Unternehmens nicht mehr in voller Höhe, sondern nur noch in Höhe der Quote bedient. Mit diesem Drohpotential gegenüber den übrigen Gläubigern und den Gesellschaftern verschafft sich der Anleger Einfluss auf die Gestaltung des Restrukturierungsplans.[550] Ein Hedgefonds, der beispielsweise mehr als ein Viertel einer Anleihetranche kontrolliert, könnte dadurch einen Restrukturierungsprozess so lange aufhalten, bis er auf Kosten der anderen Tranchen eine höhere Quote für seinen Anteil durchsetzen kann.[551] Auf diese Weise gestaltet in manchen Fällen ein Anleger die gesamte Restrukturierung.[552]

---

[548] *Lhabitant*, Hedge Funds, S. 100; *Cottier*, Hedge Funds and Managed Futures, S. 135; *Weber*, Hedge Funds, S. 101.

[549] Siehe zum – selten anwendbaren – deutschen Schuldverschreibungsrecht § 11 Absatz 1, 2 SchVerschrG (3/4 der abgegebenen Stimmen), so auch de lege ferenda § 5 Absatz 4 des RegE zum Gesetz zur Neuregelung der Rechtsverhältnisse bei Schuldverschreibungen aus Gesamtemissionen und zur verbesserten Durchsetzbarkeit von Ansprüchen von Anlegern aus Falschberatung. Für das US-amerikanische Recht vgl. U.S. Bankruptcy Code, Chapter 11.

[550] *Weber*, Hedge Funds, S. 101; *Cottier*, Hedge Funds and Managed Futures, S. 135.

[551] *Cottier*, Hedge Funds and Managed Futures, S. 135; *Kaiser/Hilpold*, Alternative Investment-Strategien, S. 67.

[552] *Cottier*, Hedge Funds and Managed Futures, S. 135.

Voraussichtlich werden solche Fälle zukünftig zunehmen. Die *private equity*-Branche hat vielen Gesellschaften in den letzten Jahren durch *leveraged buy outs* im erhöhten Maße Darlehen aufgebürdet, die die Unternehmen in die Gefahr einer Zahlungsunfähigkeit bringen.[553]

c) Herbeiführung eines Debt Equity Swap

Häufig möchten Hedgefonds ihre Fremdkapitalpositionen in Eigenkapitalpositionen eintauschen, um am Restrukturierungsergebnis partizipieren zu können.[554] Für das Unternehmen stellt ein *debt equity swap* die Möglichkeit dar, sich außerhalb des Insolvenzverfahrens zu sanieren. Nach einem solchen Umtausch können die Hedgefonds als Verbandsmitglieder Einfluss auf die Portfoliogesellschaft ausüben[555] und auf eventuell effizientere Weise ihre Interessen[556] verfolgen. Rechtlich bedarf es zu einem *debt equity swap* einer Kapitalerhöhung unter Bezugsrechtsausschluss,[557] bei der die Gläubiger ihre Forderung gegenüber der Gesellschaft als Sacheinlage einbringen, wobei die Forderung im Falle einer Abtretung durch Konfusion oder durch Erlassvertrag gemäß § 397 BGB untergeht.[558] Im Rahmen der Sacheinlage ist die einlagefähige Forderung im Vorfeld zu bewerten, da sie nur in Höhe des werthaltigen Teils in Eigenkapital umgewandelt werden kann. Ausschlaggebend ist hierbei, inwieweit die Gesellschaft noch in der Lage ist, die Forderung zu bedienen und welche Sicherheiten für die Forderung bestellt sind.[559] Bei einem Unternehmen in der Krise ist dabei regelmäßig ein deutlicher Abschlag vorzunehmen.[560] Wenn der wirtschaftliche Wert der umgewandelten Forderung zu hoch angesetzt wird, droht den Gläubigern beim Scheitern des Sanierungsversuchs nicht nur der Ausfall der Forderung, sondern auch eine Nachschuss-

---

[553] *Maier*, Schlüssel-Erlebnis, Financial Times Deutschland vom 27.02.2007 (Online-Ausgabe).

[554] Vereinfacht ausgedrückt: Während das Fremdkapital Anspruch auf Zinsen hat, ist lediglich das Eigenkapital gewinnberechtigt und damit am Unternehmensergebnis unmittelbar beteiligt. Vgl. *Diem*, Akquisitionsfinanzierungen, S. 3; *Baums*, in: Bayer/Habersack, Aktienrecht im Wandel, Bd. 2, S. 959 ff.

[555] Vgl. *Kestler/Striegel/Jesch*, NZI 2005, 417, 418. Verbandsmitglieder können Portfoliogesellschaften rechtlich oder faktisch beeinflussen, siehe oben S. 54 ff., 68 ff.

[556] Zu Einflussinteressen und -zielen siehe unten S. 80.

[557] § 186 Absatz 3 AktG.

[558] Vgl. *Kestler/Striegel/Jesch*, NZI 2005, 417, 422; *v. Sydow/Beyer*, AG 2005, 635, 636.

[559] *Toth-Feher/Schick*, ZIP 2004, 491, 495 f.; *v. Sydow/Beyer*, AG 2005, 635, 637.

[560] *Hüffer*, Aktiengesetz, § 183 Rn. 18.

pflicht in Höhe des zu hoch angesetzten wirtschaftlichen Wertes des umgetauschten Kredits.[561]

Für eine Kapitalerhöhung ist ein Beschluss der Hauptversammlung erforderlich.[562] Die vom *BGH* für einen Bezugsrechtsausschluss geforderte sachliche Rechtfertigung[563] wird regelmäßig vorliegen. Zwar soll bei der Einlage einer gegen die Gesellschaft gerichteten Forderung ein Bezugsrechtsausschluss in aller Regel nicht gerechtfertigt sein, weil in solchen Fällen die zur Tilgung benötigten Mittel auch durch eine Bezugsrechtskapitalerhöhung beschafft werden könnten.[564] Da ein *debt equity swap* in der Krise eines Unternehmens allerdings zu Sanierungszwecken erfolgen soll und adäquate Alternativen in der Regel nicht existieren, wird die sachliche Rechtfertigung meistens erfüllt sein.[565] Für den Beschluss ist eine Stimmenmehrheit von mindestens ¾ des vertretenen Grundkapitals erforderlich. Um eine erfolgreiche Intervention sicherzustellen, verständigen sich Hedgefonds und andere Investoren daher häufig bereits vor dem Erwerb der Fremdkapitalpositionen mit den Hauptaktionären und versuchen darauf hinzuwirken, dass diese für eine Kapitalerhöhung zum Zwecke eines *debt equity swap* abstimmen. Wurde das Grundkapital des Schuldners durch Verluste stark vermindert, kann es zusätzlich notwendig sein, die Unterbilanz im Wege einer Kapitalherabsetzung zu beseitigen, bevor die Hedgefonds ihre Forderungen einbringen und auf diese Weise das Grundkapital wieder erhöhen (*Kapitalschnitt*). Auf diesem Wege werden die Anteile der bisherigen Gesellschafter verwässert; dies verschafft den neuen Investoren einen überproportionalen Einfluss.[566] Ein solcher Kapitalschnitt kann im Wege der vereinfachten Kapitalherabsetzung[567] erfolgen, die zu Sanierungszwecken zulässig ist.[568] Da auch für diesen Hauptversammlungsbeschluss eine ¾ Mehrheit des vertretenen Kapitals erforderlich ist, erscheint auch für den Erfolg dieser Maßnahme eine vorherige Koordination mit den

---

561 *Kestler/Striegel/Jesch*, NZI 2005, 417, 422; *v. Sydow/Beyer*, AG 2005, 635, 637.

562 Vgl. § 119 Absatz 1 Nr. 6 AktG.

563 Vgl. *Hüffer* Aktiengesetz, § 183 Rn. 27 f. m. w. Nachw.

564 *Toth-Feher/Schick*, ZIP 2004, 491, 495.

565 *Hüffer* Aktiengesetz, § 186 Rn. 31, 35; *Krieger*, in: Münchener Handbuch AG, § 56 Rn. 74; *v. Sydow/Beyer*, AG 2005, 635, 637; *Halász/Kloster*, WM 2006, 2152, 2157.

566 *v. Sydow/Beyer*, AG 2005, 635, 636.

567 §§ 229 f. AktG.

568 *Halász/Kloster*, WM 2006, 2152, 2157.

Aktionären der Schuldnerin zweckmäßig.[569] Aus diesem Grund werden Hedgefonds ihre starke Stellung als Inhaber eines Darlehensportfolios dazu benutzen, das Abstimmungsverhalten der Aktionäre auf der Hauptversammlung in ihrem Sinne zu beeinflussen. Hedgefonds können für den Fall, dass sich mit den Aktionären keine einvernehmliche Lösung erzielen lässt, die Forderungen fällig stellen und im Anschluss möglicherweise die Eröffnung des Insolvenzverfahrens beantragen. Eine Insolvenz birgt für die Gesellschafter die Gefahr, den Wert ihrer Beteiligung zu verlieren und für die Darlehensgeber die Möglichkeit, günstig an wesentliche Assets der Gesellschaft zu gelangen. Mit diesem Druckmittel können sie Einfluss auf die Gesellschafterstruktur, die Besetzung des Aufsichtsrats und auf die operative Geschäftsführung ausüben.[570]

D) PRAXISFÄLLE

Hedgefonds haben nach dem Erwerb von Fremdkapital in folgenden Fällen den Restrukturierungsprozess von Unternehmen aktiv beeinflusst:

AA) FALL SCHEFENACKER

Der deutsche Autospiegelhersteller *Schefenacker* befand sich auf Grund der im Jahr 2000 ausschließlich fremdfinanzierten Übernahme des britischen Konkurrenten *Britax* in einer Krise. Nachdem Hedgefonds den Gläubigerbanken Kredite in Höhe von 250 Millionen Euro abgekauft hatten, nahmen sie Einfluss auf die anstehende Sanierung. Die Fonds stimmten einer Verringerung der Zinszahlungen zu, um eine Sanierung des Unternehmens zu ermöglichen. Zudem forcierten sie den Verkauf der defizitären Autoleuchtensparte.[571]

BB) FALL TREOFAN

Der Folienhersteller *Treofan* geriet nach einer Übernahme durch den Private Equity Fonds *Bain Capital* auf Grund der extremen Transaktionsfinanzierung in eine Krise. Der Hedgefonds-Arm von *Goldman Sachs* kaufte gemeinsam mit anderen Aktivisten die Kreditforderungen von den zuvor involvierten Banken

---

569 Vgl. *Rau/v. Sydow*, Distressed Debt Investment kann Pflichtangebot auslösen, in: Börsenzeitung vom 11.04.2007, S. 2.

570 Vgl. *v. Sydow/Beyer*, AG 2005, 635, 636 ff.

571 Vgl. *O.V.*, Die vielgeschmähten "Heuschrecken" bringen oft begehrte Liquidität, in: FAZ vom 15.12.2005 (Online-Ausgabe); *Buchenau*, Schefenacker strebt Insolvenz nach britischem Recht an, in: Handelsblatt vom 06.11.2006 (Online-Ausgabe); *Ders.*, Schefenacker trickst Insolvenzrecht aus, in: Handelsblatt vom 03.05.2007 (Online-Ausgabe); *O.V.*, Unternehmensanleihen: Anleiheninhaber von Schefenacker erhalten bessere Konditionen, in: FAZ vom 03.05.2007 (Online-Ausgabe).

auf und zwang Bain zu einem *debt equity swap*. Die anschließende Restrukturierung des Unternehmens wurde maßgeblich von den Aktivisten gesteuert: Das Management von Treofan besetzte das Hedgefonds-Konsortium insbesondere mit Vertretern von *Alvarez&Marsal*, einer Beratungsgesellschaft, die sich auf die Sanierung von Unternehmen spezialisiert hat.[572]

cc) Fall Ihr Platz

Auch im Falle der Drogeriekette *Ihr Platz* setzte der Hedgefonds-Arm von *Goldman Sachs* Berater von *Alvarez&Marsal* als Managementmitglieder ein. Goldman Sachs übernahm sämtliche Forderungen gegen das Unternehmen und erwarb gegen einen Forderungsverzicht von über 50 Prozent die zum damaligen Zeitpunkt wertlosen Eigenkapitalanteile. Im Anschluss sanierte der Hedgefonds das Unternehmen über eine Insolvenz in Eigenverwaltung.[573] Letztlich übernahm der Konkurrent *Schlecker* im Jahr 2007 das erfolgreich sanierte Unternehmen.[574]

dd) Fall Kmart

Zum Zeitpunkt der Vollendung des Chapter 11 Verfahrens 2003 notierte die Aktie von *Kmart* bei $ 15 USD. Im Mai 2003 war der Hedgefonds *ESL* der größte Anteilseigner mit ca. 50 Prozent. Zusätzlich erwarb er Ansprüche gegen die Gesellschaft in Höhe von 2 Milliarden USD (zu einem Preis von ca. 200 Millionen Dollar), die im Rahmen der Restrukturierung in Eigenkapital getauscht wurden. Nachdem Lampert das Management übernommen hatte, notierte die Aktie im Juli 2004 bei $ 76 USD. Durch Veräußerung der Immobilien häufte Kmart eine Barreserve von 2,2 Milliarden USD an. Im November 2004 einigten sich Kmart und Sears, an denen ESL ebenfalls einen Anteil von 15 Prozent hielt, über eine Fusion der Unternehmen. Daraufhin stieg die Aktie von Kmart auf einen Wert von $ 109 USD.[575]

---

572 *O.V.*, Die vielgeschmähten "Heuschrecken" bringen oft begehrte Liquidität, in: FAZ vom 15.12.2005 (Online-Ausgabe).

573 Vgl. *O.V.*, Ihr Platz will mit neuem Führungsteam wieder wachsen, in: Handelsblatt vom 06.04.2006 (Online-Ausgabe); *O.V.*, Die vielgeschmähten "Heuschrecken" bringen oft begehrte Liquidität, in: FAZ vom 15.12.2005 (Online-Ausgabe).

574 *O.V.*, Schlecker bald fünfmal so groß wie die Konkurrenz, in: Die Welt vom 04.10.2007 (Online-Ausgabe); *Remmert*, Schlecker will die Premium Kunden, in: FAZ vom 04.10.2007 (Online-Ausgabe); *O.V.*, Schlecker verleibt sich Ihr Platz ein, in: Handelsblatt vom 04.10.2007 (Online-Ausgabe).

575 *Kahan/Rock*, Hedge Funds in Corporate Governance and Corporate Control, S. 14.

III. Umfang des Einflusses

Um den materiellen Umfang ihres Einflusses zu bestimmen, sind die Erwerbsquellen aktiver Hedgefonds aufzudecken. Die Aktivisten erlangen Einflussmacht über eine Gesellschaft durch Finanzinstrumente (1.) und/oder durch ein abgestimmtes Verhalten mit anderen Stimmrechtsinhabern (2.).

1. Erwerb und Erwerbsmöglichkeiten von Finanzinstrumenten

Hedgefonds erwerben zum einen Aktien und Fremdkapitalinstrumente in der Absicht, die Gesellschaft zu beeinflussen (a). Um eine erhebliche Kapitalbelastung durch einen Aktienkauf zu vermeiden, beziehen sie die Anteile stattdessen häufig kurzfristig über ein kostengünstiges Wertpapierdarlehen (b). Über Kaufoptionen und faktische Erwerbsmöglichkeiten im Rahmen von *equity swap*-Vereinbarungen sichern sie sich gegebenenfalls einen zukünftigen Erwerb von Aktien und einen damit verbundenen Stimmrechtseinfluss (c).

a) Erwerb von Aktien und Fremdkapital in der Absicht, die Gesellschaft zu beeinflussen

Um Einfluss auf ein Unternehmen zu erlangen, erwerben Hedgefonds zum einen Aktien der Gesellschaft. Die Höhe der Beteiligung eines Aktionärs bestimmt, welche Mitentscheidungs- und Kontrollrechte ihm offenstehen, und ist damit wichtigster Faktor für den konkreten Einfluss, der einem Aktionär zukommt. Auch wenn Hedgefonds nicht zwingend Stimmrechte für eine Einflussnahme ausüben, wächst das Einflusspotential gegenüber der Gesellschaft grundsätzlich mit der Größe des kontrollierten Stimmrechtspakets. Damit einhergehend zeigt die Beteiligungshöhe, wie groß die Verantwortung ist, die der einzelne für das Erreichen des gemeinsamen Zwecks übernommen hat. Dessen Förderung wird im Aktienrecht im Wesentlichen durch das Bereitstellen von Kapital betrieben. Je größer der versprochene oder tatsächlich erbrachte Kapitalanteil ist, desto größer ist auch die Verantwortung ausgeprägt, dass das gemeinsame Ziel erreicht wird. Wie bereits aufgezeigt,[576] kann daneben aber auch Fremdkapital Einflussmacht gegenüber einem Unternehmen vermitteln. Aus diesem Grund erwerben Hedgefonds im Rahmen der Strategie *distressed debt* Kredite, Schuldverschreibungen und andere Fremdkapitalinstrumente von wirtschaftlich geschwächten Unternehmen, um Einfluss auf einen Restrukturierungsprozess oder die zukünftige Unternehmensaus-

---

[576] Siehe zu den Einflusstechniken als Fremdkapitalgeber oben S. 79 ff.

richtung zu erlangen. Anschließend lassen sich diese Fremdkapitaltitel über einen *debt equity swap* in Eigenkapital umwandeln, so dass auch diese Vorgehensweise letztlich Stimmrechtsmacht vermitteln kann.[577]

B) Aktienerwerb über Wertpapierdarlehen

Hedgefonds kontrollieren allerdings nicht nur Stimmrechte aus Aktien, die sie selbst im Wege des Aktienkaufs erworben haben. Statt Aktien regulär zu erwerben, können Hedgefonds diese über ein Wertpapierdarlehen beziehen. Als Darlehensnehmer erlangen sie dinglich das Eigentum an den Aktien und zahlen nur die Prämie für die Dauer des Darlehens.[578] So können Hedgefonds vor dem *record date* Aktien für eine Hauptversammlung erwerben und im Anschluss unmittelbar zurückgewähren, so dass sie nicht finanzielle Mittel im Umfang des Aktienwertes einsetzen müssen. Dann verwendet der Hedgefonds die bezogenen Aktien nicht zur Erfüllung einer Lieferverbindlichkeit gegenüber einem Dritten, sondern um die verkörperten Stimmrechte auszuüben. Auf diese Weise können sie mit niedrigem Kapitalaufwand ein größeres Stimmrechtspotential anhäufen und mithin bei ausreichendem Umfang grundsätzlich Einfluss auf wichtige geschäftspolitische Entscheidungen nehmen. Beispielsweise verfügte der Hedgefonds *Laxey Partners* im Jahre 2002 auf der Hauptversammlung der Immobiliengesellschaft *British Land* über neun Prozent der Stimmrechte, da er kurz vor dem *record date* acht Prozent der Stimmanteile im Wege von Wertpapierdarlehen erworben hatte. Diese Vorgehensweise wird als *record date capture* bezeichnet.[579] Der *Sachverständigenrat zur Begutachtung der gesamtwirtschaftlichen Entwicklung* nimmt an, dass Hedgefonds durch Wertpapierdarlehen nicht an zusätzliche Stimmrechte gelangen könnten, da in den Verträgen für Wertpapierdarlehen vorgesehen sei, dass die Stimmrechte entweder vor der Hauptversammlung an den Verleiher zurückgingen oder der Entleiher davon keinen Gebrauch machen dürfe.[580] Zwar können die jeweiligen vertraglichen Regelungen zwischen Darlehensgeber und Darlehensnehmer die sich aus dem Darlehensvertrag ergebenden Rechte

---

[577] Zur Strategie Distressed Debt siehe oben S. 27 f. Zu den Voraussetzungen und Folgen eines Debt Equity Swaps siehe oben S. 105 f.

[578] *Sieger/Hasselbach*, WM 2004, 1370, 1371. Siehe zur Systematik des Leerverkaufs oben S. 12.

[579] Vgl. *Hu/Black*, S. Cal. L. Rev. 79 (2006), 811, 816 f., 832 f.

[580] *Sachverständigenrat zur Begutachtung der gesamtwirtschaftlichen Entwicklung*, Die Chancen nutzen – Reformen mutig voranbringen, Jahresgutachten 2005/06, S. 471.

und Pflichten modifizieren.[581] Das gesellschaftsrechtliche Abspaltungsverbot, das eine Trennung von Mitgliedschaft und Vermögens- oder Verwaltungsrechten untersagt,[582] spricht aber gegen die Zulässigkeit einer separaten Rückübertragung des Stimmrechts vor der Hauptversammlung. Zwar können die Parteien eine Stimmrechtsbindung oder eine Vereinbarung darüber treffen, dass das Stimmrecht vom Darlehensnehmer nicht ausgeübt werden soll.[583] Diese Verpflichtung bindet die Parteien aber nur schuldrechtlich und hindert den Darlehensnehmer nicht an einer selbstbestimmten Stimmrechtsausübung.[584] Eine entsprechende Regelung sieht zudem insbesondere der Rahmenvertrag für Wertpapierdarlehen des *Bankenverbandes* nicht vor.[585] Hedgefonds können somit auf Grund des Vollrechtserwerbs Stimmrechte aus im Wege des Wertpapierdarlehens erworbenen Aktien ausüben.[586]

Nur auf den ersten Blick erscheint das von Hedgefonds auf dem deutschen Kapitalmarkt nutzbare Einflusspotential begrenzt: Das Wertpapierdarlehenssystem der *Clearstream International S.A.* legt Höchstbeträge für das Gesamtdarlehensvolumen in einer bestimmten Aktiengattung bzw. für das Darlehensengagement eines einzelnen Darlehensnehmers in dieser Gattung vor,[587] um so den Aufbau eines nennenswerten Stimmrechtspotentials über ein Wertpapierdarlehen zu verhindern. Der Rahmenvertrag für Wertpapierdarlehensgeschäfte im Interbankenverkehr oder die Wertpapierdarlehensverträge für Geschäfte der in Deutschland tätigen privaten Banken mit ihren Kunden enthalten dagegen im allgemeinen keine vergleichbare Kontingierungsklausel, so dass infolgedessen auch unlimitierte Erwerbskanäle für aktive Hedgefonds verbleiben.[588]

---

581 Kreditinstitute verwenden insoweit standardisierte Rahmenverträge, vgl. *Sieger/Hasselbach*, WM 2004, 1370, 1371 sowie den Abdruck des Europäischen Rahmenvertrages bei Schimansky/Bunte/Lwowski, Bankrechts-Handbuch, Anh. 7 zu § 114.

582 Zum Abspaltungsverbot *Bayer*, in: Münchener Kommentar AktG, § 58 Rn. 100; *Henze*, in: Großkomm. AktG, § 58 Rn. 88, jeweils m. w. Nachw.

583 *Sieger/Hasselbach*, WM 2004, 1370, 1371.

584 Im Ergebnis ebenso *Sieger/Hasselbach*, WM 2004, 1370, 1376; *Kienle*, in: Schimansky/Bunte/Lwowski, Bankrechts-Handbuch, § 105 Rn. 62; *Kümpel/Peters*, AG 1994, 525, 530.

585 Siehe *Bankenverband*, Rahmenvertrag für Wertpapierdarlehen, S.1 f.

586 Zur Frage, ob und unter welchen Umständen ein Wertpapierdarlehen rechtsmissbräuchlich zur Stimmrechtserlangung verwendet wird, siehe unten S. 311 ff.

587 Vgl. Bedingungen für Wertpapierleihgeschäfte der *Deutsche Börse Clearing AG*, Punkt 2.3.1 f.

588 Vgl. exemplarisch *Bankenverband*, Rahmenvertrag für Wertpapierdarlehen, S. 1 f.

c) Kaufoptionen und faktische Erwerbsmöglichkeiten im Rahmen von Long Equity Swap-Vereinbarungen – Fälle der verdeckten Teilhaberschaft (Hidden Ownership)

Um sich einen zukünftigen Stimmrechtseinfluss etwa vor einer Hauptversammlung zu sichern, erwerben Hedgefonds Kaufoptionen. Neben rechtlichen Erwerbsmöglichkeiten aus Kaufoptionen bestehen aber auch faktische Erwerbsmöglichkeiten im Rahmen von *equity swap*-Vereinbarungen. Bei einem *equity swap* tauschen zwei Parteien Zahlungsströme auf der Basjs von Aktien aus, wobei wenigstens auf einer Seite des Geschäfts[589] die wirtschaftlichen Erträge aus den zu Grunde liegenden Aktien oder Aktienportfolien der anderen Vertragspartei schuldrechtlich zugesichert werden.[590] Damit werden die Parteien wirtschaftlich so gestellt, als ob sie Inhaber der von der (jeweiligen) Gegenpartei gehaltenen oder fiktiv gehaltenen Aktien wären und partizipieren auf diese Weise an der Entwicklung von nicht selbst gehaltenen Aktien. *Long* geht eine Partei mit dem nicht selbst gehaltenen Wert, an dessen Entwicklung sie schuldrechtlich teilnimmt (*long equity swap*, diese Partei wird dann als *total return receiver* bezeichnet), *short* hingegen mit der Aktie aus dem – realen oder fiktiven – eigenen Bestand, deren Performance sie der anderen Partei zuweist (*short equity swap*, diese Partei fungiert als sog. *total return payer*).[591] Dabei wird am Ende der Laufzeit der Partei, deren wirtschaftlich zugewiesene Aktie die höhere Performance erzielt hat, ein Ausgleichsanspruch in Höhe der Differenz gegenüber der anderen Partei eingeräumt: Aus diesem Grund spricht man von *cash settled-equity swaps*, in Großbritannien auch synonym von *contracts for difference* (CFD) oder *Differenzkontrakten.* Die mit einer Transaktion verbundenen Kosten fallen nicht an. Erhält ein Hedgefonds durch einen *long equity swap* wirtschaftlich die Position eines Aktionärs, so trägt der Swap-Partner auf der anderen (*Short-*) Seite das Risiko eines Kursanstiegs. Zur Absicherung dieses Risikos wird sich dieser daher regelmäßig mit den in Bezug genommenen Aktien oder mit Derivaten, etwa einer Kaufoption, eindecken.[592] Der total return payer ist indes nicht verpflichtet, solche Deckungskäufe zu tätigen;[593] er kann seine Verpflichtung aus dem swap entweder als offene Short-Position

---

[589] Daneben sind Gestaltungen üblich, nach denen etwa Zahlungsströme aus Aktien gegen die Zahlung eines beispielsweise an einen Geldmarktindex gekoppelten Betrages ausgetauscht werden.

[590] Vgl. *Oechsler*, in: Ehricke/Ekkenga/Oechsler, WpÜG, § 30 Rn. 7.

[591] Vgl. *Hutter/Kaulamo/Plepelits*, in: GS Gruson, S. 215 ff.

[592] *Fleischer/Schmolke*, ZIP 2008, 1501, 1505.

[593] Vgl. § 13.2. der 2002 *ISDA Equity Derivatives Definitions.*

bestehen lassen oder sich auch auf andere Weise gegen das Kursrisiko absichern, etwa durch Wertpapier-Termin- oder Optionsgeschäfte oder wiederum durch den Abschluss von (*cash-settled*) equity swaps, in denen er dann als *total return receiver* auftritt.[594]

Sichern sich die Banken in natura durch den Erwerb von Aktien ab, verkaufen sie nach Darstellung einiger Autoren nach Kündigung des Swap-Vertrages auf Anfrage die Anteile an die Hedgefonds.[595] Das Vorgehen ist dabei für die Banken ökonomisch vorteilhaft: Ansonsten müssten sie ein gegebenenfalls großes Aktienpaket über die Börse veräußern, was auf Grund des erhöhten Angebots zu einem Preisdruck führen würde.[596] Solche Arrangements könnten der Grund dafür sein, dass einzelne Aktionäre über weitaus mehr Stimmrechte verfügen, als sie auf Grund ihrer Meldepflicht offen legen. Einige Autoren sprechen in diesen Fällen daher von verdeckter Teilhaberschaft (*hidden [morphable] ownership*).[597]

Der Hedgefonds *Perry Corp.* veräußerte beispielsweise im Jahr 2001 einen stimmberechtigten Aktienanteil von circa neun Prozent der in Neuseeland gelisteten *Rubicon Ltd.* an zwei Investmentbanken. Simultan vereinbarte Perry mit den Banken *long equity swap*s im gleichen Umfang, wonach Perry die Performance der Rubicon Anteile zugewiesen wurde. Zusammengenommen mit seinem unter der Meldeschwelle von fünf Prozent verbliebenen Eigenkapitalanteil blieb Perry damit wirtschaftlich Inhaber von 16 Prozent der Rubicon Aktien. Mit der gewählten Gestaltung sollte diese wirtschaftliche Position verdeckt werden, ohne den neuseeländischen Aufsichtsbehörden eine Anteilsmeldung abgeben zu müssen.[598] Als Perry auf der Hauptversammlung des Jahres 2002 Einfluss durch eine Stimmabgabe ausüben wollte, kündigte der Hedgefonds die Swapgeschäfte und kaufte die Aktien von den Investmentbanken zurück.[599]

---

594 *Hutter/Kaulamo/Plepelits*, in: GS Gruson, S. 217 f.

595 Vgl. die Nachweise in Fn. 608.

596 *Fleischer/Schmolke*, ZIP 2008, 1501, 1505; *Hutter/Kaulamo/Plepelits*, in: GS Gruson, S. 226 f.

597 Vgl. *Hu/Black*, S. Cal. L. Rev. 79 (2006), 811, 836 f. So sollten nach einer Online-Meldung des Wall-Street Journals vom 10.05.2006 TCI und der Hedgefonds Atticus zusammen 20 Prozent der Stimmrechte an der Euronext kontrollieren. Vgl. *Engert*, ZIP 2006, 2105, 2108.

598 Nach neuseeländischem Aufsichtsrecht war den Aufsichtsbehörden und der Gesellschaft eine Meldung dann abzugeben, „when a person has a ‚relevant interest' in five Prozent or more of the voting securities of a listed company".

599 *Hu/Black*, S. Cal. L. Rev. 79 (2006), 811, 836.

2. Einfluss durch abgestimmtes Verhalten

Um ein größtmögliches Einflusspotential zu erzielen, gehen Hedgefonds häufig gemeinsam vor und treffen Übereinkünfte mit anderen Investoren. Durch das öffentlichkeitswirksame Auftreten signalisieren Hedgefonds eine Intervention bei einem Unternehmen, der sich dann regelmäßig andere Hedgefonds anschließen.[600]

a) Abgestimmter paralleler Erwerb von Aktien, abgestimmte Stimmrechtsausübung, abgestimmte faktische Einflussnahme

Es ist zu vermuten, dass sich in einigen Fällen die Manager der Fonds mit anderen investierten Hedgefonds oder anderen Investoren im Vorfeld über ein gemeinsames einheitliches Vorgehen verständigen.[601] Aktivisten sollen konkurrierenden Investoren ihre eigene Anlagestrategie unter der Bedingung preisgeben, dass die anderen Investoren gleiche Aktienpositionen einnehmen und ihr Stimmverhalten an dem führenden Fondsmanager ausrichten. Zudem sollen die anderen Investoren absprachegemäß ihre Aktien nicht eher verkaufen, bis die Spekulation aufgegangen ist und der führende Fondsmanager seine Aktien mit Gewinn verkauft hat.[602] Dabei investieren regelmäßig mehrere Hedgefonds zugleich in eine Gesellschaft, nachdem sie sich – so die Mutmaßung –[603] im Einzelfall über eine Intervention verständigt haben. Indem sie sich über einen gemeinsamen Erwerb der Anteile, eine gemeinsame Stimm-

---

[600] *O.V.*, Aggressive Investoren geben den Ton an, in: FAZ vom 11.05.2007, S. 25; *Socialist Group in the European Parliament*, Hedge Funds and Private Equity – a critical analysis – Executive Summary, S. 8; *O.V.*, Aktive Investoren gewinnen an Bedeutung, in: Börsenzeitung vom 22.05.2007, S. 10.

[601] Vgl. *Brav/Jiang/Partnoy/Thomas*, Hedge Fund Activism, Corporate Governance and Firm Performance, S. 17; *Thaeter*, Firmen müssen auf Aktionärsaktivismus vorbereitet sein, in: Börsenzeitung vom 03.01.2007, S. 2. In den USA lässt sich dies zumindest auf Grund einer Auswertung der bei der SEC einzureichenden 13D Filings feststellen. In Deutschland und anderen Ländern lässt sich dieser Umstand jedoch häufig nicht nachweisen, siehe zu Beweiserleichterungen im zivilrechtlichen Verfahren unten S. 191 ff. Das derartige Zusammenwirken mehrerer Hedgefonds und anderer institutioneller Anleger wird im amerikanischen Kapitalmarktrecht als *wolf pack tactic* umschrieben, siehe *Bratton*, Hedge Funds and Governance Targets, S. 5; *Briggs*, Corporate Governance and the new Hedge Fund Activism: An empirical Analysis, S. 20; *U. H. Schneider*, AG 2006, 577, 580. Der Begriff *wolf pack tactics* geht auf die Wolfsrudeltaktik der deutschen U-Boote im Zweiten Weltkrieg zurück. Mehrere U-Boote orteten und griffen koordiniert an. Ab dem Jahr 1943 verfügten die Alliierten über Kurzwellengeräte, die erstmals das Einpeilen funkender U-Boote ermöglichten. *Hunter Killer Groups* steuerten das angepeilte U-Boot an, zwangen es zum Auftauchen und versenkten es. Die Wolfsrudeltaktik wurde dann aufgegeben, *U. H. Schneider*, WM 2006, 1321, 1324.

[602] *Schulz*, Im Portrait: Christopher Hohn, in: FAZ vom 15.05.2005, S. 48.

[603] Vgl. die Nachweise in Fn. 601 und 602.

rechtsausübung und gegebenenfalls über eine gemeinsame faktische Einflussnahme auf Aufsichtsrat und Vorstand abstimmen, kontrollieren Hedgefonds über die Absprache auch mittelbar Anteilspakete anderer Anleger und vergrößern ihr materielles Einflusspotential.

So wurde den verschiedenen auf die *Deutsche Börse AG* einwirkenden Hedgefonds im Jahre 2005 unterstellt, dass diese sich in ihrem Vorgehen koordiniert hätten.[604] Die *Bundesanstalt für Finanzdienstleistungsaufsicht* (*BaFin*) hat allerdings für eine derartige Koordination keine eindeutigen Nachweise ermitteln können.[605] Auch bei der gescheiteten Übernahme des Energiedienstleisters *Techem* durch Macquarie erweckten die Hedgefonds um *Elliott Associates* den Eindruck, sich in ihrem Vorgehen abgestimmt zu haben.[606] Bei der ordentlichen Hauptversammlung von *ABN Amro* im April 2007 stimmten die mit rund 30 Prozent investierten Hedgefonds in gleicher Weise ab, was für eine vorhergehende Koordination sprechen kann.[607]

b) Abstimmungen mit Equity Swap-Vertragspartnern

Zusätzlich soll Hedgefonds ein Stimmrechtseinfluss durch Absprachen oder stillschweigenden Übereinkünften im Rahmen von *equity swap*-Vereinbarungen zukommen, wenn der Vertragspartner zur Absicherung entsprechende Anteile hält. Einige Stimmen behaupten, dass der Vertragspartner bei Abstimmungen in der Hauptversammlung die Wünsche der Hedgefonds befolge:[608] Die

---

[604] Vgl. *Potthoff*, Hedgefonds TCI bestreitet koordinierte Attacke auf die Börse, in: Handelsblatt vom 18.04.2005, S. 24; *Schulz*, Im Portrait: Christopher Hohn, in: FAZ vom 15.05.2005, S. 48; *O.V.*, 10 Millionen Euro für Werner Seifert, in: FAZ vom 13.05.2005, S. 9; *Fassbender/Slavik*, Für Pflichtangebot für Aktionäre der Börse spricht wenig, in: Börsenzeitung vom 19.05.2005, S. 3; *Scherff*, Der Angreifer gibt sich die Ehre, in: FAZ vom 22.05.2005, S. 46.

[605] Vgl. *Reitz*, Finanzaufsicht entschärft Verdacht, Welt am Sonntag vom 22.05.2005, S. 27; *O.V.*, Kein Acting in Concert bei der Deutschen Börse, in: Börsenzeitung vom 20.10.2005, S. 3; *Benders/Schönauer*, Aufsicht stellt Ermittlungen gegen Hedgefonds ein, in: Handelsblatt vom 20.10.2005, S. 18; *O.V.*, Coup gegen Seifert rechtlich einwandfrei, in: FAZ vom 20.10.2005, S. 23; *Thaeter*, Firmen müssen auf Aktionärsaktivismus vorbereitet sein, in: Börsenzeitung vom 03.01.2007, S. 2.

[606] Vgl. *O.V.*, Techem-Übernahme scheitert an Hedgefonds, in: Börsenzeitung vom 02.02.2007, S. 9. Siehe zum Fall *Techem* oben S. 91.

[607] Vgl. *O.V.*, Aktionäre von ABN Amro unterstützen den Hedgefonds TCI, in: FAZ vom 27.04.2007, S. 20.

[608] *Hu/Black*, S. Cal. L. Rev. 79 (2006), 811, 837 f.; *dies.*, Hedge Funds, Insiders, and Decoupling of Economic and Voting Ownership in Public Corporations, S. 21 f.; *FSA*, Implementation of the Transparency Directive, Investment Entities Listing Review, S. 49 f. Zweifelnd *Fleischer/Schmolke*, ZIP 2008, 1501, 1506. Nach den empirischen Feststellungen der britischen *FSA* stimmen Banken die von ihnen gehaltenen Papiere in solchen Fällen häufig nicht ab, um der Meldepflicht zu entgehen, siehe *FSA*, Disclosure of Contracts for Difference: Feedback and po-

Bank würde sich bei ihrer Stimmrechtsausübung im vorauseilenden Gehorsam nach den Wünschen der Hedgefonds als Investoren richten, um die Geschäftsbeziehung mit ihnen nicht zu gefährden. Gegebenenfalls besteht sogar eine entsprechende Markterwartung des Inhabers einer Long-Position. Denkbar ist es auch, dass der Investor seinen Swap-Partner von vornherein im Hinblick auf ein willfähriges Stimmrechtsverhalten auswählt.[609]

IV. URSACHEN VON HEDGEFONDS-AKTIVISMUS

Unterschiedliche Ursachen führen dazu, dass Hedgefonds jüngst verstärkt Einfluss auf Portfoliounternehmen ausüben. Dabei begünstigen die typischen ökonomischen Merkmale der Investmentgesellschaften, dass sie im erhöhten Maße auf das Unternehmensgeschehen einwirken.

Zum einen fördert die Vergütungsstruktur der Hedgefonds-Manager deren aktives Eingreifen. Eine erfolgsorientierte Vergütung bietet Anreize, höhere Erträge durch bessere Ressourcennutzung zu erwirtschaften.[610] Hedgefonds versuchen, absolute Erträge zu erzielen, und sind nicht auf relative Erträge entsprechend einer Benchmark ausgerichtet.[611] Deren Manager erhalten üblicherweise eine *performance fee* in Höhe von 20 Prozent des absoluten Wertzuwachses. Mit der Implementierung einer *hurdle rate* werden die Manager noch zusätzlich angehalten, in jedem Fall höhere Erträge zu erzielen.[612] Dadurch, dass diese zudem regelmäßig mit einem großen Teil ihres Privatvermögens in den Fonds investiert sind, wird die Motivation noch verstärkt, durch aktives Tätigwerden hohe Erträge in den Portfoliogesellschaften zu erzielen. Damit profitieren Hedgefonds-Manager persönlich von erfolgreichen aktivistischen Kampagnen und können auf diese Weise sehr hohe Vergütungen erlangen.[613]

---

licy statement on CP 07/20, and further technical consultation, consultation paper 07/18; vgl. für das deutsche Recht auch § 23 Absatz 1 Satz 3 WpHG.

609 *Fleischer/Schmolke*, ZIP 2008, 1501, 1505.

610 *Kahan/Rock*, Hedge Funds in Corporate Governance and Corporate Control, S. 1, 32.

611 Vgl. oben S. 10.

612 *Bratton*, Hedge Funds and Governance Targets, S. 11. Diese Vergütungsvoraussetzung wird regelmäßig daran gekoppelt, einen absoluten Wertzuwachs zu erzielen und orientiert sich nicht an der Performance eines Market-Index oder einem Index von anderen Hedgefonds. Vgl. zum Vergütungssystem der Hedgefonds-Manager oben S. 16.

613 *Klein/Zur*, Hedge Fund Activism, S. 3. Das durchschnittliche Jahreseinkommen der Top 25 Hedgefonds Manager betrug im Jahre 2003 207 Millionen USD, wobei der am wenigsten verdienende Manager in dieser Gruppe ein Einkommen von 67 Millionen USD erhielt. Im Jahre 2004 lag der Jahresdurchschnitt bei 251 Millionen USD, das geringste Gehalt betrug 100 Millionen

Dadurch, dass ein Manager direkt und substanziell vom Erzielen absoluter hoher Erträge profitiert, unterscheidet sich das Anreizsystem eines Hedgefonds grundsätzlich von der Struktur eines gewöhnlichen Investmentfonds.[614]

Die Anreize für die Manager gewöhnlicher Investmentfonds, Ressourcen für eine aktive Einflussnahme freizusetzen, sind demgegenüber begrenzt. Index Fonds-Manager müssen nur einen bestimmten Index abbilden und sich nur an diesem auf Basis der getätigten Aufwendungen messen lassen. Da Aktivismus zeit- und kostenaufwendig sei, seien dem die Manager solcher Fonds regelmäßig abgeneigt.[615] Ähnlich mangelnde Anreize bieten auch andere diversifizierte Investmentfonds. Fast alle Investmentfonds weisen lediglich eine kapitalbasierte Vergütungsstruktur auf, wobei sich das Gehalt des Managers nach dem investierten Vermögen bemisst.[616] Ein solches Vergütungssystem bietet nicht aus sich heraus den Anreiz, kostenintensive Methoden zu verfolgen, um den Wert einzelner Anteile zu erhöhen. Selbst die wenigen Investmentfonds, die eine performanceabhängige Vergütung bieten, gewähren diese in einem so geringen Umfang, dass auch hierdurch selbstständig kein Antrieb für eine Verbesserung der Performance durch aufwendige aktivistische Tätigkeiten ausgelöst wird.[617]

Dass sich gerade Hedgefonds zur Renditesteigerung aktivistischer Kampagnen bedienen, ist auch darauf zurückzuführen, dass sie nicht im gleichen Umfang dem Trittbrettfahrerproblem (*free-rider problem*) ausgesetzt sind wie gewöhnliche Investmentfonds.[618] Dieses Problem tritt auf, wenn vielen Anteilseignern der Nutzen von aktivistischen Tätigkeiten zukommt, aber der aktivistische Anteilseigner als einziger die Kosten dieser Tätigkeiten trägt. Dies reduziert tendenziell die Attraktivität einer aktiven Aktionärsrolle.[619] Zu be-

---

USD. *Taub*, The Buck Stops Here, in: Institutional Investor, August 2004, S. 47; *ders.*, Alpha's Top 25, in: Institutional Investor's Alpha, May/June 2005, S. 15.

614 *Kahan/Rock*, Hedge Funds in Corporate Governance and Corporate Control, S. 32.

615 Vgl. *Thompson*, The Limits of Hedge Fund Activism, S. 12.

616 *Klein/Zur*, Hedge Fund Activism, S. 3.

617 Zum Beispiel gewährt Fidelity's Magellan Fonds eine Performanceanpassung von 0,02 Prozent pro Aktie für jeden Prozentpunkt Outperformance oder Underperformance auf Basis des S&P 500 Index bis zu einem Maximum von Plus oder Minus 0,2 Prozent. Dies entspricht einer jährlichen *performance fee* von 2 Prozent der Fondserträge, so lange die Kriterien für die Performanceanpassung erfüllt werden. Vgl. *Kahan/Rock*, Hedge Funds in Corporate Governance and Corporate Control, S. 22.

618 *Klein/Zur*, Hedge Fund Activism, S. 2.

619 Vgl. statt vieler *Ruffner*, Die ökonomischen Grundlagen eines Rechts der Publikumsgesellschaft, S. 449.

rechnen ist, ob die erwarteten Kosten solcher Aktionen deren Nutzen übersteigen.[620] Das traditionelle Vergütungssystem ist auf die relative Entwicklung gegenüber anderen Fonds mit vergleichbaren Investmentzielen ausgerichtet. Erfolgreicher Aktivismus eines Fonds kommt allerdings auch anderen konkurrierenden Fonds in der Höhe ihres Anteilsbesitzes zu Gute (*free riding*). Daher kann ein Fonds durch Aktivismus im Vergleich mit anderen Fonds *relativ* höhere Erträge nur in dem Ausmaß erzielen, in dem er einen höheren Anteilsbesitz in Bezug zum Fondsvermögen an der Portfoliogesellschaft hat als die konkurrierenden Fonds und die Kosten der aktiven Tätigkeiten den Mehrertrag übersteigen.[621] Dies bedeutet zugleich, dass für alle Portfoliogesellschaften, an denen ein Fonds eine im Vergleich zu anderen Fonds unterdurchschnittliche Beteiligung hält, nicht nur kein Anreiz zu aktivem Tätigwerden besteht. Vielmehr würde ein erfolgreiches aktives Eingreifen die eigene Vergütung des Managers schmälern, da dann die Performance anderer Fonds, welche in Bezug zu ihrem Fondsvermögen zu einem höheren Anteil in der Portfoliogesellschaft investiert sind, überdurchschnittlich gesteigert würde.[622]

Bei Hedgefonds lassen sich wegen der eingeschränkten Transparenz deren genaue Positionen häufig nicht bestimmen.[623] Nach Aussagen von Hedgefonds-Managern korrelieren deren Investments jedoch wenig mit einem Marktindex oder mit Investments anderer Hedgefonds als gewöhnliche In-

---

620 Vgl. dazu *Baums*, Gutachten F zum 63. DJT, S. F 24 f.; *Klein/Zur*, Hedge Fund Activism, S. 7; *Gulinello*, Venture Capital Funds, organizational law and passive investors, 70 Albany L. Rev. (2006), S. 267, 273 f.

621 Zur Veranschaulichung ein Beispiel: Die Mitglieder einer vergleichbaren Gruppe von Investmentfonds sind durchschnittlich zu fünf Prozent ihres Fondsvermögens in Wert A investiert und erzielen mit ihrem gesamten Portfolio durchschnittlich eine Performance von sechs Prozent p.a. Ein Investmentfonds X dieser Vergleichsgruppe, der bei ansonsten nahezu identischem Portfolio nur zu drei Prozent seines Fondsvermögens in Wert A investiert ist, würde mit einer erfolgreichen aktivistischen Kampagne zwar seine auf diesen Fondsanteil anfallende Rendite und damit gegebenenfalls seine Gesamtperformance steigern. Jedoch würden wegen seiner Intervention zugleich diejenigen konkurrierenden Fonds, die zu einem höheren Anteil ihres Fondsvermögens in Wert A investiert sind, insgesamt eine im Vergleich zu Fonds X bessere Jahresperformance erzielen, wenn die Kursentwicklung von Wert A die Performance der übrigen Werte übersteigt (> sechs Prozent). Manager X würde also mit einer erfolgreichen aktivistischen Kampagne seine Vergütung schmälern, da sich diese anhand der Performance im Vergleich zu den Konkurrenzfonds bemisst.

622 *Kahan/Rock*, Hedge Funds in Corporate Governance and Corporate Control, S. 23; *Bratton*, Hedge Funds and Governance Targets, S. 10 f.

623 Vgl. hierzu oben S. 17.

vestmentfonds.[624] Demzufolge ist die Wahrscheinlichkeit gering, dass konkurrierende Hedgefonds von ausgeübtem Aktivismus in besonderem Maße profitieren. Damit ist im Ergebnis das Trittbrettfahrerproblem bei Hedgefonds weniger ausgeprägt. Zudem minimieren sie dieses Problem, indem sie große Positionen in den Gesellschaften einnehmen.[625]

Daneben ist Hedgefonds ermöglicht, sich unbeschränkt der Wertpapierleihe zu bedienen und Derivate zu erwerben. Im Gegensatz zu gewöhnlichen Investmentgesellschaften begünstigt damit das regulatorische Umfeld für Hedgefonds einen reinen Stimmrechtserwerb über diese Instrumente und auf diese Weise zugleich ein gesteigertes Einflusspotential gegenüber Portfoliogesellschaften.[626]

Darüber hinaus lässt sich strategischer Aktivismus nur schwer mit den Zielen einer von traditionellen Investmentfonds verfolgten Diversifikationsstrategie vereinbaren.[627] Im Gegensatz zu Hedgefonds sind gewöhnliche Investmentfonds zur Diversifikation verpflichtet und dürfen nicht mehr als zehn Prozent des Wertes des Sondervermögens in Wertpapieren und Geldmarktinstrumenten desselben Ausstellers anlegen.[628] Die von Hedgefonds unternommenen Aktivitäten sind jedoch kostenintensiv und erfordern regelmäßig einen erhöhten Kapitalbedarf für relativ große Positionen in relativ wenigen Gesellschaften, was einer breiten Diversifikation entgegensteht.[629] Nach der Studie von *Klein/Zur* investieren die meisten Hedgefonds lediglich in ein einzelnes Unternehmen, ein Drittel nur leicht gestreut in zwei bis vier Unternehmen zugleich.[630] Hingegen halten gewöhnliche Investmentfonds nur geringe Antei-

---

624 *Kahan/Rock*, Hedge Funds in Corporate Governance and Corporate Control, S. 33.

625 *Bratton*, Hedge Funds and Governance Targets, S. 11.

626 *Klein/Zur*, Hedge Fund Activism, S. 8. Zur Einflussmöglichkeit durch empty voting siehe unten S. 130.

627 Vgl. *Thompson*, The Limits of Hedge Fund Activism, S. 12.

628 Siehe § 60 Absatz 1 InvG. Hedgefonds sind von diesen Restriktionen gemäß § 114, 112 InvG befreit. Für das US-amerikanische Recht siehe *Klein/Zur*, Hedge Fund Activism, S. 7.

629 *Kahan/Rock*, Hedge Funds in Corporate Governance and Corporate Control, S. 36; *Klein/Zur*, Hedge Fund Activism, S. 3, 7. Zum durchschnittlichen Investitionsvolumen und Anteilserwerb siehe *Brav/Jiang/Partnoy/Thomas*, Hedge Fund Activism, Corporate Governance and Firm Performance, S. 17 f. Jedoch ist auch dieses Ergebnis wegen der Untersuchungsgrundlage (13 D Filings) verzerrt, vgl. oben Fn. 293.

630 *Klein/Zur*, Hedge Fund Activism, S. 39. Die Autoren untersuchten 102 Hedgefonds in den USA im Zeitraum 2003-2005, welche sich auf Grund des Erwerbs von Anteilsblöcken von 5 oder mehr Prozent an Unternehmen dem 13D Registrierungsverfahren unterziehen mussten. Lediglich ungefähr drei Prozent der Hedgefonds waren in neun oder mehr Gesellschaften zugleich aktiv. Vgl. *Anabtawi/Stout*, Fiduciary Duties for Activist Shareholders, S. 31.

le an Portfoliogesellschaften und unterliegen regelmäßig einem Kollektivhandlungsproblem.[631] Einhergehend mit dieser geringen Diversifikation sind Hedgefonds regelmäßig gezwungen, ein unternehmensspezifisches Risiko zu tragen. Die Strategie, große Blockpositionen in einem oder wenigen Gesellschaften aufzubauen, lohnt sich daher nur, wenn der Nutzen einer verbesserten Überwachungs- und Befehlsstruktur dieses zusätzliche Risiko kompensiert. Abgesehen von gewinnbringenden *exit*-Varianten lohnt sich diese Rolle als Großaktionär nur, wenn es dem Hedgefonds gelingt, das Management zu einem Verhalten zu veranlassen, das die unternehmerischen Ressourcen effizienter einsetzt.[632] Letztendlich lässt sich festhalten, dass Hedgefonds eine bessere Ausgangsposition für eine aktive Einflussnahme auf Portfoliogesellschaften als andere institutionelle Investoren einnehmen.[633]

V. Unterschied zum Aktivismus traditioneller Investoren

Aktivismus von Anteilseignern (*shareholder activism*) stellt keine Innovation von Hedgefonds dar. In den letzten Jahren haben auch traditionelle institutionelle Investoren aktive Strategien verfolgt.[634] Die Art und Weise dieser Tätigkeiten unterscheidet sich jedoch in mehreren Punkten von Hedgefonds-Aktivismus und lässt sich abgrenzen:

1. Ex ante - Ausrichtung

Hedgefonds versuchen Ineffizienzen des Marktes aufzuspüren und auszunutzen.[635] Als aktive Anteilseigner sind sie daher primär an Gesellschaften interessiert, die ineffiziente Unternehmensstrategien gewählt haben oder kurz davor stehen, diese umzusetzen.[636] Dabei besteht die Strategie der Hedgefonds

---

631 *Brav/Jiang/Partnoy/Thomas*, Hedge Fund Activism, Corporate Governance and Firm Performance, S. 4 f. Vgl. *Engert*, ZIP 2006, 2105, 2106. Zum Kollektivhandlungsproblem allgemein *Olson*, Die Logik des kollektiven Handelns, S. 9 f.

632 Vgl. *Ruffner*, Die ökonomischen Grundlagen eines Rechts der Publikumsgesellschaft, S. 449.

633 *Brav/Jiang/Partnoy/Thomas*, Hedge Fund Activism, Corporate Governance and Firm Performance, S. 4 f.

634 *Kahan/Rock*, Hedge Funds in Corporate Governance and Corporate Control, S. 15 f.

635 Siehe hierzu oben S. 10.

636 *Maatman/Raaijmakers*, Hedge Funds in Company Law: Virus or Vaccine?, S. 9. Beispiel hierfür ist die Abwehr des Angebots der Deutschen Börse AG für Anteile an der London Stock Exchange (LSE) im Jahre 2004, welches negativ vom Markt bewertet wurde. Siehe hierzu oben S. 82 ff.

darin, diese (Unternehmens-)Ineffizienzen mit den ihnen zur Verfügung stehenden Einflussmöglichkeiten zu korrigieren und danach ihre Anteile möglichst schnell wieder zu veräußern.[637] In diesem Punkt unterscheiden sie sich von aktiven Strategien traditioneller Investmentfonds: Diese reagieren auf Missmanagement von Gesellschaften, in die sie bereits investiert sind (ex post).[638] Erkennen sie Missmanagement bereits ex ante, investieren traditionelle Fonds gewöhnlicherweise nicht. Hedgefonds hingegen analysieren zunächst die in Frage kommenden Unternehmen und erwerben sodann gegebenenfalls konzentrierte Positionen in Portfoliogesellschaften mit der Absicht, dort aktiv tätig zu werden.[639] Im Gegensatz zu traditionellen Investoren ist damit von Hedgefonds praktizierter Aktivismus ex ante und strategisch ausgerichtet.[640]

2. Kostenintensität

Auf Grund der strategischen Ausrichtung ist Hedgefonds-Aktivismus zugleich zeit- und kostenintensiver als Aktivismus traditioneller Investoren. Die Fonds-Manager müssen zunächst die Unternehmen identifizieren, die von einer solchen Art Aktivismus profitieren, und eine Strategie entwickeln, die den Anteilspreis erhöhen würde.[641] Auch benötigen Hedgefonds viel Kapital für den Erwerb von relativ großen Positionen. Damit benötigen sie größere Ressourcen als gewöhnliche aktive Investmentfonds, die diversifiziert vorgehen.

3. Ausrichtung auf signifikante Änderungen in einzelnen Gesellschaften

Zudem ist Aktivismus von Hedgefonds auf signifikante Änderungen in einzelnen Gesellschaften ausgerichtet. Traditionelle Investoren versuchen hingegen tendenziell eher, allgemeine Veränderungen der *Corporate Governance*-Strukturen als spezielle unternehmerische Maßnahmen herbeizuführen. Regelmäßig ist eine ganze Gruppe von Portfoliounternehmen aufgefordert, die

---

637 Vgl. *Engert*, ZIP 2006, 2105, 2106.

638 *Smith*, Shareholder Activism by Institutional Investors: Evidence from CalPERS, 51 J. Fin. 227 (1996), S. 231; *Kahan/Rock*, Hedge Funds in Corporate Governance and Corporate Control, S. 35 f.

639 *Kahan/Rock*, Hedge Funds in Corporate Governance and Corporate Control, S. 3.

640 *Schmolke*, ZGR 2007, 701, 725.

641 *Kahan/Rock*, Hedge Funds in Corporate Governance and Corporate Control, S. 21.

gleichen Umgestaltungen vorzunehmen. Diese Aktivitäten haben daher kleine Änderungen in mehreren Unternehmen gleichzeitig mit relativ geringem Aufwand im Blick.[642]

VI. Nutzen und Risiken von Hedgefonds-Aktivismus

Die Literatur diskutiert mannigfaltige Vorteile (1.) und Risiken (2.) von Hedgefonds-Aktivismus für Portfoliogesellschaften und damit einhergehend auch für deren Aktionäre.

1. Nutzen

Gerade vor dem Hintergrund der Geschehnisse bei der *Deutschen Börse AG*[643] werden von Hedgefonds ausgehende Vorteile[644] für Portfoliounternehmen erörtert. Durch ihr aktives Auftreten als Stakeholder werden ihnen positive Effekte in Bezug auf die *Corporate Governance* der betreffenden Publikumsgesellschaften zugesprochen.[645] Die von Hedgefonds ausgeübte neue Form von Aktionäraktivismus (*hedge fund activism*) wirke der „rationalen Apathie" der übrigen Anteilseigner entgegen.[646] Der Kleinaktionär einer Publikumsgesellschaft könne kaum erwarten, mit seiner Stimme die Beschlussfassung maßgeblich zu beeinflussen. Schon deshalb bestehe für ihn nur ein geringer Anreiz, von seinem Stimmrecht Gebrauch zu machen. Zudem sei die Ausübung des Stimmrechts für ihn mit hohen Kosten verbunden. Zur effektiven Ausübung von Stimmrechten sei überdies eine zusätzliche zeitraubende und folglich auch kostspielige Information über die Beschlussgegenstände erforderlich. Selbst wenn die Chance bestehe, durch eine Stimmabgabe zu einer positiven Änderung der Geschäftspolitik der Verwaltung beizutragen, könne er davon wiederum nur in der Höhe seiner Beteiligung profitieren. Bei Kleinaktionären seien daher die Kosten für eine informierte Ausübung des Stimmrechts regelmäßig höher als zu erzielende Vorteile. Hinzu komme das typische Trittbrettfahrerproblem, dass Aktionäre, die passiv bleiben, von den Anstren-

---

[642] Vgl. *Schmolke*, ZGR 2007, 701, 716 f.

[643] Zum Fall *Deutsche Börse AG* siehe oben S. 82.

[644] Zu den diskutierten Risiken für Portfoliounternehmen siehe unten S. 124 ff.

[645] *Verret*, Dr. Jones and the raiders of lost capital, S. 16; *Arnold*, ZCG 2008, 221, 226.

[646] Vgl. *Maatman/Raaijmakers*, Hedge Funds in Company Law: Virus or Vaccine?, S. 2, 7 f.; *Schmolke*, ZGR 2007, 701, 707 f.

gungen anderer Aktionäre bei der Beschlussfassung profitieren können.[647] Die rationale Apathie sei daher nur Ausdruck eines ökonomischen Kalküls, das die Kosten einer Stimmrechtsausübung, ihrer Erfolgswahrscheinlichkeit, der Kosten der gemeinsamen Aktionen anderen Strategien gegenüber abwäge und in der Regel zu dem Ergebnis komme, dass es ökonomisch effizienter sei, nicht an einer Hauptversammlung teilzunehmen und abzustimmen.[648]

Wenn sie mit der Unternehmensführung unzufrieden sind, verzichten daher gerade kleine Anleger – aber auch institutionelle – auf eigene Mitsprache (*voice*) und suchen stattdessen den Ausstieg (*exit*) durch Verkauf ihrer Anteile oder verlassen sich als Trittbrettfahrer auf Aktivitäten anderer Aktionäre.[649] Obwohl institutionelle Anleger die Probleme der Kostenbelastung durch Informationsbeschaffung, Teilnahme und kollektive Handlungen in sehr viel geringerem Maße treffen, veräußern einige Vertreter ihre Beteiligungen, wenn sie Differenzen mit dem Management haben.[650] Insbesondere wenn institutionelle Anleger mit dem Verkauf eines größeren Aktienpaketes auf eine unterdurchschnittliche Renditeentwicklung reagieren, führt das Angebot eines größeren Aktienpaketes zu einem weiteren Sinken des Aktienkurses.[651] Die Unternehmensführung verbessert sich dadurch unmittelbar noch nicht. Publikumsaktiengesellschaften leiden insoweit unter einem Kollektivhandlungsproblem ihrer zahlreichen Aktionäre.[652] Allerdings können Publikumsgesellschaften mit niedrigem Börsenkurs leichter Opfer eines Übernahmeangebots werden oder aktive Investoren anlocken.

---

647 *Bainbridge*, Corporation Law and Economics, S. 202 f.; *Black*, 39 University of California L. Rev. 811, 821 f. (1992), *Baums/v. Randow*, AG 1995, 145, 146 ff.; *Roth*, ZIP 2003, 369, 376; *Ruffner*, Die ökonomischen Grundlagen eines Rechts der Publikumsgesellschaft, S.173 ff. Vgl. auch *Spindler*, Stimmrecht und Teilnahme an der Hauptversammlung, S. 35 f.

648 Statt vieler *Spindler*, Stimmrecht und Teilnahme an der Hauptversammlung, S. 35; *Dauner-Lieb*, WM 2007, 9, 11; *Deutsches Aktieninstitut*, Verhalten und Präferenzen deutscher Aktionäre, 2005, S. 28, 37; *Zetzsche*, BKR 2005, 736 f.; *Merkt/Göthel*, US-amerikanisches Gesellschaftsrecht, Rn. 776.

649 Vgl. *Hirschmann*, Abwanderung und Widerspruch, S. 39; *Bainbridge*, Corporation Law and Economics, S. 203; *Roth*, ZIP 2003, 369, 376; *Spindler*, Stimmrecht und Teilnahme an der Hauptversammlung, S. 35; *Dauner-Lieb*, WM 2007, 9, 12. Zu den Einflussinstrumenten *voice* und *exit* siehe *Bassen*, Institutionelle Investoren und Corporate Governance, S. 121, 131; *Schlitt*, in: Münchener Kommentar AktG, § 35 WpÜG Rn. 6.

650 *Dauner-Lieb*, WM 2007, 9 , 12; *Spindler*, VGR, Gesellschaftsrecht in der Diskussion 2005, S. 35.

651 Vgl. *Arnold*, Die Steuerung des Vorstandshandelns, S. 90; *Ruffner*, Die ökonomischen Grundlagen eines Rechts der Publikumsgesellschaft, S. 442 .

652 *Engert*, ZIP 2006, 2105, 2106; *Easterbrook/Fischel*, The Economic Structure of Corporate Law, S. 66 f.; *Thompson*, The Limits of Hedge Fund Activism, S. 5. Zum Kollektivhandlungsproblem allgemein *Olson*, Die Logik des kollektiven Handelns, S. 9 f.

Hedgefonds trügen dagegen – so die Argumentation in der Literatur – mit einer aktiven Einflussnahme auf die Gesellschaften zur Verwirklichung der sogenannten Aktionärsdemokratie bei, indem sie die Stimme der Anteilseigner verstärken und damit helfen, den Interessenkonflikt zwischen Macht und Inhaberschaft zu überbrücken.[653] Dies ermögliche im Ergebnis eine effizientere Kontrolle des Vorstands, der damit angehalten werden könne, sein Handeln mehr am Unternehmens- oder Aktionärsinteresse auszurichten.[654] Auch wenn jeder einzelne Fonds noch nicht über eine ausreichende Beteiligung verfüge, könnten zumindest mehrere an einer Gesellschaft beteiligte Investoren eine Koalition bilden und beispielsweise eine unwirtschaftliche Diversifikation des Unternehmens unterbinden, die Ablösung eines unfähigen Vorstands durchsetzen oder überhöhte Vorstandsvergütungen verhindern.[655] Des Weiteren trägt das Engagement von Hedgefonds nicht selten zur Sanierung insolvenzgefährdeter Unternehmen bei, da Hedgefonds oftmals auch noch in solchen Situationen Liquidität zur Verfügung stellen, in denen traditionelle Geldgeber Kredite verweigern.[656]

2. RISIKEN

Wiederum vor dem Hintergrund der Geschehnisse um die *Deutsche Börse AG*[657] werden insbesondere in Deutschland auch Risiken für Portfoliounternehmen und Aktionäre debattiert: Hedgefonds handelten zum einen als kurzfristig orientierte Anleger den Interessen einer langfristigen Unternehmenserhaltung zuwider (a). Zum anderen könnten die Interessen von Gesellschaft und übrigen Aktionären gefährdet sein, wenn Hedgefonds neben der Anteils-

---

[653] Zum Modell der Aktionärsdemokratie *Thoma*, Der Wettbewerb um Stimmen im US-amerikanischen und deutschen Aktienrecht, S. 24. Kritisch zu „demokratietheoretischen" Vorstellungen *Stout*, The Mythical Benefits of Shareholder Control, UCLA School of Law, Law & Economics Research Paper Series No. 06-19, 2006, S. 11 f.; *Spindler*, in: VGR, Gesellschaftsrecht in der Diskussion 2005, S. 31, 59 f.. Siehe auch *Vetter*, AG 2006, 32, 33 f.; *Maatman/Raaijmakers*, Hedge Funds in Company Law: Virus or Vaccine?, S. 9.

[654] Vgl. *Ruffner*, Die ökonomischen Grundlagen eines Rechts der Publikumsgesellschaft, S. 436 ff.; *Engert*, ZIP 2006, 2105 ff.

[655] *Arnold*, Die Steuerung des Vorstandshandelns, S. 90 f.

[656] *Spindler/Bednarz*, WM 2006, 553, 555. Vgl. dazu mit Beispielen wie etwa der Rettung des Automobilzulieferers Schefenacker FAZ vom 16.12.2005, S. 27. Zur Strategie Distressed Securities/Distressed Debt siehe oben S. 27 ff.. Kritisch zu diesem Punkt *U. H. Schneider*, AG 2006, 577, 578.

[657] Siehe zum Fall *Deutsche Börse AG* oben S. 82.

position zugleich andere Positionen eingehen, die ihr ökonomisches Interesse an einer Wertsteigerung der Anteile beeinträchtigen (b).

A) KURZFRISTIGER ANLAGEHORIZONT

Hedgefonds sind dem ständigen Druck ausgesetzt, gegenwärtig absolute Erträge zu erzielen.[658] Auch sind sie durch kurze Kapitalbindungsfristen ihrer Anleger[659] – im Gegensatz zu Private Equity Fonds – dazu angehalten, in einem kurzen Zeitraum Renditen zu erwirtschaften, da ihnen das gewährte Kapital häufig nicht lange zur Verfügung steht. Das Risiko eines Kapitalabflusses besteht besonders in dem Fall, dass der Fonds auf Grund der gewählten Strategie keine überdurchschnittlichen Erträge erlangt.[660] Es bestehe daher zum einen die Gefahr, dass Hedgefonds über ihre Beteiligungen aggressiven Einfluss auf die Unternehmenspolitik von Gesellschaften ausüben und dabei zugunsten kurzfristiger Interessen möglicherweise das langfristige Wohl des Unternehmens außer Acht lassen könnten.[661] Zumindest mittelfristig stehe ein gewinnbringender *exit* der Fonds im Vordergrund.[662] Sie verhinderten daher als kurzfristig orientierte Investoren Unternehmensstrategien, die auf eine langfristige Profitabilitätssteigerung abzielten. Aus diesem Grunde würden insbesondere langfristige Investitionen unterbunden.[663] Befürchtet wird, dass sie die Unternehmen zunächst zerlegen und Reserven auflösen, um dann die Beteiligung wieder zu verkaufen und das Unternehmen geschwächt zurückzulassen.[664]

---

658 *Briggs*, Corporate Governance and the new Hedge Fund Activism: An empirical Analysis, S. 27; *Bratton*, Hedge Funds and Governance Targets, S. 10. Vgl. hierzu oben S. 10.

659 Siehe zu den Kapitalbindungsfristen oben S. 18.

660 *Mietzner/Schweizer*, Hedge Funds versus Private Equity Funds as Shareholder Activists, S. 2.

661 *Kahan/Rock*, Hedge Funds in Corporate Governance and Corporate Control, A ii; *Maatman/Raaijmakers*, Hedge Funds in Company Law: Virus or Vaccine?, S. 2; *Brav/Jiang/Partnoy/Thomas*, Hedge Fund Activism, Corporate Governance and Firm Performance, S. 17 f.; *Verret*, Dr. Jones and the raiders of lost capital, S. 25; *Spindler/Bednarz*, WM 2006, 553, 555; *Schmolke*, ZGR 2007, 701, 712. Zu den Techniken einer Einflussnahme von Hedgefonds auf Portfoliounternehmen siehe oben S. 53 ff.

662 *U. H. Schneider*, AG 2006, 577, 578.

663 *Sachverständigenrat zur Begutachtung der gesamtwirtschaftlichen Entwicklung*, Die Chancen nutzen – Reformen mutig voranbringen, Jahresgutachten 2005/06, S. 466, 467.

664 Vgl. *Olsen*, US-Autolieferer gelten als Schnäppchen, in: Börsenzeitung vom 02.11.2006, S. 13; *Hank/Meck*, Angriff der gierigen Aktionäre, in: Frankfurter Allgemeine Sonntagszeitung vom 07.09.2008, S. 35; *Bratton*, Hedge Funds and Governance Targets, S. 5 f.; *Seibert*, in: FS Westermann, S. 1505.

Neben einem zu kurzfristigen Renditebestreben bezieht sich die Kritik zudem auf den hohen Grad der Kreditfinanzierung, der die Unternehmen der Gefahr der Überschuldung aussetzt.[665] Eigenkapital werde im hohen Maße durch Fremdkapital ersetzt, weswegen es in der Krise als Puffer fehle.[666] Schließlich wird angenommen, dass Hedgefonds zur Erhöhung des Gewinns sozialwidrig systematisch Arbeitsplätze abbauen.[667]

Diese Sichtweise ist indes mehreren Einwänden ausgesetzt: Gegen die These, dass Hedgefonds Unternehmen zunächst zerlegen, eine erdrückende Schuldenlast aufbürden, Reserven auflösen und dann die Beteiligungen wieder mit Gewinn verkaufen, wird vorgebracht, dass sie ökonomisch nicht nachvollziehbar sei. Sie unterstelle, dass Investoren systematisch den Wert des Unternehmens zerstören und anschließend ihre Beteiligungen mit Gewinn realisieren könnten. Unter der Annahme effizienter Aktienmärkte sei aber davon auszugehen, dass sich die Wertminderung bereits vor dem Verkauf der Beteiligung in einer niedrigeren Unternehmensbewertung niederschlage und der Finanzinvestor mit Verlust verkaufen müsse.[668] Gegen eine solche Betrachtung spricht allerdings wiederum, dass Hedgefonds gerade Ineffizienzen aufspüren und auszunutzen versuchen.

Der Vorwurf, dass Hedgefonds als kurzfristige Anleger langfristige Unternehmensstrategien verhinderten, stößt ebenso auf Kritik.[669] Das Interesse an kurzfristigen Aktiengewinnen besagt nicht ohne weiteres, dass Finanzinvestoren nicht auch an langfristigen Unternehmensstrategien interessiert seien. Denn eine Strategie, die langfristig hohe Profite verspreche, schlage sich bei effizienten Kapitalmärkten im Aktienkurs nieder und ermögliche auch kurzfristig Gewinne.[670] Eine Benachteiligung von Aktionären mit langfristigem Anlagehorizont ergibt sich durch einen kurzfristige Anlagestrategien verfol-

---

665 *Sachverständigenrat zur Begutachtung der gesamtwirtschaftlichen Entwicklung*, Die Chancen nutzen – Reformen mutig voranbringen, Jahresgutachten 2005/06, S. 467.

666 *U. H. Schneider*, AG 2006, 577, 579.

667 *Sachverständigenrat zur Begutachtung der gesamtwirtschaftlichen Entwicklung*, Die Chancen nutzen – Reformen mutig voranbringen, Jahresgutachten 2005/06, S. 467; *Hank/Meck*, Angriff der gierigen Aktionäre, in: Frankfurter Allgemeine Sonntagszeitung vom 07.09.2008, S. 35.

668 *Sachverständigenrat zur Begutachtung der gesamtwirtschaftlichen Entwicklung*, Die Chancen nutzen – Reformen mutig voranbringen, Jahresgutachten 2005/06, S. 466.

669 Vgl. *Brav/Jiang/Partnoy/Thomas*, Hedge Fund Activism, Corporate Governance and Firm Performance, S. 19 f.

670 *Spindler/Bednarz*, WM 2006, 553, 555; *Sachverständigenrat zur Begutachtung der gesamtwirtschaftlichen Entwicklung*, Die Chancen nutzen – Reformen mutig voranbringen, Jahresgutachten 2005/06, S. 467; *Maatman/Raaijmakers*, Hedge Funds in Company Law: Virus or Vaccine?, S. 9.

genden Aktivismus der Hedgefonds daher nur, sofern der Kapitalmarkt langfristige Anlagestrategien unterbewertet, also unter einer gewissen „Kurzsichtigkeit" leidet.[671] Natürlich können sich Finanzinvestoren und Management in der Bewertung der Unternehmensstrategie und der Wahrscheinlichkeit höherer zukünftiger Gewinne unterscheiden.[672] Zu bedenken ist aber, dass die Anleger am Kapitalmarkt regelmäßig weit weniger über die konkreten Bedingungen, Chancen und Risiken des Unternehmens wissen als das Management, und daher den Wert des Unternehmens nicht gut einschätzen können.[673] Die Verschiebung der Aktionärsstruktur hin zu einer stärkeren Orientierung am Unternehmenswert (*shareholder value*) erhöht jedenfalls den Druck auf das Management und schränkt dessen Freiräume ein. Ob dies jedoch zugleich zu einer systematischen Verkürzung des Investitionshorizonts des Unternehmens führt, erscheint aus den vorgebrachten Gründen zumindest zweifelhaft.[674]

B) INTERESSENKONFLIKTE AUF GRUND SONSTIGER POSITIONEN

Während Aktionäraktivismus (*shareholder activism*) in der Regel eine reine Verbesserung der *Corporate Governance* innerhalb eines Unternehmens anstrebt und daher regelmäßig im Interessengleichlauf mit den übrigen Aktionären erfolgt,[675] rufen Hedgefonds auf Grund ihrer Motivation durch ihren Aktivismus in manchen Fällen Gefahren für die Portfoliogesellschaft und die übrigen Anteilseigner hervor. Hedgefonds versuchen, mit ihrem Engagement eine absolute Rendite zu erwirtschaften.[676] Dabei orientieren sich sie sich grundsätzlich nicht am Unternehmens- oder dem Interesse der anderen Aktionäre, wenn sie Einfluss auf die Gesellschaft nehmen. Interessenkonflikte treten hervor, wenn Aktionäre Einfluss ausüben, zugleich von den Konsequenzen ihrer Eingriffe aber anders betroffen werden als ihre Mitgesellschafter.[677] An sich ist die Aktiengesellschaft als ein Sammelbecken für anonymes Kapital

---

671 *Schmolke*, ZGR 2007, 701, 712.

672 *Sachverständigenrat zur Begutachtung der gesamtwirtschaftlichen Entwicklung*, Die Chancen nutzen – Reformen mutig voranbringen, Jahresgutachten 2005/06, S. 467.

673 *Engert*, ZIP 2006, 2105, 2106.

674 Verneinend *Sachverständigenrat zur Begutachtung der gesamtwirtschaftlichen Entwicklung*, Die Chancen nutzen – Reformen mutig voranbringen, Jahresgutachten 2005/06, S. 467.

675 Vgl. *Ruffner*, Die ökonomischen Grundlagen eines Rechts der Publikumsgesellschaft, S. 418.

676 Siehe hierzu oben S. 10 f.

677 Siehe hierzu *Hu/Black*, S. Cal. L. Rev. 79 (2006), 811; *Hu/Black*, Hedge Funds, Insiders, and Decoupling of Economic and Voting Ownership in Public Corporations; *Hu/Black*, Empty Voting and Hidden Ownership: Taxonomy, Implications, and Reforms, ECGI Working Paper 64/2006; *Thompson*, The Limits of Hedge Fund Activism, S. 38.

zwar diejenige Rechtsform, in der jeder Aktionär seine eigenen Interessen verfolgen darf.[678] Bei geringer Hauptversammlungspräsenz können Hedgefonds aber unter Umständen als Kapitalminderheit Entscheidungen treffen, bei denen sie nicht von denjenigen, die diese Entscheidung gleichfalls betrifft, kontrolliert, und, falls erforderlich, korrigiert werden.[679]

Aktivistische Hedgefonds üben ihre Macht nicht generell gegen die Interessen der schweigenden Mehrheit aus.[680] Hedgefonds versuchen, Ineffizienzen des Marktes aufzuspüren und auszunutzen.[681] Als aktive Anteilseigner sind sie daher primär an Gesellschaften interessiert, die Entscheidungen entgegen den Vorstellungen des Marktes gefällt haben oder kurz davor stehen, diese umzusetzen.[682] Die Strategie aktivistischer Hedgefonds besteht darin, diese ineffiziente Unternehmensführung mit den ihnen zur Verfügung stehenden Mitgliedschaftsrechten zu korrigieren und danach ihre Anteile möglichst schnell wieder zu veräußern. Für sie lohnt sich der Eingriff in die Unternehmensführung daher nur, wenn er den Aktienwert in den Augen der übrigen Anleger erhöht. Damit treten sie als Transmissionsmechanismus auf, der die Markteinschätzung in die Gesellschaft hineinträgt und das beschriebene Kollektivhandlungsproblem auf diese Weise verringert. Im Ausgangspunkt setzen Aktivisten ihre Einflussmöglichkeiten so ein, wie es die Mehrheit der Anleger tun würde, wenn es das Kollektivhandlungsproblem nicht gäbe.[683]

Diese Betrachtung trifft jedoch dann nicht zu, wenn die beeinflussenden Hedgefonds weitere ökonomische Interessen verfolgen und im Interesse anderer Positionen handeln, deren Entwicklung sich umgekehrt zur Entwicklung der Portfoliogesellschaft verhält. Mit einer solchen Einflussnahme können möglicherweise die Interessen der übrigen Aktionäre beeinträchtigt werden.[684] Zugleich sind aus diesem Grund Konstellationen denkbar, in denen

---

[678] Vgl. BGHZ 129, 136, 162 f.; *K. Schmidt,* Gesellschaftsrecht, S. 802; *Henze/Notz,* in: Großkomm. AktG, Anh § 53a Rn. 58; *Theater/Guski,* AG 2007, 301, 303; *Thaeter,* Firmen müssen auf Aktionärsaktivismus vorbereitet sein, in: Börsenzeitung vom 03.01.2007, S. 2.

[679] *Klühs,* ZIP 2006, 107.

[680] Einige Stimmen behaupten dies hingegen zu Unrecht, vgl. *Seifert/Voth,* Invasion der Heuschrecken, S. 12; *Schmolke,* ZGR 2007, 701, 710; *Klühs,* ZIP 2006, 107 f.

[681] Siehe hierzu oben S. 10 f.

[682] *Maatman/Raaijmakers,* Hedge Funds in Company Law: Virus or Vaccine?, S. 9. Beispiel hierfür ist die Abwehr des Angebots der *Deutschen Börse AG* für Anteile an der *London Stock Exchange* (LSE) im Jahre 2004, welches negativ vom Markt bewertet wurde. Siehe hierzu oben S. 82.

[683] *Engert,* ZIP 2006, 2105, 2106 f.

[684] Vgl. *Kahan/Rock,* Hedge Funds in Corporate Governance and Corporate Control, A ii.

Hedgefonds nützliche Transaktionen durch ihr Engagement blockieren könnten.[685]

AA) POSITIONEN IN ANDEREN GESELLSCHAFTEN

Zum einen bauen Hedgefonds in manchen Fällen Positionen in anderen Unternehmen auf, deren Wert von Entscheidungen der beeinflussten Gesellschaft abhängt. Eine solche Korrelation besteht beispielsweise bei Konkurrenten oder möglichen Gegenparteien eines Unternehmenskaufs.

Im Fall der *Deutschen Börse AG* erwarben mehrere Hedgefonds neben ihren Aktienpositionen Put-Optionen auf Aktien der *London Stock Exchange* oder verkauften deren Aktien als potentielle Zielgesellschaft leer und spekulierten insoweit auf fallende Kurse.[686] Mit diesen Short-Positionen an der London Stock Exchange beeinflussten die Aktivisten ihr als Anteilsinhaber grundsätzlich gegebenes wirtschaftliches Interesse an einer Wertsteigerung der Aktien der Deutschen Börse AG: Zusammengenommen führte der Einsatz der Long-Positionen an der Deutschen Börse AG und der Short-Positionen an der London Stock Exchange zu der ökonomischen Erwartungshaltung, dass den Hedgefonds gar nicht unbedingt an einem Kursanstieg der Deutschen Börse-Aktie gelegen sein musste, wenn nur die Aktie der London Stock Exchange als Folge der verhinderten Übernahme genügend einbrach. Als Resultat wird ein Aktivist infolge einer derartigen Doppelpositionierung durch sein Verhalten nicht den Börsenwert einer Gesellschaft, sondern den Gesamtwert beider Beteiligungen maximieren wollen.[687] Nimmt man an, dass die beiden Positionen der Hedgefonds gleich stark waren, so mussten die Hedgefonds eine Übernahme schon dann ablehnen, wenn der aus dem Zusammenschluss entstehende (Synergie-)Mehrwert nicht überwiegend den Aktionären der Deutschen Börse zufloss. Demgegenüber wäre die Übernahme für die übrigen Aktionäre auch bei einer weniger günstigen Aufteilung noch lohnend gewesen.

Stellte das Übernahmevorhaben aus Sicht der Deutschen Börse AG eine wertvernichtende Strategie dar, nutzten die Hedgefonds mit ihrer Intervention nicht nur sich – und zwar auch aus den Put-Optionen auf die Aktien der LSE, deren Aktien nach dem Wegfall des Übernahmeangebots sank –, sondern infolge des Interessengleichlaufs auch den übrigen Aktionären der Deut-

---

[685] Vgl. *Maatman/Raaijmakers*, Hedge Funds in Company Law: Virus or Vaccine?, S. 14.

[686] Siehe zum Fall *Deutsche Börse AG* oben S. 82 ff.

[687] Vgl. *Fleischer*, ZGR 2008, 185, 216.

schen Börse. Das ist aber dann anders, wenn die Übernahme der LSE eine für die Deutsche Börse AG langfristig sinnvollere Strategie gewesen ist und die Hedgefonds diese zu Gunsten einer Ausschüttung bei der Börse verhinderten und dabei ins Gewicht fiel, dass der damit auch für sie an sich bei der Börse eintretende Verlust (Aufgabe einer voraussichtlich ertragreichen Strategie) „überkompensiert" wurde durch den Gewinn aus den Put-Optionen auf die Aktien der LSE. In diesem Fall wäre der Interessengleichlauf zwischen den Aktivisten und den übrigen Aktionären der Deutschen Börse gestört gewesen, was Gefahren für Portfoliogesellschaft und Mitaktionäre hervorgerufen hätte. Es kommt hinzu, dass die Hedgefonds zugleich maßgebliche Anteile an *Euronext* hielten.[688] Die Beteiligung an einem Konkurrenten um die Übernahme der London Stock Exchange verstärkte die Interessendivergenz zu den übrigen Aktionären der Deutschen Börse dann nochmals erheblich.[689]

Angesichts des in den Folgemonaten stark gestiegenen Aktienkurses der Deutschen Börse AG ist die Frage, ob das Verhalten der Hedgefonds im konkreten zu einem Schaden für Gesellschaft und Mitaktionäre geführt hat, nicht entschieden. Letztlich lässt sich zum gegenwärtigen Kenntnisstand nicht zweifelsfrei feststellen, ob sich der Kurs der Aktie nicht noch positiver entwickelt hätte, wenn der Vorstand die Einflussnahme der Aktivisten abgewehrt hätte.[690]

bb) Short-Positionen an der Portfoliogesellschaft neben Aktienpositionen – Fälle der Stimmrechtsausübung ohne ökonomisches Interesse (*Empty Voting*)

Risiken für Portfoliogesellschaft und Mitaktionäre können aber auch daraus erwachsen, dass Aktivisten ihre Gesamtposition gegenüber der beeinflussten Gesellschaft ökonomisch beliebig ausgestalten können:[691] Durch den Einsatz von Derivaten und Wertpapierdarlehen ist es möglich, den wirtschaftlichen Ertrag einer Aktie von dem Anteilsstimmrecht zu trennen. Hedgefonds be-

---

688 FAZ vom 15.3.2005, S. 27; FAZ vom 11.5.2005, S. 21 und S. 22; FAZ vom 28.9.2005, S. 23; *Seifert/Voth*, Invasion der Heuschrecken, S. 130 ff. Am 9.5.2006 wies die Datenbank der niederländischen Autoriteit Financiële Markten einen Anteil von 8,54 Prozent von TCI aus, vgl. www.afm.nl/registers/. Später hat TCI diesen Anteil auf 10,4 Prozent aufgestockt, siehe *O.V.*, TCI reduziert Euronext-Anteil, in: Börsenzeitung vom 12.1.2007, S. 3.

689 Über den Investitionszeitraum stieg die Aktie der Euronext von 22,30 € auf 30,20 €.

690 Vgl. dazu die Behauptung von *Seifert/Voth*, Invasion der Heuschrecken, S. III: "Aus den 1,3 Milliarden Pfund, die die Deutsche Börse für die LSE ausgeben wollte, wären heute 2,6 Milliarden geworden."

691 Überblick bei *Martin/Partnoy*, U. Ill. L. Rev. 2005, 775, 788 ff.

dienen sich dieser Instrumente, um die Risiken ihrer aktivistischen Strategien zu verlagern.[692] Insbesondere kann ein Anleger neben der Aktie zugleich auch weitere Positionen eingehen, mit denen er auf fallende Kurse setzt:[693] So kann ein Aktivist ein ökonomisches Interesse an einem Kursrückgang hervorrufen, indem er zusätzliche Aktien leerverkauft oder Derivate einsetzt, beispielsweise Verkaufsoptionen (*Put Options*) oder Differenzkontrakte in Form von *short equity swaps*. Im Extremfall kann er die von ihm gehaltenen Aktien auf diese Weise wirtschaftlich vollständig neutralisieren oder sogar eine Gesamtposition bilden, die bei sinkenden Kursen zu Gewinnen führt.[694] Der Investor verfügt dann rechtlich weiterhin über sein Stimmrecht, ohne wirtschaftlich am Erfolg oder Misserfolg des Unternehmens beteiligt zu sein.[695] Damit kann die gewählte Strategie einen Hedgefonds-Manager dazu veranlassen, den Wert einer Portfoliogesellschaft zu senken statt ihn zu erhöhen.[696] Übt ein Anleger sein Stimmrecht aus, nachdem er seine Aktienposition wirtschaftlich zumindest neutralisiert hat, wird dies als eine Stimmrechtsausübung ohne ökonomisches Interesse oder von einigen Autoren kurz als *empty voting* bezeichnet.[697] Neben den befürchteten negativen Auswirkungen kann ein solches Verhalten indes auch positive Teileffekte hervorbringen, weil die Stimmrechte von einem möglicherweise besser informierten Aktionär wahrgenommen werden oder weil der Markt für Unternehmenskontrolle in Übernahmesituationen gestärkt wird.[698]

(1) Fall Mylan Laboratories/King Pharmaceuticals

Beispielhaft erwähnt sei die Intervention des Hedgefonds *Perry Corp.* im Falle von *Mylan Laboratories Inc.* So beabsichtigte das Management des amerikanischen Pharmakonzerns *Mylan Laboratories* im Jahr 2004, den Konkurrenten *King Pharmaceuticals* zu einem deutlich über dem aktuellen Kurs liegenden Preis

---

[692] *Hu/Black*, S. Cal. L. Rev. 79 (2006), 811, 823.

[693] Daneben kann er sich auch für eine Hauptversammlung mehr Stimmrechte sichern, als seinem langfristig gehaltenen Aktienanteil entspricht, indem er sich Aktien nur für den maßgeblichen Nachweistag (§ 123 Abs. 3 Satz 3 AktG) leiht. Zu diesem durch das UMAG eingeführten record date vgl. nur *Kiefner/Zetzsche*, ZIP 2006, 551, 552, 555.

[694] *Engert*, ZIP 2006, 2105, 2108.

[695] *Fleischer*, ZGR 2008, 185, 215 f.

[696] *Briggs*, Corporate Governance and the new Hedge Fund Activism: An empirical Analysis, S. 25.

[697] Vgl. *Hu/Black*, Hedge Funds, Insiders and Decoupling of Economic and Voting Ownership in Public Corporations, S. 17 f.; *Briggs*, Corporate Governance and the new Hedge Fund Activism: An empirical Analysis, S. 26 f.; *Thompson*, The Limits of Hedge Fund Activism, S. 33.

[698] *Hu/Black*, Bus. Law. 61 (2006), 1011, S. 1069; *Fleischer*, ZGR 2008, 185, 217 m. w. Nachw.

zu übernehmen.[699] Nach Ankündigung des Vorhabens brach der Aktienkurs der Bietergesellschaft Mylan ein. Mehrere große Anteilseigner von Mylan sprachen sich gegen die Übernahme aus;[700] eine nach dem US-amerikanischen Gesellschaftsrecht für die Übernahme erforderliche Zustimmung[701] der Mylan-Aktionäre erschien daher unwahrscheinlich. Demgegenüber galt die Transaktion auf Grund des hohen Übernahmepreises für die Zielgesellschaft King als vorteilhaft. Hedgefonds *Perry Corp.* unterstützte als Anteilseigner von King das Vorhaben. Um eine Zustimmung der Aktionäre der Bietergesellschaft zu begünstigen, erwarb der Fonds zunächst 9,9 Prozent der Anteile von Mylan.[702] Diese Position glich Perry jedoch durch eine gleich große Short-Position wirtschaftlich aus. Der Hedgefonds vereinbarte nämlich *short equity swaps* mit *Bear Stearns* und *Goldman Sachs*,[703] welche wiederum ihr wirtschaftliches Risiko an der Mylan Aktie vollständig hedgten.[704] Indem Perry das ökonomische Interesse an Mylan neutralisierte, hätte der Hedgefonds das wirtschaftliche Risiko der Übernahme als Mylan-Anteilseigner im Gegensatz zu den übrigen Aktionären nicht tragen müssen.[705] Damit bestand eine Abweichung zwischen den Interessen von Perry und den anderen Anteilseignern von Mylan. Zwar war durch die Differenzkontrakte die Mylan-Position für Perry wirtschaftlich grundsätzlich ausgeglichen. In Verbindung mit der Long-Position an der Zielgesellschaft King wies die Gesamtposition jedoch in Bezug auf Mylan einen negativen Wert aus. Perry konnte auf diese Weise rein auf der Interessengrundlage als Anteileigner von King für die Übernahme

---

[699] Vgl. *O.V.*, Pharmafusion in USA, in: Süddeutsche Zeitung vom 27.07.2004, S. 22; *O.V.*, Pharmariese Mylan übernimmt Konkurrenten King, Die Welt vom 27.07.2004, S. 15.

[700] Zu den gegen die Übernahme opponierenden Aktionären zählte auch *Carl Icahn*, welcher neben seiner Long-Position an der Bietergesellschaft zugleich Short-Positionen an der Zielgesellschaft King hielt. Nachdem er ein eigenes Übernahmeangebot für die Bietergesellschaft Mylan abgab, um die Transaktion zu verhindern, verklagte er Perry im Verlauf der Auseinandersetzung wegen angeblicher Verletzung von Transparenzverpflichtungen, vgl. *Hu/Black*, S. Cal. L. Rev. 79 (2006), 811, 828; *O.V.*, Icahn bietet 5,4 Mrd. Dollar für Mylan, in: Börsenzeitung vom 23.11.2004, S. 10.

[701] Beim sog. *statutory merger* ist nach dem US-amerikanischen Gesellschaftsrecht der *plan of merger* beiden Aktionärsversammlungen zur Abstimmung vorzulegen, vgl. *Merkt/Göthel*, US-amerikanisches Gesellschaftsrecht, Rn. 1154 f.

[702] Neben Perry sprach sich auch der Hedgefonds *Citadel Investment Group* als drittgrößter Anteilseigner von Mylan (4,4 Prozent) für die Übernahme aus.

[703] Zur Funktionsweise eines short equity swap-Geschäfts siehe oben S. 115.

[704] *Bafin*, SEC plans to accuse hedge fund of violations, New York Times vom 11.01.2006, S. 3.

[705] *Kahan/Rock*, Hedge Funds in Corporate Governance and Corporate Control, S. 41; *Bratton*, Hedge Funds and Governance Targets, S. 3; *Thompson*, The Limits of Hedge Fund Activism, S. 15.

stimmen. Auch wenn die Übernahme für Mylan wirtschaftlich nachteilig sein würde, wie die übrigen Anteilseigner von Mylan befürchteten, hätte Perry dennoch seine Positionen zu Gunsten einer Übernahme eingesetzt.[706] Die Transaktion scheiterte allerdings aus anderen Gründen: Im Verlauf der Übernahmeverhandlungen traten Fehler in der Buchführung der Zielgesellschaft King auf, welche diese zu einer Korrektur ihrer Bilanzen zwang. Dies nutzte schließlich das Management von Mylan, um die Übernahmeverhandlungen abzubrechen.[707] Dadurch kam die Strategie von Perry nicht zum praktischen Einsatz.[708]

(2) Fall AXA S.A./Mony Group Inc.

Gleichfalls im Jahr 2004 unterbreitete der französische Versicherungskonzern *AXA S.A.* ein Übernahmeangebot in Höhe von 1,5 Mrd. Dollar für den amerikanischen Lebensversicherungskonzern *MONY Group Inc.* Das Management des amerikanischen Versicherungskonzerns hatte dem Übernahmeangebot trotz der geringen Prämie zugestimmt. Investoren zeigten sich über die Entscheidung der Konzernführung angesichts des aus ihrer Sicht zu niedrigen Übernahmeangebots verärgert und kündigten teilweise Widerstand gegen die geplante Übernahme an. Um das Angebot zu finanzieren, emittierte AXA eine Wandelschuldverschreibung, welche ein Bezugsrecht auf AXA Aktien zu einem diskontierten Kurs unter der Bedingung enthielt, dass MONY von AXA übernommen werden würde. Die Erwerber der Anleihe kauften aus diesem Grund zugleich Aktien der Zielgesellschaft MONY, um für die Übernahme zu stimmen.[709] Hingegen verkaufte insbesondere der Hedgefonds *Highfields Capital* die AXA Anleihe leer und erwarb Anteile von MONY, um gegen die Übernahme zu stimmen und damit einen Kursverfall der Schuldverschreibung herbeizuführen. Da beide Gruppen ihre Positionen gehedgt hatten, stimmten sie auf der Hauptversammlung von MONY schließlich nicht auf der Grundlage ab, ob die Übernahme für das Unternehmen vorteilhaft oder nachteilig sein würde.[710] Auf einer außerordentlichen Hauptversammlung im Mai 2005 stimmten die Aktionäre von MONY der Übernahme mit

---

706 *Hu/Black*, S. Cal. L. Rev. 79 (2006), 811, 829.

707 Vgl. *O.V.*, Übernahme geplatzt, , in: Süddeutsche Zeitung vom 01.03.2005, S. 22.

708 *Kahan/Rock*, Hedge Funds in Corporate Governance and Corporate Control, S. 41.

709 Vgl. *O.V.*, AXA-Gebot lockt Deutsche Bank an, in: Börsenzeitung vom 18.05.2004, S. 3.

710 *Hu/Black*, S. Cal. L. Rev. 79 (2006), 811, 829; *Thompson*, The Limits of Hedge Fund Activism, S. 32.

einem knappen Ergebnis von 53 Prozent zu.[711] Durch die Intervention der Hedgefonds konnte AXA damit die Zielgesellschaft MONY übernehmen.

---

[711] Vgl. *Neubacher*, Deutsche Bank bietet SEC offene Flanke; Institut meldet Aufstockung bei Mony erst nach Monaten - Spekulation auf Arbitrage, in: Börsenzeitung vom 22.05.2004, S. 3.

C. Zusammenfassung

Hedgefonds beeinflussen in jüngerer Zeit verstärkt Portfoliogesellschaften, um ihre strategischen Ziele zu erreichen.

1. Als heterogene Gruppe nicht-traditioneller Investmentgesellschaften versuchen Hedgefonds typischerweise, eine positive absolute Rendite unabhängig von Markttrends zu erwirtschaften. Dabei setzen sie Leerverkäufe ein und nehmen Fremdkapital auf, um börsennotierte Finanztitel zu erwerben. Ihre Manager sind in der Regel mit einem erheblichen Teil ihres Privatvermögens in den Fonds investiert und erhalten eine Vergütung, die sich prozentual nach dem erwirtschafteten Ertrag bemisst. Da Hedgefonds Markt- und insbesondere Informationsineffizienzen nutzen, um Gewinne zu erzielen, legen sie ihre Handelsstrategien nicht offen. Um diese Freiheiten zu genießen, wählen sie häufig ein Umfeld mit niedriger Regulierungsdichte oder passen Rechtsform und Kapitalgeber aufsichts- oder steuerrechtlichen Ausnahmetatbeständen an. Infolgedessen können sich im Regelfall lediglich vermögende Privatpersonen und institutionelle Investoren an Hedgefonds beteiligen. Dabei sehen die Fondsbedingungen vielfach eine kurze Kapitalbindungsfrist von wenigen Monaten vor.

2. Während die meisten Hedgefonds passive Taktiken verfolgen, beeinflusst eine Minderheit mit unternehmensbezogenen Strategien aktiv Portfoliogesellschaften. Ereignisgetriebene Strategien (*event driven*) nutzen dabei spezielle Situationen eines Unternehmens zur Spekulation aus.

a) Bei der *merger arbitrage* als spezieller Untergruppe werden gleichzeitig Long- und/oder Short-Positionen in Finanzinstrumenten von Unternehmen aufgebaut, die sich in einer Übernahme befinden. Aktive Hedgefonds versuchen dabei je nach der von ihnen eingegangenen Wette, Erfolg oder Scheitern einer Übernahme herbeizuführen, indem sie die Entscheidungen der beteiligten Gesellschaften beeinflussen. Einige Fonds behindern solche Transaktionen auch im Interesse anderer von ihnen aufgebauter Positionen.

b) *Distressed securities/distressed debt*-Hedgefonds erwerben Aktien und Fremdkapitalinstrumente von Unternehmen, die restrukturierungsbedürftig, insolvent oder zumindest insolvenzgefährdet sind. Aktive Vertreter dieser Kategorie versuchen, Einfluss auf den Restrukturierungsprozess zu nehmen, um über eine effizientere Ressourcennutzung eine Erholung und einen gewinnbringenden *exit* zu ermöglichen. Erwerben sie Fremdkapitalinstrumente, versuchen sie häufig, diese im Wege eines *debt equity swap* in gewinnberechtigte Eigenkapitalanteile umzuwandeln, die nach Erholung des Unternehmens wieder veräußert werden sollen.

3. Aktivistische Hedgefonds beeinflussen Portfoliogesellschaften sowohl rechtlich als auch faktisch. Zum einen machen sie Mitgliedschafts- und Verwaltungsrechte geltend; hauptsächlich üben sie auf Hauptversammlungen als Verbandsmitglieder ihre Stimmrechte aus. Die Fonds versuchen, auf die Unternehmenspolitik einzuwirken, ohne die Gesellschaft vollständig übernehmen zu wollen. In aller Regel genügt ihnen dazu eine Beteiligung, die weit hinter einer Mehrheit zurückbleibt.

Hedgefonds beeinflussen zum anderen faktisch die Leitungsorgane von Portfoliogesellschaften. Dabei versuchen Hedgefonds, Mitglieder von Vorstand und Aufsichtsrat durch Gespräche zu einem bestimmten Handeln zu bewegen. Führen die Gespräche zu keinem relevanten Ergebnis, drohen Hedgefonds den Organmitgliedern – häufig medienwirksam – mit einer Absetzung oder sonstigen Sanktionen, um diese zu einem geschäftspolitischen Handeln zu veranlassen, das der strategischen Ausrichtung der Aktivisten entspricht.

4. Damit sie ihre unternehmenspolitischen Vorstellungen umsetzen können, nehmen sie auf die Besetzung der Leitungsorgane Einfluss. Neben der Besetzung des Aufsichtsrats durch eine koordinierte Stimmrechtsausübung können sie durch faktische Beeinflussung der Aufsichtsratsmitglieder sowohl die Wahl des Aufsichtsratsvorsitzenden als auch die Wahl und Abberufung des Vorstands mittelbar steuern. Dabei kann ein beeinflusster Aufsichtsrat den Vorstand im Einzelfall aus wichtigem Grund abberufen, weil das Geschäftsführungsorgan in grundlegenden Fragen eine andere Geschäftspolitik verfolgt als die Aktivisten.

5. Aktivistische Hedgefonds identifizieren Unternehmen, die eine hohe Eigenkapitalquote aufweisen, und beeinflussen deren Finanzpolitik. Sind die gebildeten Rücklagen nach Ansicht der Fonds zu groß, versuchen sie, eine Auflösung dieser Rücklagen und deren Ausschüttung zu erzwingen. Handelt es sich um ein breit aufgestelltes Unternehmen oder besitzt es verwertbare Aktiva, drängen Hedgefonds nicht selten auf eine Zerschlagung und im Anschluss auf Aktienrückkäufe oder erhöhte Dividendenauszahlungen. Aktive Fonds im Bereich *distressed securities* versuchen nach dem Erwerb von Anteilen notleidender Gesellschaften direkten Einfluss auf die Restrukturierung zu nehmen

und so durch eine effizientere Ressourcennutzung den aktuellen Unternehmenswert zu erhöhen.

6. Hedgefonds bedienen sich vielgestaltiger Einflussinstrumente. Sie erwerben zum einen Aktien und Fremdkapitalinstrumente. Um eine erhebliche Kapitalbelastung durch einen Aktienkauf zu vermeiden, beziehen sie stattdessen Anteile häufig über ein kostengünstiges Wertpapierdarlehen. Über Kaufoptionen und faktische Erwerbsmöglichkeiten im Rahmen von *equity swap*-Vereinbarungen sichern sich die Aktivisten gegebenenfalls einen zukünftigen Erwerb von Aktien und einen damit verbundenen Stimmrechtseinfluss.

Um ein größtmögliches Einflusspotential zu erzielen, gehen Hedgefonds zudem häufig gemeinsam vor und treffen Übereinkünfte mit anderen Investoren. Sie stimmen sich in manchen Fällen über einen gemeinsamen Erwerb der Anteile, eine gemeinsame Stimmrechtsausübung und eine gemeinsame faktische Einflussnahme auf Aufsichtsrat und Vorstand ab. Zusätzlich verfügen sie oft durch Absprachen oder stillschweigende Übereinkünfte im Rahmen von *equity swap*-Vereinbarungen über Stimmrechtseinfluss, wenn der Vertragspartner zu seiner Absicherung Anteile hält und die Abstimmungswünsche der Fonds befolgt.

7. Hedgefonds-Aktivismus ist im Wesentlichen strukturell bedingt. Er erklärt sich durch die ökonomischen Merkmale der Investmentgesellschaften. Einerseits begünstigt die typischerweise erfolgsorientierte Struktur der Vergütungen der Hedgefonds-Manager, dass sie aktiv auf das Unternehmensgeschehen einwirken. Daneben bedienen sich gerade Hedgefonds aktivistischer Kampagnen zur Renditesteigerung, weil sie nicht in gleichem Umfang dem Trittbrettfahrerproblem ausgesetzt sind wie gewöhnliche Investmentfonds. Des Weiteren lässt sich strategischer Aktivismus nur schwer mit den Zielen einer von traditionellen Investmentfonds verfolgten Diversifikationsstrategie vereinbaren.

8. Aktivismus traditioneller Investoren (*shareholder activism*) unterscheidet sich von den von Hedgefonds praktizierten Strategien. Traditionelle Investoren reagieren auf Missmanagement von Gesellschaften, indem sie entweder Anteile von vornherein nicht erwerben oder, wenn das Missmanagement erst später auftritt oder erkennbar wird, wenn sie bereits investiert sind (ex post). Von Hedgefonds praktizierter Aktivismus ist demgegenüber ex ante und strategisch ausgerichtet. Sie erwerben gezielt auch Beteiligungen von Gesellschaften mit Managementproblemen. Auf Grund der strategischen Ausrichtung ist

Hedgefonds-Aktivismus zugleich zeit- und kostenintensiver als Aktivismus traditioneller Investoren.

9. a) Das aktive Auftreten von Hedgefonds als Stakeholder kann positive Effekte in Bezug auf die *Corporate Governance* der betreffenden Publikumsgesellschaften hervorrufen. Dies ermöglicht eine effizientere Kontrolle des Vorstands, der damit angehalten werden kann, sein Handeln mehr am Unternehmens- oder Aktionärsinteresse auszurichten. Des Weiteren trägt das Engagement von Hedgefonds nicht selten zur Sanierung insolvenzgefährdeter Unternehmen bei, da Hedgefonds oftmals auch noch in solchen Situationen Liquidität zur Verfügung stellen, in denen traditionelle Geldgeber Kredite verweigern.

b) Reiner Aktionäraktivismus (*shareholder activism*) strebt in der Regel eine reine Verbesserung der *Corporate Governance* innerhalb eines Unternehmens an und erfolgt daher regelmäßig im Interessengleichlauf mit den übrigen Aktionären. Hedgefonds orientieren sich hingegen grundsätzlich nicht am Unternehmens- oder dem Interesse der anderen Aktionäre, wenn sie Einfluss auf die Gesellschaft nehmen.

Zu bezweifeln ist die These, dass der kurzfristige Anlagehorizont von Hedgefonds die Interessen von Gesellschaft und Mitaktionären gefährde.

Gefahren treten jedoch bei außergesellschaftlichen Interessenkonflikten auf, wenn die beeinflussenden Fonds weitere ökonomische Interessen verfolgen und im Interesse einer anderen Position handeln, deren Entwicklung sich umgekehrt zur Entwicklung der Portfoliogesellschaft verhält. Hedgefonds bauen zum einen in manchen Fällen Positionen in *anderen* Unternehmen auf, deren Wert von Entscheidungen der beeinflussten Gesellschaft abhängt. Zum anderen generieren Aktivisten ein ökonomisches Interesse an einem Kursrückgang, indem sie zusätzliche Aktien leerverkaufen oder sonstige Short-Positionen erwerben. Damit kann die gewählte Strategie einen Hedgefonds-Manager dazu veranlassen, den Wert einer Portfoliogesellschaft zu senken statt ihn zu erhöhen.

Teil 2. Rechtliche Schranken aktivistischer Hedgefondsstrategien

Die Macht des Anteilseigners als auch eines Fremdkapitalgebers ist rechtlich begrenzt. Auch wenn Hedgefonds als einflussstarke Marktteilnehmer besser als andere Investoren positioniert sind, um eine Gegenwehr gegen Vorstandsmaßnahmen zu bilden, können auch sie die Bindungen des Rechts nicht ignorieren.[712] Die rechtlichen Barrieren zulässigen Aktionärs- oder Fremdkapitalgeberverhaltens sowie an dieses anknüpfende Pflichten ergeben sich je nach Schutzzweck aus kapitalmarktrechtlichen, gesellschaftsrechtlichen und allgemeinen zivilrechtlichen Vorschriften. Um Schranken und Pflichten des geltenden Rechts für aktivistische Hedgefonds herzuleiten und im Anschluss feststellen zu können, ob das geltende Recht vor den potentiellen Risiken einer Einflussnahme von Hedgefonds ausreichend schützt oder ob Bedarf für Maßnahmen de lege ferenda besteht,[713] werden deren zuvor dargestellte Verhaltensweisen[714] unter bestehende kapitalmarktrechtliche (A.), gesellschaftsrechtliche (B.) und bürgerlichrechtliche (C.) Normen subsumiert. Außerdem werden rechtliche Einflussnahmetechniken aktivistischer Hedgefonds daraufhin untersucht, ob sie missbräuchlich sind (D.).

A. Kapitalmarktrechtliche Schranken

Das Kapitalmarktrecht beschränkt aktivistische Hedgefondsstrategien durch Vorschriften des Übernahmerechts (I.) und des Wertpapierhandelsgesetzes (II.).

I. Wertpapiererwerbs- und Übernahmegesetz (WpÜG)

Aktive Hedgefonds erwerben Eigen- und Fremdkapitalpositionen von Gesellschaften, um sie im Anschluss zu beeinflussen und im Extremfall zumindest faktisch zu kontrollieren. Nach dem Übernahmerecht kontrolliert ein Bieter eine Zielgesellschaft, sobald er 30 Prozent der Stimmrechte erlangt.[715] Zu erläutern ist, wie die übernahmerechtlichen Vorschriften die Einflussmacht von

---

712 *Thompson*, The Limits of Hedge Fund Activism, S. 2.

713 Zur Untersuchung, ob Regulierungsbedarf besteht, siehe unten S. 321 ff.

714 Zu den Techniken aktivistischer Strategien siehe oben S. 53 ff.

715 § 29 Absatz 2 WpÜG.

Hedgefonds begrenzen, wenn sie die Kontrolle über eine Zielgesellschaft ausüben: Einleitend wird besprochen, welche Rechtsfolgen ein Kontrollerwerb für Hedgefonds hervorruft und welchen Zweck der Gesetzgeber mit den übernahmerechtlichen Vorschriften verfolgt (1.). Da aktivistische Hedgefonds regelmäßig nur Positionen erwerben, die deutlich unterhalb der Kontrollschwelle liegen, scheidet zwar ein unmittelbarer Kontrollerwerb in diesen Fällen aus. Vergrößern Hedgefonds indes ihren Einfluss, indem sie sonstige Finanzinstrumente erwerben oder sich mit anderen Aktionären koordinieren, können sie jedoch mittelbar die Kontrolle über die Zielgesellschaft erlangen, wenn ihnen auf Grund der Tatbestände des § 30 WpÜG Stimmrechte Dritter zuzurechnen sind. Zu erörtern ist daher, unter welchen Umständen Hedgefonds durch ihr strategisches Verhalten eine Zurechnung auslösen (2.). Die *BaFin* kann nach Maßgabe des § 37 WpÜG auf schriftlichen Antrag hin einen Bieter trotz Kontrollerwerb ausnahmsweise von den daran anknüpfenden Verpflichtungen befreien. Ob Hedgefonds diese Suspendierungsmöglichkeiten für typische Aktionsmuster ausnutzen können, wird sodann, unter (3.), dargelegt.

1. Übernahmerechtlicher Kontrollerwerb: Telos und Rechtsfolgen

Hedgefonds oder sonstige Investoren kontrollieren nach dem Übernahmerecht eine Zielgesellschaft, wenn sie 30 Prozent der Stimmrechte erlangen.[716] Dem liegt ein formaler Kontrollbegriff zu Grunde; auf eine tatsächliche Beherrschung oder Beherrschungsmöglichkeit über die Zielgesellschaft kommt es im Gegensatz zum Beherrschungsbegriff des § 17 AktG nicht an.[717] Der Gesetzgeber stellt die unwiderlegliche Vermutung auf, dass unabhängig von der Gestaltung des Einzelfalls derjenige, der die Schwelle von 30 Prozent erreicht, die Kontrolle innehat.[718] Begründet wird diese Schwelle zum einen mit dem rechtstatsächlichen Umstand, dass auf Grund der im Durchschnitt nied-

[716] Vgl. § 29 Absatz 2 WpÜG. Diese Regelung gilt für Stimmrechte aus Wertpapieren von Zielgesellschaften, die zum Handel an einem organisierten Markt zugelassen sind, § 1 WpÜG. Organisierter Markt in diesem Sinne sind der *amtliche* und der *geregelte Markt*, vgl. § 2 Absatz 5 WpHG.

[717] *v. Bülow*, in: Kölner Kommentar WpÜG, § 29 Rn. 69; *Holst*, in: Heidel, Anwaltskommentar AktG, § 29 WpÜG Rn. 2; *Thoma*, NZG 2002, 105, 111; *Berger/Filgut*, AG 2004, 592. Zum Beherrschungsbegriff des Konzernrechts (§ 17 AktG) siehe unten S. 236 ff.

[718] Vgl. *OLG München*, ZIP 2005, 856, 857; *Steinmeyer*, in: Steinmeyer/Häger, § 29 Rn 12 f.; *Noack*, in: Schwark, Kapitalmarktrecht, § 29 WpÜG Rn. 18; *Süßmann*, in: Geibel/Süßmann, WpÜG, § 29 Rn. 13.

rigen Hauptversammlungspräsenzen börsennotierter deutscher Unternehmen mit einer Beteiligung von 30 Prozent in den meisten Fällen eine Hauptversammlungsmehrheit besteht; zum anderen wird auf vergleichbare Regelungen in anderen europäischen Staaten verwiesen.[719]

Sobald ein Hedgefonds oder sonstiger Aktionär unmittelbar oder mittelbar[720] die Kontrolle über eine Zielgesellschaft erlangt, hat er dies unter Angabe seines Stimmrechtsanteils unverzüglich zu veröffentlichen.[721] Die Regelung soll die Öffentlichkeit frühzeitig über marktrelevante Tatsachen informieren, um das Ausnutzen von Spezialwissen (Insidergeschäfte) so weit wie möglich zu verhindern.[722]

Darüber hinaus ist der kontrollierende Aktionär dazu verpflichtet, den übrigen Aktionären ein Kaufangebot für ihre Anteile zu unterbreiten.[723] Innerhalb von vier Wochen nach der Veröffentlichung der Kontrollmitteilung muss er als Bieter daher der *BaFin* eine Angebotsunterlage übermitteln und ein Angebot veröffentlichen.[724] Indem der Bieter ein sogenanntes *Pflichtangebot* abzugeben hat, werden die außenstehenden Aktionäre in die Lage versetzt, aus der Gesellschaft auszutreten. Dem liegt die Befürchtung zu Grunde, dass sich ein beherrschender Aktionär Sondervorteile zu Lasten seiner Mitgesellschafter

---

719 RegE WpÜG, BT-Drucks. 14/7034, S. 30, 53; *Schockenhoff/Schumann*, ZGR 2005, 568, 575; *Borges*, ZIP 2007, 357, 362; *Saenger/Kessler*, ZIP 2006, 837, 841. *Oechsler* schlägt für solche Fälle, in denen der Bieter mit Erreichen oder Überschreiten der 30 Prozent Schwelle keine Mehrheit erlangt, eine teleologische Reduktion von § 29 Absatz 2 WpÜG vor (*Oechsler*, NZG 2001, 817, 825). Indes fehlt es in derartigen Konstellationen nicht bereits an der Verpflichtung zur Abgabe eines Angebotes gemäß § 35 WpÜG; in Betracht kommt lediglich eine Befreiung durch das Bundesaufsichtsamt, *Harbarth*, ZIP 2002, 312, 323. Zu den Befreiungstatbeständen siehe unten S. 201 ff.

720 Siehe zur Zurechnung von Stimmrechten anderer Aktionäre sogleich S.143 ff.

721 § 35 Absatz 1 WpÜG.

722 *Krause/Pötzsch*, in: Assmann/Pötzsch/Schneider, WpÜG, § 35 Rn. 7. Für einfache Erwerbsangebote und Übernahmeangebote enthält § 10 WpÜG eine Parallelregelung. Statt des Kontrollerwerbs ist bei diesen Angeboten die Entscheidung zur Abgabe eines Angebots zu publizieren, vgl. RegE WpÜG, BT-Drucks. 14/7034, S. 39, 61 (zu § 10). Zum Verbot des Insiderhandels siehe unten S. 220 ff.

723 Mit dem Erlass des WpÜG hat der Gesetzgeber das Ziel verfolgt, Rahmenbedingungen für Unternehmensübernahmen zu schaffen, die den Anforderungen der Globalisierung und der Finanzmärkte angemessen Rechnung tragen, und hierdurch den Wirtschaftsstandort und Finanzplatz Deutschland auch im internationalen Wettbewerb zu stärken. Dabei sollte insbesondere die rechtliche Stellung von Minderheitsaktionären bei Unternehmensübernahmen verbessert werden und sich das Gesetz an international üblichen Standards orientieren, vgl. RegE WpÜG, BT-Drucks. 14/7034, S. 28. Die Aufnahme des – international weit verbreiteten – Pflichtangebots in das WpÜG dient der Verwirklichung dieser Ziele. Dabei hat sich der deutsche Gesetzgeber vor allem an den Regelungen des Vereinigten Königreichs, Österreichs und der Schweiz orientiert.

724 § 35 Absatz 2 WpÜG.

verschaffen kann.[725] Daneben sollen die Aktionäre im Fall eines Kontrollerwerbs oder Kontrollwechsels und der mit ihm unter Umständen verbundenen Neuausrichtung der Geschäftspolitik mit ihren Auswirkungen auf die unternehmerischen Chancen und Risiken die Möglichkeit haben, ihre Aktien zu einem angemessenen Preis zu veräußern.[726] Als Ausfluss des kapitalmarktrechtlichen Gleichbehandlungsgrundsatzes soll den Angebotsempfängern die gleiche Kontrollprämie gezahlt werden, die der Bieter bei Aufbau der kontrollierenden Beteiligung an die bereits ausgeschiedenen Aktionäre gezahlt hat.[727] Damit bezweckt das Pflichtangebot einen Minderheitenschutz durch übernahmerechtliche Austrittsmöglichkeit.[728]

Kommt ein Bieter diesen Verpflichtungen nicht nach, hat er den Aktionären für die Dauer des Verstoßes Zinsen auf die Gegenleistung in Höhe von fünf Prozentpunkten über dem jeweiligen Basiszinssatz zu zahlen.[729] Daneben bestehen Rechte aus den Aktien des Bieters und der mit ihm gemeinsam handelnden Personen für den Zeitraum nicht, in dem diese der Angebots- und Veröffentlichungspflicht nicht nachkommen.[730] Insbesondere das Stimmrecht aus den betreffenden Aktien ruht für diese Zeit. Ein Verstoß gegen diese Verpflichtung ist zudem als Ordnungswidrigkeit mit einer Geldbuße von bis

---

[725] *Engert*, JZ 2007, 314.

[726] Vgl. RegE WpÜG, BT-Drucks. 14/7034, S. 30; *OLG Frankfurt*, ZIP 2004, 1309, 1312; *Steinmeyer*, in: Steinmeyer/Häger, WpÜG, § 35 Rn. 7; *Schlitt*, in: Münchener Kommentar AktG, § 35 WpÜG Rn. 5 f.; *v. Bülow*, in: Kölner Kommentar WpÜG, § 35 Rn. 4; *Casper*, ZIP 2003, 1469, 1476; *Riehmer*, in: Haarmann/Riehmer/Schüppen, WpÜG, § 30 Rn. 58 f.; *Thoma*, NZG 2002, 105, 111; *Berger/Filgut*, AG 2004, 592, 598; *Liebscher*, ZIP 2001, 853, 866; *Harbarth*, ZIP 2002, 321, 322.

[727] RegE WpÜG, BT-Drucks. 14/7034, S. 30 f.; *Oechsler*, in: Ehricke/Ekkenga/Oechsler, WpÜG, § 35 Rn. 4; *Krause/Pötzsch*, in: in Assmann/Pötzsch/Schneider, WpÜG, § 35 Rn. 33.

[728] Vgl. *Krause/Pötzsch*, in: in Assmann/Pötzsch/Schneider, WpÜG, § 35 Rn. 8; *Schneider*, ZGR 2008, 440, 446; *Harbarth*, ZIP 2002, 321, 322. Zur an dieser Stelle unerheblichen Diskussion, ob das Pflichtangebot eine präventive Konzerneingangskontrolle darstellt oder dem kapitalmarktrechtlichen Funktionenschutz dient, siehe *v. Bülow*, in: Kölner Kommentar WpÜG, § 35 Rn. 4; *Hommelhoff/Witt*, in: Haarmann/Riehmer/Schüppen, WpÜG, Vor 35 bis 39 Rn. 31; *Harbarth*, ZIP 2002, 321, 322 (Konzerneingangskontrolle); *Ekkenga/Schulz*, in: Ehricke/Ekkenga/Oechsler, WpÜG, § 35 Rn. 5; *Habersack*, in: Emmerich/Habersack, Aktien- und GmbH-Konzernrecht, § Vor § 311 AktG Rn. 10, 25; *Krause/Pötzsch*, in: in Assmann/Pötzsch/Schneider, WpÜG, § 35 Rn. 32 m. w. Nachw. (kapitalmarktrechtlicher Funktionenschutz).

[729] § 38 WpÜG. Diese Verpflichtung tritt nicht gegenüber einem Aktionär ein, welcher selbst als Bieter anzusehen ist, vgl. *BGH*, ZIP 2006, 2077, 2079.

[730] § 59 S. 1 WpÜG. Dies gilt nach § 59 S.2 WpÜG nicht, wenn die Veröffentlichung oder das Angebot nicht vorsätzlich unterlassen wurde und nachgeholt worden ist. Siehe auch § 28 WpHG für die Verletzung der Mitteilungspflicht des § 21 WpHG. Zu diesen Rechtsfolgen *Schneider/Schneider*, ZIP 2006, 493.

zu einer Million Euro bedroht.[731] Infolgedessen ist ein Kontrollerwerb für Hedgefonds und sonstige Bieter mit einem erheblichen Kostenaufwand verbunden und schränkt deren unternehmerische Handlungsfreiheit ein.[732]

2. Stimmrechtszurechnung

Regelmäßig werden Hedgefonds lediglich mittelbar die Kontrolle über eine Zielgesellschaft erwerben, indem sie durch strategisches Verhalten ihren Stimmrechtseinfluss vergrößern. Dabei dienen die Zurechnungsvorschriften der Feststellung der tatsächlichen Stimmrechtskonzentration.[733] Sie tragen dem Umstand Rechnung, dass die Praxis häufig durch Interaktion zwischen mehreren Personen geprägt ist, während gesetzliche Verhaltensnormen regelmäßig von einem einzelnen, isoliert handelnden Rechtssubjekt ausgehen.[734] Erfasst werden sollen Konstellationen, in denen tatsächlich oder nach Vermutung des Gesetzgebers formelle Rechtsinhaberschaft an der Aktie einerseits und Stimmrechtsherrschaft aus der Aktie nicht parallel verlaufen.[735] Dem Bieter werden auf diese Weise Stimmrechte zugerechnet, auf deren Ausübung er rechtlich oder faktisch Einfluss hat oder zumindest haben kann. Eine Zurechnung ist in der Hedgefondspraxis denkbar, wenn Aktivisten Finanzinstrumente erwerben (a) oder ihr Verhalten untereinander abstimmen (b).

a) Sonstige Finanzinstrumente

Hedgefonds beziehen Anteile vor einer Hauptversammlung häufig über ein kostengünstiges Wertpapierdarlehen, um eine erhebliche Kapitalbelastung durch einen Aktienkauf zu vermeiden. Daneben sichern sie sich über Kaufoptionen einen zukünftigen Erwerb von Aktien und einen damit verbundenen Stimmrechtseinfluss. Im Rahmen von *equity swap*-Vereinbarungen können Aktivisten darüber hinaus Stimmrechtseinfluss und eine faktische Erwerbsmöglichkeit erlangen, wenn der Vertragspartner entsprechende Anteile zu Sicherungszwecken hält. Zu erörtern ist, ob Hedgefonds Stimmrechte aus diesen

---

[731] § 60 Absatz 1 Nr. 1a), 2; Absatz 3 WpÜG.

[732] Vgl. zu verfassungsrechtlichen Bedenken *Thoma*, ZIP 1996, 1725, 1731 f.; *Kallmeyer*, ZHR 161, 435, 436. Vor diesem Hintergrund ist das Pflichtangebot zudem rechtspolitischen Einwänden ausgesetzt, auf die an dieser Stelle nicht weiter eingegangen werden kann, vgl. hierzu näher *Baums*, ZIP 1989, 1376, 1377 f.

[733] *Wackerbarth*, in: Münchener Kommentar AktG, § 30 WpÜG Rn. 9; *v. Bülow*, in: Kölner Kommentar WpÜG, § 30 Rn. 4.

[734] Z.B. der „Bieter", das „herrschende Unternehmen", der „Hauptaktionär".

[735] *v. Bülow*, in: Kölner Kommentar WpÜG, § 30 Rn. 4.

Positionen zuzurechnen sind. Das Gesetz unterstellt den Beteiligten in den Fällen des § 30 Absatz 1 WpÜG auf Grund äußerer Umstände, dass sie ihre Interessen koordinieren und damit ihr Verhalten in Bezug auf die Zielgesellschaft abstimmen. Auf die Feststellung eines konkreten, zurechnungsbegründenden Verhaltens kommt es nicht an.[736] Anlass der Abstimmungsvermutung ist ein gesellschaftsrechtlicher, vertraglicher oder faktisch vermittelter Einfluss auf die Ausübung des Stimmrechts aus den Aktien der Zielgesellschaft. Für aktivistische Hedgefonds kommt damit eine Stimmrechtszurechnung aus Aktiendarlehenspositionen (aa), Kaufoptionen (bb) und im Rahmen von *equity swap*-Geschäften (cc) in Betracht.

AA) AKTIENDARLEHENSPOSITIONEN

Beschaffen sich Hedgefonds Aktien im Wege eines Wertpapierdarlehens, um Stimmrechte für eine bevorstehende Hauptversammlung zu bündeln, sind ihnen diese Stimmrechte als Darlehensnehmer und Aktionäre zuzurechnen.[737] Da der Wertpapierdarlehensnehmer zivilrechtlicher Eigentümer der Aktien wird, ist er berechtigt, die Stimmrechte aus den übertragenen Aktien nach eigenem Ermessen auszuüben.[738] Aus diesem Grund scheidet eine Stimmrechtszurechnung beim Darlehensgeber nach § 30 Absatz 1 Satz 1 Nummer 2 WpÜG aus.[739] Auch sind dem Darlehensgeber die Stimmrechte nicht nach § 30 Absatz 1 Satz 1 Nummer 5 WpÜG zuzurechnen, da die Aktien nicht durch einseitige Willenserklärung, ohne jegliche Mitwirkung des Darlehensnehmers, zurückerworben werden können.[740]

Geben Hedgefonds Wertpapierdarlehen an Dritte aus, um die Stimmrechte nicht offenlegen zu müssen, ist eine Zurechnung demzufolge zwar grundsätzlich ausgeschlossen. Ausnahmsweise sind die Stimmrechte allerdings nach § 30 Absatz 1 Satz 1 Nummer 2 WpÜG zuzurechnen, wenn der Darlehensgeber rechtlich oder faktisch die Möglichkeit hat, den Darlehensnehmer in sei-

---

[736] *v. Bülow/Bücker*, ZGR 2004, 669, 678; *v. Bülow*, in: Kölner Kommentar WpÜG, § 30 Rn. 4.

[737] Vgl. *U. H. Schneider*, in: Assmann/Schneider, WpHG, § 22 Rn. 69.

[738] *OLG München*, Der Konzern 2006, 862, 866; *Kienle*, in: Schimansky/Bunte/Lwowski, Bankrechts-Handbuch, § 105 Rn. 62; *U. H. Schneider*, in: Assmann/Schneider, WpHG, § 22 Rn. 69; *Sieger/Hasselbach*, WM 2004, 1370, 1373. Zur Frage, ob eine Stimmrechtsausübung aus wertpapierdarlehensweise beschafften Aktien rechtsmissbräuchlich ist, siehe unten S. 311 ff.

[739] Vgl. *Süßmann*, in: Geibel/Süßmann, WpÜG, § 30 Rn. 20; *v. Bülow*, in: Kölner Kommentar WpHG, § 22 Rn. 83.

[740] *Diekmann*, in: Baums/Thoma, WpÜG, § 30 Rn. 59.

ner Stimmrechtsausübung zu beeinflussen.[741] Können Hedgefonds als Darlehensgeber auf die Stimmrechtsausübung einwirken, wird damit eine Zurechnung ausgelöst.

BB) KAUFOPTIONEN

Erwerben Hedgefonds Kaufoptionen, scheidet eine Zurechnung der Stimmrechte aus diesen Aktien nach § 30 Absatz 1 Satz 1 Nummer 2 WpÜG beim Optionsberechtigten aus, weil die veroptionierten Aktien vom Stillhalter nicht für Rechnung des Optionsberechtigten gehalten werden. Der Stillhalter als Eigentümer der Aktien trägt ausschließlich das wirtschaftliche Risiko aus dem Geschäft.[742]

Allerdings kommt eine Zurechnung von Kaufoptionen bei Hedgefonds als Optionsberechtigten nach § 30 Absatz 1 Satz 1 Nummer 5 WpÜG in Betracht, wenn der Begünstigte den Eigentumserwerb an den veroptionierten Aktien jederzeit durch einseitige Handlung herbeiführen kann, ohne dass ihn der Stillhalter daran hindern könnte. Voraussetzung hierfür ist, dass der Stillhalter die optionierten Aktien bereits aufschiebend bedingt an den Begünstigten übereignet hat und der Berechtigte jederzeit die Bedingung herbeiführen kann.[743] Bei börsengängigen Kaufoptionen wird allerdings typischerweise nur ein schuldrechtlicher Anspruch vereinbart, so dass eine Zurechnung ausscheidet.[744] Die rein schuldrechtliche Erwerbsposition reicht für eine Zurechnung nicht aus, da die Möglichkeit des Erwerbs durch einseitige Willenserklärung allein noch keine Stimmrechtsherrschaft begründet, die Norm eng auszulegen ist[745] und eine Vorschrift entsprechend § 31 Absatz 6 WpÜG, § 25 WpHG hier fehlt.

---

[741] *v. Bülow*, in: Kölner Kommentar WpÜG, § 30 Rn. 70; *U. H Schneider*, in: Assmann/Pötzsch/Schneider, WpÜG, § 30 Rn. 50; *Diekmann*, in: Baums/Thoma, WpÜG, § 30 Rn. 46. Dies betrifft die Fälle der in der Praxis seltenen sog. einfachen Wertpapierdarlehen: eine Weiterveräußerung der Aktien nicht beabsichtigt oder erlaubt, vgl. *BaFin*, Entwurf Emittentenleitfaden, 2008, Punkt I.2.5.2.2.

[742] *Diekmann*, in: Baums/Thoma, WpÜG, § 30 Rn. 49; *v. Bülow*, in: Kölner Kommentar WpÜG, § 30 Rn. 56.

[743] *v. Bülow*, in: Kölner Kommentar WpÜG, § 30 Rn. 92. Vgl. *U. H Schneider*, in: Assmann/Pötzsch/Schneider, WpÜG, § 30 Rn. 70; *Wackerbarth*, in: Münchener Kommentar AktG, § 30 WpÜG Rn. 9; *Schwark*, in: Schwark, Kapitalmarktrecht, § 22 WpHG Rn. 10; *Walz*, in: Haarmann/Schüppen, Frankfurter Kommentar WpÜG, § 30 Rn. 47.

[744] *Walz*, in: Haarmann/Schüppen, Frankfurter Kommentar WpÜG, § 30 Rn. 49.

[745] *Diekmann*, in: Baums/Thoma, WpÜG, § 30 Rn. 55 f.; *Süßmann*, in: Geibel/Süßmann, WpÜG, § 30 Rn. 20; *Steinmeyer*, in: Steinmeyer/Häger, WpÜG, § 30 Rn. 40 f.

cc) Equity Swap-Vereinbarungen

Bei *long equity swap*-Geschäften nehmen Hedgefonds angeblich häufig auf die Stimmrechtsausübung des Vertragspartners Einfluss.[746] In Betracht kommt, dass in den Fällen eines *equity swap*[747] ein Handeln für Rechnung des Bieters vorliegt und eine Zurechnung nach § 30 Absatz 1 Satz 1 Nummer 2 WpÜG ausgelöst wird. Grund für die Zurechnung ist, dass derjenige, der das wirtschaftliche Risiko trägt, typischerweise auch die rechtliche oder die tatsächliche Möglichkeit hat, den formalen Rechtsinhaber anzuweisen, wie er die Stimmrechte auszuüben hat.[748] Beim Handeln für Rechnung des Bieters kommt es – anders als bei § 71a Absatz 2 AktG – daher nicht ausschließlich auf die Frage der mit den Aktien verbundenen Gewinn- und Verlustchancen an,[749] sondern darauf, wessen Interessen für die Ausübung des Stimmrechts maßgeblich sind.[750] Ausreichend ist, dass der Bieter faktisch auf die Ausübung der Stimmrechte aus den Aktien Einfluss nehmen kann und zumindest teilweise das wirtschaftliche Risiko der veroptionierten Aktien trägt.[751] Nur wenn der Dritte seine Interessen denen des Bieters unterordnet, sind die Voraussetzungen der Norm erfüllt. Hält beispielsweise eine Investmentbank als Swap-Partner zum Zwecke des Risikoausgleichs Aktien der Zielgesellschaft, soll nach einer Auffassung eine Zurechnung regelmäßig zu bejahen sein, um eine Umgehung auszuschließen: In diesem Fall stehe nur auf den ersten Blick die Risikoausgleichs- und Hedgingfunktion für den Vertragspartner im Vordergrund. Tatsächlich tragen in dieser Konstellation die Hedgefonds als Bieter die wirtschaftlichen Chancen und Risiken, welche mit dem (Rück-)Erwerb und dem Halten der Aktien verbunden sind. Infolgedessen spreche zumindest

---

[746] Vgl. *Engert*, ZIP 2006, 2105, 2108 und oben S. 115.

[747] Zur Funktionsweise eines *equity swap* siehe oben S. 112 f.

[748] Vgl. *U. H Schneider*, in: Assmann/Pötzsch/Schneider, WpÜG, § 30 Rn. 27; *Süßmann*, in: Geibel/Süßmann, WpÜG, § 30 Rn. 5; *Steinmeyer*, in: Steinmeyer/Häger, WpÜG, § 30 Rn. 11 ff.

[749] *Lutter*, in: Kölner Kommentar AktG, § 71a Rn. 82; *U. H Schneider*, in: Assmann/Pötzsch/Schneider, WpÜG, § 30 Rn. 25; *Oechsler*, in: Münchener Kommentar AktG, § 71a Rn. 43.

[750] *Steinmeyer*, in: Steinmeyer/Häger, WpÜG, § 30 Rn. 11 f.; *v. Bülow*, in: Kölner Kommentar WpÜG, § 30 Rn. 53, 54; *Oechsler*, in: Ehricke/Ekkenga/Oechsler, WpÜG, § 30 Rn. 5; *Diekmann*, in: Baums/Thoma, WpÜG, § 30 Rn. 32.

[751] *U. H Schneider*, in: Assmann/Pötzsch/Schneider, WpÜG, § 30 Rn. 27; *Süßmann*, in: Geibel/Süßmann, WpÜG, § 30 Rn. 6. Sobald der Bieter kein wirtschaftliches Risiko trägt und auf die Stimmrechtsausübung eines anderen Einfluss nimmt, kommt aber eine Zurechnung nach § 30 Absatz 2 WpÜG in Betracht.

eine Vermutung dafür, dass sie entsprechenden Einfluss auf die Stimmrechtsausübung nehmen können.[752]

Dagegen wird vorgebracht, dass die Banken bei Swap-Geschäften nicht notwendig willfährige Befehlsempfänger der Investoren sind.[753] Beträchtlich variiert nach einer von der britischen Kapitalmarktaufsicht in Auftrag gegebenen Untersuchung die Art und Weise, wie Banken von dem Stimmrecht der von ihnen zur Risikoabsicherung gehaltenen Aktien Gebrauch machen: Während viele Banken das Stimmrecht gar nicht ausüben, stimmen andere bei wichtigen Anlässen ab, wenn die Swap-Abteilung dies anregt und das Senior Business Management dem zustimmt; daneben verwenden viele Banken eine Klausel, die einen Einfluss des Investors auf ihr Stimmverhalten ausschließt. Für eine tatsächliche Vermutung der Stimmrechtsmacht von Hedgefonds in diesen Konstellationen fehlt damit die empirische Basis.[754]

Regelmäßig ist mithin eine Zurechnung ausgeschlossen, wenn nicht die Beteiligten nachweisbar zumindest faktisch voraussetzen, dass der Vertragspartner die Aktien hält und die Stimmrechte im Interesse des Hedgefonds ausübt, weil dieser im Innenverhältnis das wirtschaftliche Risiko übernommen hat.[755] Damit findet eine übernahmerechtliche Zurechnung grundsätzlich nicht statt, wenn Hedgefonds mithilfe von *long equity swap*-Vereinbarungen versuchen, unerkannt den Erwerb der von dem Vertragspartner zum Zwecke des Risikoausgleichs gehaltenen Aktien vorzubereiten.[756] Auf der anderen Seite scheidet eine Zurechnung nach Nr. 2 in jedem Fall aus, wenn der Swap-Partner seinerseits kein Aktionär ist und damit ein Einfluss auf die Stimmrechtsausübung ausgeschlossen ist.[757]

Da selbst schuldrechtliche Erwerbspositionen aus Kaufoptionen keine Zurechnung nach § 30 Absatz 1 Satz 1 Nummer 5 WpÜG begründen, scheidet erst recht eine Zurechnung auf Grund einer möglicherweise bestehenden fak-

---

752 Vgl. *Oechsler*, in: Ehricke/Ekkenga/Oechsler, WpÜG, § 30 Rn. 7; *Starke*, Beteiligungstransparenz im Gesellschafts- und Kapitalmarktrecht, S. 200; *Arends*, Die Offenlegung von Aktienbesitz nach deutschem Recht, S. 61; *Heinrich*, Kapitalmarktrechtliche Transparenzbestimmungen und die Offenlegung von Beteiligungsverhältnissen, S. 93.

753 Vgl. auch § 23 Absatz 1 Nr. 3 WpHG.

754 *Fleischer/Schmolke*, ZIP 2008, 1501, 1506 m. Nachw.

755 Vgl. *Engert*, ZIP 2006, 2105, 2110.

756 Vg. dazu, ob ein solches Vorgehen eine Mitteilungspflicht nach den Vorschriften des WpHG auslöst unten S. 216 ff.

757 Vgl. *Oechsler*, in: Ehricke/Ekkenga/Oechsler, WpÜG, § 30 Rn. 7; *Renz/Rippel*, BKR 2008, 309, 312.

tischen Erwerbsmöglichkeit von zur Sicherheit vom Vertragspartner gehaltenen Aktien aus *long equity swap*-Vereinbarungen aus.[758]

b) Einfluss durch abgestimmtes Verhalten

Um einen größtmöglichen Einfluss auf Portfoliogesellschaften zu erzielen, gehen Hedgefonds zunehmend gemeinsam vor.[759] So bauen sie häufig parallel mit anderen Aktivisten Positionen auf und üben ihre Stimmrechte gleichartig aus. Insbesondere bestellen sie gemeinsam neue Aufsichtsratsmitglieder und berufen unkooperative Mitglieder ab, um Vorstandsbesetzung und Unternehmensführung beeinflussen zu können. Hedgefonds wirken daneben faktisch auf die Entscheidungen von Aufsichtsrat und Vorstand ein, indem sie abgestimmt mit anderen Aktivisten Gespräche mit Mitgliedern der Leitungsorgane führen oder ihre unternehmenspolitischen Vorstellungen veröffentlichen. Darüber hinaus drohen Fondsvertreter den Organmitgliedern mit einer koordinierten Abwahl oder sonstigen Sanktionen, falls sie nicht die Wünsche der Aktivisten befolgen. Zudem verständigen sich Hedgefonds nach dem Erwerb von Krediten regelmäßig als Fremdkapitalgeber mit den Aktionären, wenn sie einen Tausch von Fremdkapital in Aktien (*debt equity swap*) beabsichtigen, um an der Unternehmensentwicklung wirtschaftlich teilzunehmen.[760]

Hedgefonds sind auf Grund dieser Praktiken möglicherweise die Stimmrechte der kooperierenden Aktivisten wegen abgestimmten Verhaltens gemäß § 30 Absatz 2 WpÜG zuzurechnen. Für diese Form der verhaltensbedingten Zurechnung hat sich im Bereich des internationalen Kapitalmarktrechts der Begriff des *acting in concert* herausgebildet. Das Konzept des *acting in concert* hat durch das WpÜG und das WpHG erheblich an Bedeutung und an Aufmerksamkeit gewonnen.[761] Zugleich hat der unpräzise Tatbestand des *acting in concert* – einschließlich der Parallelregelung in § 22 Absatz 2 WpHG –[762] auf Grund seiner offenen Formulierungen in Literatur[763] und Rechtsprechung[764]

---

758 Siehe zur Frage, ob eine solche faktische Erwerbsmöglichkeit eine Zurechnung nach § 25 WpHG auslöst unten S. 216.

759 Siehe zur Einflussnahme durch gemeinschaftliches Vorgehen ausführlich oben S. 114 ff.

760 Vgl. oben S. 105 ff.

761 *v. Bülow/Bücker*, ZGR 2004, 669, 670.

762 Siehe zur Stimmrechtszurechnung im Rahmen der Anteilspublizität nach § 22 Absatz 2 WpHG unten S. 213.

763 Siehe beispielsweise *v. Bülow*, in: Kölner Kommentar WpÜG, § 30 Rn. 1 ff.; *ders.*, in: Kölner Kommentar WpHG, § 22 Rn. 1 ff.; *Diekmann*, in: Baums/Thoma, WpÜG, § 30 Rn. 1 ff.; *U. H. Schneider*, in: Assmann/Schneider, WpHG, § 30 Rn. 1 ff.; *Süßmann*, in: Geibel/Süßmann, WpÜG, § 30 Rn. 1 ff.; *Riehmer*, in: Haarmann/Riehmer/Schüppen, WpÜG, § 30 Rn. 1 ff.

mehrere Kontroversen hervorgerufen. Im Zentrum der Kritik steht dabei die mit dem offenen Tatbestand verbundene Unsicherheit für Investoren.[765] Nach intensiver Diskussion und Abänderungen im Gesetzgebungsverfahren wurde die Zurechnungsvorschrift mit dem *Gesetz zur Begrenzung der mit Finanzinvestitionen verbundenen Risiken (Risikobegrenzungsgesetz)* neu gefasst.[766]

Zunächst werden Zweck und Tatbestand einer Stimmrechtszurechnung auf Grund abgestimmten Verhaltens skizziert (aa), um im Anschluss überprüfen zu können, ob und unter welchen Bedingungen die kollektiven Aktivitäten von Hedgefonds eine Stimmrechtszurechnung auslösen (bb). Da konzertierte Verhaltensweisen in der Rechtspraxis regelmäßig schwierig nachzuweisen sind, werden zudem Problemstellungen der Beweisführung behandelt. So wird die Beweislastverteilung in den unterschiedlichen Verfahren dargestellt und der praktisch relevanten Frage nachgegangen, ob prozessuale Vereinfachungen angewendet und zum Nachweis gemeinschaftlicher Praktiken von Hedgefonds verwendet werden können (cc).

aa) Normzweck und Tatbestand

Nach § 30 Absatz 2 Satz 1 WpÜG werden einem Bieter Stimmrechtsanteile jedes Dritten an einer Zielgesellschaft zugerechnet, wenn der Bieter oder eines seiner Tochterunternehmen sein Verhalten in Bezug auf die Zielgesellschaft auf Grund einer Vereinbarung oder in sonstiger Weise mit einem Dritten abstimmt; ausgenommen sind Vereinbarungen in Einzelfällen. Machtbündelungen führen dazu, dass sich sowohl der gesellschaftsrechtlich vermittelte als auch der faktische Einfluss der beteiligten Aktionäre vergrößert.[767] Die übrigen Aktionäre sind auch bei einer Einflusskoordination einer Verschiebung der Machtverhältnisse in der Gesellschaft ausgesetzt. Das Gesetz schützt die außenstehenden Minderheitsaktionäre, indem es die sich koordinierenden Aktionäre zur Abgabe eines Angebotes verpflichtet, sobald sie zusammengenommen die Kontrolle über die Gesellschaft erlangen. Der Bieter soll nicht über vermeintlich unbedenkliche Konzertierungsmaßnahmen un-

---

[764] *BGH*, ZIP 2006, 2077 – WMF; als Vorinstanz *OLG München*, ZIP 2005, 856; *OLG Frankfurt/M.*, ZIP 2004, 1309 – Pixelpark; *OLG Stuttgart*, AG 2005, 125; *LG Hamburg*, AG 2007, 177.

[765] Vgl. die Nachweise in Fn. 763 jeweils mit weiteren Belegen.

[766] Siehe Gesetz zur Begrenzung der Finanzinvestitionen verbundenen Risiken (Risikobegrenzungsgesetz) vom 12.08.2008, BGBl. I 2008, S. 1666; RegE Risikobegrenzungsgesetz vom 07.12.2007, BT-Drucks. 16/7438.

[767] Vgl. *Berger/Filgut*, AG 2004, 592, 598.

bemerkt einen Teil der Kontrolle erlangen.[768] Zurechnungsgrund ist die potentielle oder tatsächliche Möglichkeit der Einflussnahme auf die Ausübung der Stimmrechte durch die Einfluss nehmenden Personen.[769] Durch die Zurechnungsvorschriften sollen also gemeinsam bestehende unternehmerische Einflussmöglichkeiten mehrer Aktionäre berücksichtigt und transparent gemacht werden.[770] Aus Perspektive der außenstehenden Aktionäre ist es unerheblich, ob ein einzelner Aktionär oder ein gefestigtes Konsortium die Gesellschaft kontrolliert. Eine Zurechnung setzt eine Abstimmung (1) mit zurechnungsbegründendem Inhalt (2) voraus, die nicht lediglich einen Einzelfall betrifft (3).

(1) Abstimmungsverhalten

Das abgestimmte Verhalten kann sowohl auf einer Vereinbarung als auch auf einer Abstimmung in sonstiger Weise beruhen. Insbesondere um eine Zurechnung zu vermeiden, einigen sich Hedgefonds in der Regel nicht ausdrücklich oder öffentlich über ihr Vorgehen gegenüber einem Unternehmen. Zumindest lässt sich damit eine rechtsgeschäftliche Vereinbarung häufig prozessual nicht nachweisen.[771] Praktisch relevant ist daher in erster Linie, ob Hedgefonds durch ihr gemeinschaftliches Verhalten den Tatbestand einer *Abstimmung in sonstiger Weise* erfüllen. Diese Alternative dient als Auffangtatbestand und soll verhindern, dass die Vorschriften des WpÜG umgangen werden können.[772] Der Gesetzgeber wollte mit dieser Regelung Verhaltensweisen erfassen, die international unter dem Begriff des *acting in concert* zusammengefasst werden.[773] Indes führt dieser Hinweis nicht zu einem eindeutigen Auslegungsergebnis, da kein international einheitliches Verständnis des Begriffs existiert.[774]

---

768 *v. Bülow*, in: Kölner Kommentar WpÜG, § 30 Rn. 135; *Oechsler*, in: Ehricke/Ekkenga/Oechsler, WpÜG, § 30 Rn. 23; *Süßmann*, in: Geibel/Süßmann, WpÜG, § 30 Rn. 1; *Riehmer*, in: Haarmann/Riehmer/Schüppen, WpÜG, § 30 Rn. 2.

769 *Heinrich*, Kapitalmarktrechtliche Transparenzbestimmungen und die Offenlegung von Beteiligungsverhältnissen, S. 106; *Seibt*, ZIP 2004, 1829, 1830 f.; *v. Bülow*, in: Kölner Kommentar WpÜG, § 30 Rn. 2.

770 *Schockenhoff/Schumann*, ZGR 2005, 568, 575; *Wackerbarth*, in: Münchener Kommentar AktG, § 30 WpÜG Rn. 1, 3.

771 Zu Fragen der Beweislast und Beweisführung siehe unten S. 188.

772 *Weiler/Meyer*, NZG 2003, 909.

773 Vgl. RegE WpÜG, BT-Drucks. 14/7034, S. 54.

774 Siehe die Nachweise bei *v. Bülow/Bücker*, ZGR 2004, 669, 674. Vgl. daneben *OLG Frankfurt/M.*, ZIP 2004, 1309, 1312; *Pentz*, ZIP 2003, 1478, 1480; *Schüppen/Walz*, in: Haar-

Die Gesetzesbegründung zu § 30 Absatz 2 WpÜG verweist „ergänzend" auf die Ausführungen zu § 2 Absatz 5 WpÜG.[775] In Bezug auf die Art und Weise des abgestimmten Verhaltens sind die Normen identisch formuliert, so dass die Vorschriften zumindest in diesem Rahmen identisch auszulegen sind.[776] Nach der Begründung zu § 2 Absatz 5 WpÜG kann ein abgestimmtes Verhalten in sonstiger Weise beispielsweise in einem gleich gerichteten Abstimmungsverhalten in der Hauptversammlung liegen, ohne dass es hierzu eines Stimmbindungsvertrages zwischen den Aktionären bedarf. Daneben erfordere es keiner ausdrücklichen Absprache zwischen den Beteiligten.[777]

Ein abgestimmtes Vorgehen auf Grundlage eines rechtlich nicht verpflichtenden *Gentlemen's Agreement*[778] oder ein lediglich informelles Einvernehmen reichen danach aus.[779] Gefordert ist aber ein bewusstes praktiziertes Zusammenwirken.[780] Eine Abstimmung in sonstiger Weise wird angenommen, wenn jeder Beteiligte dem anderen seine Absichten in irgendeiner Art und Weise bekannt macht und mit Rücksicht auf die übereinstimmende Absicht des an-

---

mann/Schüppen, Frankfurter Kommentar WpÜG, § 30 Rn. 57; *Weiler/Meyer*, NZG 2003, 909; ähnlich *Casper*, ZIP 2003, 1469, 1471. *Engert*, JZ 2007, 314, 315 weist aber darauf hin, dass sich der Gesetzgeber hierbei an dem Entwurf der Übernahmerichtlinie orientierte, der wiederum von den Regelungen des *Londoner City Code on Takeovers and Mergers* beeinflusst ist. Damit könnte der Code eine Auslegungshilfe darstellen, vgl. City Code Sect. F, The Mandatory Offer and its Terms, abgedruckt bei *Hirte*, WpÜG, S. 412 f.

775 Vgl. RegE WpÜG, BT-Drucks. 14/7034, S. 54 und S. 34; dazu auch *Pötzsch/Müller*, WM 2000, 19; *Berger/Filgut*, AG 2004, 592, 596.

776 *Schockenhoff/Schumann*, ZGR 2005, 568, 573. Das Verhältnis der Vorschriften zueinander ist umstritten. Während einige Autoren § 30 Absatz 2 als lex specialis gegenüber § 2 Absatz 5 WpÜG ansehen wollen, vgl. *U. H. Schneider*, WM 2006, 1321; *Baums/Hecker*, in: Baums/Thoma, WpÜG, § 2 Rn. 117; *Assmann*, AG 2002, 114, 124, scheide nach der Gegenauffassung ein Spezialitätsverhältnis aus, da § 30 Absatz 2 WpÜG nicht alle Tatbestandsmerkmale der angeblichen Grundvorschrift § 2 Absatz 5 WpÜG enthalte.

777 RegE WpÜG, BT-Drucks. 14/7034, S. 54.

778 Unter *Gentlemen's Agreements* werden Absprachen verstanden, bei denen im Fall der Nichteinhaltung keine rechtlichen, aber moralische wirtschaftliche oder gesellschaftliche Sanktionen drohen.

779 *Berger/Filgut*, AG 2004, 592, 598 f.; *Hamann*, ZIP 2007, 1088, 1091; *Liebscher*, ZIP 2002, 1005, 1008; *v. Bülow*, in: Kölner Kommentar WpÜG, § 30 Rn. 112; *Weiler/Meyer*, NZG 2003, 909; *Santelmann*, in: Steinmeyer/Häger, WpÜG, § 2 Rn. 25; *v. Lingelsheim*, in: Heidel, Anwaltskommentar AktG, 30 WpÜG Rn. 9; *Oechsler*, in: Ehricke/Ekkenga/Oechsler, WpÜG, § 30 Rn. 23; *Wackerbarth*, in: Münchener Kommentar AktG, § 30 WpÜG Rn. 20; *U. H. Schneider*, WM 2006, 1321, 1323; *Thaeter*, in: Thaeter/Brandi, Öffentliche Übernahmen, Teil 2 Rn. 594.

780 *U. H Schneider*, in: Assmann/Pötzsch/Schneider, WpÜG, § 30 Rn. 100; *Liebscher*, ZIP 2002, 1005, 1007.

deren handelt.[781] Es genügt, dass sich einer der Beteiligten auf Grund des kommunikativen Prozesses den Zielen des Bieters unterordnet.[782] Unabdingbar ist aber, dass sich die Parteien zumindest stillschweigend darüber verständigen, dass sie ihr Abstimmungsverhalten koordinieren wollen.[783] Obligatorisch ist damit – mittelbar oder unmittelbar – ein Minimum an gegenseitigem Kontakt der Beteiligten.[784] Bei der Norm handelt es sich um einen Tatbestand der Gefährdung der außenstehenden Aktionäre, der bereits mit Abschluss der zielgerichteten Einigung zwischen den Abstimmungsparteien vollendet ist.[785] Es reicht daher nicht aus, dass Aktionäre lediglich gleichgerichtete Interessen verfolgen, ohne sich vorher ausgetauscht und ihre Einflusspotentiale koordiniert zu haben.[786] Bloße Zufallsmehrheiten und das schlichte Parallelverhalten insbesondere in der Hauptversammlung führen mithin nicht zu einer Stimmrechtszurechnung.[787]

Geben Hedgefonds konkurrierenden Investoren ihre eigene Anlagestrategie unter der Bedingung preis, dass die anderen Investoren gleiche Aktienpositionen einnehmen und ihr Stimmverhalten an dem führenden Fondsmanager ausrichten, liegt eine Verhaltensabstimmung vor. Allerdings werden damit Strategien von Hedgefonds nicht erfasst, die ohne kommunikativen Kontakt durch ein Nachahmungsverhalten ein gebündeltes Einflusspotential schaffen können.[788] Einzelne Hedgefonds deuten durch ein öffentlichkeitswirksames Auftreten anderen Hedgefonds eine Intervention an. Denkbar ist, dass sich andere Hedgefonds dem ohne Kommunikation auf Grund praktischer Übung

---

781 *Weiler/Meyer*, NZG 2003, 909; *Angerer*, in: Geibel/Süßmann, WpÜG, § 2 Rn. 27; *Liebscher*, ZIP 2002, 1005, 1007; *Santelmann*, in: Steinmeyer/Häger, WpÜG, § 2 Rn. 25; *Pittroff*, Die Zurechnung von Stimmrechten gemäß § 30 WpÜG, S. 279.

782 *Casper*, ZIP 2003, 1469, 1475; *v. Bülow*, in: Kölner Kommentar WpÜG, § 30 Rn. 107; *Diekmann*, in: Baums/Thoma, WpÜG, § 30 Rn. 70.

783 *Casper*, ZIP 2003, 1469, 1475; *Diekmann*, in: Baums/Thoma, WpÜG, § 30 Rn. 69.

784 *Pentz*, ZIP 2003, 1478, 1481; *Liebscher*, ZIP 2002, 1005, 1007; *v. Bülow*, in: Kölner Kommentar WpÜG, § 30 Rn. 110; *Wackerbarth*, in: Münchener Kommentar AktG, § 30 WpÜG Rn. 20; *Krause*, NJW 2004, 3681, 3685; *Weiler/Meyer*, NZG 2003, 909; *Liebscher*, ZIP 2002, 1005, 1007; *Saenger/Kessler*. ZIP 2006, 837, 838; *Borges*, ZIP 2007, 357, 360.

785 Instruktiv *Hamann*, ZIP 2007, 1088, 1092.

786 *Liebscher*, ZIP 2002, 1005, 1008; *Casper*, ZIP 2003, 1469, 1475

787 *OLG Frankfurt/M.*, ZIP 2004, 1309, 1313; *Noack*, in: Schwark, Kapitalmarktrecht, § 30 WpÜG Rn. 21; *Diekmann*, in: Baums/Thoma, WpÜG, § 30 Rn. 69; *v. Bülow*, in: Kölner Kommentar WpÜG, § 30 Rn. 108; *Wackerbarth*, in: Münchener Kommentar AktG, § 30 WpÜG Rn. 20; *Weiler/Meyer*, NZG 2003, 909, 910; *Pentz*, ZIP 2003, 1478, 1481; *Krause*, NJW 2004, 3681, 3685. Vgl. zu einer Indizwirkung von tatsächlichem Parallelverhalten unten S. 199 ff.

788 Vgl. *Spindler*, WM 2007, 2357, 2360.

anschließen sollen, um nach einer gemeinsamen und damit potentiell erfolgreichen Einflussnahme hohe Veräußerungsrenditen zu erzielen. Sobald andere Hedgefonds im Anschluss Anteile an der Zielgesellschaft erwerben, sollen diese sich daher am Verhalten der Erstintervenienten orientieren und die eigenen Anteile erst wieder veräußern, nachdem die Rudelführer einen *exit* realisiert haben.[789] Solche typischen parallelen Verhaltensmuster (*Rudelpraktiken*) würden eine Kommunikation zwischen den einflussnehmenden Aktionären im Idealfall vollständig entbehrlich machen und als Umgehungsverhalten eine Stimmrechtzurechnung vermeiden. Wer sich einem Aufruf zur gleichartigen Stimmrechtsabgabe anschließt, ohne mit dem Rädelsführer Verbindung aufzunehmen, hat sich definitionsgemäß nicht abgestimmt. Auch wer in der Folgezeit auf Grund selbstständiger Entscheidung in gleicher Weise das Stimmrecht ausübt, verhält sich nur gleichförmig.[790]

Dennoch wird hierbei trotz fehlenden Kontakts in vielen Fällen eine ausreichende Grundlage für eine effektive Intervention geschaffen. Die außenstehenden Aktionäre sind durch ein derartiges Verhalten möglicherweise ebenso gefährdet, als ob sich die Aktivisten per Absprache koordiniert hätten. Die subjektive Handlungsabstimmung wird objektiv nicht durch Kommunikation, sondern lediglich durch adaptives Verhalten hergestellt mit dem Willen der Parteien, auch ohne vorhergehende Absprache ein gleichmäßiges Einflusspotential zu generieren. Eine ausreichende Bindung zwischen den sich parallel verhaltenden Aktionären kann das Bewusstsein schaffen, dass ein größtmöglicher Spekulationserfolg für sich und für die anderen Einflussnehmer nur zu realisieren ist, indem das Verhalten des Erstintervenienten exakt befolgt wird. Auf der anderen Seite erscheint eine Zurechnung zu Lasten des ursprünglichen und der übrigen Intervenienten dann nicht sinngemäß, wenn diese mangels Absprache ihren Einflusshorizont überhaupt nicht überblicken können. Anders mag der Fall hingegen liegen, wenn ein Einflussnehmer auf Grund zurückliegender Erfahrungen ein Verhalten des sich anschließenden Hedgefonds oder sonstigen Aktivisten zuverlässig einschätzen kann. Nach außen hin lässt sich eine derartige stille subjektive Koordination ohne gegenseitigen Kontakt jedoch nicht von einem schlichten Parallelverhalten unterscheiden. Aus diesem Grund führt der Erkenntnisgewinn, dass solche Abstimmungsmethoden zu einer vergleichbaren Gefährdungslage für außenstehende Aktionäre führen können, in der Praxis regelmäßig zu keinem messbaren Ergeb-

---

[789] Siehe hierzu oben S. 114 f.

[790] *U. H. Schneider*, WM 2006, 1321, 1323.

nis.[791] Gleichwohl kann in Einzelfällen ein Parallelverhalten ein Indiz oder sogar einen Anscheinsbeweis für den Umstand darstellen, dass die beteiligten Hedgefonds sich im Hintergrund doch abgestimmt haben.[792]

Wenn Hedgefonds eine *long equity swap*-Position eingehen, sichern sich die Vertragspartner regelmäßig gegen das von ihnen zu tragende Kursanstiegsrisiko ab, indem sie ein entsprechendes Aktienpaket erwerben. In einigen Fällen sollen die Investmentbanken als Aktionäre bei Abstimmungen in der Hauptversammlung dabei die Wünsche der Hedgefonds befolgen.[793] Treffen Hedgefonds eine Übereinkunft mit *equity swap*-Vertragspartnern, die Aktien der Zielgesellschaft halten, dass der Vertragspartner die Stimmrechte im Sinne der Interessenlage der Hedgefonds ausübt, haben sich die Parteien ebenso abgestimmt.

(2) Abstimmungsgegenstand

Gegenstand der Abstimmungshandlung muss nach § 30 Absatz 2 Satz 1 WpÜG ein Verhalten des Bieters oder eines seiner Tochterunternehmen in Bezug auf die Zielgesellschaft sein. Nach dem Wortlaut kommen als abgestimmtes Verhalten damit insbesondere alle Maßnahmen in Betracht, die sich auf die Struktur, Geschäftspolitik oder Geschäftsführung der Zielgesellschaft oder auf die Besetzung ihrer Organe auswirken.[794] Vor der Reform[795] war nach einer gewichtigen Auffassung in Rechtsprechung und Literatur auf

---

[791] Die Folge ist, dass auch die Transparenzmeldepflicht nach § 22 Absatz 2 WpHG nicht über die in den USA zu beobachtende Praxis hinweghilft, dass Hedgefonds sich ohne Absprache parallel eindecken und sich erst mit zeitlichem Abstand zusammentun, um eine gemeinsame Strategie zu verfolgen (*wolf pack tactics*). Zum Begriff *wolf pack tactics* siehe oben Fn. 601.

[792] Vgl. *Wackerbarth*, in: Münchener Kommentar AktG, § 30 WpÜG Rn. 20. Zum Anscheinsbeweis siehe unten S. 195 f., zum Indizienbeweis S. 199 f.

[793] Nach *Engert*, ZIP 2006, 2105, 2110 sei dies sogar üblicherweise der Fall. Hingegen belegen *Fleischer/Schmolke*, ZIP 2008, 1501, 1506, dass Banken bei Swap-Geschäften nicht notwendigerweise willfährige Befehlsempfänger sind, vgl. oben S. 146. Zu bedenken ist allerdings, dass die Banken im Falle einer Stimmrechtsausübung ihre zur Sicherheit gehaltenen Anteilsblöcke nicht mehr als nicht meldepflichtigen Handelsbestand ausweisen können, der sie von einer Aufdeckungspflicht befreit, wenn sie die drei Prozent-Schwelle des § 21 WpHG erreichen oder überschreiten, vgl. § 23 Absatz 1 Nr. 3 WpHG.

[794] Vgl. *Thaeter*, in: Thaeter/Brandi, Öffentliche Übernahmen, Teil 2 Rn. 579; *v. Bülow*, in: Kölner Kommentar WpÜG, § 30 Rn. 114; *Oechsler*, in: Ehricke/Ekkenga/Oechsler, WpÜG, § 30 Rn. 23.

[795] Vgl. § 30 Absatz 2 S. 1 WpÜG a.F.: „*Dem Bieter werden auch Stimmrechte eines Dritten aus Aktien der Zielgesellschaft in voller Höhe zugerechnet, mit dem der Bieter oder sein Tochterunternehmen sein Verhalten in Bezug auf die Zielgesellschaft auf Grund einer Vereinbarung oder in sonstiger Weise abstimmt; ausgenommen sind Vereinbarungen über die Ausübung von Stimmrechten in Einzelfällen.*“ In der Neufassung ist lediglich in S. 1 2. Hs. (Einzelfallausnahmetatbestand) der Passus „*über die Ausübung von Stimmrechten*“ gestrichen.

Grund restriktiver Auslegung ein Verhalten indes nur tatbestandsmäßig, welches auf die Ausübung von Verwaltungsrechten aus Aktien im Hinblick auf die Herrschaftsstrukturen der Zielgesellschaft ausgerichtet ist.[796] Mit der Neufassung durch das *Risikobegrenzungsgesetz* setzt ein abgestimmtes Verhalten nun hingegen in Satz 2 ausdrücklich voraus, „*dass der Bieter oder sein Tochterunternehmen und der Dritte sich über die Ausübung von Stimmrechten verständigen oder mit dem Ziel einer dauerhaften und erheblichen Änderung der unternehmerischen Ausrichtung der Zielgesellschaft in sonstiger Weise zusammenwirken.*“[797]

Zwei Alternativen unterscheidet das Gesetz mithin: zum einen die Abstimmung über die Ausübung von Stimmrechten (a); als Auffangtatbestand zum anderen die Abstimmung über ein Zusammenwirken in sonstiger Weise (b).[798]

(a) Ausübung von Stimmrechten, § 30 Absatz 2 Satz 2, 1. Alt. WpÜG

Eine Abstimmung über die Ausübung von Stimmrechten begründete schon vor der Reform unstreitig eine Zurechnung. Die von Rechtsprechung und Literatur entwickelten Grundsätze bleiben insoweit anwendbar.[799] Für ein abgestimmtes Verhalten erforderlich ist eine koordinierte nachhaltige und beständige Einflussnahme auf die Gesellschaft.[800] Abzielen muss die Absprache auf eine spürbare Beeinflussung der Zielgesellschaft mit nicht unerheblichem Gewicht.[801] Dafür sprechen Sinn und Zweck der Zurechnungsvorschriften: Der Schutz der außenstehenden Aktionäre wird effektiv nur gewährleistet, wenn im Wege einer wertenden Betrachtung solche Verhaltensabstimmungen nicht zu einer Zurechnung führen, die keinen erheblichen und nachhaltigen Einfluss auf die Herrschaftsstrukturen der Gesellschaft bezwecken und damit

---

[796] Vgl. beispielhaft *BGH*, ZIP 2006, 2077, 2079; *OLG München*, ZIP 2005, 856, 857; *LG Hamburg*, AG 2007, 177, 178; *v. Bülow*, in: Kölner Kommentar WpÜG, § 30 Rn. 114; *Noack*, in: Schwark, Kapitalmarktrecht, § 30 WpÜG Rn. 13, 16; *Saenger/Kessler*, ZIP 2006, 837, 841; *Schockenhoff/Schumann*, ZGR 2005, 568, 590.

[797] § 30 Absatz 2 Satz 2 WpÜG n.F.

[798] Dabei verwirrt auf den ersten Blick die doppelte Verwendung des Begriffs „in sonstiger Weise“ im Tatbestand: Einerseits kann eine Vereinbarung – also die Abstimmungs*handlung* – in sonstiger Weise erfolgen; daneben kann sich die Vereinbarung inhaltlich auf ein Zusammenwirken in sonstiger Weise beziehen – dies betrifft den Abstimmungs*gegenstand*.

[799] *v. Bülow/Stephanblome*, ZIP 2008, 1797, 1798; *Korff*, AG 2008, 692.

[800] *Liebscher*, ZIP 2002, 1005, 1008; *Casper*, ZIP 2003, 1469, 1476; *v. Bülow/Bücker*, ZGR 2004, 669, 699; *Seibt*, ZIP 2004, 1829, 1833.

[801] Vgl. *OLG Frankfurt*, ZIP 2004, 1309, 1312; *LG Hamburg*, ZIP 2007, 427, 429; *Schockenhoff/Schumann*, ZGR 2005, 568, 589; *Liebscher*, ZIP 2002, 1005, 1008; *Casper*, ZIP 2003, 1469, 1476; *Seibt*, ZIP 2004, 1829, 1833; *U.H. Schneider*, in: Assmann/Pötzsch/Schneider, WpÜG, § 30 Rn. 104.

kein Indiz für eine Beherrschung der Gesellschaft darstellen.[802] Insoweit sind keine schutzwürdigen Belange der Minderheitsaktionäre berührt.[803] Daneben spricht für ein solches einschränkendes Verständnis ein systematischer Vergleich mit dem im Rahmen des Risikobegrenzungsgesetzes eingeführten allgemeinen Auffangtatbestand nach Satz 2, 2. Alt., der die bislang ausgearbeiteten Zurechnungswertungen kodifiziert und bestätigt. Zurechnungsbegründend wirkt demnach nur eine Abstimmung, die auf eine dauerhafte und erhebliche Änderung der Unternehmensausrichtung abzielt. Als allgemeine Tatbestandskriterien sind sie auch auf den Spezialfall der abgestimmten Stimmrechtsausübung anzuwenden.

Eine Zurechnung verlangt damit zugleich, dass die Einflussnehmer mit der Abstimmung eine *gemeinsame unternehmerische Strategie* verfolgen.[804] Erst dann kann von einer ausreichenden Verbundenheit der abstimmenden Aktionäre gesprochen werden, die Gefahren für die übrigen Gesellschafter hervorrufen kann. Voraussetzung ist also, dass weitere konkrete Absprachen über die Unternehmenspolitik stattgefunden haben.[805] Dabei genügt nicht die Vereinbarung allgemeiner Planungshorizonte, wie etwa der Erhalt der Selbstständigkeit des Unternehmens, die Zukunftssicherung oder die Aufrechterhaltung oder der Aufbau einer gesicherten Eigenkapitalbasis.[806] Auch die Einigung darüber, ein Unternehmen in Fortführung eines bereits vorhandenen Konzepts zu sanieren, löst nach der *Pixelpark*-Entscheidung des OLG Frankfurt für sich alleine keine Zurechnung aus.[807] Ansonsten würde eine Verständigung zwischen den Aktionären sanktioniert, deren Förderung im Sinne einer guten *Corporate Governance* gerade erwünscht ist.

Absprachen sollen nur dann zu einer Zurechnung führen, wenn sich die Aktionäre im Rahmen einer längerfristig angelegten Strategie zur gemeinsamen Verfolgung unternehmerischer Ziele zusammenschließen, um etwa eine

[802] Vgl. *Halász/Kloster*, Der Konzern 2007, 344, 349; *Liebscher*, ZIP 2002, 1005, 1008; *Casper*, ZIP 2003, 1469, 1476; *Schockenhoff/Schumann*, ZGR 2005, 568, 589.

[803] Vgl. *LG Hamburg*, 2007, 427, 329; *Diekmann*, in: Baums/Thoma, WpÜG, § 30 Rn. 75.

[804] Vgl. *OLG München*, ZIP 2005, 856, 857; *Casper/Bracht*, NZG 2005, 839 f.; *U. H Schneider*, in: Assmann/Pötzsch/Schneider, WpÜG, § 30 Rn. 111; wohl auch *Noack*, in: Schwark, Kapitalmarktrecht, § 30 WpÜG Rn. 24; unentschlossen *BGH*, ZIP 2006, 2077, 2080.

[805] Vgl. *OLG Frankfurt/M.*, ZIP 2004, 1309, 1314; *Seibt*, ZIP 2004, 1829, 1833; *Thaeter/Guski*, AG 2007, 301, 307;*U. H. Schneider*, in: Assmann/Pötzsch/Schneider, WpÜG, § 30 Rn. 104, 111.

[806] *BGH*, ZIP 2006, 2077, 2080; *Liebscher*, ZIP 2002, 1005, 1008; *Louven*, BB 2005, 1414, 1415; *Kuthe/Brockhausen*, DB 2005, 1266.

[807] *OLG Frankfurt/M.*, ZIP 2004, 1309, 1314.

grundlegende Änderung des Geschäftsmodells oder eine Trennung von wesentlichen Geschäftsbereichen herbeizuführen. Mit der Neufassung durch das *Risikobegrenzungsgesetz* hat der Gesetzgeber dieses Merkmal nun verankert:[808] Indem er in Satz 2, 2. Alt. die kollektive Absicht einer dauerhaften und erheblichen unternehmerischen Beeinflussung der Zielgesellschaft für ein abgestimmtes Verhalten voraussetzt, bedingt er zugleich, dass die Abstimmenden eine gemeinsame Unternehmensstrategie verfolgen. Eine gemeinsame aktivistische Strategie von Aktionären setzt regelmäßig deren dauerhafte Absicht voraus, die unternehmerische Ausrichtung der Gesellschaft in einer bestimmten Weise zu beeinflussen.

Die Konkretisierung des abgestimmten Verhaltens in Satz 2 verdeutlicht zudem, dass lediglich die beabsichtigten Auswirkungen der Abstimmung in die Betrachtung einzubeziehen sind. Abzulehnen ist eine ergebnisorientierte Auslegung, welche die Nachhaltigkeit an die tatsächlich eingetretenen Wirkungen der Koordination knüpft. Bei § 30 WpÜG handelt es sich um einen Gefährdungstatbestand, weswegen die Nachhaltigkeit nur anhand der beabsichtigten Einwirkung zu bewerten ist.[809] Dabei konkretisiert die eingefügte Legaldefinition den Terminus „abgestimmtes Verhalten" nur bruchstückhaft: Einen Maßstab dafür, was eine „erhebliche" und was eine „unerhebliche" Beeinflussung darstellt, sowie wann eine „unerhebliche" aber „dauerhafte" Beeinflussung vorliegt, liefern weder Gesetzestext noch Begründung.[810] Um der gegen die Vorgängernorm geäußerten Kritik an einem zu unscharfen Tatbestand entgegenzutreten, wäre es indes erforderlich gewesen, die Norm genauer zu präzisieren. Erneut ist es damit Aufgabe der Rechtsprechung, die Konturen des Tatbestandes herauszuarbeiten.[811]

(b) Zusammenwirken in sonstiger Weise, § 30 Absatz 2 Satz 2, 2. Alt. WpÜG

Ob bereits unabhängig von einer Stimmrechtskoordination eine gemeinsame faktische Einflussnahme auf die Leitungsorgane ein „Verhalten in Bezug auf die Zielgesellschaft" darstellt, wurde vor Einführung des Auffangtatbestandes

---

808 Vgl. *Finanzausschuss des Deutschen Bundestages*, Bericht zum Risikobegrenzungsgesetz, BT-Drucks. 16/9821, S. 16; *v. Bülow/Stephanblome*, ZIP 2008, 1797, 1798.

809 *Finanzausschuss des Deutschen Bundestages*, Bericht zum Risikobegrenzungsgesetz, BT-Drucks. 16/9821, S. 16. Bereits zur alten Rechtslage *Casper/Bracht*, NZG 2005, 839, 841; *Hamann*, ZIP 2007, 1088, 1094; *v. Bülow*, in: Kölner Kommentar WpÜG, § 30 Rn. 110; *Spindler*, WM 2007, 2357, 2360.

810 Vgl. *König*, BB 2008, 1910, 1911.

811 Vgl. *Schmidtbleicher*, AG 2008, 73, 74.

kontrovers diskutiert. Gegen ein solches extensives Verständnis wandte sich ein Großteil von Rechtsprechung und Literatur.[812] Ein Teil des Schrifttums nahm hingegen zutreffend an, dass auch eine gemeinschaftliche faktische Einflussnahme auf die Unternehmensleitung ein Verhalten in Bezug auf die Zielgesellschaft darstellt.[813] Bereits aus dem Telos der Zurechnungsvorschrift ergibt sich, dass auch Einflussnahmen zu erfassen sind, die lediglich mittelbar aus der Stimmrechtsmacht hervorgehen.[814] Insoweit handelt es sich bei der Neufassung um eine deklaratorische Klarstellung des Gesetzgebers, die dem Schutzbedürfnis der außenstehenden Aktionäre Rechnung trägt.

Freilich ist die Hauptversammlung grundsätzlich nicht zuständig, über die Geschäftspolitik oder einzelne Maßnahmen der Unternehmensleitung zu beschließen.[815] Der Einfluss auf die Geschäftsführung vollzieht sich jedoch an den rechtlichen Zuständigkeiten der Hauptversammlung vorbei durch tatsächliche Einflussnahme auf Aufsichtsrat und Vorstand.[816] Auch faktische Einwirkungen können geeignet sein, die unternehmerische Ausrichtung der Zielgesellschaft dauerhaft und erheblich zu beeinflussen. Das Einflusspotential eines Aktionärs wächst zwar mit dessen Stimmrechtsanteil, ist aber nicht auf die Ausübung des Stimmrechts begrenzt. Damit ist für eine Einflussnah-

---

[812] Vgl. statt vieler *LG Hamburg*, AG 2007, 177, 178; *OLG München*, ZIP 2005, 856, 857 im Anschluss an *v. Bülow*, in: Kölner Kommentar WpÜG, § 30 Rn. 114 und *Noack*, in: Schwark, Kapitalmarktrecht, § 30 WpÜG Rn. 13, 16. Sogar der *BGH* führte in ZIP 2006, 2077, 2079 - *WMF* irrtümlich aus, dass die alte Vorschrift nach ihrem „eindeutigen" Wortlaut nur solche Vereinbarungen erfasst habe, die sich auf die Ausübung von Stimmrechten aus Aktien der Zielgesellschaft beziehen. Der Wortlaut – siehe Fn. 795 – sprach aber im ersten Halbsatz offen von „*Verhalten in Bezug auf die Zielgesellschaft*" und enthielt dort keine Beschränkungen. Lediglich die durch ein Semikolon abgetrennte Ausnahme im zweiten Halbsatz erwähnte die Vereinbarung über die Ausübung von Stimmrechten in Einzelfällen. Man konnte den Gesetzgeber also ohne weiteres so verstehen, dass unterschiedliche Formen abgestimmten Verhaltens grundsätzlich zur Zurechnung führen, speziell für die Ausübung von Stimmrechten aber unter weiteren Umständen (Vereinbarung, Einzelfall) eine Ausnahme gilt. Damit war bereits vor der Reform nach dem Wortlaut jedes Aktionärverhalten, das sich direkt oder indirekt auf die Zielgesellschaft auswirkt, in die Betrachtung einzubeziehen. Zur Frage, ob auch Absprachen über den Erwerb von Aktienpaketen unter § 30 Absatz 2 WpÜG fallen, siehe unten S. 169 ff.

[813] Vgl. *U. H. Schneider*, in: Assmann/Pötzsch/Schneider, WpÜG, § 30 Rn. 104 f.; *ders.*, WM 2006, 1321, 1326; *Engert*, JZ 2007, 314, 316; *Halász/Kloster*, WM 2006, 2152, 2155; *dies.*, Der Konzern 2007, 344, 350; *Oechsler*, in: Ehricke/Ekkenga/Oechsler, WpÜG, § 30 Rn. 23. Wohl auch *Heinrich*, Kapitalmarktrechtliche Transparenzbestimmungen und die Offenlegung von Beteiligungsverhältnissen, S. 111 f. (zu § 22 Absatz 2 WpHG).

[814] Vgl. *Engert*, JZ 2007, 314, 316; *Saenger/Kessler*, ZIP 2006, 837, 838; *Mülbert*, NZG 2004, 633, 637.

[815] Vgl. § 119 Absatz 2 AktG.

[816] *Schneider*, ZGR 2008, 440, 453.

me auf die Portfoliogesellschaft nicht erforderlich, dass die Aktionäre ihre Stimmrechte ausüben.[817] Allein das Halten von einem hohen Prozentsatz an Stimmrechten führt zu einer Macht, welche einen erheblichen Einfluss auf Aufsichtsrat und Vorstand gewährt.[818] Wie im Fall der *Deutschen Börse AG* versuchen insbesondere Hedgefonds, die Verwaltung außerhalb der Hauptversammlung unter Hinweis auf ihre koordinierte Stimmrechtsmacht zu einem bestimmten Verhalten zu veranlassen.[819] Daher befürworteten auch einzelne Vertreter der Auffassung, dass zur Erfüllung des Tatbestandes eine Vereinbarung über eine gemeinschaftliche Stimmrechtsausübung vorliegen müsse, eine Zurechnung in dieser Konstellation. Einer Stimmrechtsvereinbarung stehe es gleich, wenn Aktionäre einen koordinierten Stimmrechtsgebrauch in der Hauptversammlung in Aussicht stellen.[820] Es genüge nämlich, dass die Aktionäre ihre Stimmrechtsmacht antizipiert ausüben, indem sie einen Stimmrechtsgebrauch androhen.[821]

Gleichwohl verneinen einige Stimmen in diesen Fällen zu Unrecht ein Schutzbedürfnis der nicht an der Abstimmung beteiligten Aktionäre: Der Vorstand sei nach dem gesetzlichen Leitbild unabhängig und nur auf das Wohl des Unternehmens verpflichtet, was einer Einflussmacht des Aktionärs widerspreche.[822] Auch die Aufsichtsratsmitglieder hätten dadurch, dass sie an aktienrechtliche Sorgfaltspflichten gebunden ist und im Rahmen der ihnen persönliche obliegenden Amtsführung keinen Weisungen unterliegen, nur das Interesse des Unternehmens und nicht die Interessen der Mehrheitsaktionäre im Sinn.[823]

Eine solche Betrachtung lässt jedoch die Rechtswirklichkeit außer Betracht: Die gesetzliche Leitvorstellung lässt sich nicht ohne weiteres mit dem Verhalten in der Praxis gleichsetzen. Eine Pflicht garantiert noch nicht deren Befolgung.[824] Dies offenbart sich schon am Fall der *Deutschen Börse AG*, wo *Werner Seifert* als einer der bekanntesten Vorstände Deutschlands auf Grund des aus-

---

[817] *v. Bülow*, in: Kölner Kommentar WpÜG, § 30 Rn. 110; *Engert*, JZ 2007, 314, 316.

[818] Vgl. *OLG München*, ZIP 2005, 856, 857.

[819] Siehe zum Fall *Deutsche Börse AG* oben S. 82 f.

[820] *Halász/Kloster*, WM 2006, 2152, 2155; *dies.*, Der Konzern 2007, 344, 350.

[821] *Halász/Kloster*, WM 2006, 2152, 2155; *Heinrich*, Kapitalmarktrechtliche Transparenzbestimmungen und die Offenlegung von Beteiligungsverhältnissen, S. 111 f. (zu § 22 Absatz 2 WpHG).

[822] *Hamann*, ZIP 2007, 1088, 1090.

[823] *BGH*, ZIP 2006, 2077, 2079; *Weiler/Meyer*, NZG 2003, 909, 910. Vgl. § 111 Absatz 5 AktG; *Lutter/Krieger*, Rechte und Pflichten des Aufsichtsrats, Rn. 692.

[824] *Engert*, JZ 2007, 314, 315; *Borges*, ZIP 2007, 3357, 362; *Schneider*, ZGR 2008, 440, 453.

geübten Drucks abtrat und der Vorstand die Übernahme der *LSE* nicht weiter verfolgte, obwohl er von deren positiven wirtschaftlichen Auswirkungen auf das Unternehmen überzeugt war. Zudem zeigt sich an der Haftung von Aktionären und Dritten für Einfluss auf die Aktiengesellschaft aus §§ 117, 317 AktG, dass auch der Gesetzgeber diese Einschätzung nicht teilt.[825] Gegen ein Schutzbedürfnis lässt sich auch nicht einwenden, dass der Aktionär im Einzelfall einen beeinflussbaren Vorstand als wirtschaftliches Risiko mit Eintritt in die Gesellschaft „miterwirbt".[826] Die Normen zum Pflichtangebot sollen den Minderheitsaktionär insbesondere davor schützen, dass eine Übernahme der Gesellschaft in vielen Fällen zu einer Änderung der Geschäftspolitik und der Unternehmensorganisation führt, die sich auf die Ertragsaussichten und das Risiko der Altaktionäre auswirken kann.[827] Aus Sicht der Minderheitsaktionäre bedeutet es aber keinen Unterschied, ob der Einfluss über gesellschaftsrechtlich bereitgestellte Instrumente oder faktische Methoden ausgeübt wird. Ob eine Einflussnahme durch Drohung mit Sanktionen zum Erfolg führt, ist, wie der Fall *Deutsche Börse AG* zeigt, sowohl eine Frage des Vorgehens als auch der vorhandenen Stimmrechtsmacht und aus diesem Grund nicht zwangsläufig bereits in den Personen der leitenden Organe begründet.

Wäre der zurechnungsbegründende Abstimmungsgegenstand darauf beschränkt, dass sich die Vereinbarung auf die Ausübung von Stimmrechten beziehen muss, so würde den Minderheitsaktionären der Schutz vor derartigen praktisch relevanten Einflussmöglichkeiten versagt; der Schutz der Minderheitsaktionäre wäre unvollständig und entspräche nicht den Anforderungen der Unternehmens- und Gesellschaftspraxis.[828] Da außenstehende Aktionäre mithin neben Stimmrechtsabsprachen auch vor sonstigen koordinierten Einflussnahmen zu schützen sind,[829] ist die deklaratorische Neuregelung gutzuheißen. Wie schon zuvor Absatz 2 a.F. erfasst auch Satz 2, Alt. 2 n.F. nur die Koordination von gesellschaftsrechtlich vermitteltem Binneneinfluss, also koordinierte Versuche der Einflussnahme auf das Unternehmen unter explizi-

---

825 Siehe zu § 117 AktG unten S. 245 ff., zu § 317 AktG unten S. 235 ff.

826 *Hamann*, ZIP 2007, 1088, 1090.

827 *Schlitt*, in: Münchener Kommentar WpÜG, § 35 Rn. 5; *Liebscher*, ZIP 2001, 853, 866; *Berger/Filgut*, AG 2004, 592, 598.

828 Vgl. *U.H. Schneider*, WM 2006, 1321, 1326.

829 Vgl. *Oechsler*, in: Ehricke/Ekkenga/Oechsler, WpÜG, § 30 Rn. 23.

tem oder mittelbarem Verweis auf den Stimmrechtseinfluss der handelnden Personen.[830]

Der Auffangtatbestand setzt für eine Zurechnung neben einem Zusammenwirken in sonstiger Weise voraus, dass die Aktivisten beabsichtigen, die unternehmerische Ausrichtung der Zielgesellschaft dauerhaft und erheblich zu verändern. Während der Regierungsentwurf eine Zurechnung sogar für den Fall befürwortete, dass eine Abstimmung entweder auf Grund ihrer nachhaltigen Wirkung *oder* auf Grund ihres Inhalts für die Zielsetzung des Unternehmens von Bedeutung ist,[831] schränkt das *Risikobegrenzungsgesetz* in seiner endgültigen Fassung die Zurechnung ein, indem es die Bedingungen kumulativ verbindet: nur eine – beabsichtigte – dauerhafte *und* erhebliche Einflussnahme hat nun eine Zurechnung zur Folge. „Unternehmerische Ausrichtung" meint dabei die vom Vorstand im Rahmen der Kompetenzordnung definierte Unternehmenspolitik, also die operative Betätigung der Gesellschaft und die Umsetzung des in der Satzung festgelegten Unternehmensgegenstands.[832] Unerheblich ist nach dem Gesetzeswortlaut, ob die Änderung gegen den Widerstand oder mit Zustimmung der Verwaltung erfolgt; daher kommt eine Zurechnung auch dann in Betracht, wenn Aktionäre zusammenwirken, um eine vom Vorstand befürwortete Änderung der unternehmerischen Ausrichtung zu unterstützen, solange noch nicht alle für die Umsetzung der Änderung gegebenenfalls erforderlichen Zustimmungen anderer Gesellschaftsorgane vorliegen.[833] Änderung der unternehmerischen Ausrichtung in diesem Sinne ist daneben die Erweiterung oder Fokussierung der operativen Betätigung oder des Unternehmensgegenstandes.[834] Hingegen ist nicht der Fall erfasst, dass Aktionäre planen, eine vom Vorstand angestrebte Veränderung der unternehmerischen Ausrichtung zu verhindern.[835]

Ferner dient als Korrektiv für den weiten Tatbestand, dass die beabsichtigte Änderung „dauerhaft und erheblich" sein muss. Als unbestimmte Rechtsbegriffe sind sie wiederum durch Rechtsprechung und Schrifttum zu konkretisie-

---

830 Vgl. *Finanzausschuss des Deutschen Bundestages*, Bericht zum Risikobegrenzungsgesetz, BT-Drucks. 16/9821, S. 16; *Engert*, JZ 2007, 314, 316; *v. Bülow/Stephanblome*, ZIP 2008, 1797, 1798.

831 Vgl. RegE Risikobegrenzungsgesetz, BT-Drucks. 16/7438, S. 11. Zur hieran berechtigten Kritik siehe *Handelsrechtsausschuss des Deutschen Anwaltsvereins*, NZG 2008, 60, 61.

832 *v. Bülow/Stephanblome*, ZIP 2008, 1797, 1798; *Korff*, AG 2008, 692, 693.

833 *v. Bülow/Stephanblome*, ZIP 2008, 1797, 1798 f.

834 *Korff*, AG 2008, 692, 693.

835 *v. Bülow/Stephanblome*, ZIP 2008, 1797, 1799.

ren; jedenfalls muss der Abstimmungsgegenstand nach der durch den *Finanzausschuss* gegebenen Begründung für die unternehmerische Ausrichtung der Zielgesellschaft von großer Bedeutung und von einer gewissen Nachhaltigkeit sein.[836] Dies setzt eine Einflussnahme auf zumindest einen zentralen Unternehmensbereich voraus, da anderenfalls ein hinreichender Einfluss auf die Zielgesellschaft insgesamt fehlt.[837] Dabei begründet ein langfristiger, aber geringfügiger Einfluss von Aktionären auf die unternehmerische Ausrichtung des Emittenten nach der Gesetzeskonzeption keine Zurechnung; ebenso ist die Abstimmung über eine einzelne gravierende, nicht längerfristig wirkende Maßnahme nicht tatbestandsmäßig.[838] Da die Norm angesichts ihrer erheblichen Rechtsfolgen restriktiv auszulegen ist, und um einen systematischen Gleichlauf der Tatbestandsalternativen herzustellen, sollte ein dauerhafter Einfluss auf die Gesellschaft erst anzunehmen sein, wenn er auf mindestens zwei Hauptversammlungsperioden angelegt ist.[839]

(3) Keine Abstimmung im Einzelfall

Eine Stimmrechtszurechnung scheidet aus, wenn die Abstimmung lediglich einen Einzelfall betrifft.[840] Die Ausnahmeregelung erfasst nicht nur Vereinbarungen über Stimmrechtsausübungen in Einzelfällen, sondern auch alle im Einzelfall erfolgten Abstimmungen in sonstiger Weise.[841] Dieses Korrektiv soll eine ausufernde Zurechnung auf Grund von legitimen punktuellen Verständigungen zwischen den Aktionären vermeiden. Während der Beratungen zum *Risikobegrenzungsgesetz* war zunächst beabsichtigt, die Einzelfallausnahme zu beseitigen;[842] in der endgültigen Beschlussfassung hielt der Gesetzgeber indessen daran fest.[843] Nicht gelöst ist damit die in Rechtsprechung und Lite-

---

[836] *Finanzausschuss des Deutschen Bundestages*, Bericht zum Risikobegrenzungsgesetz, BT-Drucks. 16/9821, S. 16.

[837] *Liebscher*, ZIP 2002, 1005, 1008.

[838] Vgl. *Finanzausschuss des Deutschen Bundestages*, Bericht zum Risikobegrenzungsgesetz, BT-Drucks. 16/9821, S. 16.

[839] Hingegen vertritt *Korff*, AG 2008, 692, 693, dass eine dauerhafte Änderung der unternehmerischen Ausrichtung erst vorliegen soll, wenn sie oder ihre Auswirkungen auf *unabsehbare* Zeit erfolgen. Allerdings erscheint diese Auffassung unpraktikabel und widerspricht dem Gebot der Rechtssicherheit- und Klarheit.

[840] § 30 Absatz 2 Satz 1, 2. Halbsatz WpÜG.

[841] Vgl. *v. Bülow/Stephanblome*, ZIP 2008, 1797, 1799. Zutreffend bereits zur alten Rechtslage *v. Bülow*, in: Kölner Kommentar WpÜG, § 30 Rn. 140.

[842] Siehe RegE Risikobegrenzungsgesetz, BT-Drucks. 16/7438, S. 6. Zur damit verbundenen Kritik der Literatur exemplarisch *Schmidtbleicher*, AG 2008, 73, 78.

[843] Siehe BGBl. I 2008, S. 1666 f.; RegE Risikobegrenzungsgesetz, BT-Drucks. 16/7438.

ratur kontrovers diskutierte Frage, ob diese Zurechnungsausnahme nach inhaltlichen Kriterien[844] oder formell nach der Häufigkeit des Abstimmungsverhaltens[845] zu bestimmen ist.[846]

Einige Stimmen in Literatur und Rechtsprechung bestimmen das Merkmal des Einzelfalls nach einem *materiellen* Begriff.[847] Nach dem Telos der Vorschrift sei eine Zurechnung nur zu bejahen, wenn die Gefährdung der restlichen Aktionäre durch die Abstimmung einen Grad erreicht habe, welcher dem Halten der Stimmrechte durch den Bieter selbst entspreche. Infolge der Abstimmung müsse der Bieter einem Aktionär mit mindestens 30 Prozent der Stimmrechte gleichzustellen sein. Abzustellen sei auf das materielle Einflusspotential des Bieters auf die Herrschaftsstrukturen der Gesellschaft anhand einer Gesamtschau aller Umstände.[848] Nicht erfasst werden sollen Verhaltensweisen, die nicht darauf abzielen, die außenstehenden Aktionäre schlechter zu stellen, indem es sie durch Manifestation eines kontrollähnlichen Beherrschungsverhältnisses ausgrenze.[849] Der *BGH* und große Teile der Literatur befürworten hingegen einen *formellen* Einzelfallbegriff:[850] Abzustellen sei auf die Häufigkeit des Abstimmungsverhaltens. Dabei sei entscheidend, ob sich die Abstimmung jeweils auf nur einen einheitlichen Lebenssachverhalt beziehe und jeweils auf einem neuen Entschluss zur Interessenkoordination beruhe.[851]

Zu Gunsten eines materiellen Verständnisses der Einzelfallausnahme wird argumentiert, dass sich die ausgeübte Herrschaftsmacht insbesondere im Fall

---

844 *OLG Frankfurt/M.*, ZIP 2004, 1309, 1312; *OLG München*, ZIP 2005, 856, 857; *Casper/Bracht*, NZG 2005, 839; *Borges*, ZIP 2007, 357, 363; *Engert*, JZ 2007, 314, 316; *Louven*, BB 2005, 1414, 1415; *Hamann*, ZIP 2007, 1088, 1094; *Saenger/Kessler*, ZIP 2006, 837, 840; *Seibt*, ZIP 2004, 1829, 1833; *U. H. Schneider*, WM 2006, 1321, 1324; *v. Sydow/Beyer*, AG 2005, 635, 641. Wohl auch *Oechsler*, in: Ehricke/Ekkenga/Oechsler, WpÜG, § 30 Rn. 24.

845 *BGH*, ZIP 2006, 2077, 2079 f.; *OLG Frankfurt/M.*, ZIP 2004, 1309, 1314; *Kuthe/Brockhausen*, DB 2005, 1266; *Kocher*, BB 2006, 2436; *v. Bülow/Bücker*, ZGR 2004, 669, 700; *v. Bülow*, in: Kölner Kommentar WpÜG, § 30 Rn. 137 f.; *Lange*, ZBB 2004, 22, 27; *Schockenhoff/Schumann*, ZGR 2005, 568, 588 f.; *Saenger/Kessler*, ZIP 2006, 837, 840; *Weiler/Meyer*, NZG 2003, 909, 910; wohl auch *Casper*, ZIP 2003, 1469, 1476.

846 So *Korff*, AG 2008, 692, 693.

847 Siehe die Nachweise in Fn. 844.

848 *Casper/Bracht*, NZG 2005, 839, 840; *Noack*, in: Schwark, Kapitalmarktrecht, § 30 WpÜG Rn. 11; *Lange*, ZBB 2004, 22, 24.

849 *Hamann*, ZIP 2007, 1088, 1094; *Noack*, in: Schwark, Kapitalmarktrecht, § 30 WpÜG Rn. 24.

850 Siehe die Nachweise in Fn. 845.

851 *v. Bülow/Bücker*, ZGR 2004, 669, 700.

einer Grundlagenentscheidung in einer einzigen Verhaltensabstimmung deutlich manifestieren könne.[852] Ein beherrschender Einfluss auf die Herrschaftsstrukturen einer Gesellschaft könne sich in einer einzigen Abstimmung offenbaren, sofern über den konkreten Beschlussgegenstand hinaus eine spürbare Beeinflussung der Unternehmenspolitik der Zielgesellschaft ausgehe, die sachlich der aktienrechtlichen Machtposition eines Kontrollinhabers entsprechen müsse.[853] Eine rein formelle Betrachtung, die ein mehrfaches Abstimmungsverhalten erfordere, würde eine Zurechnung häufig zufällig erscheinen und Sinn und Zweck der Vorschrift unbeachtet lassen.

Indes spricht gegen ein solches Verständnis bereits der Wortlaut von § 30 Absatz 2 Satz 1 Halbs. 2 WpÜG n. F.: Der Ausnahmetatbestand knüpft allein an die Einzelfallbezogenheit des Handelns, nicht aber an dessen Auswirkungen an.[854] Der letztgenannte Einwand übersieht daneben, dass ein Bedürfnis nach Schutz der außenstehenden Aktionäre vor dem Einfluss eines kontrollierenden Mehrheitsaktionärs erst dann entstehen kann, wenn der Minderheitsaktionär über einen gewissen Zeitraum dem Einfluss aus der Kontrollposition des Mehrheitsaktionärs ausgesetzt ist.[855] Ein gemeinschaftlicher Stimmenblock, der zu einer relevanten Machtverlagerung in der Gesellschaft führt, liegt lediglich vor, wenn die Zusammenwirkenden nicht nur punktuell, sondern auch beständig oder kontinuierlich auf die Zielgesellschaft Einfluss nehmen können.[856] Allein die Nachhaltigkeit einer einzelnen Handlung vermittelt aber keinen zukünftigen Einfluss der Aktionäre auf die Zielgesellschaft.[857]

Eine spontane Aktionärskoalition bei einer Einzelabstimmung kann und soll nicht zu einer Zurechnung führen.[858] Die Interessen der übrigen Gesellschafter sind grundsätzlich nicht gefährdet, wenn das abgestimmte Verhalten nur

---

[852] *OLG München*, ZIP 2005, 856, 857; A. A. *Oechsler*, in: Ehricke/Ekkenga/Oechsler, WpÜG, § 30 Rn. 24; *v. Bülow*, in: Kölner Kommentar WpÜG, § 30 Rn. 137. Wohl auch *Liebscher*, ZIP 2002, 1005, 1008.

[853] Vgl. *OLG München*, ZIP 2005, 857, 857.

[854] Vgl. *v. Bülow/Stephanblome*, ZIP 2008, 1797, 1799.

[855] *Schockenhoff/Schumann*, ZGR 2005, 568, 587; *Süßmann*, in: Geibel/Süßmann, WpÜG, § 29 Rn. 17.

[856] Vgl. *OLG Frankfurt/M.*, ZIP 2004, 1309, 1312; *Schockenhoff/Schumann*, ZGR 2005, 568, 588; *Liebscher*, ZIP 2002, 1005, 1008; *Seibt*, ZIP 2004, 1829, 1833.

[857] So *Hamann*, ZIP 2007, 1088, 1094; *Halász/Kloster*, WM 2006, 2152, 2156.

[858] Vgl. *Finanzausschuss des Deutschen Bundestages*, Bericht zum Risikobegrenzungsgesetz, BT-Drucks. 16/9821, S. 16; *Schockenhoff/Schumann*, ZGR 2005, 568, 588.

auf einen punktuellen Einzelfall bezogen und nicht auf einen längeren Zeitraum angelegt ist.[859] In diesem Fall sind sie regelmäßig keiner erheblichen Verschiebung der Machtverhältnisse in der Gesellschaft ausgesetzt, die sich auf die Risiko- und Ertragschancen der nicht an der Abstimmung beteiligten Aktionäre auswirkt. Nach Wortlaut und Telos der Zurechnungsvorschrift ist die Einzelfallausnahme mithin primär formell zu bestimmen, und grundsätzlich ein mehrfaches abgestimmtes Verhalten für eine Zurechnung erforderlich.

Zudem spricht gesetzessystematisch für ein in erster Linie formelles Verständnis der Einzelfallausnahme nach der Neuregelung nun die Konkretisierung des Auffangtatbestandes in Satz 2 n. F. Der Gesetzgeber legt die zurechnungsbegründenden materiellen Kriterien des Abstimmungsgegenstandes – inzident auch für den Fall der Stimmrechtsverständigung – mit dem gemeinsamen Ziel einer dauerhaften und erheblichen Einflussnahme auf die unternehmerische Ausrichtung der Zielgesellschaft ausdrücklich fest.[860] Während Rechtsprechung und Literatur nach alter Gesetzeslage, mangels gesetzlicher Konkretisierung des abgestimmten Verhaltens, die entwickelten materiellen Zurechnungskriterien der Einzelfallausnahme zuordneten,[861] verbleibt hierfür nach der Reform kein Raum. Die Einzelfallausnahme lässt sich nicht als inhaltliches Korrektiv verstehen, wenn bereits die Konkretisierung in Satz 2 n. F. den Abstimmungsgegenstand beschränkt. Hinzu kommt, dass zumindest im Falle einer Abstimmung über ein Zusammenwirken in sonstiger Weise nach § 30 Absatz 2 Satz 2, 2.Alt. WpÜG die Einzelfallausnahme als Korrektiv leerlaufen würde. Da schon im Rahmen des Abstimmungsgegenstands konstitutiv überprüft worden wäre, ob die beabsichtigte Einflussnahme dauerhaft und erheblich ist, könnte die Einzelfallüberprüfung das Ergebnis nicht weiter einschränken.[862] Im Ergebnis verdeutlicht der Gesetzgeber mit dieser Regelungssystematik, dass er die aufgeführten materiellen Kriterien als zurechnungsbegründend, hingegen die Einwirkung im Einzelfall als in erster Linie formelles Ausschlusskriterium festlegen möchte; zugleich bestimmt er damit, dass die Einzelfallausnahme auf den Abstimmungsvorgang und die

---

[859] *OLG München*, ZIP 2005, 856, 857; *Oechsler*, in: Ehricke/Ekkenga/Oechsler, WpÜG, § 30 Rn. 24.

[860] Vgl. *König*, BB 2008, 1910, 1912.

[861] Vgl. *OLG München*, ZIP 2005, 856, 857 f.; *Seibt*, ZIP 2004, 1829, 1833; *Schockenhoff/Schumann*, ZGR 2005, 568, 587 ff.

[862] *v. Bülow/Stephanblome*, ZIP 2008, 1797, 1799.

beabsichtigte Nachhaltigkeit im Rahmen der Konkretisierung auf die Auswirkungen der abgestimmten Maßnahme zu beziehen ist.[863]

Auch nach einer Gesamtbetrachtung verbietet sich ein Verständnis der Einzelfallausnahme, das allein eine Abstimmung über eine einmalige Handlung für eine Zurechnung ausreichen lässt. Wenn Stimmrechte selbst bei intuitiven Abstimmungen zugerechnet würden, würde auf Grund des mit einem Pflichtangebot verbundenen finanziellen Risikos eine Kommunikation zwischen den Anteilsinhabern unterbunden, die Grundlage für eine effektive Unternehmenskontrolle und folglich zu fördern ist. Dem Aktionär kann es nicht nur unbenommen bleiben, das öffentlich bekannte Stimmverhalten anderer Aktionäre in die Überlegungen über sein eigenes Abstimmverhalten einzubeziehen. Es muss ihm auch möglich sein, aktiv auf andere Aktionäre zuzugehen und im Hinblick auf eine anstehende wichtige Entscheidung der Gesellschaft ein abgestimmtes Verhalten ad hoc für oder gegen die anstehende Maßnahme zu erreichen.[864] Die wünschenswerte Offenheit der Diskussion und Meinungsbildung im Vorfeld einer Hauptversammlung wäre gefährdet. Aktionäre mit großen Stimmrechtsanteilen würden es nicht wagen, ihr Abstimmungsverhalten im Vorhinein zu veröffentlichen, da sie befürchten müssten, dass ihnen Stimmrechte anderer Aktionäre, die ihnen beipflichten, zugerechnet werden.[865]

Zugleich wäre zu befürchten, dass Aktionäre einen Dialog oder selbst nur gleichgerichtete Kritik im Vorfeld einer Hauptversammlung meiden würden, wenn sie sich der Gefahr eines Pflichtangebotes ausgesetzt sehen.[866] Eine solch weite Interpretation des Einzelfallbegriffs würde den Vorstand gegenüber dem Aktionärslager ungerechtfertigt stärken, was einer guten *Corporate Governance* und effektiven Leitungskontrolle entgegenstehen würde. Große Aktionäre könnten sich nicht mehr über die zukünftige Orientierung der Gesellschaft austauschen, wenn ihre Anteile zusammengezählt das Kontrollquorum übersteigen. Der Vorstand würde damit zur alleinigen Mittelsperson und könnte die unterschiedlichen Aktionärsblöcke gegeneinander ausspielen.[867] Zugleich könnte ein derartiges Verständnis ausländische Investoren davon

---

[863] Vgl. *v. Bülow/Stephanblome*, ZIP 2008, 1797, 1799; *Finanzausschuss des Deutschen Bundestages*, Bericht zum Risikobegrenzungsgesetz, BT-Drucks. 16/9821, S. 16.

[864] *Handelsrechtsausschuss des Deutschen Anwaltsvereins*, NZG 2008, 60.

[865] *Handelsrechtsausschuss des Deutschen Anwaltsvereins*, NZG 2008, 60, 61.

[866] *Fleischer*, ZGR 2008, 185, 200 f.

[867] Vgl. *OLG München*, ZIP 2005, 856, 857 f.

abhalten, Anteile deutscher Unternehmen zu erwerben, was dem deutschen Kapitalmarkt finanzielle Mittel entziehen und ihn lähmen würde.[868] Auf europarechtlicher Ebene kommt durch eine extensive Auslegung der Zurechnungsvorschrift daneben ein Verstoß gegen die Kapitalverkehrsfreiheit in Betracht.[869] Schließlich spricht für ein formelles Verständnis der Vorschrift das Ziel der Rechtssicherheit und -klarheit.[870]

Ein einzelner Abstimmungsvorgang hat nach dem Telos freilich eine Zurechnung zur Folge, wenn er den Auftakt für eine dauerhafte abgestimmte Kontrolle darstellt: Diese Voraussetzung ist erfüllt, wenn sich das abgestimmte Verhalten in zeitlicher Hinsicht auf eine regelmäßige und nicht nur gelegentliche Interessenkoordination bezieht.[871] Wiederholte Abstimmungen sind demgegenüber als nicht zurechnungsbegründende Einzelfälle zu qualifizieren, wenn sie voneinander unabhängig sind und nicht der fortgesetzten Kontrolle der Zielgesellschaft dienen.[872] Entscheidend ist, dass die Koordination der Aktionäre jeweils auf einem neuen Entschluss beruht.[873] Eine Zurechnung ist daher zu bejahen, wenn zwischen mehreren abgestimmten punktuellen Verhaltensvorgängen ein *Fortsetzungszusammenhang* besteht.[874] Ein solcher liegt vor, wenn es der Wille der abstimmenden Parteien ist, auch für zukünftige Fälle eine Abstimmung herbeizuführen.[875] Nur wenn ein dauerhaftes abgestimmtes Verhalten vorliegt und sich die Abstimmung nicht im Sinne einer Ad-hoc-Koalition auf einen Einzelfall bezieht, ist entsprechend der Zielsetzung des Gesetzes ein zurechnungsbegründendes *acting in concert* gegeben.[876]

---

[868] Vgl. *OLG Frankfurt/M.*, ZIP 2004, 1309, 1312; *Berger/Filgut*, AG 2004, 592, 593; *Noack*, in: Schwark, Kapitalmarktrecht, § 30 WpÜG Rn. 1; *Seibt*, ZIP 2004, 1829, 1831; *v. Bülow/Bücker*, ZGR 2004, 669, 704; *Weiler/Meyer*, ZIP NZG 2003, 909.

[869] Vgl. *Schmidtbleicher*, AG 2008, 73, 75 ff.

[870] Vgl. *BGH*, ZIP 2006, 2077, 2080.

[871] *OLG Frankfurt/M.*, ZIP 2004, 1309, 1312; *Schockenhoff/Schumann*, ZGR 2005, 568, 588; *Casper*, ZIP 2003, 1469, 1476; *Oechsler*, in: Ehricke/Ekkenga/Oechsler, WpÜG, § 30 Rn. 24; *v. Bülow*, in: Kölner Kommentar WpÜG, § 30 Rn. 137. Wohl auch *Liebscher*, ZIP 2002, 1005, 1008.

[872] *Casper/Bracht*, NZG 2005, 839.

[873] *v. Bülow/Stephanblome*, ZIP 2008, 1797, 1799; *Casper/Bracht*, NZG 2005, 839, 841.

[874] *LG Hamburg*, AG 2007, 177, 179; *Schockenhoff/Schumann*, ZGR 2005, 568, 588; *Diekmann*, in: Baums/Thoma, WpÜG, § 30 Rn. 75; *Saenger/Kessler*, ZIP 2006, 837, 840; *Lange*, ZBB 2004, 22, 27; *Seibt*, ZIP 2004, 1829, 1833; *Casper*, ZIP 2003, 1469, 1476; *Heinrich*, Kapitalmarktrechtliche Transparenzbestimmungen und die Offenlegung von Beteiligungsverhältnissen, S. 114.

[875] *Diekmann*, in: Baums/Thoma, WpÜG, § 30 Rn. 75.

[876] Vgl. *Handelsrechtsausschuss des Deutschen Anwaltsvereins*, NZG 2008, 60, 61.

Bezieht sich die Abstimmung auf mehrere, auf Grund einer gemeinsamen Unternehmensstrategie zusammengehörende Beschlussgegenstände, ist ein Fortsetzungszusammenhang zu bejahen. Daneben kann ein Fortsetzungszusammenhang gegeben sein, wenn vereinbart wird, dass bei jeder Abstimmung zu einem regelmäßig wiederkehrenden Tagesordnungspunkt eine Koalition geschmiedet wird.[877] Hingegen handelt es sich bei der Abstimmung über mehrere Beschlussgegenstände auf derselben Hauptversammlung in der Regel um eine Abstimmung im Einzelfall.[878] Regelmäßig werden damit weder einzelne Abstimmungen über unterschiedliche Gegenstände noch wiederholte Abstimmungen zum selben Sachverhalt vom Zurechnungstatbestand erfasst.[879] Allerdings sind hiervon Vereinbarungen erfasst, in mindestens zwei Hauptversammlungen auf bestimmte Art abzustimmen.[880]

Hedgefonds weisen zwar im Vergleich zu anderen Investoren üblicherweise einen relativ kurzfristigen Anlagehorizont auf. Auch bei einem Anlagehorizont von 2 Jahren kommt indessen eine dauerhafte und regelmäßige Beeinflussung der Geschäftspolitik in diesem Sinne jedenfalls in Betracht. Wäre im Fall der *Deutschen Börse AG* eine Abstimmung zwischen den aktivistischen Hedgefonds nachweisbar gewesen, hätte sich das Vorliegen eines Einzelfalles nach dem Inhalt der Abrede bestimmt. Bezog sich die – hypothetische – Koordination allein darauf, die Übernahme der *LSE* zu blockieren, hätte ein zurechnungsausschließender Einzelfall vorgelegen. Haben sich die Aktivisten hingegen dazu verabredet, auch zukünftig zu kooperieren, wären die Stimmrechte zuzurechnen gewesen. Ein Einzelfall wäre demnach ausgeschlossen, wenn die Maßnahme etwa in einen Gesamtplan eingebettet war, über die Dauer von mindestens zwei Hauptversammlungsperioden daneben über einen personell umstrukturierten Aufsichtsrat und Vorstand der *Deutschen Börse AG* eine erhöhte Ausschüttungspolitik oder sonstige unternehmerische Maßnahmen zu forcieren. So wären die Stimmrechte zuzurechnen gewesen, wenn die Aktivisten bereits zum Zeitpunkt der Übernahmeblockade verabredet hätten, in einer späteren Hauptversammlungsperiode – wie vom Hedgefonds

---

877 *Schockenhoff/Schumann*, ZGR 2005, 568, 588.

878 *Finanzausschuss des Deutschen Bundestages*, Bericht zum Risikobegrenzungsgesetz, BT-Drucks. 16/9821, S. 16; *v. Bülow/Stephanblome*, ZIP 2008, 1797, 1799.

879 *Finanzausschuss des Deutschen Bundestages*, Bericht zum Risikobegrenzungsgesetz, BT-Drucks. 16/9821, S. 16.

880 Zur Parallelnorm des § 22 WpHG *U. H. Schneider*, in: Assmann/Schneider, WpHG, § 22 Rn. 146.

Atticus im Jahr 2007 gefordert –[881] zu erzwingen, die Abwicklungstochter Clearstream zu veräußern, den Aktionären höhere Auskehrungen auszuzahlen und ein Aktienrückkaufprogramm einzuleiten.

BB) GEMEINSCHAFTLICHE VERHALTENSMUSTER VON HEDGEFONDS

Im Folgenden werden typische gemeinschaftliche Verhaltensmuster aktivistischer Hedgefonds daraufhin untersucht, ob und unter welchen Umständen sie eine Zurechnung begründen können, wenn sie einen Teil eines unternehmerischen Gesamtplans einnehmen und nicht lediglich im Einzelfall erfolgen. In einigen Fällen bauen sie gemeinsam mit anderen Aktivisten Positionen auf (1), üben ihre Stimmrechte gleichartig aus (2) und wirken daneben zusammen faktisch auf die Entscheidungen von Aufsichtsrat und Vorstand ein (3). Als Gläubiger verständigen sich Hedgefonds zudem regelmäßig mit den Aktionären, wenn sie einen Tausch von Fremdkapital in Aktien (*debt equity swap*) beabsichtigen (4).

(1) Abgestimmter paralleler Erwerb von Aktien

Um Unternehmen zu beeinflussen, bauen Hedgefonds häufig Positionen parallel mit anderen Aktionären auf.[882] Machen Hedgefonds durch ihr medienwirksames Auftreten auf eine Intervention aufmerksam, investieren weitere Hedgefonds im Anschluss ebenso in Aktien der betreffenden Gesellschaft, um ein verstärktes Einflusspotential zu schaffen. Wenn sie sich vor oder bei dem Erwerb koordinieren, können diese Hedgefonds möglicherweise ihr Verhalten in Bezug auf die Zielgesellschaft abgestimmt haben, womit eine Stimmrechtszurechnung nach § 30 Absatz 2 WpÜG in Betracht kommt. Erfolgt ein Parallelerwerb von Aktien der Zielgesellschaft mit dem Verständnis, dass der zu Gunsten des Bieters erwerbende Dritte die Rechte aus den betreffenden Aktien in Abstimmung mit dem Bieter oder sogar auf dessen Weisung ausübt, waren dem Bieter auch vor der Reform unstreitig die Stimmrechte aus diesen Aktien im Hinblick auf die dadurch erfolgende Stimmrechtskoordinierung zuzurechnen.[883]

Umstritten war bereits damals lediglich, ob schon das abgestimmte Verhalten allein in Bezug auf den parallelen Erwerb eine Zurechnung begründen

---

[881] Siehe zu den Aufspaltungsbemühungen des Fonds oben S. 98 f.

[882] Vgl. *Socialist Group in the European Parliament*, Hedge Funds and Private Equity – a critical analysis – Executive Summary, S. 8 und oben S. 114 f.

[883] Vgl. *v. Bülow*, in: Kölner Kommentar WpÜG, § 30 Rn. 123.

kann.[884] Einige Literaturstimmen lassen den abgestimmten Erwerb für eine Zurechnung ausreichen, ohne zusätzlich eine Stimmrechts- oder sonstige Einflusskoordination zu fordern.[885] Hierfür sprächen insbesondere die parallelen Formulierungen von § 2 Absatz 5 und § 30 Absatz 2 WpÜG.[886] Hingegen setzt eine andere Ansicht beim parallelen Erwerb von Aktien eine darüber hinausgehende Einflussabstimmung voraus.[887] Daher führe ein abgestimmtes Verhalten, welches sich ausschließlich auf den Erwerb von Aktien bezieht, nicht zu einer Zurechnung. Anschauungsmaterial bietet hierzu der *Pixelpark*-Fall: Der Gründer der Pixelpark AG hatte in Ausübung einer Option jeweils ca. 20 Prozent auf einen Berater der Gesellschaft und auf den Inhaber eines Unternehmens übertragen, mit dem Pixelpark kooperieren sollte. Dabei wussten die beiden Aktienerwerber jeweils von dem Erwerb des anderen. Die *BaFin* nahm einen Kontrollerwerb infolge abgestimmten Verhaltens an und ließ damit die Abstimmung in Bezug auf den Erwerb ausreichen. Das *OLG Frankfurt* hingegen verlangt in seiner Entscheidung – freilich nach alter Gesetzeslage – eine Verhaltensabstimmung mit einer gewissen Bindungswirkung, die sich auf die kontinuierliche Ausübung von Mitgliedschaftsrechten bezieht und zu einer nachhaltigen Einflussnahme führt. Da diese nicht nachzuweisen war, lehnte es einen Kontrollerwerb ab.[888] Der Regierungsentwurf zum *Risikobegrenzungsgesetz* sah eine Zurechnung für einen abgestimmten Parallelerwerb noch ausdrücklich vor;[889] der *Finanzausschuss des Deutschen Bundestages* indes entfernte letztlich die speziell hervorgehobene Fallgruppe aus der endgültigen

---

[884] Dafür *U. H. Schneider*, in: Assmann/Pötzsch/Schneider, WpÜG, § 30 Rn. 107; *Riehmer*, in: Haarmann/Riehmer/Schüppen, WpÜG, § 30 Rn. 58 f.; *Schüppen*, in: Haarmann/Riehmer/Schüppen, WpÜG, § 2 Rn. 34; *Beckmann/Kersting/Mielke*, Übernahmerecht, Rn. B 23; *Wackerbarth*, ZIP 2007, 2340, 2345; *Berger/Filgut*, AG 2004, 592, 593 ff., 603; *Engert*, ZIP 2006, 2105, 2111; *ders.*, JZ 2007, 314, 315; *v. Lingelsheim*, in: Heidel, Anwaltskommentar AktG, 30 WpÜG Rn. 9; *Süßmann*, in: Geibel/Süßmann, WpÜG, § 30 Rn. 26 f.; wohl auch *Oechsler*, in: Ehricke/Ekkenga/Oechsler, WpÜG, § 30 Rn. 23 f. Gegen ein solches Verständnis *v. Bülow*, in: Kölner Kommentar WpÜG, § 30 Rn. 121 ff.; *Diekmann*, in: Baums/Thoma, WpÜG, § 30 Rn. 72; *Noack*, in: Schwark, Kapitalmarktrecht, § 30 WpÜG Rn. 13; *Schüppen/Walz*, in: Haarmann/Schüppen, Frankfurter Kommentar WpÜG, § 30 Rn. 65; *Nelle*, ZIP 2006, 2057, 2061; *Hamann*, ZIP 2007, 1088, 1090.

[885] Siehe die Nachweise in Fn. 884.

[886] *Steinmeyer*, in: Steinmeyer/Häger, WpÜG (1. Auflage), § 30 Rn. 44; *Süßmann*, in: Geibel/Süßmann, WpÜG, § 30 Rn. 26.

[887] Siehe die Nachweise in Fn. 884.

[888] *OLG Frankfurt/M.*, ZIP 2004, 1309, 1312. Vgl. auch *LG Hamburg*, AG 2007, 177, 179.

[889] Siehe RegE Risikobegrenzungsgesetz, BT-Drucks. 16/7438, S.6: „*in Bezug auf die Zielgesellschaft oder den Erwerb von deren Aktien*".

Beschlussfassung.[890] Der Streit hat sich damit nicht erledigt. Im Wege der Auslegung ist zu ermitteln, ob ein abgestimmter Parallelerwerb allgemein vom Anwendungsbereich der Vorschrift umfasst ist.

Bereits der Wortlaut spricht dabei gegen eine Stimmrechtszurechnung. Möglicherweise stellt ein abgestimmter Parallelerwerb nach der Neuregelung eine Abstimmung über ein Zusammenwirken in sonstiger Weise in Bezug auf die Zielgesellschaft dar; mit dem reinen Erwerb von Aktien wird allerdings die unternehmerische Ausrichtung des Emittenten unmittelbar nicht geändert. Eine Änderung der unternehmerischen Ausrichtung kann auf diese Weise lediglich ermöglicht oder vorbereitet werden. Der Wortlaut des Auffangtatbestandes ist dabei zwar so weit gefasst, dass vorbereitende Maßnahmen ebenfalls zur Zurechnung von Stimmrechten führen, wenn hierdurch das von den Handelnden verfolgte Ziel einer dauerhaften und erheblichen Änderung der unternehmerischen Ausrichtung erreicht werden kann.[891] Bezieht sich die gemeinsame Absprache aber lediglich punktuell auf den Erwerb der Finanztitel und gerade nicht auf eine anschließende rechtliche oder faktische Beeinflussung der Gesellschaft, scheidet nach dem Wortlaut eine Zurechnung aus, selbst wenn sich mithilfe der gemeinschaftlich erworbenen Anteile die Gesellschaft objektiv beeinflussen lassen würde.

Ferner ergibt sich nicht aus einem systematischen Vergleich mit der Vorschrift des § 2 Absatz 5 WpÜG, dass ein rein abgestimmter Parallelerwerb zu einer Zurechnung führt. Auf den ersten Blick scheint zwar die Zurechnungsnorm des § 30 Absatz 2 WpÜG der Vorschrift des § 2 Absatz 5 WpÜG ähnlich, welche ausdrücklich den abgestimmten Erwerb von Wertpapieren einschließt. Da beide Normen auf Verhaltensabstimmungen rekurrieren, vertreten einzelne Stimmen in der Literatur die Auffassung, der Tatbestand des § 30 Absatz 2 Satz 1, 1. Halbs. WpÜG erfasse alle Verhaltensabstimmungen, die dazu führen, dass der Dritte eine mit dem Bieter gemeinsam handelnde Person im Sinne des § 2 Absatz 5 WpÜG ist.[892] Damit würde der abgestimmte parallele Erwerb von Aktien bereits aus dem Grund zu einer Zurechnung

---

[890] Vgl. *Finanzausschuss des Deutschen Bundestages*, Beschlussempfehlung zum Risikobegrenzungsgesetz, BT-Drucks. 16/9778, S. 15; Risikobegrenzungsgesetz, BGBl. I 2008, S. 1666, 1667 f.

[891] *Korff*, AG 2008, 692, 694.

[892] *Riehmer*, in: Haarmann/Riehmer/Schüppen, WpÜG, § 30 Rn. 60; *Schüppen*, in: Haarmann/Riehmer/Schüppen, WpÜG, § 2 Rn. 34; *Adolff/Meister/Randell/Stephan*, Public Company Takeovers in Germany, S. 102. *Lohrmann/v. Dryander*, in: Apfelbacher/Barthelmess/Buhl/v. Dryander, German Takeover Law, Sec. 30 Rn. 34, sehen die Tatbestände als identisch an.

nach § 30 Absatz 2 WpÜG führen, weil die Beteiligten in diesem Falle gemeinsam handelnde Personen sind.

Zwar verweist die Begründung des Gesetzentwurfs zu § 30 Absatz 2 WpÜG „ergänzend" auf die Begründung zu § 2 Absatz 5 WpÜG.[893] Dieser Verweis sollte aber wohl nur bezwecken, dass ebenso wie § 30 Absatz 2 WpÜG auch jene Norm bestimmte Verhaltensweisen erfasst, die international als ein *„acting in concert"* bezeichnet werden.[894] Überzeugend führen *von Bülow/Bücker* an, dass man daraus nicht folgern könne, dass sich gemeinsam handelnde Personen im Sinne des § 2 Absatz 5 WpÜG zugleich stets auch in „Bezug auf die Zielgesellschaft" abstimmen. Beide Normen verfolgen unterschiedliche Zwecke. Während § 30 Absatz 2 WpÜG regelt, ob jemand infolge der Zurechnung von Stimmrechten die Kontrolle über eine Zielgesellschaft erlangt und damit der Publizitäts- und Angebotspflicht nach § 35 Absatz 1 und 2 WpÜG unterliegt, trägt der in § 2 Absatz 5 WpÜG definierte Begriff der gemeinsam handelnden Personen im Wesentlichen Transparenzgesichtspunkten Rechnung und dient der Erfassung von Umgehungssachverhalten bei der Abwicklung von Angeboten.[895] Die Tatsache, dass jemand gemeinsam handelnde Person im Sinne des § 2 Absatz 5 WpÜG ist, führt damit nicht automatisch zur Erfüllung des Tatbestandes des § 30 Absatz 2 Satz 1, 1. Halbsatz WpÜG und ist im Ergebnis für die Beantwortung der Frage, ob jemand die Kontrolle über eine Zielgesellschaft gemäß § 29 Absatz 2 WpÜG erlangt, ohne Bedeutung.[896]

Auch der Normzweck streitet letztlich nicht dafür, dass ein abgestimmter Parallelerwerb ohne darüber hinaus gehende Absprachen eine Zurechnung auslöst. Zwar rechtfertigt nach Ansicht einiger Autoren bereits die durch einen abgestimmten Erwerb hervorgerufene abstrakte Gefährdungslage für die außenstehenden Aktionäre, dass die Stimmrechte der an der Abstimmung beteiligten Parteien zuzurechnen sind.[897] Das abgesprochene gemeinschaftliche Überschreiten der Kontrollschwelle indiziere, dass die Beteiligten bei Bedarf einen beherrschenden Einfluss auf die Herrschaftsstrukturen der Gesellschaft

---

[893] RegE WpÜG, BT-Drucks. 14/7034, S. 54.

[894] *Liebscher*, ZIP 2002, 1005, 1007; *Pentz*, ZIP 2003, 1478. Vgl. zu den Anforderungen an ein Abstimmungsverhalten oben S. 150.

[895] *von Bülow/Bücker*, ZGR 2004, 669, 696.

[896] *Noack*, in: Schwark, Kapitalmarktrecht, § 30 WpÜG Rn. 13 f.; *Pittroff*, Die Zurechnung von Stimmrechten gemäß § 30 WpÜG, S. 266; *Casper*, ZIP 2002, 1469, 1474; *Oechsler*, WpÜG, § 2 Rn. 12. Unklar insoweit *Assmann*, AG 2002, 114, 124.

[897] *Berger/Filgut*, AG 2004, 592, 600; *v. Bülow*, in: Kölner Kommentar WpÜG, § 30 Rn. 110.

ausüben werden.[898] Wer den finanziellen Aufwand betreibe, Anteile zu erwerben, die zusammen mit den Aktien eines Dritten eine Kontrollbeteiligung ergeben, und sich außerdem mit diesem abstimme, dem komme es typischerweise auf die Kontrollbeteiligung an. Eine solche abstrakte Gefährdungslage, wie sie für § 29 Absatz 2 WpÜG und § 30 Absatz 1 WpÜG genügt, müsse auch für die Zurechnung nach § 30 Absatz 2 WpÜG ausreichen, um Wertungswidersprüche innerhalb des Gesetzes zu vermeiden.[899] Dem ist zu widersprechen: Zwar mag ein abgestimmter Parallelerwerb eine geeignete Vorbereitungshandlung für Einflussnahmen auf die Portfoliogesellschaft darstellen. Eine gemeinschaftliche Einwirkung auf die Herrschaftsstrukturen der Gesellschaft erfolgt daraufhin allerdings nicht zwangsläufig; ein allgemeingültiger tatsächlicher Erfahrungssatz lässt sich nicht formulieren.[900] Ob ein koordinierter Beteiligungserwerb auch für eine Absprache über Einflussnahmehandlungen spricht, lässt sich allenfalls im Rahmen einer Indizienbeweisführung vorbringen.[901] Jedenfalls führt dieser Umstand allein nicht zu einer ausreichenden Gefährdung der übrigen Aktionäre, die eine Zurechnung begründen könnte. Vielmehr soll die Vorschrift eine Umgehung des § 29 Absatz 2 WpÜG verhindern, der für die Feststellung der Kontrolle explizit nicht an die formelle Rechtsinhaberschaft, sondern an die tatsächliche Stimmrechtsherrschaft anknüpft.[902] Die Verhaltensabstimmung muss sich also auf – gegebenenfalls mittelbare – gesellschaftsrechtlich vermittelte Einflussmöglichkeiten des Dritten beziehen.[903] Im Gegensatz zu § 2 Absatz 5 WpÜG erfasst die Norm deshalb auch nicht Abstimmungen im Hinblick auf den bloßen Erwerb von Aktien der Zielgesellschaft.[904]

---

[898] *Borges*, ZIP 2007, 357, 364; *Berger/Filgut*, AG 2004, 592, 599 f. In diese Richtung auch *Wackerbarth*, ZIP 2007, 2340, 2347.

[899] *Berger/Filgut*, AG 2004, 592, 600.

[900] Vgl. *Finanzausschuss des Deutschen Bundestages*, Bericht zum Risikobegrenzungsgesetz, BT-Drucks. 16/9821, S. 15; *v. Bülow/Stephanblome*, ZIP 2008, 1797, 1799; *König*, BB 2008, 1910, 1912.

[901] Siehe zum Indizienbeweis unten S. 199 ff.

[902] *OLG Frankfurt/M.*, ZIP 2004, 1309, 1312; *v. Bülow*, in: Kölner Kommentar WpÜG, § 30 WpÜG Rn. 4; *Noack*, in: Schwark, Kapitalmarktrechts-Kommentar, § 30 WpÜG Rn. 1; *Saenger/Kessler*, ZIP 2006, 837, 839.

[903] *LG München I*, DB 2004, 1252, 1253; *v. Bülow*, in: Kölner Kommentar WpÜG, § 30 Rn. 114; *Noack*, in: Schwark, Kapitalmarktrecht, § 30 WpÜG Rn. 19; *Diekmann*, in: Baums/Thoma, WpÜG, § 30 Rn. 72.

[904] *v. Bülow*, in: Kölner Kommentar WpÜG, § 30 Rn. 121 ff.; *OLG Frankfurt/M.*, ZIP 2003, 1977, 1980; *Pentz*, ZIP 2003, 1478, 1481; *Pittroff*, Die Zurechnung von Stimmrechten gemäß § 30 WpÜG, S. 267 f.; *Casper*, ZIP 2002, 1469, 1474. Unklar insoweit *Assmann*, AG 2002, 114, 124. Im Übrigen ist auch in den Fällen, in denen das WpÜG explizit auf § 2 Absatz 5 WpÜG verweist

Im Ergebnis kann ein abgestimmter Parallelerwerb nur dann eine Zurechnung begründen, wenn mit ihm zugleich eine Einflussnahme auf die Gesellschaft beabsichtigt ist.[905] Die reine Abstimmung über den Erwerb der Aktien allein hat mithin keine Zurechnung zur Folge.

(2) Abgestimmte Stimmrechtsausübung

In der Praxis aktivistischer Hedgefonds kommt ein koordinierter Stimmrechtsgebrauch insbesondere bei personalpolitischen Beschlüssen (aa), Kapitalmaßnahmebeschlüssen (bb) und Beschlüssen über Geschäftsführungsmaßnahmen in Betracht (cc).

(a) Personalpolitische Beschlüsse

Aktivistische Hedgefonds stimmen sich zum einen bei personalpolitisch motivierten Beschlüssen ab, also Aufsichtsratswahlen und -abberufungen (aa), bei einem Beschluss über den Vertrauensentzug gegenüber dem Vorstand (bb) und Beschlüssen über die Verweigerung der Entlastung (cc).

(aa) Wahl und Abberufung von Aufsichtsratsmitgliedern

Um Einfluss auf den Vorstand und dessen Geschäftspolitik zu erlangen, koordinieren sich Hedgefonds mit anderen Aktionären hinsichtlich der Wahl des Aufsichtsrats. Eine Abstimmung über eine gemeinsame Stimmrechtsausübung bei der Wahl der Aufsichtsratsmitglieder ist zumindest geeignet, beherrschenden Einfluss zu vermitteln, da eine kontrollierte Besetzung des Aufsichtsrats über die Vorstandsbestellung Macht über die Geschäftsführung eröffnen kann.[906]

Erstreckt sich die Abstimmung nur auf die Bestellung eines Aufsichtsratsmitglieds, scheidet eine Zurechnung aus, da ein einzelnes Aufsichtsratsmitglied lediglich die Interessen des Einflussnehmers artikulieren kann und regelmäßig keinen Einfluss auf die Geschäftspolitik hat.[907] Je größer die Zahl der ausgewechselten Aufsichtsratsmitglieder, desto mehr spricht für die Annahme eines *acting in concert*.[908] Ein erhebliches abgestimmtes Verhalten in Bezug auf die

---

(Abstimmung im Hinblick auf einen gemeinsamen Erwerb), vgl. §§ 31 Absatz 3, 23 Absatz 1 Satz 1 WpÜG, auch eine weitergehende Verhaltensabstimmung – entsprechend dem Telos dieser Normen – zu fordern; vgl. *Baums/Sauter*, Anschleichen an Übernahmeziele mittels Cash Settled Equity Derivaten – ein Regelungsvorschlag, S. 27 ff., 31 ff.

905 Vgl. *Korff*, AG 2008, 692, 694.

906 Vgl. *OLG München*, ZIP 2005, 856, 857 f.; *Borges*, ZIP 2007, 357, 363.

907 *U. H. Schneider*, WM 2006, 1321, 1326; *v. Sydow/Beyer*, AG 2005, 635, 641.

908 RegE Risikobegrenzungsgesetz, BT-Drucks. 16/7438, S. 11.

Zielgesellschaft kann aber gegeben sein, wenn die abstimmenden Aktionäre beabsichtigen, ein Mehrheitsquorum der Aufsichtsratsvertreter zu wählen.[909]

Vereinbaren Aktionäre die Wahl mehrerer Aufsichtsratsmitglieder für eine Bestellungsperiode, so liegt indes kein abgestimmtes Verhalten vor, wenn nicht weitere Absprachen mit dem Ziel nachhaltiger und dauerhafter Einflussnahme hinzutreten.[910] Voraussetzung ist also, dass über die Personalangelegenheit hinaus konkrete Abreden über die Unternehmenspolitik stattgefunden haben.[911] Die Zurechnungsvoraussetzungen liegen regelmäßig nur vor, wenn in die aktienrechtliche Kompetenzverteilung bezüglich der Unternehmensführung eingegriffen werden soll, namentlich in die Weisungsunabhängigkeit von Aufsichtsrat und Vorstand gegenüber einem einzelnen Aktionär.[912]

Falls in Aufsichtsrat oder Vorstand ein nachhaltiger Richtungswechsel mittels Personalpolitik gemeinschaftlich angestrebt wird, ist ein zurechnungsbegründendes abgestimmtes Verhalten gegeben.[913] Dabei reicht nicht die Absprache allgemeiner Planungshorizonte aus.[914] Insbesondere die generelle Verabredung, durch eine gezielte Aufsichtsratsbesetzung die langfristigen Interessen der abstimmenden Aktionäre zu gewährleisten, kann keine Stimmrechtszurechnung zur Folge haben.[915] Ansonsten würde jede in der Praxis übliche koordinierte Besetzung des Aufsichtsrats wie die anschließend abgestimmte

---

[909] Vgl. *Casper/Bracht*, NZG 2005, 839, 840. An dieser Stelle lässt sich keine Parallele auf die 30 Prozent Schwelle des § 29 Absatz 2 WpÜG ziehen. Diese Schwelle geht von niedrigen Hauptversammlungspräsenzen aus, die regelmäßig eine Mehrheitsentscheidung mit einem entsprechenden Stimmrechtsanteil zulassen. Bei einer Aufsichtratssitzung stimmen aber regelmäßig sämtliche Mitglieder ab, sodass von einem kontrollierenden Einfluss erst ab Erreichen des jeweiligen Mehrheitsquorums zu sprechen ist. Eine mehrheitliche Besetzung des Aufsichtsrats durch Aktionäre ist in einer mitbestimmten AG nicht möglich, vgl. 96 Absatz 1 AktG, § 1 Absatz 1 MitbestG.

[910] Vgl. *Finanzausschuss des Deutschen Bundestages*, Bericht zum Risikobegrenzungsgesetz, BT-Drucks. 16/9821, S. 16; *OLG München*, ZIP 2005, 856, 857; *LG München I*, DB 2004, 1252, 1253; *Noack*, in: Schwark, Kapitalmarktrecht, § 30 WpÜG Rn. 24; *Schockenhoff/Schumann*, ZGR 2005, 568, 588; *v. Bülow/Bücker*, ZGR 2004, 669, 714; *Diekmann*, in: Baums/Thoma, WpÜG, § 30 Rn. 79; *Noack*, in: Schwark, Kapitalmarktrecht, § 30 WpÜG Rn. 24; *U. H. Schneider*, WM 2006, 1321, 1324; *Weiler/Meyer*, NZG 2003, 909, 911; *Lange*, ZBB 2004, 27. A. A. *Wackerbarth*, in: Münchener Kommentar AktG, § 30 WpÜG Rn. 11.

[911] Vgl. *OLG Frankfurt/M.*, ZIP 2004, 1309, 1314; *Seibt*, ZIP 2004, 1829, 1833; *Thaeter/Guski*, AG 2007, 301, 307;*U. H. Schneider*, in: Assmann/Pötzsch/Schneider, WpÜG, § 30 Rn. 104, 111.

[912] *Casper/Bracht*, NZG 2005, 839, 841.

[913] Vgl. *Thaeter/Guski*, AG 2007, 301, 307.

[914] *BGH*, ZIP 2006, 2077, 2080; *Liebscher*, ZIP 2002, 1005, 1008.

[915] Vgl. *Kuthe/Brockhausen*, DB 2005, 1266.

Wahl des Vorsitzenden erfasst.[916] Verabreden mehrere Aktionäre, den Aufsichtsrat zu besetzen, beeinflussen sie die Gesellschaft grundsätzlich nicht spürbar und zurechnungserheblich. Eine spürbare Einflussnahme ist aber ausnahmsweise anzunehmen, wenn die Zusammensetzung des Aufsichtsrats für die Unternehmenspolitik erhebliche Bedeutung hat.[917] Bei der Auswechslung mehrerer Aufsichtsratsmitglieder ist darauf abzustellen, ob mit der Maßnahme konkrete unternehmerische oder finanzwirtschaftliche Entscheidungen beabsichtigt sind, die dazu führen, dass sich bestimmte bislang verfolgte oder geplante strategische oder unternehmerische Politiken nicht mehr umsetzen lassen.[918] Einigen Hedgefonds sich mit anderen Aktionären über eine Änderung der Unternehmensstrategie, und möchten sie diese über eine Besetzung des Aufsichtsrats und gegebenenfalls über eine damit verbundene Neubesetzung des Vorstands verfolgen, liegt ein abgestimmtes Verhalten im Sinne von § 30 Absatz 2 Satz 2, 1. Alt. WpÜG vor.

Die abgestimmte Abberufung von Aufsichtsratsmitgliedern hingegen löst allein keine erhebliche und dauerhafte Einflussnahme auf die Herrschaftsstrukturen der Gesellschaft aus. Eine Stimmrechtsaddition kommt daher nur in Betracht, wenn sich die Aktionäre zugleich zurechnungsbegründend über die Wahl neuer Aufsichtsratsmitglieder in oben ausgeführter Weise abstimmen.

(bb) Vertrauensentzug durch die Hauptversammlung

Ein koordinierter Vertrauensentzug gegenüber dem Vorstand durch die Hauptversammlung stellt grundsätzlich kein zurechnungsbegründendes abgestimmtes Verhalten dar, da von diesem Beschluss allein zwar regelmäßig eine erhebliche aber keine dauerhafte Einwirkung auf die Herrschaftsstrukturen der Gesellschaft ausgeht. Eine Abberufung des Vorstands lässt sich zwar auf diese Weise vorbereiten; die Entscheidung allerdings liegt im Ermessen des Aufsichtsrats.[919] Eine erhebliche und beständige Einflussnahme und damit ein abgestimmtes Verhalten lässt sich aber ausnahmsweise annehmen, wenn nach dem verfolgten Gesamtplan der von den Aktionären beeinflusste Aufsichtsrat den Vorstand abberufen und neu besetzen soll, um konkrete unternehmerische Pläne umzusetzen.

---

916 *BGH*, ZIP 2006, 2077, 2080.

917 Vgl. *Casper*, ZIP 2003, 1469, 1476.

918 Vgl. RegE Risikobegrenzungsgesetz, BT-Drucks. 16/7438, S. 11.

919 Vgl. *BGH*, WM 1961, 569, 573 f.; *Mertens*, in: Kölner Kommentar AktG, § 84 Rn. 104.

(cc) Verweigerung der Entlastung

Ähnlich gelagert ist der Fall einer Koalition, die sich zusammenfindet, den Mitgliedern von Vorstand oder Aufsichtsrat die Entlastung zu versagen, um die Geschäftspolitik zu beeinflussen. Auch an dieser Stelle wird durch den Beschluss in erster Linie ein im Einzelfall erheblicher faktischer Druck gegenüber den Leitungsorganen aufgebaut, ihre Geschäftspolitik an den Wünschen der abstimmenden Aktionäre auszurichten. Aber auch bei einer Entlastungsverweigerung fehlt es grundsätzlich an einer dauerhaften Einflussnahme auf die Herrschaftsstrukturen der Gesellschaft. Ein abgestimmtes Verhalten liegt nur vor, wenn die Maßnahme als Teilstück eines Gesamtplans fungiert, nach dem konkrete unternehmerische Absichten umgesetzt werden sollen.

(b) Kapitalbeschlüsse

Eine Abstimmung über eine Kapitalmaßnahme hat nicht zwingend in jedem Fall nennenswerten Einfluss auf das operative Geschäft einer Gesellschaft oder die Umsetzung des Unternehmensgegenstands. Ein abgestimmtes Verhalten liegt indes etwa vor, wenn sich eine geplante Übernahme auf Seiten der Bietergesellschaft ohne Kapitalerhöhungen voraussichtlich nicht finanzieren lässt, und eine gemeinschaftliche Ablehnung des Kapitalbeschlusses von einem unternehmerischen Gesamtplan der abgestimmten Aktivisten gedeckt ist.

(c) Beschlüsse über Geschäftsführungsmaßnahmen

Verlangt der Vorstand ausnahmsweise, dass die Hauptversammlung über eine Geschäftsführungsmaßnahme entscheidet (§ 119 Absatz 2 AktG), liegt bei einer entsprechenden Stimmrechtskoordination häufig eine beabsichtigte erhebliche und dauerhafte Einflussnahme auf die Herrschaftsstrukturen der Gesellschaft vor, zumal das Geschäftsführungsorgan die Aktionäre nur bei außerordentlichen und gewichtigen Angelegenheiten befragen wird. Als Teil eines Gesamtplans stellt also eine Absprache über Geschäftsführungsbeschlüsse ein abgestimmtes Verhalten dar.

(3) Abgestimmte faktische Einflussnahme

Wirken Hedgefonds gemeinschaftlich mit anderen Aktivisten durch Gespräche oder durch ein öffentliches Drohen mit Sanktionen auf Aufsichtsrat oder Vorstand ein, um auf diese Weise faktisch Einfluss auf deren Entscheidungen zu nehmen,[920] kommt ebenso eine Stimmrechtszurechnung in Betracht. Mit

---

[920] Siehe zu faktischen Einflussnahmemethoden oben S. 68 ff.

dem *Risikobegrenzungsgesetz* führt nun ausdrücklich eine Abstimmung über ein Zusammenwirken in sonstiger Weise mit dem Ziel einer dauerhaften und erheblichen Änderung der unternehmerischen Ausrichtung der Gesellschaft zu einer Zurechnung.[921] Für ein abgestimmtes Verhalten ausreichend ist damit insbesondere die gegenüber dem Vorstand geäußerte Drohung abgestimmter Aktionäre, bei bestimmten nicht vorgenommenen Geschäftsführungsmaßnahmen einen neuen Aufsichtsrat zu bestellen, welcher den Vorstand neu besetzen werde.[922] Ist bereits ein Drohen mit einem Stimmrechtsgebrauch als Verhalten in Bezug auf die Zielgesellschaft zu qualifizieren,[923] dann ist die Steuerung der Verwaltung durch aktionärstreue Aufsichtsratsmitglieder ebenso einzubeziehen.[924] Ein Aktionär kann nämlich einen Aufsichtsrat ebenso durch Personen beeinflussen wie durch die Inaussichtstellung einer Abwahl oder Abbestellung.[925] Potentiell beeinflussbar sind hierbei zumindest die Anteilseignervertreter, wobei das Halten einer gewissen Anzahl an Stimmrechten ausreichen kann, dem Willen des Halters bei der Zielgesellschaft Beachtung und Befolgung zu sichern.[926] Dass der Aufsichtsrat nach dem Gesetz nur dem Unternehmensinteresse verpflichtet ist und keinen Weisungen seitens der Aktionäre unterliegt, spricht nicht gegen diese Betrachtung.[927] Um einen beabsichtigten kontrollierenden Einfluss annehmen zu können, müssen die abgestimmten Aktionäre beabsichtigen, die Mehrheit der Aufsichtsratsvertreter zu beeinflussen.[928]

Einerseits beeinflussen Hedgefonds faktisch die unternehmerische Ausrichtung von Gesellschaften typischerweise in Übernahmesituationen (a). Andererseits beeinflussen sie faktisch die Wahl des Aufsichtsratsvorsitzenden und des Vorstands, um durch eine ihnen personell wohlgesonnene Gremienbesetzung weitere Einflussnahmehandlungen auf die Gesellschaft vorzubereiten oder zu begünstigen (b). Daneben erzwingen einige Hedgefonds kollektiv

---

921 Siehe oben S. 157 ff.

922 Bereits zur alten Rechtslage zutreffend *Halász/Kloster*, Der Konzern 2007, 344, 350; *U. H. Schneider*, in: Assmann/Pötzsch/Schneider, WpÜG, § 30 Rn. 104; *Ders.*, ZGR 2008, 440, 454. A. A. *Hamann*, ZIP 2007, 1088, 1090.

923 Siehe oben S. 177.

924 *Engert*, JZ 2007, 314, 316; *Halász/Kloster*, WM 2006, 2152, 2155.

925 *Engert*, JZ 2007, 314, 316.

926 Vgl. *OLG München*, ZIP 2005, 856, 857.

927 *OLG München*, ZIP 2005, 856, 857 f. Dagegen *BGH*, ZIP 2006, 2077, 2079. Siehe hierzu bereits oben S. 159 f.

928 Vgl. oben Fn. 909.

Sonderausschüttungen (c) oder forcieren eine Zerschlagung der Gesellschaft (d), indem sie den Vorstand öffentlich unter Druck setzen.

(a) Corporate Control Activism

Im Gegensatz zu anderen Rechtsordnungen entscheiden Aktionäre im deutschen Aktienrecht nicht durch eine Abstimmung über Unternehmensübernahmen.[929] Um dennoch Einfluss auf Transaktionen nehmen zu können, wirken Hedgefonds auf die Leitungsorgane der beteiligten Gesellschaften ein. Verständigen sie sich mit anderen Aktivisten, um etwa die Übernahme einer anderen Gesellschaft mittels einer tatsächlichen Einflussnahme auf den Vorstand zu verhindern, haben sie sich in Bezug auf die Zielgesellschaft abgestimmt. Im Fall der *Deutschen Börse AG* verhinderten etwa mehrere Hedgefonds die geplante Übernahme der Londoner Börse *LSE*, indem sie Aufsichtsrat und Vorstand der deutschen Bietergesellschaft öffentlich kritisierten sowie durch Drohungen faktisch unter Druck setzten.[930] Wenn sich die Aktivisten bei diesem Vorgang koordiniert haben, haben sie zugleich ihr Verhalten in Bezug auf die Zielgesellschaft abgestimmt. Die *BaFin* indes konnte keine ausreichenden[931] Hinweise für eine Aktionärskoordination ermitteln, weswegen sie die Voraussetzungen einer Zurechnung als nicht gegeben ansah.[932] Ebenso erfasst ist wie im Fall *ABN Amro/Barclays* die Konstellation, dass Hedgefonds die Übernahme der Zielgesellschaft durch einen Konkurrenten verhindern wollen – sei es wegen der Bevorzugung einer Übernahme durch einen anderen Käufer oder aus anderen Gründen, so dass Vorstand und Aufsichtsrat den Aktionären nicht mehr empfehlen, das jeweilige Angebot anzunehmen. Verfolgen die Aktivisten mit einer solchen Einflussnahme wie in den geschilderten Fällen einen Gesamtplan, liegt ein abgestimmtes Verhalten vor.

(b) Mittelbare Einflussnahme auf Gremienbesetzungen

Um eine Einwirkung auf die Geschäftspolitik des Unternehmens vorzubereiten oder zu ermöglichen, können aktivistische Hedgefonds gemeinschaftlich

---

[929] Lediglich im Rahmen von Kapitalmaßnahmebeschlüssen können Aktionäre eine vom Vorstand geplante Übernahme erschweren oder verhindern, indem sie ihr Stimmrecht gegen Finanzierungsmaßnahmen ausüben, vgl. hierzu oben S. 64 f.

[930] Siehe zum Fall *Deutsche Börse AG* ausführlich oben S. 82.

[931] Siehe aber zur Indizwirkung von Bürogemeinschaften, identischen Brieftexten etc. unten S. 199 ff.

[932] Vgl. *Reitz*, Finanzaufsicht entschärft Verdacht, Welt am Sonntag vom 22.05.2005, S. 27; *O.V.*, Kein Acting in Concert bei der Deutschen Börse, in: Börsenzeitung vom 20.10.2005, S. 3; *Benders/Schönauer*, Aufsicht stellt Ermittlungen gegen Hedgefonds ein, in: Handelsblatt vom 20.10.2005, S. 18; *O.V.*, Coup gegen Seifert rechtlich einwandfrei, in: FAZ vom 20.10.2005, S. 23.

die Besetzung der Gesellschaftsgremien beeinflussen. Neben der Besetzung des Aufsichtsrats durch eine koordinierte Stimmrechtsausübung können sie durch faktische Beeinflussung der Aufsichtsratsmitglieder sowohl die Wahl des Aufsichtsratsvorsitzenden[933] als auch die Wahl und Abberufung des Vorstands mittelbar steuern.[934]

So trafen im Fall *WMF* die Klägerin mit einem Anteil von 33 Prozent an der Gesellschaft und drei weitere Gesellschafter,[935] die jeweils 17 Prozent der Aktien hielten, im März 2003 eine schriftliche Vereinbarung über die Besetzung des Aufsichtsrats. Unmittelbar vor der Hauptversammlung verlangten die drei weiteren Gesellschafter von der Klägerin entgegen ihrem Willen, bei der Wahl des Aufsichtsratsvorsitzenden für den von ihnen bevorzugten Kandidaten zu stimmen, sonst würde der von der Klägerin favorisierte Kandidat nicht zum stellvertretenden Aufsichtsratsvorsitzenden gewählt. Die Wahl der Anteilseignervertreter als auch des Vorsitzenden und seines Stellvertreters erfolgte gemäß der vorher getroffenen Vereinbarung. Später verlangte die Klägerin von einem der drei weiteren Gesellschafter einen Betrag von 200.000,- € als Teilbetrag der Zinsen auf die von ihr gehaltenen Aktien wegen Unterlassen eines Pflichtangebots. Wegen der vorhergehenden Wahlabstimmung über Aufsichtsratsmitglieder und Vorsitzenden sei der Zurechnungstatbestand des § 30 Absatz 2 WpÜG erfüllt. Das in erster Instanz entscheidende *LG München* wies die Klage ab,[936] das *OLG München* hingegen gab ihr statt. Nach Auffassung des *OLG München* erfasst § 30 Absatz 2 WpÜG jedes einzelne abgestimmte Verhalten mit nachhaltiger Wirkung auf die Geschäftsführungs- und Aufsichtsorgane der Zielgesellschaft. Ein solches Verhalten liege auch bei der Wahl des Aufsichtsratsvorsitzenden vor.[937] Der *BGH* wies die Klage wiederum ab und vertritt die Auffassung, dass § 30 Absatz 2 WpÜG lediglich die abgestimmte unmittelbare Ausübung von Stimmrechten der Anteilseigner erfasse, nicht aber eine Abstimmung über das Wahlverhalten von Aufsichtrats-

---

933 Während die Hauptversammlung unmittelbar über die Besetzung der Aufsichtsratsmitglieder abstimmt, werden der Aufsichtsratsvorsitzende und sein Stellvertreter nicht von den Aktionären, sondern aus der Mitte des Aufsichtsrats gewählt, § 107 Absatz 1 Satz 1 AktG.

934 Siehe hierzu oben S. 68 ff.

935 Namentlich handelte es sich bei den drei Mitgesellschaftern um *Deutsche Bank*, die *Münchener Rück* und die *Wüstenrot & Württembergerische.*

936 *LG München*, ZIP 2004, 1101.

937 *OLG München*, ZIP 2005, 856.

mitgliedern. Die mediatisierte Einflussnahme auf Mitglieder des Aufsichtsrats als eines unabhängigen Kontrollorgans führe nicht zu einer Zurechnung.[938]

Nach der Neuregelung durch das Risikobegrenzungsgesetz lässt sich die Auffassung des *BGH* nicht mehr vertreten. Auch eine Absprache über ein Zusammenwirken in sonstiger Weise begründet nach § 30 Absatz 2 Satz 2, 2. Alt. WpÜG nun ausdrücklich eine Zurechnung. Damit bildet jede abgestimmte Einflussnahme ein relevantes Verhalten in Bezug auf die Zielgesellschaft, die direkt oder auch nur mittelbar aus der Stimmrechtsmacht hervorgeht.[939] Hiervon ist grundsätzlich auch die gemeinschaftliche mediatisierte Einflussnahme auf Mitglieder des Aufsichtsrats erfasst, insbesondere bei der Wahl des Aufsichtsratsvorsitzenden.[940] Rein personelle Besetzungsänderungen von Aufsichtsrat und Vorstand können indes nicht die unternehmerische Ausrichtung der Gesellschaft verändern.[941] Insbesondere die beabsichtigte Einwirkung auf den Aufsichtsrat, damit dieser einen erwünschten Aufsichtsratsvorsitzenden wählt, begründet ohne weitere Umstände keine Stimmrechtszurechnung. Entgegen der Auffassung des *OLG München*[942] ist allein mit einer Abstimmung in Bezug auf die Wahl des Aufsichtsratsvorsitzenden grundsätzlich kein erhebliches Einflusspotential auf die unternehmerische Ausrichtung der Zielgesellschaft verbunden.[943] Nur aus der Machtposition des Aufsichtsratsvorsitzenden kann kein nachhaltiger Einfluss des Aktionärs abgeleitet werden, da dem Vorsitzenden im Zweifel nur die Rolle eines primus inter partes zukommt.[944] So erkennt das Gesetz grundsätzlich auch nur dem Aufsichtsrat in seiner Gesamtheit Befugnisse zu und nicht einzelnen Mitgliedern.[945] Der Vorsitzende ist vielmehr nur Repräsentant des Aufsichtsrates.[946] Auch der Stichentscheid des Aufsichtsratsvorsitzenden in der mitbestimmten AG ändert nichts an dieser Betrachtung, da dieser Stichentscheid regelmäßig nur im Benehmen mit den übrigen Vertretern der Anteilseignerseite ausgeübt wird. Die abgestimmte faktische Einflussnahme auf die Wahl des Aufsichts-

---

938 *BGH*, ZIP 2006, 2077, 2079.

939 Vgl. *Engert*, JZ 2007, 314, 316.

940 Vgl. *OLG München*, ZIP 2005, 856, 857. A. A. *BGH*, ZIP 2006, 2077, 2079.

941 *v. Bülow/Stephanblome*, ZIP 2008, 1797, 1798.

942 Vgl. *OLG München*, ZIP 2005, 856, 858.

943 Vgl. *Casper/Bracht*, NZG 2005, 839.

944 *Semler*, in: Münchener Kommentar AktG, § 111 Rn. 53; *Hopt/Roth*, in: Großkomm. AktG, § 107 Rn. 63.

945 *Mertens*, in: Kölner Kommentar AktG, § 111 Rn. 10.

946 *Breuner/Fraune*, in: Heidel, Anwaltskommentar AktG, § 107 Rn. 9.

ratsvorsitzenden stellt damit grundsätzlich nur dann ein abgestimmtes Verhalten dar, wenn die abstimmenden Aktionäre zugleich eine mehrheitliche Besetzung des Aufsichtrates beabsichtigen und einen darüber hinausgehenden unternehmerischen Gesamtplan verfolgen. Ein abgestimmtes Verhalten liegt ausnahmsweise aber vor, wenn mit der Wahl des Aufsichtsratsvorsitzenden besondere Umstände verbunden sind, die über den Normalfall hinausgehen. Beabsichtigen die Abstimmenden, dass der Vorsitzende eine bestimmte unternehmerische Neuausrichtung herbeiführen wird und dass ihm dies auf Grund der speziellen Zusammensetzung des Gremiums auch möglich ist, haben sie sich in Bezug auf die Gesellschaft abgestimmt.[947]

(c) Erzwingen von Sonderausschüttungen

Eine von Hedgefonds mit anderen Aktivisten abgestimmte gemeinschaftlich erzwungene Sonderausschüttung ist nur bei Vorliegen besonderer Umstände geeignet, die unternehmerische Ausrichtung der Zielgesellschaft dauerhaft und erheblich zu beeinflussen. Die Dividendenpolitik hat als finanzwirtschaftliche Entscheidung im Normalfall keine nennenswerten Auswirkungen auf die Umsetzung des operativen Geschäfts oder den Unternehmensgegenstand.[948] Sofern sie nicht als Teil eines Gesamtplans zu qualifizieren und keine darüber hinaus gehenden Einflussnahmen beabsichtigt sind, begründen die von Hedgefonds gemeinschaftlich erzwungenen Sonderausschüttungen für sich genommen keine Zurechnung.[949] Anders kann es sich darstellen, wenn durch die Sonderausschüttungen Kapital in solcher Höhe abgezogen werden soll, um vom Vorstand verfolgte unternehmerische Maßnahmen – wie etwa eine geplante Übernahme – praktisch nicht finanzieren zu können. Eine solche kollektive Einwirkung würde als Teil eines Gesamtplans eine Zurechnung begründen, da mit der Maßnahme dann beabsichtigt wäre, die unternehmerische Ausrichtung der Gesellschaft erheblich und dauerhaft zu ändern.[950]

Im Fall der *Cewe Color AG* wäre eine Zurechnung auch bei einer nachgewiesenen Verhaltensabstimmung ausgeschieden:[951] Da sich die Forderungen gegenüber dem Vorstand und Aufsichtsrat lediglich auf die Verteilung kreditfi-

---

947 Vgl. RegE Risikobegrenzungsgesetz, BT-Drucks. 16/7438, S. 11. Vgl. § 29 Absatz 2 MitbestG für die mitbestimmte Aktiengesellschaft.

948 Vgl. *Casper/Bracht*, NZG 2005, 839, 841; *Korff*, AG 2008, 692, 693.

949 Vgl. *Liebscher*, ZIP 2002, 1005, 1008.

950 Vgl. RegE Risikobegrenzungsgesetz, BT-Drucks. 16/7438, S. 11.

951 Vgl. oben S. 94 ff. Allerdings hätten die aktiven Hedgefonds ohnehin nicht die 30 Prozent-Schwelle überschritten.

nanzierter Sonderausschüttungen bezog, zielte dieses Verhalten zwar möglicherweise darauf ab, die unternehmerische Ausrichtung der Zielgesellschaft dauerhaft oder erheblich zu ändern; Anhaltspunkte für einen darüber hinausgehenden Gesamtplan lagen indes nicht vor.

(d) Erzwingen einer Zerschlagung

Die abgestimmte Einwirkung von Hedgefonds auf die Gesellschaft mit dem langfristigen Ziel der Zerschlagung hat regelmäßig eine Zurechnung zur Folge. Mit einer Aufspaltung des Unternehmens und den damit verbundenen Teilverkäufen beabsichtigen die Parteien eine erhebliche und dauerhafte Änderung der Unternehmenspolitik der Zielgesellschaft.[952]

(4) Einflussnahme als Fremdkapitalgeber

Eine Abstimmung über ein Verhalten in Bezug auf die Zielgesellschaft kann möglicherweise auch vorliegen, wenn sich Hedgefonds nach dem Erwerb von Fremdkapital börsennotierter Unternehmen mit deren Aktionären über einen *debt equity swap* oder einen Kapitalschnitt und über eine damit einhergehende Stimmrechtsausübung bei einer Kapitalmaßnahme abstimmen.[953] Daneben stimmen sie sich mit den Aktionären über die Besetzung des Aufsichtsrates ab. Weiterhin üben sie faktisch Druck auf die Organe der Gesellschaft aus, um so insbesondere über das operative Geschäft oder die Restrukturierung Einfluss zu erhalten. In diesen Konstellationen stellt sich die Frage, ob ein Hedgefonds oder sonstiger Aktivist für eine Kontrollerlangung und Zurechnung Aktionär der Zielgesellschaft sein muss.

Nach einer Auffassung in der Literatur müssen alle an der Abstimmung Beteiligten zugleich Aktionäre der Zielgesellschaft oder bereits zuvor Zurechnungssubjekt von Stimmrechten sein.[954] Ein Nichtaktionär könne nicht die Kontrolle über eine Gesellschaft erlangen. Die Kontrolle über eine Gesellschaft setze das Halten von Stimmrechten voraus. Damit umschreibe das Gesetz, dass der Bieter Aktionär der Zielgesellschaft sein muss, da er nur als solcher befugt ist, das Stimmrecht auszuüben.[955] Ein nicht mit Stimmrechtsmacht ausgestatteter Bieter könne keinen Einfluss auf die Zielgesellschaft

---

952 Vgl. *Schüppen/Walz*, in: Haarmann/Schüppen, Frankfurter Kommentar WpÜG, § 30 Rn. 68; *U. H. Schneider*, in: Assmann/Pötzsch/Schneider, WpÜG, § 30 Rn. 92; *Ders.*, ZGR 2008, 440, 453.

953 Siehe hierzu oben S. 105 ff.

954 *Pittroff*, Die Zurechnung von Stimmrechten gemäß § 30 WpÜG, S. 290 f. Wohl auch *Diekmann*, in: Baums/Thoma, WpÜG, § 30 Rn. 87.

955 Vgl. §§ 29 Absatz 2 WpÜG, 12 Absatz 1 AktG.

ausüben, weswegen eine mit ihm abgestimmte Koordination kein Verhalten in Bezug zur Zielgesellschaft darstelle.[956]

Richtigerweise ist es hingegen nicht notwendig, dass der Bieter Aktionär der Zielgesellschaft oder bereits vor der Abstimmung Zurechnungssubjekt von Stimmrechten ist.[957] Eine dem entgegenstehende Auslegung würde Sinn und Zweck der Vorschrift widersprechen, der darauf angelegt ist, Umgehungsmöglichkeiten zu erfassen, und unabhängig von der formaljuristischen Lage faktisch bestehende Einflussmöglichkeiten auf Stimmrechtsausübungen zu erfassen.[958] Auch ein selbst nicht mit Stimmrechten ausgestatteter Bieter kann gebündelt mit einem anderen durch Koordination Einfluss auf dessen Stimmrechtsmacht und damit zugleich auch auf die Zielgesellschaft ausüben. Daneben zeigt insbesondere das Drohpotential eines Fremdkapitalgebers in der Krise des Unternehmens, dass ihm besondere Einflussmöglichkeiten zustehen.[959] Eine andere Betrachtung würde zu dem widersinnigen Ergebnis führen, dass einem Bieter, dem lediglich Stimmrechte aus einer Aktie zustehen, der Stimmrechtsanteil seines Abstimmungspartners in voller Höhe zugerechnet würde, während demgegenüber im Falle eines gänzlich ohne Stimmrechte ausgestatteten Bieters eine Zurechnung trotz des faktisch gleichen unmittelbaren Einflusspotentials ausschiede. Bei § 30 WpÜG handelt es sich um eine Zurechnungsnorm, die im Gegensatz zu § 29 WpÜG gerade nicht an die formelle Aktionäreigenschaft anknüpft. Damit können Hedgefonds auch als Gläubiger einer Zurechnung wegen abgestimmten Verhaltens in Bezug auf die Zielgesellschaft unterliegen.

Hedgefonds können somit als Gläubigern Stimmrechte zuzurechnen sein, wenn sie sich mit Aktionären in Bezug auf die Zielgesellschaft abstimmen. In Betracht kommt dies bei einer mittelbaren abgestimmten Einflussnahme auf Gremienbesetzungen (a), Abstimmungen über *debt equity swap*-Vereinbarungen (b) und einer abgestimmten faktischen Einflussnahme auf Restrukturierungen (c).

---

[956] *Pittroff*, Die Zurechnung von Stimmrechten gemäß § 30 WpÜG, S. 290.

[957] *v. Bülow/Bücker*, ZGR 2004, 669, 697; *v. Sydow/Beyer*, AG 2005, 635, 639; *v. Bülow*, in: Kölner Kommentar WpÜG, § 30 Rn. 21; *U. H. Schneider*, in: Assmann/Pötzsch/Schneider, WpÜG, § 30 Rn. 94; 142; *Lange*, Der Konzern 2003, 675, 682. Ebenso zu § 22 Absatz 2 WpHG *U. H. Schneider*, in: Assmann/Schneider, WpHG, § 20 Rn. 142.

[958] Vgl. *v. Bülow*, in: Kölner Kommentar WpÜG, § 30 Rn. 20.

[959] Vgl. hierzu oben S. 79 ff.

(a) Mittelbare Einflussnahme auf Gremienbesetzungen

Auch als Fremdkapitalerwerber stimmen sie sich über die Besetzung des Aufsichtsrats mit anderen Aktionären ab, um so einen *debt equity swap* oder ein Sanierungskonzept zu flankieren. Entsprechend der oben getroffenen Feststellungen[960] erfolgt eine Stimmrechtszurechnung auch dann, wenn Hedgefonds mit Aktionären in abgestimmter Weise den Aufsichtsrat koordiniert besetzen und einen darüber hinausgehenden Gesamtplan verfolgen.

Hingegen scheidet eine Stimmrechtszurechnung aus, wenn sich Hedgefonds als Gläubiger mit dem Aufsichtsrat über die Besetzung des Vorstands oder Aufsichtsratsvorsitzenden abstimmen. In diesem Fall fehlt es an Stimmrechten des Abstimmungspartners, die den Aktivisten zugerechnet werden könnten.

(b) Abstimmungen über Debt Equity-Swap / Abstimmung in Bezug auf Kapitalmaßnahmen

Jede Koordination von Hedgefonds mit Aktionären der Zielgesellschaft über eine Stimmrechtsausübung bei einer vereinfachten Kapitalherabsetzung, einer Kapitalerhöhung und einen Bezugsrechtsausschluss stellt ein abgestimmtes Verhalten in Bezug auf die Zielgesellschaft dar.[961] Eine Zurechnung unterbleibt, wenn sich die Abstimmung des Forderungserwerbers allein auf die Umwandlung der Forderungen in Eigenkapital bezieht.[962] Koordinieren sich die beteiligten Investoren allerdings wie in den Fällen *Treofan*[963] oder *Ihr Platz*[964] darüber hinaus auf Grund eines Gesamtplans beispielsweise im Hinblick auf eine Restrukturierung, um gemeinsam, dauerhaft und erheblich mittels oben erörterter Maßnahmen auf die Herrschaftsstrukturen Einfluss zu nehmen, kommt eine Stimmrechtszurechnung in Betracht.[965] In der Regel wird die Restrukturierung eines Unternehmens mehrere Absprachen erforderlich machen oder eine entsprechende Abstimmung auf eine regelmäßige Koordination ausgerichtet sein. Wenn sich die Investoren mit den Aktionären über einen Kapitalschnitt und einem zusätzlichen Bezugsrechtsausschluss ab-

---

960 Siehe hierzu oben S. 174 ff.

961 Vgl. hierzu oben S. 155 f.

962 Vgl. *Rau/v. Sydow*, Distressed Debt Investment kann Pflichtangebot auslösen, in: Börsenzeitung vom 11.04.2007, S. 2.

963 Siehe zum Fall *Treofan* oben S. 107 f.

964 Siehe zum Fall *Ihr Platz* oben S. 108 f.

965 *v. Sydow/Beyer*, AG 2005, 635, 640.

stimmen, ist danach zu fragen, ob noch ein Einzelfall angenommen werden kann, der eine Zurechnung ausschließt. Nach einer formellen Betrachtung[966] ist bei einer Abstimmung über mehrere Maßnahmen ein Einzelfall auf den ersten Blick wohl abzulehnen. Allerdings handelt es sich bei der Abstimmung über mehrere Beschlussgegenstände auf derselben Hauptversammlung regelmäßig um eine Abstimmung im Einzelfall.[967] Dabei streitet für dieses Ergebnis, dass diese Maßnahmen allein regelmäßig einen einheitlichen Lebenssachverhalt bilden, nämlich die Beteiligung eines Investors gegen Sacheinlagen von Forderungen.[968] Wenn sich die Abstimmenden jedoch anlässlich einer umfangreichen Restrukturierung für einen Zeitraum koordinieren, der sich über mehrere Hauptversammlungsperioden erstreckt, ist auf Grund des bestehenden Fortsetzungszusammenhangs ein Einzelfall abzulehnen.[969] In den Fällen einer Zurechnung als Fremdkapitalgeber kommt im Bereich des *Distressed Investing* im Rahmen einer Restrukturierung des Unternehmens indessen eine Befreiung von den übernahmerechtlichen Verpflichtungen nach § 37 WpÜG in Betracht.[970]

(c) Faktische Einflussnahme auf Restrukturierungen

Im Falle einer Drohung mit Sanktionen gegenüber den Aktionären oder den Herrschaftsorganen der AG fehle es nach einer Auffassung bereits am Merkmal der Abstimmung in Bezug auf die Zielgesellschaft. Eine bewusste gemeinsame Positionierung im Sinne einer nachhaltigen Koordinierung in Bezug auf die Zielgesellschaft finde nicht statt.[971] Wie eine Verhaltenskoordination geschaffen wird, ist im Ergebnis allerdings unerheblich.[972] Auch eine Teilnahme an den geplanten Aktivitäten aus heterogenen Motiven ändert nichts daran, dass die Abstimmung bewusst erfolgt. Aus diesem Grund spricht sich eine andere Auffassung in der Literatur dafür aus, dem Drohenden die Stimmrechte der beeinflussten Partei zuzurechnen. Nach Sinn und Zweck der Vorschrift ist dies mit Blick auf den auf diese Weise hergestellten

---

[966] Vgl. *BGH*, ZIP 2006, 2077, 2079.

[967] *Finanzausschuss des Deutschen Bundestages*, Bericht zum Risikobegrenzungsgesetz, BT-Drucks. 16/9821, S. 16; *v. Bülow/Stephanblome*, ZIP 2008, 1797, 1799.

[968] *Halász/Kloster*, WM 2006, 2152, 2158.

[969] Vgl. zur Parallelnorm des § 22 WpHG *U. H. Schneider*, in: Assmann/Schneider, WpHG, § 22 Rn. 146.

[970] Vgl. *Halász/Kloster*, WM 2006, 2152, 2159. Siehe hierzu unten S. 202.

[971] *v. Sydow/Beyer*, AG 2005, 635, 640.

[972] Vgl. *Halász/Kloster*, WM 2006, 2152, 2159.

Einfluss auf die Gesellschaft zu befürworten.[973] Aus Sicht der gefährdeten außenstehenden Aktionäre ist es unerheblich, ob die Übereinkunft freiwillig oder unfreiwillig hergestellt wird.

Auch der *BGH* bestätigt in seiner Entscheidung zum Fall *WMF*, dass eine Verhaltenskoordination die Möglichkeit mit einschließt, dass die Abstimmung nicht freiwillig erfolgt.[974] In dem vom *BGH* entschiedenen Fall haben sich Aktionäre über eine Aufsichtsratsbesetzung abgestimmt, wobei die Klägerin nicht gänzlich freiwillig der Person des Aufsichtsratsvorsitzenden zustimmte, sondern sich dem Druck der anderen Beteiligten beugte.[975] Wie bei Vergleichsverhandlungen sind allerdings solche Absprachen durch ein Element des gegenseitigen Nachgebens gekennzeichnet. Aus diesem Grund ist eine Koordinierung nicht schon deshalb abzulehnen, weil die Beteiligten ihre persönlichen Vorstellungen nicht vollständig erzielen. Sobald jedoch Aktionäre auf die freie Willensbildung durch widerrechtliche Drohung mit einem empfindlichen Übel einwirken, ist der Willensbildungsprozess derart gestört, dass nicht mehr von gewolltem und freiverantwortlichem Verhalten gesprochen werden kann. Mangels Kontrollmöglichkeit scheidet dann eine Zurechnung zu Lasten des Bedrohten aus.[976] Wenn Hedgefonds wie im Fall *Treofan*[977] drohen, Kredite fällig zu stellen oder sogar ein Insolvenzverfahren zu beantragen, stellen sie zwar zugleich eine gegebenenfalls vollständige Entwertung des Aktieneigentums in Aussicht, um ihre eigenen Renditeziele zu verfolgen. Allerdings kündigen sie damit lediglich die Geltendmachung der ihnen zur Verfügung stehenden Gläubigerrechte an, was ohne hinzutretende Umstände kein widerrechtliches Verhalten darstellt. Vielmehr ist diese Verhaltensweise lediglich Teil des üblichen Machtkampfes zwischen den verschiedenen Interessengruppen einer Gesellschaft.[978] Ob durch die Drohung eine ausreichende und dauerhafte Bindung hergestellt wird, entscheidet sich nach der erzwungenen Kooperationsbereitschaft der Aktionäre. Gehen die Aktionäre auf die Forderungen der Aktivisten ein, haben sie sich in Bezug auf die Zielgesellschaft abgestimmt.

---

[973] *Pentz*, ZIP 2003, 1478, 1487.

[974] *BGH*, ZIP 2006, 2077, 2078 unter Bezugnahme auf *Wackerbarth*, in: Münchener Kommentar AktG, § 30 WpÜG Rn. 20.

[975] Zum Fall *WMF* siehe oben S. 179 f.

[976] *Pentz*, ZIP 2003, 1478, 1487.

[977] Siehe zum Fall *Treofan* oben S. 107 f.

[978] Vgl. auch *BGH*, ZIP 2006, 2077, 2078 f.; *Halász/Kloster*, Der Konzern 2007, 344, 350.

Ebenso haben sich Hedgefonds als Gläubiger in Bezug auf die Zielgesellschaft abgestimmt, wenn sie gemeinsam mit Aktionären beabsichtigen, Vorstand oder Aufsichtsrat faktisch zu beeinflussen, um die unternehmerische Ausrichtung der Gesellschaft insbesondere bei Restrukturierungen zu ändern.[979]

Im Rahmen einer Restrukturierung kommt aber auch in diesem Fall in der Regel eine Befreiung von den übernahmerechtlichen Verpflichtungen nach § 37 WpÜG in Betracht.[980]

cc) Beweislast und Beweisführung

Besondere Probleme entstehen im Rahmen der Zurechnungsvorschrift des § 30 Absatz 2 WpÜG bei Fragen der Beweislast. Im Unterschied zu den Tatbeständen des § 30 Absatz 1 WpÜG sind nämlich auf Grund der Möglichkeit der mündlichen Vereinbarung sowie der Verhaltensabstimmungen in sonstiger Weise Fälle denkbar, die schwer nachzuweisen, aber auch schwer zu widerlegen sind.[981] Der Beweis, dass ein paralleles Verhalten von Hedgefonds eine konzertierte Maßnahme darstellt, erweist sich daher im Kontext eines *acting in concert* regelmäßig als schwierig.[982] Die Beweisführung stößt schnell an ihre Grenzen. Selten wird Schriftverkehr zugänglich sein. Im Gegenteil werden Hedgefonds als aggressive Minderheitsaktionäre oft auf Diskretion bedacht sein.[983] Nach der Auffassung von Praktikern schafft nur der schlecht Beratene eine Beweislage, die eine Zurechnung von Stimmrechten zur Folge hat.[984]

Ob ein abgestimmtes Verhalten in Bezug auf die Zielgesellschaft vorliegt, kann in unterschiedlichen prozessualen Konstellationen nachzuweisen sein. Einerseits im Verwaltungsverfahren vor der *BaFin* und dem gerichtlichen Beschwerdeverfahren gegen Anordnungen der Behörde (1); zum anderen in Zivilverfahren, in denen die Anfechtung von Hauptversammlungsbeschlüssen wegen unberechtigter Stimmrechtsabgabe nach Rechtsverlust gemäß § 59

---

[979] Siehe zu den Voraussetzungen eines Zusammenwirkens in sonstiger Weise oben S.157ff.

[980] Vgl. *Halász/Kloster*, WM 2006, 2152, 2159. Siehe hierzu unten S. 202.

[981] Vgl. *Schneider*, AG 1990, 56, 60; *v. Lingelsheim*, in: Heidel, Anwaltskommentar AktG, 30 WpÜG Rn. 9; *Wackerbarth*, in: Münchener Kommentar AktG, § 30 WpÜG Rn. 11.

[982] *Casper*, ZIP 2003, 1469, 1475; *Kahan/Rock*, Hedge Funds in Corporate Governance and Corporate Control, p. 44.

[983] *Thaeter/Guski*, AG 2007, 301, 307.

[984] Vgl. *Markwardt*, ZIP 2003, 1492, 1493.

WpÜG und Zinszahlungsansprüche nach § 38 WpÜG geltend gemacht werden (2).

(1) Verwaltungs- und Beschwerdeverfahren

Im Verwaltungs- und im Beschwerdeverfahren gegen Anordnungen der Aufsichtsbehörde gilt der Untersuchungsgrundsatz.[985] Zwar unterliegen die Parteien dementsprechend keiner prozessualen Beweislast.[986] Mit dem Risiko der Unaufklärbarkeit eines Sachverhaltes trifft die Aufsichtsbehörde aber grundsätzlich[987] die materielle Beweislast.[988] Ergeht gegen einen Hedgefonds als Bieter ein Bußgeldbescheid auf der Grundlage des § 60 WpÜG, hat die *BaFin* demzufolge die Voraussetzungen des Tatbestandes darzulegen. Auf Grund von bloßen Vermutungen dürfen keine Geldbußen für Ordnungswidrigkeiten verhängt werden, die an Pflichtverletzungen des WpHG oder des WpÜG knüpfen.[989] Im Straf- und Ordnungswidrigkeitsverfahren sind zudem Beweisvermutungs- und Anscheinsregeln zur Beweisführung nicht zulässig. Der Richter ist an solche Beweisregeln oder Beweisvermutungen nicht gebunden.[990] Ansonsten würde der im Bereich der Ordnungswidrigkeiten geltende Grundsatz der freien Beweiswürdigung eingeschränkt.[991]

Damit besteht im Verwaltung- oder Beschwerdeverfahren für Vermutungs- oder Anscheinsregeln sowie Beweiserleichterungen oder das Ausreichen bloßer Verdachtsmomente kein Raum.[992] Deshalb obliegt es der *BaFin*, stets den

---

[985] Vgl. § 55 WpÜG für das Verfahren vor dem Beschwerdegericht.

[986] *Schockenhoff/Schumann*, ZGR 2005, 568, 595; *Noack*, in: Schwark, Kapitalmarktrecht, § 55 WpÜG Rn. 1.

[987] Vgl. § 55 Absatz 3 Satz 2 WpÜG.

[988] Vgl. *Möller*, AG 2002, 170, 172; *Liebscher*, ZIP 2002, 1005, 1008. Die Vorschriften über die materielle Beweislast regeln, wem die Unerweislichkeit einer Tatsache zur Last fällt. Gelegentlich wird hierfür auch der Begriff der objektiven Feststellungslast verwendet, vgl. *Stelhens/Kallerhoff*, in: Stelhens/Bonk/Sachs, VwVfG, 5. Aufl., 1998, § 34 Rn. 55 ff.

[989] *Schockenhoff/Schumann*, ZGR 2005, 568, 594; *Liebscher*, ZIP 2002, 1005, 1009; *Pentz*, ZIP 2003, 1478, 1481.

[990] Vgl. BGHSt 39, 291 ff., 295 f.; *BGH*, Wistra 1987, 292; *Paulus*, in: Kleinknecht/Müller/Reitberger, StPO, § 244 Rn. 279 f.; *Senge*, in: Karlsruher Kommentar OWiG, § 71 Rn. 79.

[991] Vgl. § 71 OWiG, § 261 StPO; *Liebscher*, ZIP 2002, 1005, 1009.

[992] *v. Bülow/Bücker*, ZGR 2004, 669, 702; *Liebscher*, ZIP 2002, 1005, 1009; *Pentz*, ZIP 2003, 1478, 1481; *Pittroff*, Die Zurechnung von Stimmrechten gemäß § 30 WpÜG, S. 311 f; *Schüppen/Walz*, in: Haarmann/Schüppen, Frankfurter Kommentar WpÜG, § 30 Rn. 60.

vollen Nachweis eines Zurechnungstatbestandes zu führen.[993] Die *BaFin* kann sich dafür der in § 40 WpÜG geregelten Ermittlungsbefugnisse bedienen und Auskünfte und Vorlage von Unterlagen vom Bieter, von mit diesem gemeinsam handelnden Personen sowie dessen Tochterunternehmen verlangen.[994]

Eine Vermutung für ein abgestimmtes Verhalten in bestimmten Situationen (etwa zwischen Familienmitgliedern oder einem Bieter und seinem Mutter- oder Schwesterunternehmen), ein Beweis des ersten Anscheins oder eine Beweislastumkehr ist jedenfalls bei allen Normen, die auf „gemeinsam handelnde Personen" abstellen und deren Nichtbeachtung unmittelbar oder mittelbar bußgeldbewehrt sind, unzulässig.[995]

(2) Zivilrechtliche Streitigkeiten

Im Zivilprozess gilt der allgemeine Grundsatz, dass der Anspruchsteller die Beweislast für die rechtsbegründenden Tatbestandsmerkmale trägt und der Anspruchsgegner die Beweislast für die rechtshindernden und die rechtshemmenden Einwendungen trägt. Im Anfechtungsprozess und bei Geltendmachung eines Zinsanspruchs nach § 38 WpÜG trägt demnach derjenige, der sich zu seinen Gunsten auf das Vorliegen der entsprechenden Tatbestände beruft, nach allgemeinen Grundsätzen die volle Beweislast.[996] Macht der Anfechtungskläger geltend, der Hauptversammlungsbeschluss sei auf Grund einer gesetzwidrigen, gegen § 59 WpÜG verstoßenden Stimmabgabe eines Großaktionärs zu Stande gekommen, und kommt es für das Vorliegen des Gesetzesverstoßes inzident auf die Stimmrechtzurechnung an, dann muss der Anfechtungskläger darlegen und beweisen, dass die Voraussetzung des § 30 Absatz 1 Satz 1, 1. Halbsatz WpÜG vorlagen. Dagegen obliegt die Beweislast der Gesellschaft, wenn sie dem Aktionär die Dividende verweigert oder sie zurückfordert. Entsprechendes gilt für die Darlegungs- und Beweislast eines Aktionärs, der zivilrechtliche Ansprüche wegen eines unterlassenen Pflichtan-

---

993 Vgl. *Liebscher*, ZIP 2002, 1005, 1009; *Schüppen/Walz*, in: Haarmann/Schüppen, Frankfurter Kommentar WpÜG, § 30 Rn. 60.

994 Gemäß § 40 Absatz 5 Satz 1 WpÜG besteht allerdings ein Auskunftsverweigerungsrecht für den zur Erteilung einer Auskunft Verpflichteten, wenn er sich durch die Beantwortung der Fragen der Gefahr strafrechtlicher oder ordnungswidrigkeitenrechtlicher Verfolgung aussetzen würde. Eine solche Auskunftsverweigerung wird aber von der BaFin regelmäßig zum Anlass für besonders intensive Recherchen genommen. *Liebscher*, ZIP 2002, 1005, 1009.

995 *Liebscher*, ZIP 2002, 1005, 1008; *Pentz*, ZIP 2003. 1478, 1481. A. A. wohl *Oechsler*, in: Ehricke/Ekkenga/Oechsler, WpÜG, § 2 Rn. 18.

996 *Liebscher*, ZIP 2002, 1005, 1008; *BGH*, NJW 1999, 352, 353; *Hartmann*, in: Baumbach/Lauterbach/Albers/Hartmann, ZPO, Anh § 286 Rn. 3; *Schüppen/Walz*, in: Haarmann/Schüppen, Frankfurter Kommentar WpÜG, § 30 Rn. 60.

gebots geltend macht.[997] Im Übrigen ist von der Gesamtwürdigung des Einzelfalles auszugehen. Dabei müssen die Vereinbarung oder die Abstimmung zur Überzeugung des Gerichts nachgewiesen werden.

(a) Beweiserleichterungen

Ob in zivilrechtlichen Auseinandersetzungen Vermutungsregelungen, ein Beweis des ersten Anscheins oder in bestimmten Fällen eine Beweislastumkehr anzuwenden sind, wird in Rechtsprechung und Literatur uneinheitlich beantwortet: So könnten gelegentliche Kontakte zwischen den Hedgefonds und anderen Aktionären, gleich gerichtete Interessen, das Fehlen unterschiedlichen Stimmverhaltens in der Vergangenheit und ähnliche Sachverhalte unter anderem ein prozessual verwertbares Anzeichen für ein konzertiertes Verhalten darstellen.

Die Rechtsprechung hat in der Vergangenheit im Einzelfall Beweiserleichterungen angenommen, wenn einerseits eine Partei den ihr obliegenden Beweis nicht führen kann, andererseits aber die Konsequenz des Prozessverlustes, die auf Grund der Beweislastverteilung vorgezeichnet wäre, unbillig erscheint. Beweiserleichterungen werden insbesondere angenommen, wenn der Partei, die die Beweislast trägt, der notwendige Einblick in die Verhältnisse des Prozessgegners fehlt.

Nach einer Auffassung sollen im Rahmen der Beweisführung über ein *acting in concert* allerdings Anscheins- oder Vermutungsregeln wie im Ordnungswidrigkeitsprozess grundsätzlich unzulässig sein.[998] Begründet wird dies zum einen mit den schwerwiegenden Rechtsfolgen einer Zurechnung.[999] Diese hätten auch im Zivilverfahren primär Sanktionscharakter. Daneben sei die zivilrechtliche von der ordnungswidrigkeitsrechtlichen Auslegung begrenzt. Die Normen des WpÜG und des WpHG seien einheitlich auszulegen. Ein und dasselbe Verhalten könne nicht gespalten beurteilt werden und daher nicht beispielsweise zivilrechtlich sanktioniert und im Übrigen straffrei bleiben.[1000]

---

997 *Schockenhoff/Schumann*, ZGR 2005, 568, 595 f.

998 *Pentz*, ZIP 2003, 1478, 1481; *Seibt*, ZIP 2004, 1829, 1834; *Liebscher*, ZIP 2002, 1005, 1009; *Hamann*, ZIP 2007, 1088, 1091; *Pittroff*, Die Zurechnung von Stimmrechten gemäß § 30 WpÜG, S. 316.

999 *Hamann*, ZIP 2007, 1088, 1091. Wohl auch *Schüppen/Walz*, in: Haarmann/Schüppen, Frankfurter Kommentar WpÜG, § 30 Rn. 60.

1000 *Liebscher*, ZIP 2002, 1005, 1009; *Pittroff*, Die Zurechnung von Stimmrechten gemäß § 30 WpÜG, S. 316.

Diese Auffassung verkennt allerdings, dass die materiellrechtliche Auslegung einer Norm, welche der Feststellung ihres Anwendungsbereichs dient, von prozessualen Beweisregeln, welche das richterliche Tatsachenfeststellungsverfahren betreffen, zu trennen ist. Daher kann die Anwendung von Beweiserleichterungen- oder Vermutungen nicht dazu führen, dass ein bestimmtes Verhalten eines Aktionärs im ordnungswidrigkeitsrechtlichen und gesellschaftsrechtlichen Zusammenhang materiellrechtlich unterschiedlich ausgelegt und bewertet wird. Die Anwendung von Beweisregelungen betrifft lediglich die Frage, unter welchen Umständen mittels der vorliegenden Anhaltspunkte ein bestimmtes deskriptives Tatbestandsmerkmal wie eine Verhaltensabstimmung tatsächlich festgestellt werden kann.

Daneben können allgemeine zivilprozessuale Beweisregelungen und -erleichterungen nicht mit dem Hinweis auf die schwerwiegenden Rechtsfolgen der zu beweisenden materiellrechtlichen Norm abgeändert werden. Auch bei einem solchen Begründungsansatz werden materiellrechtliche Normen mit prozessualen Regelungen vermischt. Es ist die alleinige Entscheidung des Gesetzgebers, welche Folgen er an von ihm aufgestellte Tatbestände knüpft. Diese Entscheidung kann vom Rechtsanwender materiell zwar über die Institute der Auslegung und Analogie[1001] angewendet oder abgelehnt werden. Der Rechtsanwender kann die Entscheidung des Gesetzgebers jedoch nicht ergebnisorientiert prozessual korrigieren, indem er Beweiserleichterungen ablehnt, um die materiellrechtlichen Konsequenzen zu vermeiden. Auch der Hinweis darauf, dass den zivilrechtlichen Folgen wie Zinszahlungsverpflichtung und Rechtsverlust zumindest auch ein sanktionsartiger Charakter zukommt und damit gesetzmäßiges Verhalten sicherstellen sollen,[1002] rechtfertigt nicht, dass strafrechtliche Prozessregelungen anwendbar werden. Dass einzelne zivilrechtliche Anspruchsgrundlagen zugleich pönalisierend wirken können, führt nicht zu dem Ergebnis, dass diese als Straf- oder Ordnungsvor-

---

[1001] Zwar ist eine Analogie im Ordnungswidrigkeitsprozess auf Grund des strafrechtlichen Analogieverbots ausgeschlossen, § 60 WpÜG i.V. mit § 3 OWiG, Art. 103 Absatz 2 GG. Sofern der Tatbestand des § 30 Absatz 2 WpÜG jedoch im Zivilprozess auf einer Ebene zwischen gleich geordneten Subjekten darzulegen ist, besteht das Verbot des Grundgesetzes nicht. Daher kommt es zu einer gespaltenen Gesetzesanwendung, bei der die maßgebliche Auslegungs- und Normanwendungsmethode von der jeweils in Frage stehenden Rechtsfolge abhängt, vgl. *Cahn*, ZHR 162, 1, 9; *ders.* AG 1997, 502, 503; *Hirte*, in: Kölner Kommentar WpHG, § 21 Rn. 7. A. A. *U. H. Schneider*, in: Assmann/Schneider, WpHG, Vor § 21 Rn. 28; *Pentz*, ZIP 2003, 1478, 1480; *Liebscher* ZIP 2002, 1005, 1010.

[1002] Vgl. *Liebscher*, ZIP 2002, 1005, 1009.

schriften zu qualifizieren sind mit der Folge, dass strafprozessuale Grundsätze zum Tragen kommen.

Weiterhin kann die Entscheidung von Sachfragen schwerlich von der gesetzestechnischen Entscheidung abhängen, ob die Sanktionen des Ordnungswidrigkeitsrechts im WpÜG oder ob sie ins OWiG aufgenommen werden. Mit dem Aufstellen von Ordnungswidrigkeitstatbeständen in zivil- und kapitalmarktrechtlichen Gesetzen zeigt der Gesetzgeber, dass er den betreffenden Regelungen hohen Stellenwert beimisst und ihre strikte Beachtung sicherstellen möchte. Dieses Anliegen würde in sein Gegenteil verkehrt, wenn man annähme, mit der Einführung der Sanktion sei zugleich der Spielraum bei der Anwendung einer wirtschaftsrechtlichen Verhaltensnorm auch insoweit nach strafrechtlichen Grundsätzen beschränkt, als es um die Anknüpfung zivilrechtlicher Rechtsfolgen geht. Anderenfalls würde der sich auf ein *acting in concert* berufende Aktionär dadurch prozessual benachteiligt, dass der von ihm zu beweisende Umstand zugleich ordnungswidrig sanktioniert ist. Der klagende Aktionär müsste im Rahmen der Beweisführung Restriktionen hinnehmen, die im Subordinationsverhältnis zwischen Bürger und Staat begründet sind. Auf der anderen Seite könnte er aber bei der Beweisbeschaffung nicht auf die gleichen hoheitlichen Ermittlungsbefugnisse wie die Aufsichtsbehörde zurückgreifen.[1003] Ihm verbleibt lediglich die Suche nach öffentlich zugänglichen oder im Wege von Akteneinsichtsgesuchen zugänglich gemachten Dokumenten, um die Voraussetzungen einer Zurechnung nach § 30 Absatz 2 WpÜG zu beweisen. Für eine zivilrechtliche Informationsverschaffungspflicht des (potentiellen) Bieters gegenüber den Aktionären und ein korrespondierendes Auskunftsrecht der Aktionäre im Hinblick auf Sachverhalte des § 30 WpÜG gibt es aber keine rechtliche Grundlage.[1004] Eine derartige damit einhergehende prozessuale Privilegierung des sich potentiell abstimmenden Aktionärs würde aber zugleich dem Zweck der Sanktionierung zuwiderlaufen, das eingeforderte Verhalten sicherzustellen. Die ordnungswidrigkeitsrechtliche Sanktion würde unter diesen Umständen dem Ordnungsge-

[1003] Vgl. § 40 WpÜG, § 29 WpHG.

[1004] *Schockenhoff/Schumann*, ZGR 2005, 568, 596. A. A. *Steinmeyer*, in: Steinmeyer/Häger, WpÜG, § 30 Rn. 75: Dieser behaupten ein Auskunftsrecht des Aktionärs aus der „gesetzlichen oder vertraglichen Beziehung" zwischen Aktionär und Bieter, ohne eine entsprechende vertragliche oder gesetzliche Grundlage aufzuzeigen.

danken der wirtschaftsrechtlichen Regelung nicht mehr zur Durchsetzung verhelfen, sondern diese Durchsetzung erschweren oder verhindern.[1005]

Im Ergebnis sind mithin abhängig von dem jeweiligen Verfahren die einschlägigen Beweisregeln heranzuziehen.[1006] Dass ein *acting in concert* auch ordnungswidrigkeitsrechtliche Tatbestände erfüllen kann, hat keine Auswirkungen auf das zivilprozessuale Beweisverfahren und schließt Beweiserleichterungen sowie andere Modifikationen nicht von vorneherein aus. Als Erleichterungen zum Nachweis eines abgestimmten Verhaltens kommen eine Umkehr der Beweislast (a), eine Beweismaßreduzierung (b) sowie eine Anwendung der Regeln zum Anscheinsbeweis (c) in Betracht.[1007]

(aa) Umkehr der Beweislast

Eine Umkehr der Beweislast ist dem Gesetzgeber und der richterlichen Rechtsfortbildung vorbehalten. Daher kann eine solche kein Instrument der Beweiserleichterung im Einzelfall sein.[1008] Eine Beweislastumkehr kraft richterlicher Rechtsfortbildung kommt nur in seltenen, hier nicht einschlägigen Fallgruppen in Betracht. Im Übrigen hat der Gesetzgeber in einzelnen Bestimmungen des WpHG und des WpÜG die Beweislast bewusst umgekehrt. Auch in der Formulierung des Regel-Ausnahme-Verhältnisses in § 30 Absatz 2 Satz 1 WpÜG hat der Gesetzgeber die Beweislast für den Ausnahmefall modifiziert.[1009] Demnach hat zunächst derjenige, der sich auf die Zurechnung beruft, das Vorliegen eines abgestimmten Verhaltens in Bezug auf die Zielgesellschaft zu beweisen. Gelingt dieser Beweis und beruft sich der Gegner darauf, dass es sich um eine einzelfallbezogene Absprache handelt, dann trägt der Gegner die Beweislast für die Voraussetzungen der ihm günstigen Ausnahmeregelung. Das spricht für eine abschließende gesetzliche Regelung der von der allgemeinen Regel abweichenden Fälle. Für eine Beweislastumkehr kraft richterlicher Rechtsfortbildung in dem Sinne, dass stets der an einer behaupteten

---

[1005] Vgl. *Cahn*, ZHR 162, 1, 10 f.

[1006] Ebenso *Halász/Kloster*, WM 2006, 2152, 2159.

[1007] Vgl. *Greger*, in: Zöller, ZPO, Vor § 284 Rn. 25 f.

[1008] Vgl. *Greger*, in: Zöller, ZPO, Vor § 284 Rn. 27.

[1009] Vgl. *Schockenhoff/Schumann*, ZGR 2005, 568, 599. In § 30 Absatz 2 Satz 1 heißt es: „Dem Bieter werden auch Stimmrechte (...) zugerechnet, mit dem der Bieter oder sein Tochterunternehmen sein Verhalten in Bezug auf die Zielgesellschaft auf Grund einer Vereinbarung oder in sonstiger Weise abstimmt; ausgenommen sind Vereinbarungen über die Ausübung von Stimmrechten in Einzelfällen."

Absprache beteiligte Aktionär deren Nichtvorliegen beweisen müsste, ist kein Raum.[1010]

(bb) Beweismaßreduzierung

In der Diskussion um eine Beweismaßreduzierung soll das Erfordernis der richterlichen Wahrheitsüberzeugung durch ein Wahrscheinlichkeitsurteil ersetzt werden, um eine Beweisführung zu erleichtern. Hiergegen spricht jedoch, dass § 286 ZPO nicht lediglich eine überwiegende Wahrscheinlichkeit erfordert. Eine solche Abwandlung des Beweiskriteriums kann es angesichts des klaren Wortlauts der Vorschrift jedenfalls im Einzelfall nicht geben.[1011] Selbst wenn eine materiell-rechtliche Anspruchsnorm leer läuft, weil die Tatbestandsmerkmale typischerweise schwer zu beweisen sind, rechtfertigt dies keine Beweismaßreduzierung.[1012] Aufgabe des Beweises ist es nämlich, die größtmögliche Übereinstimmung zwischen den vom Gericht beurteilten und dem wahren Sachverhalt zu gewährleisten. Das vom Gesetzgeber vorgegebene materiell-rechtliche System der Anspruchsgrundlagen und der Beweislast würde bei reduzierten Beweisanforderungen unterlaufen. Der Beweis ist erst erbracht, wenn der Richter voll überzeugt ist. Bloße Verdachtsmomente für Absprachen genügen daher für die Stimmrechtszurechnung nach § 30 Absatz 2 WpÜG nicht.[1013]

(cc) Anscheinsbeweis

Häufig investieren mehrere aktivistische Hedgefonds zugleich in eine Gesellschaft und üben ihre Stimmrechte gleichartig aus. Dies kann auf eine Verhaltenskoordination der Hedgefonds-Manager hindeuten. Auf Grund solcher Regelmäßigkeiten kommt eine Anwendung der Regelungen zum Anscheinsbeweis in Betracht, um ein konzertiertes Vorgehen nachweisen zu können.[1014]

1010 *Schockenhoff/Schumann*, ZGR 2005, 568, 599; *Pentz*, ZIP 2003, 1478, 1481; *Schüppen/Walz*, in: Haarmann/Schüppen, Frankfurter Kommentar WpÜG, § 30 Rn. 60. Für eine widerlegliche Vermutung aber *U. H. Schneider*, in: Assmann/Pötzsch/Schneider, WpÜG, § 30 Rn. 110.

1011 Vgl. *Greger*, in: Zöller, ZPO, Vor § 284 Rn. 28 und § 286 Rn. 18.

1012 A. A. *Rosenberg/Schwab/Gottwald*, Zivilprozessrecht, § 112 Rn. 15. Nach dieser Auffassung sei es den Gerichten überlassen, sich ihre Überzeugung nach der Bedeutung der Tatsachen, den Beweisschwierigkeiten und anderen Umständen unterschiedlich leicht zu bilden bzw. das Beweismaß entsprechend festzulegen.

1013 *OLG Frankfurt/M.*, WM 2004, 1638, 1642; *OLG Stuttgart*, 20 U 16/03, Urteil vom 10.November 2004, II. 1.b) cc), S. 24; *Schockenhoff/Schumann*, ZGR 2005, 568, 605.

1014 Zum Anscheinsbeweis (*prima facie*) ausführlich *Greger*, VersR 1980, 1091; *Kollhosser*, AcP 1965, 46.

Die Praxis zieht diese Beweiserleichterung[1015] heran, wenn im Einzelfall ein typischer Geschehensablauf vorliegt, der nach der Lebenserfahrung auf eine bestimmte Ursache oder Folge hinweist und derart gewöhnlich und üblich erscheint, dass er schon auf den ersten Blick nach einem durch Regelmäßigkeit, Üblichkeit und Häufigkeit geprägten Muster abzulaufen pflegt.[1016] Es genügt nicht, dass von mehreren denkbaren Möglichkeiten die eine wahrscheinlicher als die anderen ist.[1017] Vielmehr erfordert ein Anscheinsbeweis, dass der aufgestellte Erfahrungssatz einen hohen Bestätigungsgrad aufweist.[1018] Einfache Erfahrungssätze, für die lediglich eine schwache Wahrscheinlichkeit spricht, die aber nicht ausreichen, für sich allein eine volle richterliche Überzeugung zu finden, sind zur Führung eines Anscheinsbeweises ungeeignet.[1019] Sie können allenfalls im Rahmen eines Indizienbeweises berücksichtigt werden.[1020]

Gelegentliche Kontakte und Gespräche zwischen Hedgefonds und anderen (Groß-)Aktionären lassen nicht typischerweise und zwingend darauf schließen, dass diese Aktionäre sich in ihrer Stimmrechtsausübung koordinieren.[1021] Hieraus allein lässt sich ein entsprechender Erfahrungssatz nicht ableiten. Auch der Umstand, dass bestimmte Aktionäre ihre Stimmrechte in der Vergangenheit häufig in gleicher Weise ausgeübt haben, rechtfertigt ohne weitere

---

[1015] Einige Stimmen in der Literatur behaupten, dass beim Anscheinsbeweis ein niedrigeres Beweismaß gelte als das des Vollbeweises, vgl. *Leipold*, in: Stein/Jonas, ZPO, § 286 Rn. 92 f.; *Foerste*, in: Musielak, ZPO, § 286 Rn. 24.; zur Zulässigkeit einer allgemeinen Beweismaßreduzierung siehe oben S. 195. Der *BGH* hält dagegen fest, dass der Anscheinsbeweis die Überzeugung des Richters in vollem Umfang begründen müsse. Jedoch formuliert er zugleich, dass der typische Geschehensablauf die Bejahung der Beweisfrage lediglich „nahelegen" müsse, so dass die Ansichten zu einem praktisch vergleichbaren Ergebnis gelangen, vgl. *BGH*, NJW 1982, 2668; *Greger*, in: Zöller, ZPO, Vor § 284 Rn. 29.

[1016] *BGH*, NJW 1991, 230, 231; 1996, 1828; 1997, 528, 529; 2001, 1140; *Foerste*, in: Musielak, ZPO, § 286 Rn. 23; *Reichold*, in: Thomas/Putzo, ZPO, § 286 Rn. 12; *Greger*, in: Zöller, ZPO, Vor § 284 Rn. 29. Seiner Struktur her sei der Anscheinsbeweis auch ein Indizienbeweis, vgl. *Rosenberg/Schwab/Gottwald*, Zivilprozessrecht, § 112 Rn. 18; a. A. *Foerste*, in: Musielak, ZPO, § 286 Rn. 25. Zum Indizienbeweis siehe unten S. 199. Für eine widerlegbare Vermutung bei typischen Abstimmungssachverhalten *U. H. Schneider*, in: Assmann/Pötzsch/Schneider, WpÜG, § 30 Rn. 110.

[1017] BGHZ 100, 31, 33 m. w. Nachw.; *BGH*, NJW 1982, 2447, 2448; *Greger*, in: Zöller, ZPO, Vor § 284 Rn. 29.

[1018] *Leipold*, in: Stein/Jonas, ZPO, § 286 Rn. 90.

[1019] *BGH*, NJW 1997, 528, 529. Gegen das Erfordernis einer hohen Wahrscheinlichkeit *Weber*, Der Kausalitätsbeweis im Zivilprozess, S. 245 f.

[1020] Vgl. *Foerste*, in: Musielak, ZPO, § 286 Rn. 25; *Prütting*, in: Münchener Kommentar ZPO, § 286 Rn. 59, 60; *Schockenhoff/Schumann*, ZGR 2005, 568, 601 und unten S. 199 ff.

[1021] Ebenso *OLG Stuttgart*, 20 U 16/03, Urteil vom 10.November 2004, II. 1.b) cc), S. 21 im Hinblick auf Familientreffen; *Schockenhoff/Schumann*, ZGR 2005, 568, 601.

Indizien noch nicht die Annahme, dass eine Absprache im Sinne des § 30 Absatz 2 WpÜG besteht.[1022] Ansonsten würde jedes unkoordinierte Parallelverhalten bei Abstimmungen entgegen der materiellen Rechtslage im Prozess doch gegen den betreffenden Aktionär verwendet werden. Beschlüsse der Hauptversammlung börsennotierter Aktiengesellschaften werden üblicherweise von breiten Mehrheiten getragen. Großaktionäre stimmen häufig im Sinne der Verwaltungsvorschläge ab, und viele Kleinaktionäre verhalten sich ebenso. Bloße Zufallsmehrheiten, die sich durch ein schlichtes Parallelverhalten in der Hauptversammlung ergeben, reichen für ein abgestimmtes Verhalten materiellrechtlich nicht aus und können deshalb auch im Wege eines Anscheinsbeweises nicht die Vermutung eines abgestimmten Verhaltens begründen.[1023] Mehrere Stimmen in der Literatur halten aus diesen Gründen im Ergebnis fest, dass ein Anscheinsbeweis im Rahmen der Zurechnung nach § 30 Absatz 2 WpÜG kaum denkbar ist, weil in diesem Bereich grundsätzlich keine Sätze der allgemeinen Lebenserfahrung existieren.[1024]

Allerdings zeigen sich gerade im Falle von Hedgefonds-Aktivismus typische Verhaltensmuster. Durch ein öffentlichkeitswirksames Auftreten deuten aktivistische Hedgefonds eine Intervention bei einem Unternehmen an, der sich dann üblicherweise andere Hedgefonds anschließen.[1025] Eine gesellschaftsrechtlich vermittelte Einflussnahme von Hedgefonds wird dabei regelmäßig nur unter der Prämisse zum Erfolg führen, dass Stimmrechte gebündelt eingesetzt werden, um Mehrheiten zu erlangen. Um eine höchstmögliche Rendite zu erzielen, werden Hedgefonds-Manager daher entweder häufig mit anderen Investoren strategische Absprachen treffen oder im Extremfall auch ohne eine solche willentlich das Verhalten „führender" Hedgefonds nachahmen, was im Einzelfall in seiner Wirkung einer koordinierten Einflussnahme gleichstehen kann.[1026] Damit ist eine aktivistische Strategie auch unabhängig

---

[1022] Ebenso *OLG Stuttgart*, 20 U 16/03, Urteil vom 10.November 2004, II. 1.b) cc), S. 21.

[1023] *Liebscher*, ZIP 2002, 1005, 1007 f.; *Schockenhoff/Schumann*, ZGR 2005, 568, 602. Vgl. zur materiellrechtlichen Bewertung schlichten Parallelverhaltens oben S. 150 f.

[1024] *Schockenhoff/Schumann*, ZGR 2005, 568, 604; *Schüppen/Walz*, in: Haarmann/Schüppen, Frankfurter Kommentar WpÜG, § 30 Rn. 60; *Pentz*, ZIP 2003, 1478, 1481.

[1025] *O.V.*, Aggressive Investoren geben den Ton an, in: FAZ vom 11.05.2007, S. 25; *Socialist Group in the European Parliament*, Hedge Funds and Private Equity – a critical analysis – Executive Summary, S. 8; *O.V.*, Aktive Investoren gewinnen an Bedeutung, in: Börsenzeitung vom 22.05.2007, S. 10.

[1026] Vgl. *Brav/Jiang/Partnoy/Thomas*, Hedge Fund Activism, Corporate Governance and Firm Performance, S. 13; *Thaeter*, Firmen müssen auf Aktionärsaktivismus vorbereitet sein, in: Börsenzeitung vom 03.01.2007, S. 2. In den USA lässt sich dies zumindest auf Grund einer Auswertung

von einer Absprache nur dann erfolgreich, wenn eine gleichgerichtete Abstimmung erfolgt.

Hedgefonds sollen konkurrierenden Investoren ihre eigene Anlagestrategie unter der Bedingung preisgeben, dass die anderen Investoren gleiche Aktienpositionen einnehmen und ihr Stimmverhalten an dem führenden Fondsmanager ausrichten.[1027] Mithin ist die Nachahmung der Stimmrechtsausübung anderer Hedgefonds wesentlicher Bestandteil aktivistischer Strategien. In diesem Punkt unterscheidet sich die Einflussnahme von Hedgefonds auch von dem Zustandekommen bloßer Zufallsmehrheiten. Von einer Zufallsmehrheit im eigentlichen Sinne lässt sich nicht mehr sprechen, wenn auf Grund eines derartigen strategisch kollektiven Vorgehens- und Abstimmungsverhaltens einheitliche Ergebnisse erzielt werden. Denn durch diese Praktiken soll eine gemeinsame Stimmenmehrheit ja gerade forciert werden. So wird ein gleichgerichtetes Abstimmungsverhalten dieser Investorengruppe zu eigens vorgebrachten oder öffentlich angeregten Tagesordnungspunkten üblicherweise auf einer Stimmrechtskoordination beruhen. Damit ist die Stimmrechtskoordination bei aktivistischen Hedgefonds zugleich ein Vorgang, welcher auf den ersten Blick nach einem durch Regelmäßigkeit, Üblichkeit und Häufigkeit geprägten Muster abzulaufen pflegt.

Ob nun ein gleichgerichtetes Abstimmverhalten aktivistischer Hedgefonds einen Erfahrungssatz für eine Stimmrechtskoordination hervorbringt, welcher einen für einen Anscheinsbeweis ausreichenden Bestätigungsgrad aufweist, ist zweifelhaft. Die anzuwendenden Erfahrungssätze müssen geeignet sein, die volle Überzeugung des Gerichts von der Wahrheit einer Tatsachenbehauptung zu begründen.[1028] Allein das Etikett „Hedgefonds" kann für sich allein nicht bereits ein abgestimmtes Verhalten in Bezug auf die Zielgesellschaft indizieren, auch wenn dies faktisch in vielen Konstellationen vorliegen wird. Zumindest in den bereits angesprochenen Fällen, in denen Hedgefonds in eigens vorgebrachten oder kontrovers diskutierten Fragen gleich abstimmen und insbesondere zuvor nachweislich in Kontakt standen oder gemeinschaftlich öffentlich Forderungen aufgestellt haben, kann man auf Grund eines ho-

---

der bei der SEC einzureichenden 13D Filings feststellen. Zu sogenannten *wolf pack tactics* siehe *Bratton*, Hedge Funds and Governance Targets, S. 5; *Briggs*, Corporate Governance and the new Hedge Fund Activism: An empirical Analysis, S. 20; *U. H. Schneider*, AG 2006, 577, 580.

1027 *Schulz*, Im Portrait: Christopher Hohn, in: FAZ vom 15.05.2005, S. 48 und oben S. 114 f.

1028 Vgl. *BGH*, NJW-RR 1988, 789; *Rosenberg/Schwab/Gottwald*, Zivilprozessrecht, § 112 Rn. 16.

hen Bestätigungsgrades von einem typischen Geschehensablauf ausgehen.[1029] Das gleiche gilt für Konstellationen, in denen einer Stimmrechtsabstimmung verdächtige Hedgefonds in der Vergangenheit bei streitigen Fragen in der Hauptversammlung stets gleich abgestimmt haben und nur durch dieses Abstimmverhalten erreichen konnten, dass ein bestimmtes Beschlussergebnis herbeigeführt wird.[1030] Mit dem strategiebedingt hohen Bestätigungsgrad in diesen typischen Fällen erscheint eine Anwendung der Regelungen des Anscheinsbeweises zumindest möglich.[1031]

Gelingt es dem Kläger, den Anscheinsbeweis zu erbringen, dass mehrere Aktionäre ihr Verhalten in Bezug auf die Zielgesellschaft nicht nur im Einzelfall abgestimmt haben, kommt es nicht zu einer Umkehrung der Beweislast. Ausreichend ist, dass der Beklagte den Anschein durch einen vereinfachten Gegenbeweis erschüttert.[1032] Dazu muss nur die ernsthafte Möglichkeit eines anderen als des erfahrungsgemäßen Ablaufs bewiesen werden.[1033]

(b) Indizienbeweis

Daneben kann ein abgestimmtes Verhalten von Hedgefonds unstreitig auch mithilfe eines Indizienbeweises nachgewiesen werden.[1034] Indirekt kann die beweisbelastete Partei einen Beweis im Zivilprozess mittels Indizien dadurch führen, dass sie tatbestandsfremde Tatsachen vorbringt, aus denen der Richter kraft seiner Lebenserfahrung auf das Vorliegen der Beweistatsachen schließen soll.[1035] Solche Indizien sind beispielsweise gemeinsame Treffen, der Austausch und das anschließende Löschen von Emails oder eine langjährige

---

[1029] Vgl. *Schockenhoff/Schumann*, ZGR 2005, 568, 602 f.

[1030] Vgl. *Schockenhoff/Schumann*, ZGR 2005, 568, 603.

[1031] So auch *U. H. Schneider*, WM 2006, 1321, 1327.

[1032] *BGH*, NJW 1987, 2876, 2877; *Rosenberg/Schwab/Gottwald*, Zivilprozessrecht, § 112 Rn. 36. Der Anscheinsbeweis erleichtert der Beweisbelasteten Partei lediglich die Beweisführung. Er unterscheidet sich damit in der Wirkung von Beweislastregeln und gesetzlichen Vermutungen, vgl. *Leipold*, in: Stein/Jonas, ZPO, § 286 Rn. 97.

[1033] Durch einen derartigen Nachweis wird dargetan, dass es sich – entgegen dem ersten Anschein – um einen atypisch gestalteten Sachverhalt handelt. Vgl. *Foerste*, in: Musielak, ZPO, § 286 Rn. 23; *Greger*, in: Zöller, ZPO, Vor § 284 Rn. 29; *Hartmann*, in: Baumbach/Lauterbach/Albers/Hartmann, ZPO, Anh § 286 Rn. 18; *Reichold*, in: Thomas/Putzo, ZPO, § 286 Rn. 13.

[1034] Vgl. *U. H. Schneider*, WM 2006, 1321, 1327; *Seibt*, ZIP 2004, 1829, 1834; *Pentz*, ZIP 2003, 1478, 1481.

[1035] Vgl. *BGH*, RR 1990, 1276; *Rosenberg/Schwab/Gottwald*, Zivilprozessrecht, § 109 Rn. 15; *Leipold*, in: Stein/Jonas, ZPO, § 284 Rn. 8; *Hartmann*, in: Baumbach/Lauterbach/Albers/Hartmann, ZPO, Einf § 284 Rn. 16.

Praxis institutioneller Anleger in der Vergangenheit.[1036] Auch erscheint es im Einzelfall denkbar, dass bei Bestehen einer Bürogemeinschaft mehrerer Hedgefonds, einem gemeinsamen Auftreten in der Öffentlichkeit oder dem Verwenden von identischen Forderungsbriefen möglicherweise auch eine Verhaltenskoordinierung über eine gemeinsame Stimmrechtsausübung stattgefunden hat. In besonders typischen Fällen kann auch auf die Regelungen des Anscheinsbeweises zurückgegriffen werden.[1037] Gleichförmiges Abstimmungsverhalten allein rechtfertigt jedoch noch nicht die Vermutung eines abgestimmten Verhaltens.[1038] Nach einer Auffassung deutet allerdings ein bewusstes gleichgerichtetes Abstimmungsverhalten nach gemeinsamer Beratung auf ein abgestimmtes Verhalten hin.[1039] Auch ein bewusstes gleichgerichtetes Abstimmungsverhalten in mehreren Tagesordnungspunkten, das nur im Hinblick auf eine Gesamtstrategie Sinn macht, spricht im Regelfall für eine Abstimmung.[1040]

In den relevanten Praxisfällen fanden sich bereits mehrere Indizien für eine Verhaltensabstimmung von Hedgefonds. Beispielsweise unterhielt der Hedgefonds *TCI* in London eine Bürogemeinschaft mit dem Hedgefonds *Parvus Asset Management*, der ein halbes Prozent der Aktien an der *Deutschen Börse AG* hielt. Im gleichen Haus befand sich auch das Büro des Hedgefonds *Och-Ziff*, der knapp fünf Prozent der Anteile an der Deutschen Börse AG hielt und *Urwick Capital*, die ein halbes Prozent kontrollierten. Zudem ermittelte die *BaFin* nahezu identische Briefe, mit denen Investoren die Absage der Übernahme der Londoner Börse *LSE* verlangt haben.[1041] In diesen Fällen kamen die Gerichte zwar zu dem Ergebnis, dass eine Verhaltensabstimmung sich allein anhand dieser Indizien nicht mittelbar nachweisen ließ. Dies schließt allerdings nicht aus, dass die Rechtsprechung künftig bei persönlicher Überzeugung auf Grund derartiger Indizien zu anderen Ergebnissen gelangt.

Beim Zusammenwirken im Rahmen des Auffangtatbestandes nach Absatz 2 Satz 2, 2. Alt. WpÜG kommt es materiellrechtlich nicht darauf an, ob

---

[1036] *U. H. Schneider*, WM 2006, 1321, 1327. Weitere Beispiele bei *Seifert/Voth*, Invasion der Heuschrecken, S. 163.

[1037] Zur Beweiserleichterung über einen Anscheinsbeweis siehe oben S. 195

[1038] *OLG Stuttgart*, ZIP 2004, 2232, 2237.

[1039] *U. H. Schneider*, in: Assmann/Pötzsch/Schneider, WpÜG, § 30 Rn. 110, welcher auf dieses Indiz hin eine widerlegbare Vermutung für eine Verhaltensabstimmung annimmt.

[1040] *LG Köln*, AG 2008, 336, 338.

[1041] *O.V.*, Neue Hinweise auf konzertierte Hedgefonds-Aktion, Spiegel-Online Ausgabe vom 21.05.2005.

es zur Änderung der unternehmerischen Ausrichtung objektiv geeignet ist;[1042] als subjektives Tatbestandsmerkmal entscheidend ist vielmehr das mit dem Zusammenwirken gemeinsam beabsichtigte Ziel. Um dies nachweisen zu können, wird man in der Praxis dennoch häufig die äußeren Umstände des Zusammenwirkens heranziehen müssen und prüfen, ob diese zur dauerhaften und erheblichen Änderung der unternehmerischen Ausrichtung geeignet sind: Ist dies zu bejahen, könnte das das Vorliegen einer diesbezüglichen Absicht indizieren; eine zwingende Indizwirkung folgt aus der Geeignetheit des Zusammenwirkens indes nicht.[1043]

3. Befreiung von der Verpflichtung zur Veröffentlichung und zur Abgabe eines Angebotes nach § 37 WpÜG

Die Bundesanstalt kann von der Verpflichtung zur Veröffentlichung und zur Abgabe eines Angebots nach einem Kontrollerwerb unter den Voraussetzungen des § 37 Absatz 1 WpÜG befreien. Zu erörtern ist daher, ob Hedgefonds diese Möglichkeiten für typische Aktionsmuster ausnutzen können. Eine Konkretisierung des gesetzlichen Tatbestandes erfolgt in § 9 WpÜG-AngVO.[1044] Die Befreiung nach § 37 Absatz 1 WpÜG ist im Gegensatz zu § 36 WpÜG eine Ermessensentscheidung.[1045] In besonderen Fällen kann indes eine Ermessensreduzierung auf Null gegeben sein, auf Grund derer das Bundesaufsichtsamt verpflichtet ist, eine Befreiung zu erteilen.[1046] Gründe für eine Befreiung können sich unter anderem auf Grund der mit der Kontrolle beabsichtigten Zielsetzung (a), der Beteiligungsverhältnisse an der Zielgesellschaft (b) oder der tatsächlichen Möglichkeit zur Ausübung der Kontrolle (c) ergeben.

1042 So aber noch der Regierungsentwurf.

1043 *Korff*, AG 2008, 692, 694.

1044 *Möller*, in: Assmann/Pötzsch/Schneider, WpÜG, § 30 Rn. 26.

1045 § 36 WpÜG regelt, dass Stimmrechte aus Aktien der Zielgesellschaft bei der Berechnung des Stimmrechtsanteils unter besonderen Voraussetzungen auf schriftlichen Antrag unberücksichtigt bleiben. Allerdings enthalten die normierten Ausschlusstatbestände für aktivistische Hedgefonds regelmäßig nicht einschlägige Regelungsinhalte. In der Praxis erlangen Hedgefonds Aktien an Gesellschaften in der Regel nicht durch Erbgang oder sonstigen unentgeltlichen Zuwendungen in Fällen eines familienrechtlichen Näheverhältnisses. Ebenso erlangen sie die Aktien regelmäßig weder durch einen Rechtsformwechsel noch auf Grund von Umstrukturierungen innerhalb eines Konzerns.

1046 *Harbarth*, ZIP 2002, 321, 330.

a) Mit Kontrolle beabsichtigte Zielsetzung

Im Rahmen der Strategien *„distressed securities"* und *„distressed debt"* investieren Hedgefonds in Aktien oder Fremdkapitalinstrumente von notleidenden Unternehmen.[1047] Nehmen Hedgefonds als Eigen- oder Fremdkapitalgeber Einfluss auf Restrukturierungsmaßnahmen, kommt eine gegenseitige Stimmrechtszurechnung in Betracht, sofern sie sich mit anderen Aktionären über die Vorgehensweise abstimmen.[1048] Für Fälle, in denen die Zusammenarbeit eine Sanierung eines Unternehmens betrifft, sieht das Gesetz in § 37 Absatz 1 WpÜG in Verbindung mit § 9 Satz 1 Nr. 3 WpÜG-AngVO einen Befreiungstatbestand vor. Erforderlich hierfür ist, dass die Zielgesellschaft sanierungsbedürftig sowie sanierungsfähig ist und die Antragsteller Sanierungsbeiträge in die Zielgesellschaft zu leisten haben.[1049] Nach Auffassung der *BaFin* ist eine Zielgesellschaft sanierungsbedürftig, wenn eine aktuelle Krisensituation bei der Zielgesellschaft im zeitlichen Zusammenhang mit der geplanten Kontrollerlangung besteht, die etwa dann vorliegt, wenn mit überwiegender Wahrscheinlichkeit ein wesentlicher, nicht behebbarer Liquiditätsengpass gegeben ist, der bestandsgefährdenden Risiken im Sinne von § 322 HGB gleichsteht. Die Sanierungsbedürftigkeit ist nicht nur bei einer ansonsten bevorstehenden Insolvenz anzunehmen, sondern auch dann, wenn eine Unterliquidität mit der Folge existiert, dass die Zielgesellschaft eine marktübliche Rentabilität mangels Ressourcen nicht erlangen kann.[1050]

Die Antragsteller haben die Sanierungsfähigkeit der Zielgesellschaft und die zur Sanierung vorgesehenen und hinreichenden Maßnahmen darzulegen. Daneben haben sie zu substanziieren, welche Sanierungsbeiträge sie zu leisten beabsichtigen, dass diese realisierbar und für die Sanierung der Zielgesellschaft sachgerecht sind. Nicht erforderlich ist, dass der oder die Kontrollerwerber Sanierungsbeiträge in einem Umfang in die Zielgesellschaft leisten, der dem voraussichtlichen wirtschaftlichen Umfang eines Pflichtangebots entspricht. Als Beitragsleistung kommt die Einbringung neuer Mittel in die Zielgesellschaft wie die Erhöhung des Grundkapitals, Gewährung von Darlehen oder Verzicht von Forderungen, aber auch die verbindliche Zusage anderer Beiträge, wie zum Beispiel Auftragsvergaben, Vermittlung von Neugeschäft

---

1047 Siehe zu den Strategien Distressed Securities und Distressed Debt oben S. 27 ff.

1048 Siehe hierzu oben S. 183.

1049 *Krause/Pötzsch*, in: Assmann/Pötzsch/Schneider, WpÜG, § 9 WpÜG-AngVO Rn. 21 f.

1050 Ähnlich *Versteegen*, in: Kölner Kommentar WpÜG, Anh. § 37, § 9 AngebotsVO Rn. 14; *Ekkenga*, in: Ehricke/Ekkenga/Oechsler, WpÜG, § 37 Rn. 24; *Holzborn*, NZG 2002, 948, 950 f.

oder Beratungsleistungen in Betracht. Im *Pixelpark* Fall hatte die *BaFin* als einschränkendes Merkmal für taugliche Sanierungsbeiträge gefordert, dass der Kontrollerwerber durch die Leistung des Sanierungsbeitrags ein eigenunternehmerisches Risiko eingehen müsse. Sie hat vor diesem Hintergrund angenommen, dass die Gewinnung von Führungskräften einschließlich Vorständen für die Zielgesellschaft oder die Übernahme des Aufsichtsratsvorsitzenden keine berücksichtigungsfähigen Sanierungsbeiträge seien.

b) Beteiligungsverhältnisse an der Zielgesellschaft

Eine Befreiung im Hinblick auf die Beteiligungsverhältnisse an der Zielgesellschaft soll Fälle erfassen, in denen der Erwerber zwar mehr als 30 Prozent der Stimmrechte erlangt, andere Personen jedoch über einen noch höheren Stimmrechtsanteil an der Zielgesellschaft verfügen.[1051] § 9 Satz 2 Nr. 1 WpÜG-AngVO sieht eine Befreiungsmöglichkeit für derartige Fälle vor. Jedoch konzentrieren sich aktive Hedgefonds auf Gesellschaften mit wenigen oder keinen Großaktionären, um diese mit den eigenen Stimmrechtsblöcken effektiv beeinflussen zu können. Eine Intervention in einer von einem oder mehreren Großaktionären mit mehr als 30 Prozent Stimmrechtsanteil dominierten Gesellschaft verspricht für Hedgefonds keinen Erfolg und steht damit einer aktivistischen Strategie entgegen. Aus diesen Gründen wird ein derartiger Fall in der Hedgefondspraxis keine Rolle spielen.

c) Tatsächliche Möglichkeit zur Kontrollausübung

Der Tatbestand des Fehlens der tatsächlichen Möglichkeit zur Ausübung der Kontrolle erfasst Sachverhalte, in denen auf Grund hoher Hauptversammlungspräsenzen der Erwerber trotz eines Stimmrechtsanteils von mindestens 30 Prozent nicht über die Hauptversammlungsmehrheit verfügt.[1052] § 9 Satz 2 Nr. 2 WpÜG-AngVO stellt insoweit darauf ab, dass auf Grund des in den zurückliegenden drei ordentlichen Hauptversammlung vertretenen stimmberechtigten Kapitals nicht zu erwarten ist, dass der Bieter in der Hauptversammlung über mehr als 50 Prozent der vertretenen Stimmrechte verfügen wird. Auch für diesen Fall ist anzumerken, dass aktivistische Hedgefonds Gesellschaften mit derartigen gefestigten Herrschaftsstrukturen und einer solchen kontinuierlichen Stimmrechtspraxis meiden werden, da sie in diesem Fall voraussichtlich nicht genug Einfluss ausüben können. Bereits bei der vorbereitenden Analyse des Unternehmens wird daher dieser Umstand ein

---

[1051] Begr. RegE, ZIP 2001, 1262, 1289.

[1052] Begr. RegE, ZIP 2001, 1262, 1289.

eindeutiges Ausschlusskriterium darstellen, weswegen auch diese Konstellation in der Praxis aktivistischer Hedgefonds irrelevant ist.

4. Zusammenfassung

I. Nach dem Übernahmerecht kontrolliert ein Hedgefonds eine Zielgesellschaft, wenn er 30 Prozent der Stimmrechte erlangt. Insbesondere hat er den übrigen Aktionären dann ein Pflichtangebot zu unterbreiten. Die Minderheitsaktionäre sollen im Fall eines Kontrollerwerbs oder Kontrollwechsels und der mit ihm unter Umständen verbundenen Neuausrichtung der Geschäftspolitik mit ihren Auswirkungen auf die unternehmerischen Chancen und Risiken die Möglichkeit haben, ihre Aktien zu einem angemessenen Preis zu veräußern.

Beschaffen sich aktivistische Hedgefonds im Wege eines Wertpapierdarlehens Aktien, um Stimmrechte für eine bevorstehende Hauptversammlung zu erlangen, sind ihnen diese Stimmrechte als Darlehensnehmer und Aktionäre zuzurechnen. Hingegen reicht die rein schuldrechtliche Erwerbsposition börsengängiger Kaufoptionen nicht für eine übernahmerechtliche Zurechnung aus.

Grundsätzlich sind Hedgefonds bei *long equity swap*-Geschäften nicht die Stimmrechte aus den von den Vertragspartnern zur Sicherheit gehaltenen Aktien zuzurechnen. Ein Stimmrechtseinfluss ist nicht tatsächlich zu vermuten. Die Stimmrechte sind aber ausnahmsweise zuzurechnen, wenn der Bieter faktisch auf die Ausübung des Stimmrechts aus den Aktien Einfluss nehmen kann und zumindest teilweise das wirtschaftliche Risiko der veroptionierten Aktie trägt.

II. Beeinflussen Hedgefonds Portfoliogesellschaften gemeinsam, sind ihnen die Stimmrechte nach Maßgabe des § 30 Absatz 2 WpÜG wegen abgestimmten Verhaltens gegenseitig zuzurechnen.

1. Machtbündelungen führen dazu, dass sich sowohl der gesellschaftsrechtlich vermittelte als auch der faktische Einfluss der beteiligten Aktionäre vergrößert. Bei einer Einflusskoordination sehen sich die übrigen Aktionäre einer Verschiebung der Machtverhältnisse in der Gesellschaft ausgesetzt. Aus der Perspektive der außenstehenden Aktionäre ist es unerheblich, ob ein einzelner Aktionär oder ein gefestigtes Konsortium die Gesellschaft kontrolliert. Zurechnungsgrund ist die potentielle oder tatsächliche Möglichkeit des Einflusses auf die Ausübung der Stimmrechte durch die Einfluss nehmenden Perso-

nen. Berücksichtigt werden gemeinsam bestehende unternehmerische Einflussmöglichkeiten mehrer Aktionäre.

2. Eine Zurechnung setzt eine Abstimmung mit zurechnungsbegründendem Inhalt voraus, die nicht lediglich einen Einzelfall betrifft.

a) Das abgestimmte Verhalten kann sowohl auf einer Vereinbarung als auch auf einer Abstimmung in sonstiger Weise beruhen. Praktisch relevant ist in erster Linie, ob Hedgefonds durch ihr gemeinschaftliches Verhalten den Tatbestand einer *Abstimmung in sonstiger Weise* erfüllen. Ein abgestimmtes Vorgehen auf Grundlage eines rechtlich nicht verpflichtenden *Gentlemen's Agreement* oder ein lediglich informelles Einvernehmen reichen dafür aus. Gefordert ist ein bewusstes praktiziertes Zusammenwirken. Obligatorisch ist ein Minimum an gegenseitigem Kontakt der Beteiligten. Bloße Zufallsmehrheiten und das schlichte Parallelverhalten insbesondere in der Hauptversammlung führen nicht zu einer Stimmrechtszurechnung. Für ein abgestimmtes Verhalten reicht es damit nicht aus, dass einzelne Hedgefonds ohne kommunikativen Kontakt das Stimmverhalten anderer Aktivisten nachahmen. Geben Hedgefonds konkurrierenden Investoren ihre eigene Anlagestrategie aber unter der Bedingung preis, dass die anderen Investoren gleiche Aktienpositionen einnehmen und ihr Stimmverhalten an dem führenden Fondsmanager ausrichten, liegt eine Verhaltensabstimmung vor. Treffen Hedgefonds mit *equity swap*-Vertragspartnern, die Aktien der Zielgesellschaft halten, dass der Vertragspartner die Stimmrechte im Sinne der Interessenlage der Hedgefonds ausübt, eine Übereinkunft, haben sich die Parteien ebenso abgestimmt.

b) Gegenstand der Abstimmungshandlung muss ein Verhalten des Bieters oder eines seiner Tochterunternehmen in Bezug auf die Zielgesellschaft sein. Erforderlich für eine Zurechnung ist eine Abstimmung über die Ausübung von Stimmrechten oder ein Zusammenwirken in sonstiger Weise.

aa) Eine Verabredung über eine Stimmrechtsausübung führt zu einer Zurechnung, wenn mit ihr eine dauerhafte und erhebliche Einflussnahme auf die Gesellschaft beabsichtigt ist. Einen Maßstab dafür, was eine „erhebliche" und was eine „unerhebliche" Beeinflussung darstellt, sowie wann eine „unerhebliche" aber „dauerhafte" Beeinflussung vorliegt, liefern weder Gesetzestext noch Begründung. Daneben setzt eine Zurechnung voraus, dass die Einflussnehmer mit der Abstimmung eine *gemeinsame unternehmerische Strategie* verfolgen. Es müssen konkrete Absprachen über die Unternehmenspolitik stattgefunden haben. Dabei genügt nicht die Vereinbarung allgemeiner Planungshorizonte.

bb) Darüber hinaus führt auch eine Abstimmung über ein Zusammenwirken in sonstiger Weise zu einer Zurechnung. Dies setzt voraus, dass die Aktivisten beabsichtigen, die unternehmerische Ausrichtung der Zielgesellschaft dauerhaft und erheblich zu verändern. Unternehmerische Ausrichtung meint die vom Vorstand im Rahmen der Kompetenzordnung definierte Unternehmenspolitik, also die operative Betätigung der Gesellschaft und die Umsetzung des in der Satzung festgelegten Unternehmensgegenstands. Erforderlich ist eine Einflussnahme auf zumindest einen zentralen Unternehmensbereich. Ein langfristiger, aber geringfügiger Einfluss von Aktionären auf die unternehmerische Ausrichtung des Emittenten begründet keine Zurechnung. Ein dauerhafter Einfluss auf die Gesellschaft liegt vor, wenn er auf mindestens zwei Hauptversammlungsperioden angelegt ist.

cc) Die Einzelfallausnahme ist primär formal, nach der Häufigkeit des Abstimmungsverhaltens, zu bestimmen. Ein einzelnes abgestimmtes Verhalten begründet als punktuelle Abstimmung unabhängig von dessen Auswirkungen keine Stimmrechtszurechnung. Bei einer Abstimmung über mehrere Beschlussgegenstände auf einer Hauptversammlung handelt es sich regelmäßig um eine Abstimmung im Einzelfall. Wiederholte Abstimmungen sind als nicht zurechnungsbegründende Einzelfälle zu qualifizieren, wenn sie auf einem jeweils neuen Entschluss beruhen. Bezieht sich die Abstimmung auf eine regelmäßige Interessenkoordination, sind die Stimmrechte zuzurechnen. Ein dafür erforderlicher Fortsetzungszusammenhang liegt vor, wenn es der Wille der Parteien ist, auch für zukünftige Fälle eine Abstimmung herbeizuführen. Damit sind Vereinbarungen erfasst, in mindestens zwei Hauptversammlungen auf bestimmte Art abzustimmen oder während dieses Zeitraums mehrfach in sonstiger Weise auf die Gesellschaft einzuwirken. Auch Hedgefonds als im Vergleich zu sonstigen Investoren kurzfristig orientierte Anleger unterliegen bei einem Anlagehorizont von zwei Jahren dem Risiko einer Stimmrechtszurechnung.

3. Für typische gemeinschaftliche Verhaltensmuster von Hedgefonds ergibt sich Folgendes:

Ein abgestimmter Parallelerwerb von Hedgefonds stellt ein abgestimmtes Verhalten nur dar, wenn mit ihm zugleich Einflussnahmen auf die Gesellschaft beabsichtigt sind.

Ein erhebliches abgestimmtes Verhalten in Bezug auf die Zielgesellschaft kann vorliegen, wenn die abstimmenden Aktionäre in der nicht mitbestimmten Aktiengesellschaft beabsichtigen, eine Mehrheit der Aufsichtsratsmitglieder zu wählen. Erforderlich ist, dass weitere Absprachen mit dem Ziel nachhaltiger und dauerhafter Einflussnahme hinzutreten. Eine spürbare Einflussnahme ist anzunehmen, wenn die Zusammensetzung des Aufsichtsrats für die Unternehmenspolitik von erheblicher Bedeutung ist. Einigen Hedgefonds sich mit anderen Aktionären über eine Änderung der Unternehmensstrategie, und möchten sie diese über eine Besetzung des Aufsichtsrats und gegebenenfalls über eine damit verbundene Neubesetzung des Vorstands verfolgen, liegt ein abgestimmtes Verhalten vor. Die abgestimmte Abberufung von Aufsichtsratsmitgliedern allein hingegen löst keine erhebliche und dauerhafte Einflussnahme auf die Herrschaftsstrukturen der Gesellschaft aus.

Sprechen sich Aktivisten darüber ab, dem Vorstand das Vertrauen per Beschluss zu entziehen, liegt grundsätzlich kein zurechnungsbegründendes abgestimmtes Verhalten vor. Ausnahmsweise ist aber eine beabsichtigte erhebliche und beständige Einflussnahme anzunehmen, wenn nach dem Gesamtplan der von den Aktionären beeinflusste Aufsichtsrat den Vorstand abberufen und neu besetzen soll, um konkrete unternehmerische Pläne umzusetzen.

Versagen mehrere Aktionäre den Mitgliedern von Vorstand oder Aufsichtsrat die Entlastung, um die Geschäftspolitik zu beeinflussen, ist ein abgestimmtes Verhalten nur anzunehmen, wenn die Maßnahme sich als Teilstück eines Gesamtplans darstellt, nach dem konkrete unternehmerische Absichten umgesetzt werden sollen.

Ein abgestimmtes Verhalten liegt bei der Abstimmung über die Stimmrechtsausübung im Rahmen einer Kapitalmaßnahme ausnahmsweise vor, wenn sich eine geplante Übernahme auf Seiten der Bietergesellschaft ohne bewilligte Kapitalerhöhungen voraussichtlich nicht finanzieren lässt und eine gemeinschaftliche Ablehnung des Kapitalbeschlusses von einem unternehmerischen Gesamtplan der abgestimmten Aktivisten gedeckt ist.

Verlangt der Vorstand ausnahmsweise, dass die Hauptversammlung über eine Geschäftsführungsmaßnahme entscheidet (§ 119 Absatz 2 AktG), ist bei einer entsprechenden Stimmrechtskoordination regelmäßig ein abgestimmtes Verhalten gegeben.

4. Beeinflussen Hedgefonds Unternehmensentscheidungen faktisch, kommt ebenfalls eine Stimmrechtszurechnung in Betracht.

Verständigen sie sich mit anderen Aktivisten, etwa um die Übernahme einer anderen Gesellschaft mittels einer tatsächlichen Einflussnahme auf den Vorstand zu verhindern, haben sie sich in Bezug auf die Zielgesellschaft abgestimmt. Ebenso erfasst ist, wie etwa im Fall *ABN Amro/Barclays*, die Konstellation, dass Hedgefonds die Übernahme der Zielgesellschaft durch einen Konkurrenten verhindern wollen – sei es wegen der Bevorzugung einer Übernahme durch einen anderen Käufer oder aus anderen Gründen, so dass Vorstand und Aufsichtsrat den Aktionären nicht mehr empfehlen, das jeweilige Angebot anzunehmen.

Das Auswechseln einzelner Personen in Aufsichtsrat und Vorstand kann indes nicht die unternehmerische Ausrichtung der Gesellschaft verändern. Die abgestimmte faktische Einflussnahme auf die Wahl des Aufsichtsratsvorsitzenden stellt grundsätzlich ein abgestimmtes Verhalten nur dar, wenn die abstimmenden Aktionäre zugleich eine mehrheitliche Besetzung des Aufsichtrates beabsichtigen und einen darüber hinausgehenden unternehmerischen Gesamtplan verfolgen. Beabsichtigen die Abstimmenden, dass der Vorsitzende eine bestimmte unternehmerische Neuausrichtung herbeiführen wird und dass ihm dies auf Grund der speziellen Zusammensetzung des Gremiums auch möglich ist, haben sie sich in Bezug auf die Gesellschaft abgestimmt.

Eine von Hedgefonds mit anderen Aktivisten abgestimmte, gemeinschaftlich erzwungene Sonderausschüttung ist grundsätzlich nicht geeignet, die unternehmerische Ausrichtung der Zielgesellschaft dauerhaft und erheblich zu beeinflussen. Ausnahmsweise liegt ein abgestimmtes Verhalten aber vor, wenn durch die Sonderausschüttungen Kapital in solcher Höhe abgezogen werden soll, dass der Vorstand von ihm verfolgte unternehmerische Maßnahmen – wie etwa einen geplanten Unternehmenszukauf – praktisch nicht finanzieren kann.

Die abgestimmte Einwirkung von Hedgefonds auf die Gesellschaft mit dem langfristigen Ziel, sie zu zerschlagen, hat regelmäßig eine Zurechnung zur Folge.

5. Stimmen Hedgefonds nach dem Erwerb von Fremdkapital mit Aktionären ihr Verhalten in Bezug auf die Zielgesellschaft ab, kommt eine Zurechnung der Stimmrechte der Anteilseigner in Betracht. Nicht erforderlich ist, dass der Bieter Aktionär der Zielgesellschaft oder bereits vor der Abstimmung Zurechnungssubjekt von Stimmrechten ist.

Koordinieren sich Hedgefonds als Fremdkapitalgeber mit Aktionären über die Besetzung des Aufsichtsrates, um einen *debt equity swap* oder ein Sanierungskonzept zu flankieren, liegt eine Verhaltensabstimmung in Bezug auf die Zielgesellschaft vor.

Jede Koordination von Hedgefonds mit Aktionären der Zielgesellschaft über eine Stimmrechtsausübung bei einer vereinfachten Kapitalherabsetzung, einer Kapitalerhöhung und einem Bezugsrechtsausschluss stellt ein abgestimmtes Verhalten in Bezug auf die Zielgesellschaft dar. Eine Zurechnung unterbleibt, wenn sich die Abstimmung des Forderungserwerbers allein auf die Umwandlung der Forderungen in Eigenkapital bezieht. Wenn sich die Abstimmenden anlässlich einer umfangreichen Restrukturierung für einen Zeitraum koordinieren, der sich über mehrere Hauptversammlungsperioden erstreckt, ist auf Grund des bestehenden Fortsetzungszusammenhangs ein Einzelfall abzulehnen.

Drohen Hedgefonds Aktionären damit, Kredite fällig zu stellen oder sogar ein Insolvenzverfahren zu beantragen, liegt eine Abstimmung vor, wenn die Anteilseigner auf die Forderungen eingehen. Ebenso haben sich Hedgefonds als Gläubiger in Bezug auf die Zielgesellschaft abgestimmt, wenn sie gemeinsam mit Aktionären beabsichtigen, Vorstand oder Aufsichtsrat faktisch zu beeinflussen, um die unternehmerische Ausrichtung der Gesellschaft insbesondere bei Restrukturierungen zu ändern.

6. a) Beweisvermutungs- und Anscheinsregeln sind im Verwaltungs- und Beschwerdeverfahren gegen Anordnungen der Aufsichtsbehörde nicht anwendbar.

b) Abhängig von dem jeweiligen Verfahren sind die dafür einschlägigen Beweisregeln heranzuziehen. Dass ein *acting in concert* auch ordnungswidrigkeitsrechtliche Tatbestände erfüllen kann, hat keine Auswirkungen auf das zivilprozessuale Beweisverfahren und schließt Beweiserleichterungen sowie andere Modifikationen nicht von vorneherein aus.

aa) Auf Grund gewisser Regelmäßigkeiten des Vorgehens von Hedgefonds kommt eine Anwendung der Regeln zum Anscheinsbeweis in Betracht, um ein konzertiertes Vorgehen beweisen zu können. Zumindest in den Fällen, in denen Hedgefonds in vorgebrachten oder kontrovers diskutierten Fragen gleich abstimmen und insbesondere zuvor nachweislich in Kontakt standen oder gemeinschaftlich öffentlich Forderungen aufgestellt haben, kann man auf Grund eines hohen Bestätigungsgrades von einem typischen Geschehensablauf ausgehen. Das gleiche gilt für Konstellationen, in denen einer Stimmrechtsabstimmung verdächtige Hedgefonds in der Vergangenheit bei streitigen Fragen in der Hauptversammlung stets gleich abgestimmt haben und nur durch dieses Abstimmverhalten erreichen konnten, dass ein bestimmtes Beschlussergebnis herbeigeführt wurde.

bb) Ein abgestimmtes Verhalten von Hedgefonds lässt sich auch mithilfe eines Indizienbeweises beweisen. Solche Indizien können etwa gemeinsame Treffen, der Austausch und das anschließende Löschen von Emails oder eine langjährige Praxis institutioneller Anleger in der Vergangenheit darstellen. Denkbar erscheint es daneben, dass bei Bestehen einer Bürogemeinschaft mehrerer Hedgefonds, einem gemeinsamen Auftreten in der Öffentlichkeit oder dem Verwenden von identischen Forderungsbriefen auch eine Verhaltenskoordinierung über eine gemeinsame Stimmrechtsausübung stattgefunden hat. Auch ein bewusstes gleichgerichtetes Abstimmungsverhalten in mehreren Tagesordnungspunkten, das nur im Hinblick auf eine Gesamtstrategie Sinn hat, spricht im Regelfall für eine Abstimmung. Hingegen rechtfertigt ein gleichförmiges Abstimmungsverhalten allein noch nicht die Vermutung eines abgestimmten Verhaltens.

7. Im Rahmen der Strategien *„distressed securities"* und *„distressed debt"* können sich Hedgefonds von der *BaFin* von den übernahmerechtlichen Kontrollverpflichtungen nach Maßgabe der § 37 Absatz 1 WpÜG in Verbindung mit § 9 Satz 1 Nr. 3 WpÜG-AngVO befreien lassen.

II. Wertpapierhandelsgesetz (WpHG)

Hedgefonds legen ihre Handelsstrategien und Anlagepolitik grundsätzlich nicht offen, um Informationsineffizienzen ausnutzen zu können.[1053] Sie befürchten, dass bei entsprechender Publizität mehrere Marktteilnehmer die Strategie anwenden würden.[1054] Dem treten die Publizitätsvorschriften des Wertpapierhandelsgesetzes entgegen (1.). Daneben ist zu erörtern, ob Hedgefonds gegen Vorschriften des Insiderrechts verstoßen, wenn sie aktivistische Strategien verfolgen und dies dem Kapitalmarkt nicht mitteilen (2.).

1. Publizitätspflichten

Zu fragen ist zunächst, inwieweit Anteilspublizitätspflichten (a), Mitteilungspflichten beim Halten von Finanzinstrumenten (b) sowie Mitteilungspflichten

---

[1053] *FMA*, Hedge Fonds – Bedeutung am Finanzplatz Österreich und regulatorischer Rahmen, S. 6, 9. Da Hedgefonds in den USA unter die Ausnahmetatbestände des Investment Company Act fallen, sind sie nicht den entsprechenden Transparenzverpflichtungen unterworfen. Vgl. *Seifert*, Managing Currency Risk for Emerging Markets Hedge Funds, S. 7, *Lhabitant*, Hedge Funds, S. 24 f.

[1054] *Bretzler/Rudolph*, Hedge Fonds & Alternative Investments, S. 25; *Seifert*, Managing Currency Risk for Emerging Markets Hedge Funds, S. 13; *Lhabitant*, Hedge Funds, S. 18.

für Inhaber wesentlicher Beteiligungen (c) Hedgefonds zur Information des Kapitalmarktes anhalten.

a) Anteilspublizitätspflichten

Aktive Hedgefonds unterliegen wie auch andere Kapitalmarktteilnehmer der Pflicht, bedeutende Stimmrechtsanteile an börsennotierten Gesellschaften nach den §§ 21 ff. WpHG offen zu legen.[1055]

aa) Offenlegung von Stimmrechtspositionen

Der Aufbau größerer Stimmrechtspositionen stellt regelmäßig eine Vorstufe von Einflussnahmen und auch Unternehmensübernahmen dar.[1056] Entsprechend bedeutend ist eine frühzeitige Offenlegung größerer Beteiligungsveränderungen. Vorstand und Aufsichtsrat haben ein Interesse daran zu erfahren, wer auf sie Einfluss ausüben kann. Bei Kenntnis der Anlegerstruktur können sie gegebenenfalls frühzeitig auf Veränderungen reagieren und Konfliktpotential durch Gegenmaßnahmen beseitigen.[1057] Bei Unkenntnis der Beteiligungsverhältnisse besteht die Gefahr, dass sich der Vorstand von nicht überprüfbaren Behauptungen über angebliche Mehrheitsverhältnisse einschüchtern lässt und den aktivistischen Hedgefonds entgegen seiner eigenen Überzeugung nachgibt, um eine öffentliche Auseinandersetzung zu vermeiden.[1058] Großaktionäre verwenden die Informationen, soweit sie ihnen nicht schon vorher bekannt sind, um ihre Handlungen mit anderen Aktionären abzustimmen oder um in anderer Weise ihre unternehmerischen Interessen wahrzunehmen.[1059] Alle Kapitalmarktteilnehmer benötigen die Information über die Zusammensetzung des Aktionärkreises, um sich anhand der dadurch aufgedeckten Einflussmöglichkeiten ein Bild über die gegenwärtige und zukünftige wirtschaftliche Situation des Unternehmens machen zu können. Die Vorschriften des fünften Abschnitts des Wertpapierhandelsgesetzes wollen mit den Pflichten zur Mitteilung von Beteiligungsveränderungen gegenüber der Gesellschaft

---

[1055] Für Unternehmen, die an nicht börsennotierten Gesellschaften beteiligt sind, sieht § 20 AktG entsprechende Mitteilungspflichten gegenüber der Gesellschaft vor.

[1056] Vgl. *Hirte*, in: Kölner Kommentar WpHG, § 21 Rn. 3.

[1057] Siehe hierzu unten S. 397 ff.

[1058] Vgl. *Engert*, ZIP 2006, 2105, 2110; *Thaeter/Guski*, AG 2007, 301, 302; *Schmolke*, ZGR 2007, 701, 732.

[1059] *Arends*, Die Offenlegung von Aktienbesitz nach deutschem Recht, S. 5.

und der *BaFin*[1060] und zu deren anschließender Veröffentlichung[1061] eine derartige Information des Marktes über die Kontrollstrukturen börsennotierter Gesellschaften erreichen.[1062] Ferner sind das Vorhandensein wesentlicher Beteiligungen, ihre Zunahme und auch ihr Abschmelzen, aus denen im Umkehrschluss der Umfang des frei gehandelten Aktienbestandes gefolgert werden können, wesentliche Faktoren für die Anlageentscheidung und für die Kursentwicklung.[1063] Zugleich fungieren die Meldepflichten auch als Instrument der Aufklärung über mögliche Übernahmeversuche: Vor einer Übernahme erfolgt nämlich regelmäßig der Aufbau einer starken Minderheitsbeteiligung, die nur möglich ist, wenn sich ausreichend Aktien in den Händen veräußerungswilliger Aktionäre befinden.[1064] Mit der Offenlegungspflicht soll schließlich einem Missbrauch von Insiderinformationen entgegengewirkt werden.[1065]

Die Vorschriften dienen der Umsetzung der Transparenz-Richtlinie 2004 und sind daher richtlinienkonform auszulegen.[1066] Nach § 21 Absatz 1 Satz 1 WpHG ist meldepflichtig, wer durch Erwerb, Veräußerung oder auf sonstige Weise 3, 5, 10, 15, 20, 25, 30, 50 oder 75 Prozent der Stimmrechte an einer börsennotierten Gesellschaft erreicht, überschreitet oder unterschreitet (*Meldepflichtiger*). Dies gilt nur dann, wenn die Bundesrepublik Deutschland der Herkunftsstaat des Emittenten gemäß § 2 Absatz 6 WpHG ist. Daher muss es sich um eine Gesellschaft mit Sitz im Inland handeln, deren Aktien zum Handel an einem organisierten Mitgliedstaat der Europäischen Union oder in einem anderen Vertragsstaat des Abkommens über den Europäischen Wirtschaftsraum zugelassen sind. Meldepflichtig ist nur, wem die Stimmrechte aus den ihm gehörenden Anteilen zustehen. Auf Grund des in § 12 Absatz 1 Satz 1 AktG angeordneten Abspaltungsverbotes ist dies der Aktionär als Eigentü-

---

1060 § 21 WpHG.

1061 §§ 25, 26 WpHG.

1062 Vgl. *Hirte*, in: Kölner Kommentar WpHG, § 21 Rn. 3; *Heinrich*, Kapitalmarktrechtliche Transparenzbestimmungen und die Offenlegung von Beteiligungsverhältnissen, S. 64 f.

1063 *Baums/Sauter*, Anschleichen an Übernahmeziele mittels Cash Settled Equity Derivaten – ein Regelungsvorschlag, S. 21; *Renz/Rippel*, BKR 2008, 309, 310.

1064 *Schwark*, in: Schwark, Kapitalmarktrecht, vor § 21 WpHG Rn. 2.

1065 Siehe RegE Zweites Finanzmarktförderungsgesetz, BT-Drucks. 12/6679, S. 52; *Hirte*, in: Kölner Kommentar WpHG, § 21 Rn. 3; *Caspari*, ZGR 1994, 530, 543.

1066 Vgl. *Rodewald*, BB 2006, 1917; *Hirte*, in: Kölner Kommentar WpHG, § 21 Rn. 22. Ursprünglich dienten die Normen der Umsetzung der Transparenz-Richtlinie 1988, welche jedoch durch die aktuellere Richtlinie ersetzt worden sind.

mer und Inhaber des der Aktien anhaftenden Stimmrechts. Ein Verstoß gegen die Mitteilungs- und Veröffentlichungspflichten ist bußgeldbewehrt.[1067] Zudem führt die Verletzung der Mitteilungspflicht zum Verlust der Rechte aus den Aktien.[1068] Viele aktive Investoren holten in der Vergangenheit nach einem zunächst ungemeldeten Positionsaufbau die Mitteilung unmittelbar vor einer Hauptversammlung nach, um auf diese Weise einem Stimmrechtsverlust zu entgehen und dennoch verdeckt ihre Positionen erwerben zu können. Um diese Umgehungsmöglichkeit auszuschließen, hat der Gesetzgeber mit dem *Risikobegrenzungsgesetz* festgelegt, dass der Stimmrechtsverlust sechs Monate andauert, nachdem die Investoren die zunächst vorsätzlich oder grob fahrlässig unterlassene Meldung nachgeholt haben.[1069] Damit ist es nun ausgeschlossen, dass Kapitalmarktteilnehmer im Vorfeld einer Hauptversammlung verdeckt Positionen aufbauen und dennoch ihre Stimmrechte ausüben können.[1070] Da Hedgefonds allerdings häufig nur Positionen erwerben, die unterhalb der Schwelle von drei Prozent liegen, scheidet eine unmittelbare Mitteilungsverpflichtung in diesen Fällen aus.

BB) STIMMRECHTSZURECHNUNG

Um Umgehungssachverhalte auszuschließen,[1071] sind wie im Übernahmerecht nach § 22 Absatz 1 und 2 WpHG einem Aktionär neben den von ihm selbst gehaltenen Stimmrechten auch Stimmrechte Anderer zuzurechnen. Auch Machtbündelungen sollen für den Kapitalmarkt und das Unternehmen grundsätzlich erkennbar sein. Wie im Übernahmerecht sind solche Sachverhalte erfasst, bei denen der Meldepflichtige auf die Ausübung des Stimmrechts durch den jeweiligen Eigentümer der Aktie Einfluss nimmt oder nehmen kann oder das Bestehen eines solchen Einflusses zu vermuten ist.[1072]

[1067] § 39 Absatz 2 Nr. 2 e) WpHG. Die in der Vergangenheit verhängten Bußgelder reichten bis zu 45000,- €, was im Rahmen geplanter Einflussnahmen keinen realen Abschreckungseffekt insbesondere für Hedgefonds erzielen dürfte, vgl. *BaFin*, Jahresbericht 2005, S. 170.

[1068] § 28 WpHG.

[1069] § 28 S. 3 WpHG.

[1070] Vgl. *Braun/Paul*, Neue Regeln für Kapitalbeteiligungen gehen am Ziel vorbei, in: Börsenzeitung vom 10.10.2007, S. 2.

[1071] Zu diesem Regelungszweck *v. Bülow*, in: Kölner Kommentar WpHG, § 22 Rn. 3; *Schwark*, in: Schwark, Kapitalmarktrecht, vor § 21 WpHG Rn. 4; *Heinrich*, in: Heidel, Anwaltskommentar AktG, 22 WpHG Rn. 1.

[1072] Vgl. *Hirte/Möllers*, Kölner Kommentar WpHG, § 22 Rn. 27; *Renz/Rippel*, BKR 2008, 309, 310.

Da Hedgefonds häufig gemeinsam vorgehen, um einen größtmöglichen Einfluss zu erzielen, unterliegen sie auch den Transparenzverpflichtungen des WpHG, wenn ihnen die Stimmrechte ihrer Partner zugerechnet werden und sie dadurch die Meldeschwellen erreichen. Mit der bis auf die notwendigen Änderungen wortgleichen Zurechnungsvorschrift des § 30 WpÜG stellt sich die Frage, ob die Normen identisch auszulegen sind und damit zu gleichen Zurechnungsergebnissen führen.

Einige Literaturvertreter führen an, dass der unterschiedliche Zweck der Vorschriften, nämlich die Herstellung größtmöglicher Transparenz durch Information aller Kapitalmarktteilnehmer einerseits und der Schutz der Minderheitsaktionäre vor ungewollten Kontrollverhältnissen andererseits, eine unterschiedliche Auslegung der Vorschriften verlangen könne.[1073] Zudem sei im Hinblick darauf, dass der Gesetzgeber mit § 22 WpHG die EG-Transparenzrichtlinie[1074] umgesetzt und § 30 WpÜG mit der EG-Übernahmerichtlinie[1075] einen anderen europarechtlichen Hintergrund hat, eine einheitliche Auslegung nicht zwingend.[1076] Daneben würden die schärferen Rechtsfolgen des Übernahmerechts wie die Verpflichtung zur Abgabe eines Pflichtangebotes einer einheitlichen Auslegung der Vorschriften entgegenstehen. Während diese gravierende Rechtsfolge für eine enge Auslegung von § 30 WpÜG spreche, sei dies bei den auf Transparenz angelegten Zurechnungsvorschriften in § 22 WpHG nicht erforderlich.[1077]

Dagegen spricht allerdings, dass der Gesetzgeber mit der Angleichung der Vorschriften eine einheitliche Auslegung der wortgleichen Vorschriften bezweckte, um Irritationen am Kapitalmarkt zu vermeiden.[1078] Sind mehr oder weniger belastende Normen mit dem gleichen Umgehungsschutz versehen, kann man hieraus nicht schließen, dass die dem Umgehungsschutz der stärker

---

1073 *v. Bülow*, in: Kölner Kommentar WpÜG, § 30 Rn. 8; *Casper*, ZIP 2003, 1469, 1472 f.; *Seibt*, ZIP 2004, 1829, 1831; a. A. *Geibel/Süßmann*, BKR 2002, 52, 62; *Hopt*, ZHR 166, 383, 410; *Liebscher*, ZIP 2002, 1005, 1009.

1074 Richtlinie 88/627/EWG vom 12.12.1988, Abl EG Nr. L 348, 62.

1075 Richtlinie 2004/25/EG vom 21.04.2004, Abl EG Nr. L 142, 12; hierzu *Mülbert*, NZG 2004, 633.

1076 *Seibt*, ZIP 2004, 1829, 1831.

1077 *Seibt*, ZIP 2004, 1829, 1831; ähnlich *Casper*, ZIP 2003, 1469, 1473; *Hamann*, ZIP 2007, 1088, 1093.

1078 RegE WpÜG, BT-Drucks. 14/7034, S. 53. Auch mit dem Risikobegrenzungsgesetz hat der Gesetzgeber diese Auffassung bestätigt, siehe *Finanzausschuss des Deutschen Bundestages*, Bericht zum Risikobegrenzungsgesetz, BT-Drucks. 16/9821, S. 17.

belastenden Vorschriften dienende Zurechnungsregel enger auszulegen ist.[1079] Folglich ist eine derartige rechtsfolgenorientierte Auslegung abzulehnen.[1080] Eine unterschiedliche Auslegung ist weder im Hinblick auf den Schutzzweck der Vorschriften noch aus europarechtlichen Gründen geboten.[1081] Hinsichtlich der Stimmrechtszurechnung aus von Hedgefonds häufig eingegangenen Nebenpositionen wird auf den Abschnitt zu § 30 Absatz 1 WpÜG,[1082] bezüglich der Voraussetzungen des § 22 Absatz 2 Satz 2 WpHG und den Bewertungen der einzelnen Kollektivverhaltensmuster von Hedgefonds auf die Ausführungen zu § 30 Absatz 2 WpÜG verwiesen.[1083]

b) Mitteilungspflichten beim Halten von Finanzinstrumenten

Hedgefonds können mithilfe von Derivaten ihr wirtschaftliches Interesse an einer Anteilsposition neutralisieren oder gar negativ ausgestalten. Im Rahmen von *long equity swap*-Vereinbarungen sollen daneben die Vertragspartner den Aktivisten die Möglichkeit einräumen, die von den Banken zur Absicherung des Geschäfts gehaltenen Aktien nach Vertragsschluss zu erwerben. Möglicherweise sind diese Derivategeschäfte nach der Mitteilungspflicht beim Halten von sonstigen Finanzinstrumenten nach § 25 WpHG aufzudecken. Nach dieser Vorschrift sind Finanzinstrumente offen zu legen, die ihrem Inhaber das Recht verleihen, einseitig im Rahmen einer rechtlich bindenden Vereinbarung mit Stimmrechten verbundene und bereits ausgegebene Aktien eines Emittenten zu erwerben. Meldepflichtig ist, wer hypothetisch 5, 10, 15, 20, 25, 30, 50 oder 75 Prozent der Stimmrechte an einer börsennotierten Gesellschaft erreicht, überschreitet oder unterschreitet; die in § 21 WpHG vorgesehene Schwelle von drei Prozent hat der Gesetzgeber nicht übernommen, um die Belastung der Beteiligten auf das notwendige Maß zu reduzieren.[1084] Die Regelung soll sicherstellen, dass der Emittent und die Anleger darüber informiert werden, dass der Inhaber von Finanzinstrumenten die Möglichkeit hat,

---

1079 Vgl. *Lange*, ZBB 2004, 22, 24.

1080 *Lange*, ZBB 2004, 22, 24; *Liebscher*, ZIP 2002, 1005, 1009; *Engert*, ZIP 2006, 2105, 2110; *Wackerbarth*, ZIP 2007, 2340, 2341.

1081 *v. Bülow/Bücker*, ZGR 2004, 669, 706.

1082 Siehe oben S. 143.

1083 Siehe oben S. 148.

1084 *Renz/Rippel*, BKR 2008, 309, 312.

durch eine einseitige Erklärung stimmrechtsberechtigte Aktien zu erwerben.[1085]

aa) Wirtschaftliche Neutralisation mithilfe von Derivaten

Erfasst sind nur Derivate, die bei Ausübung durch eine physische Leistung von Aktien abgewickelt werden, nicht aber solche mit Barausgleich.[1086] Aus diesem Grund sind auch nach dieser Vorschrift sowohl physisch nicht unterlegte Swap-Differenzgeschäfte als auch physisch unterlegte (*natural hedge*) Swapkontrakte, die der long-Partei keinen Anspruch auf Lieferung einräumen, nicht aufzudecken.[1087] Die durch das *Risikobegrenzungsgesetz* eingefügten Änderungen sehen für diese Konstellationen ebenfalls keine Stimmrechtszurechnung vor. Hedgefonds können folglich mithilfe von Differenzkontrakten oder Put-Optionen unerkannt ihre Anteilspositionen an der Portfoliogesellschaft wirtschaftlich neutralisieren oder negativ ausgestalten.[1088] So könnten die aktivistischen Hedgefonds ihre Beteiligung an der *Deutschen Börse AG* wirtschaftlich ausgeglichen haben, ohne dass der Vorstand oder andere Aktionäre davon hätten erfahren müssen.[1089] Damit sind derartige von aktivistischen Hedgefonds eingegangene Positionen nicht zu erkennen.

bb) Kaufoptionen und faktische Erwerbsmöglichkeiten im Rahmen von Long Equity Swap-Vereinbarungen – Fälle der verdeckten Teilhaberschaft (Hidden Ownership)

Verwenden Hedgefonds physisch abzuwickelnde Kaufoptionen, um sich einen Anteilserwerb zu sichern, sind diese als schuldrechtliche Erwerbspositionen nach § 25 Absatz 1 WpHG zu melden.[1090] Daneben kommt eine Mitteilungspflicht von *long equity swap*-Vereinbarungen in Betracht: Sichern sich die Banken in natura durch den Erwerb von Aktien ab, verkaufen sie nach Darstellung einiger Autoren nach Kündigung des Swap-Vertrages auf Anfrage die Anteile an die Hedgefonds.[1091] Ansonsten müssten die Banken ein gegebe-

---

[1085] *Hutter/Kaulamo*, NJW 2007, 471, 475.

[1086] Vgl. *Fleischer/Schmolke*, ZIP 2008, 1501, 1504; *Hutter/Kaulamo*, NJW 2007, 471, 475.

[1087] Vgl. *Renz/Rippel*, BKR 2008, 309, 312 und oben S. 146 f.

[1088] Vgl. *Fleischer/Schmolke*, ZIP 2008, 1501, 1504.

[1089] *Engert*, ZIP 2006, 2105, 2108.

[1090] Hingegen sind an der Terminbörse *Eurex* gehandelte Kaufoptionen in Bar abzurechnen, weswegen sie nicht der Meldepflicht nach § 25 Absatz 1 WpHG unterliegen.

[1091] Vgl. *Hu/Black*, S. Cal. L. Rev. 79 (2006), 811, 837 f.; *dies.*, Hedge Funds, Insiders, and Decoupling of Economic and Voting Ownership in Public Corporations, S. 21 f.; *FSA*, Implementation of the Transparency Directive, Investment Entities Listing Review, S. 49 f.

nenfalls großes Aktienpaket über die Börse veräußern, was auf Grund des erhöhten Angebots zu einem Preisdruck führen würde.[1092] Ein Verkauf an die Fonds ist damit aus Perspektive des Swap-Vertragspartners ökonomisch sinnvoll.[1093] § 25 Absatz 1 WpHG erfasst indes nach dem ausdrücklichen Willen des Gesetzgebers nur rechtlich bindende Vereinbarungen über den Erwerb von Aktien.[1094] Ist die *equity swap*-Vereinbarung indes *cash settled*, also mittels einer Ausgleichszahlung abzuwickeln, so fehlt es gerade am erforderlichen rechtsverbindlichen Anspruch auf Erwerb der Aktie. Eine wegen der *equity swap*-Vereinbarung bestehende lediglich faktische Erwerbsaussicht ist daher nicht von der Meldevorschrift erfasst,[1095] so dass eine Beteiligungssicherung über diese Derivatekonstruktion bislang unbemerkt möglich ist.

cc) Zusammenrechnung von Anteils- und Derivatepositionen

Die bisherige Regelung in § 25 Absatz 1 Satz 3 WpHG a.F. – die eine Zusammenrechnung von Anteils- und Derivatepositionen zur Ermittlung der Transparenzschwellen ausdrücklich ausschloss – erleichterte zusätzlich einen unbemerkten Erwerb von Stimmrechten im erheblichen Umfang. Auf diese Weise konnten Aktivisten – ohne eine Meldung abgeben zu müssen – eine Anteilsposition von 2,99 Prozent sowie zusätzlich eine Position von Finanzinstrumenten aufbauen, die ihrem Inhaber das Recht einräumt, bis zu 4,99 Prozent der Aktien zu erwerben. Nach der Neuregelung in § 25 Absatz 1 Satz 3 WpHG n.F. findet nun eine Zusammenrechnung mit den Beteiligungen nach den §§ 21 und 22 WpHG statt. Ohne eine Meldung abgeben zu müssen, können Aktivisten nun lediglich eine kombinierte Position von 2,99 Prozent der Anteile sowie Derivatepositionen aufbauen, die ihnen den Erwerb von zusätzlich zwei Prozent der Stimmrechtsanteile ermöglichen. Im Ergebnis ist ein schleichender Erwerb nur noch in diesem reduzierten Rahmen möglich, was die Meldedichte erhöht.[1096]

1092 *Fleischer/Schmolke*, ZIP 2008, 1501, 1505.

1093 Vgl. *Hutter/Kaulamo/Plepelits*, in: GS Gruson, S. 226 f.

1094 Begr. RegE, BT-Drucks. 16/2498, S. 36.

1095 Ebenso *Baums/Sauter*, Anschleichen an Übernahmeziele mittels Cash Settled Equity Derivaten – ein Regelungsvorschlag, S. 16 f.; *Hutter/Kaulamo*, NJW 2007, 471, 475; *Fleischer/Schmolke*, ZIP 2008, 1501, 1504; *Hutter/Kaulamo/Plepelits*, in: GS Gruson, S. 229 ff. A.A. *Schneider/Brouwer*, AG 2008, 557, 562 ff., die unter Verweis auf Umgehungsgesichtspunkte und Beweisschwierigkeiten auch „Gentlemen's Agreements" bzw. „das Verständnis beider Parteien, dass mit Aktien erfüllt werden soll", ausreichen lassen wollen.

1096 Vgl. *Renz/Rippel*, BKR 2008, 309, 313; *Hutter/Kaulamo/Plepelits*, in: GS Gruson, S. 226.

c) Mitteilungspflichten für Inhaber wesentlicher Beteiligungen

Mit dem *Risikobegrenzungsgesetz* hat der Gesetzgeber eine spezielle Mitteilungspflicht für Inhaber wesentlicher Beteiligungen eingeführt: Offenzulegen sind nach § 27a WpHG für Meldepflichtige, die die Schwelle von zehn Prozent der Stimmrechte aus Aktien erreichen oder überschreiten, die mit dem Erwerb der Stimmrechte verfolgten Ziele[1097] und die Herkunft der für den Erwerb verwendeten Mittel innerhalb einer 20-Tages-Frist nach Erreichen dieser Schwellen. Hinsichtlich der Ziele hat der Meldepflichtige nach § 27a Absatz 2 WpHG anzugeben, ob er innerhalb der nächsten zwölf Monate weitere Stimmrechte zu erwerben beabsichtigt (Nr. 2), eine Einflussnahme auf die Besetzung von Verwaltungs- Leitungs- und Aufsichtsorganen des Emittenten (Nr. 3) oder eine wesentliche Änderung der Kapitalstruktur der Gesellschaft (Nr. 4) anstrebt. Die erhaltenen Informationen hat der Emittent zu veröffentlichen. Dabei ist die Bestimmung dispositiv: Durch Satzungsregelung kann die Hauptversammlung ihre Aktionäre von dieser Verpflichtung suspendieren.[1098] Hedgefonds und andere Investoren mit einem entsprechenden Stimmrechtsanteil haben damit Leitungsorgane und übrige Aktionäre über ihre strategischen Ziele zu informieren. Auf diese Weise könnte dem Vorstand eine frühzeitige und angemessene Reaktion auf aktivistisches Aktionärsverhalten ermöglicht werden. Die US-amerikanischen Erfahrungen mit Parallelnormen[1099] zeigen allerdings, dass die tatsächlich abgegebenen Erklärungen häufig wenig gehaltvoll sind: häufig werden alle nur denkbaren Möglichkeiten oder aber inhaltsleere Floskeln („investment purposes") angegeben.[1100] Zudem erfasst der Anwendungsbereich der Norm die meisten Hedgefonds nicht, die regelmäßig prozentual geringere Stimmrechtsanteile einnehmen. Eine Stimmrechtsaddition bei aktiver Zusammenarbeit der Investoren über § 22 Absatz 2 WpHG ist mit den bekannten praktischen Zurechnungsproblemen verbunden. Aber auch wenn ein Hedgefonds ausnahmsweise die Meldeschwelle erreicht, wird dessen Manager die verfolgte Strategie voraussichtlich regelmäßig nicht aufdecken. Bislang hat der Gesetzgeber nämlich keine

---

[1097] Eine solche Offenlegungspflicht bereits befürwortend *Otto*, AG 1994, 167, 171 unter Verweis auf das US-amerikanische Recht; *Starke*, Beteiligungstransparenz im Gesellschafts- und Kapitalmarktrecht, S. 84 f., 185. Dagegen *Arends*, Die Offenlegung von Aktienbesitz nach deutschem Recht, S. 117, 133; *Heinrich*, Kapitalmarktrechtliche Transparenzbestimmungen und die Offenlegung von Beteiligungsverhältnissen, S. 259 f.

[1098] Vgl. § 27a Absatz 3 WpHG.

[1099] Section 13D des Securities Exchange Act: Meldepflicht ab einer Beteiligung von 5 Prozent.

[1100] *Fleischer*, ZGR 2008, 185, 209 f.

regelmäßig nicht aufdecken. Bislang hat der Gesetzgeber nämlich keine Rechtsfolge für einen Verstoß gegen die Publizitätsregelung formuliert. Solange eine Nichtoffenlegung sanktionslos bleibt, werden Hedgefonds-Manager den übrigen Marktteilnehmern die eigene Strategie nicht mitteilen, wenn dieser Plan Informationsineffizienzen nutzt, um Erträge zu erzielen. Als Akt der *Symbolgesetzgebung* wird diese Neuregelung im Ergebnis praktisch keine Auswirkungen auf das Verhalten der Hedgefonds-Branche haben.[1101]

D) Zusammenfassung

Da der Aufbau größerer Stimmrechtspositionen regelmäßig eine Vorstufe von Einflussnahmen darstellt, ist eine frühzeitige Offenlegung größerer Beteiligungsveränderungen wesentliche Voraussetzung für eine adäquate Reaktion von Vorstand und Aufsichtsrat.[1102] Kennt der Vorstand die genauen Beteiligungsverhältnisse nicht, besteht die Möglichkeit, dass sich der Vorstand von nicht überprüfbaren Behauptungen über angebliche Mehrheitsverhältnisse einschüchtern lässt und aktivistischen Hedgefonds entgegen seiner eigenen Überzeugung nachgibt, um eine öffentliche Auseinandersetzung zu vermeiden.[1103] Die Größe des Einflusses wird durch die bestehenden kapitalmarktrechtlichen Vorschriften zur Anteilstransparenz erfasst, so dass der Kapitalmarkt und damit zugleich die Leitungsorgane der Gesellschaft und die übrigen Gesellschafter über eine Anhäufung von Anteilsbesitz ausreichend informiert sein müssten und ihr Handeln danach ausrichten können. Viele Hedgefonds erwerben allerdings häufig nur Positionen, die unterhalb der Schwelle von drei Prozent liegen, so dass eine unmittelbare Mitteilungsverpflichtung in diesen Fällen ausscheidet. Da sich im Hinblick auf ein abgestimmtes Aktionärsverhalten eine Koordination in der Praxis auf Grund von getroffenen Vorkehrungen selten nachweisen lässt und auch im Übrigen die Rechtsprechung die Zurechnungsmerkmale – zumindest bisher – materiellrechtlich restriktiv anwendete,[1104] wird ein konzertiertes Vorgehen – wie von Hedgefonds als sogenanntes *Wolfsrudel* praktiziert – in der Praxis im Regelfall nicht aufgedeckt.

Derivategeschäfte, mit denen aktivistische Hedgefonds ihre Beteiligung an der Portfoliogesellschaft wirtschaftlich neutralisieren oder negativ ausgestalten,

---

[1101] Vgl. *Fleischer*, ZGR 2008, 185, 210.

[1102] Vgl. *Hirte*, in: Kölner Kommentar WpHG, § 21 Rn. 3.

[1103] Vgl. *Engert*, ZIP 2006, 2105, 2110; *Thaeter/Guski*, AG 2007, 301, 302.

[1104] Siehe *BGH*, ZIP 2006, 2077, 2079.

sind grundsätzlich nicht offenzulegen. Ebenso sind im Regelfall *long equity swap*-Vereinbarungen nicht aufzudecken, die nach Vertragsbeendigung faktisch einen Anteilserwerb der Aktivisten ermöglichen (sogenannte *verdeckte Teilhaberschaft*). Ein Anschleichen mithilfe von Derivaten, die auf Grund einer rechtlich bindenden Vereinbarung einen einseitigen Erwerb von Anteilen ermöglichen, hat der Gesetzgeber mit dem *Risikobegrenzungsgesetz* beschränkt und eine größere Meldedichte herbeigeführt:[1105] Da Aktienpositionen nach § 25 Absatz 1 Satz 3 WpHG n.F. zuzurechnen sind, können Aktivisten – ohne eine Meldung abgeben zu müssen –maximal eine kombinierte Position von 2,99 Prozent der Anteile sowie Derivatepositionen aufbauen, die ihnen den Erwerb von zusätzlich zwei Prozent der Stimmrechtsanteile ermöglichen.

Theoretisch könnten Unternehmensleitungen, die in die Kritik der Aktionäre geraten sind, bereits im Vorfeld über die Mitteilungspflichten für Inhaber wesentlicher Beteiligungen (§ 27a WpHG) die Haltung von Großaktionären gegenüber ihnen abfragen und ihnen einen – gegebenenfalls fragwürdigen – taktischen Vorteil verschaffen. Die durch das *Risikobegrenzungsgesetz* eingefügte Verpflichtung zur Offenlegung der mit der Investition verbundenen Strategie wird Hedgefonds im Regelfall nicht dazu veranlassen, dem Kapitalmarkt ihre Absichten aufzudecken. Eine Strategiepublizität steht vielen Hedgefondsstrategien entgegen, die Informationsineffizienzen nutzen;[1106] daneben hat der Gesetzgeber keine Sanktionen bei Verstößen gegen die Offenlegungspflicht vorgesehen.

2. Insiderrecht

Eine aktivistische Strategie beginnt in den meisten Fällen damit, größere Beteiligungen an der zu beeinflussenden Gesellschaft aufzubauen. Um eine hohe Rendite zu erzielen, werden aktive Hedgefonds ihre Absichten zu Beginn noch nicht dem Markt offen legen. Damit erwerben aktive Hedgefonds Anteile oder andere Positionen mit Blick auf das öffentlich noch nicht bekannte Vorhaben, Einfluss auf die Unternehmensführung zu nehmen.[1107] Denkbar ist, sowohl den Entschluss, große Anteilsblöcke zu erwerben, als auch die Einflussabsicht selbst als Insiderinformation zu qualifizieren. Dann würden Hedgefonds möglicherweise dem Verbot von Insidergeschäften zuwiderhan-

---

1105 Siehe Gesetz zur Begrenzung der mit Finanzinvestitionen verbundenen Risiken (Risikobegrenzungsgesetz), BGBl. I 2008, S. 1666; *Renz/Rippel*, BKR 2008, 309, 313.

1106 Vgl. *Kumpan*, ZHR 170, 39, 67.

1107 *Engert*, ZIP 2006, 2105, 2108.

deln, indem sie unter Verwendung dieser Informationen Insiderpapiere erwerben[1108] oder anderen Marktteilnehmern im Rahmen von Absprachen die Information über den beabsichtigten Erwerb oder die geplante Einflussnahme mitteilen[1109].

a) Normzweck und Rechtsfolgen

Die Vorschriften zum Insiderhandel untersagen, sich mit Hilfe von Sonderwissen auf den Kapitalmärkten Vorteile zu verschaffen oder durch die Weitergabe von Insiderkenntnissen an andere Personen die Ausbreitung von Informationsasymmetrien zu befördern.[1110] Geheimnisträger können ansonsten andere Anleger regelmäßig übervorteilen. Anleger, die sich an einem Wertpapiermarkt unfair behandelt fühlen, werden sich von diesem Markt zurückziehen und ihre Investitionen an anderen Marktplätzen tätigen, an denen ihnen die Chancengleichheit der Marktteilnehmer eher gewährleistet erscheint.[1111] Insidergeschäfte gefährden damit das Vertrauen der Anleger in die Integrität der Märkte und beeinträchtigen deren Effizienz.[1112] Die Normen zum Insiderhandel gehen europarechtlich auf die Insiderrichtlinie[1113] und die Marktmissbrauchsrichtlinie[1114] zurück. Der deutsche Gesetzgeber hat die Insiderrichtlinie mit dem Zweiten Finanzmarktförderungsgesetz[1115] im Jahr 1994 und zuletzt die Marktmissbrauchsrichtlinie mit dem Anlegerschutzverbesserungsgesetz[1116] im Jahr 2004 umgesetzt und zugleich die bisherigen Vorschriften zum Insiderhandelsrecht modifiziert. Das Anlegerschutzverbesserungsgesetz soll insbesondere durch die Insidervorschriften den Kapitalmarkt und die internationale Wettbewerbsfähigkeit des Finanzplatzes Deutschland stärken.[1117]

1108 Vgl. § 14 Absatz 1 Nr. 1 WpHG.

1109 Vgl. § 14 Absatz 1 Nr. 2 WpHG.

1110 *Caspari*, NZG 2005, 98, 101.

1111 *Pawlik*, in: Kölner Kommentar WpHG, § 13 Rn. 3.

1112 *Caspari*, ZGR 1994, 530, 533; *Hopt*, ZGR 1991, 17, 27.

1113 Siehe Richtlinie 89/592/EWG des Rates vom 13. November 1989 zur Koordinierung der Vorschriften betreffend Insider- Geschäfte (Insiderrichtlinie; nicht mehr rechtskräftig), ABlEG vom 18.11.1989 Nr. L 334, S. 30-32.

1114 Siehe Richtlinie 2003/6/EG des Europäischen Parlaments und des Rates vom 28. 1. 2003 über Insider-Geschäfte und Marktmanipulation (Marktmissbrauch), ABlEG vom 12.04.2003 Nr. L 96, S. 16-25. Vgl. die hierzu erlassenen Durchführungsrichtlinien, die einen bedeutenden Teil des „Financial Services Action Plan" (KOM [1999], S. 232 = ZBB 1999, 254) bilden.

1115 Siehe RegE Zweites Finanzmarktförderungsgesetz, BT-Drucks. 12/6679; *Caspari*, ZGR 1994, 530 f.

1116 Siehe RegE Anlegerschutzverbesserungsgesetz, BT-Drucks. 15/3174.

1117 *Bürgers*, BKR 2004, 424.

Es war bereits Ziel der Insiderrichtlinie, im Interesse der Funktionsfähigkeit der Wertpapiermärkte innerhalb der Europäischen Gemeinschaft das Vertrauen der Anleger in die Integrität dieser Märkte zu bekräftigen.[1118] Schutzgut der deutschen Insidervorschriften ist damit einhergehend die Funktionsfähigkeit der Wertpapiermärkte im Europäischen Wirtschaftsraum.[1119] Daneben ist als Kehrseite der Medaille auch die Chancengleichheit der Anleger geschützt.[1120] Der Schutz des einzelnen Anlegers stellt sich dabei lediglich als Rechtsreflex dar.[1121] Im Vordergrund steht der überindividuelle Schutz der Anlegerschaft als Teilaspekt des Funktionsschutzes des Kapitalmarktes, der allgemein auf die im öffentlichen Interesse liegende Leistungsfähigkeit der kapitalmarktbezogenen Einrichtungen und Ablaufmechanismen gerichtet ist.[1122] Funktional flankieren das Insiderhandelsverbot die Regelungen zur Ad-hoc-Publizität[1123], zu den *directors' dealings*[1124] sowie zur Beteiligungstransparenz[1125]. Ein Verstoß gegen die Vorschriften hat Sanktionen von bis zu 5-jähriger Freiheitsstrafe oder Geldstrafe zur Folge (§ 38 WpHG).

B) INSIDERINFORMATION (§ 13 WPHG)

Bei der Entwicklung einer aktivistischen Strategie können möglicherweise sowohl der Entschluss der Hedgefonds, große Beteiligungsblöcke an börsennotierten Gesellschaften (aa) als auch die Absicht, die Portfoliogesellschaft nach dem Beteiligungserwerb in ihrer Geschäftsführung zu beeinflussen (bb), eine taugliche Insiderinformation nach § 13 WpHG darstellen.

1118 *Caspari*, ZGR 1994, 530, 531.

1119 RegE Zweites Finanzmarktförderungsgesetz, BT-Drucks. 12/6679, S. 46 f.; *Pawlik,* in: Kölner Kommentar WpHG, § 12 Rn. 2; *Assmann*, in: Assmann/Schneider, WpHG, § 14 Rn. 7; *Caspari*, ZGR 1994, 530, 532; *Nietsch*, Internationales Insiderrecht, S. 186. Der Anwendungsbereich ist daher auf Finanzinstrumente beschränkt (*Insiderpapiere*), die entweder im Inland, in einem anderen Mitgliedstaat der Europäischen Union oder einem anderen Vertragsstaat des Abkommens über den Europäischen Wirtschaftsraum zum Handel an einem organisierten Markt zugelassen sind, § 12 Satz 1 Nr. 1, 2 WpHG.

1120 *Weber*, NZG 2000, 113, 117; *Pawlik,* in: Kölner Kommentar WpHG, § 13 Rn. 3.

1121 Vgl. *Nietsch*, Internationales Insiderrecht, S. 186 f.; *Caspari*, NZG 2005, 98; *Hopt*, ZGR 1991, 17, 27. A. A. *Pawlik,* in: Kölner Kommentar WpHG, § 12 Rn. 2.

1122 *Caspari*, NZG 2005, 98.

1123 § 15 WpHG.

1124 § 15a WpHG.

1125 §§ 21 WpHG ff.

aa) Absicht, große Beteiligungsblöcke zu erwerben

Zunächst ist zu untersuchen, ob die Absicht von Hedgefonds, größere Aktienpakete börsennotierter Gesellschaften zu erwerben, als Insiderinformation einzuordnen ist. Auch nach der Novellierung durch das Anlegerschutzverbesserungsgesetz kommen als taugliche Insiderinformationen[1126] alle Informationen in Betracht, die sich auf Tatsachen beziehen.[1127] Für die Auslegung des Tatsachenbegriffs sind nach überwiegender Auffassung die Auslegungsgrundsätze des Strafrechts heranzuziehen.[1128] Dem folgend sind Tatsachen nicht nur äußere Vorgänge oder Zustände der Vergangenheit oder Gegenwart, sondern auch psychische Gegebenheiten und Abläufe (*innere Tatsachen*), soweit diese der äußeren Wahrnehmung und damit dem Beweis zugänglich sind.[1129] Absichten und Pläne sind daher in den Anwendungsbereich des § 13 WpHG einbezogen.[1130] Danach könnte der Entschluss von Hedgefonds, größere Beteiligungspakete einer börsennotierten Gesellschaft zu erwerben, eine Insiderinformation sein.

Nach der Argumentation des *BGH* im Fall *Sascha Opel* stellt allerdings eine Beteiligungsabsicht für den Planenden selbst keine Insiderinformation dar. Es fehle der Information am erforderlichen Drittbezug. Eine Person könne sich nicht über einen selbst gefassten Gedanken informieren.[1131] Demnach könne für eine Person eine Information nur etwas sein, was sich nicht nur auf ihre eigene Sphäre bezieht. Dann könnten Hedgefonds dem Insiderhandelsverbot des § 14 Absatz 1 Nr. 1 WpHG nicht zuwiderhandeln, indem sie größere Aktienpakete erwerben, um später das Unternehmen zu beeinflussen. Eine solche Auslegung des Informationsbegriffs würde jedoch dem Telos der Vor-

---

1126 Vor der Reform im Jahre 2004 verwendete das Gesetz den Begriff der *Insidertatsache*. Nach der Legaldefinition des § 13 Absatz 1 Satz 1 WpHG ist eine *Insiderinformation* „*eine konkrete Information über nicht öffentlich bekannte Umstände, die sich auf einen oder mehrere Emittenten von Insiderpapieren oder auf die Insiderpapiere selbst beziehen und die geeignet sind, im Falle ihres öffentlichen Bekanntwerdens den Börsen- oder Marktpreis der Insiderpapiere erheblich zu beeinflussen.*“

1127 Vgl. *Assmann*, in: Assmann/Schneider, WpHG, § 13 Rn. 11.

1128 *Bürgers*, BKR 2004, 424; *Fischer*, Insiderrecht und Kapitalmarktkommunikation, S. 102 m. w. Nachw.

1129 *Burgard*, ZHR 162, 51, 63; *Assmann*, in: Assmann/Schneider, WpHG, § 13 Rn. 12

1130 Vgl. *Assmann*, in: Assmann/Schneider, WpHG, § 13 Rn. 10, 20; *Kümpel*, Bank- und Kapitalmarktrecht, Rn. 16.86; 19.93; *Pawlik*, in: Kölner Kommentar WpHG, § 14 Rn. 24; *Fischer*, Insiderrecht und Kapitalmarktkommunikation, S. 104; *Cahn*, ZHR 162, 1, 13; *Burgard*, ZHR 162, 51, 63; *Engert*, ZIP 2006, 2105, 2109; *Thaeter/Guski*, AG 2007, 301, 307; *Weber*, NZG 2000, 113, 118.

1131 *BGH*, NJW 2004, 302, 303; *Pawlik*, in: Kölner Kommentar WpHG, § 13 Rn. 13. Im Ergebnis auch *Weber*, NJW 2000, 562, 563; *ders.*, NZG 2000, 113, 121 f.

schrift widersprechen.[1132] Mehrere Fallgestaltungen wären nicht erfasst, die nach dem Zweck der Vorschrift zu sanktionieren sind. Ausschlaggebend ist nicht die Information des Insiders, sondern die des Marktes. *Assmann* führt das Beispiel an, in dem der Geschäftsführer einer GmbH einen Großauftrag zu vergeben hat und drei gleichwertige Lieferanten in Betracht kommen. Er entschließt sich, einen der Lieferanten auszuwählen, sich aber vor der Bekanntgabe mit Aktien des zukünftigen Geschäftspartners einzudecken, um sie nach der Ad-hoc-Veröffentlichung des Großauftrags durch die AG mit Gewinn zu veräußern.[1133] Nach der Auffassung des *BGH* könnte die eigene Absicht der Auftragserteilung für den Geschäftsführer keine Insiderinformation darstellen, da sie aus seiner Sphäre stammt. Aber auch in einer derartigen Konstellation möchte der Handelnde durch einen Wissensvorsprung einen Sondervorteil erwerben, was bei Bekanntwerden das Vertrauen der übrigen Anleger in die Märkte beeinträchtigen und somit zugleich die Markteffizienz beeinträchtigen könnte. Das Kriterium des Drittbezuges widerspricht Sinn und Zweck der Vorschrift und stellt kein taugliches Abgrenzungskriterium dar.[1134] Damit ist auch eine Beteiligungsabsicht für die planenden Hedgefonds eine taugliche Insiderinformation, obwohl ihnen ein Drittbezug fehlt. Auch nach § 13 Absatz 1 Satz 3 WpHG n.F. stellt eine Absicht eine Insiderinformation dar, wenn der feste Entschluss die spätere Verwirklichung hinreichend wahrscheinlich macht.[1135]

Die feste Absicht, ein größeres Aktienpaket über die Börse zu erwerben, kann daneben den Kurs eines Insiderpapiers im Fall ihrer Veröffentlichung bedeutend beeinflussen.[1136] Ein für die Annahme einer Insiderinformation erforderliches erhebliches Kursbeeinflussungspotential ist dabei entsprechend der gesetzlichen Wertungen anzunehmen, wenn die Aktivisten eine Beteiligung anstreben, die die Publizitätsmeldeschwellen des WpHG überschreitet.[1137]

[1132] Vgl. *Engert*, ZIP 2006, 2105, 2108 f. m. w. Nachw.; *Schäfer*, BKR 2004, 78, 79.

[1133] *Assmann*, in: Assmann/Schneider, WpHG, § 13 Rn. 10.

[1134] *Assmann*, in: Assmann/Schneider, WpHG, § 13 Rn. 10; *Engert*, ZIP 2006, 2105, 2109; *Schäfer*, BKR 2004, 78, 79.

[1135] Vgl. *Engert*, ZIP 2006, 2105, 2109. Zum Wahrscheinlichkeitsmaßstab siehe *Assmann*, in: Assmann/Schneider, WpHG, § 13 Rn. 25.

[1136] Vgl. *Assmann*, in: Assmann/Schneider, WpHG, § 13 Rn. 86; *BaFin*, Emittentenleitfaden vom 15.07.2005, S. 43 f.; *Cascante/Topf*, AG 2009, 53, 54.

[1137] Siehe zu den Anteilspublizitätspflichten oben S. 211 ff.

Der geplante Erwerb größerer Beteiligungsblöcke muss schließlich bereits hinreichend konkretisiert[1138] sein. Genauer zu betrachten sind dabei die Fälle, in denen Hedgefonds ihre Beteiligung nicht auf einmal, sondern in mehreren – für sich genommen unerheblichen – Einzelschritten nach und nach aufbauen. Bei mehrstufigen Entscheidungsprozessen, die sich bis zum letzten Moment ändern können, stellt sich die Frage, ob eine konkrete Information vorliegt, auf jeder Stufe erneut.[1139] Im Hinblick auf § 13 WpHG ist ein Umstand bereits dann als hinreichend konkret anzusehen, wenn eine hohe Wahrscheinlichkeit besteht, dass er eintritt.[1140] Streben *aktivistische* Hedgefonds eine Beteiligung an einem Unternehmen an, werden sie nach dem Erwerb kleinerer Eingangspositionen häufig weitere Zukäufe tätigen, wenn es ihr Vermögen zulässt. Die Wahrscheinlichkeit einer erfolgreichen Intervention steigt proportional zum kontrollierten Stimmrechtsanteil. Ein Aktivist ist deshalb regelmäßig angehalten, eine *größtmögliche* Beteiligung zu erwerben. Möchten Hedgefonds eine bestimmte Gesellschaft beeinflussen, beabsichtigen sie mithin häufig bereits vor dem ersten (Teil-)Kauf, eine Position einzunehmen, deren Umfang sich an den finanziellen Möglichkeiten der Aktivisten orientiert. In diesem Fall ist der Entschluss, weitere Positionen einzunehmen, bereits zum Zeitpunkt der ersten Anteilskäufe hinreichend konkret. Die Fonds mögen zwar im Einzelfall ihr Vorhaben, einen wesentlichen Beteiligungsblock in mehreren Einzelschritten zu erwerben, auf Grund äußerer Umstände – wie etwa unvorhergesehener Preis- oder Konjunkturveränderungen – nicht oder nicht vollständig umsetzen. Dennoch ruft die Motivation, ein Unternehmen effektiv beeinflussen zu wollen, zugleich eine hohe Wahrscheinlichkeit hervor, dass der Fonds langfristig eine große Anteilsposition einnimmt. Das sukzessive Beteiligungsvorhaben eines aktivistischen Hedgefonds ist mithin auch dann eine Insiderinformation, wenn er zwar zunächst eine unerhebliche Position zu kaufen beabsichtigt, Volumen und Bonität des Fonds es aber ermöglichen, dass er einen die gesetzlichen Meldeschwellen überschreitenden Anteil an der Gesellschaft erwirbt.

Die gleichen Erwägungen sind anzustellen, wenn Hedgefonds den Kauf größerer Beteiligungen über *equity swap*-Vereinbarungen mit Investmentbanken vorbereiten. Auch die bereits zum Vertragsschluss gegebene konkrete und

---

1138 Vgl. *Assmann*, in: Assmann/Schneider, WpHG, § 13 Rn. 21.

1139 *Cascante/Topf*, AG 2009, 53, 54 f.; *Assmann*, in: Assmann/Schneider, WpHG, § 13 Rn. 28; *BaFin*, Emittentenleitfaden vom 15.07.2005, S. 19.

1140 *Assmann*, in: Assmann/Schneider, WpHG, § 13 Rn. 21.

gefestigte Absicht von Aktivisten, faktische Erwerbsmöglichkeiten aus Differenzkontrakten zum Aufbau größerer Beteiligungsblöcke zu nutzen, stellt eine taugliche Insiderinformation dar.[1141]

BB) ABSICHT, EINFLUSS AUF DIE PORTFOLIOGESELLSCHAFT AUSZUÜBEN

Denkbar ist daneben, dass die reine Absicht von Hedgefonds, auf ein Unternehmen nach dem Erwerb von Positionen Einfluss zu nehmen, eine Insiderinformation darstellt. Wie der Entschluss, große Beteiligungsblöcke zu erwerben, ist die gefestigte Absicht, in Zukunft auf die Leitungsstrukturen einer Gesellschaft Einfluss zu nehmen, unabhängig von einem Drittbezug vom Anwendungsbereich des § 13 WpHG erfasst.[1142]

Zudem dürfte eine geplante Einflussnahme von Hedgefonds im Falle ihres öffentlichen Bekanntwerdens regelmäßig geeignet sein, den Kurs einer Aktie erheblich zu beeinträchtigen.[1143] Maßgeblich ist dabei, ob die Information Auswirkungen auf die Anlageentscheidung eines verständigen, mit Kenntnis aller verfügbaren Informationen ausgestatteten Anlegers gehabt hätte.[1144] Empirische Studien weisen erhebliche Kurssteigerungen aus, sobald eine Beteiligung *aktivistischer* Hedgefonds publiziert wird.[1145] Eine Veröffentlichung des reinen Interventionsplanes würde diesen Kursverlauf damit voraussichtlich im hohen Maße vorwegnehmen. Durch eine hohe Finanzausstattung und die geringe investmentrechtliche Regulierung kommt den Fonds ein hohes Einflusspotential zu, welches eine erfolgreiche Intervention wahrscheinlich macht und damit den Beteiligungswert der Portfoliogesellschaft deutlich beeinflussen kann.[1146] Indem Hedgefonds gegenüber dem Management Veränderungen durchzusetzen versuchen, bezwecken sie mit ihrer Einflussnahme

---

1141 Siehe zu faktischen Erwerbsmöglichkeiten im Rahmen von *equity swap*-Vereinbarungen oben S. 112 f.

1142 Vgl. *Engert*, ZIP 2006, 2105, 2109.

1143 Zugleich weist die Information über eine Beeinflussungsintention von Hedgefonds damit einen mittelbaren Emittentenbezug auf, welcher ausreicht, um eine Insiderinformation anzunehmen. Es handelt sich um eine außerhalb des Tätigkeitsbereichs des Unternehmens entstehende Information, die Rückschlüsse auf die Börsen- und Marktpreisentwicklung des Insiderpapiers zulässt, vgl. *Pawlik*, in: Kölner Kommentar WpHG, § 13 Rn. 40; *Fischer*, Insiderrecht und Kapitalmarktkommunikation, S. 115 f.

1144 Vgl. § 13 Absatz 1 Satz 2 WpHG; *BaFin*, Emittentenleitfaden vom 15.07.2005, S. 22.

1145 *Klein/Zur*, Hedge Fund Activism, S. 35 ff.; *Brav/Jiang/Partnoy/Thomas*, Hedge Fund Activism, Corporate Governance and Firm Performance, S. 26 ff. Nicht geklärt ist indessen, ob es sich hierbei um einen lang anhaltenden Effekt handelt, vgl. *Briggs*, 32 J. Corp. L. 681, 722.

1146 Vgl. *Maisch*, Aktivisten bescheren Aktionären Gewinne, in: Handelsblatt vom 6.08.2007, S. 27. Zu den Erfolgsquoten einer Einflussnahme durch Hedgefonds siehe oben 51 f.

zugleich eine Änderung der Bewertung, um ihre hohen Spekulationsziele zu erreichen.[1147] Insbesondere durch die mediale Aufmerksamkeit der letzten Jahre und die zahlreichen Auseinandersetzungen zwischen Vorständen und Hedgefonds hätte die Bekanntmachung einer solchen Absicht erheblichen kursrelevanten Charakter, da ein verständiger Anleger diese Informationen bei seiner Kauf- oder Verkaufentscheidung berücksichtigen würde. Ein Bagatellfall scheidet regelmäßig aus. Eine Intervention von Hedgefonds wird in aller Regel keine derart niedrigen Kursausschläge hervorrufen, dass die Chancen gering sind, aus der Verwertung Vorteile zu erzielen. Konkret ist die Information, wenn die Umstände bereits eingetreten sind oder mit hinreichender Wahrscheinlichkeit in Zukunft eintreten werden.[1148]

Im Fall der *Deutschen Börse AG* etwa dürfte durch vorhergehende Absprachen die geplante Einflussnahme hinreichend konkretisiert gewesen sein und war insbesondere auf Grund des mit den Fondsvolumina verbundenen wesentlichen Einflusspotentials aus Anlegersicht geeignet, den Kurs der Aktie und der damit verbundenen derivativen Finanzinstrumente erheblich zu beeinträchtigen.

c) Erwerb unter Verwendung einer Insiderinformation (§ 14 Absatz 1 Nr. 1 WpHG)

aa) Erwerb von Aktien der beeinflussten Gesellschaft

Sowohl die Beteiligungsabsicht als auch der Entschluss von Hedgefonds, ein Unternehmen beeinflussen zu wollen, sind taugliche Insiderinformationen. Möglicherweise verstoßen Hedgefonds gegen das Verbot von Insidergeschäften, indem sie selbst eine Intervention planen und Aktien oder andere Finanzinstrumente des Unternehmens erwerben. Um den Tatbestand des Insiderhandelsverbots nach § 14 Absatz 1 Nr. 1 WpHG zu erfüllen, müsste der betreffende Hedgefonds die Finanzinstrumente unter Verwendung der Kenntnis dieses Vorhabens erwerben. Die Kenntnis der Insiderinformation muss ursächlich für das Handeln des Insiders sein.[1149] Gesetzgeber und Teile der Literatur führen an, dass ein Investor keine Insiderinformation verwendet, wenn er einen eigenen, unabhängig von Insiderwissen gefassten Entschluss zum Erwerb oder zur Veräußerung von Insiderpapieren in die Tat umsetzt. Der Erwerber kauft die Finanzinstrumente nicht aus dem Grund, dass er die

---

[1147] Zu den Zielen einer Einflussnahme siehe oben S. 80 ff.

[1148] *Bürgers*, BKR 2004, 424.

[1149] *Assmann*, in: Assmann/Schneider, WpHG, § 14 Rn. 25; *Cahn*, Der Konzern 2005, 5, 9.

Kenntnis von seinem eigenen Erwerbsentschluss nutzen möchte. Der Betreffende realisiert lediglich seine eigene Entscheidung, verwendet aber nicht Insiderwissen.[1150] Anderenfalls würde der Erwerbsentschluss eines Insiders, nur weil er kursrelevant und solange er nicht öffentlich bekannt ist, zugleich ein Umsetzungsverbot begründen.[1151]

Anders stellt es sich allerdings im Fall der reinen Einflussabsicht dar. Indem Hedgefonds Finanzinstrumente erwerben, realisieren sie zwar ihren Kaufentschluss. Davon zu unterscheiden ist jedoch der Plan, das Unternehmen zukünftig beeinflussen zu wollen, den die Investoren damit noch nicht umsetzen. Es handelt sich somit um eine Vorstufe zur Verwirklichung eines anderen Vorhabens. Wenn Hedgefonds Finanzinstrumente kaufen, um die betreffende Gesellschaft im Anschluss zu beeinflussen, nehmen die Investoren diese Interventionsabsicht in ihr Handeln auf. Damit ist die Kenntnis der Insiderinformation ursächlich für den Erwerb.[1152] Beim Erwerb der Finanzinstrumente verwenden die Fonds damit die Information, das Unternehmen zukünftig zu beeinflussen, weswegen der Tatbestand des § 14 Absatz 1 Nr. 1 WpHG dem Grunde nach erfüllt ist.

Gleichwohl verstößt ein Hedgefonds, wenn er entsprechend diesem Vorhaben Aktien erwirbt, grundsätzlich nicht gegen das Verbot von Insidergeschäften nach § 14 Absatz 1 Nr. 1 WpHG. Nach Sinn und Zweck der Vorschrift ist der Erwerb von Aktien der Gesellschaft, die nach der Absicht des Käufers selbst von ihm beeinflusst werden soll, vom Insiderhandelsverbot nicht erfasst. Der Tatbestand ist teleologisch zu reduzieren.[1153] Anderenfalls wäre jede im Gesellschaftsinteresse erfolgende Beteiligungsstrategie sanktioniert.[1154] Als Grund wird angeführt, dass die Durchführung eigener unternehmerischer

---

[1150] Vgl. RegE Zweites Finanzmarktförderungsgesetz, BT-Drucks. 12/6679, S. 47; Erwägungsgrund Nr. 30 der Marktmissbrauchsrichtlinie des Europäischen Parlaments und des Rates, ABlEG vom 12.04.2003 Nr. L 96, S. 16-25; *Cahn*, ZHR 162, 1, 18 f.; *ders.*, Der Konzern 2005, 5, 9; *Schwark*, in: Schwark, Kapitalmarktrecht, § 14 WpHG Rn. 16; *Assmann*, in: Assmann/Schneider, WpHG, § 14 Rn. 31; *ders.*, AG 2002, 114, 117.

[1151] *Cascante/Topf*, AG 2009, 53, 54.

[1152] Vgl. *BaFin*, Emittentenleitfaden vom 15.07.2005, S. 26; *Cahn*, Der Konzern 2005, 5, 8; *Assmann*, in: Assmann/Schneider, WpHG, § 14 Rn. 25 f.

[1153] Vgl. *Engert*, ZIP 2006, 2105, 2109; *Thaeter/Guski*, AG 2007, 301, 307.

[1154] *Kümpel*, Bank- und Kapitalmarktrecht, Rn. 16.168; *Schwark*, in: Schwark, Kapitalmarktrecht, § 14 WpHG Rn. 16; auch Präambel der EG-Insiderrichtlinie sowie Erwägungsgrund 30 des Gemeinsamen Standpunkts (EG) Nr. 50/2002 vom 19. Juli 2002, 2002/C228 E/03 zum Vorschlag für eine Marktmissbrauchsrichtlinie.

Entschlüsse nicht unter die Insiderverbote fallen dürfe.[1155] Dies gilt auch dann, wenn der Betreffende einen Gesamtplan verfolgt, der in mehreren Stufen realisiert werden soll.[1156] Auch im Übernahmerecht darf ein Bieter schon vor Veröffentlichung des Übernahmevorhabens damit beginnen, eine Beteiligung an der Zielgesellschaft aufzubauen.[1157] Nach dem Telos des Insiderrechts soll dieses verhindern, dass ein Kapitalmarktteilnehmer sich Informationsvorsprünge mit dem Ziel zu Nutze macht, einen wirtschaftlichen Vorteil zu erlangen, der als Verstoß gegen den Grundsatz der Chancengleichheit der Anleger am Kapitalmarkt angesehen und missbilligt wird.[1158] Billigerweise steht eine unternehmerische Idee jedoch ihrem Entdecker zu und sollte auch von ihm grundsätzlich verwertet werden können.[1159] Überzeugend schlägt *Engert* vor, diesen Fall wie die von einem Anleger selbst erstellte Bewertung zu behandeln, die auf Grund einer eigenen Analyse öffentlich bekannter Umstände erfolgt.[1160] Die Interessenlage ist vergleichbar. Der aktive Aktionär hat seine Strategie auf Grundlage öffentlich bekannter Informationen über das Unternehmen entwickelt und schätzt diese als gewinnbringend ein. Bei einer anderen Betrachtung würde der wirtschaftlich sinnvolle Anreiz der Kapitalmarktteilnehmer geschwächt, Ineffizienzen in der Unternehmensführung zu analysieren und als Reaktion hierauf zu versuchen, Veränderungen gegenüber dem Management durchzusetzen.[1161]

bb) Erwerb von anderen Positionen

In einigen Fällen treffen Hedgefonds Maßnahmen im Interesse ihrer Positionen bei anderen Gesellschaften.[1162] Dann stellt sich die Frage, ob eine teleologische Reduktion des Insiderhandelstatbestandes auch in diesen Konstellationen anzunehmen ist. Im Fall der *Deutschen Börse AG* haben Hedgefonds mit-

---

[1155] Vgl. RegE Zweites Finanzmarktförderungsgesetz, BT-Drucks. 12/6679, S. 47; *Caspari*, ZGR 1994, 530, 542 f.; *Cahn*, ZHR 162, 1, 18 f.; *Schwark*, in: Schwark, Kapitalmarktrecht, § 14 WpHG Rn. 16; *Engert*, ZIP 2006, 2105, 2109; *Fischer*, Insiderrecht und Kapitalmarktkommunikation, S. 104.

[1156] *Assmann*, in: Assmann/Schneider, WpHG, § 14 Rn. 35.

[1157] *Cahn*, ZHR 162, 1, 18 f.; *Assmann*, in: Assmann/Schneider, WpHG, § 14 Rn. 140.

[1158] Vgl. RegE Zweites Finanzmarktförderungsgesetz, BT-Drucks. 12/6679, S. 47; *Thaeter/Guski*, AG 2007, 301, 307.

[1159] Vgl. *Caspari*, ZGR 1994, 530, 542 f.

[1160] Siehe § 13 Absatz 2 WpHG. Vgl. hierzu *Assmann*, in: Assmann/Schneider, WpHG, § 13 Rn. 75.

[1161] *Engert*, ZIP 2006, 2105, 2109.

[1162] Siehe hierzu oben S. 127 ff.

tels Put-Optionen und Leerverkäufen auf fallende Kurse bei der potentiellen Zielgesellschaft *LSE* gesetzt. Damit erfolgte die Einflussnahme gegenüber Vorstand und Aufsichtsrat zumindest auch in dem Interesse, den Marktwert der *LSE* zu verringern. Sofern Hedgefonds ihre Positionen gegenüber der *Deutschen Börse AG* wirtschaftlich durch Derivate vollständig oder zumindest teilweise neutralisiert haben, haben sie den Fokus ihres Einflussinteresses auf die anderen Positionen verschoben, ohne dass dies für den Markt erkennbar gewesen wäre. Wenn ein Marktteilnehmer Anteile an einer Gesellschaft in der Absicht erwirbt, Einfluss im Interesse anderer Positionen zu nehmen, lässt sich eine teleologische Reduktion des Insiderhandelstatbestandes nicht begründen.[1163] Indem die aktiven Aktionäre außerhalb der Gesellschaft stehende und nicht erkennbare Einflussziele verfolgen, streben sie wirtschaftliche Vorteile an, die gegenüber den übrigen Aktionären angesichts der drohenden Schäden für die Portfoliogesellschaft durch Interessenkonflikte als missbilligenswert einzustufen sind. Indem sie in Kenntnis dieser Information handeln, verstoßen die aktiven Aktionäre gegen den Grundsatz der Chancengleichheit der Anleger am Kapitalmarkt. Gegen eine solche Betrachtung spricht nicht, dass das einer potentiellen Schädigung ausgesetzte Unternehmen nicht vom Schutzbereich der Insidervorschriften erfasst ist. Wie eingangs erwähnt,[1164] schützen die Normen lediglich das Vertrauen in die Funktionalität der Märkte und reflexartig auch die Anleger. Ob die Insidervorschriften auch dem Individualschutz dienen sollen, hängt von der Beurteilung der Frage ab, inwieweit dieser Individualschutz im Einzelnen geboten ist, um den angestrebten Funktionenschutz gewährleisten zu können.[1165] Allerdings hat eine Schädigung des Unternehmens regelmäßig zugleich Einfluss auf dessen Marktwert, was mittelbar auf die Anleger zurückwirkt. Dies kann aber zugleich dem Vertrauen der Anlegerschaft insgesamt in die informationelle Gleichbehandlung und das ordnungsgemäße Funktionieren des Kapitalmarkts abträglich sein. Auf Grund eines erschütterten Vertrauens werden Anleger Geld aus dem hiesigen Kapitalmarkt abziehen und in andere Märkte investieren. Auf diese Weise könnte ein solches Verhalten von Hedgefonds die Funktionalität und Effizienz der Märkte beeinträchtigen. Damit ist der Schutzbereich des Tatbestandes eröffnet. Eine Ausnahme von dem Verbot ergibt sich aber dann, wenn nicht zum

---

1163 *Engert*, ZIP 2006, 2105, 2109; *Thaeter/Guski*, AG 2007, 301, 307. A. A. *Schmolke*, ZGR 2007, 701, 731.

1164 Siehe hierzu oben S. 221 f.

1165 *Assmann*, in: Assmann/Schneider, WpHG, Vor § 12 Rn. 49.

Nachteil der Gesellschaft gehandelt werden soll und daher keine negative Verbindung zwischen Vorhaben und Aktienkurs gegeben ist.[1166]

Die Übernahme der *LSE* war möglicherweise für die *Deutsche Börse AG* und ihre Aktionäre eine ertragreiche Übernahmechance. Davon ausgehend, dass die Übernahme wirtschaftlich sinnvoll gewesen wäre, hat die Intervention durch die Hedgefonds zu einem Schaden für die Gesellschaft und deren Aktionäre geführt. Dann haben die aktiven Hedgefonds bereits bei Erwerb der Beteiligungen in der Absicht, die geplante Übernahme der *LSE* zu vereiteln, gegen das Insiderhandelsverbot nach § 14 Absatz 1 Nr. 1 WpHG verstoßen.

D) Mitteilen oder Zugänglichmachen der Insiderinformation (§ 14 Absatz 1 Nr. 2 WpHG)

Grundsätzlich werden Hedgefonds ihre Strategien und Informationen anderen Investoren nicht zugänglich machen, um aus der Nutzung von Informationsineffizienzen einen größtmöglichen Gewinn zu erzielen.[1167] Hedgefonds sollen aber anderen Investoren ihre eigene Strategie unter der Bedingung preisgeben, dass diese sich der Intervention anschließen und insbesondere ihre Stimmrechte gleichartig ausüben.[1168] Auch darüber hinaus werden sich die Aktivisten im Vorfeld und auch während einer Einflussnahme mit Bündnispartnern abstimmen und sich über ihre Strategien austauschen. Möglicherweise können sie damit dem Insiderhandelsverbot des § 14 Absatz 1 Nr. 2 WpHG zuwiderhandeln, indem sie einem anderen eine Insiderinformation unbefugt mitteilen oder zugänglich machen. Zweck des Weitergabeverbots ist es, die Verbreitung von Tipps oder ein allmähliches Einsickern der Information in den Markt zu verhindern, weil dies die geschützte Chancengleichheit der Marktteilnehmer beeinträchtigt.[1169] Das Weitergabeverbot ist ein Vorfeldtatbestand, mit dem die typischen Vorbereitungshandlungen zu Transaktionen in Insiderhandelspapieren verhindert werden sollen. Die Vorschrift stellt ein abstraktes Gefährdungsdelikt dar.[1170] Auch nach der Auffassung des *BGH* stellt die Absicht des Absenders, auf ein Unternehmen Einfluss zu nehmen, bei Vorliegen der übrigen Voraussetzungen für den Informationsempfänger

---

[1166] *Thaeter/Guski*, AG 2007, 301, 307.

[1167] Siehe zu Hypothesen und Zielen von Hedgefonds oben S. 10 f.

[1168] Siehe zu sog. *wolf pack-tactics* oben S. 114 ff.

[1169] Vgl. zum Schutzzweck des § 14 WpHG oben S. 221 f.

[1170] *Sethe*, ZBB 2006, 243, 244; *Schwark*, in: Schwark, Kapitalmarktrecht, § 14 WpHG Rn. 25; *Vogel*, in: Assmann/Schneider, WpHG, § 38 Rn. 2.

eine Insiderinformation dar, da sie für letzteren einen Drittbezug aufweist.[1171] Von der Weitergabe einer Insiderinformation ist auch dann auszugehen, wenn eine Person Ditten einen von ihr gefassten Entschluss oder ein Vorhaben mitteilt, welchen sie selbst ohne Verstoß gegen das Verbot des § 14 Absatz 1 Nr. 1 WpHG in die Tat umsetzen durfte. Es wäre nicht nachzuvollziehen, weshalb die Person, die ihren Entschluss oder ihr Vorhaben anderen mitteilt und die Adressaten damit zu Insidern macht, vom Insiderhandelsverbot ausgenommen sein sollte, obwohl sie durch ihr Handeln die Insiderinformation erst in Umlauf bringt.[1172]

Wenn ein Hedgefonds einem anderen Aktivisten zwecks Machtbündelung die eigene Strategie mitteilt, liegt nach Sinn und Zweck der Insidervorschriften kein Verstoß gegen das Weitergabeverbot vor.[1173] Die Informationsweitergabe ist als erlaubt anzusehen oder zumindest der Anwendungsbereich der Vorschrift teleologisch einzuschränken. Der Informationsempfänger kann sein Insiderwissen nicht nutzen, um auf Grund eines Informationsungleichgewichts einen Sondervorteil zu erlangen. Da auch bei ihm bereits eine eigene Einflussnahmeabsicht vorhanden gewesen ist oder für die Mitteilung vorausgesetzt wird, kann der Empfänger den Plan des Absenders nicht für eigene Transaktionen im Sinne des § 14 Absatz 1 Nr. 1 WpHG verwenden. Der Empfänger realisiert beim Kauf der Finanzinstrumente seine eigene Erwerbs- und Beeinflussungsabsicht, weswegen die Information über das Vorhaben des Absenders nicht ursächlich für die Transaktion ist. Indem die Parteien ihr Einflusspotential bündeln, werden sie zusammen Urheber der Absicht, das Unternehmen gemeinsam zu beeinflussen. Mit dem Erwerb der Finanzinstrumente zur Realisierung dieses Plans verstößt neben dem aktivistischen Absender mithin auch der Informationsempfänger nach einer teleologischen Reduktion nicht gegen das Insiderhandelsverbot des § 14 Absatz 1 Nr. 1 WpHG.[1174] Die Mitteilung stellt in diesem Fall keine taugliche Vorbereitungshandlung zu einer Insidertransaktion dar. Wenn Aktionäre von ihrer eigenen Einflussnahme auf die Gesellschaft profitieren können sollen, muss es ihnen

---

[1171] *BGH*, NJW 2004, 302, 303; *Sethe*, ZBB 2006, 243, 247. Vgl. oben S.222 f.

[1172] Vgl. *Assmann*, in: Assmann/Schneider, WpHG, § 14 Rn. 31, 68; *Cahn*, Der Konzern 2005, 5, 9. A. A. *Sethe*, ZBB 2006, 243, 248, nach dem die Weitergabe eines eigenen Entschlusses kein Mitteilen einer Insiderinformation darstelle.

[1173] *Engert*, ZIP 2006, 2105, 2110. Ebenso für die Weitergabe von Informationen an Verbündete für öffentliche Erwerbsangebote *Assmann*, ZGR 2002, 697, 704 f.; *Schwark*, in: Schwark, Kapitalmarktrecht, § 14 WpHG Rn. 57; *Cascante/Topf*, AG 2009, 53, 57.

[1174] Siehe hierzu oben S. 222 f.

auch erlaubt sein, sich zu diesem Zweck abzustimmen.[1175] Mit diesem Mitteilungsvorgang und der damit einhergehenden gemeinsamen Planung sind die geschützte Chancengleichheit der Marktteilnehmer und die Funktionalität der Märkte nicht gefährdet. Die Hedgefonds stellen keinen missbilligenswerten Wissensvorsprung her, der die Chancen am Kapitalmarkt verzerrt, sondern teilen lediglich Unternehmensstrategien zur Nachahmung oder Mitgestaltung mit, die zur Durchführung einen Erwerb von Finanzinstrumenten voraussetzen. Das Insiderrecht schützt aber nur vor dem transaktionsbezogenen Ausnutzen und Vorbereiten von unbilligen Informationsasymmetrien und nicht vor den Gefahren einer Machtbündelung.[1176]

Eine teleologische Reduktion des Weitergabeverbotes lässt sich aber nicht für den Fall begründen, dass Hedgefonds untereinander einen Plan konzipieren, der eine Einflussnahme im Interesse anderer Positionen beabsichtigt und eine Schädigung der Gesellschaft zur Folge haben kann.[1177] In diesem Fall dient die Mitteilung der Vorbereitung einer Insidertransaktion und ist vom Schutzbereich der Vorschrift erfasst. Unterrichten Hedgefonds andere aktive Investoren über derartige Vorhaben, verstoßen sie gegen das Weitergabeverbot des § 14 Absatz 1 Nr. 2 WpHG.

E) ZUSAMMENFASSUNG

Hedgefondsmanager können gegen das Verbot der Insidergeschäfte nach § 14 WpHG verstoßen, wenn sie eine Einflussnahme planen sowie in dieser Absicht Finanzinstrumente erwerben oder diese Information im Rahmen von Vorfeldabsprachen zwecks Machtbündelung verbreiten. Die Insidertatbestände schützen die Funktionsfähigkeit des Wertpapiermarktes, indem sie es untersagen, mit Hilfe von Sonderwissen auf den Kapitalmärkten sich oder anderen Vorteile zu verschaffen oder durch die Weitergabe von Insiderkenntnissen an andere Personen die Ausbreitung von Informationsasymmetrien zu befördern.[1178] Der Entschluss, größere Beteiligungen börsennotierter Gesellschaften zu erwerben, stellt eine Insiderinformation dar. Dies ist anzuneh-

---

[1175] *Engert*, ZIP 2005, 2105, 2110. Zweifelnd *Schmolke*, ZGR 2007, 701, 731.

[1176] Vor den Gefahren einer Machtbündelung schützen zum einen die Vorschriften zum *acting in concert*, siehe zur Stimmrechtszurechnung auf Grund gemeinschaftlicher Einflussnahme im Rahmen von § 30 Absatz 2 WpÜG (und damit zugleich § 22 Absatz 2 WpHG) oben S. 148 f., zum anderen die konzernrechtlichen Vorschriften der §§ 17, 311 AktG, siehe sogleich.

[1177] Vgl. zum Problemkreis der Einflussnahmeabsicht im Interesse anderer Positionen oben S. 127 ff.

[1178] *Caspari*, NZG 2005, 98, 101.

men, wenn die Aktivisten eine Beteiligung anstreben, die die gesetzlichen Publizitätsmeldeschwellen des WpHG überschreitet. Beteiligen sich *aktivistische* Hedgefonds an einem Unternehmen, werden sie nach dem Erwerb kleinerer Eingangspositionen häufig weitere Zukäufe tätigen, wenn es ihr Vermögen zulässt. Das sukzessive Beteiligungsvorhaben eines aktivistischen Hedgefonds ist daher auch dann eine Insiderinformation, wenn er zwar zunächst eine unerhebliche Position zu kaufen beabsichtigt, Volumen und Bonität des Fonds es aber ermöglichen, dass er einen die gesetzlichen Meldeschwellen überschreitenden Anteil an der Gesellschaft erwirbt. Ebenfalls stellt die bereits zum Vertragsschluss gegebene konkrete und gefestigte Absicht von Aktivisten, faktische Erwerbsmöglichkeiten aus Differenzkontrakten zum Aufbau größerer Beteiligungsblöcke zu nutzen, eine taugliche Insiderinformation dar. Allerdings verwendet ein Aktivist im Falle eines Kaufs nicht Insiderwissen, sondern realisiert lediglich seine eigene Entscheidung. Erwirbt ein Hedgefonds Aktien, um das Unternehmen zu beeinflussen, ist jedoch die innere Beeinflussungsabsicht für sich genommen als taugliche Insiderinformation zu qualifizieren, die der Aktivist beim Kauf verwendet. Indes fällt die Durchführung eigener unternehmerischer Entschlüsse nach Sinn und Zweck der Vorschriften nicht unter die Insiderhandelsverbote,[1179] so dass es grundsätzlich ebenso sanktionslos bleibt, wenn ein Hedgefonds anderen Aktivisten die eigene Strategie zwecks Machtbündelung mitteilt.[1180] Gehen Hedgefonds andere Engagements ein, um ihr wirtschaftliches Interesse an der Wertentwicklung der Anteilsposition an der Portfoliogesellschaft negativ auszugestalten und um auf diese in schädigender Weise einzuwirken, lässt sich dahingegen keine teleologische Reduktion der Insidertatbestände begründen.[1181]

[1179] Vgl. RegE Zweites Finanzmarktförderungsgesetz, BT-Drucks. 12/6679, S. 47; *Caspari*, ZGR 1994, 530, 542 f.; *Cahn*, ZHR 162, 1, 18 f.; *Schwark*, in: Schwark, Kapitalmarktrecht, § 14 WpHG Rn. 16; *Engert*, ZIP 2006, 2105, 2109; *Fischer*, Insiderrecht und Kapitalmarktkommunikation, S. 104.

[1180] Vgl. *Engert*, ZIP 2006, 2105, 2110.

[1181] *Engert*, ZIP 2006, 2105, 2109; *Thaeter/Guski*, AG 2007, 301, 307. A. A. *Schmolke*, ZGR 2007, 701, 731.

B. Gesellschaftsrechtliche Schranken

Aktivistische Strategien von Hedgefonds weisen sowohl gesellschaftsrechtliche Berührungspunkte mit dem Konzernrecht (I.) als auch mit dem Verbandsrecht (II.) auf.

I. Konzernrecht

Hedgefonds nehmen kollektiv Einfluss auf Portfoliounternehmen, um Maßnahmen zu veranlassen oder zu blockieren, die ihren Strategiezielen entsprechen. Insbesondere bei Einflussnahmen im Interesse ihrer zuvor eingegangenen Positionen bei Konkurrenten oder möglichen Partnern der Portfoliogesellschaft können dieser aus der Intervention Nachteile erwachsen.[1182] Für die *Deutsche Börse AG* war die Übernahme der *LSE* möglicherweise eine gewinnbringende Übernahmegelegenheit.[1183] Indem die aktivistischen Hedgefonds die Übernahme zumindest auch im Interesse ihrer Positionen bei der avisierten Zielgesellschaft *LSE* und dem Konkurrenten *Euronext* verhinderten, haben sie bei einer unterstellten Wirtschaftlichkeit der Transaktion einen Schaden für die *Deutsche Börse AG* und deren Aktionäre hervorgerufen. Aber auch bei von Hedgefonds forcierten Maßnahmen im Interesse der Positionen bei dem Portfoliounternehmen selbst können bei Fehleinschätzungen der Aktivisten im Hinblick auf Geschäftsführungsmaßnahmen, Unternehmenskäufen oder Restrukturierungsmaßnahmen Schäden für die Gesellschaft entstehen. Dann stellt sich die Frage, ob die Aktivisten der Gesellschaft die hervorgerufenen Nachteile auszugleichen haben.

Nach den Regelungen zum Konzernrecht darf ein herrschendes Unternehmen seinen Einfluss nicht dazu nutzen, die abhängige Gesellschaft zu für sie nachteiligen Maßnahmen zu veranlassen, ohne entsprechende Nachteile auszugleichen.[1184] Dabei kann eine Gesellschaft auch von mehreren Unternehmen abhängig sein, wenn sich diese untereinander koordinieren (sog. *Mehrmütterherrschaft*).[1185] Da Hedgefonds als Unternehmen im Sinne des Konzern-

---

1182 Siehe hierzu oben S. 127 ff.

1183 Zum Fall *Deutsche Börse AG* siehe oben S. 82.

1184 §§ 17, 311 AktG. Allerdings tritt die Ersatzpflicht nicht ein, wenn auch ein ordentlicher und gewissenhafter Geschäftsleiter einer unabhängigen Gesellschaft die Maßnahme getroffen oder unterlassen hätte, § 317 Absatz 2 AktG.

1185 Grundlegend BGHZ 62, 193 - „Seitz“. Vgl. daneben BGHZ 74, 359, 363 ff. – „WAZ“; BGHZ 80, 39, 73 – „Süssen“; BGHZ 95, 330, 349 – „Autokran“; BGHZ 99, 1, 3 f.; *BGH*, NJW

rechts[1186] selbst regelmäßig keine Mehrheitsbeteiligungen an Gesellschaften erwerben, die eine Abhängigkeitsvermutung nach § 17 Absatz 2 AktG auslösen würde, sind sie einer Ausgleichspflicht nur unterworfen, wenn sie im Kollektivverbund gegenüber der beeinflussten Gesellschaft als herrschende Unternehmen im Sinne des § 17 AktG zu qualifizieren sind und zusammen mit der abhängigen Portfoliogesellschaft einen faktischen Konzern bilden.

1. Schutzzweck und Rechtsfolgen

Den Vorschriften der § 311 ff. AktG liegt die Befürchtung zu Grunde, dass ein herrschendes Unternehmen sein eigenes unternehmerisches Interesse in der abhängigen Gesellschaft zumindest mitverfolgt und daher geneigt ist, die abhängige Gesellschaft zumindest im Konfliktfall zu einem Handeln gegen deren eigene Interessen zu veranlassen.[1187] Damit kann eine Abhängigkeit zu einer Störung des bei einer unabhängigen Gesellschaft vorhandenen Gleichlaufs von Gesellschafts- und Gesellschafterinteresse führen. Dies impliziert die Gefahr, dass das herrschende Unternehmen durch Einflussnahme auf die Willensbildung der abhängigen Gesellschaft Nachteile für die beeinflusste Gesellschaft, deren Gläubiger und die außenstehenden Aktionäre hervorruft.

Aus der Perspektive des abhängigen Unternehmens ist es unerheblich, ob der nach außen einheitliche fremde Unternehmerwille, dem es unterworfen ist, von einem oder mehreren anderen Unternehmen gebildet wird.[1188] Die Rechtsfigur der gemeinsamen Beherrschung zielt auf Konstellationen, in denen die spezifischen Gefährdungen einer gesellschaftsrechtlich vermittelten Abhängigkeit nicht von einem Anteilseigner allein, sondern von mehreren, sich untereinander koordinierenden Gesellschaftern ausgehen. Daher führt eine durch abgestimmtes Verhalten vermittelte Herrschaftsmacht der einzel-

---

1994, 3288, 3290; *BAG*, AG 1988, 106, 107 f.; *OLG Hamm*, NZG 2001, 563; *Emmerich*, in: Emmerich/Habersack, Aktien- und GmbH-Konzernrecht, § 17 AktG Rn. 28 ff.; *Koppensteiner*, in: Kölner Kommentar AktG, § 17 Rn. 70 ff.; *Windbichler*, in: Großkomm. AktG, § 17 Rn. 59 ff.; *Hüffer*, AktG, § 17 Rn. 13 f.; *Böttcher/Liekefett*, NZG 2003, 701, 703; *Marchand*, Abhängigkeit und Konzernzugehörigkeit von Gemeinschaftsunternehmen, S. 111 f.

[1186] Im Gegensatz zu Privatgesellschaftern besteht bei Hedgefonds auf Grund ihrer zusätzlichen wirtschaftlichen Betätigung außerhalb der Gesellschaft die Gefahr eines Interessenkonflikts, der eine Schädigung der Gesellschaft im Interesse anderer Unternehmen zur Folge haben kann. Damit sind Hedgefonds nach dem teleologischen Begriff als Unternehmen im Sinne des Konzernrechts zu qualifizieren. Siehe zum Unternehmensbegriff statt vieler *Emmerich*, in: Emmerich/Habersack, Aktien- und GmbH-Konzernrecht, § 15 Rn. 6 f.

[1187] RegE AktG, BT-Drucks. 4/171, S. 229.

[1188] BGHZ 62, 193, 197.

nen Gesellschafter dazu, dass jeder einzelne Abstimmungsteilnehmer als herrschend im Sinne des Konzernrechts angesehen wird.[1189] Die Zurechnungswirkungen werden auf alle Rechtssubjekte erstreckt, die an der Koordination mitwirken: Im Fall der mehrfachen Abhängigkeit muss daher das abhängige Unternehmen Abhängigkeitsberichte im Sinne von § 312 AktG über seine Beziehung zu jeder Mutter aufstellen.[1190] Wenn herrschende Unternehmen eine abhängige Gesellschaft zu für sie nachteiligen Rechtsgeschäften oder Maßnahmen veranlassen, ohne diese bis zum Ende des Geschäftsjahres auszugleichen, haben sie die ihr daraus erwachsenden Schäden zu ersetzen.[1191]

Zweck der wechselseitigen Zurechnung des Aktienbesitzes ist der Schutz der abhängigen Gesellschaft, ihrer Minderheitsaktionäre und ihrer Gläubiger vor den Gefahren einer gemeinsam ausgeübten Konzernherrschaft, das heißt vor dem Risiko einer Durchsetzung gesellschaftsfremder Partikularinteressen durch die herrschenden Unternehmen.[1192] Das konzernrechtliche Konzept des *acting in concert* in Form der gemeinsamen Beherrschung[1193] hat daneben Auswirkungen auf die Stimmrechtszurechnungen nach den kapitalmarktrechtlichen Vorschriften des WpÜG und des WpHG: Nach § 2 Absatz 6 WpÜG und § 22 Absatz 3 WpHG sind Tochterunternehmen solche Unternehmen, auf die ein beherrschender Einfluss ausgeübt werden kann. Ein gemeinsam von Hedgefonds beherrschtes Unternehmen ist mithin Tochterunternehmen im Sinne des WpÜG und WpHG. Damit zugleich wird jedem der herrschenden Unternehmen der Stimmrechtsanteil des abhängigen Unternehmens an der Zielgesellschaft gemäß § 30 Absatz 1 Satz 1 Nr. 1 WpÜG und § 22 Absatz 1 Nr. 1 WpHG zugerechnet. Auf diese Weise kann es zu Überlagerungseffekten mit den genuin übernahmerechtlichen und wertpapierhandelsrechtlichen Vorschriften kommen.[1194]

1189 BGHZ 62, 193; 74, 359, 363 f.; 80, 69, 73; *Kropff*, in: Münchener Kommentar AktG, § 311 Rn. 62; *Raiser/Veil*, Recht der Kapitalgesellschaften, § 51 Rn. 21 m. w. Nachw.

1190 Vgl. *Kropff*, in: Münchener Kommentar AktG, § 311 Rn. 65.

1191 § 317 Absatz 1 AktG.

1192 BGHZ 62, 193, 197; *BAG*, AG 1988, 106, 107; *Koppensteiner*, in: Kölner Kommentar AktG, § 17 Rn. 70.

1193 Trotz der inhaltlichen Parallelen zu den kapitalmarktrechtlichen Regelungen der §§ 30 Absatz 2, 22 Absatz 2 WpHG hat der Begriff des *acting in concert* keinen Eingang in die konzernrechtliche Diskussion gefunden.

1194 *v. Bülow/Bücker*, ZGR 2004, 669, 683.

2. Mehrfache Beherrschung durch gemeinschaftliche Einflussnahmen von Hedgefonds

Damit kann eine durch Abstimmung hervorgerufene gemeinschaftliche Einflussnahme von Hedgefonds eine Abhängigkeit der Portfoliogesellschaft begründen. Da Hedgefonds auch im Kollektiv regelmäßig keine Mehrheitsbeteiligungen erwerben, wird zunächst dargelegt, unter welchen Voraussetzungen selbst eine Minderheitsbeteiligung zu einer Abhängigkeit der Portfoliogesellschaft führen kann (a). Eine Stimmrechtszurechnung auf Grund gemeinsamer Beherrschung erfordert eine Koordination der gesellschaftsrechtlich vermittelten Einflussmöglichkeiten auf einer hinreichend sicheren Grundlage von hinreichender Dauer (b) und Breite (c).[1195]

a) Abhängigkeit auf Grund einer Minderheitsbeteiligung

Hedgefonds erwerben im Regelfall weder selbst noch im Verbund Mehrheitsbeteiligungen an Gesellschaften, so dass die gesetzliche Vermutung einer Abhängigkeit nach § 17 Absatz 2 AktG nicht begründet wird. Allerdings kann eine konzernrechtliche Abhängigkeit selbst eine Minderheitsbeteiligung begründen, wenn sie auf Grund weiterer Umstände tatsächlich einen wie eine Mehrheit wirkenden Einfluss vermittelt.[1196] Dies ist aus Sicht der potentiell abhängigen Gesellschaft zu beurteilen.[1197] Eine Minderheitsbeteiligung kann eine Abhängigkeit hervorrufen, wenn die Hauptversammlungen einer Aktiengesellschaft erfahrungsgemäß so besucht sind, dass die unter 50 Prozent liegende Beteiligung eines oder mehrerer Aktionäre regelmäßig ausreicht, um für einen längeren Zeitraum Beschlüsse mit einfacher Mehrheit durchzusetzen.[1198] Aus diesem Grund besteht die Möglichkeit, dass die Praxis im Einzelfall auf der Grundlage des § 17 Absatz 1 AktG eine Abhängigkeit unterhalb der Schwelle des § 29 Absatz 2 WpÜG bejaht.[1199] Für einen Zusammen-

---

[1195] *Emmerich*, in: Emmerich/Habersack, Aktien- und GmbH-Konzernrecht, § 17 Rn. 30; *v. Bülow/Bücker*, ZGR 2004, 669, 678; *Hüffer*, AktG, § 17 Rn. 8 f.; *Bayer*, in: Münchener Kommentar AktG, § 17 Rn. 78; *Raiser/Veil*, Recht der Kapitalgesellschaften, § 51 Rn. 21.

[1196] BGHZ 135, 107, 114 f.; BGHZ 125, 366, 369; *Emmerich*, in: Emmerich/Habersack, Aktien- und GmbH-Konzernrecht, § 17 Rn. 18; *Wimmer-Leonhardt*, Konzernhaftungsrecht, S. 74; *Hüffer*, AktG, § 17 Rn. 9; *Raiser/Veil*, Recht der Kapitalgesellschaften, § 51 Rn. 17.

[1197] BGHZ 62, 193, 197; 135, 107, 114; *Emmerich*, in: Emmerich/Habersack, Aktien- und GmbH-Konzernrecht, § 17 Rn. 13.

[1198] BGHZ 69, 334, 347; 135, 107, 114; *Koppensteiner*, in: Kölner Kommentar AktG, § 17 Rn. 40; *Bayer*, in: Münchener Kommentar AktG, § 17 Rn. 26, 35.

[1199] *Oechsler*, in: Ehricke/Ekkenga/Oechsler, WpÜG, § 29 Rn. 13.

schluss von Aktionären gelten diese Grundsätze entsprechend.[1200] Ferner kann die Abhängigkeit durch die Möglichkeit einer tatsächlichen Einflussnahme auf den Vorstand und seine Geschäftspolitik verstärkt werden, die ein Großaktionär bei einer Gesellschaft, an der überwiegend Klein- und Kleinstaktionäre beteiligt sind, in hohem Maße ausüben kann.[1201] Ein Indiz hierfür ist, dass der oder die Aktionäre ein oder mehrere Mandate im Aufsichtsrat besetzen können.[1202] Im Fall der *Volkswagen AG* hat der *BGH* ausgeführt, dass das *Land Niedersachsen* trotz seiner Minderheitsbeteiligung seit fünf Jahren mit einem Stimmrechtsanteil von 20 Prozent eine Hauptversammlungsmehrheit bei einer durchschnittlichen Präsenz von 37 Prozent besaß, welche die Abhängigkeit von der *Volkswagen AG* begründete.[1203] Somit kann eine koordinierte Einflussnahme von Hedgefonds auch im Falle einer addierten Minderheitsbeteiligung einen beherrschenden Einfluss auf die Portfoliogesellschaft zur Folge haben, wenn sie in der Regel ausreicht, um bei der durchschnittlich anzunehmenden Hauptversammlungspräsenz eine einfache Mehrheit zu erzielen. Dies gilt insbesondere dann, wenn die Aktivisten in abgestimmter Weise faktisch durch Drohgebärden auf die Herrschaftsstrukturen der Gesellschaft Einfluss nehmen und dabei zusammengerechnet über ein ausreichendes Stimmrechtspotential verfügen, um Aufsichtsratsposten besetzen können.[1204]

b) Koordination

Auch im Konzernrecht setzt eine Zusammenrechnung der Einflusspotentiale eine Interessenkoordination zwischen den Aktionären voraus.[1205] Eine solche Abstimmung der Anteilseigner kann sowohl auf vertraglichen als auch auf rein tatsächlichen Umständen beruhen.[1206] Die gemeinsame Beherrschung

---

[1200] *Spindler*, Stimmrecht und Teilnahme an der Hauptversammlung, S. 24. Vgl. hierzu BGHZ 122, 123, 125 f.; *OLG Düsseldorf*, AG 1994, 36; *Bayer*, in: Münchener Kommentar AktG, § 17 Rn. 37 f.; *Koppensteiner*, in: Kölner Kommentar AktG, § 17 Rn. 45.

[1201] Vgl. BGHZ 90, 381, 394 f.

[1202] BGHZ 135, 107, 114 f.

[1203] BGHZ 135, 107, 115. Vgl. *Raiser/Veil*, Recht der Kapitalgesellschaften, § 51 Rn. 10.

[1204] Vgl. *Emmerich*, in: Emmerich/Habersack, Aktien- und GmbH-Konzernrecht, § 17 Rn. 8.

[1205] Siehe zur Verhaltensabstimmung beim Zurechnungstatbestand des § 30 Absatz 2 WpÜG oben S. 150.

[1206] *Koppensteiner*, in: Kölner Kommentar AktG, § 17 Rn. 90 f.; *Hüffer*, AktG, § 17 Rn 8 f.; *Böttcher/Liekefett*, NZG 2003, 701, 703.

muss nur auf Dauer hinreichend gesichert sein.[1207] Da das Konzernrecht lediglich an gesellschaftsrechtlich vermittelte Einflussmöglichkeiten anknüpft,[1208] muss sich die abgestimmte Willensbildung zumindest auch auf die gleichförmige Ausübung des Stimmrechts in der Hauptversammlung der abhängigen Gesellschaft beziehen. Nicht erforderlich ist, dass das herrschende Unternehmen von dieser Möglichkeit Gebrauch macht.[1209]

Zwar kann nach Auffassung des *BGH* ein nicht gesellschaftsrechtlich bedingter Einfluss wie beispielsweise eine rein wirtschaftliche Abhängigkeit auf Grund eines Kreditverhältnisses einen schon bestehenden gesellschaftsinternen Einfluss zu einem beherrschenden Einfluss verstärken.[1210] Allerdings reicht ein solcher nicht gesellschaftsrechtlich vermittelter Einfluss allein nicht aus, um einen beherrschenden Einfluss im Sinne des Konzernrechts begründen zu können.[1211] Koordinieren sich Hedgefonds – rein hypothetisch – allein in Bezug auf einen parallelen Aktienerwerb, üben sie keinen konzernrechtsrelevanten Einfluss aus. Zugleich können damit Einflussnahmen von Hedgefonds als Fremdkapitalgeber im Rahmen von *distressed debt*-Strategien zwar einen bereits durch Stimmrechtsbeherrschung bestehenden gesellschaftsrechtlichen Einfluss verstärken, jedoch für sich genommen keine konzernrechtliche Beherrschung begründen.

Da Hedgefonds zur Vermeidung einer Zurechnung in der Regel keine Verträge schließen oder zumindest keine prozessual verwertbare Dokumentation zur Verfügung stellen, werden auch an dieser Stelle lediglich die Voraussetzungen einer *faktischen* Koordination auf hinreichend sicherer Grundlage diskutiert.[1212] Der bloß faktische Einigungszwang im Falle von paritätischen Beteiligungen reicht allein nicht aus, um eine gemeinsame Beherrschung anzu-

---

[1207] BGHZ 62, 193; 74, 359, 363 f.; 80, 69, 73; *Wimmer-Leonhardt*, Konzernhaftungsrecht, S. 74; *Hüffer*, AktG, § 17 Rn. 13 f.; *Raiser/Veil*, Recht der Kapitalgesellschaften, § 51 Rn. 21 m. w. Nachw.

[1208] Vgl. BGHZ 121, 137, 145; 135, 107, 114; *Hüffer*, AktG, § 17 Rn. 8; *Emmerich*, in: Emmerich/Habersack, Aktien- und GmbH-Konzernrecht, § 17 Rn. 14 f.

[1209] BGHZ 121, 137, 146; *Emmerich*, in: Emmerich/Habersack, Aktien- und GmbH-Konzernrecht, § 17 Rn. 8.

[1210] BGHZ 90, 381, 395 f.

[1211] *Wimmer-Leonhardt*, Konzernhaftungsrecht, S. 74 f.

[1212] Vgl. hierzu BGHZ 62, 193, 199; 95, 330, 349; *Bayer*, in: Münchener Kommentar AktG, § 17 Rn. 78.

nehmen.[1213] Die Voraussetzungen einer Abhängigkeit sind – zumindest grundsätzlich –[1214] nur dann erfüllt, wenn über die gemeinsame Interessenlage und Leitungsmacht der Gesellschafter hinaus bestimmte Umstände eine auf Dauer gesicherte, beständige und einheitliche Einflussnahme einer Gruppe von Müttern oder aller Mütter auf die gemeinsame Tochter gewährleisten.

Eine faktisch gemeinsam vorgenommene Einflussnahme mehrerer Hedgefonds auf eine Gesellschaft deutet zwar auf eine zumindest kurzfristig gleichgerichtete Interessenverfolgung hin. Indes macht dieser Umstand allein zwar ein gleiches Abstimmungsverhalten der Aktivisten wahrscheinlich, aber noch nicht derart sicher und vorhersehbar, dass von einer gefestigten und koordinierten Bindung ausgegangen werden könnte. Eine für die Annahme eines herrschenden Mehrheits- oder Minderheitenquorums erforderliche Stimmenmacht wäre im Regelfall durch die Teilnahme vieler anderer Aktivisten bedingt und von Zufälligkeiten abhängig. Aus Sicht der beeinflussten Gesellschaft stellt diese Situation ohne hinzutretende Umstände noch keine Gefahrenlage her, die eine dauerhafte gemeinsam verfolgte Geschäftspolitik der Fonds gewährleistet. Daneben steht sie in ihrer Wirkung nicht einer Koordination gleich, so dass die Hedgefonds eine herrschende Einheit gegenüber der Gesellschaft bilden würden.

Eine in der Vergangenheit gemeinsam betriebene Unternehmenspolitik kann allerdings eine ausreichend sichere Grundlage für die Ausübung gemeinsamer Herrschaft darstellen.[1215] Wenn Einfluss nehmende Hedgefonds in der gleichen Zusammensetzung ausnahmsweise bereits längerfristig eine gemeinsame Politik verfolgen, kann dies damit für eine faktische Koordination sprechen.

Daneben lässt sich eine Abhängigkeit auf Grund objektiver Gegebenheiten nicht feststellen, wenn Beschlüsse auf Grund nach außen tretender Zufallsmehrheiten zu Stande kommen. In diesem Fall fehlt jeder nachweisbare Einfluss auf die zukünftige Zusammensetzung des Aufsichtsrats und es wird damit unsicher, welche Interessen das Verhalten der Organmitglieder bestim-

---

[1213] *Emmerich*, in: Emmerich/Habersack, Aktien- und GmbH-Konzernrecht, § 17 Rn. 31; *Böttcher/Liekefett*, NZG 2003, 701, 705 f.; *Koppensteiner*, in: Kölner Kommentar AktG, § 17 Rn. 93; *Bayer*, in: Münchener Kommentar AktG, § 17 Rn. 81; *Krieger*, in: Münchener Handbuch AG, § 68 Rn. 52; *Marchand*, Abhängigkeit und Konzernzugehörigkeit von Gemeinschaftsunternehmen, S. 111.

[1214] Siehe zu hiervon diskutierten Ausnahmen sogleich.

[1215] BGHZ 80, 69, 73; *Bayer*, in: Münchener Kommentar AktG, § 17 Rn. 78; *Krieger*, in: Münchener Handbuch AG, § 68 Rn. 52. Zweifelnd *Koppensteiner*, in: Kölner Kommentar AktG, § 17 Rn. 74.

men.[1216] Regelmäßig müssen also auch bei faktischen Koordinierungen weitere Absprachen hinzutreten, um eine gemeinsame Beherrschung annehmen zu können. Aber auch solche Verabredungen von Hedgefonds werden sich nur in seltenen Fällen nachweisen lassen. Ein Indiz für ein koordiniertes Vorgehen mehrerer Aktionäre ist es hingegen, wenn die Interessenkonflikte zwischen Müttern nicht in der Hauptversammlung der Tochter ausgetragen werden, sondern außerhalb derselben durch unmittelbare Kontakte zwischen den Müttern, um schließlich ein einheitliches Vorgehen bei der Tochtergesellschaft umzusetzen.[1217]

Eine gesicherte und beständige Einflussnahme einer Gruppe von Müttern auf die gemeinsame Tochter kann aber nach umstrittener Auffassung auch dann gegeben sein, wenn die tatsächliche Gemeinsamkeit der Interessen der Gesellschafter derart stark und dauerhaft ist, dass sie eine gleich bleibende einheitliche Willensbildung erwarten lässt.[1218] Nach dieser Ansicht ließe sich zwar im Einzelfall eine gesicherte kollektive Einflussnahme beispielsweise annehmen, wenn sich eine Gruppe von Hedgefonds wie im Fall der *Deutschen Börse AG* durch andere Positionen in einen Interessengegensatz zu den übrigen Aktionären bringt, und diese damit geschaffene besondere wirtschaftliche Beziehung eine gemeinschaftliche Stimmrechtsabgabe mit Sicherheit erwarten lässt und mithin eine – zumindest kurzfristige – Bindung erzeugt.[1219] Allerdings ist in diesen Konstellationen eine hinreichend dauerhafte Verbundenheit zwischen den Aktivisten regelmäßig zu verneinen: Zumindest ein transaktionsbezogener Interessengleichlauf mit anderen, gleich positionierten Investoren besteht nur im Hinblick auf die punktuelle Maßnahme und schafft für sich genommen keine Basis für darüber hinausgehende unternehmensbezogene Anliegen. Aus Sicht der beeinflussten Gesellschaft, der außenstehenden Mitaktionäre und der Gesellschaftsgläubiger führt diese gemeinsame Interessenlage ohne hinzutretende Umstände nicht zu einer Gefährdung durch eine be-

---

[1216] Vgl. *BGH*, WM 1984, 625, 628; *Koppensteiner*, in: Kölner Kommentar AktG, § 17 Rn. 64; *Krieger*, in: Münchener Handbuch AG, § 68 Rn. 39.

[1217] *Böttcher/Liekefett*, NZG 2003, 701, 703; *Emmerich*, in: Emmerich/Habersack, Aktien- und GmbH-Konzernrecht, § 17 Rn. 31; *Windbichler*, in: Großkomm. AktG, § 17 Rn. 63.

[1218] Vgl. hierzu und zur Parallelproblematik beim Gesetz gegen Wettbewerbsbeschränkungen (GWB) BGHZ 74, 359, 365 f. – Brot und Funke; *K. Schmidt*, ZGR 1980, 277, 287 f.; *Emmerich*, in: Emmerich/Habersack, Aktien- und GmbH-Konzernrecht, § 17 Rn. 31; *Krieger*, in: Münchener Handbuch AG, § 68 Rn. 52; A. A. *Koppensteiner*, in: Kölner Kommentar AktG, § 17 Rn. 92; *Windbichler*, in: Großkomm. AktG, § 17 Rn. 65; *Bayer*, in: Münchener Kommentar AktG, § 17 Rn. 79.

[1219] Vgl. hierzu die Ausführungen zum erforderlichen Abstimmungsverhalten bei einer Stimmrechtszurechnung gemäß § 30 Absatz 2 WpÜG.

herrschende Einheit, die eine dauerhafte gemeinsam verfolgte Geschäftspolitik der Aktivisten garantiert und vor der das Konzernrecht schützen will. Im Ergebnis handelt es sich wiederum in erster Linie um ein rechtspraktisches Problem: In den meisten Fällen dürften sich die teilnehmenden Aktivisten in diesen Konstellationen zuvor tatsächlich abgesprochen haben.

c) Breite der Einflussnahme

Falls sich eine Koordination von Hedgefonds ausnahmsweise nachweisen lassen sollte, erfordert eine gemeinsame Beherrschung eine gewisse Breite der Einflussnahme. Die Koordination zwischen den Aktionären muss sich auf wesentliche unternehmerische Bereiche der abhängigen Gesellschaft beziehen.[1220] Ein maßgebliches Indiz für die erforderliche Breite der Einflussnahme ist die koordinierte Besetzung des Aufsichtsrats der abhängigen Gesellschaft, da durch die Bestellung des Aufsichtsrats mittelbar auch die Bestellung des Vorstands gesteuert wird und so die gesamte Leitung des Unternehmens kontrolliert werden kann.[1221] Beeinflussen Hedgefonds faktisch die Unternehmenspolitik und verfügen dabei über eine ausreichende Stimmrechtsmacht, den Aufsichtsrat abzuberufen oder umzubesetzen, kommt damit eine Stimmrechtszurechnung in Betracht. Abhängig ist die Gesellschaft, wenn es sich dabei um wesentliche Maßnahmen handelt, die die Verwaltung etwa im Hinblick auf Akquisitionen, Restrukturierungen oder eine Aufspaltung des Unternehmens durchführt. Eine gewisse Breite der Einflussnahme liegt insbesondere vor, wenn Hedgefonds die Finanzpolitik eines Unternehmens beeinflussen können. Eine Gesellschaft ist abhängig, wenn sie nicht frei über ihre Mittel verfügen kann.[1222] Allein der Umstand, dass Hedgefonds Beschlüsse zum genehmigten Kapital oder zu Kapitalerhöhungen mit Sperrminoritäten verhindern, um eine vom Vorstand geplante Unternehmensübernahme zu vereiteln, lässt aber noch nicht auf einen beherrschenden Einfluss schließen. Die Möglichkeit, strukturverändernde Entscheidungen zu blockieren, begründet weder ein Mitwirkungsrecht bei der Zusammensetzung von Vorstand und Aufsichtsrat noch kann die Unternehmensleitung zu einem bestimmten Handeln bewegt werden. Nur wenn zugleich ein Einfluss auf die Besetzung

---

[1220] *OLG Düsseldorf*, WM 1994, 842, 845; *OLG München*, WM 1995, 898, 900; *Windbichler*, in: Großkomm. AktG, § 17 Rn. 17; *Koppensteiner*, in: Kölner Kommentar AktG, § 17 Rn. 24 f.; *Hüffer*, AktG, § 17 Rn. 7.

[1221] BGHZ 135, 107, 114. Denn die Möglichkeit, den Aufsichtsrat und damit indirekt den Vorstand zu bestellen, bildet den inneren Grund für die Vermutung des 17 Absatz 2 AktG, vgl. *v. Bülow/Bücker*, ZGR 2004, 669, 681; *Koppensteiner*, in: Kölner Kommentar AktG, § 17 Rn. 21.

[1222] Vgl. *Emmerich*, in: Emmerich/Habersack, Aktien- und GmbH-Konzernrecht, § 17 Rn. 10.

der Organe der Gesellschaft besteht oder hinzutretende tatsächliche Umstände wie gesellschaftsrechtsexterne Einflüsse dies rechtfertigen, lässt sich eine konzernrechtliche Abhängigkeit begründen.[1223]

3. ZUSAMMENFASSUNG

Die konzernrechtlichen Regelungen schützen Portfoliogesellschaft, außenstehende Gesellschafter und Gesellschaftsgläubiger bei nachteiligen gesellschaftsrechtlich vermittelten Einflussnahmen durch herrschende Unternehmen: Gleichen diese die Folgen der veranlassten Maßnahmen bei dem abhängigen Unternehmen nicht aus, haften die herrschenden Unternehmen nach § 317 AktG auf Schadensersatz.[1224] Auch eine Minderheitsbeteiligung kann ausnahmsweise eine Abhängigkeit der Portfoliogesellschaft begründen, wenn diese Beteiligung wegen weiterer Umstände – wie beispielsweise einer dauerhaft niedrigen Hauptversammlungspräsenz – tatsächlich einen wie eine Mehrheit wirkenden Einfluss vermittelt. Dabei kann eine Gesellschaft nach den Grundsätzen der *Mehrmütterherrschaft* auch von mehreren Unternehmen abhängig sein, wenn sich diese untereinander koordinieren.[1225]

Zwar entfallen im Rahmen dieses Ausgleichsanspruches die Darlegung und der Nachweis eines Verschuldens auf Seiten der herrschenden und einflussnehmenden Unternehmen. Auf der anderen Seite sind die Anforderungen an die Koordination und die Beständigkeit der kollektiven Einflussnahme ebenso hoch angesetzt wie bei den Vorschriften zum abgestimmten Aktionärsverhalten im Rahmen des WpHG und WpÜG. Ein nachweisbares abgestimmtes Aktionärsverhalten, welches sich nicht nur auf einen Einzelfall und auf wesentliche unternehmerische Bereiche der abhängigen Gesellschaft bezieht, zieht daher neben einer Stimmrechtszurechnung im Rahmen der Publizitätsvorschriften und dem übernahmerechtlichen Pflichtangebot bei ausreichender Stimmrechtsmacht gegebenenfalls auch über die Grundsätze der Mehrmüt-

---

1223 Vgl. *Bayer*, in: Münchener Kommentar AktG, § 17 Rn. 42 f.81; *Raiser/Veil*, Recht der Kapitalgesellschaften, § 51 Rn. 18; *Emmerich*, in: Emmerich/Habersack, Aktien- und GmbH-Konzernrecht, § 17 Rn. 25.

1224 Dagegen ist eine Haftung ausgeschlossen, wenn auch ein ordentlicher und gewissenhafter Geschäftsleiter einer unabhängigen Gesellschaft die Maßnahme getroffen oder unterlassen hätte, § 317 Absatz 2 AktG.

1225 BGHZ 62, 193; *OLG Hamm*, NZG 2001, 563; *Emmerich*, in: Emmerich/Habersack, Aktien- und GmbH-Konzernrecht, § 17 AktG Rn. 28 ff.; *Koppensteiner*, in: Kölner Kommentar AktG, § 17 Rn. 70 ff.; *Windbichler*, in: Großkomm. AktG, § 17 Rn. 59 ff.; *Hüffer*, AktG, § 17 Rn. 13 f.; *Böttcher/Liekefett*, NZG 2003, 701, 703; *Marchand*, Abhängigkeit und Konzernzugehörigkeit von Gemeinschaftsunternehmen, S. 111 f.

terherrschaft konzernrechtliche Rechtsfolgen nach sich. Da allerdings eine Koordination von Hedgefonds auf Grund von Vermeidungstechniken nur in seltenen Fällen nachweisbar sein wird und zudem das – auch summierte – Stimmrechtspotential häufig nicht tatsächlich einen wie eine Mehrheit wirkenden Einfluss vermittelt, scheidet ein konzernrechtlicher Ausgleichsanspruch in der Praxis regelmäßig aus.

II. Verbandsrecht

1. Die Haftung für die Einflussnahme auf die Aktiengesellschaft (§ 117 AktG)

Wer vorsätzlich seinen Einfluss auf die Gesellschaft verwendet, um Leitungsorgane zu einem Handeln zu bestimmen, das einen Schaden für die Gesellschaft verursacht, ist zum Ersatz dieses Schadens verpflichtet.[1226] Daher können Hedgefonds einer Schadensersatzpflicht unterworfen sein, wenn sie als Aktionäre oder auch als Fremdkapitalgeber rechtlich oder faktisch Einfluss auf eine Portfoliogesellschaft ausüben, indem sie etwa von ihrem Stimmrecht Gebrauch machen oder dem Vorstand mit Sanktionen drohen. Die Ersatzpflicht besteht nicht nur gegenüber der Gesellschaft, sondern auch gegenüber den Aktionären, soweit diese mehr als einen bloßen Reflexschaden durch eine Schädigung der Gesellschaft erlitten haben.[1227] Grundsätzlich ist der Vorstand befugt, Ansprüche der Gesellschaft aus § 117 Absatz 1 Satz 1 AktG geltend zu machen.[1228] Bleibt der Vorstand untätig, kann subsidiär ein Zwang zur Geltendmachung des Schadensersatzanspruches der Gesellschaft nach § 147 AktG bestehen. Daneben können Aktionäre, deren Anteile im Zeitpunkt der Antragstellung zusammen den hundertsten Teil des Grundkapitals oder einen anteiligen Betrag von 100.000,- € erreichen, bei Gericht im Wege des *Klagezulassungsverfahrens* nach § 148 AktG n.F. die Zulassung beantragen,

---

[1226] § 117 Absatz 1 AktG. Aus der Rechtsprechung *OLG Düsseldorf*, ZIP 1981, 847, 851 – WestLB; *LG Düsseldorf*, NJW-RR 1993, 415, 421; *LG Mainz*, AG 1987, 91, 95 – IBH/General Motors.

[1227] § 117 Absatz 1 Satz 2 AktG. Neben dem Einflussnehmer haften Verwaltungsmitglieder nach Absatz 2 gesamtschuldnerisch, wenn sie unter Verletzung ihrer Pflichten (§§ 93, 116) gehandelt haben, vgl. hierzu *OLG Frankfurt*, WM 1988, 330, 332. Zudem haftet nach Absatz 3 derjenige, der durch die schädigende Handlung einen Vorteil erlangt hat (*Nutznießer*), sofern er die Beeinflussung vorsätzlich veranlasst hat, ebenfalls als Gesamtschuldner.

[1228] Ist Anspruchsschuldner ein Vorstandsmitglied, ist der Aufsichtsrat zur Geltendmachung des Anspruchs berechtigt (§ 112 AktG).

im eigenen Namen die in § 147 Absatz 1 AktG bezeichneten Ersatzansprüche der Gesellschaft geltend machen.[1229]

a) Normzweck und Zuordnung

Um die Tatbestandsmerkmale auslegen und untersuchen zu können, ob der Anwendungsbereich der in ihrer Entstehungsgeschichte mehreren Abwandlungen unterworfenen[1230] Haftungsvorschrift die verschiedenen Einflusstechniken von Hedgefonds erfasst, werden vorab die systematische Einordnung und der Zweck der Norm dargelegt, die jüngst in der Literatur wieder kontrovers diskutiert wurden.[1231] Die Vorschrift verfolge mehrere gleichrangige Zwecke:[1232] Einerseits beabsichtige sie den Schutz des Gesellschaftsvermögens und der Vermögensinteressen der Aktionäre durch Schadensprävention und Schadensausgleich.[1233] Das Haftungsrisiko solle bereits vor Eintritt eines Schadens potentielle Einflussnehmer davon abhalten, für die Gesellschaft nachteilige Maßnahmen herbeizuführen; mit der Ersatzpflicht soll nebenbei ein Ausgleich herbeigeführt und das Schadensrisiko auf den Verursacher abgewälzt werden.[1234] Ergänzend diene die Norm dem Schutz der Integrität des Verwaltungshandelns[1235] durch Prävention vor einer Anstiftung zu gesellschaftsschädigendem Verhalten.[1236] Insbesondere aus diesem Grund ordnen sowohl die Rechtsprechung[1237] als auch die ganz herrschende Meinung in der Literatur[1238] die Norm als Sondertatbestand des Deliktsrechts ein. *Voigt* hin-

---

1229 Möglicherweise führt diese Neuregelung dazu, dass Ansprüche aus § 117 AktG häufiger geltend gemacht werden, vgl. *Kort*, in: Großkomm. AktG, § 117 Rn. 170.

1230 Zur Entstehungsgeschichte der Norm ausführlich *Voigt*, Haftung aus Einfluss auf die Aktiengesellschaft, S. 5 ff; *Kort*, in: Großkomm. AktG, § 117 Rn. 20 ff.

1231 Für Diskussionsstoff sorgte die Monographie von *Voigt*, Haftung aus Einfluss auf die Aktiengesellschaft, in der insbesondere die deliktische Zuordnung der Vorschrift entgegen der ganz herrschenden Meinung bestritten wird. Zu den einzelnen Nachweisen sogleich.

1232 Vgl. *Kort*, AG 2005, 453.

1233 *BGH*, NJW 1992, 3167, 3172; *Kropff*, in: Münchener Kommentar AktG, § 117 Rn. 1; *Mertens*, in: Kölner Kommentar AktG, § 117 Rn. 9, 11; *Hüffer*, AktG, § 117 Rn. 1; *Voigt*, Haftung aus Einfluss auf die Aktiengesellschaft, S. 37.

1234 *Kort*, AG 2005, 453.

1235 *Kropff*, in: Münchener Kommentar AktG, § 117 Rn. 2; *Hüffer*, AktG, § 117 Rn. 1; *Stein*, Das faktische Organ, S. 188; *Schall*, in: Spindler/Stilz, § 117 Rn. 6.

1236 *Kort*, in: Großkomm. AktG, § 117 Rn. 85; *Kropff*, in: Geßler/Hefermehel, AktG, § 117 Rn. 6, 23.

1237 BGHZ 129, 136, 160; *BGH* NJW 1992, 3167, 3172; *BGH* NJW 1980, 1629.

1238 *Schall*, in: Spindler/Stilz, § 117 Rn. 3; *Kropff*, in: Münchener Kommentar AktG, § 117 Rn. 5; *Mertens*, in: Kölner Kommentar AktG, § 117 Rn. 9, 11; *Hüffer*, AktG, § 117 Rn. 3; *Wiesner*, in: Münchener Handbuch AG, § 27 Rn. 1; *Raiser/Veil*, Recht der Kapitalgesellschaften, § 12 Rn. 42;

gegen verneint eine deliktsrechtliche Natur des Tatbestandes und ordnet § 117 AktG als organähnliche Anspruchsgrundlage ein, die eine Haftung für eine der Einflussnahme rechtlich vorgelagerte Sonderverbindung statuiere. Die Veranlassung stelle eine Usurpation fremder Leitungsmacht dar, wobei sich der Einflussnehmer materiell zu einem Leitungsorgan aufwerfe und somit denselben Bindungen unterliegen müsse wie das Leitungsorgan selbst. Im Ergebnis begründet *Voigt* damit eine Übernahme besonderer gesellschaftsrechtlicher Verantwortlichkeit in Gestalt einer punktuellen unternehmerischen Mitverantwortung für die konkreten Maßnahmen und Rechtsgeschäfte, die von der Unternehmensleitung auf Veranlassung des Einflussnehmers hin getroffen werden.[1239] Sie soll nur in Betracht kommen, wenn eine Einflussnahme ohne die Wahrnehmung unmittelbarer Organfunktionen vorliegt.[1240] Hingegen besteht nach zutreffender Auffassung eine zusätzlich zur Haftung nach § 117 AktG hinzutretende organähnliche Haftung nur bei besonders intensiver Einflussnahme, wie in Form der Organhaftung durch Organverdrängung, die allerdings dem Problemkreis des faktischen Organs zuzuordnen ist.[1241] Daneben ist es nicht notwendig, eine über die Haftung des faktischen Organs hinausgehende organähnliche Haftung zu postulieren und diese dem Anwendungsbereich des § 117 AktG überzustülpen.[1242] Der Missbrauch des vorhandenen Einflusses setzt damit im Gegensatz zu §§ 317, 17 AktG[1243] keine gesellschaftsrechtliche Pflichtenbindung, sondern lediglich eine tatsächliche Sonderbeziehung zur Gesellschaft voraus.[1244]

Soweit die schädliche Einflussnahme von Aktionären ausgeht, wird diskutiert, dass deren Haftung aus der Verletzung mitgliedschaftlicher Treubindungen hergeleitet werden kann.[1245] Daneben wird das *Unternehmens- und Gesellschaftsin-*

Baums, Der Geschäftsleitervertrag, S. 229, 282; *Beckerhoff*, Treupflichten bei der Stimmrechtsausübung und Eigenhaftung des Stimmrechtsvertreters, S. 43; *Brüggemeier*, AG 1988, 93, 97; *Kort*, in: Großkomm. AktG, § 117 Rn. 19 m. w. Nachw. A. A. *Voigt*, Haftung aus Einfluss auf die Aktiengesellschaft, S. 58 f.; 72 f.

1239 *Voigt*, Haftung aus Einfluss auf die Aktiengesellschaft, S. 81.

1240 *Voigt*, Haftung aus Einfluss auf die Aktiengesellschaft, S. 219.

1241 Vgl. hierzu *Fleischer*, AG 2004, 517, 524 f. und unten S. 260 ff.

1242 *Kort*, in: Großkomm. AktG, § 117 Rn. 88.

1243 Vgl. oben S. 235 ff. und sogleich.

1244 *Schall*, in: Spindler/Stilz, § 117 Rn. 4, 15; *Hüffer*, AktG, § 117 Rn. 3; *Kropff*, in: Münchener Kommentar AktG, § 117 Rn.10; *Kort*, in: Großkomm. AktG, § 117 Rn. 114.

1245 Vgl. *BGH*, NJW 1992, 3167, 3172; *Beckerhoff*, Treupflichten bei der Stimmrechtsausübung und Eigenhaftung des Stimmrechtsvertreters, S. 43; *Hüffer*, AktG, § 117 Rn. 2. A. A. *Voigt*, Haf-

teresse als Schutzgut erörtert und infolgedessen die fremdbestimmt getroffene unternehmerische Entscheidung einer Inhaltskontrolle unterworfen:[1246] vorsätzlich zugefügte Vermögensnachteile begründen nach dieser Auffassung daher grundsätzlich nur dann eine Haftung, wenn sie diesen Interessen zuwiderlaufen.[1247] Die Begriffe Unternehmens- und Gesellschaftsinteresse stellen dabei eine sprachliche Abkürzung zur Kennzeichnung der von Vorstand und Aufsichtsrat zu berücksichtigenden Interessen dar.[1248] Maßgeblich sind hierfür der in der Satzung von den Gründern festgelegte Unternehmensgegenstand sowie das Unternehmensziel; vor allem haben die Leitungsorgane ihr Handeln am *Aktionärsinteresse* auszurichten:[1249] Die Aktiengesellschaft soll mit dem von ihr betriebenen Unternehmen dauerhaft einen möglichst hohen Gewinn erzielen, der einerseits die Dividende und zum anderen die Bewertung des Unternehmens am Kapitalmarkt (*shareholder value*) beeinflusst.[1250] Neben § 117 AktG kann grundsätzlich auch eine Schadensersatzhaftung aus der Verletzung von Organpflichten, von mitgliedschaftlichen Treupflichten oder aus § 826 BGB treten.[1251]

B) TATBESTANDSMÄßIGKEIT AKTIVISTISCHER EINFLUSSTECHNIKEN

AA) EINFLUSS AUF DIE GESELLSCHAFT

Als Schadensersatzpflichtiger kommt jede natürliche oder juristische[1252] Person in Betracht, die einen Einfluss auf die Gesellschaft hat und diesen nutzt.

---

tung aus Einfluss auf die Aktiengesellschaft, S. 80; *Mertens*, in: Kölner Kommentar AktG, § 117 Rn. 10.

[1246] *Voigt*, Haftung aus Einfluss auf die Aktiengesellschaft, S. 52; *Schall*, in: Spindler/Stilz, § 117 Rn. 6.

[1247] *Voigt*, Haftung aus Einfluss auf die Aktiengesellschaft, S. 52 f.; *Schall*, in: Spindler/Stilz, § 117 Rn. 6. A. A. *Kort*, in: Großkomm. AktG, § 117 Rn. 14 f.

[1248] Zum Unternehmensinteresse *Hüffer*, AktG, § 76 Rn. 15; *Hopt*, ZGR 1993, 534, 536 f.

[1249] *Fleischer*, in: Hommelhoff/Hopt/v. Werder, Handbuch Corporate Governance, S. 129, 132 ff.; *Kort*, in: Großkomm. AktG, § 76 Rn. 52 ff.; *Arnold*, Die Steuerung des Vorstandshandelns, S. 47 ff.; *Mülbert*, ZGR 1997, 129, 147 ff. Zu beachten haben die Leitungsorgane weiterhin die Interessen der Stakeholder wie Arbeitnehmer, Kunden und Allgemeinheit, *Mertens*, in: Kölner Kommentar AktG, § 76 Rn. 16; *Arnold*, Die Steuerung des Vorstandshandelns, S. 43 ff.

[1250] *Baums/Hecker*, in: Baums/Thoma, WpÜG, § 3 Rn. 32.

[1251] *Schall*, in: Spindler/Stilz, § 117 Rn. 10 f. m. w. Nachw.

[1252] Ist der Einflussnehmer eine juristische Person, wird dieser die Handlung des Organwalters nach § 31 BGB zugerechnet, vgl. *Schall*, in: Spindler/Stilz, § 117 Rn. 14. Im (Ausnahme-)Fall von in Deutschland aufgelegten Hedgefonds kommt als Haftungssubjekt entweder die Investmentaktiengesellschaft im Sinne des § 2 Absatz 5 InvG oder die Kapitalanlagegesellschaft im Sinne des § 2 Absatz 1 InvG in Betracht, die den Fonds als Sondervermögen mit zusätzlichen Risiken verwaltet. Wenn die Portfolioverwaltung nach § 16 InvG ausgelagert worden ist, ist das Auslage-

Dabei genügt jeder Einfluss, soweit er seiner Art und Intensität nach geeignet ist, Führungspersonen der Gesellschaft zu einem schädigenden Handeln zu bestimmen.[1253]

(1) Hedgefonds als Verbandsmitglieder

Ein solcher Einfluss muss weder gesellschaftsrechtlich noch durch eine Mehrheitsposition vermittelt sein. Ausreichend ist sowohl ein faktischer als auch ein Einfluss aus einer Minderheitsposition.[1254] Drohen Hedgefonds den Leitungsorganen einer Gesellschaft in persönlichen Gesprächen oder in der Öffentlichkeit Sanktionen an, um eine von ihnen bevorzugte Geschäftspolitik durchzusetzen, kann dies wie im Fall der *Deutschen Börse AG*[1255] auf Grund zumindest faktisch gebündelten großen Anteilsbesitzes und verstärkter medialer Aufmerksamkeit dazu führen, dass die Leitungsorgane der Gesellschaft die Vorgaben der Aktivisten befolgen. Erst recht gilt dies bei kollektiven Stimmrechtsausübungen, die einzelne Beschlüsse – häufig begünstigt durch niedrige Hauptversammlungspräsenzen – herbeiführen oder blockieren. Daneben sind auch mittelbare Einflussmöglichkeiten – wie etwa Vereinbarungen zwischen Aktionären über die Besetzung des Aufsichtsrats – von der Norm erfasst.[1256] Ebenso erfüllt ein von Hedgefonds über die Mitgliedschaft in Gesellschaftsorganen vermittelter Einfluss das Tatbestandsmerkmal.

(2) Hedgefonds als Fremdkapitalgeber

In den Anwendungsbereich des § 117 AktG fällt auch die Machtstellung als Fremdkapitalgeber, wenn die tatsächlichen Umstände eine Abhängigkeit begründen können. Insbesondere wenn sich eine Gesellschaft in der Krise befindet, nehmen die Gesellschaftsgläubiger eine gesteigerte Machtposition ein.[1257] So kann Hedgefonds, die im Rahmen der Investmentstrategie *distressed debt* Fremdkapitaltitel erworben haben, gegenüber der Schuldnergesellschaft

rungsunternehmen das Haftungssubjekt. Regelmäßig wird eine Haftung der handelnden natürlichen Personen selbst hinzutreten.

[1253] *Mertens*, in: Kölner Kommentar AktG, § 117 Rn. 12; *Kropff*, in: Münchener Kommentar AktG, § 117 Rn. 9.

[1254] Vgl. *Hüffer*, AktG, § 117 Rn. 3 f.; *Mertens*, in: Kölner Kommentar AktG, § 117 Rn. 12; *Kropff*, in: Münchener Kommentar AktG, § 117 Rn. 9 f. *Schall*, in: Spindler/Stilz, § 117 Rn. 15;

[1255] Siehe zum Fall *Deutsche Börse AG* oben S. 82.

[1256] Vgl. *Voigt*, Haftung aus Einfluss auf die Aktiengesellschaft, S. 229; *Mertens*, in: Kölner Kommentar AktG, § 117 Rn. 12; *Thaeter/Guski*, AG 2007, 301, 304.

[1257] Vgl. *Brüggemeier*, AG 1988, 93, 95.

wie in den Fällen *Schefenacker*[1258], *Treofan*[1259] und *Ihr Platz*[1260] ein gesteigertes Einflusspotential zukommen, welches geeignet ist, Mitglieder der Leitungsorgane zu einem bestimmten Handeln zu veranlassen.

BB) BENUTZUNG DES EINFLUSSES

Wenn Hedgefonds Einfluss auf den Vorstand einer Portfoliogesellschaft nehmen, kann dieses Verhalten nur dann eine Haftung begründen, wenn sie das Verwaltungsmitglied zu einem bestimmten Handeln verleiten, wobei die Einflussnahme hierfür zumindest mitursächlich sein muss.[1261] Bloßer Druck auf die Unternehmensleitung allein ist für sich genommen noch nicht mit einem Bestimmen gleichzusetzen, solange sich der Vorstand den Bestrebungen der Aktivisten unter Hinweis auf § 76 AktG widersetzt.[1262] Ein Bestimmen ist indes zu bejahen, sobald der Vorstand die erwünschte Maßnahme vornimmt oder unterlässt, ohne dass er hierzu bereits vor der Einflussnahme durch die Hedgefonds fest entschlossen war (*omnimodo facturus*).[1263]

CC) KAUSALITÄT, SCHADEN

Für eine Haftung muss das Verhalten des Täters freilich auch zu einem Schaden der Gesellschaft oder der Aktionäre führen. Schaden ist jede zurechenbar veranlasste Vermögensminderung einschließlich eines entgangenen Gewinns.[1264] Zu ersetzen ist als Vermögensschaden diejenige Vermögenseinbuße, die sich im Vergleich zur hypothetischen Vermögensentwicklung der Gesellschaft oder der Aktionäre bei ordnungsgemäßem Verhalten der Verwaltungsmitglieder ergibt. Ein solcher Schaden kann sich für die Gesellschaft etwa aus der Ausplünderung der Gesellschaft durch einen neuen Gesellschafter, aus einer wirtschaftlich nachteiligen Vermögensdisposition der Gesellschaft oder aus zusätzlichen Kostenbelastungen ergeben.[1265] Daneben kann das Unterlassen vorteilhafter Maßnahmen, die Aufgabe von Geschäftschancen sowie

---

1258 Siehe zum Fall *Schefenacker* oben S. 107 f.

1259 Siehe zum Fall *Treofan* oben S. 107.

1260 Siehe zum Fall *Ihr Platz* oben S. 108 f.

1261 Vgl. *Kropff*, in: Münchener Kommentar AktG, § 117 Rn. 21 f.

1262 Vgl. *Thaeter/Guski*, AG 2007, 301, 304.

1263 Vgl. *Kort*, in: Großkomm. AktG, § 117 Rn. 145.

1264 *Brüggemeier*, AG 1988, 93, 96; AktG, § 117 Rn. 5; *Kropff*, in: Münchener Kommentar AktG, § 117 Rn. 24; *Schall*, in: Spindler/Stilz, § 117 Rn. 18.

1265 Vgl. *OLG Düsseldorf*, AG 1991, 106, 109; *Thaeter/Guski*, AG 2007, 301, 304; *Brüggemeier*, AG 1988, 93, 96.

ein Verkauf von Vermögensgegenständen unter Wert an außenstehende Dritte einen ersatzfähigen Schaden begründen.[1266]

Dies wirft in der Praxis Nachweisprobleme auf, wenn beispielsweise der Abschluss eines bilanziell gewinnbringenden Vertrages einen Kursverfall zur Folge hat.[1267] Eine Minderung des Aktienkurses allein begründet für die Gesellschaft in der Regel keinen ersatzfähigen Schaden.[1268] Anders kann es liegen, wenn die Gesellschaft auf Grund des Kursrückganges etwa Nachteile bei einer Kapitalaufnahme hat. Für die Ermittlung eines Schadens der Gesellschaft ist es aber für sich genommen unbeachtlich, ob sich der Wert der Aktien gemindert oder sogar erhöht hat, da das Vermögen der Gesellschaft und der Aktionäre selbst dann zu trennen ist, wenn eine Einmanngesellschaft vorliegt.[1269] Eine Minderung des Aktienkurses begründet jedoch für die Aktionäre eine Vermögenseinbuße. Der Schaden der Aktionäre darf sich indes nicht auf den mittelbaren Gesellschaftsschaden mit der Werteinbuße des Beteiligungswertes beschränken.[1270] Die Geltendmachung eines solchen Schadens ist der Gesellschaft vorbehalten, da eine Beanspruchung des Reflexschadens durch den Aktionär einer unzulässigen Einlagenrückgewähr oder Gewinnauszahlung gleichstehen würde.[1271] Ein bloßer Kursverlust in Folge einer Schädigung der Gesellschaft stellt regelmäßig nur einen Reflexschaden dar.[1272] Führt die Schädigung zur Insolvenz der Gesellschaft und zum Untergang der Aktie, ist nur insoweit ein Reflexschaden gegeben, als der Wert der Aktie anteilig dem Unternehmenswert entspricht; ein darüber hinausgehender Schaden durch den Untergang der Aktie kann hingegen ein unmittelbarer Schaden im Sinne von § 117 Absatz 1 Satz 2 AktG sein.[1273] Auch ist an den Fall zu denken, dass es infolge einer pflichtwidrigen Schädigung der Gesellschaft zu ei-

---

1266 *Schall*, in: Spindler/Stilz, § 117 Rn. 19.

1267 *Thaeter/Guski*, AG 2007, 301, 304. Zum Kursverfall als Schaden der Gesellschaft BGHZ 94, 55, 58.

1268 A. A. *Thaeter/Guski*, AG 2007, 301, 304.

1269 Vgl. *BGH*, NJW 1977, 1283; *Hefermehl/Spindler*, in: Münchener Kommentar AktG, § 93 Rn. 79; *Mertens*, in: Kölner Kommentar AktG, § 93 Rn. 24.

1270 *Schall*, in: Spindler/Stilz, § 117 Rn. 20; *Mertens*, in: Kölner Kommentar AktG, § 117 Rn. 20; *Hüffer*, AktG, § 117 Rn. 9.

1271 BGHZ 129, 136, 165 f.; *Kort*, in: Großkomm. AktG, § 117 Rn. 174; *Baums*, Der Geschäftsleitervertrag, S. 227.

1272 BGHZ 94, 55, 58 f.; *Kropff*, in: Münchener Kommentar AktG, § 117 Rn. 47; *Kort*, in: Großkomm. AktG, § 117 Rn. 185; *Mertens*, in: Kölner Kommentar AktG, § 93 Rn. 20.

1273 BGHZ 94, 55, 58; *Kropff*, in: Münchener Kommentar AktG, § 117 Rn. 47; *Kort*, in: Großkomm. AktG, § 117 Rn. 186.

nem erheblichen Kursverlust kommt, und ein Aktionär zu diesem ungünstigen Zeitpunkt verkaufen oder einen zu diesem Zeitpunkt geplanten Verkauf wegen des Kursverfalls weiter aufschieben muss. Dann kann der Aktionär zwar nicht per se den gesamten Kursverlust ersetzt verlangen. Allerdings kann er solche Schäden geltend machen, die verbleiben, selbst wenn der Schaden der Gesellschaft wieder ausgeglichen ist, wie der durch die Nichtveräußerung entgangene, sonst anderwärts zu erzielende Gewinn oder eine nachhaltige Kursverschlechterung.[1274]

Bricht damit der Kurs auf Grund einer von Hedgefonds hervorgerufenen Maßnahme ein, so ist danach zu fragen, ob zugleich die Gesellschaft geschädigt wurde. Ist die Kurseinbuße nicht auf eine Schädigung der Gesellschaft zurückzuführen, liegt ein für die Aktionäre ersatzfähiger Schaden vor. Falls Hedgefonds etwa als Aktionäre einer potentiellen Zielgesellschaft deren Leitungsorgane dazu verleiten, Gegenmaßnahmen vorzunehmen, die letztlich zum Abbruch der Übernahmevorhabens der Bietergesellschaft führen, liegt zwar keine Schädigung der Gesellschaft vor – sofern dem Unternehmen nicht nachweisbar Gewinne entgehen –; die Aktionäre erleiden hingegen mit dem damit regelmäßig einhergehenden Kursverlust grundsätzlich einen für sie ersatzfähigen Schaden.

DD) RECHTSWIDRIGKEIT

Aus dem deliktsrechtlichen Charakter der Vorschrift folgert die ganz herrschende Auffassung in der Literatur, dass die Einflussnahme auf die zum Schaden der Gesellschaft handelnde Führungsperson rechtswidrig sein muss.[1275] Handelt der Beeinflusste pflichtwidrig, indiziert dies die Rechtswidrigkeit der Einflussnahme.[1276] Die Einflussnahme ist damit rechtswidrig, wenn sie auf ein Verhalten zielt, das objektiv gegen die Pflichten des Verwaltungsmitglieds verstößt.[1277] Entsprechend anzuwenden ist der konzernrechtliche Maßstab eines ordentlichen und gewissenhaften Geschäftsleiters einer unabhängigen Gesellschaft nach § 317 Absatz 2 AktG, der erst recht außerhalb

---

[1274] Vgl. *Baums*, Der Geschäftsleitervertrag, S. 228 f.

[1275] *Kort*, in: Großkomm. AktG, § 117 Rn. 149; *Kropff*, in: Münchener Kommentar AktG, § 117 Rn. 27; *Mertens*, in: Kölner Kommentar AktG, § 93 Rn. 22; *Hüffer*, AktG, § 117 Rn. 6.

[1276] *Kort*, in: Großkomm. AktG, § 117 Rn. 149. A. A. *Hüffer*, AktG, § 117 Rn. 6, nach dem die Rechtswidrigkeit positiv im Wege einer Interessenabwägung festzustellen sei.

[1277] *Kropff*, in: Münchener Kommentar AktG, § 117 Rn. 30. A. A. *Hüffer*, AktG, § 117 Rn. 6.

von Konzernverhältnissen gilt.[1278] Handelt ein Vorstandsmitglied im Rahmen seines Leitungsermessens nach §§ 76, 93 AktG einschließlich der *business judgment rule*, so ist sein eigenes Verhalten als pflichtgemäß und damit als rechtmäßig anzusehen.[1279] Vorausgesetzt ist also eine unternehmerische Entscheidung der Verwaltung, bei der sie annehmen durfte, zum Wohle der Gesellschaft zu handeln.[1280]

Die Ermessensausübung findet ihre Schranke in der Pflicht des Vorstands, für den Bestand und die Wettbewerbfähigkeit des Unternehmens und mithin für dessen dauerhafte Rentabilität zu sorgen;[1281] damit begründet eine dem Gesellschafts- und Unternehmensinteresse zuwiderlaufende Einflussnahme die Rechtswidrigkeit des Eingriffs.[1282] Zugleich kann die Gesellschaft keinen Schutz vor Einflussnahmen beanspruchen, die in ihrem Interesse liegen, selbst wenn sich diese im Einzelfall nachteilig auf die Vermögens- und Ertragslage der Gesellschaft auswirken.[1283]

(1) Kurzfristige Interessenausrichtung

Indem Hedgefonds Sonderausschüttungen erzwingen, die zu einer umfangreichen Auflösung von Rücklagen führen oder sogar fremdkapitalfinanziert sind, bringen sie sich gegebenenfalls in einen Gegensatz zu den wirtschaftlichen Interessen der anderen Aktionäre und damit des Unternehmens selbst. Während die Fonds als gegebenenfalls kurzfristig orientierte Aktionäre unter dem Gesichtspunkt der Erhaltung ihrer eigenen finanziellen Dispositions- und Investitionsfreiheit an einer möglichst vollständigen Gewinnausschüttung und Rücklagenauflösung interessiert sind, ist dem Unternehmen in einigen Fällen besser gedient, wenn es die erwirtschafteten und in Rücklagen eingestellten Mittel unmittelbar für eigene wirtschaftliche Zwecke nutzen kann, um

---

[1278] *Kropff*, in: Münchener Kommentar AktG, § 117 Rn. 30; *Wiesner*, in: Münchener Handbuch AG, § 27 Rn. 5; *Kort*, in: Großkomm. AktG, § 117 Rn. 149.

[1279] *Schmidt/Spindler*, Finanzinvestoren aus ökonomischer und juristischer Perspektive, S. 272; *Kort*, in: Großkomm. AktG, § 117 Rn. 153; *Wiesner*, in: Münchener Handbuch AG, § 27 Rn. 5; *Schall*, in: Spindler/Stilz, § 117 Rn. 24.

[1280] Vgl. *Schmidt/Spindler*, Finanzinvestoren aus ökonomischer und juristischer Perspektive, S. 272.

[1281] Vgl. *OLG Hamm*, AG 1995, 512, 514; *Hüffer*, AktG, § 76 Rn. 13; *Mertens*, in: Kölner Kommentar AktG, § 76 Rn. 17, 22; *Hefermehl/Spindler*, in: Münchener Kommentar AktG, § 76 Rn. 60 f.; *Schmidt/Spindler*, Finanzinvestoren aus ökonomischer und juristischer Perspektive, S. 272.

[1282] *Voigt*, Haftung aus Einfluss auf die Aktiengesellschaft, S. 52 f.; *Schall*, in: Spindler/Stilz, § 117 Rn. 6. A. A. *Kort*, in: Großkomm. AktG, § 117 Rn. 14 f.

[1283] Vgl. *Voigt*, Haftung aus Einfluss auf die Aktiengesellschaft, S. 56; *Kort*, in: Großkomm. AktG, § 117 Rn. 149; *Wiesner*, in: Münchener Handbuch AG, § 27 Rn. 5.

etwa innenfinanzierte Investitionen zu tätigen, Gesellschaftsverbindlichkeiten abzulösen oder allfällige Verluste auszugleichen.[1284] Dies gilt erst recht für Sachverhalte, in denen wie im Fall *Cewe Color*[1285] eine Sonderausschüttung kreditfinanziert werden soll und ein Volumen erreicht, durch das voraussichtlich das wirtschaftliche Fortkommen des Unternehmens gefährdet wird. In diesem Fall ist das Interesse der übrigen Aktionäre an einer dauerhaften Wertsteigerung des Unternehmens beeinträchtigt, so dass eine entsprechende Maßnahme dem Unternehmensinteresse zuwiderläuft. Beeinflussen aktivistische Hedgefonds die Portfoliogesellschaft im Interesse einer kurzfristigen Anlageausrichtung und rufen dadurch – entsprechend der geäußerten Kritik – eine langfristige Schädigung oder Schwächung des Unternehmens hervor, steht die Maßnahme dem erwerbswirtschaftlichen Interesse des Unternehmens entgegen und führt dazu, dass der Vorstand ermessenswidrig gehandelt hat und damit die Einflussnahme rechtswidrig ist. Diese Fälle dürften indes selten verbleiben, da dem Vorstand nur dann ein ermessensfehlerhaftes Verhalten vorzuwerfen ist, wenn die Schädigungsgefahr evident gewesen oder dem Leitungsorgan anzulasten ist, nicht in ausreichendem Maße Informationen eingeholt zu haben.

(2) Einflussnahme im Interesse anderer Positionen

Auch wenn Hedgefonds Einfluss im Interesse anderer Positionen ausüben, kann dies in Konfliktsituationen dem Unternehmensinteresse zuwiderlaufen und damit zu einer Rechtswidrigkeit der Einflussnahme führen: Wenn Aktivisten beispielsweise wie im Fall der *Deutschen Börse AG*[1286] durch ihren Einfluss auf die Leitungsorgane eines Unternehmens Übernahmen blockieren, um mit an Übernahmepartner oder Konkurrenten gekoppelten Derivaten Renditen zu erzielen, verhindern Hedgefonds möglicherweise die durch die Transaktion verbundenen Vorteile in Form von Synergieeffekten, was zugleich dem Interesse des Unternehmens an einer dauerhaften Ertragsstärkung und Wettbewerbsfähigkeit sowie den Renditeinteressen der übrigen Aktionäre entgegenstehen kann. Zumindest in dem Fall, in dem Aktivisten ein ökonomisches Interesse an einem Kursrückgang durch andere Finanztitelinvestitionen aufweisen und sie aus diesem Grund für das Unternehmen objektiv erkennbar nachteilige Maßnahmen herbeiführen, liegt eine dem Gesellschaftsinteresse zuwiderlaufende und damit rechtswidrige Einflussnahme vor.

1284 Vgl. *Mertens*, in: Kölner Kommentar AktG, § 76 Rn. 24; *Baums*, in: FS K. Schmidt, S. 59 f.

1285 Siehe zum Fall *Cewe Color* oben S. 94 f.

1286 Siehe zum Fall *Deutsche Börse AG* oben S. 82.

EE) VORSATZ

Der Einflussnehmende muss subjektiv vorsätzlich in Bezug auf die Tatsache des Einflusses, des Bestimmens mit der konkreten Maßnahme und den daraus resultierenden möglichen Schaden der Gesellschaft handeln;[1287] dabei müssen Inhalt und Umfang des Schadens nicht vom Vorsatz umfasst sein.[1288] Ausreichend ist, wenn der Täter um die generelle Eignung der erwirkten Maßnahme zur Schädigung der AG oder ihrer Aktionäre weiß und dies billigend in Kauf nimmt *(dolus eventualis)*.[1289]

Blockieren Hedgefonds etwa Übernahmebemühungen wie in den Fällen *ABN Amro/Capitalia*,[1290] *Royal Bank of Scotland/ABN Amro*,[1291] *Adecco SA/DIS AG*[1292] oder *Novartis/Chiron*[1293] auf Seiten der Bieter- oder Zielgesellschaft, um einen aus ihrer Anteilsperspektive günstigeren Transaktionspreis zu erzielen, scheidet zugleich grundsätzlich ein Schädigungsvorsatz aus. Beeinflussen aktivistische Hedgefonds Portfoliogesellschaften, um kurzfristige Anlageziele zu verfolgen, kommt daher eine Haftung in diesen Fällen nur in Betracht, wenn eine langfristige Schädigung der Gesellschaft durch die Maßnahme zum Zeitpunkt der Einflussnahme erkennbar oder gar evident gewesen ist.

Daneben nehmen Hedgefonds einen Schaden der Gesellschaft oder der übrigen Aktionäre zumindest ausnahmsweise in den Fällen in Kauf, in denen sie im Interesse anderer Positionen Einfluss auf eine Gesellschaft nehmen, um deren Kurs zu senken. Bei § 117 AktG geht es in erster Linie um das Verbot, sich auf dem Umweg über den Aktionäreinfluss auf das Handeln von Organen und maßgeblichen Personen der Gesellschaft eigene Vorteile zu Lasten anderer Aktionäre zu verschaffen.[1294] Beeinflussen Hedgefonds etwa wie im Fall *Barclays/ABN Amro* den Vorstand einer potentiellen Bietergesellschaft, von einem Übernahmeangebot abzusehen, um als Aktionäre der Zielgesell-

---

[1287] Inhalt und Umfang des Schadens müssen aber nicht vom Vorsatz umfasst sein, *Wiesner*, in: Münchener Handbuch AG, § 27 Rn. 6; *Mertens*, in: Kölner Kommentar AktG, § 117 Rn. 23.

[1288] *Mertens*, in: Kölner Kommentar AktG, § 117 Rn. 23; *Kropff*, in: Münchener Kommentar AktG, § 117 Rn. 34; *Wiesner*, in: Münchener Handbuch AG, § 27 Rn. 56

[1289] Vgl. BGHZ 129, 141, 162; *Kropff*, in: Münchener Kommentar AktG, § 117 Rn. 33; *Mertens*, in: Kölner Kommentar AktG, § 117 Rn. 23; *Kort*, in: Großkomm. AktG, § 117 Rn. 156 f.; *Hüffer*, AktG, § 117 Rn. 7; *Brüggemeier*, AG 1988, 93, 98.

[1290] Siehe zum Fall *ABN Amro/Capitalia* oben S. 86 f.

[1291] Siehe zum Fall *Royal Bank of Scotland/ABN Amro* oben S. 87 f.

[1292] Siehe zum Fall *Adecco SA/DIS AG* oben S. 90 f.

[1293] Siehe zum Fall *Novartis/Chiron* oben S. 89.

[1294] Vgl. *Lutter*, JZ 1976, 225, 229.

schaft von einer höheren Offerte zu profitieren, nehmen sie auf Seiten der Bietergesellschaft einen Schaden in Kauf, wenn die Transaktion für diese wirtschaftlich vorteilhaft wäre. Ebenso billigen sie eine Schädigung der Gesellschaft, wenn sie als Aktionäre der potentiellen Zielgesellschaft deren Vorstand dazu verleiten, Gegenmaßnahmen einzuleiten, um die von der Bietergesellschaft avisierte Übernahme zu blockieren und der Zielgesellschaft Gewinne aus nicht realisierten Synergieeffekten entgehen.

FF) BETEILIGUNGSVORAUSSETZUNGEN

Da einzelne Hedgefonds regelmäßig keine Beteiligungen erwerben, die für sich allein bereits einen relevanten Einfluss vermitteln würden, kommt auch bei dieser Haftung in der Praxis häufig lediglich eine gemeinschaftliche Begehung in Betracht. Soweit die Norm als deliktsrechtlicher Spezialtatbestand zu qualifizieren ist, müssen die zusätzlichen Beteiligungsvoraussetzungen des § 830 BGB und § 840 BGB erfüllt sein.[1295]

C) BEWEISLASTUMKEHR ?

Insbesondere weil die Haftung auf vorsätzliche Schädigungen des Gesellschafts- oder Gesellschaftervermögens beschränkt ist, hat die Norm auf Grund der hohen tatsächlichen Voraussetzungen und der damit einhergehenden Beweisprobleme in der Praxis keine große Bedeutung.[1296] Aus diesen Gründen handelt es sich bei § 117 AktG um einen in aller Regel unpraktikablen Schutz. Die Beweislast für die Haftungsvoraussetzungen obliegt dem Anspruchssteller, da § 117 AktG keine Umkehr anordnet;[1297] so hat der Anspruchssteller insbesondere die generelle Schädigungseignung – etwa im Falle einer zu hohen Ausschüttung – dazulegen und zu beweisen. Sind einem Einflussnehmer infolge der Schädigung der Gesellschaft oder ihrer Aktionäre Vorteile zugefallen, so mag im Einzelfall die tatsächliche Vermutung begründet sein, dass er seinen Einfluss vorsätzlich zum Schaden der Gesellschaft oder ihrer Aktionäre benutzt hat.[1298] Weil *Voigt* die Norm als organhaftungsähnliche Anspruchsgrundlage einordnet, befürwortet er eine entsprechende Anwendung der Beweislastumkehr des § 93 Absatz 2 AktG für das Merkmal

---

[1295] Vgl. *Kropff*, in: Münchener Kommentar AktG, § 117 Rn. 6; *Kort*, in: Großkomm. AktG, § 117 Rn. 94.

[1296] Vgl. *Schall*, in: Spindler/Stilz, § 117 Rn. 1; *Thaeter/Guski*, AG 2007, 301, 304; *Raiser/Veil*, Recht der Kapitalgesellschaften, § 12 Rn. 43.

[1297] *Kort*, in: Großkomm. AktG, § 117 Rn. 161; *Hüffer*, AktG, § 117 Rn. 7.

[1298] *Mertens*, in: Kölner Kommentar AktG, § 117 Rn. 24; *Kropff*, in: Münchener Kommentar AktG, § 117 Rn. 35.

der objektiven Sorgfaltspflichtverletzung und das Vorsatzerfordernis, was zugleich die praxisrelevanten Probleme bei der Prozessführung im Rahmen des § 117 AktG verringern würde.[1299] Da allerdings die Norm als deliktsrechtlicher Sondertatbestand zu qualifizieren ist, scheidet eine analoge Anwendung der Beweislastumkehrregelung des Organhaftungsrechts aus.[1300] Daneben fehlt es an einer für eine Analogie erforderlichen planwidrigen Regelungslücke: Im Gegensatz zu § 117 Absatz 1 AktG sieht der Gesetzgeber im Rahmen des Schadensersatzanspruchs gegen die Mitglieder der Leitungsorgane nach Absatz 2 ausdrücklich eine Beweislastumkehr vor; mit dieser eindeutigen Entscheidung des Legislativorgans ist folglich bei Absatz 1 eine entsprechende Anwendung der Beweislastregel ausgeschlossen. Allenfalls Darlegungs- und Beweiserleichterungen auf Grund allgemeiner Grundsätze können hier weiterhelfen, wobei insbesondere an die sekundäre Darlegungslastverteilung zu denken ist.[1301]

D) Unterlassungsanspruch

Aus der deliktsrechtlichen Einordnung von § 117 AktG ergibt sich, dass bei einem drohenden rechtswidrigen Verstoß eine – gegebenenfalls vorbeugende – Unterlassungsklage in Betracht kommt.[1302] Eine solche Klage setzt kein Verschulden des Täters voraus, weswegen zumindest insoweit die Voraussetzungen praktisch leichter nachzuweisen sind.[1303] Die Gefahr eines objektiv widerrechtlichen Eingriffs muss allerdings hinreichend konkretisiert sein. Drohen Hedgefonds etwa in öffentlichen Briefen oder Interviews dem Vorstand Konsequenzen für den Fall an, dass er sich den von ihnen erwünschten Maßnahmen widersetzt oder kündigen die Aktivisten bereits im Vorfeld einen bestimmten Stimmrechtsgebrauch an, können im Einzelfall die Voraussetzungen eines vorbeugenden Unterlassungsanspruches vorliegen. Im Wege des vorläufigen Rechtsschutzes könnte der Vorstand eine einstweilige Verfügung erwirken, die konkrete Einflussmaßnahmen – eine bevorstehende Stimmrechtsausübung, Aufrufe zum Stimmrechtszusammenschluss, aber auch öf-

---

1299 *Voigt*, Haftung aus Einfluss auf die Aktiengesellschaft, S. 247 f.

1300 *Kropff*, in: Münchener Kommentar AktG, § 117 Rn. 35. Siehe zur Einordnung als deliktischer Sondertatbestand oben S. 246 ff.

1301 *Schmidt/Spindler*, Finanzinvestoren aus ökonomischer und juristischer Perspektive, S. 273.

1302 *Kort*, in: Großkomm. AktG, § 117 Rn. 95; *Kropff*, in: Münchener Kommentar AktG, § 117 Rn. 6; *Wagner*, in: Münchener Kommentar BGB, Vor § 823 Rn. 74; *Münch*, in: Soergel, BGB, § 1004 Rn. 112.

1303 Vgl. statt vieler *Wagner*, in: Münchener Kommentar BGB, Vor § 823 Rn. 75; *Münch*, in: Soergel, BGB, § 1004 Rn. 116.

fentliche Androhungen oder negative Äußerungen über die Geschäftspolitik – untersagt und für Zuwiderhandlungen eine Verhängung von Zwangsgeldern vorsieht. Indes muss hierfür die von den Fonds erwünschte Maßnahme dem Unternehmensinteresse zuwiderlaufen, die Einwirkung auf ein rechtswidriges Handeln des Vorstands gerichtet und geeignet sein, einen Schaden der Gesellschaft zu verursachen. Diese Umstände nachzuweisen zieht wie im Hauptsacheverfahren erhebliche Probleme nach sich und dürfte insbesondere auf Grund der für die Feststellung der drohenden Schädigung erforderlichen ökonomischen Begutachtung in der kurzen Frist eines Verfahrens des vorläufigen Rechtsschutzes regelmäßig nicht zu bewerkstelligen sein. Überdies ließe sich einwenden, Meinungsäußerungen könnten nicht unzulässig sein, und der Vorstand müsse derartige öffentliche Diskussionen hinnehmen und gegebenenfalls auf einer Hauptversammlung die Entscheidung suchen.[1304] Die Möglichkeit einer Unterlassungsklage stellt damit ein grundsätzlich wenig praxistaugliches Abwehrmittel dar.

Rechtlich fragwürdig erscheint bei einem solchen Vorgehen zudem, dass auf diese Weise möglicherweise in die Entscheidungskompetenz der Hauptversammlung eingegriffen würde.[1305] Daneben stehen diesem Instrument des Vorstands im Prozess der Meinungsbildung der Aktionäre führungspolitische Bedenken gegenüber: Da Hedgefonds mit der Einflussnahme häufig die Unternehmenspolitik des Vorstands in Frage stellen, würde mit solchen Maßnahmen beim breiten Anlegerpublikum der Eindruck erweckt, dass der Vorstand sich nicht argumentativ auf den Diskurs einlässt, sondern stattdessen lediglich Kritiker auf rechtlichem Wege an der Äußerung ihrer Meinung hindert. Dieser unsouveräne Eindruck könnte mit einem Vertrauensverlust gegenüber dem Vorstand einhergehen und ihn schwächen. Auf der anderen Seite würde aber durch ein solches Vorgehen der Vorstand gegenüber der Kritik mächtiger Aktionäre abgeschirmt und zugleich in einer vom Gesetz nicht erwünschten Weise gegenüber den Anteilsinhabern gestärkt; dies würde im Ergebnis dem Gedanken einer ausgewogenen Machtverteilung im Sinne einer guten *Corporate Governance* zuwiderlaufen.

E) ZUSAMMENFASSUNG

Hedgefonds können sowohl als Eigenkapitalgeber als auch als Fremdkapitalgeber Adressaten eines Schadensersatzanspruches aus § 117 AktG sein. Ver-

---

[1304] Vgl. zur Treupflicht *Arnold*, ZCG 2008, 221, 224.

[1305] Vgl. § 118 Absatz 1 AktG und *Häsemeyer*, ZHR 160, 109, 123 f.

ursachen sie durch ihre – rechtliche oder faktische – Einflussnahme ein pflichtwidriges Verhalten der Leitungsorgane, das nicht durch das dem Vorstand eingeräumte Leitungsermessen einschließlich des Maßstabes der *business judgment rule* gedeckt ist, handeln die Aktivisten rechtswidrig. Gefährden Hedgefonds durch ihre Intervention die dauerhafte Ertragsfähigkeit und Wettbewerbsfähigkeit des Unternehmens, liegt ein ermessenswidriges Handeln des Vorstands gegen das Unternehmensinteresse und damit zugleich ein rechtswidriges Verhalten der Hedgefonds vor. Dies gilt insbesondere für den Fall, dass Aktivisten ein ökonomisches Interesse an einem Kursrückgang durch Investitionen in andere Finanzinstrumente haben und sie aus diesem Grund für das Unternehmen objektiv erkennbar nachteilige Maßnahmen herbeiführen. Für eine vorsätzliche Schadenszuführung müssen die Aktivisten im Zeitpunkt der Einflussnahme um die generelle Eignung der forcierten Maßnahme gewusst haben, die Gesellschaft oder ihre Aktionäre zu schädigen. Hedgefonds nehmen einen Schaden der Gesellschaft oder der übrigen Aktionäre zumindest in den Fällen in Kauf, in denen sie im Interesse anderer Positionen Einfluss auf eine Gesellschaft nehmen, um den Kurs ihrer Aktien zu senken. Weil der Anspruchssteller die haftungsbegründenden Umstände – insbesondere der Schädigungseignung – wegen des Fehlens einer Beweislastumkehr darzulegen und zu beweisen hat, gewährt die Norm lediglich einen praktisch in der Regel nicht wirksamen Schutz.

Das wertende Korrektiv der Rechtswidrigkeit im Rahmen des deliktsrechtlichen Tatbestandes zeigt, dass das Gesetz eine Einflussnahme von Aktivisten auf die Geschäftspolitik eines Unternehmens grundsätzlich billigt. Da die Leitungsorgane bei ihrer unternehmerischen Entscheidungsfindung das Unternehmensinteresse und damit zugleich auch die Interessen der verschiedenen Stakeholder – vor allem die Aktionärsinteressen – zu berücksichtigen haben, kann eine Partikularbeeinflussung nicht per se Haftungsfolgen für die Einflussnehmer auslösen. Formelle oder auch informelle Kontakte zwischen Stakeholdern und Mitgliedern der Leitungsorgane können und sollen in den Entscheidungsprozess einfließen, ohne dass Stakeholder Haftungsansprüche fürchten müssen. Dies gilt auch in den Fällen, in denen Aktivisten durch Druck oder Drohungen einen größeren Einflusshebel nutzen. Ansonsten würden sowohl eine – jeweils unter dem Gesichtspunkt einer guten *Corporate Governance* erwünschte – Kommunikation zwischen Interessengruppen und Leitungsorganen als auch eine Überwachung der Verwaltung nach der gesetzlichen Konzeption erschwert oder gar unterbunden.

Da einzelne Hedgefonds regelmäßig keine Beteiligungen erwerben, die für sich allein bereits einen relevanten Einfluss vermitteln würden, kommt auch bei dieser Haftung in der Praxis häufig lediglich eine gemeinschaftliche Begehung in Betracht. Da die Norm als deliktsrechtlicher Spezialtatbestand zu qualifizieren ist, müssen die zusätzlichen Beteiligungsvoraussetzungen des § 830 BGB und § 840 BGB erfüllt sein.

2. Die Verantwortlichkeit als faktisches Organ (§ 93 Abs. 2 AktG analog)

Denkbar erscheint daneben, dass Hedgefonds auf Grund ihrer faktischen Einflussnahme auf die Geschäftsführung einer Gesellschaft wie ein Geschäftsleiter als faktisches Organ nach § 93 Absatz 2 AktG analog haften.[1306] Rechtsfolge wäre dann, dass die Einfluss nehmenden Hedgefonds den typischen Leitungsorganpflichten unterworfen und der Gesellschaft bei Verletzung derselben zum Schadensersatz verpflichtet wären, wenn sie sich wie ein Geschäftsführer gerieren. Losgelöst von der Frage, ob eine ausreichende Koordination im Falle einer gemeinschaftlichen Einflussnahme zwischen den Aktivisten hergestellt wird, um die Rechtsfolgen auf alle Teilnehmer erstrecken zu können, wird an dieser Stelle untersucht, ob und unter welchen Voraussetzungen eine solche Verantwortlichkeit in Betracht kommt.

a) Die Rechtsfigur des faktischen Organs, Meinungsstand

Rechtsprechung und Literatur diskutieren kontrovers, ob eine aktienrechtliche Verantwortlichkeit entsprechend § 93 Absatz 2 AktG für den Fall besteht, in dem es an einem förmlichen Bestellungsakt fehlt, die betreffenden Personen aber tatsächlich Vorstandsaufgaben wahrnehmen. Eine Auffassung in der Literatur wendet den verantwortungsrechtlichen Organbegriff im Grundsatz lediglich auf fehlerhaft bestellte Organmitglieder an.[1307] Nicht ausreichen soll, dass jemand wie ein Geschäftsführer die Geschäfte einer Kapitalgesellschaft führt. Auch soll nicht genügen, dass jemand dauerhaft auf einen Geschäftsführer Einfluss nimmt oder sich als Mehrheitsgesellschafter intensiv um die Geschäfte kümmert.[1308] Demgegenüber haftet nach Auffassung des *BGH* eine

---

[1306] Eine Haftung nach § 93 Absatz 2 AktG analog setzt voraus, dass es sich bei § 93 Absatz 2 AktG um eine eine Schadensersatzhaftung anordnende Norm handelt. Dies ist umstritten – verneinend etwa *Baums*, Der Geschäftsleitervertrag, S. 211 ff., 213 – im Ergebnis aber nicht relevant.

[1307] Vgl. *Hüffer*, AktG, § 93 Rn. 12; *Stein*, Das faktische Organ, S. 121, 143 f., 200; siehe zudem die weiteren Nachweise bei *Fleischer*, AG 2004, 517, 519.

[1308] Vgl. *Fleischer*, AG 2004, 517, 519.

Person wie ein Vorstand unabhängig von einer fehlerhaften Bestellung, wenn sie sich faktisch wie ein solcher verhält.[1309] Abzustellen sei auf eine materielle Betrachtung, bei der eine rein interne Einwirkung auf die Geschäftsführungsorgane für eine Zurechnung nicht ausreiche. Notwendig sei ein nach außen hervortretendes, üblicherweise der Geschäftsführung zuzurechnendes Handeln. Nicht erforderlich für eine Haftung sei, dass der faktische die gesetzlichen Geschäftsführer völlig verdrängt.[1310] Eine ähnliche Haltung nimmt ein großer Teil der Literatur ein,[1311] wobei einige Autoren eine Haftung nur befürworten, wenn der Aufsichtsrat einer Geschäftsführungsübernahme zugestimmt oder zumindest Kenntnis hiervon hat.[1312] Nicht jede gesellschaftsbezogene Machtausübung kann dem organschaftlichen Verantwortlichkeitsregime unterstellt werden, da sich Verantwortlichkeiten ohne ein organisatorisches Gefüge nicht erfassen lassen. Haftungsbegründend wirkt erst und nur die Wahrnehmung organspezifischer Funktionen in organtypischer Weise.[1313] Aus diesem Grund werden Anteilseigner, die sich intensiv um die Angelegenheiten der Gesellschaft kümmern, dadurch nicht ohne weiteres zum faktischen Organ.[1314] Einzelne Stimmen in der Literatur sehen das haftungsauslösende Moment in einer Verdrängung des gesetzmäßigen Organs, da der faktisch Handelnde in diesem Fall dem Vorstand die eigenverantwortliche Wahrnehmung der Leitung weitgehend unmöglich macht und das gesetzliche Geschäftsführungsorgan damit als Verantwortungsträger entfällt.[1315] Lücken im Gesellschafts-, Aktionärs- und Gläubigerschutz können nur auftreten, soweit die Voraussetzungen des § 117 AktG nicht vorliegen, wenn also der Vorstand von der Geschäftsführung faktisch ausgeschlossen wird.[1316] Auf diese Weise trifft die Haftung auch den Mehrheitsgesellschafter, der in die Ge-

---

[1309] BGHZ 150, 61, 69.

[1310] BGHZ 104, 44, 47 f.; BGHZ 150, 61, 70.

[1311] Vgl. *Wiesner*, in: Münchener Handbuch AG, § 20 Rn. 38; *Fleischer*, AG 2004, 517, 524.

[1312] Vgl. *Hopt*, in: Großkomm. AktG, § 93 Rn. 50; *Hefermehl/Spindler*, in: Münchener Kommentar AktG, § 93 Rn. 16; *Hefermehl*, in: Geßler/Hefermehl, AktG, § 93 Rn. 8.

[1313] Vgl. *Wiesner*, in: Münchener Handbuch AG, § 20 Rn. 38; *Fleischer*, AG 2004, 517, 524. A. A. *Hopt*, in: Großkomm. AktG, § 93 Rn. 50.

[1314] *Fleischer*, AG 2004, 517, 524; *Hopt*, in: Großkomm. AktG, § 93 Rn. 51.

[1315] Vgl. *Mertens*, in: Kölner Kommentar AktG, § 93 Rn. 12; *Hopt*, in: Großkomm. AktG, § 93 Rn. 49.; *Stein*, Das faktische Organ, S. 184 f.; *Hefermehl/Spindler*, in: Münchener Kommentar AktG, § 93 Rn. 16. A.A *Fleischer*, AG 2004, 517, 525.

[1316] *Stein*, Das faktische Organ, S. 188.

schäftsführung eingreift oder in einer Krise Sanierungsverhandlungen unter Ausschluss des Vorstands selbst führt.[1317]

b) Einflussnahme als Verbandsmitglieder

Selbst nach den Auffassungen, die eine Haftung ohne fehlerhafte Bestellung befürworten, scheidet eine aktienrechtliche Verantwortlichkeit von Hedgefonds als faktisches Organ der Portfoliogesellschaft regelmäßig aus. Indem sie durch medienwirksames Auftreten oder in persönlichen Gesprächen faktisch Druck gegenüber Vorstand und Aufsichtsrat ausüben, um geschäftspolitische Entscheidungen zu beeinflussen, beeinträchtigen die Aktivisten zwar gegebenenfalls den Willensbildungsprozess der Leitungsorgane. Indes übernehmen Hedgefonds dadurch nach außen hin keine organspezifischen Funktionen in organtypischer Weise, da weiterhin der Vorstand als Geschäftsführungsorgan auftritt. Daneben nimmt die gesellschaftsinterne Einflussnahme regelmäßig nicht eine Intensität an, die einer maßgeblichen Verdrängung der bestellten Geschäftsleiter gleich käme und die Aktivisten als vollständig lenkende und damit auch verantwortliche Hintermänner erscheinen ließe.[1318]

c) Einflussnahme als Fremdkapitalgeber

Auch als Fremdkapitalgeber unterliegen Hedgefonds in der Regel keiner aktienrechtlichen Verantwortung aus einer faktischen Organschaft, wenn sie aktiv die Strategien *distressed debt* und *distressed securities* verfolgen. Selbst wenn Hedgefonds auf Sanierungsverhandlungen Einfluss nehmen, schließen sie den Vorstand regelmäßig nicht von den Gesprächen aus und ziehen sämtliche Maßnahmen an sich, so dass das gesetzliche Geschäftsführungsorgan als Verantwortungsträger ausfällt. Eine Haftung kommt nur in Betracht, wenn Hedgefonds als Fremdkapitalgeber in die gesetzliche Organisationsstruktur der Gesellschaft eindringen. Sobald koordinierte Hedgefonds nach dem Gesamtbild nach außen hin Finanzangelegenheiten in Krisenzeiten allein übernehmen einschließlich der exklusiven Verhandlungsführung mit allen Gesellschaftsgläubigern und einen Restrukturierungsprozess vollständig unter Ausschluss des Vorstands gestalten, erscheint nach Auffassung einiger Autoren in der Literatur ausnahmsweise eine Haftung als faktisches Organ denkbar.[1319] Allerdings scheidet nach Auffassung des *BGH* eine Haftung von Hedgefonds

---

[1317] *Mertens*, in: Kölner Kommentar AktG, § 93 Rn. 12; *Stein*, Das faktische Organ, S. 188 f.; *Hopt*, in: Großkomm. AktG, § 93 Rn. 51.

[1318] Vgl. *Thaeter/Guski*, AG 2007, 301, 305.

[1319] Vgl. *Fleischer*, in: Fleischer, Handbuch des Vorstandsrechts, § 11 Rn. 31.

als faktische Geschäftsführungsorgane aus, da juristische Personen nicht Verantwortungsträger einer organschaftlichen Haftung und nach § 76 Absatz 3 AktG nur natürliche Personen Geschäftsleiter sein können.[1320] Anstelle einer Haftung der Hedgefonds selbst[1321] ist dann an eine Haftung der handelnden Manager zu denken. Wenn jedoch Haftungsgrund die Okkupierung der Geschäftsleiterposition sein soll, erscheint es nicht folgerichtig, dass als taugliche Haftungssubjekte nur natürliche Personen in Betracht kommen sollen, sodass eine organschaftliche Haftung von Hedgefonds aus diesem Grunde nicht auszuschließen ist.[1322]

d) Zusammenfassung

Selbst nach den Auffassungen, die eine Haftung ohne fehlerhafte Bestellung befürworten, scheidet eine aktienrechtliche Verantwortlichkeit von Hedgefonds als faktisches Organ der Portfoliogesellschaft sowohl als Verbandsmitglied als auch als Fremdkapitalgeber aus. Im Rahmen einer Einflussnahme üben sie nach außen hin keine organtypischen Funktionen in organtypischer Weise aus.

3. Die Treupflicht des Aktionärs

Aktive Hedgefonds beeinflussen Portfoliogesellschaften primär, indem sie ihre Stimmrechte – gegebenenfalls kollektiv – ausüben. Um ihre strategischen Ziele zu erreichen, versuchen sie, Mehrheitsbeschlüsse herbeizuführen oder Beschlüsse entgegen den Vorstellungen des Vorstands zu blockieren. Literatur und Rechtsprechung leiten die den Mehrheitsentscheidungen immanenten Schranken überwiegend aus der gesellschafterlichen Treupflicht ab.[1323] Diese Form der Einflussbeschränkung verpflichtet zur Rücksichtnahme auf die Gesellschaftsbelange sowie auf die mitgliedschaftlich vermittelten Interessen der anderen Gesellschafter.[1324] Im Kern geht es um die Einhaltung des Verspre-

---

[1320] Vgl. BGHZ 150, 61, 68.

[1321] Bei in Deutschland aufgelegten Hedgefonds kommt als Haftungssubjekt entweder die Investmentaktiengesellschaft im Sinne des § 2 Absatz 5 InvG oder die Kapitalanlagegesellschaft im Sinne des § 2 Absatz 1 InvG in Betracht, die den Fonds als Sondervermögen mit zusätzlichen Risiken verwaltet.

[1322] Vgl. *Fleischer*, AG 2004, 517, 526; *ders.*, in: Fleischer, Handbuch des Vorstandsrechts, § 11 Rn. 28 m. w. Nachw.

[1323] Vgl. *Henze*, Aktienrecht, Rn. 1047; *Lutter*, ZHR 162, 164, 167; *Wiedemann*, in: FS Heinsius, S. 950.

[1324] BGHZ 103, 184, 195; 129, 136, 142, 144; *Bungeroth*, in: Münchener Kommentar AktG, Vor § 53a Rn. 19; *Lutter*, ZHR 162, 164, 168; *Henze*, BB 1996, 489, 490.

chens, den gemeinsamen Zweck zu fördern.[1325] Die Treupflicht orientiert sich damit am Gesellschaftsinteresse unter Bezug auf den Gesellschaftszweck. Missachten Aktionäre diesen Maßstab, überschreiten sie den durch die Loyalität beschränkten Rahmen der Entscheidungskompetenz.[1326] Wenn ein Hauptversammlungsbeschluss mittels treuwidriger Stimmen zu Stande gekommen ist, begründet dies einen Gesetzesverstoß und in der Folge eine Anfechtbarkeit nach § 243 Absatz 1 AktG.[1327] Das Abstimmungsergebnis ist damit nicht schlechthin maßgeblich, selbst wenn die gesetzliche oder satzungsmäßige Mehrheit für einen Beschlussvorschlag erzielt wurde. Daneben lässt sich aus der Treupflicht ausnahmsweise eine positive Stimmpflicht herleiten, die eine Blockadepolitik untersagt und deren Verletzung auch durch Anfechtungsklage geltend gemacht werden kann.[1328]

Missachten können aktivistische Hedgefonds die ihnen obliegenden mitgliedschaftlichen Treupflichten ebenso, wenn sie sonstige Mitgliedschaftsrechte ausüben, um die Gesellschaft zu beeinflussen. Da sie ferner durch faktische Einwirkung auf die Leitungsorgane der Gesellschaft die Interessen ihrer Mitgesellschafter oder der Gesellschaft selbst beeinträchtigen können, kommt gleichfalls eine Begrenzung dieser Einflussmacht durch das Postulat der Treupflicht in Betracht.[1329] Erörtert wird zudem, ob sich aus der gesellschaftsrechtlichen Treupflicht weitere aktive Verhaltenspflichten gegenüber der Gesellschaft und den Mitaktionären begründen lassen.

Die praktische Bedeutung des Treupflichtgedankens bleibt bei der Aktiengesellschaft deutlich hinter derjenigen in anderen Gesellschaftsformen – wie den Personengesellschaften und der GmbH – zurück. Insbesondere werden als Gründe hierfür die eingeschränkten Mitwirkungsrechte der Aktionäre, die lediglich verhältnismäßig geringe Machtbefugnisse und Zuständigkeiten innehaben, sowie die hohe Regelungsdichte des Gesetzes- und Richterrechts im

---

1325 So die grundsätzliche Pflichtenumschreibung gemäß § 705 BGB, die als Grundnorm des gesamten Korporationsrechts zu verstehen ist, vgl. *Timm*, WM 1991, 481, 482; *Lutter*, ZHR 153, 446, 454 m. w. Nachw.

1326 *Lutter*, ZHR 162, 164.

1327 BGHZ 103, 184, 193 f.; *Hüffer*, in: Münchener Kommentar AktG, § 243 Rn. 21; *Timm*, WM 1991, 481, 486. Treuwidrige Stimmen können zwar bei der Beschlussfassung nach Rüge zurückgewiesen werden; indes wird es dem Leiter der Hauptversammlung nicht möglich sein, die juristisch anspruchsvolle Frage der Treuwidrigkeit in der gebotenen Kürze zuverlässig beurteilen zu können, vgl. *Häsemeyer*, ZHR 160, 109, 122; *Marsch-Barner*, ZHR 157, 172, 189.

1328 Vgl. *K. Schmidt*, in: Großkomm. AktG, § 243 Rn. 50; *ders.*, Gesellschaftsrecht, S. 134.

1329 Vgl. RGZ 65, 149, 160; *Wiedemann*, Gesellschaftsrecht I, S. 431; *Henze*, in: FS Kellermann, S. 152.

Aktienrecht genannt.[1330] Allerdings klammert diese Betrachtung unter anderem die tatsächlichen Einflussmöglichkeiten mächtiger Aktionäre aus; nebenbei setzen Hedgefonds ihre Mitwirkungsrechte zum Teil aus gesellschaftsexternen Motiven mit damit verbundenen Gefahren für die Interessen der Gesellschaft und der Mitgesellschafter ein. Ferner konnte der Gesetzgeber alle denkbaren Konfliktlagen des komplexen Binnenlebens einer Gesellschaft nicht exakt regeln und damit den Normbedarf auf Grund der Vielgestaltigkeit der Verhältnisse und Veränderungen nicht vollständig abdecken.[1331] Damit ist die Treupflicht das Rechtsprinzip, dessen Konkretisierung es erlaubt, fehlende Einzelnormen zu gewinnen.[1332] Sie befriedigt das Bedürfnis nach einer inhaltlichen Kontrolle gesellschaftsbezogenen Verhaltens einzelner Aktionäre noch unterhalb der Schwelle des Rechtsmissbauchs.[1333] Aus diesem Grund könnte gerade die Treupflicht als Korrektiv für Einflussnahmetechniken aktivistischer Hedgefonds dienen, um besondere Verhaltensmaßstäbe festzulegen.[1334]

Im Folgenden wird untersucht, ob aktivistische Hedgefonds durch ihr Vorgehen ihre mitgliedschaftliche Treupflicht verletzen. Zu diesem Zweck werden zunächst der Regelungsgehalt der Treupflicht und inzident deren Entwicklung in der Rechtsprechung nachgezeichnet (a), um sodann die aktivistischen Einflusstechniken von Hedgefonds anhand der von Rechtsprechung und Literatur herangezogenen Kriterien zu überprüfen (b). Anschließend wird dargelegt, unter welchen Umständen ein treuwidriges Verhalten von Hedgefonds Unterlassungs- oder Schadensersatzansprüche auslöst (c). Ferner ist zu besprechen, ob die Treupflicht in ihrer pflichtbegründenden Funktion besondere Publizitätsverpflichtungen für aktivistische Strategien bereitstellt (d).

a) Entwicklung und Inhalt

Im Aktienrecht galten gesellschaftsrechtliche Treupflichten lange Zeit als auf das Verhältnis zwischen Gesellschaft und Aktionären beschränkt;[1335] umstritten war hingegen die Frage, ob eine Treupflicht auch unter Aktionären be-

---

[1330] Vgl. *Röhricht*, in: Hommelhoff/Hopt/v. Werder, Handbuch Corporate Governance, S. 542 f.; *Henze/Notz*, in: Großkomm. AktG, Anh § 53a Rn. 11.

[1331] Vgl. *Henze/Notz*, in: Großkomm. AktG, Anh § 53a Rn. 11; *Hüffer*, in: FS Steindorff, S. 59.

[1332] *Hüffer*, in: FS Steindorff, S. 59.

[1333] *Cahn/Senger*, in: Spindler/Stilz, AktG, § 53a Rn. 36.

[1334] Vgl. für das amerikanische Recht *Anabtawi/Stout*, Fiduciary Duties for Activist Shareholders, S. 51.

[1335] Vgl. BGHZ 14, 25, 38; 18, 350, 365; *BGH*, WM 1976, 449 – Audi/NSU.

steht.[1336] Schließlich erkannte der *BGH* in der *Linotype*-[1337] und der darauf folgenden *Girmes*-[1338]Entscheidung an, dass alle Groß- und Minderheitsaktionäre eine Treupflicht nicht nur gegenüber der Gesellschaft, sondern auch gegenüber ihren Mitaktionären trifft.[1339] Während die Rechtsprechung auf die dogmatische Grundlage der Treupflicht nicht eingeht,[1340] beurteilt die Literatur den Rechtsgrund uneinheitlich. Zum Teil wird vertreten, sie sei schuldrechtlicher beziehungsweise rechtsgeschäftlicher Herkunft und ergebe sich aus § 242 BGB in Verbindung mit dem Gesellschaftsverhältnis als Sonderrechtsbeziehung zwischen den Aktionären[1341], wobei zum Teil die Satzung als gesellschaftsvertraglicher Ursprung hervorgehoben wird[1342]. Nach anderer Ansicht ist sie in der Mitgliedschaft – genauer in der Förderpflicht des § 705 BGB – begründet und damit gesellschaftsrechtlicher oder gesetzlicher Natur.[1343] Losgelöst von den Kategorien gesetzlich oder rechtsgeschäftlich sei sie nach einem weiteren Erklärungsansatz ein Anwendungsfall richterrechtlicher Rechtsfortbildung, weshalb die Rechtsprechung eine spezielle dogmatische Grundlage nicht anführen müsse.[1344]

Die Treupflicht wurde im Recht der GmbH wegen deren typischerweise personalistischen Struktur aus dem Recht der Personengesellschaften übernom-

---

1336 Das Bestehen der gesellschaftsrechtlichen Treupflicht ist im Recht der Personengesellschaften und – seit der ITT-Entscheidung des *BGH* – auch im Recht der GmbH sowohl im Verhältnis zwischen der Gesellschaft und den Gesellschaftern als auch unter den Gesellschaftern anerkannt, vgl. *Lutter*, ZHR 153, 446, 452 ff.; BGHZ 65, 15.

1337 BGHZ 103, 184.

1338 BGHZ 129, 136.

1339 Die Existenz einer „horizontalen" Treupflicht, also einer Treupflicht zwischen den Aktionären einer Aktiengesellschaft, wird spätestens seit den zitierten Entscheidungen des *BGH* zutreffend auch in der Literatur überwiegend nicht mehr in Abrede gestellt, vgl. statt vieler *Henze/Notz*, in: Großkomm. AktG, Anh § 53a Rn. 7; *Hüffer*, AktG, § 53a Rn. 14; *Lutter*, ZHR 162, 164, 168; *Hennrichs*, AcP 1995, 221, 242 ff.; *Dreher*, ZHR 157, 150, 152 f. m. w. Nachw. Nachweise zu Stimmen in der Literatur, die sich gegen die Anerkennung einer zwischen den Aktionären bestehenden Treupflicht aussprechen, bei *Nodoushani*, Die Treupflicht der Aktionäre und ihrer Stimmrechtsvertreter, S. 58.

1340 Vgl. *Henze/Notz*, in: Großkomm. AktG, Anh § 53a Rn. 13.

1341 *Hennrichs*, AcP 1995, 221, 228 f., 234; *Cahn/Senger*, in: Spindler/Stilz, AktG, § 53a Rn. 39; *Lutter*, ZHR 162, 164, 168; *Henze*, in: FS Kellermann, S. 149; *Nehls*, Die gesellschaftsrechtliche Treupflicht im Aktienrecht, S. 49 f.

1342 *Hüffer*, AktG, § 53a Rn. 15; *ders.*, in: FS Steindorff, S. 65 ff.; *Henze*, BB 1996, 489, 492.

1343 *Marsch-Barner*, ZHR 157, 172, 173; *Mimberg*, in: Marsch-Barner/Schäfer, Handbuch börsennotierte AG, § 36 Rn. 31; *Häsemeyer*, ZHR 160, 109, 113; *Timm*, WM 1991, 481, 482.

1344 Vgl. *Hüffer*, in: Münchener Kommentar AktG, § 243 Rn. 44; *ders.*, AktG, § 53a Rn. 15; *Mimberg*, in: Marsch-Barner/Schäfer, Handbuch börsennotierte AG, § 36 Rn. 31.

men. Dabei überzeugte es zunächst, dass die Grundlage für die Treupflicht in der auf gegenseitiges Vertrauen gegründeten personenbezogenen Arbeits- und Lebensgemeinschaft bestehe.[1345] Auf den Typus der „kapitalistischen" Aktiengesellschaft, insbesondere die Publikumsgesellschaft, in der die Interessen des einzelnen Aktionärs vorwiegend auf den Dividendenbezug beschränkt sind und die Aktionäre untereinander daher allenfalls lose Beziehungen verbinden, lässt sich diese Begründung der Treupflicht hingegen nicht übertragen.[1346] Vielmehr ist darauf abzustellen, dass die zwischen den Aktionären bestehenden Beziehungen denjenigen Sachverhalten ähneln, die im allgemeinen Schuldrecht zur Anerkennung der culpa in contrahendo als Gegensatz zur rein deliktsrechtlichen Haftung geführt haben. Maßgebend für die Einführung des Rechtsinstituts war nämlich die Erwägung, dass im Falle einer durch eine intensivierte Sonderbeziehung herbeigeführten erhöhten Schädigungsmöglichkeit eine vertragliche Inanspruchnahme angemessen ist.[1347] Aus diesen Gründen erkannte der *BGH* in seiner *Linotype*-Entscheidung erstmalig die in der Literatur vorbereitete Auffassung an, dass auch die Verbindung der Aktionäre untereinander eine Sonderverbindung darstellt und die in der AG gesteigerte Möglichkeit des Gesellschafters, durch Einflussnahme auf die Gesellschaft die gesellschaftsbezogenen Interessen der Mitgesellschafter zu beeinträchtigen, als Gegengewicht die gesellschaftsrechtliche Pflicht verlange, auf diese Interessen Rücksicht zu nehmen.[1348]

Damit verschaffte sich die zutreffende Erkenntnis Raum, dass für das Vorhandensein von Treubindungen nicht der seiner reinen Rechtsform nach personalistisch oder kapitalistisch strukturierte Verbandstyp entscheidend ist, sondern verbandsübergreifend die Treupflicht in dem Korrelat zwischen Macht und Verantwortung als Verhaltens- und insbesondere Rechtsaus-

---

[1345] Auch im Fall Linotype begründete der *BGH* die aktienrechtliche Treupflicht wegen der besonderen Aktionärszusammensetzung dieser Gesellschaft noch insbesondere mit deren personalistischen Struktur und dem damit gegebenen Näheverhältnis zwischen den Aktionären, vgl. BGHZ 103, 184, 194; *Henze*, BB 1996, 489 ff.; *Röhricht*, in: Hommelhoff/Hopt/v. Werder, Handbuch Corporate Governance, S. 525.

[1346] Vgl. *Röhricht*, in: Hommelhoff/Hopt/v. Werder, Handbuch Corporate Governance, S. 521 f.; *Hüffer*, § 53a Rn. 15, jeweils m. w. Nachw.

[1347] *Hennrichs*, AcP 1995, 221, 242 f.

[1348] Vgl. BGHZ 65, 15, 18 f.; 103, 184, 194 f.; 129, 136, 143. Zurückgehend auf *Zöllner*, Die Schranken mitgliedschaftlicher Stimmrechtsmacht bei den privatrechtlichen Personenverbänden, S. 337, 341, 350. Ihm folgend in der Literatur insbesondere *Wiedemann*, Gesellschaftsrecht I, S. 431; *Hüffer*, in: FS Steindorff, S. 59, 74; *Lutter*, ZHR 153, 446, 455; *Winter*, Mitgliedschaftliche Treubindungen im GmbH-Recht, S. 16 f.; *Henze*, in: FS Kellermann, S. 143.

übungsschranke fungiert.[1349] Rechtsgrund für die Treupflicht ist letztlich die Notwendigkeit einer Kontrolle der dem Mitaktionär eingeräumten unmittelbaren und mittelbaren Einwirkungsbefugnisse und Einwirkungsmöglichkeiten.[1350] Zwar kommt einem Minderheitsaktionär insbesondere mit seinem Stimmrecht grundsätzlich kein gefahrbegründender Einfluss auf die Entscheidungen der Gesellschaft zu. Indes begründet er ein Gefahrenpotential für die übrigen Mitgesellschafter, wenn er oder gemeinsam mit anderen eine Beteiligung erreicht, die es ihm ermöglicht, die Durchsetzung bestimmter Rechte zu erzwingen[1351] oder die Fassung wirksamer Beschlüsse zu verhindern[1352]. Der *BGH* hat daher in seiner Entscheidung im Fall *Girmes* bestätigt, dass auch Aktionärsminderheiten der Treupflicht unterworfen sind.[1353]

Inhaltlich begründet dieser Rechtssatz zum einen passive Loyalitätspflichten und aktive Förderpflichten, zum anderen kommt ihm eine Schrankenfunktion zu.[1354] Dabei sind subsumtionsfähige konkrete Pflichten zum Tun und Unterlassen erst durch eine wertende Interessenabwägung im Einzelfall zu ermitteln.[1355] Die Gerichte sollen in diesem Rahmen nicht zu weit in den Spielraum eindringen, der für die freie Willensbildung in der Gesellschaft verbleiben muss.[1356] Maßstäbe zur Bestimmung der Treupflicht sind die Interessen der

---

1349 Vgl. *Henze/Notz*, in: Großkomm. AktG, Anh § 53a Rn. 8; *Henze*, in: FS Kellermann, S. 149; *Marsch-Barner*, ZHR 157, 172, 179.

1350 *Timm*, WM 1991, 481, 482; *Häsemeyer*, ZHR 160, 109, 113.

1351 So beispielsweise die Einberufung der Hauptversammlung auf Verlangen einer Minderheit nach § 122 Absatz 1 und 3 AktG (5 Prozent des Grundkapitals oder abgeschwächte Regelung in Satzung), die Bestellung von Sonderprüfern nach § 142 Absatz 2 AktG (10 Prozent des Grundkapitals oder Eigenkapitalanteil in Höhe von 1 Mio. €), die Geltendmachung von Ersatzansprüchen nach § 147 Absatz 1 AktG (10 Prozent des Grundkapitals) oder das Recht auf bevorzugte Abstimmung über Aktionärsvorschläge zur Aufsichtsratswahl nach § 137 AktG (über 10 Prozent des bei der Beschlussfassung vertretenen Grundkapitals).

1352 So beispielsweise die Sperre gegen bedingte Kapitalerhöhungen nach § 193 Absatz 1 AktG, gegen die Bildung genehmigten Kapitals nach § 202 Absatz 2 AktG, gegen Kapitalherabsetzungen nach § 222 Absatz 1 (jeweils über 25 Prozent des bei der Beschlussfassung vertretenen Grundkapitals oder abgeschwächte Regelung in Satzung) sowie die Sperre gegen Kapitalerhöhungen durch Bar- oder Sacheinlagen nach § 182 Absatz 1 AktG (über 25 Prozent des bei der Beschlussfassung vertretenen Grundkapitals oder andere Regelung in Satzung). Genaue Übersicht der Minderheitenrechte bei *Semler*, in: Münchener Handbuch AG, Anh. § 42 Tabelle 1.

1353 BGHZ 129, 136, 142 ff.

1354 *Lutter*, ZHR 153, 446, 452; *Timm*, WM 1991, 481, 483; *Henze*, BB 1996, 489, 493; *ders.*, in: FS Kellermann, S. 145 m. w. Nachw.

1355 *Hennrichs*, AcP 1995, 221, 240; *Lutter*, ZHR 162, 164, 167; *Marsch-Barner*, ZIP 1996, 853; *K. Schmidt*, Gesellschaftsrecht, S. 592 und unten S. 278.

1356 *Raiser/Veil*, Recht der Kapitalgesellschaften, § 12 Rn. 47.

Gesellschaft, die Interessen der Aktionäre, die Erforderlichkeit, die Verhältnismäßigkeit und die Zumutbarkeit der in Frage stehenden Maßnahme.[1357] Soweit von einer Einflussnahme spürbar nachteilige Auswirkungen auf die Gesellschaftsinteressen oder der mitgliedschaftlich vermittelten Interessen der Mitaktionäre ausgehen können, hat der Aktionär sein Einflusspotential nur unter verhältnismäßiger Rücksichtnahme auf deren Belange einzusetzen.[1358] Dem Grundsatz der Verhältnismäßigkeit entsprechend darf niemand seine Einflussmöglichkeiten dergestalt ausüben, dass er den anderen in die Gefahr erheblicher Nachteile an gewichtigen und schutzwürdigen Interessen bringt, wenn auf seiner Seite keine schutzwürdigen Interessen betroffen sind. Dabei ist das Verhalten unabhängig davon unzulässig, ob sich im Einzelfall das Risiko einer Schädigung der anderen Seite tatsächlich manifestiert oder nicht.[1359] Grenze der Treupflicht bildet damit die Wahrnehmung berechtigter eigener Interessen des Gesellschafters. Aber auch hier gilt die Pflicht zur zumutbaren Rücksichtnahme im Rahmen der Erforderlichkeit, das heißt der Gesellschafter muss das für die Gesellschaft und seine Mitgesellschafter mildeste Mittel wählen, solange dies zum gleichen Erfolg führt.[1360] Neben ihrer pflichtbegründenden nimmt die Treupflicht mithin eine einflussbegrenzende Funktion wahr.[1361] Damit dient sie als Korrektiv in Form einer beweglichen[1362] Verhaltens-[1363] und insbesondere Rechtsausübungsschranke[1364].

In erster Linie obliegt diese Pflicht dem Aktionär gegenüber der Gesellschaft. Die Treupflicht unter den Aktionären erlangt nur dann eine eigenständige Bedeutung, soweit nicht zugleich die Interessen der Gesellschaft berührt sind.[1365] Eigene Ansprüche zwischen Aktionären kommen folglich nicht bei Schädigungen der Gesellschaft, sondern nur im Falle von Eingriffen in ausschließlich eigene Aktionärsinteressen in Betracht.[1366]

[1357] *Zöllner*, in: Kölner Kommentar AktG (1. Auflage), § 243 Rn. 193; *K. Schmidt,* in Großkomm. AktG, § 243 Rn. 49.

[1358] *Röhricht*, in: Hommelhoff/Hopt/v. Werder, Handbuch Corporate Governance, S. 524.

[1359] *Hennrichs*, AcP 1995, 221, 237.

[1360] *Wiedemann*, Gesellschaftsrecht I, S. 435; *Hüffer*, in: FS Steindorff, S. 69.

[1361] *Henze*, Aktienrecht, Rn. 1060.

[1362] *K. Schmidt,* Gesellschaftsrecht, S. 613.

[1363] *Hüffer*, in: FS Steindorff, S. 74.

[1364] *Wiedemann*, in: FS Heinsius, S. 950; *Timm*, WM 1991, 481, 484.

[1365] In Anlehnung an die Wertungen von § 117 Absatz 1 Satz 2 AktG.

[1366] *BGH*, WM 1992, 1812, 1818; *Hennrichs*, AcP 1995, 221, 255; *Henze*, BB 1996, 489, 493; *ders.*, in: FS Kellermann, S. 152; *Winter*, Mitgliedschaftliche Treubindungen im GmbH-Recht, S. 12, 88

b) Treupflichtwidrigkeit aktivistischer Einflusstechniken

Zunächst werden rechtliche (aa) und faktische Einflussnahmemethoden (bb) von Hedgefonds am Maßstab der Treupflicht gemessen.

aa) Rechtliche Einflussnahme

Die Ausübung von Rechten in der Aktiengesellschaft ist häufig an das Erzielen von Mehrheiten oder Minderheitsquoren geknüpft. Aktivistische Hedgefonds erwerben daher häufig Beteiligungsblöcke an Gesellschaften, welche sie dazu berechtigen, Minderheitsrechte geltend zu machen. Daneben versuchen sie, Mehrheitsentscheidungen herbeizuführen oder durch Sperrminoritäten zu blockieren, indem sie sich mit anderen aktivistischen Aktionären koordinieren oder durch ein unabgestimmtes Parallelverhalten Zufallsmehrheiten und -minderheiten hervorrufen. Sie setzen mitgliedschaftliche Rechte gezielt ein, um die Leitungsorgane der Gesellschaft zu einem geschäftspolitischen Verhalten zu bewegen, welches der zuvor erarbeiteten Strategie der Fonds entspricht. Als *event driven*-Hedgefonds versuchen sie auf diesem Wege den Eintritt der unternehmensbezogenen Ereignisse selbst zu begünstigen oder herbeizuführen, um ihre strategischen Ziele zu erreichen.

Aktionäre können die aus ihrer Position folgenden Rechte nur in den Grenzen der ihnen obliegenden Treupflicht geltend machen. Sie dient insbesondere als Korrektiv des Mehrheitsprinzips[1367] und begrenzt dadurch die Mehrheitsmacht.[1368] Als Ausfluss einer passiven Loyalitätspflicht können die Aktionäre daneben zur Unterlassung bestimmter Maßnahmen verpflichtet sein, wenn sie über Sperrminoritäten verfügen.[1369] Indes darf diese auf Grund der Treupflicht eröffnete Möglichkeit der Überprüfung von Mehrheitsentscheidungen nicht dazu führen, dass das aktiengesetzliche Regelungsgefüge umgekehrt wird.[1370] Denn der Gesetzgeber hat das Mehrheitsprinzip aus Gründen der Funktionstüchtigkeit der Aktiengesellschaft eingeführt. Um dies zu gewährleisten, müssen Aktionäre ihre mitgliedschaftlichen Rechte grundsätzlich

---

ff., *Bungert*, DB 1995, 1749, 1753; *Beckerhoff*, Treupflichten bei der Stimmrechtsausübung und Eigenhaftung des Stimmrechtsvertreters, S. 71; *Guntz*, Treubindungen von Minderheitsaktionären, S. 103, 106 ff.

1367 *Röhricht*, in: Hommelhoff/Hopt/v. Werder, Handbuch Corporate Governance, S. 532; *Lutter*, ZHR 153, 446, 454 f.

1368 *Timm*, WM 1991, 481, 482.

1369 Vgl. BGHZ 129, 136, 145; *Hennrichs*, AcP 195, 221, 240 f.; *Dreher*, ZHR 157, 150, 157; *Timm*, WM 1991, 481, 483; *Marsch-Barner*, ZIP 1996, 853, 854; *Hüffer*, AktG, § 53a Rn. 17 m. w. Nachw.

1370 Vgl. *Hennrichs*, AcP 1995, 221, 236; *Marsch-Barner*, ZHR 157, 172, 177.

nach freiem Ermessen ausüben können. Zudem greift die Treupflicht erst ein, wenn das Verhalten eines Aktionärs mitgliedschaftliche Interessen anderer Aktionäre einschließlich des Gesellschaftsinteresses in erheblichem Maße gefährdet, ohne dass schützenswerte mitgliedschaftliche Interessen des durch die Treupflicht gebundenen Aktionärs bedroht wären.[1371]

Das Maß der in diesem Rahmen gebotenen Rücksichtnahme richtet sich nach der Art des auszuübenden Rechts. Dabei kann sich die Einteilung daran orientieren, ob der Aktionär eigennützige oder uneigennützige mitgliedschaftliche Befugnisse durchsetzt.[1372] Wo das Gesetz ihm eine mitgliedschaftliche Rechtsposition nicht primär zum eigenen Nutzen einräumt, muss der Aktionär den Gebrauch dieses Rechts am Gesellschaftsinteresse ausrichten. Uneigennützige Rechte sind dem Gesellschafter zur Förderung des Gesellschaftszwecks verliehen, weswegen bei der Ausübung dieser Rechte im Konfliktfalle dem Gesellschaftsinteresse Vorrang vor den Individualinteressen der Aktionäre einzuräumen ist.[1373] Eine Treupflichtverletzung kann der Aktionär in diesem Falle nur gegenüber der AG begehen.[1374] Da die Ausübung eigennütziger Rechte nicht an den Gesellschaftszweck gebunden ist, steht es dem Aktionär weitgehend frei, eigene Interessen zu verfolgen. Aktive Förderpflichten kommen nicht in Betracht. Er hat allenfalls die Schranken zu berücksichtigen, die sich aus einer willkürlichen oder unverhältnismäßigen Rechtsausübung ergeben.[1375]

Dem folgend werden die von Hedgefonds verwendeten rechtlichen Einflussnahmemethoden nach der Art der ausgeübten Rechte am Verhaltensmaßstab der Treupflicht gemessen. Einleitend wird eine Einflussnahme durch das

---

1371 *Cahn/Senger*, in: Spindler/Stilz, AktG, § 53a Rn. 53.

1372 *Wiesner*, in: Münchener Handbuch AG, § 17 Rn. 5, 15, 17 f.; *Marsch-Barner*, ZHR 157, 172, 175; *Zöllner*, Die Schranken mitgliedschaftlicher Stimmrechtsmacht bei den privatrechtlichen Personenverbänden, S. 344 ff.; *Winter*, Mitgliedschaftliche Treubindungen im GmbH-Recht, S. 95 ff., 121 ff.; *Hüffer*, AktG, § 53a Rn. 16; *Cahn/Senger*, in: Spindler/Stilz, AktG , § 53a Rn. 51; *Henze*, BB 1996, 489, 492 f.

1373 *Henze/Notz*, in: Großkomm. AktG, Anh § 53a Rn. 53; *Marsch-Barner*, ZHR 157, 172, 175; *Winter*, Mitgliedschaftliche Treubindungen im GmbH-Recht, S. 20. Durch das AktG wird die Bezeichnung des Gesellschaftszwecks in der Satzung der AG nicht zwingend vorgeschrieben, weshalb derselbe durch Auslegung zu ermitteln ist. Dabei stellt der nach § 23 Absatz 3 Nr. 2 AktG festzulegende – vom Gesellschaftszweck zu unterscheidende – Unternehmensgegenstand die Haupterkenntnisquelle dar, vgl. *Winter*, Mitgliedschaftliche Treubindungen im GmbH-Recht, S. 97 m. w. Nachw.

1374 *Henze*, BB 1996, 489, 493.

1375 *Hüffer*, AktG, § 53a Rn. 16; *Marsch-Barner*, ZHR 157, 172, 175.

Stimmrecht als wichtigstes Aktionärsrecht untersucht (1). Im Rahmen der sonstigen Mitgliedschaftsrechte wird der Einsatz des Rechts zur Einberufung der Hauptversammlung und des Auskunfts- und Rederechts in der Hauptversammlung auf Treupflichtverletzungen hin überprüft (2).

(1) Stimmrecht

In erster Linie wird die Treupflicht in ihrer rechtsbegrenzenden Funktion als Stimmrechtsschranke[1376] herangezogen; daneben werden in ihrer pflichtbegründenden Funktion aus ihr ausnahmsweise aktive Stimmpflichten[1377] abgeleitet, wenn beispielsweise die Satzung an veränderte Umstände notwendigerweise anzupassen ist.[1378] Da Hedgefonds auf Grund ihrer prozentual niedrigen Beteiligungen in der Regel auf die Mitwirkung anderer Aktionäre angewiesen sind, um gemeinsam Mehrheiten zur Beschlussfassung oder Sperrminoritäten bei Blockaden zu erzielen, wird zunächst der in Rechtsprechung und Literatur diskutierten Frage nachgegangen, ob der Treupflicht nur solche Aktionärsgruppierungen unterliegen, deren Mitglieder ihre Stimmrechte durch Vereinbarung oder in sonstiger Weise zusammenfassen (*Stimmrechtsbündelung*) und damit eine effektive Einwirkung auf die Belange der Gesellschaft sicherstellen oder ob daneben auch unkoordinierte Aktionärsmehrheiten (*Zufallsmehrheiten*) diesem Pflichtenprogramm ausgesetzt sein können (a). Sodann wird dargelegt, welche Pflichtbindungen die von Hedgefonds typischerweise verfolgten Beschlussfassungen erzeugen (b) und im Rahmen einer Abwägung ermittelt, ob Hedgefonds mittels aktiver Einwirkung durch das Stimmrecht in diesen Konstellationen gegen die ihnen obliegende Treupflicht verstoßen (c).

(a) Gemeinschaftliche Einflussnahme: Koordination als konstitutives Element der Treupflicht?

Wie bereits aufgezeigt,[1379] erwerben Hedgefonds im Regelfall keine Beteiligungen an börsennotierten Gesellschaften, die Minderheitenrechte, Sperrminoritäten oder gar Stimmrechtsmehrheiten gewähren, so dass ihnen allein kein relevantes Gefahrpotential gegenüber der Gesellschaft und den Mitgesellschaftern zukommt. Um dennoch lenkenden Einfluss ausüben zu können, gehen Hedgefonds häufig gemeinsam vor, indem sie entweder gleichartig von

---

1376 Vgl. *Henze*, in: FS Kellermann, S. 142; *Marsch-Barner*, ZHR 157, 172, 179.

1377 *K. Schmidt*, in: Großkomm. AktG, § 243 Rn. 50; *Marsch-Barner*, ZHR 157, 172, 179; *Henze/Notz*, in: Großkomm. AktG, Anh § 53a Rn. 82; *Cahn/Senger*, in: Spindler/Stilz, AktG, § 53a Rn. 38.

1378 Vgl. *Timm*, WM 1991, 481, 483.

1379 Siehe zu Kollektivverhaltensmustern von Hedgefonds oben S. 114 ff.

ihrem Stimmrecht Gebrauch machen oder im Kollektiv Druck gegenüber dem Vorstand ausüben. Von der Rechtsbegrenzung des einzelnen Gesellschafters bei der Ausübung seiner Mitgliedschaftsrechte wird die Rechtsbegrenzung der Gesellschaftermehrheit bei der rechtlichen oder tatsächlichen Einflussnahme auf die Gesellschaft oder ihr Unternehmen unterschieden.[1380] Da Kollektivverhaltensweisen als summierte Einflussform gegenüber einer Gesellschaft ebenso Gefahren für diese und ihre Anteilseigner hervorzurufen vermögen, ist der Frage nachzugehen, ob und unter welchen Umständen eine Treupflichtbindung für die zusammenwirkenden Investoren entsteht, deren Stimmrechtspotential für sich selbst genommen keinen relevanten Einfluss auf das Abstimmungsergebnis hervorruft (aa). Um den Anforderungen der Rechtspraxis gerecht zu werden, wird im Anschluss erörtert, ob eine Pflichtbindung und hieraus resultierende Ansprüche selbst in den Fällen begründet sein kann, in denen das von Hedgefonds avisierte Abstimmungsergebnis erzielt wird, sie sich jedoch untereinander nicht oder zumindest nicht nachweisbar koordiniert haben, das Ergebnis also zufällig zu Stande gekommen ist (bb) (*Zufallsmehrheiten*).

(aa) Stimmrechtsbündelung als pflichtbegründendes Merkmal einer gemeinschaftlichen Einflussnahme

Verabreden Hedgefonds untereinander oder mit sonstigen Investoren eine einheitliche Stimmrechtsausübung, um ihre Einflussziele zu verfolgen und auf diese Weise einflussrelevante Sperrminoritäten oder gar Mehrheiten erlangen, unterliegen sie unstreitig den Bindungen der Treupflicht. Nach einer Auffassung in der Literatur unterliegen mehrere Aktionäre, deren Stimmpotential zusammengerechnet die in Frage stehenden Minoritäten oder Mehrheiten erreichen, nur dann einer Treupflichtbindung, wenn sie eine einheitliche Stimmrechtsabgabe durch gegenseitige Koordinierung sichergestellt und auf diese Weise ihre Stimmrechte mit inhaltlicher Zielsetzung gebündelt haben.[1381] Dem liegt das Verständnis zu Grunde, dass Aktionäre erst dann zu Adressaten der Treupflicht werden, wenn sie über eine ausreichende Position verfügen, die es ihnen ermöglicht, effektiv Einfluss auf eine Gesellschaft nehmen zu können. Pflichten erwachsen aus der Sonderverbindung danach erst, wenn der Aktionär Einfluss auf die Kooperation ausübt, ausüben kann oder will.[1382]

[1380] *Henze*, in: FS Kellermann, S. 149.

[1381] Vgl. *Dreher*, ZHR 157, 150, 157; BGHZ 129, 136, 145 f.; *Thaeter/Guski*, AG 2007, 301, 303; *Marsch-Barner*, ZHR 157, 172, 181.

[1382] Vgl. *Lutter*, ZHR 153, 446, 452 f., 459.

Die Intensität der Treupflicht steige dabei proportional mit dem Gewicht der Einflussnahmemöglichkeit des einzelnen Gesellschafters auf die Interessen der Gesellschaft und der anderen Gesellschafter (*wirkungsbezogene* Treupflicht).[1383] Durch eine gegenseitige Koordination der Aktionäre (*Aktionärsbündelung*) wird das Einflusspotential summiert, was im Einzelfall unter Berücksichtigung der Realstruktur der Gesellschaft dazu führen soll, dass die Schwellenwerte zur Begründung einer Treupflicht überschritten werden.[1384]

Zugleich unterliegen Hedgefonds nach dieser Auffassung im Falle eines vereinbarten Nachahmungsverhaltens den Bindungen der Treupflicht bei der Stimmrechtsabgabe. Angesprochen ist die Konstellation, in der Hedgefonds konkurrierenden Investoren ihre eigene Anlagestrategie unter der Bedingung preisgeben, dass die anderen Investoren gleiche Aktienpositionen einnehmen und ihr Stimmverhalten an dem führenden Fondsmanager ausrichten.[1385] Nach *Dreher* soll selbst Kleinaktionäre die gesellschaftsrechtliche Treupflicht treffen, wenn und soweit sie der Abstimmungsempfehlung eines Stimmrechtsbündelers folgen und tatsächlich ein Stimmblock entsteht, dessen Ausübung Risiken für die Interessen der Mitaktionäre hervorruft. Nach dem Konzept einer wirkungsbezogenen Treupflicht komme es nicht darauf an, ob der Aktionär bezüglich der Stimmrechtsbündelung einer eigenen oder einer fremden Initiative folge.[1386] In diesem Zusammenhang macht es keinen Unterschied, ob der Koordinator ein eigenes Konzept für die Abstimmung entwickelt oder zumindest ein bestimmtes Abstimmungsverhalten empfiehlt, dem sich im Anschluss absprachegemäß andere Investoren anschließen.

(bb) Treupflicht aus Zufallsmehrheiten

Insbesondere um Nachweisprobleme für eine Interessenkoordination von Hedgefonds[1387] zu umgehen, ist danach zu fragen, ob auch eine *zufällig* zusammentreffende Mehrheit oder Sperrminorität eine Treupflichtbindung mit der Folge hervorrufen kann, dass Hedgefonds insbesondere bei einer gleichartigen Stimmrechtsabgabe den Bindungen der Treupflicht unterliegen. Ob die Treupflicht selbst bei einer Zufallsmehrheit oder -Sperrminorität er-

---

[1383] Vgl. BGHZ 129, 136, 144 f.; *K. Schmidt,* Gesellschaftsrecht, S. 801; *Beckerhoff,* Treupflichten bei der Stimmrechtsausübung und Eigenhaftung des Stimmrechtsvertreters, S. 31.

[1384] *Marsch-Barner,* ZHR 157, 172, 184; *Thaeter/Guski,* AG 2007, 301, 303.

[1385] Vgl. *Schulz,* Im Portrait: Christopher Hohn, in: FAZ vom 15.05.2005, S. 48.

[1386] *Dreher,* ZHR 157, 150, 158-165.

[1387] Vgl. zu Nachweisproblemen bei der Verhaltensabstimmung im Rahmen eines *acting in concert* oben S. 150 ff.

wächst, hat der *BGH* ausdrücklich offen gelassen.[1388] Da effektive Einwirkungsmöglichkeiten im Regelfall nicht Einzelnen, sondern nur Gruppierungen von Minderheitsaktionären zukommen, bejahen die Vertreter der Konzeption einer wirkungsbezogenen Treupflicht das Entstehen einer solchen Bindung nur für den Fall, in dem Stimmen gebündelt werden, um ein gemeinsames Sachziel zu erreichen.[1389] Verhaltensweisen, bei denen sich die Voraussetzungen für das Vorliegen einer Antrags- oder Sperrminorität zufällig ergeben, sollen hingegen den Schranken der Treupflicht nicht unterliegen.[1390] Eine bloße Zufallsmehrheit sei nicht der gesteigerten Treuebindung eines Mehrheitsaktionärs unterworfen; auch ein unbewusst im Umfang einer Sperrminorität zusammengefundener Stimmenblock unterliege nicht den erhöhten Treupflichten, die für eine geschlossene Aktionärsgruppe gelten würden.[1391] Mit der Erfassung von Zufallsmehrheiten sei der Ausgangspunkt verlassen, wonach sich die gesellschaftsrechtliche Treupflichtbindung nach dem Einfluss des Aktionärs richtet, also an eine entsprechende Stimmrechtsmacht eines Einzelaktionärs oder einer gebündelt abstimmenden Aktionärsgruppe anknüpft.[1392] Konstitutiv für die gesteigerte Pflichtenbindung durch die Stimmgewalt mehrerer sei das Bewusstsein, dass einer bestimmten Aktionärsgruppe die potentielle Macht zur Entscheidung über die Belange der Gesellschaft gegeben ist. Nur in diesem Falle sei die Gefahr des opportunistischen Verhaltens gegenüber den überstimmten Aktionären gegeben.[1393] Da das Bewusstsein, eine missbrauchbare Machtstellung innezuhaben, beim gewöhnlichen Kleinaktionär fehlt, unterliegt die nicht abgesprochene Stimmabgabe eines Minderheitsaktionärs, die nur zufällig im Rahmen des Gesamtabstimmungsverhaltens zum Zustandekommen oder Scheitern eines Beschlusses beiträgt, nach Auffassung einiger Autoren keinen Treubindungen.[1394]

Überzeugend wendet ein großer Teil der Literatur dagegen ein, dass die Treupflicht in ihrer Existenz nicht wirkungsbezogen ist und den Aktionär unab-

---

[1388] BGHZ 129, 136, 145 ff.

[1389] Siehe zur Konzeption der wirkungsbezogenen Treupflicht bereits oben S. 273 ff.

[1390] *Dreher*, ZHR 157, 150, 158 ff.; *Marsch-Barner*, ZHR 157, 172, 181; *Thaeter/Guski*, AG 2007, 301, 303.

[1391] *Marsch-Barner*, ZHR 157, 172, 183.

[1392] *Dreher*, ZHR 157, 150, 170.

[1393] *Guntz*, Treubindungen von Minderheitsaktionären, S. 174.

[1394] *Guntz*, Treubindungen von Minderheitsaktionären, S. 174 f.

hängig von seiner konkreten Einflussposition trifft.[1395] Auch eine Zufallsmehrheit ist dazu verpflichtet, die Gesellschaftsinteressen ebenso wie die Interessen der anderen Aktionäre zu schonen.[1396] *Dreher* berücksichtigt nicht hinreichend, dass die besondere Gefahr der Schädigung von Gesellschafts- und Aktionärsinteressen nicht ausschließlich dadurch entsteht, dass ein gleichförmiges Abstimmungsverhalten durch eine Stimmrechtskoordination gewährleistet wird. Diese Gefahr liegt vielmehr in jeder einzelnen, die geschützten Interessen missachtenden Stimmrechtsausübung, unabhängig davon, ob die weiteren Voraussetzungen einer koordinierten Stimmabgabe festgestellt werden können oder nicht. Auch im Fall *Girmes* bedeutet es aus Sicht der betroffenen Gesellschaft und der übrigen Aktionäre keinen Unterschied, ob die Ablehnung des Kapitalherabsetzungsbeschlusses, die die vermögensvernichtende Auflösung der Gesellschaft zur Folge hatte, auf Grund einer koordinierten oder zufälligen Sperrminorität zustande gekommen ist. Es lässt sich nicht erklären, wieso einzelne Gesellschafter der Treupflicht nicht unterliegen sollten, wenn diese Pflicht auf den Rechtsinstituten der Mitgliedschaft oder der gesellschaftsrechtlichen Sonderverbindung beruht. Eine gegenteilige Betrachtung missachtet das in § 53a AktG verankerte Prinzip der Gleichbehandlung der Aktionäre. Danach verbietet sich eine Denkweise, nach welcher die Treupflicht nur spezielle Aktionärsgruppen trifft.[1397]

Die Gegenauffassung übersieht zudem den Unterschied zwischen der Treupflichtbindung als solcher und den weiteren Voraussetzungen eines aus ihr folgenden Anspruchs. Das Verständnis, dass die Stimmen einzelner im Regelfall nicht ausschlaggebend seien und im Ergebnis keine effektive Einwirkungsmöglichkeit gewähren, fußt darauf, dass Pflichtenbindung und Kausalität unzulässig vertauscht werden.[1398] Mithin verkennt die Auffassung den Unterschied von Tatbestand und Rechtsfolge. Schlägt sich die Einflussposition im konkreten Fall nicht im Ergebnis nieder, fehlt die Kausalität des Treupflichtverstoßes für den Eintritt des Nachteils, nicht aber kann das Verhalten

---

[1395] *Hennrichs*, AcP 1995, 221, 237 ff.; *Lutter*, JZ 1995, 1053, 1054; *Henze*, Aktienrecht, Rn. 1073 f.; *Nodoushani*, Die Treupflicht der Aktionäre und ihrer Stimmrechtsvertreter, S. 64 ff.; *Beckerhoff*, Treupflichten bei der Stimmrechtsausübung und Eigenhaftung des Stimmrechtsvertreters, S. 57 ff., 64 ff.; *Röhricht*, in: Hommelhoff/Hopt/v. Werder, Handbuch Corporate Governance, S. 513 f.; 540 f.; *Bungert*, DB 1995, 1749, 1752; *Timm*, WM 1991, 481, 483.

[1396] *Zöllner*, in: Kölner Kommentar AktG (1. Aufl.), Einl. Rn. 169; *Hüffer*, AktG, § 53a Rn. 17; *ders.*, in: FS Heinsius, S. 350; *ders.*, in: FS Steindorff, S. 73 f.

[1397] *Bungert*, DB 1995, 1749, 1750.

[1398] *Hennrichs*, AcP 1995, 221, 237; *Henze*, BB 1996, 4899, 496; *Schäfer*, ZHR 157, 192 f.

des Aktionärs als treupflichtgemäß eingestuft werden.[1399] Auch nach Auffassung des *BGH* ist für einen Schadensersatzanspruch allein entscheidend, ob die jeweilige Stimmrechtsausübung des einzelnen Aktionärs pflichtwidrig ist und die Zahl der pflichtwidrig abgegebenen Stimmen den Prozentsatz der für das Vorliegen einer Sperrminorität erforderlichen Stimmen ausmacht.[1400]

Den gleichen Bedenken begegnet der Einwand, das Bewusstsein des Aktionärs über das konkret gefährdende Einflusspotential sei für eine Treupflichtverletzung konstitutiv. Dieses Bewusstsein mag ein vorsätzliches Handeln im Rahmen eines Schadensersatzanspruchs begründen, hat jedoch keinen Einfluss auf eine etwaig vorgelagerte Pflichtverletzung selbst. Bedeutung hat das Vorliegen einer Aktionärskoalition ausschließlich für die Frage der Haftungsverteilung, da nur das koordinierte Abstimmungsverhalten zu einer gesamtschuldnerischen Haftung mehrerer Schädiger führt. Aus dem Bestehen von Treubindungen ergeben sich zunächst nur primäre Rechtsfolgen wie Unterlassungs-, Enthaltungs- oder Zustimmungspflichten. Lediglich nach dieser inhaltlichen Treupflichtenauffassung können mithin unabhängig vom Verschulden primäre Rechtsbehelfe hinsichtlich des Stimmverhaltens auch individuell handelnder Minderheitsaktionäre sowie Anfechtungsklagen wegen treuwidriger Stimmrechtsabgabe erhoben werden. Von diesen primären Ansprüchen sind die sekundären Schadensersatzfolgen zu trennen. Ist jeder Aktionär Adressat der mitgliedschaftlichen Treupflicht, dann muss er auch im Falle einer Zufallsmehrheit für die Folgen seines treuwidrigen Stimmrechtsverhaltens einstehen. Sofern es gelingt, in deren Kontext adäquate Haftungsbeschränkungen zu finden, ist die von der Gegenmeinung beschworene Gefahr der übermäßigen Haftung von Kleinanlegern im Falle unvorhergesehener Zufallsmehrheiten gebannt. Dem Kleinanleger dürfen nicht Informationspflichten auferlegt werden mit dem Ziel der Beschaffung eines Wissens, das ihn zur treupflichtgemäßen Ausübung seines Stimmrechts befähigt.[1401] Im Ergebnis sind jeder Aktionär und damit auch Zufallsmehrheiten von einer Treupflichtbindung erfasst.[1402] Selbst wenn Hedgefonds keine Koordination

---

[1399] *Henze/Notz*, in: Großkomm. AktG, Anh § 53a Rn. 73.

[1400] BGHZ 129, 136, 147.

[1401] *Röhricht*, in: Hommelhoff/Hopt/v. Werder, Handbuch Corporate Governance, S. 540 f.

[1402] *Henze/Notz*, in: Großkomm. AktG, Anh § 53a Rn. 73; *Hüffer*, AktG, § 53a Rn. 17; *ders.*, in: FS Heinsius, S. 350; *ders.*, in: FS Steindorff, S. 73 f.; *Wiesner*, in: Münchener Handbuch AG, § 27 Rn. 16; *Bungeroth*, in: Münchener Kommentar AktG, Vor § 53a Rn. 21; *Röhricht*, in: Hommelhoff/Hopt/v. Werder, Handbuch Corporate Governance, S. 540 f.; *Nehls*, Die gesellschaftsrechtliche Treupflicht im Aktienrecht, S. 86 f.

nachzuweisen sein sollte, sind sie der Treupflicht unterworfen und können ihre Stimmrechte nur im Rahmen dieser Pflichtbindung ausüben.

(b) Pflichtbindung der Beschlussgegenstände

Wenn Hedgefonds bei der Stimmrechtsabgabe ihre strategischen Ziele verfolgen, ist danach zu fragen, ob sie damit die Interessen der Gesellschaft und der der übrigen Aktionäre angemessen berücksichtigen oder die ihnen obliegende Treupflicht verletzen. Der Grad der erforderlichen Rücksichtnahme orientiert sich insbesondere danach, ob der Aktionär ein uneigennütziges oder eigennütziges Mitgliedschaftsrecht geltend macht. Während uneigennützige oder gesellschaftsbezogene Mitgliedschaftsrechte eine verstärkte Bindung an das Gesellschaftsinteresse hervorrufen, unterliegen eigennützige Rechte vordergründig den Schranken einer willkürlichen oder unverhältnismäßigen Rechtsausübung.[1403] Einige Literaturvertreter zählen das Stimmrecht ohne weiteres zu den uneigennützigen Mitgliedschaftsrechten.[1404] Um indes ein sachgerechtes Abwägungsergebnis zu erzielen, ist für die Entscheidung, ob das Stimmrecht eigen- oder uneigennützig auszuüben ist, danach zu differenzieren, ob der Beschlussgegenstand im Einzelfall den Gesellschaftszweck berührt oder nicht.[1405] Im Gegensatz zu anderen Mitgliedschaftsrechten liegt es bei der Stimmrechtsausübung nämlich in der Natur der Sache, dass auf die Verfolgung des Gesellschaftszwecks nicht immer im gleichen Maße Einfluss genommen wird, sondern die Intensität der Einflussnahme wegen des jeweils unterschiedlichen Beschlussinhalts variiert. Dementsprechend gibt es Maßnahmen, die zugleich eigennützige als auch uneigennützige Elemente aufweisen.[1406] Für jeden Fall ist damit gesondert festzustellen, welche Nähe der Beschlussgegenstand zur Verfolgung des Gesellschaftszwecks aufweist. Auf dieser Grundlage ist dann das Ausmaß der konkreten Pflichtenbindung zu ermitteln. Ignorieren Hedgefonds diese Bindung an die Interessen der Gesellschaft und verfolgen sie stattdessen gesellschaftsfremde Sonderinteressen, so kommt ein Verstoß gegen die ihnen obliegende Treupflicht in Betracht.

[1403] Vgl. BGHZ 129, 136, 143 f.; *Hüffer*, AktG, 53a Rn. 16.

[1404] Vgl. z.B. *Hüffer*, AktG, 53a Rn. 16.

[1405] Vgl. *Henze/Notz*, in: Großkomm. AktG, Anh § 53a Rn. 54; *Cahn/Senger*, in: Spindler/Stilz, AktG; § 53a Rn. 52; *Wiesner*, in: Münchener Handbuch AG, § 17 Rn. 6; *Henze*, BB 1996, 489, 492 f.; *Marsch-Barner*, ZHR 157, 172, 175; *Zöllner*, Die Schranken mitgliedschaftlicher Stimmrechtsmacht bei den privatrechtlichen Personenverbänden, S. 344 ff.; *ders.*, in: Kölner Kommentar AktG, § 243 Rn. 193.

[1406] So etwa der Beschluss über die Verwendung des Bilanzgewinns nach § 119 Absatz 1 Nr. 2 i.V. mit § 174 AktG.

Im Folgenden wird untersucht, wie groß die Bindung an das Unternehmensinteresse bei solchen Beschlussgegenständen ist, die Hedgefonds typischerweise nutzen, um auf die Gesellschaft Einfluss zu nehmen [(aa)-(dd)]. Im Anschluss daran werden die von Hedgefonds verfolgten Interessen dem gegenübergestellt und mit Blick auf die ermittelte Pflichtenbindung abgewogen, ob die Rechtsausübung in den konkreten Einflussszenarien verhältnismäßig und damit Treupflichtgemäß erfolgt (c).

(aa) Personalpolitische Beschlüsse

Hedgefonds beeinflussen die Personalentscheidungen von Portfoliogesellschaften, um die Leitungsorgane mit vertrauten Personen zu besetzen und dadurch mittelbar die Geschäftspolitik an ihren strategischen Vorstellungen auszurichten. Zu diesem Zweck üben sie ihre Stimmrechte bei personalpolitischen Beschlüssen aus und versuchen die Besetzung der Leitungsorgane zu steuern, indem sie allein oder kollektiv Aufsichtsratsmitglieder per Beschluss wählen, sie abberufen oder dem Vorstand durch Beschluss das Vertrauen entziehen, um den Aufsichtsrat zu einer Abberufung des Mitglieds zu veranlassen. Daneben versuchen sie auf die Unternehmenspolitik einzuwirken, indem sie Vorstand und Aufsichtsrat die Entlastung verweigern.[1407] Wenn sie bei dieser strategisch veranlassten Stimmrechtsausübung die Interessen der Gesellschaft und der anderen Gesellschafter nicht angemessen berücksichtigen, verletzen Hedgefonds die ihnen obliegende gesellschaftsrechtliche Treupflicht. Bei personalpolitischen Beschlüssen lässt sich das Stimmrecht als uneigennütziges Mitgliedschaftsrecht einordnen. Als Maßnahmen, die lediglich das innere Organisationsgefüge der Gesellschaft beeinflussen, dienen sie grundsätzlich nicht unmittelbar der Verfolgung des Gesellschaftszwecks. Wenn jedoch – wie im Regelfall – mit den einzelnen Personen in Aufsichtsrat und Vorstand die Befürwortung einer bestimmten Geschäftspolitik verbunden ist, wirken die Entscheidungen der Hauptversammlung, die sich auf die Besetzung der Organe unmittelbar oder auch mittelbar auswirken, sich daneben auf die Verfolgung des Gesellschaftszwecks aus.[1408] Aktive Hedgefonds üben ihre Stimmrechte aus, um einzelne oder mehrere Aufsichtsratsmitglieder zu wählen, weil sie eine bestimmte Geschäftsausrichtung herbeiführen oder unterstützen möchten; ferner stimmen sie ab, um Aufsichtsratmitglieder abzuberufen oder dem Vorstand das Vertrauen per Beschluss zu

---

1407 Vgl. hierzu oben S. 56 ff.

1408 Vgl. *Wiedemann*, Gesellschaftsrecht I, S. 433 f.

entziehen, weil sie die von den einzelnen Personen verfolgte Geschäftspolitik missbilligen und ändern möchten. Stellen sie auf diese Weise einen Bezug zur Geschäftspolitik her, berühren die Maßnahmen im konkreten Fall die Verfolgung des Gesellschaftszwecks. Soweit es ihnen zuzumuten ist, haben Hedgefonds daher ihre Stimmrechtsausübung bei aktivistischen personalpolitischen Maßnahmen grundsätzlich am Gesellschaftsinteresse auszurichten.

(bb) Kapitalbeschlüsse

Daneben können Hedgefonds gegen die ihnen obliegende Treupflicht verstoßen, wenn sie als Aktionäre einer Bietergesellschaft gegen Kapitalmaßnahmen wie Kapitalerhöhungsbeschlüsse oder die Bereitstellung genehmigten Kapitals stimmen, um im Rahmen der Strategie *merger arbitrage* vom Vorstand avisierte Unternehmenszukäufe zu blockieren. Handelt es sich bei dem Beschluss um eine Kapitalerhöhung oder -herabsetzung, ohne dass ihre Vornahme einen Zusammenhang mit der Zweckverfolgung der Gesellschaft aufweist, darf der Aktionär sein Stimmverhalten an eigennützigen Interessen orientieren.[1409] Wenn die Hauptversammlung allerdings über Kapitalerhöhungen oder die Bereitstellung genehmigten Kapitals beschließen soll, um avisierte Unternehmenskäufe zu finanzieren und diese damit sicherzustellen, wird durch die Kapitalmaßnahme ein konkreter Bezug zum Gesellschaftszweck hergestellt. Damit besteht in diesen Fällen grundsätzlich eine verstärkte Bindung der zumutbaren Stimmrechtsausübung an das Gesellschaftsinteresse.

Im Rahmen der Strategie *distressed securities* kommen Treupflichtverletzungen in Betracht, wenn Hedgefonds nach dem Erwerb von Eigenkapital notleidender Unternehmen oder nach einem *debt equity swap* als Aktionäre bei zur Sanierung erforderlichen Kapitalbeschlüssen wie Kapitalherabsetzungen und -erhöhungen ihr Stimmrecht ausüben. Da das Gesetz für solche Beschlüsse ein Dreiviertelmehrheitserfordernis vorsieht, versuchen Hedgefonds ihre Restrukturierungspläne mittels Blockadepolitik durchzusetzen. In diesen Konstellationen ist danach zu fragen, ob die Treupflicht eine solche Blockadepolitik untersagt, da die eine Sanierung behindernden Aktivisten ihre Stimmrechte nicht gegen eine notwendige Sanierungsmaßnahme ausüben dürfen oder sogar ausnahmsweise zu einer Zustimmung verpflichtet sind. Indem die Kapital- als Sanierungsmaßnahme einen Bezug zum Fortbestand der Gesellschaft aufweist, dient sie mittelbar der Fortsetzung des Gesellschaftszwecks und ist mithin als uneigennütziger Beschlussgegenstand einzustufen.

1409 *Henze/Notz*, in: Großkomm. AktG, § 53a Rn. 54.

(cc) Beschlüsse über Geschäftsführungsmaßnahmen

Zudem können Hedgefonds Treupflichtverstöße dadurch begehen, dass sie ihr Stimmrecht im Rahmen von Vorlagebeschlüssen des Vorstands über Geschäftsführungsmaßnahmen nach § 119 Absatz 2 AktG einsetzen. Beschlussfassungen der Hauptversammlung, die unmittelbar Geschäftsführungsmaßnahmen betreffen, dienen der Verfolgung des Gesellschaftszwecks und sind dadurch als Ausübung uneigennütziger Mitgliedschaftsrechte zu qualifizieren. Daher hat der Aktionär sein Stimmverhalten nicht an eigennützigen Motiven, sondern grundsätzlich am Gesellschaftsinteresse bei einem Beschluss auszurichten, der auf Verlangen des Vorstandes nach § 119 Absatz 2 AktG eine Geschäftsführungsangelegenheit betrifft.[1410]

(dd) Gewinnverwendungsbeschlüsse

Der Gewinnverwendungsbeschluss der Hauptversammlung, der keine Maßnahmen nach § 58 Absatz 3 AktG anordnet, sondern unter Zugrundelegung des festgestellten Jahresabschlusses über die Gewinnverwendung lediglich nach den Vorgaben von Vorstand und Aufsichtsrat beschließt, berührt grundsätzlich nicht den Gesellschaftszweck. Diese Entscheidung betrifft nur die Beziehungen der Gesellschafter zur AG; sie wird nicht in Verfolgung des Gesellschaftszwecks getroffen, sondern, soweit es um die Gewinnausschüttung geht, im Interesse der Aktionäre.[1411] Hedgefonds erzwingen durch öffentliche Aufrufe oder Drohungen gegenüber dem Vorstand, dass dieser bei der Feststellung des Jahresabschlusses keine sonstigen Rücklagen bildet und daneben Rücklagen auflöst, was jeweils den festgestellten Gewinn erhöht. Beim Beschluss über die Gewinnverwendung stimmen die Aktivisten für eine Ausschüttung des auf diese Weise forcierten erhöhten Gewinns an die Aktionäre, um eine kurzfristige Rendite unabhängig von der wirtschaftlichen Leistungsfähigkeit des Unternehmens zu erzielen. Indem sie zuvor veranlasst haben, dass Rücklagen nicht erneut gebildet, aufgelöst oder gar Fremdkapital aufgenommen wurde, um einen Gewinn auszuweisen, kann die Maßnahme Auswirkungen auf die zukünftige Wettbewerbsfähigkeit des Unternehmens haben. In diesem Fall sind nicht nur die Interessen der Aktionäre durch die Vereinbarung einer reinen Zuwendung betroffen; vielmehr berührt die Maß-

---

[1410] *Cahn/Senger*, in: Spindler/Stilz, AktG, § 53a Rn. 52; *Marsch-Barner*, ZHR 157, 172, 175; *Henze/Notz*, in: Großkomm. AktG, Anh § 53a Rn. 54; *Zöllner*, Die Schranken mitgliedschaftlicher Stimmrechtsmacht bei den privatrechtlichen Personenverbänden, S. 344; *Wiedemann*, Gesellschaftsrecht I, S. 433 f.; *ders.*, in: FS Heinsius, S. 951; *Henze*, BB 1996, 489, 493.

[1411] *Henze*, BB 1996, 489, 493; *Winter*, Mitgliedschaftliche Treubindungen im GmbH-Recht, S. 88.

nahme dann die Interessen des Unternehmens und dient mittelbar der Verfolgung des Gesellschaftszwecks, weswegen die Aktivisten ihre Stimmrechte wiederum in erster Linie uneigennützig und am Unternehmensinteresse orientiert auszuüben haben.[1412]

(c) Interessenabwägung

Es wurde aufgezeigt, dass Hedgefonds typischerweise ihre Stimmrechtsausübung am Unternehmensinteresse auszurichten haben, da sie durch ihr aktivistisches Verhalten häufig auch bei grundsätzlich eigennützigen Beschlussgegenständen einen Bezug zum Gesellschaftszweck herstellen. Allerdings führen allein bestehende Interessenkollisionen zwischen den Aktionären bei der Aktiengesellschaft, die durch ein Zusammentreffen verschiedenster Interessen gekennzeichnet ist, nicht zu einer Unzulässigkeit veranlasster Maßnahmen. Egoistische Ziele eines Aktionärs sind für sich genommen legitim.[1413] Aktionäre haben ihre Individualinteressen nur soweit unterzuordnen, wie die Gesellschaftsinteressen deren Individualinteressen überwiegen. Dies ist anhand einer am Grundsatz der Verhältnismäßigkeit ausgerichteten Einzelfallabwägung zu ermitteln; bei uneigennützigen Beschlussgegenständen besitzt das Interesse der AG im Rahmen des Abwägungsvorgangs ein großes Gewicht. Dennoch darf dies nicht dazu führen, dass über die Generalklausel der Treupflicht eine volle richterliche Kontrolle des Inhaltes jedes Hauptversammlungsbeschlusses institutionalisiert wird.[1414] Vielmehr steht der Hauptversammlung ähnlich wie den anderen Leitungsorganen[1415] bei der Willensbildung und Entscheidungsfindung ein unternehmerischer Handlungsspielraum zu.[1416] Die Treupflicht greift erst dann ein, wenn das Verhalten eines Aktionärs mitgliedschaftliche Interessen anderer Aktionäre einschließlich des Gesellschaftsinteresses in erheblichem Maße zu beeinträchtigen droht, ohne dass schützenswerte mitgliedschaftliche Interessen des durch die Treupflicht gebundenen Aktionärs auf dem Spiel stünden.[1417] Nur wenn ein deutlicher Eingriff in das Mitgliedschaftsrecht vorliegt oder der Beschlussgegenstand eine

---

[1412] Siehe speziell zur Treuwidrigkeit von Gewinnverwendungsbeschlüssen *Baums*, in: FS K. Schmidt, S. 81.

[1413] Vgl. *K. Schmidt*, Gesellschaftsrecht, S. 802; *Henze/Notz*, in: Großkomm. AktG, Anh § 53a Rn. 58; *Theater/Guski*, AG 2007, 301, 303.

[1414] *OLG Stuttgart* , ZIP 2003, 2024, 2027; *Lutter*, JZ 1995, 1053, 1055; *Röhricht*, in: Hommelhoff/Hopt/v. Werder, Handbuch Corporate Governance, S. 513, 534 f.

[1415] Vgl. *Baums*, in: FS K. Schmidt, S. 74.

[1416] BGHZ 125, 239, 246; *Hüffer*, AktG, § 76 Rn. 12.

[1417] *Cahn/Senger*, in: Spindler/Stilz, AktG, § 53a Rn. 53.

klare Berührung zum Machtmissbrauch aufweist, kann die Treupflicht mittels der materiellen Beschlusskontrolle herangezogen werden.[1418]

(aa) Einflussnahme zur Steigerung des Anteilswerts

Aktivistische Hedgefonds verstoßen regelmäßig nicht gegen die ihnen obliegende Treupflicht, wenn sie – wie im Normalfall – ihre Stimmrechte ausüben, um den Anteilswert der Portfoliogesellschaft zu steigern. Dies gilt selbst dann, wenn sie ihre Stimmrechte bei uneigennützigen Beschlussgegenständen ausüben, die prinzipiell eine verstärkte Bindung an das Unternehmensinteresse hervorrufen. So handeln aktivistische Aktionäre nicht treupflichtwidrig, wenn sie bei einer personalpolitischen Maßnahme ihr Stimmrecht ausüben, um bestimmte Mitglieder der Leitungsorgane auszutauschen und sie die mit diesen Personen verbundene geschäftspolitische Ausrichtung als nicht rentabel oder wertvernichtend für die Gesellschaft einschätzen. Möchten sie eine bestimmte, ihrer Einschätzung nach für das Unternehmen effizientere Unternehmensstrategie etablieren, deckt sich ihre Intervention mit dem Gesellschaftsinteresse und damit auch dem Interesse der anderen Aktionäre, wobei ihnen bei dieser unternehmerischen Entscheidung ein gerichtlich nicht überprüfbarer Ermessensspielraum zukommt. Auch wenn sie ihre Stimmrechte zu Gunsten oder gegen bestimmte Geschäftsführungsmaßnahmen nach Vorlage durch den Vorstand ausüben, um den Anteilswert zu steigern, handeln sie damit typischerweise im Rahmen des ihnen zugewiesenen Ermessens. Selbst wenn sich die Maßnahme ex post als wenig zweckmäßig oder gar unzweckmäßig erweist, haben sie im Rahmen des ihnen zur Verfügung stehenden Entscheidungsspielraums gehandelt. Dem Aktionär ist ein Ermessensspielraum zugewiesen, da der Erfolg einer unternehmerischen Maßnahme von vielen nicht steuerbaren, externen Umständen abhängt, die auf Grund des Prognosecharakters von unternehmerischen Entscheidungen im Einzelfall weder vorhersehbar noch vermeidbar sind.[1419] Einer erfolgreichen unternehmerischen Tätigkeit ist ein gewisses Risiko immanent. Um ein bestimmtes unternehmerisches Ziel zu erreichen, kommen regelmäßig mehrere Maßnahmen in Betracht, deren Erfolg im Einzelnen nicht vorhersehbar ist.[1420] Aus diesem Grund lässt sich allein aus der Nachteiligkeit oder Unverhältnismäßigkeit ei-

1418 *Henze/Notz*, in: Großkomm. AktG, Anh § 53a Rn. 98; *Bungeroth*, in: Münchener Kommentar AktG, Vor § 53a Rn. 31.

1419 Vgl. *Häsemeyer*, ZHR 160, 109, 113.

1420 *Winter*, Mitgliedschaftliche Treubindungen im GmbH-Recht, S. 151 f.

ner Maßnahme ex post nicht auf die Treuwidrigkeit der Stimmrechtsausübung schließen.[1421]

Eine Treupflichtverletzung scheidet ebenso regelmäßig aus, wenn die Fonds im Rahmen der Strategie *merger arbitrage* wie im Fall der *Deutschen Börse AG*[1422] gegen Kapitalerhöhungen oder die Bereitstellung genehmigten Kapitals stimmen, um die Finanzierung einer avisierten Unternehmensübernahme zu verhindern. Im Hinblick auf die Rechtsprechung des *BGH* zur GmbH[1423] ist eine Verletzung der Treupflicht zu bejahen, wenn durch Satzungsänderungen, Kapitalerhöhungen oder Umstrukturierungen die Gesellschaft zwingenden wirtschaftlichen Bedürfnissen angepasst werden muss.[1424] So lässt auch die Entscheidung im Fall *Girmes* erkennen, dass die Treupflicht ein Obstruktionsverbot begründen kann, das sich unter Umständen zu einer positiven Stimmpflicht verdichtet.[1425] Allerdings wird die Treupflicht in ihrer Erscheinung als aktive Förderpflicht im Aktienrecht nur in seltenen Ausnahmefällen auftreten, wenn außerordentliche Gründe dafür sprechen und die Zumutbarkeitsschwelle gewahrt bleibt.[1426] Eine Zustimmungspflicht des Gesellschafters zur Anpassung des Gesellschaftsvertrages an veränderte Verhältnisse wird daher in der Rechtsprechung und Literatur angenommen, wenn eine Änderung zur Erhaltung des Geschaffenen objektiv dringend geboten und den Gesellschaftern unter Berücksichtigung ihrer eigenen schützenswerten Belange zumutbar ist.[1427] Eine gebotene Einschränkung der Stimmrechtsausübung folgt aus der Treupflicht auf Grund des Ausnahmecharakters insbesondere erst dann, wenn es nur eine einzige Entscheidung gibt, die dem Wohl der Gesellschaft dient, während jede abweichende Entscheidung zur Folge hätte, dass der Ge-

---

[1421] *Lutter*, JZ 1995, 1053, 1055; *Nehls*, Die gesellschaftsrechtliche Treupflicht im Aktienrecht, S. 98;
Winter, Mitgliedschaftliche Treubindungen im GmbH-Recht, S. 106, 148 ff.

[1422] Siehe zum Fall *Deutsche Börse AG* oben S. 82 ff.

[1423] BGHZ 64, 253, 257 f.; 92, 276. Vgl. *Winter*, Mitgliedschaftliche Treubindungen im GmbH-Recht, S. 167 ff.

[1424] Vgl. *Nehls*, Die gesellschaftsrechtliche Treupflicht im Aktienrecht, S. 154 f.; *K. Schmidt*, in: Großkomm. AktG, § 243 Rn. 50.

[1425] Vgl. *Zöllner*, Die Schranken mitgliedschaftlicher Stimmrechtsmacht bei den privatrechtlichen Personenverbänden, S. 353 ff.; *Timm*, WM 1991, 481, 483.

[1426] *Henze/Notz*, in: Großkomm. AktG, Anh § 53a Rn. 82; *Henze*, ZHR 162, 186, 192; *Cahn/Senger*, in: Spindler/Stilz, AktG, § 53a Rn. 38; *K. Schmidt*, Gesellschaftsrecht, S. 616; *Marsch-Barner*, ZHR 157, 172, 179; *Timm*, WM 1991, 481, 483 f;

[1427] BGHZ 44, 40, 41; *Timm*, WM 1991, 481, 484; *K. Schmidt*, Gesellschaftsrecht, S. 616; *Marsch-Barner*, ZHR 157, 172, 180.

sellschaft ein erheblicher Schaden zugefügt oder der Verbandszweck gefährdet würde.[1428]

Daraus lässt sich zwar folgern, dass es dem Aktionär grundsätzlich untersagt ist, eine für die Gesellschaft ökonomisch zweckmäßige Unternehmensübernahme aus eigennützigen Motiven zu verhindern. Wenn die Aktivisten einen Zukauf indessen mit der Begründung blockieren möchten, die Übernahme sei strategisch verfehlt, etwa weil weder Skaleneffekte (*economies of scale*) noch Verbundeffekte (*economies of scope*) zu erwarten sind, richten sie ihre Intervention am Gesellschaftsinteresse und damit auch am Interesse der übrigen Aktionäre aus. Auch in diesem Fall handeln sie regelmäßig im Rahmen des ihnen eingeräumten unternehmerischen Ermessens, selbst wenn sich das Unterbinden der Übernahme ex post als nicht zweckmäßig oder ökonomisch nachteilig für die Portfoliogesellschaft erweist. Die *Girmes*-Entscheidung macht die praktischen Schwierigkeiten bei der Anerkennung einer derartigen Pflicht deutlich. Anders als bei einer notwendigen Kapitalherabsetzung zur Sanierung eines Unternehmens ist bei einer Änderung der wirtschaftlichen Rahmenbedingungen keineswegs nur ein einziger Weg vorgezeichnet, den es für die Aktionäre einzuschlagen gilt, wollen sie den Fortbestand der Gesellschaft sichern. Eine Ermessensüberschreitung lässt sich damit nur in Extremfällen annehmen, wenn das Auswahlermessen der Aktionäre auf Null reduziert ist, weil eine Blockade der Kapitalmaßnahme und damit einhergehend der Transaktion für die Portfoliogesellschaft zum Zeitpunkt der Beschlussfassung objektiv erkennbar existenzbedrohende Auswirkungen hat.[1429] Eine positive Stimmpflicht besteht demnach lediglich bei solchen Beschlussgegenständen, in denen die wirtschaftliche Existenz des Unternehmens unmittelbar von dem Abstimmungsergebnis abhängt.

Naheliegender erscheint damit ein Verstoß gegen die ihnen obliegende Treupflicht, wenn aktivistische Hedgefonds im Rahmen der Strategie *distressed securities* nach dem Erwerb von Eigenkapital notleidender Unternehmen oder nach einem *debt equity swap* als Aktionäre Einfluss auf Restrukturierungen ausüben. Indem die Aktivisten für eine Sanierung erforderliche Kapitalbeschlüsse wie Kapitalherabsetzungen und -erhöhungen blockieren, versuchen sie, ihren

---

[1428] *Henze/Notz*, in: Großkomm. AktG, Anh § 53a Rn. 58; *Röhricht*, in: Hommelhoff/Hopt/v. Werder, Handbuch Corporate Governance, S. 513, 540; *K. Schmidt*, in: Großkomm. AktG, § 243 Rn. 50.

[1429] Vgl. *Henze*, ZHR 162, 186, 193; *Marsch-Barner*, ZHR 157, 172, 180 f.; *Bungert*, 1995, 1749, 1754 f.

Strategien entsprechende Restrukturierungsforderungen durchzusetzen. Eine allgemeine Sanierungspflicht der Gesellschafter oder eine allgemeine Pflicht zur Mitwirkung an Sanierungs- der Abwicklungsmaßnahmen in insolventen Unternehmen besteht nicht.[1430] Die Gesellschafter sind grundsätzlich in der Lage, den Gesellschaftszweck jederzeit und ohne Vorliegen sachlicher Rechtfertigungsgründe zu beenden und die Auflösung der Gesellschaft zu beschließen.[1431] Eine wirtschaftlich folgerichtige Beendigung des Unternehmens darf nicht durch den Rechtssatz der Treupflicht verhindert werden. Auf der anderen Seite darf der Einzelne aber nicht eine sinnvolle und von der Mehrheit angestrebte Sanierung aus eigennützigen Motiven verhindern.[1432] Als Ausfluss der Förderpflicht dürfen die Gesellschafter reelle Chancen nicht ungenutzt lassen, Schaden von der Gesellschaft abzuwenden, sofern ihnen nicht daraus ein eigener Schaden erwächst.[1433] Das Interesse der übrigen Aktionäre am Fortbestand der Gesellschaft rechtfertigt es, den einzelnen auf diesen zumindest finanziellen Schutz seiner Mitgliedstellung zu verweisen. Mehr als einen finanziellen Anteil am Liquidationserlös hätte er auch nicht zu erwarten, könnte er sich mit seiner Blockade der Kapitalanpassung durchsetzen. Auf Grund des ultima-ratio Gedankens ist jedoch eine solche Verpflichtung davon abhängig zu machen, dass bei Scheitern der Sanierungsmaßnahme ein Zusammenbruch der Gesellschaft unvermeidlich und in diesem Falle die Stellung des einzelnen Gesellschafters ungünstiger als bei einem Austritt aus der Gesellschaft ist. Daneben muss die Durchführung der Sanierungsmaßnahme die Verfolgung des Gesellschaftszwecks nach objektiver Einschätzung nachhaltig sicherstellen und keine schonendere Sanierung möglich sein.[1434] Zudem ist auch an dieser Stelle den Aktionären ein großer Ermessensspielraum für die Beurteilung der ökonomischen Voraussetzungen und Folgen des jeweiligen Sanierungsvorschlages eingeräumt.[1435]

Ob Hedgefonds durch eine Blockadepolitik bei Kapitalmaßnahmen die ihnen gegenüber obliegende Treupflicht verletzen, lässt sich damit lediglich am praktischen Einzelfall beantworten. Entsprechend der von Rechtsprechung

---

[1430] Vgl. *BGH*, NJW 1992, 967, 968; *Henze*, Aktienrecht, Rn. 1081.

[1431] Vgl. BGHZ 103, 184, 191 f.; 76, 352, 353.

[1432] BGHZ 129, 136, 152; *K. Schmidt*, Gesellschaftsrecht, S. 134; *Timm*, WM 1991, 481, 484.

[1433] *Henze*, Aktienrecht, Rn. 1082; *Häsemeyer*, ZHR 160, 109, 114.

[1434] BGHZ 129, 136, 153; *K. Schmidt*, Gesellschaftsrecht, S. 134; *Timm*, WM 1991, 481, 484 f.; *Bungert*, 1995, 1749, 1753.

[1435] *Häsemeyer*, ZHR 160, 109, 113.

und Literatur aufgeführten Einschränkungen ist dies extremen Ausnahmefällen vorbehalten, wenn eine andere Entscheidung zur Insolvenz oder zum Zusammenbruch der Portfoliogesellschaft führen würde. Hingegen liegt ein Treupflichtverstoß vor, wenn Hedgefonds die Sanierungsbedürftigkeit der Gesellschaft ausnutzen, um sich das Stimmrecht „abkaufen" zu lassen und auf diese Weise Sondervorteile zum Schaden der anderen Gesellschafter zu erlangen.

Daneben stellt sich die Frage, ob sie die Grenzen des ihnen zugewiesenen unternehmerischen Ermessens beachten, wenn sie wie im Falle *Cewe Color* einem Gewinnverwendungsbeschluss zustimmen, dem eine Kapitalrestrukturierung zu Grunde liegt, die insbesondere durch eine erhöhte Rücklagenauflösung das langfristige Interesse der Gesellschaft an einer soliden Kapitalstruktur im erheblichen Maße außer Acht lässt und im Ergebnis das Verhältnis der Eigen- zur Fremdkapitalausstattung zu Ungunsten der Gesellschaft verschiebt. Auch an dieser Stelle wird man selbst bei einer objektiven Verschlechterung der Kapitalstruktur und einer damit einhergehenden eingeschränkten Wettbewerbsfähigkeit des Unternehmens grundsätzlich nicht annehmen können, dass die Aktionäre das ihnen eingeräumte Ermessen überschreiten. Nur in Ausnahmefällen, in denen die Eigenkapitalausstattung der Gesellschaft im gerade noch zulässigen Rahmen aufgelöst und möglicherweise noch durch die Aufnahme von weiterem Fremdkapital das Unternehmen auf Grund zu erwartender und zum Zeitpunkt der Beschlussfassung vorhersehbarer zukünftiger Entwicklungen in seinem Bestand konkret gefährdet wird, lässt sich annehmen, dass die Aktionäre ihr Ermessen überschreiten und ihre ihnen obliegende Treupflicht verletzen.[1436]

Erst recht scheidet damit ein Treupflichtverstoß aus, wenn aktivistische Hedgefonds ihre Stimmrechte bei eigennützigen Beschlussgegenständen ausüben, um den Anteilswert der Portfolioposition zu steigern. In diesem Fall können die Aktivisten ihre Stimmrechtsabgabe ohnehin verstärkt an eigenen Interessen ausrichten, weswegen eine am Gesellschaftsinteresse orientierte Einflussnahme keine Verletzung der Treupflicht begründet.

Unterstrichen wird dieses Ergebnis dadurch, dass Rechtsprechung und Literatur auf die gleichen Wertungen zurückgreifen, um festzustellen, ob die Hauptversammlung dem Vorstand das Vertrauen aus offenbar unsachlichen

---

[1436] Vgl. *Baums*, in: FS K. Schmidt, S. 81.

Gründen entzogen hat.[1437] Im Falle des offenbar unsachlichen Vertrauensentzugs liegt der erforderliche wichtige Grund für die vorzeitige Abberufung des Vorstands durch den Aufsichtsrat nicht vor.[1438] Durch dieses Korrektiv sollte dem Vorstand die Sorge grundloser Abberufung genommen werden, um ihm ein sicheres Arbeiten zu ermöglichen.[1439]

Wann der Vertrauensentzug aus offenbar unsachlichen Gründen erfolgt, hat die Rechtsprechung noch nicht abschließend präzisiert. Unsachlichkeit liegt etwa vor, wenn der Vertrauensentzug nur zum Vorwand dient, willkürlich oder wegen der damit verfolgten Zwecke rechtswidrig ist, insbesondere gegen Treu und Glauben verstößt.[1440] Wenn der *BGH* ausführt, dass der Vertrauensentzug grundsätzlich ein wichtiger Grund sei, der die Abberufung rechtfertige, ohne dass im Einzelfall festzustellen sei, ob die Entziehung berechtigt sei oder nicht,[1441] so steht dem entgegen, dass bei der Beurteilung der Fragen die gesamten Umstände des Falles zu berücksichtigen seien[1442] und der Senat Punkt für Punkt den „Grund zum Vertrauensentzug" prüft.[1443] Mit diesem Korrektiv werden die Motive der Anteilseigner für den Vertrauensentzug damit doch einer inhaltlichen Billigkeitskontrolle zugeführt, um Fälle des Rechtsmissbrauchs zu verhindern. Die den Vertrauensentzug tragenden Gründe müssen diesen Mindestvoraussetzungen entsprechen.[1444]

Entzieht die Hauptversammlung unter dem dominierenden Einfluss aktivistischer Hedgefonds dem Vorstand das Vertrauen per Mehrheitsbeschluss, weil sie mit dessen eingeschlagener Unternehmenspolitik nicht einverstanden ist

---

1437 Vgl. zum Vertrauensentzug der Hauptversammlung gegenüber dem Vorstand oben S. 58 ff.

1438 Vgl. § 84 Absatz 3 Satz 1, 2 AktG. Zur Diskussion vor Einführung dieses Korrektivs ausführlich *Dietel*, Der Widerruf der Bestellung zum Vorstandsmitglied bei Vertrauensentzug der Hauptversammlung, S. 21 f.

1439 BGHZ 13, 188, 193.

1440 Richtungsweisend hierzu BGHZ 13, 188, 193: „Ein Vertrauensentzug, der die Abberufung nur zum Vorwand dient oder willkürlich, haltlos oder wegen der damit verfolgten Zwecke unrechtlich ist, etwa weil sie gegen Treu und Glauben verstoßen, [kann] nicht als wichtiger Grund für die Abberufung anerkannt werden". Vgl. BGHZ 15, 71, 76; *BGH*, WM 1956, 1182, 1184; *LG Darmstadt*, AG 1987, 318, 320; *Hefermehl/Spindler*, in: Münchener Kommentar AktG, § 84 Rn. 105; *Dietel*, Der Widerruf der Bestellung zum Vorstandsmitglied bei Vertrauensentzug der Hauptversammlung, S. 26; *Hüffer*, AktG, § 84 Rn. 29.

1441 BGHZ 13, 188, 192.

1442 BGHZ 13, 188, 196.

1443 Vgl. BGHZ 13, 188, 197, ähnlich S. 193, 194, 196.

1444 Vgl. *Dietel*, Der Widerruf der Bestellung zum Vorstandsmitglied bei Vertrauensentzug der Hauptversammlung, S. 27.

und eine Kurskorrektur wünscht, kann grundsätzlich nicht von einem willkürlichen oder auf rechtswidrige Ziele ausgerichteten Entzug ausgegangen werden. Ob ein Grund sachlich ist oder nicht, orientiert sich nämlich am Unternehmensinteresse. Ein unsachlicher Grund liegt nicht vor, soweit der Widerruf im Hinblick auf die Leitung der Gesellschaft erfolgt und ihrem Interesse dienen soll, unabhängig davon, ob er dies tatsächlich kann.[1445] Zwar ist ein unsachgemäßer Vertrauensentzug gegeben, wenn sich der Vorstand einem die Belange der Gesellschaft schädigenden Verhalten eines Großaktionärs pflichtgemäß widersetzt und die Hauptversammlung das Vertrauen allein aus diesem Grund entzogen hat.[1446] Ein vor dem Hintergrund eines Dissens über die Unternehmenspolitik erteilter Vertrauensentzug orientiert sich dessen ungeachtet am Unternehmensinteresse und ist unabhängig vom objektiven Wahrheitsgehalt in diesem Fall nicht aus offenbar unsachlichen Gründen erfolgt. Dies gilt auch für einen Widerruf der Ernennung zum Vorstandsvorsitzenden, wobei ein etwas strengerer Maßstab angesichts der hervorgehobenen Stellung und der besonderen Bedeutung für das Unternehmen anzulegen sei.[1447] Indes ändert auch in dieser Konstellation der Vertrauensentzug auf Grund einer Meinungsverschiedenheit über die geschäftspolitische Ausrichtung des Unternehmens nichts daran, dass sich die Maßnahme am Unternehmensinteresse orientiert, sodass im Falle des Widerrufs der Ernennung zum Vorstandsvorsitzenden regelmäßig ein sachlicher Grund vorliegen wird.

Damit einhergehend ist die Stimmrechtsausübung von Hedgefonds nicht treupflichtwidrig, wenn sie dem Vorstand das Vertrauen letztlich aus dem Grund entziehen, um mit einer anderen Geschäftspolitik den Anteilswert der Portfoliogesellschaft zu erhöhen. Die aktivistischen Fonds haben ihr Verhalten dann am Unternehmensinteresse ausgerichtet und regelmäßig im Rahmen des ihnen zustehenden Ermessens gehandelt, selbst wenn ihre Auffassung über die für die Steigerung des Anteilswertes vorteilhafteste Geschäftspolitik objektiv unrichtig ist.

(bb) Einflussnahme im Interesse anderer Positionen

Etwas anderes ergibt sich aber möglicherweise, wenn Hedgefonds zumindest bei uneigennützigen Beschlussgegenständen ihr Stimmrecht im Interesse anderer Positionen ausüben. So können sie ihre mitgliedschaftliche Treupflicht

---

1445 *Thüsing*, in: Fleischer, Handbuch des Vorstandsrechts, § 5 Rn. 27.

1446 *Hefermehl/Spindler*, in: Münchener Kommentar AktG, § 84 Rn. 106.

1447 *Thüsing*, in: Fleischer, Handbuch des Vorstandsrechts, § 5 Rn. 30; *Mertens*, in: Kölner Kommentar AktG, § 84 Rn. 126.

gegenüber der Portfoliogesellschaft verletzen, wenn Hedgefonds über die Besetzung des Aufsichtsrats die Geschäftspolitik des Unternehmens beeinflussen oder bei der *merger arbitrage* konkrete Maßnahmen wie Transaktionen begünstigen oder verhindern wollen, um den Beteiligungswert anderer Gesellschaften zu beeinflussen, in deren Anteile oder Derivatepositionen die Aktivisten zuvor investiert haben. Indem sie unternehmensspezifische Ereignisse herbeiführen oder blockieren, können sie insbesondere aus Anteils- oder Derivatepositionen an Konkurrenzgesellschaften oder an Übernahmepartnergesellschaften in Fällen forcierter oder verhinderter Unternehmensübernahmen besondere Erträge erwirtschaften, die nicht den übrigen Anteilseignern der Portfoliogesellschaft zufließen.

So können Hedgefonds als Aktionäre der Bietergesellschaft beispielsweise eine geplante Unternehmensakquisition durch eine Beeinflussung der Unternehmenspolitik zu vereiteln versuchen, um aus Short-Positionen an Zielgesellschaft oder Finanzinstrumenten an Konkurrenten der Bietergesellschaft Renditen zu erwirtschaften. Wie im Fall der *Deutschen Börse AG* können sie auf diese Weise insbesondere aus Derivatepositionen an der Zielgesellschaft (*LSE*) oder Konkurrenzgesellschaften (*Euronext*) Gewinne erzielen.[1448] Dann werden sie von den Konsequenzen ihrer Eingriffe anders betroffen als ihre Mitgesellschafter. Ebenso ergibt sich eine Interessendivergenz zur Portfoliogesellschaft und den übrigen Aktionären, wenn sie ihre Aktienposition an der Gesellschaft durch Derivate – etwa durch Put-Optionen oder Leerverkäufe – wirtschaftlich neutralisiert oder sogar negativ ausgestaltet haben. Indem sie Finanzinstrumente zum hedgen der Anteilsposition einsetzen, neutralisieren sie zugleich ihr Interesse daran, die Position im Wert zu steigern. Je nach Größe der Hedgingposition und dem Einsatz von Finanzinstrumenten in anderen Gesellschaften ist aktivistischen Hedgefonds die Kursentwicklung an der Portfoliogesellschaft gleichgültig oder sie rufen auf diese Weise sogar ein Interesse an einem Kursrückgang hervor.[1449]

Haben Hedgefonds ihre Anteilsposition an der Portfoliogesellschaft durch andere Positionen wirtschaftlich neutralisiert oder negativ ausgestaltet, kommt eine unangemessene Benachteiligung der Gesellschaft und der übrigen Aktionäre in Betracht, wenn die Aktivisten ihr Stimmrecht ausüben. Die Grenzen des den Aktionären eingeräumten Ermessens ist bei Beschlussfassung über

---

[1448] Zum Fall *Deutsche Börse AG* siehe oben S. 82 ff.

[1449] Vgl. *Thaeter/Guski*, AG 2007, 301, 304.

eine im Interesse von anderen Positionen vorgenommene unternehmerische Maßnahme regelmäßig überschritten, wenn sich diese nicht mit dem Gesellschaftsinteresse deckt. Zwar findet auch hier eine umfassende inhaltliche Überprüfung der von den Aktionären gefällten Entscheidungen durch die Gerichte zu Gunsten der Verbandsautonomie nicht statt.[1450] Der Aktionär handelt aber nur im Rahmen des ihm zugewiesenen unternehmerischen Ermessens, solange seine Entscheidung nicht von vornherein ungeeignet erscheint, den Gesellschaftszweck zu fördern und die Entscheidung auf einer sorgfältigen, von gesellschaftsfremden Erwägungen freien Abwägung der gegenläufigen Interessen beruht.[1451] Treuwidrig ist das Verhalten, wenn es ex ante, unter Berücksichtigung der im Zeitpunkt der Beschlussfassung erkennbaren Umstände und unter Zugrundelegung der absehbaren Entwicklung, zur Förderung des Gesellschaftszwecks erkennbar nicht geeignet, erforderlich oder verhältnismäßig im engeren Sinne war.[1452]

Gehen Aktionäre betont anderen Zwecken nach und insbesondere solchen, die gegen die Interessen der Gesellschaft gerichtet sind, verletzen sie ihre Treupflicht der Gesellschaft gegenüber. Eine Verletzung der Treupflicht kommt daher im Allgemeinen erst dann in Betracht, wenn das Stimmrecht gezielt gegen die Interessen der Gesellschaft oder der übrigen Aktionäre eingesetzt wird.[1453] Haben Hedgefonds durch andere Finanzinstrumente ihr wirtschaftliches Interesse an der Wertentwicklung der Gesellschaftsanteile neutralisiert oder sogar negativ ausgestaltet, üben sie ihre Stimmrechte nicht im und damit gegebenenfalls gegen die Interessen der Gesellschaft aus. Die Maßnahme ist dann regelmäßig zum Zeitpunkt der Beschlussfassung objektiv erkennbar nicht geeignet, den Gesellschaftszweck zu verfolgen. Zumindest im Falle einer eigensüchtigen Schädigung der Gesellschaft ist eine solche Intervention im Hinblick auf das Gesellschaftsinteresse ersichtlich unverhältnismäßig.[1454]

[1450] Vgl. die Rechtsprechung des *BGH* zur Überprüfung des Korrektivs des offenbar unsachlichen Grundes im Rahmen eines Beschlusses über den Vertrauensentzug der Hauptversammlung gegenüber dem Vorstand oben S. 287 ff.

[1451] Vgl. *Winter*, Mitgliedschaftliche Treubindungen im GmbH-Recht, S. 105; BGHZ 71, 41, 50; 83, 319, 326.

[1452] *Lutter*, ZHR 153, 446, 457; *Marsch-Barner*, ZHR 157, 172, 177; *Winter*, Mitgliedschaftliche Treubindungen im GmbH-Recht, S. 107, 148 ff.

[1453] *Marsch-Barner*, ZHR 157, 172, 177.

[1454] Vgl. *K. Schmidt*, in: Großkomm. AktG, § 243 Rn. 49.

Ein Aktionär überschreitet sein unternehmerisches Ermessen, wenn die Intervention dazu dient, den Wert der Aktie der Portfoliogesellschaft zu senken und damit zugleich den Wert von anderen Finanzinstrumenten zu steigern. Besteht wegen eingegangener externer Positionen ein erhebliches ökonomisches Interesse an einem Wertverlust der Aktie an der Portfoliogesellschaft, üben die Aktivisten ihre Stimmrechte im Interesse dieser externen Positionen und damit zugleich gegen die Interessen der Gesellschaft und übrigen Aktionäre aus. Dass Hedgefonds mit ihrer Stimmrechtsabgabe gesellschaftsexterne Spekulationsinteressen verfolgen, die Gefahr einer Schädigung der Gesellschaft und dadurch reflexartig einer Beeinträchtigung der anderen Gesellschafter anstreben oder zumindest in Kauf nehmen, kann nicht das Gesellschaftsinteresse überwiegen.[1455] Zum Zeitpunkt der Beschlussfassung ist dann objektiv erkennbar, dass die Einflussnahme nicht frei von gesellschaftsexternen Erwägungen getroffen worden, nicht zur Verfolgung des Gesellschaftszwecks geeignet oder zumindest unverhältnismäßig ist. Eine derart motivierte Stimmrechtsabgabe ist nicht mehr von dem eingeräumten unternehmerischen Ermessensspielraum gedeckt und mithin treuwidrig.

So verletzt eine Stimmrechtsabgabe im Rahmen personalpolitischer Beschlüsse, die im Interesse anderer Positionen erfolgt, die mitgliedschaftliche Treupflicht. Das durch gesellschaftsexterne Positionen hervorgerufene Spekulationsinteresse der Fonds überwiegt nicht das Interesse der Gesellschaft an einer in deren Interesse liegenden Personalauswahl und einer damit verbundenen Geschäfts- oder Transaktionspolitik. Auch wenn Hedgefonds durch eine Blockadepolitik bei Kapitalbeschlüssen die Finanzierung eines Unternehmenskaufs im Interesse anderer Positionen verhindern möchten, liegt ein Treupflichtverstoß vor, wenn dies die Gefahr ökonomischer Nachteile für die Portfoliogesellschaft hervorruft. Wiederum überwiegt in diesem Fall das besondere Spekulationsinteresse der Fonds nicht das Interesse der Gesellschaft an einem in deren Interesse liegenden Beteiligungserwerb und der hierfür erforderlichen Bereitstellung von Kapital. Ebenso lässt sich dieses Ergebnis auf Vorlagebeschlüsse über Geschäftsführungsmaßnahmen nach § 119 Absatz 2 AktG übertragen. Auch an dieser Stelle steht eine Einflussnahme auf die Portfoliogesellschaft im Interesse der Wertentwicklung von anderen Finanzinstrumenten bei Portfolio-, Ziel-, Bieter- oder Konkurrenzgesellschaften im Widerspruch zu den Interessen der nicht deckungsgleich investierten anderen Aktionäre und ist nicht vom Gesellschaftsinteresse gedeckt.

1455 Vgl. *Thaeter/Guski*, AG 2007, 301, 304 und oben S. 254 f.

Ist der Beschlussinhalt für die Interessen der Gesellschaft neutral, aber für einzelne Gesellschafter einseitig belastend, so ist in der Regel die Treupflicht in Form der Rücksichtspflicht gegenüber den Mitaktionären verletzt.[1456] In einem solchen Fall sind die Interessen der Hedgefonds mit den Interessen der anderen Aktionäre, die nicht ihr wirtschaftliches Interesse an der Gesellschaft durch Derivatepositionen neutralisiert haben, im Wege einer Verhältnismäßigkeitsprüfung abzuwägen. Wenn der Beschluss ausschließlich Interessen der Mitgesellschafter tangiert, ist der Gesellschafter zwar aus der ihnen gegenüber bestehenden Treubindung im für ihn zumutbaren Rahmen zur Rücksichtnahme verpflichtet, so dass sich Zustimmungspflichten insbesondere dann ergeben können, wenn der Beschluss für ihn nicht nachteilig ist. Seine Entscheidungen dürfen dann nicht in die Mitgliedschaft der anderen Aktionäre willkürlich oder in unverhältnismäßiger Weise eingreifen. Zu den Verhaltensmaximen gehört hierbei die Wahl des schonendsten Mittels.[1457] In dieser für die Gesellschaft neutralen Lage sind jedoch an die Rücksichtspflicht gegenüber den Mitaktionären keine großen Anforderungen zu stellen, da Aktionäre ihre eigenen Interessen nicht im allgemeinen hinter die anderer Anteilsinhaber zu setzen haben. Dies ist im Einzelfall zu ermitteln. Jedenfalls ist ein Aktionär regelmäßig nicht gehalten, zu Gunsten seiner Mitgesellschafter eigene Opfer zu bringen und ihn belastenden Beschlüssen zuzustimmen.[1458]

(2) Sonstige Mitgliedschaftsrechte

Aktivistische Hedgefonds bedienen sich in Einzelfällen des Rechtes zur Einberufung der Hauptversammlung (a) sowie dem Auskunfts- und Rederecht in der Hauptversammlung (b).[1459]

(a) Einberufung der Hauptversammlung auf Verlangen einer Minderheit

Die Ausübung der kollektiven Minderheitenschutzrechte unterliegt ebenfalls den Treubindungen in der AG, insbesondere das Recht zur Einberufung der Hauptversammlung nach § 122 AktG.[1460] Die Konkretisierung der Treubindung ist auf die rechtsmissbräuchliche Rechtsausübung zu beschränken, da-

---

[1456] *Lutter*, ZHR 153, 446, 458.

[1457] *Henze/Notz*, in: Großkomm. AktG, Anh § 53a Rn. 53.

[1458] *Nehls*, Die gesellschaftsrechtliche Treupflicht im Aktienrecht, S. 89 ff.

[1459] Da Hedgefonds im deutschen Rechtsraum bislang noch nicht andere Mitgliedschaftsrechte – wie etwa das Anfechtungsrecht – in schikanöser oder missbräuchlicher Weise eingesetzt haben, um ihre Strategieziele zu erreichen, wird im folgenden Verlauf der Untersuchung auf derartige treupflichtwidrige oder missbräuchliche Möglichkeiten der Rechtsausübung nicht eingegangen.

[1460] *Zöllner*, in: Kölner Kommentar AktG, § 122 Rn. 4; *Hüffer*, AktG, § 122 Rn. 6.

mit der Zweck des Minderheitenschutzes nicht gefährdet wird.[1461] Rechtsmissbräuchlich ist das Verlangen einer Minderheit auf Einberufung einer Hauptversammlung, wenn die Dringlichkeit der Einberufung nur vorgeschoben wird, eine erneute Beschlussfassung zu einem Tagesordnungspunkt, über den erst kürzere Zeit zuvor beschlossen worden ist, durch nichts veranlasst ist oder der angestrebte Beschluss gesetzes- oder satzungswidrig wäre.[1462] Da Hedgefonds eine außerordentliche Hauptversammlung hauptsächlich dann einberufen werden, um angesichts entgegenstehender geschäftspolitischer Vorstellungen zügig den Aufsichtsrat auszutauschen oder über sonstige besondere Maßnahmen zu beschließen, wird eine rechtsmissbräuchliche Ausübung des Mitgliedschaftsrechts regelmäßig ausscheiden. In diesem Fall wird die Dringlichkeit aus der Perspektive der aktiven Aktionäre gerade nicht lediglich vorgeschoben. Dies gilt selbst dann, wenn das angestrebte Beschlussergebnis mit an Sicherheit grenzender Wahrscheinlichkeit nicht mehrheitsfähig ist.[1463]

(b) Rede- und Auskunftsrecht in der Hauptversammlung

Darüber hinaus ist auch das Auskunftsrecht als eigennütziges Aktionärsrecht der Treupflicht unterworfen und kann nur in deren Grenzen geltend gemacht werden.[1464] Das Recht zur Verweigerung der Auskunft nach § 131 Absatz 3 Satz 1 AktG[1465] stellt insoweit keine abschließende Regelung dar, dass sie den Treupflichtgedanken ausschließt. Zwar legt § 131 Absatz 3 Satz 2 AktG fest, dass aus anderen als den in Satz 1 aufgeführten Gründen die Auskunft nicht verweigert werden darf. Indessen bezieht sich das Erweiterungsverbot des Satz 2 nur auf die Verweigerungsgründe des Satz 1, nicht aber auf die Frage, ob der Auskunftsanspruch dem Aktionär zusteht.[1466] Ein Verstoß gegen die Treupflicht liegt in der illoyalen, grob eigennützigen, übermäßigen oder wi-

---

[1461] *Hüffer*, AktG, § 122 Rn. 6; *Henze*, BB 1996, 489, 495.

[1462] *Hüffer*, AktG, § 122 Rn. 6; *Willamowski*, in: Spindler/Stilz, AktG, § 122 Rn. 10; *Henze*, BB 1996, 489, 495.

[1463] *Zöllner*, in: Kölner Kommentar AktG, § 122 Rn. 4; *Willamowski*, in: Spindler/Stilz, AktG, § 122 Rn. 10; *Hüffer*, AktG, § 122 Rn. 6.

[1464] *Henze*, BB 1996, 489, 495; *Cahn/Senger*, in: Spindler/Stilz, AktG, § 53a Rn. 52; *Hüffer*, AktG, § 131 Rn. 33; *K. Schmidt*, Gesellschaftsrecht, S. 845; *Geißler*, NZG 2001, 539, 541 f.

[1465] Die Auskunftsverweigerungstatbestände des § 131 Absatz 3 Satz 1 AktG stellen nach Auffassung des BVerfG eine zulässige Inhalts- und Schrankenbestimmung nach Art. 14 Absatz 1 GG dar, siehe *BVerfG*, NJW 2000, 129.

[1466] *Henze*, BB 1996, 489, 495; *Hefermehl*, in: FS Duden, S. 113 f.; *Geißler*, NZG 2001, 539, 541; *Hüffer*, AktG, §131 Rn. 33.

dersprüchlichen Ausübung von eigennützigen Mitgliedschaftsrechten.[1467] Damit ist darzulegen, ob hierunter auch ein den tatbestandlichen Anforderungen des § 131 Absatz 1 Satz 1 AktG standhaltendes Auskunftsverlangen fällt, wenn der Fragesteller es aus erkennbar obstruktiven Absichten betreibt. Als Beispiel lässt sich der Fall anführen, dass ein Aktionär eine nicht zu beantwortende Zahl von Fragen an den Vorstand stellt oder das Rederecht im Sinne eines sog. Filibustering ausübt.[1468] Eine illoyale und eigennützige Ausübung des Auskunftsrechts liegt damit vor, wenn Hedgefonds durch ein solches Vorgehen auf die Geschäftsführung des Vorstandes Einfluss nehmen oder bestimmte unternehmerische Entscheidungen erzwingen möchten.[1469] Denn ebenso wie dem querulatorischen geht es dem eigensüchtigen Aktionär nicht darum, mit seinen Fragen das Beurteilungswissen für eine anstehende Beschlussfassung zu vervollständigen. Er betreibt Obstruktion lediglich, um seine eigenen Vorstellungen über die Geschäftspolitik und das Management der Gesellschaft durchzusetzen und überschreitet die Grenze zur – zulässigen und erwünschten – Opposition.[1470] Häufig wird dieses Vorgehen zugleich einhergehen mit einer übermäßigen Ausübung des Auskunftsrechts. Kein Missbrauch des Fragerechts ist es hingegen, wenn ein Aktionär ohnehin entschlossen ist, seine Stimme in einem bestimmten Sinne abzugeben und mit der Frage lediglich für die von ihm betriebene Opposition werben will.[1471] Auf die Treupflicht muss allerdings angesichts der Einschränkungen des § 131 Absatz 1 AktG sowie den Auskunftsverweigerungsmöglichkeiten des Absatzes 3 kaum zurückgegriffen werden, womit das praktische Bedürfnis für eine zusätzliche Schranke gering ist.[1472] Daneben soll der Aktionär sein Auskunftsrecht ab einer bestimmten Intensität („umfassende Fragenkataloge") nur dann geltend machen können, wenn er seine Fragen bereits im Vorfeld der Hauptversammlung zur Vorbereitung der Antworten einreicht.[1473] Die mit einer überlangen Redezeit verbundenen Problemkreise hatte zudem der

---

[1467] *Wiesner*, in: Münchener Handbuch AG, § 17 Rn. 18; *Hüffer*, AktG, §131 Rn. 34.; *Geißler*, NZG 2001, 539, 542 ff.

[1468] *Wiesner*, in: Münchener Handbuch AG, § 17 Rn. 18; *Henze*, BB 1996, 489, 495; *Siems*, in: Spindler/Stilz, AktG, § 131 Rn. 60.

[1469] *K. Schmidt*, Gesellschaftsrecht, *Geißler*, NZG 2001, 539, 542.

[1470] *Geißler*, NZG 2001, 539, 543.

[1471] *OLG Düsseldorf*, AG 1987, 21, 22 f.; *Hüffer*, AktG, §131 Rn. 34.

[1472] BGHZ 129, 136, 144 f.; *Zöllner*, in: Kölner Kommentar AktG, § 131 Rn. 44; *Hüffer*, AktG, §131 Rn. 34; *Semler*, in: Münchener Handbuch AG, § 37 Rn. 29; *Brändel*, in: Großkomm. AktG, § 1 Rn. 87; *Henze*, BB 1996, 489, 495; *Wiesner*, in: Münchener Handbuch AG, § 17 Rn. 18.

[1473] Vgl. BGHZ 32, 159, 166; *Henze*, BB 1996, 489, 495.

Gesetzgeber im Blick, als er mit dem Gesetz zur Unternehmensintegrität und Modernisierung des Anfechtungsrechts (UMAG) im Jahr 2005 insbesondere das Auskunftsrecht reformierte.[1474] Gemäß § 131 Absatz 2 Satz 2 AktG kann nun der Hauptversammlungsleiter durch Satzung oder Geschäftsordnung ermächtigt werden, das Frage- und Rederecht des Aktionärs zeitlich angemessen zu beschränken, wobei Satzung oder Geschäftsordnung dazu Näheres bestimmen können. Damit befindet sich die Regelung im Einklang mit den Vorgaben der Aktionärsrechterichtlinie, nach der die Mitgliedstaaten Ausnahmen vom Auskunftsrecht zulassen können, um den ordnungsgemäßen Ablauf der Hauptversammlung zu gewährleisten.[1475] Das Kriterium der zeitlichen Angemessenheit stellt allerdings eine für die Praxis nur schwer ausfüllbare Vorgabe dar, die sich nach der Begründung an einer Hauptversammlungsregeldauer von 4-6 Stunden orientieren soll, wenn keine unternehmensstrukturellen Maßnahmen zu erörtern sind.[1476] Jedenfalls wurde hiermit ein zusätzliches Instrumentarium geschaffen, welches es voraussichtlich ermöglicht, treupflichtwidrige Fälle weiter zurück zu drängen. Damit ist die Problematik flexibel lösbar, während die verbleibenden Missbrauchsmöglichkeiten wohl auch nicht durch weitere Neuregelungen verhindert werden können.[1477]

bb) Faktische Einflussnahme

Wenn Hedgefonds gegebenenfalls gemeinsam mit anderen aktivistischen Aktionären faktisch auf Vorstand und Aufsichtsrat einwirken, um sie zu einem bestimmten Verhalten in Bezug auf die Gesellschaft zu veranlassen, decken sich die Fälle mit den bei der Stimmrechtsausübung herausgearbeiteten Ergebnissen. Eine faktische Einwirkung auf die Organe ist nicht per se unzulässig, da der Vorstand als Gremium kein subjektives Recht genießt, seine Entscheidungen unbeeinflusst von dem Wirken anderer auszuüben.[1478] Wollen Hedgefonds wie in den Fällen *Royal Bank of Scotland/ABN Amro*[1479], *ABN*

[1474] RegE UMAG, BR-Drucks. 3/05, S. 32 f.

[1475] Vgl. § 9 Absatz 2 der Richtlinie 2007/36/EG des Europäischen Parlaments und des Rates vom 11.07.2007 über die Ausübung bestimmter Rechte von Aktionären in börsennotierten Gesellschaften (Aktionärsrechterichtlinie).

[1476] RegE UMAG, BR-Drucks. 3/05, S. 33; *Hüffer*, AktG, §131 Rn. 22a.

[1477] *Martens*, Missbrauch des Auskunfts-, Frage- und Rederechts sowie im Spruchstellenverfahren, S. 75 f.

[1478] Vgl. *Mestmäcker*, Verwaltung, Konzerngewalt und Rechte der Aktionäre, S. 81; *Dietel*, Der Widerruf der Bestellung zum Vorstandsmitglied bei Vertrauensentzug der Hauptversammlung, S. 14, 46.

[1479] Siehe zum Fall *Royal Bank of Scotland/ABN Amro* oben S. 87 f.

Amro/Capitalia[1480], *Novartis/Chiron*[1481], *Adecco SA/DIS AG*[1482] den Anteilswert der Portfoliogesellschaft steigern, stimmt ihre Intervention mit den Interessen der anderen Gesellschafter und damit regelmäßig dem Gesellschaftsinteresse überein. Sie haben ihre auf Grund medialer Aufmerksamkeit erlangten Einwirkungsmöglichkeiten dann nicht erkennbar unverhältnismäßig ausgeübt. Selbst wenn eine Maßnahme, wie ein forcierter Übernahmeabbruch, sich ex post als schädlich für die Portfoliogesellschaft erweist, haben die Aktionäre bei der faktischen Einflussnahme im Rahmen ihres unternehmerischen Ermessens gehandelt.

Erst wenn sie wie in den Fällen *Deutsche Börse AG*[1483], *Barclays/ABN Amro*[1484], *AXA/Mony*[1485], *Mylan/King*[1486] auf Grund anderer Positionen ihr wirtschaftliches Interesse an der Gesellschaft neutralisiert oder negativ ausgestaltet haben und aus diesem Grund faktisch auf die Leitungsorgane einwirken, dass diese gesellschaftsgefährdende Maßnahmen vornehmen oder zweckfördernde Maßnahmen unterlassen, verstoßen Hedgefonds gegen die ihnen obliegende Treupflicht. In diesem Fall missachten sie ihre passive Loyalitätspflicht, nicht auf die Leitungsorgane zum Zwecke einer im Gegensatz zu den Interessen der Gesellschaft liegenden und unverhältnismäßigen Maßnahme einzuwirken. Erst wenn ein Bezug zu einem dem Gesellschaftsinteresse widerstrebenden und möglicherweise schädlichen Verhalten der Gesellschaftsorgane hergestellt wird, lässt sich ein im Hinblick auf die Gesellschaftsinteressen und den Interessen der übrigen Aktionäre treuwidriges Verhalten feststellen.

c) Unterlassungs- und Schadensersatzanspruch

Ein treuwidriges Verhalten aktivistischer Hedgefonds kann Unterlassungs- und Schadensersatzansprüche zu Gunsten der Gesellschaft oder der anderen Aktionäre hervorrufen.[1487] Entsprechend der Regelung des § 117 AktG klagt der Aktionär aus eigenem, nicht abgeleitetem Recht der Gesellschaft; ist der

---

1480 Siehe zum Fall *ABN Amro/Capitalia* oben S. 86 f.

1481 Siehe zum Fall *Novartis/Chiron* oben S. 89.

1482 Siehe zum Fall *Adecco SA/DIS* AG oben S. 90 f.

1483 Siehe zum Fall *Deutsche Börse AG* oben S. 82 ff.

1484 Siehe zum Fall *Barclays/ABN Amro* oben S. 86 f.

1485 Siehe zum Fall *AXA/Mony* oben S. 133 f.

1486 Siehe zum Fall *Mylan/King* oben S. 131 f.

1487 Eine Klage auf Unterlassung der Stimmabgabe in einem bestimmten Sinne ist dagegen vor der Abstimmung nicht möglich; insoweit kommt nur die nachträgliche Anfechtung des Beschlusses verbunden mit einer positiven Beschlussfeststellungsklage in Betracht, siehe hierzu *Häsemeyer*, ZHR 160, 109, 117.

Schaden im Gesellschaftsvermögen entstanden, kann er allerdings nur auf Leistung an die Gesellschaft klagen.[1488] Für den Schaden des Aktionärs wird der Verkehrswert der Aktie im Zeitpunkt der Treupflichtverletzung zu Grunde gelegt, der durch den Börsenkurs indiziert wird.[1489] Der beim Aktionär entstandene Aktienabwertungsschaden stellt sich indes als Reflex des bei der Gesellschaft selbst eingetretenen Schadens dar.[1490] Der Grundsatz der Kapitalerhaltung und der Zweckbindung des Gesellschaftsvermögens hat zur Folge, dass der Ausgleich eines an dem Gesellschaftsvermögen entstandenen Schadens durch Leistung an die Gesellschaft[1491] auszugleichen ist, nicht aber durch Leistung in das Privatvermögen des Aktionärs.[1492] Unerheblich ist dabei, ob der Gesellschaft gegen den Schädiger ein eigener Schadensersatzanspruch zusteht oder nicht. Damit kann der Aktionär unter der Perspektive des Reflexschadens vom schädigenden Mitaktionär Leistung in das Gesellschaftsvermögen verlangen, so dass die Aktien wieder den Wert erhalten, den sie vor der Treupflichtverletzung innehatten. Nur soweit dem einzelnen Aktionär über den Reflexschaden hinaus ein genuin eigener Schaden entstanden ist, kann er Leistung an sich verlangen.[1493]

Der *BGH* wendet den Rechtsgedanken des § 117 Absatz 1 AktG entsprechend an und beschränkt die Haftung aus Treupflichtverletzungen durch Stimmrechtsausübung auf Vorsatz, für andere Treupflichtverletzungen lässt er diese Frage offen.[1494] Große Teile der Literatur befürworten ebenso eine Haftungsbeschränkung auf Vorsatz,[1495] andere Stimmen wollen entweder den Maßstab des § 708 in Verbindung mit § 277 BGB anwenden[1496] oder sogar

---

[1488] *Raiser/Veil*, Recht der Kapitalgesellschaften, § 12 Rn. 46; *Lutter*, ZHR 162, 164, 180 ff.

[1489] BGHZ 129, 136, 164.

[1490] BGHZ 94, 55, 58 f.; *Kropff*, in: Münchener Kommentar AktG, § 117 Rn. 47; *Kort*, in: Großkomm. AktG, § 117 Rn. 185; *Mertens*, in: Kölner Kommentar AktG, § 93 Rn. 20.

[1491] Genauer: in die Rücklagen der Gesellschaft.

[1492] Vgl. § 117 Absatz 1 Satz 2; 317 Absatz 1 Satz 2 AktG; *Dreher*, ZHR 157, 151, 153; BGHZ 129, 136, 166 m. w. Nachw. S. bereits oben zu Reflexschäden und weitergehenden Schäden S. 250 f.; zu weitergehenden Schäden siehe auch die Fälle bei *Baums*, Der Geschäftsleitervertrag, S. 215 ff., 220 ff.

[1493] Vgl. § 117 Absatz 1 Satz 2 AktG.

[1494] BGHZ 129, 136, 162.

[1495] Vgl. *Kort*, in: Großkomm. AktG, § 117 Rn. 93; *Henze/Notz*, in: Großkomm. AktG, § 53a Rn. 149; *Wiesner*, in: Münchener Handbuch AG, § 27 Rn. 1; *Kropff*, in: Münchener Kommentar AktG, § 117 Rn. 7.

[1496] *Häsemeyer*, ZHR 160, 109, 118.

gemäß § 276 BGB selbst fahrlässiges Verhalten ausreichen lassen[1497]. Dabei erscheint es sachgerecht, dass entsprechend der Ansicht der Rechtsprechung nur ein vorsätzliches treuwidriges Verhalten einen Schadensersatzanspruch begründet. Auch objektiv unvernünftiges wirtschaftliches Handeln muss grundsätzlich sanktionslos bleiben.[1498] Die Aktionäre sind nicht dazu verpflichtet, sich ökonomisch optimal zu verhalten. Auch institutionelle Anleger wie Hedgefonds mit einer potentiell größeren Experten- und Informationsausstattung sind einer solchen Pflicht nicht unterworfen, da dieses Bemühen um eine möglichst genaue Expertise billigerweise nicht den Nachteil hervorrufen darf, auch für fahrlässiges Verhalten einstehen zu müssen. Allerdings können bei einem gut informierten Anleger die Voraussetzungen eines bedingten Vorsatzes leichter angenommen werden.[1499] Grundsätzlich ist es dem Aktionär nicht versagt, seine Mitgliedschaftsrechte zum eigenen Vorteil auszuüben. Ausgenommen ist aber der Fall, dass ein Aktionär mit der Ausübung des Stimmrechts Sondervorteile zum Schaden der Gesellschaft oder der anderen Aktionäre zu erlangen sucht, was ein vorsätzliches Handeln voraussetzt.[1500] Für Aktionäre erscheint diese Haftungsbeschränkung daher gerechtfertigt, wenngleich sie die Schadensersatzpflicht in die Nähe der Haftung wegen sittenwidriger Schädigung nach § 826 BGB rückt.[1501] Müsste ein Aktionär bereits bei fahrlässiger Treupflichtverletzung Schadensersatzansprüche fürchten, könnte sich durch diese Abschreckung zudem die ohnehin schwache Präsenz der Aktionäre auf Hauptversammlungen noch weiter verringern.[1502]

Hedgefonds sind einem Schadensersatzanspruch damit nur ausgesetzt, wenn ihnen vorsätzliches Handeln auch in Bezug auf Treuwidrigkeit und Schadensherbeiführung nachgewiesen werden kann. Beeinflussen sie die Gesellschaft im Interesse anderer Finanzinstrumente, wie Short-Positionen an der Portfoliogesellschaft oder Derivaten anderer wertkorrelierender Gesellschaften, handeln sie gegebenenfalls vorsätzlich treuwidrig. Mit dem Erwerb dieser Positionen und dem Herbeiführen des unternehmensbezogenen Ereignisses

---

[1497] *Marsch-Barner*, ZHR 157, 172, 191.

[1498] Vgl. *Timm*, WM 1991, 481, 484 ff.

[1499] A. A. *Häsemeyer*, ZHR 160, 109, 115, nach dem die Treupflicht nur informierte Anleger treffen soll, wobei er Wertungen des Verschuldens mit Aspekten einer Pflichtverletzung vermischt.

[1500] BGHZ 129, 136, 162 f.

[1501] Zur deliktischen Haftung aus § 826 BGB siehe unten S. 309 ff.

[1502] Vgl. BGHZ 129, 136, 163; *Zöllner*, Die Schranken mitgliedschaftlicher Stimmrechtsmacht bei den privatrechtlichen Personenverbänden, S. 430; *Bungert*, 1995, 1749, 1755; *Henze*, Aktienrecht, Rn. 1099.

spekulieren sie auf eine entsprechende Bewertungskorrektur beim Anteilswert an der Portfoliogesellschaft, der einen bestimmten Effekt auf die übrigen Finanzinstrumente ausüben soll. Erzielt der Aktivist mit diesen Positionen Gewinne bei einem sinkenden Kurs der Anteile an der Portfoliogesellschaft, handelt der Hedgefondsmanager zumindest mit dolus eventualis, da er dann mit einem Schaden bei der Portfoliogesellschaft rechnet oder ihn zumindest billigend in Kauf nimmt.

D) BESONDERE PUBLIZITÄTSVERPFLICHTUNGEN?

Schließlich ist zu diskutieren, ob die Treupflicht in ihrer pflichtbegründenden Funktion besondere Publizitätsverpflichtungen für aktivistische Strategien bereit-stellt. Ob Mitteilungspflichten auch aus der allgemeinen gesellschaftsrechtlichen Treupflicht gegenüber den anderen Gesellschaftern abgeleitet werden können, erörterten mehrere Literaturvertreter vor allen Dingen vor Inkrafttreten der §§ 21 ff. WpHG und des WpÜG.[1503] Möglicherweise begründen der Erwerb von Beteiligungen an einer Gesellschaft, die eine Einflussnahme ermöglichen sollen (aa), das Eingehen von Positionen in anderen Gesellschaften oder das Hedgen der eigenen Position besondere Offenlegungsverpflichtungen (bb).

AA) ERWERB VON BETEILIGUNGEN, DIE EINE EINFLUSSNAHME ERMÖGLICHEN SOLLEN

Nach einer in der Literatur vertretenen Auffassung kann ein Aktionär, der beabsichtigt, eine kontrollierende Beteiligung an einer Aktiengesellschaft zu erwerben, seinen Mitaktionären gegenüber zur Offenlegung dieser Absicht verpflichtet sein.[1504] Zumindest erwachse Aktionären auf Grund ihrer Treupflicht eine Mitteilungspflicht, wenn sie dazu schreiten, ein Aktienpaket aufzubauen, von dem ein spürbarer Einfluss auf die Gesellschaft ausgehen kann.[1505] Damit solle verhindert werden, dass einzelne Aktionäre die Anonymität des Aktienmarktes zum heimlichen Aufbau von Paketen ausnutzen, um insbesondere Sondervorteile zu erlangen, die einen Schaden für die Gesellschaft oder die Gesellschafter zur Folge haben.[1506] Widersinnig wäre es näm-

---

[1503] *Schneider*, in: Assmann/Schneider, WpHG, vor § 21 Rn. 46; *Starke*, Beteiligungstransparenz im Gesellschafts- und Kapitalmarktrecht, S. 167 f.

[1504] *Burgard*, Die Offenlegung von Beteiligungen, Abhängigkeits- und Konzernlagen bei der Aktiengesellschaft, S. 67; *ders.*, AG 1992, 41, 50.

[1505] *Emmerich/Sonnenschein/Habersack*, Konzernrecht, S. 91; *Siebel*, in: FS Heinsius, S. 787.

[1506] *Burgard*, Die Offenlegung von Beteiligungen, Abhängigkeits- und Konzernlagen bei der Aktiengesellschaft, S. 65; *ders.*, AG 1992, 41, 50.

lich, eine Mitteilungspflicht erst mit dem Schadenseintritt aufleben zu lassen, wenn sie diesen gerade verhindern soll.[1507] Verletzen Aktionäre diese Pflicht, können die Aktionäre, die in der Zeit, als sich der Erwerb des Paketes vollzog, Aktien der betreffenden Gesellschaft verkauft haben, Schadensersatz aus *culpa in contrahendo* verlangen.[1508] Sobald also Hedgefonds gemeinschaftlich Anteile erwerben wollen, deren Größe dazu geeignet ist, einen deutlichen Einfluss auf die Herrschaftsstrukturen der Gesellschaft auszuüben, wären sie entsprechend dieser Auffassung bereits nach der aktionärsrechtlichen Treupflicht zu einer Offenlegung dieser Absicht verpflichtet. Mit den inzwischen erfolgten spezialgesetzlichen Regelungen verbleibt allerdings hierfür kein Anwendungsbereich.[1509]

Im Rahmen des *Risikobegrenzungsgesetzes* hat der Gesetzgeber nun festgelegt, dass gemäß § 27a Absatz 1 WpHG n. F. ein Meldepflichtiger im Sinne der §§ 21 und 22 WpHG, der die Schwelle von zehn Prozent der Stimmrechte erreicht, auf Verlangen die mit dem Erwerb der Stimmrechte verfolgten Ziele und die Herkunft der für den Erwerb verwendeten Mittel mitzuteilen hat. Die Vorschriften zur Beteiligungstransparenz stellen damit als eindeutige Entscheidung des Gesetzgebers im Hinblick auf die Beteiligungsverhältnisse eine abschließende Regelung dar, die nicht durch die Festsetzung weiter gehender Offenlegungspflichten auf Grundlage der gesellschaftsrechtlichen Treupflicht unterlaufen werden darf.[1510] Diese Kodifikationen können vielmehr als gesetzlich verfestigte Fälle der Treupflicht angesehen werden.[1511] Aus den gleichen Erwägungen scheidet auch eine Verpflichtung zur Offenlegung der Beteiligungsverhältnisse aus der Treupflicht für den Fall aus, dass einzelne Aktionäre mit einer prozentual geringeren Beteiligung als die der Meldeschwellen

---

[1507] *Wiedemann*, Minderheitenschutz und Aktienhandel, S. 62.

[1508] *Burgard*, Die Offenlegung von Beteiligungen, Abhängigkeits- und Konzernlagen bei der Aktiengesellschaft, S. 67 f.

[1509] *Hirte*, in: Kölner Kommentar WpHG, § 21 Rn. 63; *Lutter*, ZHR 162, 164, 174; *Emmerich/Sonnenschein/Habersack*, Konzernrecht, S. 91. A. A. *Starke*, Beteiligungstransparenz im Gesellschafts- und Kapitalmarktrecht, S. 167 f., der kein Spezialitätsverhältnis zwischen einer Offenlegungspflicht auf Grund einer Treupflicht und denen der §§ 20, 21 AktG, 21, 22 WpHG erblickt. Für das österreichische Recht bejahend für den Fall, dass ein Aktionär durch vorsätzlich fehlerhafte Darstellung der Beteiligungsverhältnisse Sondervorteile für sich erzielen will *Kalss/Oppitz/Zollner*, Kapitalmarktrecht, § 17 Rn. 84.

[1510] *Starke*, Beteiligungstransparenz im Gesellschafts- und Kapitalmarktrecht, S. 167; *Joussen*, BB 1992, 1075, 1080.

[1511] *Henze/Notz*, in: Großkomm. AktG, Anh § 53a Rn. 115.

des § 21 WpHG Einfluss auf die Herrschaftsstrukturen der Aktiengesellschaft ausüben möchten.

bb) Eingehen von Short-Positionen an der Gesellschaft/Positionen in anderen Gesellschaften

Auf Grund der deutlichen Entscheidung des Gesetzgebers muss unterhalb der bestehenden Verpflichtungen auch eine Offenlegung von Derivatepositionen ausscheiden, die das ökonomische Interesse der Fonds an der Gesellschaft neutralisieren oder negativ ausgestalten. Ebenso sieht das Gesetz keine Publizitätsverpflichtung zur Aufdeckung von Anteils- oder sonstigen Positionen in Gesellschaften vor, deren Anteilswert von Ereignissen bei der Portfoliogesellschaft beeinflusst wird. Im Ergebnis rechtfertigt die gesellschaftsrechtliche Treupflicht keine über die bestehenden Mitteilungs- und Veröffentlichungspflichten hinausgehende Pflicht zur Offenlegung.

e) Zusammenfassung

Hedgefonds sind als Aktionäre der Treupflicht unterworfen und können ihre Stimmrechte nur im Rahmen dieser Pflichtbindung ausüben, selbst wenn sie nicht koordiniert handeln. Soweit mit einer Einflussnahme spürbar nachteilige Auswirkungen auf die Gesellschaftsinteressen oder der mitgliedschaftlich vermittelten Interessen der Mitaktionäre verbunden sein können, hat der Aktionär sein Einflusspotential nur unter verhältnismäßiger Rücksichtnahme auf deren Belange einzusetzen.[1512] Dem Grundsatz der Verhältnismäßigkeit entsprechend darf niemand seine Einflussmöglichkeiten dergestalt ausüben, dass er den anderen in die Gefahr erheblicher Nachteile für gewichtige und schutzwürdige Interessen bringt, wenn auf seiner Seite keine schutzwürdigen Interessen betroffen sind. Dabei ist das Verhalten unabhängig davon unzulässig, ob sich im Einzelfall das Risiko einer Schädigung der anderen Seite tatsächlich manifestiert oder nicht.[1513]

Zwar haben Hedgefonds typischerweise ihre Stimmrechtsausübung am Unternehmensinteresse auszurichten, da sie durch ihr aktivistisches Verhalten häufig selbst bei grundsätzlich eigennützigen Beschlussgegenständen einen Bezug zum Gesellschaftszweck herstellen. Beeinflussen sie dabei aber die Gesellschaft, um eine ihrer Einschätzung nach effizientere Unternehmensstrategie zu etablieren und um dadurch – wie im Normalfall – den Anteilswert der Portfoliogesellschaft zu steigern, liegt regelmäßig kein treuwidriges Verhalten

---

1512 *Röhricht*, in: Hommelhoff/Hopt/v. Werder, Handbuch Corporate Governance, S. 524.

1513 *Henrichs*, AcP 1995, 221, 237.

vor. Ihre Intervention deckt sich dann mit dem Gesellschaftsinteresse und damit zugleich mit dem typischen Interesse der anderen Aktionäre, wobei ihnen bei dieser unternehmerischen Entscheidung ein gerichtlich nicht überprüfbarer Ermessensspielraum zukommt. Dies gilt selbst dann, wenn sie ihre Stimmrechte bei sog. uneigennützigen Beschlussgegenständen ausüben, die prinzipiell eine verstärkte Bindung an das Unternehmensinteresse fordern. Eine Ausnahme ergibt sich nur in Extremfällen, wenn das Auswahlermessen der Aktionäre auf Null reduziert ist, weil eine Einflussnahme zum Zeitpunkt der Beschlussfassung objektiv erkennbar existenzbedrohende Auswirkungen auf die Portfoliogesellschaft hat.

Üben Hedgefonds ihr Stimmrecht im Interesse anderer Positionen aus, handeln sie gegebenenfalls treupflichtwidrig. Besteht wegen eingegangener externer Positionen ein erhebliches ökonomisches Interesse an einem Wertverlust der Aktie an der Portfoliogesellschaft, üben die Aktivisten ihre Stimmrechte im Interesse dieser externen Positionen und damit zugleich gegen die Interessen der Gesellschaft und übrigen Aktionäre aus. Zum Zeitpunkt der Beschlussfassung ist dann objektiv erkennbar, dass die Einflussnahme nicht frei von gesellschaftsexternen Erwägungen getroffen worden, nicht zur Verfolgung des Gesellschaftszwecks geeignet oder zumindest unverhältnismäßig ist. Ausschlaggebend für ein treupflichtwidriges Verhalten ist damit insbesondere, ob die Anteilseigner ein besonderes ökonomisches Interesse an der geschäftspolitischen Maßnahme aufweisen, welches die übrigen Aktionäre nicht teilen.[1514]

Wirken Hedgefonds auf Vorstand und Aufsichtsrat faktisch ein, um sie zu einem bestimmten Verhalten in Bezug auf die Gesellschaft zu veranlassen, deckt sich dies mit den bei der Stimmrechtsausübung herausgearbeiteten Ergebnissen.

Die Ausübung der kollektiven Minderheitenschutzrechte unterliegt ebenfalls den Treubindungen in der Aktiengesellschaft, insbesondere das Recht zur Einberufung der Hauptversammlung. Da Hedgefonds eine außerordentliche Hauptversammlung hauptsächlich einberufen werden, um angesichts entgegenstehender geschäftspolitischer Vorstellungen zügig den Aufsichtsrat auszutauschen oder über sonstige besondere Maßnahmen zu beschließen, schei-

---

1514 Vgl. für das US-amerikanische Recht *Anabtawi/Stout*, Fiduciary Duties for Activist Shareholders, S. 54.

det regelmäßig eine rechtsmissbräuchliche Ausübung des Mitgliedschaftsrechts aus.

Auch das Auskunftsrecht ist als eigennütziges Aktionärsrecht der Treupflicht unterworfen und kann nur in deren Grenzen geltend gemacht werden. Ein Verstoß gegen die Treupflicht liegt in der illoyalen, grob eigennützigen, übermäßigen oder widersprüchlichen Ausübung von eigennützigen Mitgliedschaftsrechten. Als Beispiel lässt sich der Fall anführen, dass ein Aktionär eine nicht zu beantwortende Zahl von Fragen an den Vorstand stellt oder das Rederecht im Sinne eines sog. Filibustering ausübt. Eine illoyale und eigennützige Ausübung des Auskunftsrechts liegt damit vor, wenn Hedgefonds durch ein solches Vorgehen auf die Geschäftsführung des Vorstandes Einfluss nehmen oder bestimmte unternehmerische Entscheidungen erzwingen möchten. Das praktische Bedürfnis für eine zusätzliche Schranke ist auf Grund der Einschränkungen und Auskunftsverweigerungsmöglichkeiten des Tatbestandes des § 131 AktG gering.

Nur ein vorsätzliches treuwidriges Verhalten begründet einen Schadensersatzanspruch. Im Hinblick auf eine rechtliche Einflussnahme durch Stimmrechtsausübung sowie den Methoden der faktischen Einflussnahme auf die Leitungsorgane der Gesellschaft decken sich die Ergebnisse weitgehend mit denen zu § 117 Absatz 1 AktG. Daneben rechtfertigt die gesellschaftsrechtliche Treupflicht keine über die bestehenden Mitteilungs- und Veröffentlichungspflichten hinausgehende Pflicht zur Offenlegung von Beteiligungen, die eine Einflussnahme ermöglichen sollen. Das gleiche gilt für eine Pflicht zur Aufdeckung von Short-Positionen an der Gesellschaft oder Positionen in anderen Gesellschaften, deren Wert mit dem der Portfoliogesellschaft korreliert.

4. Verbot der Erlangung gesellschaftsfremder Vorteile (§ 243 Absatz 2 AktG)

Die Anfechtung kann nach § 243 Absatz 2 AktG auch darauf gestützt werden, dass ein Aktionär mit der Ausübung des Stimmrechts für sich oder einen Dritten Sondervorteile zum Schaden der Gesellschaft oder der anderen Aktionäre zu erlangen sucht und der Beschluss geeignet ist, diesem Zweck zu dienen. § 243 Absatz 2 AktG enthält demnach einen generalklauselartigen Tatbestand, der nach seinem Wortlaut und seinem historischen Sinn auf eine Ergänzung des Absatzes 1 abzielt.[1515] Dem Anfechtungstatbestand des § 243 Absatz 2 AktG kommt jedoch neben § 243 Absatz 1 AktG keine eigenständige Bedeutung mehr zu, da die unzulässige Verfolgung von Sondervorteilen in der Regel als Ungleichbehandlung oder als Treupflichtverstoß im Sinne eines ungerechtfertigten Eingriffs in Mitgliedschaftsrechte oder einer Verletzung von Rücksichtpflichten zur Anfechtbarkeit des Beschlusses führen wird.[1516] Ungeachtet dessen verkörpern die §§ 243 Absatz 1 und 243 Absatz 2 AktG aber zwei voneinander unabhängige Anfechtungstatbestände. Zwar stellt § 243 Absatz 2 AktG aufgrund seiner engeren Fassung einen Spezialfall gegenüber § 243 Absatz 1 AktG dar, gleichwohl entfaltet er keine Sperrwirkung gegenüber § 243 Absatz 1 AktG.[1517] Die aktienrechtliche Generalklausel des § 243 Absatz 2 AktG soll ferner den Nichtigkeitstatbestand des § 241 Nr. 4 AktG ergänzen, da dieser lediglich die Inhaltssittenwidrigkeit erfasst.[1518] Die in § 243 Absatz 1 AktG aufgeführten Anfechtungsvoraussetzungen sind im Vergleich zum Spezialfall des § 243 Absatz 2 AktG gemeinhin leichter darzulegen und machen damit den Spezialtatbestand weithin entbehrlich.[1519] Ist hingegen der Anfechtungstatbestand des § 243 Absatz 2 AktG gegeben, so wird in der Regel auch der Tatbestand des § 243 Absatz 1 AktG vorliegen. Die Anfechtungsklage kann in diesem Fall auf beide Anfechtungstatbestände gestützt werden.[1520]

5. Stimmverbot analog § 136 Absatz 1 AktG

Aktivistische Hedgefonds sollen gerade dann Gefahren für die Gesellschaft und die übrigen Aktionäre hervorrufen können, wenn sie bei ihrer Stimmrechtsausübung Interessenkollisionen unterliegen.[1521] Nach § 136 Absatz 1 AktG kann niemand für sich oder einen anderen das Stimmrecht ausüben, wenn darüber abgestimmt wird, ob er zu entlasten oder von einer Verbindlichkeit zu befreien oder ob die Gesellschaft gegen ihn einen Anspruch geltend machen soll. Telos der Vorschrift ist es, die Entscheidungsfindung in der

---

1515 *Hüffer*, in: Münchener Kommentar AktG, § 243 Rn. 69 m. w. Nachw.

1516 Vgl. *Hüffer*, in: Münchener Kommentar AktG, § 243 Rn. 73; *K. Schmidt*, Gesellschaftsrecht, S. 800.

1517 *Schmidt* in: Großkomm. AktG, § 243 Rn. 53.

1518 *Hüffer*, in: Münchener Kommentar AktG, § 243 Rn. 46.

1519 *Hüffer*, AktG, § 243 Rn. 32.

1520 *Hüffer*, in: Münchener Kommentar AktG, § 243 Rn. 73.

1521 Siehe oben S. 127 ff.

Aktiengesellschaft von verbandsfremden Sonderinteressen frei zu halten. Das Verbot soll der Gefahr vorbeugen, dass ein Aktionär bei einem Widerstreit zwischen persönlichen und Interessen der Gesellschaft, bei dem die persönlichen Interessen das Interesse am Wohl der Gesellschaft überwiegen, sein Stimmrecht zum Nachteil der Gesellschaft ausübt.[1522] Von diesem Stimmrechtsausschluss zu unterscheiden ist das aus § 242 BGB abgeleitete Stimmrechtsmissbrauchsverbot, das zum einen nur bei konkret zu befürchtenden Schäden als Folge eines Interessenkonflikts eingreift und zum anderen auch dann nicht jegliche Stimmabgabe untersagt, sondern nur eine gesellschaftsschädliche.[1523] Grundfrage des Anwendungsbereichs der Stimmverbote ist, ob über § 136 Absatz 1 AktG hinaus eine generelle Versagung des Stimmrechts bei Verdacht einer Interessenkollision möglich ist. Dies hätte zur Folge, dass Hedgefonds in diesen Fällen einem Stimmverbot unterworfen wären. Nur auf den ersten Blick erscheint es indessen denkbar, eine solches allgemeines Prinzip im Wege der Analogie aus allen gegebenen Vorschriften über den Stimmrechtsausschluss wegen Interessenkollision zu gewinnen, wie sie auch in fast allen anderen verbandsrechtlichen Normensystemen bestehen, vgl. § 34 BGB, § 47 Absatz 4 GmbHG, § 43 Absatz 3 GenG, §§ 113 Absatz 2, 117, 127 HGB. Die kasuistische Gesetzestechnik zeigt nämlich, dass es an einer für eine Rechtsanalogie erforderlichen planwidrigen Regelungslücke fehlt. Der Gesetzgeber hat sich aus Gründen der Rechtssicherheit auf einzelne Fälle beschränkt, damit nicht im konkreten Fall die schwierige Feststellung einer ein Stimmverbot erfordernden Interessenkollision getroffen werden muss.[1524] Im Aktienrecht spricht gegen eine Analogie zudem die legislatorische Entwicklung: So hat das Legislativorgan das noch in § 114 AktG 1937 enthaltene Stimmverbot für den Fall der Vornahme eines Rechtsgeschäfts zwischen Gesellschaft und Abstimmenden bewusst nicht mehr kodifiziert. Eine entsprechende Anwendung im erwähnten Sinn würde dem gerade zuwiderlaufen.[1525] Folglich lässt sich eine derartige – für Einfluss nehmende Hedgefonds im Einzelfall einschlägige – allgemeine Regel nicht durch eine analoge Anwendung der Vorschriften herleiten.[1526] Ebenso scheidet eine grundsätzlich denk-

---

[1522] *Schröer*, in: Münchener Kommentar AktG, § 136 Rn. 1, 5.

[1523] *Schröer*, in: Münchener Kommentar AktG, § 136 Rn. 19 ff.; *Hüffer*, AktG, § 136 Rn. 18.

[1524] *Schröer*, in: Münchener Kommentar AktG, § 136 Rn. 18.

[1525] *Zöllner*, in: Kölner Kommentar AktG, § 136 Rn. 26 (1. Aufl.); *ders.*, Die Schranken mitgliedschaftlicher Stimmrechtsmacht bei den privatrechtlichen Personenverbänden, S. 263 f. m. w. Nachw.; *Schröer*, in: Münchener Kommentar AktG, § 136 Rn. 18; *Hüffer*, AktG, § 136 Rn. 3, 17 f.

[1526] Vgl. *Fleischer*, ZGR 2008, 185, 216.

bare Einzelanalogie von § 136 Absatz 1 AktG aus, da keine qualitativ vergleichbare Interessenlage zwischen den normierten Fällen und den typischen Interessenkollisionen aktivistischer Hedgefonds besteht.[1527]

[1527] Vgl. *Schröer*, in: Münchener Kommentar AktG, § 136 Rn. 1

C. Bürgerlich-rechtliche Schranken

Da § 117 AktG kein Schutzgesetz im Sinne des Deliktsrechts darstellt, ist § 823 Absatz 2 BGB nicht anwendbar. Allerdings kann die Veranlassung zu schädlichem Handeln im Sinne von § 117 Absatz 1 AktG zugleich eine vorsätzlich sittenwidrige Schädigung gemäß § 826 BGB darstellen. Die Ansprüche stehen dann nebeneinander.[1528]

Ein sittenwidriges Verhalten im Sinne des § 826 BGB kommt bei besonderer Rücksichtslosigkeit der Interessenverfolgung zum Schaden anderer in Betracht.[1529] Die Rechtsprechung zu § 826 BGB prüft im gesellschaftsrechtlichen Kontext, ob sich der mit der konkreten Maßnahme verfolgte Zweck nicht auch in schonenderer Form erreichen lässt.[1530] Dies tendiert in Richtung einer bloßen Verhältnismäßigkeitsprüfung.[1531] Eine echte Schranke ist dieser Maßstab wiederum nur, wenn überhaupt ein Wirken zum Nachteil der Gesellschaft oder der übrigen Gesellschafter erweislich ist.

Eine sittenwidrige Schädigung wird in der aktivistischen Verfolgung individueller oder konzertierter Interessen regelmäßig auch dann nicht liegen, wenn dadurch Nachteile der Gesellschaft oder anderer Gesellschafter entstehen können. Der Unterschied zwischen dem Aktionärs- und dem Gesellschaftsinteresse muss derart gewichtig sein, dass dem Verbandsinteresse nach Abwägung aller Umstände evident der unbedingte Vorrang einzuräumen ist.[1532] Ein illoyales Verhalten des Aktionärs wird nur dann in Betracht kommen, wenn dem Aktionär vorgeworfen werden kann, die Geschicke der Gesellschaft seien ihm völlig gleichgültig. Ein Kursverlust, etwa bedingt durch unternehmenspolitische Richtungsstreitigkeiten oder der Widerstand gegen eine gesellschaftsintern umstrittene Maßnahme, wird hierfür nicht genügen. Selbst wenn etwa in den Fällen *Deutsche Börse AG*[1533] oder *Barclays/ABN Amro*[1534] entgangene Synergieeffekte zu Lasten der Gesellschaft nachweisbar gewesen wären, hätte keine in diesem Sinne sittenwidrige Schädigung vorgelegen. Die Diskre-

---

1528 *Kropff*, in: Münchener Kommentar AktG, § 117 Rn. 76.

1529 *BGH*, WM 1992, 1812.

1530 RGZ 132, 149, 163; *BGH*, WM 1995, 882, 894 f. – Girmes II.

1531 Kritisch daher die h.L.: *Oechsler*, in: Staudinger, BGB, § 826 Rn. 288; *Hönn*, in: Soergel, BGB, § 826 Rn. 199 je mit w. Nachw.

1532 *Häsemeyer*, ZHR 160, 109, 124.

1533 Siehe zum Fall *Deutsche Börse AG* oben S. 82 ff.

1534 Siehe zum Fall *Barclays/ABN Amro* oben S. 86 f.

panz zum Gesellschaftsinteresse wäre nicht derart evident, dass dem Verbandsinteresse nach Abwägung aller Umstände ein unbedingter Vorrang einzuräumen wäre.

Für aktivistische Hedgefonds stellt § 826 BGB damit eine praktisch irrelevante Haftungsvorschrift dar. Liegen die Voraussetzungen des § 117 Absatz 1 AktG vor, ist § 826 BGB tatbestandlich gegeben, wenn sich zusätzlich eine vorsätzlich sittenwidrige Schädigungsabsicht nachweisen lässt. Da schon eine Haftung aus § 117 Absatz 1 AktG sich in der Praxis sehr selten beweisen lässt, wird die mit den höheren Voraussetzungen ausgestattete Norm des bürgerlichen Deliktsrechts im Hinblick auf Schädigungen der Gesellschaft durch die Einflussnahme aktivistischer Hedgefonds nur in extremen Ausnahmefällen erfüllt und nachweisbar sein.

Außerdem ist eine Haftung aus § 823 Absatz 1 BGB wegen Verletzung des Mitgliedschaftsrechts denkbar. Die Mitgliedschaft der Aktionäre ist ein anerkanntes ‚sonstiges' Recht im Sinne des § 823 Absatz 1 BGB.[1535] Insbesondere die Ausschlussbefugnis gegenüber Dritten spricht für diese Annahme.[1536] Die konkrete Reichweite des Schutzes des Mitgliedschaftsrechts bereitet dagegen gerade im Hinblick auf die Verletzung durch Gesellschafter Probleme. Strittig ist insofern, ob nicht die gesellschaftsrechtlichen Regelungen dem Deliktsrecht vorgehen.[1537] Betroffen ist das Mitgliedschaftsrecht zumindest dann, wenn es vorsätzlich verkürzt wird.[1538] Unabhängig von dem Streit, sind die praktischen Konsequenzen einer Haftung aus § 823 Absatz 1 BGB gering, denn ein Verhalten, das den haftungsbegründenden Tatbestand erfüllt, wird zugleich eine Verletzung der zwischen den Aktionären bestehenden Treupflicht nach sich ziehen.[1539] Um dem System des Gesellschaftsrechts gerecht zu werden, wird man außerdem davon ausgehen müssen, dass das aktienrechtliche Beschlussmängelrecht insoweit vorgeht.[1540]

[1535] Vgl. nur *Hopt*, in: Großkomm. AktG, § 93 Rn. 470; *Baums*, Der Geschäftsleitervertrag, S. 246; *Habersack*, Die Mitgliedschaft – subjektives und ‚sonstiges' Recht, S. 146 ff.

[1536] *Spindler*, in: Münchener Kommentar AktG, § 93 Rn. 267.

[1537] So *Spindler*, in: Münchener Kommentar AktG, § 93 Rn. 271; dagegen *Habersack*, Die Mitgliedschaft – subjektives und ‚sonstiges' Recht, S. 175 ff.

[1538] *Baums*, Der Geschäftsleitervertrag, S. 246; im Hinblick auf Dritte *Spindler*, in: Münchener Kommentar AktG, § 93 Rn. 267.

[1539] *Habersack*, Die Mitgliedschaft – subjektives und ‚sonstiges' Recht, S. 201.

[1540] *Habersack*, Die Mitgliedschaft – subjektives und ‚sonstiges' Recht, S. 240.

D. Rechtsmissbrauch

Hedgefonds handeln auf Grund ihrer Motivation gegebenenfalls rechtsmissbräuchlich, wenn sie Mitgliedschaftsrechte ausüben (I.). Daneben diskutieren einige Stimmen in Rechtsprechung und Literatur, ob eine Stimmrechtsausübung missbräuchlich ist, wenn die Aktivisten sich die Aktien kostengünstig und nur für kurze Dauer über ein Wertpapierdarlehen beschafft haben (II.).

I. Mitgliedschaftsrechte

Da die Treupflicht Bestandteil der mitgliedschaftlichen Bindung des Aktionärs ist und nicht nur von dem Inhalt der Einzelmaßnahme, sondern auch von der Realstruktur der Gesellschaft abhängig ist, kann sie weiterreichende und tiefgreifendere Wirkungen entfalten als das bei den allgemeinen, aus § 242 BGB folgenden Sorgfaltspflichten der Fall ist.[1541] Aus diesem Grund ist ein Treupflichtverstoß nicht notwendigerweise identisch mit einem Rechtsmissbrauch; umgekehrt erfüllt die missbräuchliche Ausübung eines Mitgliedschaftsrechts stets die Voraussetzungen der Verletzung der mitgliedschaftlichen Treupflicht. Die Verletzung von Rechts- und Treupflichten im Gesellschaftsrecht wird, wenn sie auch zugleich die Voraussetzungen für die Verletzung einer allgemeinen Sorgfaltspflicht erfüllt, systematisch von dem Rechtssatz erfasst, als dessen Inhalt die Treupflicht verstanden wird. Die missbräuchliche Wahrnehmung von Mitgliedschaftsrechten ist daher unter dem umfassenderen Aspekt der Treupflichtverletzung zu würdigen.[1542] Ob Hedgefonds durch ihre Motivation ihre Mitgliedschaftsrechte missbräuchlich einsetzen, wird mithin von der bereits besprochenen Einflussschranke der Treupflicht erfasst.[1543]

II. Stimmrechtsausübung aus Wertpapierdarlehenspositionen

Erlangen Hedgefonds Aktien im Wege eines Wertpapierdarlehens, ist es ihnen auf Grund des Vollrechtserwerbs möglich, die den Wertpapieren inne-

---

[1541] *Wiedemann*, in: FS Heinsius, S. 950 f.

[1542] Vgl. *Hennrichs*, AcP 1995, 221, 230; *Henze*, BB 1996, 489, 494; *K. Schmidt,* Gesellschaftsrecht, S. 594; *Hüffer*, AktG, §131 Rn. 33; *ders.*, in: FS Kellermann, S. 148.

[1543] Siehe zur Treupflichtwidrigkeit von Mitgliedschaftsrechten oben S. 270 ff.

wohnenden Stimmrechte auszuüben.[1544] In diesem Fall nutzen sie das vereinbarte Wertpapierdarlehen nicht, um mit den erworbenen Finanzinstrumenten mittels Weiterveräußerung Gewinn zu erzielen, sondern um mit dem Aktienpaket eigene und vom Unternehmen losgelöste Interessen durchzusetzen. Kontrovers diskutiert die Literatur[1545] und jüngst auch die Rechtsprechung[1546], ob ein Darlehensnehmer rechtsmissbräuchlich handelt, wenn er die Stimmrechte der im Wege des Wertpapierdarlehens erworbenen Anteile ausübt. Einige Autoren befürworten eine unzulässige Rechtsausübung in diesem Fall,[1547] stellen untereinander aber auf unterschiedliche Umstände ab.

Einerseits soll die Ausübung des Stimmrechts durch den Darlehensnehmer die Gefahr bergen, dass er das *wirtschaftliche Eigentum des Darlehensgebers beeinträchtige.*[1548] Dies sei insbesondere zu befürchten, wenn eine Hauptversammlung über die Eingliederung einer Gesellschaft, den Abschluss eines Unternehmensvertrages oder einen Squeeze Out nach § 327a AktG abzustimmen hat. Daher sei der Darlehensnehmer nicht zur Stimmabgabe berechtigt.[1549] Diese Auffassung unterstellt, dass der Darlehensgeber trotz der Verfügung wirtschaftlicher Eigentümer der Wertpapiere bleibt. Die Vermögenszuordnung nach wirtschaftlichen Gesichtspunkten haben Rechtsprechung und Lehre zivilrechtlich[1550] anhand der Treuhandverhältnisse entwickelt.[1551] Wirtschaftlicher Eigentümer ist nach allgemeiner Ansicht derjenige, der – ohne Eigentümer nach § 903 BGB zu sein – vor allem den alleinigen Nutzen aus der Sache zieht und dem Wertsteigerungen der Sache zu Gute kommen. Nach

---

1544 Siehe etwa *OLG München*, Der Konzern 2006, 862, 866; *Opitz*, in: Schäfer, Kapitalmarktgesetze, § 22 WpHG Rn. 48; *U. H. Schneider*, in: Assmann/Schneider, WpHG, § 22 Rn. 69 m. w. Nachw.

1545 *Ekkenga*, in: Claussen, Bank- und Börsenrecht für Studium und Praxis, § 6 Rn. 205.

1546 *OLG München*, Der Konzern 2006, 862; *LG Landshut*, NZG 2006, 400 (Squeeze Out-Beschluss, beide nicht rechtskräftig).

1547 Vgl. *Kienle*, in: Schimansky/Bunte/Lwowski, Bankrechts-Handbuch, § 105 Rn. 62; *Kümpel*, Bank- und Kapitalmarktrecht, Rn. 13.55 ff.; *Schäfer*, in: Schwintowski/Schäfer, Bankrecht, § 22 Rn. 49; *Lenenbach*, Kapitalmarkt- und Börsenrecht, Rn. 5.90; *Gesell*, Wertpapierleihe und Repurchase Agreement im deutschen Recht, S. 129; *Kümpel/Peters*, AG 1994, 525, 529; *LG Landshut*, NZG 2006, 400; *OLG München*, Der Konzern 2006, 862.

1548 *Kümpel*, Bank- und Kapitalmarktrecht, Rn. 13.55 ff.; *Schäfer*, in: Schwintowski/Schäfer, Bankrecht, § 22 Rn. 49.

1549 Vgl. *Kümpel/Peters*, AG 1994, 525, 530 f.; *Gesell*, Wertpapierleihe und Repurchase Agreement im deutschen Recht, S. 128 f.; *OLG München*, Der Konzern 2006, 862, 866 f.

1550 Zum steuerrechtlichen Begriff des wirtschaftlichen Eigentümers siehe § 39 Absatz 2 Nr. 1 AO.

1551 *BGH*, WM 1955, 372, 376; *Kümpel*, Bank- und Kapitalmarktrecht, Rn. 13.56.

einer teilweise in der Literatur vertretenen Auffassung ist aber der Darlehensnehmer nicht nur als rechtlicher, sondern auch als wirtschaftlicher Eigentümer anzusehen.[1552] Bei einem Wertpapierdarlehen erwirbt der Darlehensnehmer das Eigentum an den Wertpapieren, weswegen ihm zugleich das Recht auf die Früchte zusteht. Da der Darlehensnehmer auf Grund dieser dinglichen Zuordnung von Zins- und Dividendenerträgen sowohl steuer- als auch handelsbilanzrechtlich als wirtschaftlicher Eigentümer angesehen wird,[1553] verbietet sich nach dieser Auffassung für das Gesellschaftsrecht eine hiervon abweichende Betrachtung.[1554]

Dagegen wenden sich die Rechtsprechung sowie große Teile der Literatur:[1555] Zwar steht dem Darlehensnehmer als Eigentümer dinglich das Recht auf die Früchte zu; Zinsen, Dividenden, sonstige Ausschüttungen und Bezugsrechte werden jedoch in der Wertpapierdarlehenspraxis kraft schuldrechtlicher Vereinbarung dem Darlehensgeber zugewiesen.[1556] Rechtskonstruktiv vereinbaren die Parteien einen Kompensationsanspruch des Darlehensgebers gegenüber dem Darlehensnehmer in Höhe der erhaltenen Leistungen.[1557] Bei einem Aktiendarlehen wird der mit Wirksamwerden des Gewinnverwendungsbeschlusses entstehende schuldrechtliche Anspruch des Aktionärs auf Ausschüttung der anteiligen Dividende und der mit Wirksamwerden des Kapitalerhöhungsbeschlusses entstehende schuldrechtliche konkrete Bezugsanspruch antizipiert abgetreten.[1558] Auf diese Weise werden dem Darlehensgeber die Nutzungen der Wertpapiere schuldrechtlich zugewiesen. Da er zudem das Kursänderungsrisiko trägt, profitiert er auch von Wertsteigerungen der Finanzti-

---

1552 *Kort*, WM 2006, 2149; *Pluskat*, NZG 2007, 725, 729.

1553 Vgl. *Opitz*, in: Schäfer, Kapitalmarktgesetze, § 22 WpHG Rn. 48 m. w. Nachw.

1554 *Kort*, WM 2006, 2149, 2150 f.

1555 Vgl. *OLG München*, Der Konzern 2006, 862, 866 ff.; *Kümpel/Peters*, AG 1994, 525, 530; *Kümpel*, WM 1990, 909, 910; *Prahl/Neumann*, WM 1992, 1173, 1178; *Junker*, AcP 193, 348, 354; *Berner*, Die Bank 1999, 867, 868; zweifelnd *Schmid/Mühlhäuser*, BB 2001, 2609, 2618.

1556 Vgl. *Bankenverband*, Rahmenvertrag für Wertpapierdarlehen, S. 2; *Schäfer*, in: Schwintowski/Schäfer, Bankrecht, § 22 Rn. 49; *Kaiser*, Hedgefonds, S. 29.

1557 Vgl. *Kümpel*, Bank- und Kapitalmarktrecht, Rn. 13.13.

1558 Verfehlt sind daher die Interpretationen, die in diesen Vereinbarungen eine Abtretung des mit der Mitgliedschaft verbundenen Gewinnanspruchs oder des allgemeinen Bezugsrechts erblicken wollen. Eine derartige Konstruktion würde gegen das gesellschaftsrechtliche Abspaltungsverbot verstoßen, weswegen eine entsprechende Abtretung gemäß § 399 1. Alt. BGB ausscheidet. Zum Abspaltungsverbot *Bayer*, in: Münchener Kommentar AktG, § 58 Rn. 100; *Henze*, in: Großkomm. AktG, § 58 Rn. 88, jeweils m. w. Nachw.

tel.[1559] Folglich ist der Darlehensgeber bei dieser Konstruktion nach einer ökonomischen Betrachtung als wirtschaftlicher Eigentümer der Wertpapiere anzusehen.[1560] Indem der Darlehensnehmer das Stimmrecht aus der Aktie ausübt, ist es ihm damit zwar möglich, die wirtschaftliche Position des Darlehensgebers zu beeinträchtigen. Allerdings vermögen Erwägungen über eine mögliche Beeinträchtigung des wirtschaftlichen Eigentums per se nicht die umfassende Rechtsmacht des Eigentums zu begrenzen. So gewährt § 903 S. 1 BGB dem Eigentümer das Recht, mit der Sache beliebig zu verfahren, soweit dem nicht Rechte Dritter entgegenstehen. Das sogenannte wirtschaftliche Eigentum als eine rein ökonomische Stellung lässt sich aber weder mit einer dinglichen noch mit einer schuldrechtlichen Position gleichsetzen. Mithin rechtfertigt eine mögliche Beeinträchtigung dieser Stellung nicht, den Darlehensnehmer als Eigentümer der Aktien in seiner Rechtsausübung zu beschränken. Abzulehnen ist damit gleichfalls die in der Literatur vertretene Auffassung, dass der Darlehensnehmer gegen den Tatbestand des § 405 Absatz 3 Nr. 2 AktG verstoße, wenn er das Stimmrecht aus den Aktien ausübe, weil der Darlehensgeber als wirtschaftlicher Eigentümer zugleich Inhaber der Aktien im Sinne der Ordnungswidrigkeitsvorschrift sei.[1561] Diese Argumentation überzeugt nicht. Denn ob es sich um Aktien eines anderen handelt, richtet sich nach dem bürgerlichen Recht.[1562] Eine Auslegung des Wortlauts dahin, dass Aktien eines anderen solche sind, die zwar nicht rechtlicher, jedoch bei wirtschaftlicher Betrachtungsweise im Eigentum eines anderen stehen, lässt sich nicht rechtfertigen.[1563] Eine derartige Auslegung würde dem aus Art. 103 Absatz 2 GG folgenden Bestimmtheitsgrundsatz widersprechen. Wegen des auch im Ordnungswidrigkeitsrecht geltenden strafrechtli-

---

[1559] Vgl. *Kümpel*, Bank- und Kapitalmarktrecht, Rn.13.11; *Ekkenga*, in: Claussen, Bank- und Börsenrecht für Studium und Praxis, § 6 Rn. 203; *Franken/Heinsius*, in: FS Budde, S. 232; *Schmid/Mühlhäuser*, BB 2001, 2609, 2611.

[1560] Vgl. *Schäfer*, in: Schwintowsky/Schäfer, Bankrecht, § 22 Rn. 49; *Ekkenga*, in: Claussen, Bank- und Börsenrecht für Studium und Praxis, § 6 Rn. 203; *Berner*, Die Bank 1999, 867, 868; a. A. *Kort*, WM 2006, 2149, 2151; zweifelnd *Schmid/Mühlhäuser*, BB 2001, 2609, 2609.

[1561] *Gesell*, Wertpapierleihe und Repurchase Agreement im deutschen Recht, S. 129; *Lenenbach*, Kapitalmarkt- und Börsenrecht, Rn. 5.90; *Kümpel*, Bank- und Kapitalmarktrecht, Rn. 13.53; *Schäfer*, in: Schwintowski/Schäfer, Bankrecht, § 22 Rn. 48.

[1562] Siehe *Schaal*, in: Münchener Kommentar AktG, § 405 Rn. 78; *Otto*, in: Großkomm. AktG, § 405 Rn. 64; *Opitz*, in: Schäfer, Kapitalmarktgesetze, § 22 WpHG Rn. 48.

[1563] Vgl. *Kienle*, in: Schimansky/Bunte/Lwowski, Bankrechts-Handbuch, § 105 Rn. 62; *Ekkenga*, in: Claussen, Bank- und Börsenrecht für Studium und Praxis, § 6 Rn. 205; *Opitz*, in: Schäfer, Kapitalmarktgesetze, § 22 WpHG Rn. 48.

chen Analogieverbots ist daneben eine entsprechende Anwendung des § 405 AktG ausgeschlossen.[1564]

Unzulässig soll eine Stimmrechtsausübung durch den Darlehensnehmer auch sein, weil der Darlehensnehmer hierdurch das Instrument des Wertpapierdarlehens *zweckwidrig* einsetze.[1565] Das Wertpapierdarlehen solle den Entleiher nur in die Lage versetzen, mit Hilfe der übertragenen Wertpapiere eine eigene Lieferverbindlichkeit zu erfüllen. Dieser Zweck bestimme den Inhalt der Auslegung des Darlehensvertrages. Es bestehe eine vertragliche Nebenpflicht, nicht die Stimmrechte aus den Aktien auszuüben; dies resultiere aus der allgemeinen Leistungstreuepflicht, der zu Folge die Parteien alles zu unterlassen haben, was den Vertragszweck und den Leistungserfolg beeinträchtigen oder gefährden kann.[1566] Zwar mag das schlichte Halten von Aktien während der Laufzeit des Wertpapierdarlehens für den Darlehensnehmer wirtschaftlich uninteressant sein, da er das Darlehensentgelt zu zahlen hat, ohne wirtschaftliche Vorteile zu erzielen.[1567] Dass ein Wertpapierdarlehen sich dazu eignet und im Regelfall verwendet wird, um Lieferverbindlichkeiten im Kassamarkt zu bedienen, begründet für sich allein allerdings nicht die Vereinbarung eines besonderen Vertragszwecks nach den §§ 145 ff. BGB. Auch lässt sich nicht erklären, weswegen eine gegebenenfalls den Interessen des Darlehensgebers zuwiderlaufende Stimmrechtsausübung den Leistungserfolg (Eigentumserlangung an den Wertpapieren) oder den Vertragszweck (Gewährung von Wertpapieren gegen Zahlung eines Zinssatzes) beeinträchtigen oder gefährden könnte. Auf diese Weise lässt sich keine vertragliche Nebenpflicht mit dem Inhalt begründen, nicht die Stimmrechte aus im Wege eines Wertpapierdarlehens erworbener Aktien auszuüben.[1568] In Betracht käme lediglich, auf die aus § 242 BGB resultierende allgemeine Schutzpflicht abzustellen, die Rechtsgüter

---

1564 Vgl. *Kienle*, in: Schimansky/Bunte/Lwowski, Bankrechts-Handbuch, § 105 Rn. 62.

1565 Vgl. *Lenenbach*, Kapitalmarkt- und Börsenrecht, Rn. 5.90; *Gesell*, Wertpapierleihe und Repurchase Agreement im deutschen Recht, S. 129; *Kienle*, in: Schimansky/Bunte/Lwowski, Bankrechts-Handbuch, § 105 Rn. 62; *Kümpel/Peters*, AG 1994, 525, 529; *LG Landshut*, NZG 2006, 400; *OLG München*, Der Konzern 2006, 862, 867.

1566 *Kümpel*, Bank- und Kapitalmarktrecht, Rn.13.58 f.; *Kümpel/Peters*, AG 1994, 525, 530. Überzeugend weist *Ekkenga*, in: Claussen, Bank- und Börsenrecht für Studium und Praxis, § 6 Rn. 205 darauf hin, dass es sich dogmatisch hierbei nicht um Rechtsmissbrauchs- sondern (vertragliche) Pflichtverletzungserwägungen handelt. Um den Sachzusammenhang nicht zu durchbrechen, werden die von der Literatur angeführten Argumente gegen eine Zulässigkeit der Stimmrechtsausübung jedoch an dieser Stelle unter einem einheitlichen Prüfungspunkt abgehandelt.

1567 *Sieger/Hasselbach*, WM 2004, 1370, 1373.

1568 Vgl. *Kienle*, in: Schimansky/Bunte/Lwowski, Bankrechts-Handbuch, § 105 Rn. 62; *Opitz*, in: Schäfer, Kapitalmarktgesetze, § 22 WpHG Rn. 48.

des Vertragspartners nicht zu beeinträchtigen.[1569] Allerdings erscheint es aus den soeben angeführten Gründen schon zweifelhaft, ob das wirtschaftliche Eigentum des Darlehensgebers als Rechtsgut in diesem Sinne qualifiziert werden könnte. Daneben würde nach allgemeinen Grundsätzen die Verletzung einer Nebenpflicht lediglich Sekundäransprüche auf Schadensersatz auslösen, nicht hingegen einen einforderbaren Primäranspruch, der auf ein Unterlassen der Stimmrechtsausübung gerichtet ist oder gar einen Wegfall des eigenen Stimmrechts.[1570] Ein interner Pflichtverstoß macht die Stimmrechtsausübung und durch sie bewirkte Beschlüsse nicht unwirksam.[1571]

Vereinzelt stellen Autoren darauf ab, dass der Darlehensnehmer kein unternehmerisches Risiko trage und lediglich ein geringes Maß an Mitteln aufwenden müsse, um an Stimmrechte zu gelangen.[1572] So könne die Berufung auf den Stimmrechtsbesitz rechtsmissbräuchlich sein, wenn Aktiendarlehen allein zum Zwecke der Stimmrechtsausübung aufgenommen werden, um insbesondere das für die Geltendmachung von Minderheitenrechten nach § 122 AktG erforderliche Quorum zu erreichen.[1573] Die Ratio des § 122 Absatz 2 AktG – dem nicht unbeträchtlichen Engagement und damit verbundenen typischen Aktionärsrisiko Rechnung zu tragen – spreche für eine rechtsmissbräuchliche Inanspruchnahme des Wertpapierdarlehens, da der Darlehensnehmer lediglich die zinsähnliche Nutzungsgebühr zu zahlen hat, was auch nicht durch die zu leistenden Sicherheiten kompensiert werde.[1574] Könnte der Darlehensnehmer Hauptversammlungsbeschlüsse mittels des Stimmrechts aus den gewährten Aktien herbeiführen, wäre die Erlangung der Kontrolle über ein Unternehmen unerwünschterweise mit geringem Mitteleinsatz möglich.[1575] Dagegen lässt sich indessen einwenden, dass ein Aktivist vor dem *record date* ebenso ein kurzfristiges Darlehen aufnehmen, die Aktien mit dessen Mitteln erwerben und nach Stimmrechtsausübung wieder veräußern könnte, ohne sich dem Vorwurf des rechtsmissbräuchlichen Verhaltens auszusetzen. Denn auch in diesem Fall liegt kein volles wirtschaftliches Engagement des Investors vor: er hätte nur den Darlehenszins aufgewendet. Indem einzelne Auto-

1569 Vgl. nur *Heinrichs*, in: Palandt, BGB, § 242 Rn. 35.

1570 Vgl. *Heinrichs*, in: Palandt, BGB, § 242 Rn. 25, 46.

1571 *Kümpel/Peters*, AG 1994, 525, 530.

1572 *Franken/Heinsius*, in: FS Budde, S. 231; *Kümpel/Peters*, AG 1994, 525, 529.

1573 Vgl. *Kienle*, in: Schimansky/Bunte/Lwowski, Bankrechts-Handbuch, § 105 Rn. 62.

1574 *Franken/Heinsius*, in: FS Budde, S. 231.

1575 *Kümpel/Peters*, AG 1994, 525, 529, die nicht von Rechtsmissbrauch, sondern von einem ordnungspolitisch unerwünschten Ergebnis sprechen.

ren darauf abstellen, dass der Darlehensnehmer nicht das Kursänderungsrisiko trägt, behandeln sie die rechtsökonomische Rechtfertigung des Aktionärsstimmrechts als Geschäftsgrundlage: Die Stimmrechtsmacht des einzelnen Aktionärs soll nach der Vorstellung des Gesetzgebers äquivalent zum übernommenen unternehmerischen Risiko sein. Durch Derivate und andere Finanzinstrumente wird allerdings eine Risikoverlagerung zwischen den Kapitalmarktteilnehmern ermöglicht, für die ein wirtschaftspolitisches Bedürfnis besteht, um Absicherungsstrategien ausführen zu können. Diese berechtigten Sicherungsinteressen können grundsätzlich keinen Einfluss auf die Stimmrechtsgewalt der Aktionäre haben.[1576]

Eine Ausübung des Stimmrechts durch den Darlehensnehmer erscheint auch nicht aus dem Grunde unzulässig, weil er nur für einen bestimmten Zeitraum Aktionär verbleibt: Die Dauerhaftigkeit der Aktionärseigenschaft ist weder Merkmal des § 133 AktG, noch lässt sich dies nach Sinn und Zweck der Vorschrift für ein wirksames Abstimmungsergebnis voraussetzen. Grundsätzlich ist die – unvinkulierte – Aktie als fungible und zirkulationsfähige Beteiligungsform ausgestattet, um ein anonymes Kapitalsammelbecken für den Wirtschaftsverkehr bereitstellen zu können. Zugleich wird damit eine prinzipiell unbeschränkte Umlaufgeschwindigkeit ermöglicht, die es dem Investor gestattet, schnell auf Marktgegebenheiten zu reagieren. Als typisches Merkmal der Aktie kann dies aber kein Ausschlusskriterium für eine wirksame Beschlussfassung darstellen. Es erscheint nicht folgerichtig, zu gestatten, dass ein Aktienerwerber nach Stimmrechtsausübung das Wertpapier auf Grund spontaner Eingebung wieder veräußert und im Gegensatz hierzu den Fall als rechtsmissbräuchlich zu behandeln, in dem bereits bei der Stimmrechtsabgabe die baldige Weiterveräußerung beabsichtigt ist.[1577] Etwas anderes ergibt sich nach einer teilweise vertretenen Auffassung speziell bei Squeeze Out-Beschlüssen nach § 327a AktG:[1578] Beschafft sich ein Aktionär den erforderlichen 95-

---

[1576] Eine Ausnahme ergibt sich nur, wenn die wirtschaftliche Gesamtposition des Aktionärs in Bezug auf die Portfoliogesellschaft, deren Aktien sich ein Investor über ein Wertpapierdarlehen beschafft hat, im Zusammenspiel mit anderen Finanzinstrumenten signifikant negativ ausgestaltet ist: Wie bereits festgestellt, ist eine Stimmrechtsausübung in diesem Falle treuwidrig. Siehe zur Treuwidrigkeit einer Einflussnahme im Interesse anderer Positionen oben S. 289 ff.

[1577] Vgl. *Fröde*, NZG 2007, 729, 731 f.

[1578] *LG Landshut*, NZG 2006, 400, *OLG München*, Der Konzern 2006, 862; *P. Baums*, WM 2001, 1843, 1846 f.; *Hüffer*, AktG, § 327a Rn. 12 m. w. Nachw. A. A. *Kort*, AG 2006, 557, 559; *Fröde*, NZG 2007, 729, 735 f. Das *OLG München* gibt zwar an, den Streit offen gelassen zu haben, ob ein Erwerb der Mehrheitsbeteiligung im Rahmen des § 327a AktG auf Grund eines Wertpapierdarlehens als Rechtsmissbrauch anzusehen ist (S. 866); das Gericht bejaht diesen aber im konkreprozentigen Stimmrechtsanteil mithilfe von Wertpapierdarlehenspositionen, stellen einige Autoren auf eine Umgehung der Vorschrift ab. Da Zweck der Norm die Eliminierung des Minderheitsaufwands sei, sei Voraussetzung, dass neben einem Großaktionär der Anteil der Minderheitsaktionäre fünf Prozent des Gesamtstimmrechtsanteils dauerhaft nicht erreicht. Da nach Beendigung des Wertpapierdarlehens wieder mehrere Aktionäre vorhanden sind, würde der Zweck der Vorschrift umgangen.[1579] Sei im Rahmen des § 327a AktG der Aktienerwerb von vornherein nicht darauf angelegt, dass der Hauptaktionär Aktien auf unbestimmte Zeit zur Verfügung stellt, so werde die gesetzliche Wertung unterlaufen, die die unternehmerischen Interessen eines Hauptaktionärs, der über mindestens 95 Prozent des Grundkapitals verfügt, ausnahmsweise höher bewertet als die Eigentümerinteressen der Minderheitsaktionäre.[1580]

Im Ergebnis zutreffend behauptet damit eine Auffassung in der Literatur,[1581] dass allein auf die formale Rechtsinhaberschaft abzustellen und daher der Erwerb der Beteiligungsquote mittels Wertpapierdarlehens – mit Ausnahme des für die Hedgefondspraxis selten relevanten Falles eines Squeeze Out-Beschlusses – rechtlich zulässig sei, selbst wenn bereits zum Zeitpunkt des Beschlusses feststehen sollte, dass der Hauptaktionär die Beteiligung nur vorübergehend hält. Rechtstatsächlich ist zu bedenken, dass der Darlehensgeber dem Geschehen keinesfalls schutzlos gegenübersteht: Wenn der Darlehensgeber fürchtet, dass eine entgegen seine Interessen erfolgende Stimmrechtsausübung dessen wirtschaftliche Position negativ beeinträchtigt, kann er sich schuldrechtlich oder auf sonstige Weise einen Stimmrechtseinfluss sichern – was zu einer Stimmrechtszurechnung nach § 22 Absatz 1 Nr. 2 WpHG beim Darlehensgeber führt.[1582] Der Rahmenvertrag räumt dem Darlehensgeber ferner die Möglichkeit einer Kündigung eines auf unbestimmte Zeit abgeschlossenen Wertpapierdarlehens binnen einer Frist von wenigstens

---

ten Fall, da der wesentliche wirtschaftliche Gehalt der Aktien beim Darlehensgeber verbleibe und eine Berufung auf die formale Eigentümerposition daher rechtsmissbräuchlich sei. Indem es aber damit ein rechtsmissbräuchliches Verhalten für eine wirtschaftliche Vertragsgestaltung befürwortet, die dem Standardwertpapierdarlehenskontrakt entspricht, erklärt das Gericht parallel eine Stimmrechtsausübung in der gängigen Praxis für unzulässig.

1579 Vgl. *P. Baums*, WM 2001, 1843, 1846 f. A. A. *Kort*, AG 2006, 557, 559 f.

1580 Vgl. *LG Landshut*, NZG 2006, 400, *OLG München*, Der Konzern 2006, 862, 866. A. A. *Fröde* NZG 2007, 729, 735 f.

1581 *U. H. Schneider*, in: Assmann/Schneider, WpHG, § 22 Rn. 69; *Kort*, AG 2006, 557, 559.

1582 Vgl. *U. H. Schneider*, in: Assmann/Schneider, WpHG, § 22 Rn. 71; *Sieger/Hasselbach*, WM 2004, 1370, 1371.

drei Bankarbeitstagen ein.[1583] Daneben kann der Wertpapierinhaber sein wirtschaftliches Risiko rechnerisch ermitteln und in seine Kalkulation einpreisen. Insbesondere auf Grundlage dieser Berechnung kann er dann entscheiden, ob und zu welchen Konditionen er seine Aktien darlehensweise begibt. Auch würde eine durch den Darlehensnehmer schuldhaft hervorgerufene Schädigung einen schuldrechtlichen Ersatzanspruch auf Grund einer Schutzpflichtverletzung begründen. Eine entgegenstehende Argumentation lässt daneben unberücksichtigt, dass die Annahme einer unzulässigen Stimmrechtsausübung die Stimmrechte aus darlehensweise gewährten Aktien faktisch sperren und das Stimmrechtspotential einer Gesellschaft trotz voll eingezahlten Grundkapitals reduzieren würde, wofür kein sachlicher Grund besteht. Da der Darlehensnehmer die gewährten Aktien als Berechtigter an Dritte weiterverfügen kann, wäre es sinnlos und unpraktikabel, dass die Stimmrechte der Wertpapiere nicht ausgeübt werden dürfen.[1584] Denn ein vom Darlehensnehmer erwerbender Dritter, der nicht in den Darlehensvertrag einbezogen ist, kann das Stimmrecht jedenfalls entgegen den Interessen des Darlehensgebers ausüben. Zudem würden einfache Umgehungsmöglichkeiten eröffnet: So könnten sich beispielsweise zwei Hedgefonds identisch große Aktienpakete im Wege einer Aktienleihe beschaffen und gegenseitig verkaufen oder tauschen. Auf diese Weise hätten sie lediglich mit dem für das Aktiendarlehen erforderlichen Kapitalaufwand die Wertpapiere letztlich im Wege eines Kaufs erworben und könnten unstreitig die Stimmrechte ausüben.

Im Ergebnis können Hedgefonds als Darlehensnehmer auf Grund des Vollrechtserwerbs regelmäßig die aus dem Wertpapier folgenden Aktionärsrechte einschließlich Stimmrecht ausüben, ohne sich rechtsmissbräuchlich zu verhalten.[1585]

1583 Vgl. *Bankenverband*, Deutscher Rahmenvertrag für Wertpapierdarlehen, Punkt 7(1)(a).

1584 Vgl. *Opitz*, in: Schäfer, Kapitalmarktgesetze, § 22 WpHG Rn. 48.

1585 *OLG München*, Der Konzern 2006, 862, 866; *U. H. Schneider*, in: Assmann/Schneider, WpHG, § 22 Rn. 69 m. w. Nachw.; *Burgard*, BB 1995, 2069, 2073; *Sieger/Hasselbach*, WM 2004, 1370, 1373; *Opitz*, in: Schäfer, Kapitalmarktgesetze, § 22 WpHG Rn. 48.

Teil 3. Regulierungsbedarf und Maßnahmen de lege ferenda

Hedgefonds nutzen Ineffizienzen, um Gewinne zu erwirtschaften.[1586] Zu diesem Zweck richten sie ihre Vorgehensweise an gesetzlichen Ausnahmetatbeständen aus oder wählen Gestaltungen, die bislang nicht von Schutzvorschriften erfasst sind.[1587] Eine Regulierung von Hedgefonds birgt daher bereits einen Widerspruch in sich. So passen die Investmentgesellschaften ihr Verhalten nach einer Gesetzesänderung gewöhnlicherweise an die veränderten Umstände an, um der Anwendung sie belastender Vorschriften zu entgehen. Normen dienen indes dazu, Konflikte zwischen verschiedenen Interessengruppen zu bereinigen und das Verhalten einzelner Rechtssubjekte zu steuern.[1588] Damit ist es trotz potentieller Ausweichtaktiken der Fonds das Ziel der Untersuchung zu ermitteln, ob aktivistische Strategien weitere gesetzliche Regulierung erfordern. Es ist zu erörtern, ob die rechtlichen Schranken aktivistischer Hedgefondsstrategien vor den Risiken einer Einflussnahme ausreichend schützen oder ob darüber hinaus gesetzliche Schritte notwendig erscheinen, mithin Regulierungsbedarf besteht (A.). Soweit das geltende Recht keinen ausreichenden Schutz vor den bestehenden Risiken gewährt und ein Bedürfnis für Regulierung zu befürworten ist, werden schließlich Maßnahmen de lege ferenda diskutiert (B.).

A. Regulierungsbedarf

Regulierung ist kein Selbstzweck. Sie setzt drohende oder bestehende Marktstörungen voraus, die voraussichtlich vom Markt selbst nicht oder zu spät behoben werden und wegen erwarteter Nachteile das Vertrauen der Anleger beeinträchtigen.[1589] Ein Bedarf für Regulierung kann sich damit aus gesetzlichen Schutzlücken ergeben, die zu Ineffizienzen führen und von Hedgefonds genutzt werden. Anzuknüpfen hat ein effizienter Regulierungsansatz daher an den Gefahren für Portfoliogesellschaft und Mitgesellschafter, um mit einer

---

[1586] Siehe oben S. 10 ff.

[1587] Siehe oben S. 19 f.

[1588] Siehe auch zu den sonstigen Funktionen des Rechts *Raiser*, Grundlagen der Rechtssoziologie, S. 184 ff. m. w. Nachw.

[1589] *Baums/Sauter*, Anschleichen an Übernahmeziele mittels Cash Settled Equity Derivaten – ein Regelungsvorschlag, S. 20.

Neuregelung nicht ökonomisch erwünschte Verhaltensweisen zu unterbinden: So stehen etwa die Vorschriften des *Risikobegrenzungsgesetzes* im Verdacht, auch wertsteigernde Aktivitäten von Finanzinvestoren zu erschweren oder gar zu verhindern.[1590] Zwar ist dem Gesetzgeber bei der aktien- und kapitalmarktrechtlichen Gefahrenbekämpfung eine Einschätzungsprärogative einzuräumen.[1591] Im Ausgangspunkt verbleibt es indes dabei, dass Regulierungsfreiheit die Regel und der regulatorische Staatseingriff die rechtfertigungsbedürftige Ausnahme bleiben.[1592]

Zu fragen ist mithin, ob die lex lata vor den Gefahren aktivistischer Strategien für Gesellschaft und Mitaktionäre ausreichend schützt. Zu diesem Zweck werden die rechtlichen Schranken aktivistischer Strategien[1593] in Bezug zu den potentiellen Einflussrisiken gesetzt und auf dieser Grundlage festgestellt, ob Regulierungsbedarf besteht.

Eine Einflussnahme von Hedgefonds soll folgende Gefahren hervorrufen: Zum einen sollen die Bestands- und Zukunftsinteressen des Unternehmens durch einen kurzfristigen Anlagehorizont gefährdet (I.)[1594], daneben die Interessen des Unternehmens und der übrigen Gesellschafter bei einer Einflussnahme beeinträchtigt sein, wenn Hedgefonds Positionen eingehen, die ein neutrales oder negatives wirtschaftliches Interesse und damit eine Interessenkollision hervorrufen (II.)[1595]. Anhand der ermittelten Schranken aktivistischer Strategien ist in einem ersten Schritt zu bestimmen, ob und wie das geltende Recht Portfoliogesellschaft und Mitaktionäre vor den mit einer Einflussnahme von Hedgefonds ausgehenden oder zumindest befürchteten Risiken schützt (jeweils 1.). Auf dieser Grundlage ist in einem zweiten Schritt zu erörtern, ob es erforderlich erscheint, diesen Schutz durch – gegebenenfalls gesetzliche – Regulierung zu verstärken. Erforderlich sind weitere Maßnahmen, wenn das geltende Recht keinen ausreichenden Schutz gewährt, keine weniger einschneidenden, aber gleich geeigneten Maßnahmen zur Verfügung stehen und eine Änderung rechtsökonomisch angezeigt ist (jeweils 2.).

1590 Vgl. *Eidenmüller*, DStR 2007, 2116, 2120.

1591 BVerfGE 102, 197, 218.

1592 *Fleischer*, ZGR 2008, 185, 190.

1593 Siehe oben Teil 2, S. 139 ff.

1594 Siehe oben S. 125 ff.

1595 Siehe oben S. 127 ff.

I. KURZFRISTIGER ANLAGEHORIZONT

Aktivismus von Hedgefonds soll einerseits die Bestands- und Zukunftsinteressen des Unternehmens und damit zugleich der Interessen der übrigen Aktionäre durch einen kurzfristigen Anlagehorizont gefährden.[1596]

1. SCHUTZ DURCH DIE LEX LATA

Ein Wechsel der Unternehmensstrategie kündigt sich regelmäßig durch eine wesentliche Veränderung des Gesellschafterkreises an. Aus diesem Grund kommt den Vorschriften zur Anteilspublizität eine wesentliche Bedeutung zu, insbesondere Leitungsorgane und übrige Aktionäre der Gesellschaft frühzeitig über einen potentiellen Paradigmenwechsel zu informieren. Grundsätzlich ist zwar die Investitionsstrategie nicht mit den Mitteilungspflichten nach § 21 WpHG offenzulegen.[1597] Jedoch lässt häufig die Identität der Aktionäre gegebenenfalls in Verbindung mit öffentlichen Äußerungen darauf schließen, ob die Investoren eine tendenziell kurzfristige Anlagestrategie verfolgen und für eine entsprechende Unternehmensstrategie plädieren. Während Vorstand und Aufsichtsrat gegebenenfalls Abwehrmaßnahmen einleiten können, können die Mitaktionäre abschätzen, ob eine damit einhergehende potentielle Veränderung in der Geschäftspolitik langfristig für Gesellschaft und Gesellschafter renditeeinträglich oder nachteilig ist. Selbst eine Anlagestrategie mit kurzem Investitionshorizont kann für die Gesellschaft vorteilhaft sein, wenn sie etwa Fehler des Managements korrigiert. Beurteilen die übrigen Aktionäre hingegen die von den Aktivisten verfolgten Maßnahmen negativ, steht es den Anteilsinhabern frei, ihre Anteile zu veräußern oder gemeinsam mit anderen Investoren eine Opposition gegen potentielle Strategieänderungen zu bilden.[1598]

Allerdings erfahren außenstehende Aktionäre und Leitungsorgane der Portfoliogesellschaft trotz der Publizitätsvorschriften in vielen Fällen faktisch nicht, dass aktivistische Hedgefonds zum Zwecke der Einflussnahme wesentliche Positionen aufbauen. Das geltende Recht enthält in dieser Hinsicht Schutzlü-

---

1596 Siehe oben S. 125 ff.

1597 Zur besonderen Mitteilungspflicht für Inhaber wesentlicher Beteiligungen nach § 27a WpHG sogleich.

1598 Die Verkaufsalternative gestaltet sich dabei für Großinvestoren schwieriger: Veräußern sie ihre Anteile zu einem Zeitpunkt, schaffen sie einen künstlichen Angebotsüberhang, der zu einem Preisverfall führt. Indem sie ihre Anteile zeitlich und mengenmäßig verzögert verkaufen, können sie indes einen relativ stabilen Kurs erhalten.

cken: So führen der Umstand, dass viele Hedgefonds nur Positionen erwerben, die unterhalb der Anteilsmeldeschwelle von drei Prozent liegen, sowie die in der Praxis bisher materiell restriktiv ausgelegten und prozessual schwierig nachzuweisenden Zurechnungsvoraussetzungen dazu, dass die effektiv auf aktivistische Investoren anfallende Gesellschafterpräsenz nicht aufgedeckt wird. Daneben können Hedgefonds sich über *long equity swap*-Vereinbarungen den Erwerb größerer Anteilspakete faktisch sichern, ohne dies nach den bestehenden Vorschriften offen legen zu müssen (verdeckte Teilhaberschaft).[1599]

Indem künftig auch Großinvestoren ab einer Beteiligung in Höhe von zehn Prozent des Gesamtstimmrechtsanteils ihre strategische Ausrichtung aufdecken müssen, könnten Vorstand und sonstige Anleger zumindest in diesen Fällen über kurzfristige Absichten von Hedgefonds informiert werden. Da Hedgefonds jedoch im Regelfall deutlich kleinere Positionen einnehmen, die Voraussetzungen einer Stimmrechtszurechnung schwierig nachzuweisen und eine Rechtsfolge bei Unterlassung nicht vorgesehen ist, werden sie in der Praxis nicht dazu angehalten, ihre Strategie und damit zugleich einen von ihnen verfolgten kurzfristigen Anlagehorizont anderen Marktteilnehmern offenzulegen.[1600]

Außenstehende Aktionäre werden durch die Regelungen zum Pflichtangebot davor geschützt, dass ein neuer Großaktionär oder eine neugebildete Koalition von Aktionären Strategieänderungen im Unternehmen durchsetzt, die derjenigen Strategie entgegensteht, die die Aktionäre im Zeitpunkt der Investition verfolgten. Funktional wird mit dem Pflichtangebot eine in das Belieben des Aktionärs gestellte Austrittsmöglichkeit eröffnet. Wollen Hedgefonds koordiniert eine auf kurzfristige Erträge ausgerichtete Strategie forcieren, können außenstehende Aktionäre also ihre Anteile veräußern, wenn die Aktivisten einen Gesamtstimmrechtsanteil von 30 Prozent erreichen, die Voraussetzungen der Zurechnungsnorm nachweisbar sind, und die Einflussnahme nicht als Einzelfall zu werten ist. Den außenstehenden Aktionären steht also bereits im Vorfeld eine Beurteilungsprärogative zu, ob die von den Aktivisten angestrebte Strategie für Kapitalgeber und Gesellschaft einen – gegebenenfalls langfristigen – Wertzuwachs verspricht oder gar Schäden hervorrufen kann.

[1599] Siehe hierzu oben S. 216 f.

[1600] Vgl. oben S. 218 f.

Daneben besteht ein repressiver Schutz in Form von Ausgleichsansprüchen, die eingreifen, wenn eine kurzfristige Strategie im konkreten Fall Schäden für die Gesellschaft hervorruft. Beeinflussen aktivistische Hedgefonds die Portfoliogesellschaft und verursachen im Interesse einer kurzfristigen Anlageausrichtung voraussichtlich zugleich eine langfristige Schädigung des Unternehmens, steht die Maßnahme dem Unternehmensinteresse an einer dauerhaften Unternehmenswertsteigerung entgegen und führt zu einer objektiven Rechtswidrigkeit der Einflussnahme im Sinne des § 117 AktG. Die Voraussetzungen des Schadensersatzanspruches liegen indes lediglich vor, wenn den Aktivisten ein zumindest eventualvorsätzliches Verhalten insbesondere in Bezug auf die haftungsausfüllende Kausalität nachgewiesen werden kann. Hedgefonds streben grundsätzlich auch im Rahmen eines kurzfristigen Anlagehorizonts einen gewinnbringenden *exit* an, was gegen einen Schädigungsvorsatz spricht. Nur wenn ausnahmsweise eine von Aktivisten veranlasste Maßnahme im Interesse einer kurzfristigen Strategie bereits zum Zeitpunkt der Einflussnahme erkennbar einen nachhaltigen Schaden für Gesellschaft und Mitaktionäre hervorrufen kann, kommen ein – nachweisbares – vorsätzliches Handeln der Aktivisten und damit ein Schadensersatzanspruch in Betracht.

Ebenso scheiden regelmäßig sowohl ein Schadensersatzanspruch als auch eine Beschlussanfechtung auf Grund einer Treupflichtverletzung aus, wenn Hedgefonds eine kurzfristig orientierte Strategieausrichtung des Unternehmens forcieren. Möchten sie eine ihrer Einschätzung nach für das Unternehmen effizientere Unternehmensstrategie etablieren, deckt sich ihre Intervention mit dem Gesellschaftsinteresse und damit auch dem Interesse der anderen Aktionäre, wobei ihnen bei dieser unternehmerischen Entscheidung ein gerichtlich nicht überprüfbarer Ermessensspielraum zukommt. Solange Aktivisten im Interesse einer Steigerung des Unternehmenswertes handeln, spielt es keine Rolle, ob die verfolgte Strategie kurz- oder langfristig ausgerichtet ist. Selbst wenn sich die Maßnahme ex post als wenig zweckmäßig oder gar unzweckmäßig erweist, haben die Aktivisten im Rahmen des ihnen zur Verfügung stehenden Ermessens gehandelt.[1601] Lediglich in Ausnahmefällen, in denen eine Maßnahme bereits von vornherein objektiv erkennbar die Gefahr einer erheblichen Schädigung von Gesellschaft und Mitaktionären hervorruft, handeln Aktivisten außerhalb des ihnen eingeräumten Ermessens. Die Treu-

---

[1601] Vgl. *Lutter*, JZ 1995, 1053, 1055; *Nehls*, Die gesellschaftsrechtliche Treupflicht im Aktienrecht, S. 98.
Winter, Mitgliedschaftliche Treubindungen im GmbH-Recht, S. 106, 148 ff.

pflicht bildet nur in solchen Fällen ein taugliches Abwehr- oder Ausgleichsinstrument, in denen mit einer kurzfristig ausgerichteten Strategie eine erhebliche Gefährdung des Unternehmens einhergeht.

2. Ergebnis

Vor den mit einer kurzfristigen Anlageausrichtung verbundenen Risiken gewährt das geltende Recht während der Vorbereitung einer Einflussnahme einen unvollständigen und daher nur wenig wirksamen Schutz für Mitaktionäre und Portfoliogesellschaft. Zwar können die Vorschriften zur Beteiligungstransparenz insbesondere Aktionäre und Verwaltung darüber informieren, ob kurzfristig orientierte Anleger infolge der Höhe ihrer Beteiligung Einfluss auf die unternehmerische Ausrichtung der Gesellschaft nehmen können. Da Hedgefonds zum Zwecke einer effektiven Einflussnahme vor allem in Publikumsgesellschaften auf die Kooperation anderer Marktteilnehmer angewiesen sind, entscheiden in erster Linie die Funktionalität und praktische Nachweisbarkeit der von den Zurechnungstatbeständen aufgestellten Voraussetzungen,[1602] ob die Vorschriften zur Anteilstransparenz einen ausreichenden Schutz durch umfassende Information der Kapitalmarktteilnehmer sicherstellen. Indes sind wegen der bisher restriktiv ausgelegten und prozessual schwer nachzuweisenden Zurechnungsvoraussetzungen Machtkonzentrationen für Leitungsorgane und Mitaktionäre in der Regel nicht zu erkennen.

Mit der Neuregelung der Bestimmungen zum abgestimmten Aktionärsverhalten im Rahmen des *Risikobegrenzungsgesetzes*[1603] erhoffen sich Gesetzgeber und Praxis, dass eine erhöhte Auslegungssicherheit erreicht und kollektives Einflusspotential genauer erfasst wird. Über die prozessualen Nachweisschwierigkeiten werden allerdings auch die materiellrechtlichen Neuerungen nicht hinweghelfen, so dass zu befürchten ist, dass die Transparenzvorschriften auch weiterhin kollektive Verbindungen zwischen aktiven Investoren nicht aufdecken. Zudem enthalten selbst die neuen Vorschriften generalklauselartige Formulierungen, so dass wiederum Auslegungsprobleme vorhersehbar sind.[1604] Vorstand, Aufsichtsrat und Mitaktionäre können aber nur adäquat auf Veränderungen reagieren und Konfliktpotential durch Gegenmaßnahmen

---

[1602] § 22 WpHG.

[1603] § 22 Absatz 2 WpHG n.F., § 30 Absatz 2 WpÜG n.F.

[1604] Vgl. *Eidenmüller*, DStR 2007, 2116, 2120, der davon ausgeht, dass mit der Neufassung der Vorschrift die Rechtsunsicherheiten vergrößert wurden.

beseitigen, wenn größere Beteiligungsveränderungen ersichtlich sind.[1605] Erwerben mehrere aktivistische Fonds Beteiligungen unterhalb der Meldeschwellen und koordinieren sich untereinander, werden die Mehrheitsverhältnisse in der Gesellschaft nicht aufgedeckt, wenn die Zurechnungsvorschriften in ihrer praktischen Anwendung versagen. Es besteht folglich Bedarf nach einer Regulierung, die den materiell bestehenden Schutz konkretisiert oder hilft, Nachweisprobleme zu beseitigen.

Da Hedgefonds zudem durch die Vorschriften zur Strategiepublizität insbesondere wegen der fehlenden Anordnung einer Sanktion nicht dazu angehalten werden, kurzfristig ausgerichtete Strategien offenzulegen, bestehen auch an dieser Stelle Informationslücken. Hedgefonds können darüber hinaus über *long equity swap*-Vereinbarungen, unbemerkt von Leitungsorganen und anderen Aktionären, den Kauf von wesentlichen Beteiligungen und zugleich eine Beeinflussung des Unternehmens vorbereiten.[1606] So lässt sich auch an dieser Stelle vertreten, dass wegen des in dieser Situation nicht gewährten Schutzes ein Regulierungsbedarf besteht.[1607]

Festzustellen ist darüber hinaus, dass die lex lata für die mit einer kurzfristigen Anlageausrichtung verbundenen Gefahren während und nach einer Einflussnahme für Gesellschaft und übrige Aktionäre einen ausreichenden Schutz bereitstellt: Zwar mögen die Voraussetzungen einer begründeten Beschlussanfechtung und eines Ausgleichsanspruchs nur in seltenen Fällen vorliegen. Selbst wenn ein Schutz der Gesellschaft und der außenstehenden Aktionäre vor schädlichen Einflussnahmen nur ex post die prozessual schwierig durchsetzbare Vorschrift des § 117 AktG und durch die Treupflicht gewährt wird, erscheint eine Vorverlagerung dieses Mechanismus zweckwidrig und unter *Corporate Governance*- Gesichtspunkten verfehlt: Die Befürchtung, kurzfristig orientierte Investoren würden Unternehmensstrategien verhindern, die auf eine langfristige Profitabilitätssteigerung abzielen, mag zwar auf Einzelfälle zutreffen. Jedoch lässt sich hieraus nicht allgemeingültig ableiten, dass jede Intervention von kurzfristig engagierten Hedgefonds oder anderen Investoren

---

1605 Vgl. *Hirte*, in: Kölner Kommentar WpHG, § 21 Rn. 3. Zu Fragen der Investor Relations siehe unten S. 397 ff.

1606 Siehe zu den Offenlegungsverpflichtungen in den Fällen der verdeckten Teilhaberschaft oben S. 216 f.

1607 Zu der Frage, ob eine Publizität von verdeckter Teilhaberschaft über Barausgleichsderivate auch rechtsökonomisch angemessen erscheint, siehe unten S. 338 ff.

Schäden für Gesellschaft und Mitaktionäre hervorruft.[1608] Auch eine forcierte Rekapitalisierung führt nicht per se zu einem Schaden, wenn nicht weitere Umstände hinzutreten.

Mit einem Vermögensausgleich in Form eines Schadensersatzanspruches wird gewährleistet, dass eine Einflussnahme nur dann Rechtsfolgen auslöst, wenn sie nachweisbar Schäden für Gesellschaft und übrige Aktionäre hervorruft. Würde eine auf einen kurzfristigen Anlagehorizont ausgerichtete Einflussnahme unabhängig von einem bevorstehenden Schaden unterbunden, würden auch Maßnahmen verhindert, die zugleich positive Auswirkungen auf die zukünftige Entwicklung des Unternehmens haben können.[1609] Nur wenn bereits vor der Einflussnahme feststeht, dass die Maßnahme schädliche Auswirkungen auf Gesellschaft und Mitaktionäre haben wird, lässt sie sich zumindest theoretisch im Wege eines Unterlassungsanspruches verhindern. Die Folgen sind hingegen nachträglich auszugleichen, wenn sich die Maßnahme nachweislich schädlich für Gesellschaft und Mitaktionäre ausgewirkt hat.

Hingegen kann ein Schutz vor Beeinflussung an sich auch in einer Aktiengesellschaft nicht gewährt werden, selbst wenn dort Inhaberschaft und Kontrolle getrennt sind. Diese Trennung bezweckt eine professionelle Unternehmensleitung sicherzustellen, die durch einen anonymen und wechselnden Gesellschafterstamm selbst nicht gewährleistet werden kann. Beeinflussen Gesellschafter die Unternehmensleitung im Rahmen ihrer Tätigkeit, so kann dies kein pflichtwidriges Verhalten darstellen, wenn die Einflussnahme im Unternehmensinteresse erfolgt. Nicht sinngerecht wäre es daher, eine Einflussnahme auf die Geschäftsführung durch Gesellschafter zu sanktionieren, selbst wenn sie darauf einwirkt, ein Fehlverhalten des Vorstands zu unterbinden. Im Ergebnis stellt damit die ungestörte und unbeeinflusste Arbeit des Vorstands kein Gut dar, das rechtlich zu schützen wäre.[1610]

Indem sie zugleich eine Haftung für fahrlässiges Verhalten ausschließt, gewährt die lex lata einen Ausgleich für Schäden von Gesellschaft und Mitaktionären nur, wenn das konkrete Risiko einer Schädigung bereits zum Zeitpunkt der Einflussnahme objektiv erkennbar gewesen ist und der Einfluss-

---

[1608] Vgl. dazu beispielhaft *Kahan/Rock*, Hedge Funds in Corporate Governance and Corporate Control, S. 47 ff.

[1609] Vgl. *Eidenmüller*, DStR 2007, 2116.

[1610] Vgl. *Mestmäcker*, Verwaltung, Konzerngewalt und Rechte der Aktionäre, S. 81; *Dietel*, Der Widerruf der Bestellung zum Vorstandsmitglied bei Vertrauensentzug der Hauptversammlung, S. 14, 46.

nehmer diese Einbuße zumindest billigend in Kauf nimmt. Waren die mit einer kurzfristigen Unternehmensstrategie verbundenen Gefahren für die Portfoliogesellschaft zum Zeitpunkt der Einflussnahme nicht evident, kommen Treupflichtverletzung und Schädigungseventualvorsatz nicht in Betracht. Dahinter verbirgt sich die ökonomische Wertung, dass der Erfolg einer unternehmerischen Maßnahme von vielen nicht steuerbaren, externen Umständen abhängt, die auf Grund des Prognosecharakters unternehmerischer Entscheidungen im Einzelfall kaum vorhersehbar noch vermeidbar sind.[1611] Eine Haftungsandrohung für ein unvertretbares Stimmverhalten, das lediglich auf Fahrlässigkeit beruht, würde überdies die unternehmerische Handlungsfreiheit jedes Aktionärs übermäßig einengen, da ein eventuelles Haftungsrisiko kaum überschaubar wäre.[1612] Derartige Haftungslösungen würden innovatives und damit auch risikobewusstes unternehmerisches Verhalten von Aktionären behindern. Um bestandssichernde Entwicklungen eines Unternehmens zu ermöglichen, muss grundsätzlich auch objektiv unvernünftiges wirtschaftliches Handeln sanktionslos bleiben, solange zwar die Gefahr einer Schädigung erkannt, aber ein Schaden der Gesellschaft nicht angestrebt oder billigend in Kauf genommen wird.[1613]

Würde eine Einflussnahme von Investoren schadensunabhängig durch Gesetz unterbunden oder bereits bei fahrlässiger Schadensverursachung sanktioniert, würde die Einschüchterung der Aktionäre durch weitreichende Haftungsvorschriften faktisch die Position der Verwaltung stärken. Unter dem Blickwinkel einer guten *Corporate Governance* würden solche Maßnahmen eine effektive Kontrolle des Vorstands erschweren. Änderungen im Verhältnis zwischen Leitungsgremien und Anteilseignern sollten aber lediglich in Richtung einer Stärkung der Aktionäre gehen, deren Position verglichen mit anderen Ländern eher schwach ist.[1614] Mit Ausnahme der belegten Schutzlücken im Vorbereitungsstadium besteht im Ergebnis angesichts des vom geltenden Recht grundsätzlich ausreichend gewährten Schutzes kein Regulierungsbedarf, um Anleger und Gesellschaft vor Risiken abzusichern, die von einer potentiell

---

1611 Vgl. *Häsemeyer*, ZHR 160, 109, 113.

1612 *Henze/Notz*, in: Großkomm. AktG, Anh § 53a Rn. 147.

1613 Vgl. *Timm*, WM 1991, 481, 484 ff.

1614 So jedenfalls die Behauptung des *Sachverständigenrates zur Begutachtung der gesamtwirtschaftlichen Entwicklung*, Das Erreichte nicht verspielen, Jahresgutachten 2007/08, S. 428.

kurzfristigen Anlageorientierung von aktivistischen Hedgefonds ausgehen können.[1615]

II. Interessenkonflikte auf Grund sonstiger Positionen

Die Interessen des Unternehmens und der übrigen Gesellschafter können durch eine Einflussnahme beeinträchtigt werden, wenn Hedgefonds Positionen eingehen, die ein neutrales oder negatives wirtschaftliches Interesse an der Portfoliogesellschaft und damit eine Interessenkollision hervorrufen.[1616]

1. Schutz durch die lex lata

Erwirbt ein Hedgefonds Aktien, um das Unternehmen zu beeinflussen, stellt die innere Erwerbsabsicht zwar eine taugliche Insiderinformation dar. Die Durchführung eigener unternehmerischer Entschlüsse fällt nach Sinn und Zweck der Vorschriften indes nicht unter die Insiderhandelsverbote,[1617] so dass es grundsätzlich ebenso sanktionslos bleibt, wenn ein Hedgefonds anderen Aktivisten die eigene Strategie zwecks Machtbündelung mitteilt.[1618] Gehen Hedgefonds andere Engagements ein, um ihr wirtschaftliches Interesse an der Wertentwicklung der Anteilsposition an der Portfoliogesellschaft negativ auszugestalten und um im Anschluss auf diese in schädigender Weise einzuwirken, lässt sich allerdings keine teleologische Reduktion der Insidertatbestände begründen, so dass sich Hedgefondsmanager gegebenenfalls nach §§ 14, 38 WpHG strafbar machen können, wenn sie die Finanzinstrumente in dieser Absicht erwerben oder diese Information im Vorbereitungsstadium an andere Aktivisten weitergeben, um sich zu koordinieren.[1619]

Daneben haben Hedgefonds Stimmrechtsanteile an anderen Gesellschaften wie beispielsweise Konkurrenten oder der Transaktionsgegenpartei offenzulegen, wenn ihre Beteiligungen die gesetzlichen Schwellen erreichen oder überschreiten. Hingegen wurde festgestellt, dass Hedgefonds mittels Swap-

---

[1615] So auch *Schmolke*, ZGR 2007, 701, 743. Für den US-amerikanischen Rechtskreis *Kahan/Rock*, Hedge Funds in Corporate Governance and Corporate Control, S. 53 f.

[1616] Siehe oben S. 127 ff.

[1617] Vgl. RegE Zweites Finanzmarktförderungsgesetz, BT-Drucks. 12/6679, S. 47; *Caspari*, ZGR 1994, 530, 542 f.; *Cahn*, ZHR 162, 1, 18 f.; *Schwark*, in: Schwark, Kapitalmarktrecht, § 14 WpHG Rn. 16; *Engert*, ZIP 2006, 2105, 2109; *Fischer*, Insiderrecht und Kapitalmarktkommunikation, S. 104.

[1618] Vgl. *Engert*, ZIP 2006, 2105, 2110.

[1619] Vgl. *Engert*, ZIP 2006, 2105, 2109; *Thaeter/Guski*, AG 2007, 301, 307. A. A. ohne Begründung *Schmolke*, ZGR 2007, 701, 731 und oben S. 229 ff.

Differenzkontrakten ihre Anteilsposition an der Portfoliogesellschaft unerkannt wirtschaftlich neutralisieren oder negativ ausgestalten können.[1620] Ebenso sind sonstige Short-Positionen wie Put-Optionen auf Aktien von Portfolio- oder anderen Gesellschaften nicht zu veröffentlichen, wenn sie keinen Stimmrechtseinfluss gewähren. Auf diese Weise ist es ihnen, wie im Fall *Deutsche Börse AG* geschehen, möglich, ein neutrales oder negatives ökonomisches Interesse an der Wertentwicklung der Eigenkapitalbeteiligung hervorzustellen und sich dadurch in einen Interessengegensatz zur Gesellschaft und den übrigen Aktionären zu bringen, ohne dass der Kapitalmarkt hiervon Kenntnis erlangt.[1621] Auch die Regelungen zur Strategiepublizität werden im Regelfall nicht dazu führen, dass Hedgefonds ihre mit dem Investment verfolgten Absichten offenlegen.[1622] Demnach werden Vorstand und sonstige Anleger nicht durch der durch das *Risikobegrenzungsgesetz* eingefügten Bestimmung des § 27a WpHG über eine Einflussnahme im Interesse anderer Positionen informiert.

Zudem begründen durch andere Positionen hervorgerufene wirtschaftliche Interessenkonflikte kein Stimmverbot nach § 136 AktG. Auch eine analoge Anwendung der Norm ist für diesen Fall ausgeschlossen.[1623]

Nehmen Hedgefonds im Interesse anderer Positionen einen nachteiligen Einfluss auf die Gesellschaft oder die übrigen Aktionäre, scheidet im Regelfall ein verschuldensunabhängiger konzernrechtlicher Ausgleichsanspruch der Portfoliogesellschaft nach § 317 AktG, selbst bei Vorliegen der Voraussetzungen einer Abhängigkeit auf Grund von Minderheitsbeteiligungen, aus. Zwar mag – nach stark umstrittener Ansicht – ein durch andere Positionen hervorgerufener Interessengleichlauf aktivistischer Aktionäre, auch ohne gesonderte Absprache, eine tatsächliche Bindung zwischen den Investoren hervorrufen. Allerdings schaffen transaktionsbezogene Investitionen wie im Fall der *Deutschen Börse AG* regelmäßig keine Basis für darüber hinausgehende unternehmensbezogene Angelegenheiten, sodass keine für eine Mehrmütterherrschaft erforderliche dauerhaft verfolgte gemeinsame Geschäftspolitik vorliegt.

Vielmehr sind Gesellschaft und Aktionäre nach einer schädlichen Einflussnahme durch § 117 AktG und die mitgliedschaftliche Treupflicht geschützt:

1620 Siehe oben S. 146 f.

1621 Dazu auch *Wansleben*, StudZR 2009, 465, S. 480 ff.

1622 Siehe hierzu oben S. 218 f.

1623 Siehe oben S. 305 f.

So kann der Nachweis über die Investition in anderen Positionen je nach Umfang einen Schädigungseventualvorsatz[1624] und eine Treupflichtverletzung[1625] begründen. Üben Hedgefonds ihre Stimmrechte dagegen im Interesse anderer Engagements aus, handeln sie gegebenenfalls treupflichtwidrig. Sofern eingegangene externe Positionen ein erhebliches ökonomisches Interesse an einem Wertverlust der Aktie an der Portfoliogesellschaft hervorrufen, üben die Aktivisten ihre Stimmrechte im Interesse dieser externen Positionen und damit zugleich gegen die Interessen der Gesellschaft und übrigen Aktionäre aus. Der Aktionär handelt aber nur im Rahmen des ihm zugewiesenen unternehmerischen Ermessens, solange seine Entscheidung nicht von vornherein ungeeignet erscheint, den Gesellschaftszweck zu fördern und die Entscheidung auf einer sorgfältigen, von gesellschaftsfremden Erwägungen freien Abwägung der gegenläufigen Interessen beruht.[1626] Treuwidrig ist das Verhalten, wenn es ex ante, unter Berücksichtigung der im Zeitpunkt der Beschlussfassung erkennbaren Umstände und unter Zugrundelegung der absehbaren Entwicklung, zur Förderung des Gesellschaftszwecks erkennbar nicht geeignet, erforderlich oder verhältnismäßig im engeren Sinne war.[1627] Dass Hedgefonds mit ihrer Stimmrechtsabgabe gesellschaftsexterne Spekulationsinteressen verfolgen, die Gefahr einer Schädigung der Gesellschaft und dadurch reflexartig einer Beeinträchtigung der anderen Gesellschafter bezwecken oder zumindest in Kauf nehmen, kann nicht das Gesellschaftsinteresse überwiegen.[1628] Zum Zeitpunkt der Beschlussfassung ist dann objektiv erkennbar, dass die Einflussnahme nicht frei von gesellschaftsexternen Erwägungen getroffen worden, nicht zur Verfolgung des Gesellschaftszwecks geeignet oder zumindest unverhältnismäßig ist.

2. Ergebnis

Vor den Gefahren einer Interessenkollision auf Grund anderer Positionen gewährt das geltende Recht keinen hinreichenden Schutz für Gesellschaft und Mitaktionäre. Bereits während der Vorbereitung einer Einflussnahme sind durch sonstige Positionen hervorgerufene ökonomische Interessenkonflikte

---

[1624] Siehe oben S. 255 f.

[1625] Siehe oben S. 289 ff.

[1626] Vgl. *Winter*, Mitgliedschaftliche Treubindungen im GmbH-Recht, S. 105; BGHZ 71, 41, 50; 83, 319, 326.

[1627] *Lutter*, ZHR 153, 446, 457; *Marsch-Barner*, ZHR 157, 172, 177; *Winter*, Mitgliedschaftliche Treubindungen im GmbH-Recht, S. 107, 148 ff.

[1628] Vgl. *Thaeter/Guski*, AG 2007, 301, 304 und oben S. 254 f.

häufig nicht aufzudecken: Physisch nicht mit Aktien unterlegte Differenzkontrakte oder (*short-*) *cash settled equity swap*-Vereinbarungen sind nach den Vorschriften zur Anteilstransparenz nicht offenzulegen, da in diesen Konstellationen kein unmittelbarer Stimmrechtsbezug besteht. Hedgefonds können auf diese Weise ihr ökonomisches Interesse an der Portfoliogesellschaft bislang unerkannt neutralisieren oder negativ ausgestalten. Auch Derivatepositionen in anderen Gesellschaften wie Konkurrenten oder potentiellen Partnern sind nicht zu publizieren, wenn sie keinen Stimmrechtseinfluss gewähren.

Je nach Ausgestaltung und Umfang dieser kombinierten Investitionen lässt die in diesen Konstellationen bestehende Interessendivergenz zu den übrigen Aktionären und der Gesellschaft eine zu deren Ungunsten ausfallende Einflussnahme erwarten. Wie bereits gesehen, werden Hedgefonds voraussichtlich auch durch die im Rahmen des *Risikobegrenzungsgesetzes* eingeführte Strategiepublizitätsbestimmung des § 27a WpHG künftig nicht dazu angehalten, ihre – gegebenenfalls durch Interessenkollisionen geprägte – Investitionsstrategie offenzulegen.

In der Folge wird vor und nach einer Einflussnahme die Rechtsverfolgung praktisch verhindert, da die für Hedgefonds handlungsbestimmende Interessenkollision den übrigen Aktionären und den Leitungsorganen nicht bekannt ist. Zwar löst eine im Interesse anderer Positionen erfolgende, schädliche Einflussnahme wegen Verletzung der Treupflicht, § 117 AktG und § 826 BGB gegebenenfalls Schadensersatzansprüche aus.[1629] Ohne Kenntnis dessen, dass der/die betreffenden Hedgefonds ihre Position wirtschaftlich neutralisiert oder negativ ausgestaltet haben, können die anderen Marktteilnehmer diese Ansprüche im Regelfall nicht geltend machen.

Aus diesen Gründen ist der gewährte repressive Rechtsschutz faktisch funktionslos. Zudem könnten Vorstand und sonstige Aktionäre bei Kenntnis der Sachlage gegebenenfalls über Investorenkommunikation oder durch die Bildung einer Opposition einer schädlichen Einflussnahme zuvorzukommen oder diese verhindern. Damit sichert im Ergebnis das geltende Recht das Risiko einer wirtschaftlich neutralisierten Intervention nicht ausreichend ab. Mithin besteht für die Fälle der Interessenkollision, in denen durch andere Positionen das grundsätzlich durch die Eigenkapitalposition vermittelte wirtschaftliche Interesse an einer Wertsteigerung neutralisiert oder sogar negativ

---

[1629] Vgl. *Eidenmüller*, DStR 2007, 2116, 2120 und oben S. 254 f., 289 ff., 309 ff.

ausgestaltet ist, ein Regulierungsbedarf, da die lex lata vor in diesem Zusammenhang bestehenden Gefahren keinen ausreichenden Schutz gewährt.

B. Maßnahmen de lege ferenda

Nachdem das geltende Recht auf Schutzlücken hin analysiert und ein punktueller Regulierungsbedarf festgestellt wurde, wird schließlich der Nutzen rechtspolitischer Regulierungsmöglichkeiten untersucht, die den von aktivistischen Hedgefonds ausgehenden Risiken begegnen könnten. Eine entsprechende Maßnahme empfiehlt sich, wenn sie angemessen ist, also nach einer rechtsökonomischen Abwägung das Schutzinteresse der beeinträchtigten Gruppen gegenüber dem Interesse der Einflussnehmer an einer freien Entfaltung unternehmerischer Initiative überwiegt. Folgendes gilt es dabei zu bedenken: Hedgefonds verursachen nur typischerweise die vorab aufgeführten Gefahren. Potentiell gehen diese Risiken indes von allen Vertretern der Asset-Branche aus. Aus diesem Grund verbietet sich eine auf Hedgefonds spezialisierte Regulierung.[1630] Zu empfehlende Regelungen sind vielmehr für sämtliche Marktteilnehmer vorzusehen und nicht auf einzelne Investorengruppen zu beschränken.

I. Publizitätsregelungen

Zu denken ist zunächst an Publizitätsregelungen, die auf eine erhöhte Information des Kapitalmarktes während der Vorbereitung einer Einflussnahme abzielen.

1. Absenken der Meldeschwellen zur Beteiligungspublizität

Einige Stimmen fordern, die Meldeschwellen des § 21 WpHG abzusenken, um eine Intervention von Hedgefonds schneller aufdecken und auf diese reagieren zu können.[1631] Dies würde für mehr Transparenz am Kapitalmarkt und die von Hedgefonds angegriffenen Unternehmen sorgen. Für eine Absenkung auf ein Prozent spricht, dass Investoren bei Erreichen dieser Schwelle Sonderprüfer einsetzen und Ersatzansprüche geltend machen können (vgl. §§ 142 Absatz 2; 148 Absatz 1, 147 AktG). Eine Absenkung der bestehenden Meldeschwellen – zum Beispiel auf zwei oder ein Prozent des Stimmrechtsanteils – könnte zwar Vorstand und Aktionäre frühzeitiger über einen relevanten An-

---

1630 *Spindler/Bednarz*, WM 2006, 553, 555; *FSA*, Hedge Funds: A discussion of risk and regulatory engagement, Feedback Statement, S. 8; *Maatman/Raaijmakers*, Hedge Funds in Company Law: Virus or Vaccine?, S. 9.

1631 *O.V.*, Vorstände sollen offener werden, in: FAZ vom 18.07.2007, S. 19.

teilserwerb oder eine Machtverschiebung informieren. Zweifelhaft erscheint indes, ob eine solche Maßnahme einen relevanten Vorteil im Vergleich zur gegenwärtigen Drei-Prozent Regelung erzielen würde, der den dadurch für den Kapitalmarkt anfallenden Mehraufwand – direkte und indirekte Regulierungskosten – rechtfertigt. Zu befürchten ist ein Überfluss irrelevanter Informationen, der die Anleger am Kapitalmarkt mehr verwirrt als aufklärt. Bereits mit der Meldeschwelle von drei Prozent ist der Gesetzgeber – gegen den Widerstand des Bundesrates –[1632] mit dem *Transparenzrichtlinie-Umsetzungsgesetz (TUG)* über die Mindestvorgaben der Richtlinie (= fünf Prozent) hinausgegangen, um ein Anschleichen an hohe Beteiligungen zu erschweren.[1633] Mit Recht weisen daher einige Autoren darauf hin, dass eine weitere Absenkung der Publizitätspflichten der wiederholt erklärten Abneigung des Gesetzgebers gegen eine überobligatorische Umsetzung gemeinschaftsrechtlicher Vorgaben entgegensteht.[1634] Zudem verlieren Finanzinvestoren wie Hedgefonds ihre Suchanreize nach unterbewerteten Unternehmen, wenn sie ihr mühsam erworbenes Wissen frühzeitig mit anderen teilen müssen.[1635] Sobald publik wird, dass sich Hedgefonds an einem Unternehmen beteiligen, steigt im Regelfall der Aktienkurs.[1636] Eine solche Reaktion schöpft aber den Vorteil ab, den der Investor durch sein Engagement erst noch realisieren und nachvollziehbar auch überwiegend für sich selbst vereinnahmen möchte.[1637] Wird der Offenlegungszeitpunkt sehr weit nach vorne verlegt, verhindert die Preissteigerung möglicherweise eine ökonomisch sinnvolle Intervention oder Übernahme. Zusammengenommen mit dem Argument, dass bereits mit der niedrigen Beteiligungsschwelle ein Sonderweg beschritten wurde, erscheint es sachgerecht, die bestehenden Meldeschwellen nicht weiter abzusenken.

2. Ausweitung der Strategiepublizität

Ein größerer Risikoschutz ließe sich erzielen, wenn die Vorschrift der nun im Rahmen des *Risikobegrenzungsgesetzes* implementierten Mitteilungspflichten für Inhaber wesentlicher Beteiligungen nach § 27a WpHG ausgeweitet würde. Zum einen wäre tatbestandlich daran zu denken, die gegenwärtige zehn Pro-

---

[1632] Vgl. die Stellungnahme zum TUG, BR-Drucks. 579/06, S.1.

[1633] Vgl. Begr. RegE TUG, BT-Drucks. 16/2498, S. 28.

[1634] *Fleischer*, ZGR 2008, 185, 205 m. w. Nachw.

[1635] *Fleischer*, ZGR 2008, 185, 206.

[1636] *Eidenmüller*, DStR 2007, 2116, 2119.

[1637] *Eidenmüller*, DStR 2007, 2116, 2119.

zent-Schwelle abzusenken, um eine größere Anzahl aktivistischer Hedgefonds zu erfassen. Daneben könnte ein Verstoß gegen die Offenlegungsverpflichtung – wie im Rahmen der Publizitätspflichten nach den §§ 21 ff. WpHG – mit einem Rechtsverlust aus den gehaltenen Aktien nach § 28 WpHG belegt werden, um durch diese Sanktion sicherzustellen, dass die Vorschrift befolgt wird. Indessen müssten diese rechtspolitischen Maßnahmen auch angemessen sein. Um einen Schutz vor potentiell schädlichen Einflussnahmen im Interesse anderer Positionen zu erzielen, erscheint aber – im Übernahmekontext – eine Pflicht zur Aufdeckung von Positionen ausreichend, die das wirtschaftliche Interesse an der Aktienposition in erheblichem Maße negativ ausgestalten.[1638] Eine Pflicht zur Offenlegung der gesamten Investmentstrategie ist hierzu nicht erforderlich, da die weniger weitreichende Publizität den gleichen Schutz vor diesem Risiko gewährt. Daher ist an dieser Stelle nur zu diskutieren, ob die mit einer kurzfristigen Anlagestrategie verbundenen Risiken durch eine über die bisherige Bestimmung hinausgehende Strategiepublikationspflicht aufzufangen sind. Wie bereits festgestellt, erscheint es zumindest zweifelhaft, ob ein weiterer Regulierungsbedarf zum Schutz vor in diesem Zusammenhang bestehenden Risiken besteht.[1639]

Ebenso wurde bereits erwähnt, dass daneben ökonomische Gesichtspunkte gegen eine solche – auch gegebenenfalls kleinere Hedgefonds treffende – Aufdeckungspflicht sprechen: Hedgefondsstrategien nutzen Informationsasymmetrien, um Renditen zu erzielen; sie rentieren sich daher lediglich, wenn sie nicht oder erst spät offengelegt werden. Deckt ein Manager die Strategie des Fonds auf, beseitigt er zugleich die Informationsungleichverteilung und den Vorsprung gegenüber anderen Marktteilnehmern, so dass das Vorgehen insbesondere durch ein Nachahmungsverhalten keinen ausreichenden Profit mehr verspricht. Wer als Investor eine Strategie oder ein Konzept für Wertschöpfungspotentiale in einem Unternehmen hat, ist daher darauf angewiesen, dass diese Strategie möglichst lange nicht offengelegt wird.[1640] Wenn das deutsche Kapitalmarktrecht eine Bestimmung enthalten würde, die Investoren bereits bei einem geringen Kapitalanteil zu einer Publikation ihrer Strategie verpflichtete, wären Hedgefonds in der Folge angehalten, dem deutschen Kapitalmarkt ihre Mittel zu entziehen und stattdessen in in dieser Hinsicht unre-

---

[1638] Siehe zur Publizität von relevanten ökonomischen Interessenkonflikten oben S. 345.

[1639] Siehe zum Regulierungsbedarf im Hinblick auf einen kurzfristigen Anlagehorizont von Hedgefonds oben S. 326 ff.

[1640] *Eidenmüller*, DStR 2007, 2116, 2119.

gulierte Märkte zu investieren.[1641] Im internationalen Vergleich überzeugt diese Argumentation allerdings aus praktischen Gesichtspunkten nicht: Obwohl die SEC für den US-amerikanischen Kapitalmarkt eine entsprechende Regelung bereits ab einer Meldeschwelle von fünf Prozent der Stimmrechte vorsieht,[1642] ist ein relevanter Teil der Hedgefondsbranche dort nach wie vor domiziliert. Daher hat auch dort trotz der weiterreichenden Regelung ein Kapitalabfluss wie an dieser Stelle befürchtet nicht stattgefunden. Folgt man der These, dass Hedgefonds die *Corporate Governance* durch eine effizientere Überwachung des Managements fördern, erscheint eine Pflicht zur vorherigen Offenlegung ihrer Strategien dennoch insgesamt bedenklich.[1643] Aktivisten könnten auf diese Weise von einem Anteilserwerb abgehalten werden, was eine Blockbildung verhindert und spiegelbildlich eine ungleichartige Aktionärsstruktur fördert. Damit würde der Vorstand in seiner Position gestärkt, was es zugleich den Aktionären erschweren würde, das Leitungsorgan zu überwachen. Berücksichtigt man, dass das geltende Recht grundsätzlich einen ausreichenden Schutz gegen von kurzfristigen Interessen geleitetes Aktionärsverhalten gewährt und eine weitergehende Strategiepublizität daneben ökonomischen und Bedenken im Sinne einer guten *Corporate Governance* ausgesetzt ist, ist letztlich eine entsprechende Verschärfung des geltenden Rechts nicht angezeigt.

3. Publizität von verdeckter Teilhaberschaft über Barausgleichsderivate – *Hidden Ownership*

Während hierzulande erst der Fall *Continental/Schaeffler*[1644] im Jahr 2008 die Diskussion entfachte, war bislang in anderen Rechtsordnungen das Problembewusstsein für das Phänomen der sogenannten verdeckten Teilhaberschaft (*Hidden Ownership*)[1645] stärker ausgeprägt. So reagierte in der Schweiz im Jahr 2007 die *Eidgenössische Bankenkommission* auf die Vorfälle beim Industrieunternehmen *Sulzer*, bei dem eine österreichisch-russische Investorengruppe mit

---

1641 *Kumpan*, ZHR 170, 39, 67.

1642 Im amerikanischen Recht muss bereits beim Erwerb von 5 Prozent der Anteile dargelegt werden, welche Intention mit dem Erwerb verbunden ist, § 13 (d) SEA i.V. mit Schedule 13 D.

1643 *Arnold*, Die Steuerung des Vorstandshandelns, S. 91.

1644 Siehe exemplarisch *Koenen*, Wenn Angreifer sich Anschleichen, in: Handelsblatt vom 23.08.2008 (Online-Ausgabe); *Jauker*, Durch die Hintertür, in: Sueddeutsche.de vom 27.08.08 (Online-Ausgabe); *Fehr/Jahn*, Mit Swap-Geschäften zum Übernahmeerfolg, in: FAZ vom 21.01.2009 (Online-Ausgabe). Hedgefonds waren an den Transaktionen nicht beteiligt.

1645 Vgl. zur verdeckten Teilhaberschaft oben S. 112 f.

der *Züricher Kantonalbank* und der *Deutschen Bank AG* Optionen in Bezug auf Aktien des Unternehmens abschloss, nach Geschäftsbeendigung die von den Banken zur Absicherung gehaltenen Aktien erwarb und so heimlich eine Beteiligung von 32 Prozent an Sulzer aufbaute. Aufzudecken sind nach Art. 20 Absatz 2bis BEHG nunmehr *„(…) Geschäfte mit Finanzinstrumenten, die es wirtschaftlich ermöglichen, Beteiligungspapiere im Hinblick auf ein öffentliches Kaufangebot zu erwerben.*" Von dieser bewusst offen gestalteten Regelung sind also solche *long equity swap*-Vereinbarungen grundsätzlich umfasst, die faktisch einen anschließenden Erwerb der zur Sicherung gehaltenen Aktien gestatten. Ausschließlich der Übernahmeinteressent ist Adressat der Verpflichtung; alle anderen Marktteilnehmer sind ausgespart.[1646]

Auch das Übernahmerecht des Vereinigten Königreichs sieht bereits seit 2005 in Rule 8.3. des Takeover Code[1647] eine Offenlegungspflicht für derivative Finanzinstrumente vor, die *long equity swap*-Differenzkontrakte erfasst. Die *FSA* beschloss 2008 indessen, auch außerhalb des Übernahmerechts eine Offenlegungspflicht für Differenzkontrakte und vergleichbare Derivate einzuführen.[1648] Zwei Regelungsvorschläge standen zur Diskussion: Erstens eine Verschärfung der bestehenden Meldepflichten, wobei CFD grundsätzlich als stimmrechtsvermittelnde Derivate eingestuft würden, wenn nicht spezielle Ausnahmetatbestände vorliegen;[1649] daneben eine allgemeine Offenlegungspflicht aller über CFDs oder andere Derivate vermittelten ökonomischen Interessen oberhalb einer Meldeschwelle von fünf Prozent, wobei Anteils- und Derivatebestände zusammengezählt werden sollen.[1650] Schließlich entschied sich die *FSA* für die letzte Alternative in Form einer generellen Derivate-Meldepflicht und senkte die Schwelle sogar auf drei Prozent ab.[1651] Für den US-amerikanischen Rechtskreis empfehlen *Hu* und *Black*, den Anwendungs-

---

1646 *Fleischer/Schmolke*, ZIP 2008, 1501, 1508 m. w. Nachw.

1647 Vgl. Note 4(a)(v), (vi).

1648 Zu den vorbereitenden Planungsarbeiten siehe *FSA*, Disclosure of Contracts for Difference, Consultation and draft Handbook text, Rn. 1.28 ff.

1649 Sog. *Safe Harbour*-Regelung: So sollte eine Meldepflicht ausscheiden, wenn die Vereinbarung einen Stimmrechtseinfluss oder ein späteres Erwerbsrecht des Investors ausdrücklich ausschließt und eine Erklärung des Investors enthält, dass er keinen Zugang zu den betreffenden Aktien anstrebe. Vgl. *FSA*, Disclosure of Contracts for Difference, Consultation and draft Handbook text, Rn. 1.28 – 1.31.

1650 Vgl. *FSA*, Disclosure of Contracts for Difference, Consultation and draft Handbook text, Rn. 1.32 f.

1651 Siehe *FSA*, Disclosure of Contracts for Difference: Feedback and policy statement on CP 07/20, and further technical consultation, consultation paper 07/18, Rn. 1.17 f.

bereich der Schedules 13D und 13G insbesondere auf Long-Positionen in *cash settled-equity swaps* auszudehnen. Nach Ansicht der Autoren sollen die Regelungen dabei nicht auf einen potentiellen Stimmrechtseinfluss abstellen. Offengelegt werden soll das ökonomische Interesse des Investors an der Kursentwicklung der Aktie der Portfoliogesellschaft.[1652] Nach Ansicht der Autoren soll beispielsweise ein *equity swap*, der den ökonomischen Ertrag von 1 Million Aktien darstellen soll, eine wirtschaftliche Inhaberschaft einer Million Aktien vermitteln.[1653]

Rechtsvergleichend lässt sich feststellen: Während die schweizerische Regelung ausschließlich an die Möglichkeit eines späteren Anteilserwerbs anknüpft, stellen die englischen Normenvorschläge daneben auch auf einen potentiellen Stimmrechtseinfluss[1654] und – so die Empfehlungen von *Hu/Black* für das US-amerikanische Recht –[1655] auf das ökonomische Interesse des Investors[1656] ab.

Um entsprechende Transparenzlücken zu schließen, kommen auch hierzulande flankierende Vorschriften zur Beteiligungspublizität in Betracht, die grundsätzlich an *long equity swap*- oder vergleichbare Vereinbarungen anknüpfen. Zunächst ist jedoch rechtsökonomisch abzuwägen, ob eine entsprechende Erweiterung des bestehenden Meldesystems angezeigt ist. Für eine Neuregelung spricht, dass erhöhte Meldevorschriften die Informationseffizienz des Marktes steigern und zugleich einen größeren Minderheitenschutz erzielen, weil sie es den identifizierten Inhabern wesentlicher Beteiligungen erschweren, sich Sondervorteile zu verschaffen.[1657] Damit einhergehend wird der Preisbildungsprozess effizienter, wenn Anleger über die Aktivitäten großer Investoren und über einen möglichen Kontrollwechsel frühzeitig informiert sind.[1658] Auf der anderen Seite beeinträchtigen erhöhte Meldepflichten den Markt für Unternehmenskontrolle. Wie bereits angesprochen,[1659] verlieren

---

[1652] Vgl. *Hu/Black*, S. Cal. L. Rev. 79 (2006), 811, 882 f.

[1653] Vgl. *Hu/Black*, S. Cal. L. Rev. 79 (2006), 811, 882.

[1654] *FSA*, Disclosure of Contracts for Difference, Consultation and draft Handbook text, Rn. 1.24, 1.28.

[1655] Vgl. *Hu/Black*, S. Cal. L. Rev. 79 (2006), 811, 882.

[1656] *FSA*, Disclosure of Contracts for Difference, Consultation and draft Handbook text, Rn. 1.32 f. Vgl. zur Offenlegung des ökonomischen Interesses des Investors an der Kursentwicklung unten S. 345.

[1657] *Fleischer/Schmolke*, ZIP 2008, 1501, 1509 m. w. Nachw

[1658] *Hu/Black*, S. Cal. L. Rev. 79 (2006), 811, 877.

[1659] Vgl. oben S. 335 f.

Hedgefonds ihre Suchanreize nach unterbewerteten Unternehmen, wenn sie ihr selbst angeeignetes Wissen frühzeitig anderen Marktteilnehmern offenbaren müssen.[1660] Ein informationeller Vorfeldschutz heizt zudem gegebenenfalls den Widerstand gesellschaftsrechtlicher Bezugsgruppen an und erschwert auf diese Weise auch wertsteigernde Übernahmen.[1661] In diesem Zusammenhang ergeben sich allerdings auch positive Effekte: Eine hohe Beteiligungstransparenz wirkt dem Startvorteil des unbemerkt handelnden Erstbieters entgegen, der häufig Konkurrenzangebote weniger wahrscheinlich werden lässt.[1662] Das Resultat der Gegenüberstellung ist damit ein Zielkonflikt zwischen Minderheitenschutz und der Funktionalität eines Marktes für Unternehmenskontrolle.[1663]

Der deutsche Gesetzgeber hat gerade mit dem *Risikobegrenzungsgesetz* verbliebene Schlupflöcher geschlossen und durch verschärfte Sanktionen den Zeitraum erheblich eingeschränkt, in dem ein unbemerkter Aufbau von Positionen („Anschleichen") folgenlos möglich ist. Im Gegensatz zur Diskussion über eine etwaige Absenkung der Beteiligungspublizitätsschwellen geht es an dieser Stelle nicht darum, bestehende Schutzmechanismen vorzuverlegen oder zu verstärken. Vielmehr zielen Überlegungen zur Offenlegung von Derivatepositionen, die gegebenenfalls einen Stimmrechtseinfluss gewähren oder einen größeren Aktienerwerb sichern, darauf ab, Lücken des geltenden Rechts zu schließen und Umgehungen zu vermeiden. Ein aktivistischer Fonds, der über *long equity swap*-Vereinbarungen einen Stimmrechtseinfluss erzielen oder gegebenenfalls nach Kündigung ein entsprechendes Aktienpaket vom Vertragspartner erwerben möchte, wählt diese Gestaltung gerade deshalb, um sich abseits der bestehenden Meldevorschriften Einfluss zu verschaffen. Wenn sich der Gesetzgeber aber für ein bestimmtes Meldesystem entscheidet, muss er im Interesse eines effektiven Rechtsschutzes auch gewährleisten, dass er offensichtliche Vermeidungsgestaltungen – gegebenenfalls nachträglich – miterfasst, die die Praxis entwickelt hat, um die Zielsetzung des Gesetzes zu umgehen. Letztlich wäre eine Publizität der Fälle verdeckter Teilhaberschaft über Barausgleichsderivate von der mit dem *Risikobegrenzungsgesetz* verbundenen Intention des Gesetzgebers erfasst.

1660 *Fleischer*, ZGR 2008, 185, 206.

1661 *Fleischer/Schmolke*, ZIP 2008, 1501, 1510 m. w. Nachw.

1662 Vgl. *FSA*, Disclosure of Contracts for Difference, Consultation and draft Handbook text, Annex 2, S. 5 m. w. Nachw.

1663 *Fleischer/Schmolke*, ZIP 2008, 1501, 1510.

In Anlehnung an die erwähnten Regelungen in anderen Ländern kommen grundsätzlich eine auf Übernahmekonstellationen beschränkte oder eine umfassende Offenlegungslösung in Betracht.[1664] Eine Offenlegungsverpflichtung ließe sich – entsprechend den schweizerischen und historischen britischen Bestimmungen – zum einen punktuell auf Unternehmensübernahmesituationen beschränken. Anführen lässt sich hierfür, dass in den spektakulären Fällen der verdeckten Teilhaberschaft im europäischen Raum (*Continental, Sulzer*) mithilfe von Barausgleichsderivaten unbemerkt große Positionen im Rahmen von Unternehmensübernahmen gesichert wurden. Im Vorfeld von Unternehmensübernahmen dürfte eine verbesserte Beteiligungstransparenz auch den besten Nutzen unter *Corporate Governance*-Aspekten nach sich ziehen, weil sie dem Startvorteil des unbemerkt handelnden Erstbieters mit seinen nachteiligen Folgen auf Konkurrenzangebote entgegentritt.[1665] Das Merkmal einer Übernahmeabsicht lässt auf der anderen Seite allerdings Abgrenzungs- und Nachweisprobleme erwarten und führt somit gegebenenfalls dazu, dass eine entsprechende Vorschrift in der Praxis bedeutungslos verbleibt. Dies spricht gegen eine entsprechende Offenlegung im Übernahmekontext.

Zum anderen ließe sich an eine allgemeine kapitalmarktrechtliche Transparenz von Barausgleichsderivaten denken.[1666] Damit würden ein größtmöglicher Schutz vor Umgehungstechniken erzielt sowie Beweis- und Abgrenzungsschwiergkeiten vermieden. Jedoch gingen mit einer solch weitgehenden Bestimmung auch negative Effekte einher. Dazu zählen zunächst direkte und indirekte Regulierungskosten, wie insbesondere Einbußen auf dem Markt für Differenzkontrakte. Einige Stimmen befürchten daneben als überschießenden Effekt sogenannte „*False Positives*": So soll der Markt an Informationseffizienz einbüßen, indem Darstellungen *potentieller* Anteile die angestrebte Beteiligungstransparenz verdunkeln.[1667]

Ein mit *equity swap*-Vereinbarungen einhergehender *faktischer Stimmrechtseinfluss* wird von den Normen des geltenden Rechts bereits aufgefangen, so dass in dieser Hinsicht kein Regelungsbedarf besteht: Setzen die Parteien auf Grund einer Koordination anlässlich einer *equity swap*-Vereinbarung faktisch voraus, dass eine Stimmrechtsausübung im Sinne der Aktivisten erfolgt, ordnen

---

1664 Vgl. *Fleischer/Schmolke*, ZIP 2008, 1501, 1510.

1665 *Fleischer/Schmolke*, ZIP 2008, 1501, 1510.

1666 Für eine solche globale Regelung *Wansleben*, StudZR 2009, 465, 485 ff.

1667 Vgl. *Fleischer/Schmolke*, ZIP 2008, 1501, 1510; *FSA*, Disclosure of Contracts for Difference, Consultation and draft Handbook text, Rn. 3.8.

§ 22 Absatz 1 Satz 1 Nummer 2 WpHG und § 30 Absatz 1 Satz 1 Nummer 2 WpÜG, wenn keine Einzelfallausnahme vorliegt § 22 Absatz 2 WpHG und § 30 Absatz 2 WpÜG, an, dass den Einflussnehmern die Stimmrechte zuzurechnen sind. Hingegen ist die mit einer *long equity swap*-Position häufig verbundene faktische Möglichkeit, von der Bank zur Absicherung gehaltene Anteile nach Kündigung der Vereinbarung zu *erwerben*, von den gegenwärtigen Transparenzvorschriften nicht erfasst.[1668] Letztlich empfiehlt sich eine Pflicht zur Offenlegung solcher Barausgleichsderivate, um frühzeitig erkennen zu können, wer als potentieller Großaktionär zukünftig Einfluss auf die Unternehmensausrichtung nehmen kann.[1669] Leitungsorgane und Mitaktionäre können dann auf Grund der Identität der Investoren gegebenenfalls Rückschlüsse auf eine potentielle – gegebenenfalls kurzfristig orientierte – Strategieänderung ziehen und somit frühzeitig in ihrem Interesse reagieren. Nach § 25 Absatz 1 WpHG sind Erwerbsmöglichkeiten von Kapitalmarktteilnehmern zu publizieren, um im Belieben des Begünstigten stehende Machtverschiebungen im Unternehmen aufzudecken und entsprechend reagieren zu können. Dabei sind nach dem ausdrücklichen Willen des Gesetzgebers bislang nur *rechtlich* bindende Erwerbspositionen offenzulegen. Zwar ist eine *faktische* grundsätzlich nicht mit einer rechtlichen Erwerbsmöglichkeit im Sinne des § 25 Absatz 1 WpHG gleichzusetzen. Aus Sicht der außenstehenden Kapitalmarktteilnehmer besteht indes im Rahmen von *equity swap*-Vereinbarungen in vielen Fällen eine vergleichbare Gefahrenlage: Erwirbt der Vertragspartner entsprechende Anteilspakete zur Absicherung des Geschäfts, ist es für ihn nach Vertragsbeendigung in vielen Fällen wirtschaftlich lediglich vorteilhaft und damit vernünftig, die Aktien an die Aktivisten zu veräußern.[1670] Zugleich lässt sich damit annehmen, dass ein Kauf der vom Swap-Vertragspartner zur Absicherung effektiv gehaltenen Anteile auf Grund der ökonomischen Interessenlage der Parteien lediglich vom Willen des Aktivisten abhängt. Auf Grund einer wirtschaftlichen Gesamtschau erscheint es demzufolge sachgerecht, diesen Fall ausnahmsweise einer einseitig rechtlichen Erwerbsmöglichkeit gleichzustellen.[1671] Im Falle von *long equity swap*-Vereinbarungen sollte daher die Meldepflicht nach § 25 Absatz 1 WpHG auf damit verbundene faktische Erwerbsmöglichkeiten ausgeweitet werden. Vor-

---

[1668] Vgl. § 22 Absatz 1 Satz 1 Nummer 5 WpHG, § 25 Absatz 1 WpHG und oben S.216 f.

[1669] Siehe auch *Wansleben*, StudZR 2009, 465, 480 ff.

[1670] Siehe hierzu oben S. 112 ff.

[1671] Vgl. *Hutter/Kaulamo/Plepelits*, in: GS Gruson, S. 226 f.

aussetzung hierfür ist aber, dass der Vertragspartner Anteile an der betreffenden Gesellschaft hält – einschließlich Positionen aus Wertpapierdarlehen – oder zumindest Inhaber von Kaufoptionen ist, die einen Anspruch auf Lieferung gewähren; verfügt der Vertragspartner nicht über Stimmrechtsanteile oder einen Lieferanspruch aus Derivaten, scheidet nämlich eine Erwerbsmöglichkeit des Aktivisten aus. Um nicht Hedgingkonstruktionen zu erfassen, die nach der Vorstellung der Vertragsparteien keinen Einfluss vorbereiten sollen, sollte die Publizitätsnorm entsprechend dem englischen Regelungsvorschlag einen Ausnahmetatbestand enthalten, nach der eine Meldepflicht ausscheidet, wenn die Vereinbarung ein späteres Erwerbsrecht des Investors ausdrücklich ausschließt und eine Erklärung des Investors enthält, dass er keinen Zugang zu den betreffenden Aktien anstrebe.

Auch gegen diese Lösung sprechen aber nach einer Ansicht nachteilige Auswirkungen auf den Markt für Unternehmenskontrolle, da der Preis der Anteile bei Bekanntwerden einer größeren Intervention steige und auf diese Weise wertsteigernde Übernahmen erschwert oder verhindert würden.[1672] Zu bedenken ist andererseits, dass sich der Gesetzgeber mit Einführung der gegenwärtigen Beteiligungsmeldeschwellen dafür entschieden hat, den Kapitalmarkt zu informieren, wenn ein Investor diese Grenzen erreicht. Eine damit einhergehende Verteuerung der Anteile hat das Legislativorgan in seiner Kosten/Nutzen-Analyse bereits berücksichtigt. Zwar mögen mit einer Meldepflicht für Derivate bestimmte Übernahmen erschwert werden. Diese Überlegung trifft allerdings nur auf Transaktionen zu, die über Derivatekonstruktionen und eine nach Vertragsschluss eingeräumte faktische Erwerbsmöglichkeit vorbereitet werden, um das Beteiligungsmeldesystem und einen mit den Meldungen verbundenen Preisanstieg zu umgehen. Mit dieser unbemerkten Beteiligungssicherung wollen die Investoren aber genau der Zielsetzung des Gesetzgebers ausweichen, einen Minderheitenschutz durch Informationseffizienz zu gewährleisten. Aus diesem Grund würden nur Transaktionen erschwert, die ohne Umgehung der Meldevorschriften nicht durchgeführt würden. Dies lässt sich aber nicht gegen eine Offenlegungspflicht von Derivaten anführen, die solche Umgehungsmöglichkeiten gerade verhindern soll. Damit ist als umfassende Offenlegungspflicht eine Erweiterung des § 25 WpHG zu befürworten, die auch faktische Erwerbsmöglichkeiten bei *equity swap*-Vereinbarungen im Rahmen der Mitteilungspflichten beim Halten von sonsti-

---

1672 Vgl. *FSA*, Disclosure of Contracts for Difference, Consultation and draft Handbook text, Rn. 4.6.

gen Finanzinstrumenten einschließt, wenn nicht punktuelle Ausnahmetatbestände vorliegen.[1673]

4. Publizität von relevanten investitionsbedingten Interessenkonflikten – Fälle des *Empty Voting*

Einige Autoren lehnen eine Meldepflicht von wirtschaftlichen Interessenkonflikten ab, ohne dies zu begründen.[1674] Festgestellt wurde indes, dass das geltende Recht keinen hinreichenden Schutz vor den Gefahren einer Interessenkollision auf Grund anderer Positionen für Gesellschaft und Mitaktionäre gewährt. Während der Vorbereitung einer Einflussnahme sind durch andere Positionen hervorgerufene ökonomische Interessenkollisionen regelmäßig nicht aufzudecken. Hedgefonds können ihr ökonomisches Interesse an der Portfoliogesellschaft bislang unerkannt neutralisieren oder sogar ein negatives wirtschaftliches Interesse verfolgen. Im Falle der *Deutschen Börse AG* könnten die aktivistischen Hedgefonds ihre Beteiligungen mittels Differenzkontrakten wirtschaftlich neutralisiert haben, ohne dass andere Aktionäre oder der Vorstand davon hätten erfahren müssen. Auch Derivatepositionen in anderen Gesellschaften wie Konkurrenten oder potentiellen Partnern sind nicht zu publizieren, wenn sie keinen Stimmrechtseinfluss gewähren. Letztlich können Leitungsorgane und Mitaktionäre keine Abwehrmaßnahmen ergreifen und in der Regel ihre grundsätzlich bestehenden Ansprüche während und nach einer Einflussnahme nicht geltend machen, wenn sie keine Kenntnis davon haben, dass aktivistische Investoren wie Hedgefonds ihre Position wirtschaftlich neutralisiert oder negativ ausgestaltet haben.

Für das US-amerikanische Recht empfehlen *Hu* und *Black*, eine Offenlegungspflicht auch für Short-Positionen einzuführen, um letztlich das ökonomische Interesse der Investoren an der Kursentwicklung der Aktie zu ermitteln und darzustellen (*economic exposure*). Sämtliche Long- und auch Short Positionen an der Portfoliogesellschaft seien hierzu aufzudecken, wobei diese nicht verrechnet werden sollen, um ein aussagekräftiges Gesamtbild zu vermitteln.[1675] Dabei soll die Meldepflicht unabhängig von einem Übernahme-

---

[1673] So im Ergebnis auch der Vorschlag von *Baums/Sauter*, Anschleichen an Übernahmeziele mittels Cash Settled Equity Derivaten – ein Regelungsvorschlag, S. 45 f.

[1674] Vgl. *Eidenmüller*, DStR 2007, 2116, 2120.

[1675] Vgl. *Hu/Black*, S. Cal. L. Rev. 79 (2006), 811, 882 f.; *Hu/Black*, Bus. Law. 61 (2006), 1011, 1069 f.

kontext ausgelöst werden.[1676] Um Transparenzlücken im – amerikanischen – periodischen Meldesystem zu vermeiden, sei daneben gesondert anzugeben, in welchen Fällen Investoren ihre Stimmrechte ausgeübt und zugleich durch andere Positionen ihr wirtschaftliches Interesse an der Aktienposition erheblich reduziert haben. Um nicht gewöhnliche Hedging-Aktivitäten zu erfassen, soll eine Meldepflicht nur ausgelöst werden, wenn Investoren ihre Aktienposition wirtschaftlich vollständig neutralisiert haben und darüber hinaus per Saldo ein negatives ökonomisches Interesse in Höhe von mindestens 0,5 Prozent des Gesamtstimmrechtsanteils aufweisen.[1677] Nutzen soll ein Aufdecken dieser Informationen neben Investoren und Gesellschaften sowohl Aufsichtsbehörden als auch dem Gesetzgeber, um entscheiden zu können, ob gegebenenfalls weitere Gegenmaßnahmen in Erwägung zu ziehen sind.[1678] Im Übernahmefall von *Mylan Laboratories Inc.* hätte Hedgefonds *Perry Corp.* demnach aufdecken müssen, dass der Fonds seine Aktienposition an der Bietergesellschaft durch *short equity swaps* vollständig gehedgt und auf Grund seiner Long-Position an der Zielgesellschaft *King Pharmaceuticals* ein insgesamt negatives ökonomisches Interesse an Mylan hatte.[1679]

In erster Linie finden sich im Rahmen von Übernahmekonstellationen – der Strategie *merger arbitrage* folgend – die Fälle, in denen Hedgefonds Anteilspositionen durch andere Positionen wirtschaftlich neutralisieren oder negativ ausgestalten. Eine generelle Aufdeckungspflicht – wie von *Hu/Black* befürwortet – erscheint vor diesem Hintergrund auf den ersten Blick als zu weitgehend. Ein *empty voting* ist indes auch in anderen Situationen als in Übernahmefällen denkbar und wahrscheinlich.[1680] So kann die Aktienposition an der Portfoliogesellschaft durch Short-Positionen negativ ausgestaltet oder in Konkurrentenkonstellationen die Absicht verfolgt werden, den Wert der Portfoliogesellschaft im Interesse der Wertsteigerung der Anteile an der Konkurrenzgesellschaft zu senken. Zudem würden Abgrenzungs- und Nachweisprobleme dazu führen, dass eine auf Übernahmekonstellationen beschränkte Aufdeckungsvorschrift praktisch bedeutungslos wäre. Um einen effektiven Schutz für Gesellschaft und Aktionäre zu erzielen, empfiehlt sich eine umfassende Pflicht zur Offenlegung solcher Kontrakte, die das wirtschaftliche Interesse des In-

---

1676 *Hu/Black*, S. Cal. L. Rev. 79 (2006), 811, 882.

1677 *Hu/Black*, S. Cal. L. Rev. 79 (2006), 811, 885.

1678 *Hu/Black*, S. Cal. L. Rev. 79 (2006), 811, 876.

1679 Siehe ausführlich zum Fall *Mylan/King* oben S. 131 f.

1680 Vgl. *Schmolke*, ZGR 2007, 701, 742.

vestors an der Portfoliogesellschaft modifizieren.[1681] Um gewöhnliche Hedging-Aktivitäten nicht zu erfassen und andere Marktteilnehmer nicht über Gebühr zu belasten, sollte – entsprechend dem Vorschlag von *Hu/Black* –[1682] eine solche Mitteilungspflicht als ultima ratio nur bei Überschreiten hoher Schwellenwerte eingreifen. Zum Schutz von Gesellschaft und Mitaktionären sollte aufzudecken sein, wenn Leerverkäufe, *equity swaps* oder andere Derivate an Portfolio- oder Transaktionsgegenpartei einen Umfang erreichen, in denen wegen der Positionen ein bedeutendes ökonomisches Interesse der Aktivisten vorliegt, den Anteilswert der Aktien zu senken.[1683] Offenzulegen sollten Long- und Short-Positionen an der Portfoliogesellschaft, in Übernahmesituationen auch der Transaktionsgegenpartei sein, wenn durch diese für den Investor per Saldo ein negatives ökonomisches Interesse in Höhe von beispielsweise mindestens 0,5 Prozent des Gesamtstimmrechtsanteils der Portfoliogesellschaft besteht. Um lediglich relevante Konfliktsituationen aufzudecken, sollte diese Publizitätspflicht auf Inhaber wesentlicher Beteiligungen an den Gesellschaften beschränkt sein – beispielsweise auf Meldepflichtige nach den §§ 21, 22 WpHG mit einem Anteilsbesitz von mindestens fünf oder zehn Prozent. Eine solche Meldepflicht für überproportional hoch gehedgte Positionen sollte als Indikator für Interessenkonflikte für sämtliche Marktteilnehmer eingeführt und nicht auf Hedgefonds beschränkt werden.

Zu erörtern ist, welche Folgen eine entsprechende Norm bei einem Verstoß gegen die Aufdeckungspflicht auslösen sollte, um einen effektiven Rechtsschutz zu gewährleisten. Abzulehnen ist eine Lösung ohne Rechtsfolge wie bei den Mitteilungspflichten für Inhaber wesentlicher Beteiligungen nach § 27a WpHG. Ohne Sanktion werden Investoren grundsätzlich nicht dazu angehalten, anderen Marktteilnehmern die selbst unter dem Einsatz von Ressourcen erarbeitete Strategie mitzuteilen. Üben Hedgefonds ihr Stimmrecht im Interesse anderer Positionen aus, handeln sie treupflichtwidrig, wenn durch eingegangene externe Positionen ein erhebliches ökonomisches Interesse an einem Wertverlust der Aktie an der Portfoliogesellschaft besteht.[1684] Zu denken ist mithin auch an dieser Stelle an einen Rechtsverlust[1685] aus den wirtschaftlich neutralisierten Aktien sowie an die Verhängung eines Bußgel-

---

[1681] Siehe dazu auch *Wansleben*, StudZR 2009, 465, 485 ff.

[1682] *Hu/Black*, S. Cal. L. Rev. 79 (2006), 811, 885.

[1683] Ähnlich auch *Wansleben*, StudZR 2009, 465, 479 ff.

[1684] Siehe hierzu ausführlich oben S. 289 ff.

[1685] § 28 WpHG.

des[1686], wenn ein Investor normwidrig eine Mitteilung über die negative wirtschaftliche Ausgestaltung der Aktienposition unterlässt. Ein Verstoß gegen eine solche Offenlegungspflicht in Konstellationen, die auf eine schädliche Einflussnahme abzielen, wäre daneben bereits durch die Insidertatbestände abgesichert: Legen Hedgefonds die Absicht nicht offen, wegen eines negativ ausgestalteten wirtschaftlichen Interesses an der Portfoliogesellschaft auf die Gesellschaft in schädlicher Weise einzuwirken, hat der Erwerb von Finanzinstrumenten und das Verbreiten dieser Information im Vorbereitungsstadium gegebenenfalls zur Folge, dass sich die Manager nach den §§ 14, 38 WpHG strafbar machen.[1687]

II. Effektivierung der Stimmrechtszurechnungsvorschriften

Eine – über die Regelungen des *Risikobegrenzungsgesetzes* hinausgehende – materiellrechtliche Ausweitung der Zurechnungstatbestände würde die Organisation einer Aktionärsopposition ebenso wie eine effektive Kontrolle der Leitungsgremien erschweren und auf diese Weise die Position des Vorstands unerwünscht stärken.[1688] Auf der anderen Seite laufen die bestehenden Zurechnungsvorschriften in der Praxis häufig leer, da sich deren tatbestandliche Voraussetzungen im Regelfall nicht nachweisen lassen. Um außenstehende Aktionäre über eine potentielle, gegebenenfalls kurzfristig orientierte, Strategieänderung frühzeitig zu informieren, könnten daher – zumindest für die Vorschriften zur Anteilstransparenz – Tatbestände, die eine widerlegbare Abstimmungsvermutung aufstellen, eine Beweis- und Auslegungserleichterung herbeiführen.[1689] Indem konkrete Verhaltensweisen als Indizien oder Vermutungstatbestände für ein abgestimmtes Aktionärverhalten festgelegt würden, könnten auch Aktionäre zuverlässig einschätzen, ob ihr Verhalten voraussichtlich zu einer Zurechnung führt und ihr Handeln danach ausrichten.

Solche Regelungen sehen beispielsweise der englische City Code und das österreichische Übernahmegesetz vor. So enthält das österreichische Recht in §

1686 Vgl. § 39 WpHG.

1687 Vgl. *Engert*, ZIP 2006, 2105, 2109; *Thaeter/Guski*, AG 2007, 301, 307. A. A. *Schmolke*, ZGR 2007, 701, 731.

1688 Vgl. *Sachverständigenrat zur Begutachtung der gesamtwirtschaftlichen Entwicklung*, Das Erreichte nicht verspielen, Jahresgutachten 2007/08, S. 428.

1689 *Spindler*, WM 2007, 2357, 2362; *Fleischer*, ZGR 2008, 185, 203.

9 der 1. öÜbV[1690] eine Reihe widerlegbarer Vermutungen über das Vorliegen eines gemeinsamen Vorgehens. Nach § 1 Nr. 6 Satz 2 Halbsatz 2 öÜbG wird etwa ein zurechnungsbegründendes abgestimmtes Aktionärsverhalten vermutet, wenn die Anteilsinhaber eine Absprache über die Ausübung ihrer Stimmrechte bei der Wahl der Aufsichtsratsmitglieder getroffen haben. Diese Vermutung kann widerlegt werden, sofern keine Kontrolle über die Zielgesellschaft, sondern lediglich eine Minderheitsposition im Aufsichtsrat angestrebt wird.[1691] Dies deckt sich mit dem oben gefundenen materiellrechtlichen Ergebnis und ließe sich auch auf das deutsche Recht übertragen.[1692] Vorbild können auch die Regelbeispiele des Londoner City Code Rule 9.1 und die dazugehörigen Notes on 9.1 sein. Gerade der Vergleich mit dem hinsichtlich der effizienzmindernden Wirkungen eher unverdächtigen angelsächsischen, insbesondere britischen Kapitalmarktrecht belegt, dass breite Zurechnungstatbestände nicht ungewöhnlich sind, aber erhebliche Beweisprobleme aufwerfen, denen sich nur mit einer Reihe von festgelegten Indizien begegnen lässt.[1693] Entsprechende Regelungen könnten zu einer erhöhten Handlungssicherheit für die Aktionärspraxis führen und einer Schwächung der Hauptversammlung entgegentreten. Ökonomisch würden niedrigere Transaktionskosten verursacht, weil infolge einer größeren Rechtssicherheit Rechtsberatungs- und -verfolgungskosten reduziert würden.[1694]

III. Stimmverbot auf Grund von relevanten investitionsbedingten Interessenkonflikten

Da eine Stimmrechtsausübung mit negativ ausgestaltetem wirtschaftlichem Interesse die Interessen der Gesellschaft und der übrigen Aktionäre gefährdet und daher treuwidrig und nichtig ist,[1695] ist ferner an ein gesetzliches Stimmverbot zu denken. Wie bereits erwähnt,[1696] ist die Treupflicht das Rechtsprinzip, dessen Konkretisierung es erlaubt, fehlende Einzelnormen zu gewin-

---

1690 Verordnung der Übernahmekommission (öÜbV) vom 9. März 1999 zum Übernahmegesetz (Nr. 115 der Veröffentlichungsblatts der *Wiener Börse AG*).

1691 Vgl. *Fleischer*, ZGR 2008, 185, 203.

1692 Siehe oben S. 174 ff.

1693 *Spindler*, WM 2007, 2357, 2364.

1694 Vgl. *Eidenmüller*, DStR 2007, 2116, 2120.

1695 Siehe oben S. 289 ff.

1696 Siehe zur Treupflicht allgemein oben S. 263 ff.

nen.[1697] Dabei wäre ein entsprechendes Stimmverbot dem Regelungsbereich des § 136 AktG zu unterstellen. Mit dieser Norm sollen Sonderinteressen der Aktionäre neutralisiert werden, die ihrer Art nach typischerweise dazu führen würden, dass sich die Stimmabgabe und daraus folgend der Hauptversammlungsbeschluss nicht am Gesellschaftsinteresse, sondern an den Eigeninteressen der Abstimmenden orientieren.[1698] In diesen Fällen gilt eine unwiderlegliche Vermutung der Befangenheit wegen Interessenkollision. Davon wird man ausgehen müssen, wenn der Nachteil, den der Aktionär bei einer gesellschaftsschädlichen Abstimmung erleiden würde, durch den Vorteil aus einer eigennützigen Abstimmung aufgewogen wird.[1699] Genau diese Gefahrenlage liegt bei einem Stimmrechtsgebrauch mit zumindest negativem ökonomischem Interesse vor. Die wirtschaftlichen Vorteile der parallel gehaltenen Finanzinstrumente, die auf Grund einer Entwertung der Mitgliedschaftsposition einhergehen, übersteigen die durch einen Kursverlust der Eigenkapitalposition erlittenen Nachteile. Eine derart ausgestaltete Gesamtposition lässt eine aus Gesellschaftsperspektive negative Einflussnahme erwarten und gefährdet das Gesellschafts- und Unternehmensinteresse.

Auch nach einer rechtsökonomischen Abwägung ist ein Stimmverbot zu befürworten. Aus wirtschaftlichem Blickwinkel gewährt das Gesellschaftsrecht dem Aktionär das Stimmrecht als Ausgleich dafür, dass er letztlich das wirtschaftliche Risiko des Unternehmens trägt. Im Gegensatz zu anderen Stakeholdern wie Gläubigern und Arbeitnehmern der Gesellschaft erlangt er einen Anspruch auf Dividendenauszahlung lediglich, wenn nach Befriedigung der anderen Interessengruppen ein ausschüttungsfähiger Rest verbleibt;[1700] entsprechendes gilt für den Fall der Insolvenz des Unternehmens. Modifiziert hingegen der Aktionär durch andere Finanzinstrumente seine wirtschaftliche Position derart, dass ein Wertverlust der Aktie nicht zu einer finanziellen Einbuße, sondern in einer wirtschaftlichen Gesamtschau zu einem Ertrag auf Seiten des Aktionärs führt, entfällt zugleich die Rechtfertigung für dessen Mitstimmrecht. Der Aktionär kompensiert in diesem Fall einen potentiellen Zahlungsausfall durch das Unternehmen mit einem überproportionalen Gewinn aus den anderen Finanzinstrumenten.

[1697] *Hüffer*, in: FS Steindorff, S. 59.

[1698] Vgl. BGHZ 108, 21, 26; *Hüffer*, AktG, § 136 Rn. 1 m. w. Nachw.

[1699] Vgl. *Zöllner*, in: Kölner Kommentar AktG, 1. Aufl., § 136 Rn. 5 ; ders., Die Schranken mitgliedschaftlicher Stimmrechtsmacht bei den privatrechtlichen Personenverbänden, S. 157 ff. m. w. Nachw.

[1700] Vgl. *Easterbrook/Fischel*, The Economic Structure of Corporate Law, S. 67.

Gegen ein Stimmverbot in dieser Situation lässt sich nicht einwenden, dass eine Stimmrechtsausübung mit negativem wirtschaftlichem Interesse weder dem Verbot des Richtens in eigener Sache noch dem Rechtsgedanken des § 181 BGB zuzuordnen ist, die die Grundgedanken der bislang geregelten Stimmverbote bilden. Bei § 136 AktG handelt es sich um kasuistische Ausprägungen von Interessenkollisionen, die nicht notwendig dem einen oder anderen Rechtsgedanken zugeordnet, noch vor deren Hintergrund ausgedehnt werden müssen.[1701] Dass es sich beim *empty voting*-Interessenkonflikt mutmaßlich um einen praktischen Ausnahmefall handelt, spricht nicht gegen einen Regulierungsbedarf und eine gesetzliche Kodifikation:[1702] Mit Ausnahme der Entlastung stellen auch die bislang gesetzlich geregelten Stimmverbote nicht besonders häufig anzutreffende Konstellationen dar.[1703] Bei einer Stimmrechtsausübung mit negativem wirtschaftlichem Interesse handelt es sich um eine Ausgangslage, die zu einer Gefährdung von Gesellschaft und Mitaktionären führt, wenn der Aktionär aus seiner Perspektive ökonomisch vernünftig handelt. Dass Aktionäre eine entsprechende Situation relativ selten herbeiführen, beseitigt indes nicht die typischerweise zu erwartende Interessenbeeinträchtigung im konkreten Fall. Wäre diese Konstellation von § 136 AktG erfasst, wäre sie nicht mehr lediglich dem Bereich der Treupflicht als beweglicher Stimmrechtsschranke unterstellt, sondern wegen des typischen Risikos schon die Stimmabgabe nicht gestattet. Um Abgrenzungsprobleme zu vermeiden, ob ein konkreter Beschlussgegenstand überhaupt negative Auswirkungen auf das Unternehmensinteresse haben kann, sollte sich das Stimmverbot in diesen Konstellationen auf sämtliche Abstimmungsgegenstände erstrecken.

Letztlich würde auf diese Weise der Schutz von Gesellschaft und Mitaktionären während einer Einflussnahme verbessert. Der Kläger kann die Voraussetzungen einer vorbeugenden Unterlassungsklage insbesondere in Bezug auf den haftungsausfüllenden Tatbestand in der Kürze der gebotenen Zeit regelmäßig nicht darlegen und nachweisen. Funktional würde ein Stimmverbot einer zulässigen und begründeten Klage auf Unterlassung des Stimmrechtsgebrauchs gleichstehen, aber einen effektiveren, da praktikableren Schutz be-

---

1701 *Zöllner*, Die Schranken mitgliedschaftlicher Stimmrechtsmacht bei den privatrechtlichen Personenverbänden, S. 161 ff.; *Schröer*, in: Münchener Kommentar AktG, § 136 Rn. 18; *Hüffer*, AktG, § 136 Rn 3, 18.

1702 So aber *Fleischer*, ZGR 2008, 185, 217 und *Schmolke*, ZGR 2007, 701, 742 f., die eine weitergehende Regulierung verneinen, da es an einer ausreichenden Tatsachenbasis fehle.

1703 Vgl. *Zöllner*, in: Kölner Kommentar AktG, 1. Aufl., § 136 Rn. 2.

reitstellen. Zwar würde auch in diesem Rahmen der Nachweis eines negativen ökonomischen Gesamtinteresses des Hedgefonds für Außenstehende grundsätzlich nicht zu führen sein. Das Stimmverbot würde aber durch die vorgeschlagenen Publizitätsverpflichtungen flankiert. So könnte die vorgeschlagene Pflicht, relevante ökonomische Interessenkonflikte aufzudecken, die Investoren dazu anhalten, ihre gegensätzlich eingegangenen Positionen zu veröffentlichen, wenn sie bestimmte Schwellenwerte überschreiten. In diesem Fall wäre ein Verstoß gegen das Stimmverbot offenkundig und problemlos nachzuweisen. Dass Investoren wie Hedgefonds das Stimmrechtsverbot beachten, wäre zugleich durch die Ordnungswidrigkeitenvorschrift des § 405 Absatz 3 Nr. 5 AktG abgesichert. Trotz des widersprüchlichen Wortlauts der Vorschrift ist auch die Ausübung des Stimmrechts durch den Stimmverbotsadressaten selbst als Ordnungswidrigkeit sanktioniert; die Vorschrift soll nämlich verhindern, dass die Willensbildung in der Gesellschaft durch eine verbotswidrige Ausübung des Stimmrechts verfälscht wird.[1704]

Im Ergebnis sollte § 136 Absatz 1 Satz 2 AktG n.F. eingefügt werden, wobei sich folgender Wortlaut empfiehlt:

„Dasselbe gilt für Stimmrechte, wenn der Aktionär durch den Einsatz anderer Finanzinstrumente nach einer wirtschaftlichen Gesamtschau ein aus seiner Perspektive rechnerisches negatives Interesse geschaffen hat, das den Wert von einem Prozent des stimmberechtigten Kapitals der Gesellschaft übersteigt; ausgenommen von dem Verbot sind Stimmrechte von Aktionären, denen weniger als der zehnte Teil der stimmberechtigten Aktien einer Aktiengesellschaft mit Sitz im Inland gehören."

IV. Stimmverbot für Aktien aus Wertpapierdarlehenspositionen

Im Frühjahr 2008 veröffentlichte die so genannte *Hedge Fund Working Group* einen *Hedge Fund* oder *Best Practice Standard*, der Empfehlungen zum Themenkomplex Aktionäraktivismus enthält.[1705] Der Kodex empfiehlt, dass Hedgefonds-Manager grundsätzlich keine Stimmrechte aus im Wege des Wertpapierdarlehens erworbenen Aktien ausüben sollen.[1706] Diese Empfehlung mag

---

[1704] Vgl. *Schaal*, in: Münchener Kommentar AktG, § 405 Rn. 23 f.

[1705] *Hedge Fund Working Group*, Hedge Fund Standards: Final Report, 2008. Vgl. *Hellmann*, Hedgefonds zeigen ihre brave Seite, in: Börsenzeitung vom 23.01.2008, S. 4.

[1706] *Hedge Fund Working Group*, Hedge Fund Standards: Final Report, S. 98; *Hellmann*, Hedgefonds zeigen ihre brave Seite, in: Börsenzeitung vom 23.01.2008, S. 4. Daneben empfiehlt der Kodex, Freiwillige Verhaltensregeln eignen sich nicht dazu, durch Offenlegungsverpflichtungen Transpazwar unterstützend wirken, die wohl gängige Marktpraxis zu unterbinden, Stimmrechte über Wertpapierdarlehen zu erlangen. Zweifelhaft erscheint indessen, ob einer solchen reinen Empfehlung ein nennenswerter Einfluss auf das Verhalten von Aktivisten in der Praxis zukommt. Dies hängt von der allgemeinen Akzeptanz des jeweiligen Kodex in der Branche ab. Erwartungsgemäß wird ein Manager jedoch im Regelfall die Geschäftschance nutzen, statt eine sanktionslose Empfehlung zu befolgen.

In diesem Zusammenhang stellt sich die Frage, ob eine entsprechende Stimmrechtsausübung durch gesetzliche Regulierung verhindert werden sollte. So erscheint auf den ersten Blick denkbar, ein Stimmverbot für solche Anteile vorzusehen, die der Aktionär über ein Wertpapierdarlehen bezogen hat. Wie oben dargelegt wurde, handelt ein Aktionär aber nicht missbräuchlich, wenn er das Stimmrecht in diesen Fällen ausübt.[1707] Mit den gleichen Erwägungen, die ein rechtsmissbräuchliches Verhalten ausschließen, ist aber zugleich eine Regelung abzulehnen, die ein Stimmverbot in dieser Konstellation vorsehen würde.

Statt eines Stimmverbotes schlagen einzelne Autoren vor, dass im Wege eines Darlehens gewährte Aktien zum *record date* rückrufbar sein sollen.[1708] Dies hätte den Vorteil, dass gezielt vor – gegebenenfalls konfliktträchtigen – Hauptversammlungen eine Stimmrechtseinwirkung durch Wertpapierdarlehen unterbunden werden könnte.

V. Schwächung des Einflusses kurzfristig orientierter Anleger

Abzulehnen sind Maßnahmen, die auf eine Schwächung des Einflusses potentiell kurzfristig orientierter Anleger abzielen.[1709] So fordern vereinzelte Stimmen eine stärkere Gewichtung der Stimmrechte von langfristig orientierten

---

renz herzustellen. So spricht sich auch der Kodex gegen eine Publizitätsverpflichtung für von Hedgefonds eingegangene Derivate aus, siehe *Hedge Fund Working Group*, Hedge Fund Standards: Final Report, S. 97. Da eine Nichtbefolgung oder gar eine Falschmeldung sanktionslos bleibt, wird nur ein – gegebenenfalls geringer – Teil des Marktes diesen Aufforderungen nachkommen und somit letztlich das Ergebnis verfälscht. Indem eine solche Auskunftspflicht zudem auf Hedgefonds beschränkt würde, käme es zu weiteren Verzerrungen. Damit lässt sich eine effiziente Transparenz nur über gesetzliche Regulierung erzielen.

[1707] Siehe hierzu oben S. 311 ff.

[1708] Vgl. *Seibert*, in: FS Westermann, S. 1517.

[1709] Vgl. *Spindler/Bednarz*, WM 2006, 601, 605.

Aktionären.[1710] Beispielsweise sieht das französische Gesellschaftsrecht ein Treuestimmrecht vor, das unter bestimmten Voraussetzungen ein Doppelstimmrecht bei Namensaktien gewährt, die mehr als zwei Jahre auf denselben Inhaber lauten.[1711] Vorgeschlagen wurde ferner, das Stimmrecht an eine Mindesthaltedauer zu koppeln.[1712] Diskutiert wurden auch eine prinzipiell abzulehnende eingeschränkte Stimmrechtsgewalt für Hedgefonds sowie Anlagebeschränkungen für alternative Investments allgemein.

Nach geltendem Recht sind Mehrstimmrechte generell – also auch für Langzeitinvestoren – nach § 12 Absatz 2 AktG unzulässig.[1713] Höchststimmrechte lassen sich nur bei nichtbörsennotierten Gesellschaften durch Satzungsregelung einführen.[1714] Eine vergleichbare Regelung wie in Frankreich wäre zwar grundsätzlich dazu in der Lage, aktive Aktionäre und Hedgefonds in ihren Einflussmöglichkeiten zu begrenzen. So kennen auch andere europäische Rechtsordnungen Bestimmungen, die Aktien mit Mehrstimmrechten versehen.[1715] Festgestellt wurde bereits indes, dass für die von kurzfristig orientierten Aktionärsgruppen ausgehenden Gefahren grundsätzlich – bis auf eine praktische Effektivierung der Zurechnungsvorschriften zum abgestimmten Aktionärverhalten und Verbesserungen im Rahmen der Publizitätsvorschriften – kein Regulierungsbedarf besteht.[1716] Aber selbst bei einem unterstellten Bedarf würden die Nachteile einer solchen Regelung dazu in keinem Verhältnis stehen. Die tief in die Machtverhältnisse einer Gesellschaft eingreifenden Bestimmungen würden zum einen auch Fallkonstellationen erfassen, für die die entsprechenden Bestimmungen gar nicht vorgesehen waren. Darüber hinaus würden derartige Normen gegen gesellschaftsrechtliche Grundprinzipien verstoßen und wären mit einer modernen *Corporate Governance* nicht vereinbar. Eine Ungleichbehandlung von Aktienstimmrechten verstößt zum einen gegen das auf der europäischen Agenda stehende Gleichbehandlungsgebot *„one share*

[1710] Vgl. *O.V.*, DGB fordert Kontrolle von Finanzinvestoren, in: Börsenzeitung vom 31.05.2007, S. 6.

[1711] Art. L. 225-123 Absatz 1 Code de Commerce: Voraussetzung für eine Treuestimmrecht ist eine entsprechende Statutenregelung oder ein Beschluss einer außerordentlichen Hauptversammlung.

[1712] Vgl. *Kumpan*, AG 2007, 461, 470. Ablehnend *Seibert*, in: FS Westermann, S. 1505, 1506.

[1713] Die Vorschrift geht auf das 1998 in Kraft getretene Gesetz zur Kontrolle und Transparenz im Unternehmensbereich (KonTraG) zurück.

[1714] § 134 Absatz 1 Satz 2 AktG.

[1715] Vgl. dazu und zu der kritischen Einstellung in Europa zu einer „one share one vote"-Regel *Hopt*, EuZW 2007, 257.

[1716] Siehe hierzu oben S. 326 ff.

one vote".[1717] Zum anderen ließen sich solche Regelungen nur für sämtliche Aktionäre einer Gesellschaft und nicht für einzelne Investorengruppen vorsehen. Ansonsten würden sie gegen das Gleichbehandlungsverbot verstoßen, nach dem sämtliche Aktionäre unter gleichen Voraussetzungen gleich zu behandeln sind.[1718]

Zu berücksichtigen ist letztlich, dass Aktionäre nicht bloß Inhaber der Aktien sind, sondern auch wirtschaftliche „Eigentümer" des Unternehmens. Begrenzungen ihrer Verfügungsgewalt sollten auch aus diesem Grund auf das für einen reibungslosen Rechtsverkehr unabdingbare Maß beschränkt bleiben. Weitere Einschränkungen ihrer Einflussmöglichkeiten würde die Position der Leitungsgremien in nicht erwünschtem Ausmaß weiter ausbauen.[1719] Entscheidet sich ein Unternehmen für die Gesellschaftsform der Aktiengesellschaft, muss es zugleich die Rechte der Kapitalgeber respektieren. Es kann die Vorteile des Kapitalmarkts nicht für sich nutzen, ohne auf der anderen Seite die entsprechenden Pflichten wahrzunehmen.

Im Ergebnis würden die Nachteile solcher Regelungen in keinem Verhältnis zu den potentiell positiven Effekten stehen. Eine derartig weite Regelung würde auch in Fallkonstellationen greifen, für die die Regelung gar nicht vorgesehen war und damit das Gesellschaftsrecht unflexibler und schwerfälliger machen. Indem sie bestehende Machtverhältnisse zementieren, würden entsprechende Regelungen auch wertsteigernde Maßnahmen von Hedgefonds hemmen oder gar verhindern. Erschwert würde insbesondere, dass Hedgefonds in sanierungsbedürftige Unternehmen investieren und notwendige Veränderungen rasch einleiten können.[1720]

VI. AUSSCHÜTTUNGSSPERREN

Um eine das Gesellschaftsvermögen über Gebühr belastende Ausschüttungspolitik zu vermeiden, könnten entgegen § 58 Absatz 2 AktG, §§ 266, 272 HGB beispielsweise Ausschüttungssperren und ähnliche Hindernisse eingeführt werden, die für eine gewisse Zeit nach einer Übernahme bestehen könn-

---

[1717] In diese Richtung auch *Kumpan*, AG 2007, 461, 470. Vgl. dazu und zu der kritischen Einstellung in Europa zu einer „one share one vote"-Regel *Hopt*, EuZW 2007, 257.

[1718] Vgl. § 53 a AktG.

[1719] Vgl. *Sachverständigenrat zur Begutachtung der gesamtwirtschaftlichen Entwicklung*, Das Erreichte nicht verspielen, Jahresgutachten 2007/08, S. 428.

[1720] Vgl. *Seibert*, in: FS Westermann, S. 1505, 1508.

ten.[1721] Allerdings würden diese für alle Gesellschaften gelten, was in Einzelfällen nicht erwünschte Folgen haben und sinnvolle Ausschüttungen verhindern könnte. Dadurch könnte der Anreiz zu schnellen Restrukturierungen und damit einhergehender Insolvenzabwendung deutlich verringert werden. Daneben würden weitergehende Ausschüttungen lediglich zeitlich verzögert. Zwar würden damit kurzfristig orientierte Anleger abgeschreckt, aber zugleich das deutsche Gesellschaftsrecht erheblich schwerfälliger und infolgedessen für Investoren allgemein unattraktiver ausgestaltet, da die Eigentümer dann auch noch daran gehindert würden, über frei verwendbare Rücklagen zu verfügen.[1722] Da ohnehin grundsätzlich kein Regulierungsbedarf im Falle kurzfristig orientierter Anleger besteht, sind entsprechende Maßnahmen abzulehnen.

VII. Vertragliche Abdingbarkeit des Anlegerrücknahmerechts

Festgestellt wurde, dass zwar für die von einer kurzfristigen Anlageorientierung ausgehenden Risiken grundsätzlich kein Regulierungsbedarf besteht. Um Hedgefonds langfristige Anlagestrategien zu ermöglichen und solche Strategien zu fördern, empfiehlt sich als Deregulierungsmaßnahme, eine vertragliche Abdingbarkeit des nach § 116 InvG nur auf 3 Monate begrenzbaren Anlegerrücknahmerechts zu gestatten.[1723] Indem damit die Kapitalbindungsfristen ihrer Anleger verlängert würden, würde das Bestreben von Hedgefonds, in einem kurzen Zeitraum hohe Renditen zu erwirtschaften, zumindest abgemildert.[1724]

VIII. Steigerung der Hauptversammlungspräsenzen

Unabhängig von einem bestehenden Schutzbedürfnis vor speziellen Risiken ließe sich im Hinblick auf eine rechtliche Einflussnahme durch Minderheitsaktionäre daran denken, die Abstimmung in der Hauptversammlung effizienter zu gestalten. Hedgefonds nutzen niedrige Hauptversammlungspräsenzen, um mit relativ wenig Kapital so genannte *Zufallsmehrheiten*[1725] zu erzielen. Um

---

[1721] Vgl. *Kumpan*, AG 2007, 461, 469.

[1722] Vgl. *Kumpan*, AG 2007, 461, 469.

[1723] *Schmolke*, ZGR 2007, 701, 743 m. w. Nachw.

[1724] Vgl. hierzu oben S. 18 f.

[1725] Kritisch zu diesem Begriff *Spindler*, Stimmrecht und Teilnahme an der Hauptversammlung, S. 35 f.

das Zustandekommen von Zufallsmehrheiten oder -minderheiten zu erschweren, ließe sich aktivistischen Strategien entgegentreten, indem man Anreize schafft, die eine erhöhte Teilnahme der Aktionäre auf den Hauptversammlungen begünstigen. Damit lassen sich potentiell Abstimmungsergebnisse vermeiden, die mit einem relativ kleinen Stimmrechtsanteil herbeigeführt werden und durch die Abwesenheit eines wesentlichen Teils der Aktionäre begünstigt sind.

Um insbesondere eine grenzüberschreitende Stimmrechtsausübung zu erleichtern, wurde im Rahmen des *Gesetzes zur Umsetzung der Aktionärsrechterichtlinie (ARUG)*[1726] erstmalig eine vollelektronische Hauptversammlung ermöglicht. Eine Videoübertragung der Hauptversammlung im Internet sowie die Stimmabgabe per eMail oder Bildschirmformular bieten Möglichkeiten zur Erhöhung der Präsenzen und Vermeidung von Zufallsmehrheiten.[1727] Obwohl ausländische Aktionäre verstärkt in deutsche Aktien investieren, waren nach alter Rechtslage Hauptversammlungen unzulässig, die ohne räumliche Zusammenkunft allein im Internet stattfinden.[1728] Eine Hauptversammlung ist grundsätzlich nichtöffentlich;[1729] indes gestattet § 118 Absatz 3 AktG eine Bild- und Tonübertragung, wenn die Satzung oder die Geschäftsordnung dies vorsehen.[1730] Damit war bereits nach dem bisher geltenden Recht eine elektronische Übertragung aus dem Versammlungsraum und die Übermittlung von Weisungen an einen dort anwesenden Bevollmächtigten zulässig. Dieses Vorgehen kommt zwar einer elektronischen Hauptversammlung nah, ist jedoch mit einem höheren Aufwand verbunden.[1731] Ob die Neuregelung eine spürbare Präsenzsteigerung zur Folge hat, bleibt abzuwarten.

Andererseits könnten die Hauptversammlungspräsenzen durch die Gewährung eines *Dividendenbonus* für präsente Aktionäre gesteigert werden. Nach dem Vorschlag einiger Autoren soll den Aktionären, die ihre Stimme abgeben, eine Belohnung als Zuschlag zur Dividende gewährt werden. Auf diese Weise würde ein finanzieller Anreiz für Aktionäre geschaffen, an der Haupt-

---

1726 Siehe RefE ARUG, S. 1, 7 f.

1727 *Wand/Tillmann*, AG 2006, 443, 447.

1728 *Hüffer*, AktG, § 118 Rn. 17; *Volhard*, in: Münchener Kommentar AktG, § 134 Rn. 84.

1729 *Hüffer*, AktG, § 118 Rn. 16.

1730 Von dieser Möglichkeit haben viele Publikumsgesellschaften Gebrauch gemacht, vgl. beispielsweise § 19 Absatz 2 der Satzung der *Deutsche Bank AG* oder § 11 Absatz 3 der Satzung der *Allianz AG*.

1731 *Wand/Tillmann*, AG 2006, 443, 447.

versammlung teilzunehmen und ihr Stimmrecht auszuüben.[1732] Die Maßnahme zielt jedoch primär auf institutionelle Anleger und gerade nicht auf Kleinaktionäre ab. Um Kleinaktionären genügend Anreize für eine Teilnahme an einer mehrstündigen Hauptversammlung zu gewähren, müsste der Bonus alle anfallenden Kosten einschließlich eines eventuellen Verdienstausfalls kompensieren.[1733] Damit würde aber gerade die Aktionärsgruppe nicht motiviert, die auf Grund rationalen und ökonomischen Kalküls den Versammlungen regelmäßig fernbleibt.[1734] Ist zukünftig mit der Umsetzung der Aktionärsrechterichtlinie eine Stimmabgabe im Wege der Briefwahl zulässig,[1735] dürften vermehrt auch Kleinaktionäre mit einem Dividendenbonus zur Stimmrechtsabgabe angehalten werden. Vermögensverwalter und Fonds wären faktisch gezwungen, diese Zusatzrendite zu realisieren.[1736] Allerdings wäre die Gewährung derartiger Boni vom Vorliegen eines ausschüttungsfähigen Bilanzgewinns abhängig. Auf diese Weise entfiele indes ausgerechnet beim Fehlen eines Bilanzgewinns ein Anreiz zur Teilnahme, obwohl gerade in solchen Situationen eine hohe Präsenz von höchster Bedeutung wäre, wie beispielsweise bei außerordentlichen Hauptversammlungen oder Hauptversammlungen in der Krise der Gesellschaft.[1737] Die meisten der durch einen Bonus motivierten Aktionäre würden zudem ohne sich eingehend zu informieren, der Einfachheit halber ihr Stimmrecht entsprechend dem Verwaltungsvotum abgeben.[1738] Zugleich würde damit eine effektive Kontrolle der Verwaltung durch aktive Aktionäre erschwert.[1739] Letztlich besteht rechtspolitisch das Problem der Ungleichbehandlung gegenüber Vorzugsaktien ohne Stimmrecht.[1740] Aus diesen Gründen ist ein Dividendenbonus als Mittel, die Präsenzen zu steigern, abzulehnen.

[1732] Siehe zu Rechtsfragen und der Diskussion über Präsenzboni ausführlich *Klühs,* ZIP 2006, 107.

[1733] *Dauner-Lieb*, WM 2007, 9, 13.

[1734] Vgl. zu dem Phänomen der rationalen Apathie oben S. 122 ff.

[1735] Vgl. Art. 12 der Aktionärsrechterichtlinie.

[1736] *Seibert*, in: FS Westermann, S. 1514.

[1737] *Dauner-Lieb*, WM 2007, 9, 13; *Spindler/Bednarz*, WM 2006, 601, 606.

[1738] Vgl. *Spindler/Bednarz*, WM 2006, 601, 606.

[1739] *Seibert*, in: FS Westermann, S. 1515; *Spindler/Bednarz*, WM 2006, 601, 606.

[1740] *Spindler/Bednarz*, WM 2006, 601, 606.

Auf der anderen Seite ist jedoch bereits der Bedarf für präsenzerhöhende Maßnahmen in Frage zu stellen. *Spindler*[1741] vertritt die Auffassung, dass „Zufallsmehrheiten“ und -entscheidungen, welche nicht im Interesse der „breiten Masse der Aktionäre“ liegen, bei einigermaßen effizienten Kapitalmärkten für entsprechende negative Kursreaktionen sorgen sollten. Hedgefonds und andere aktive Investoren hätten keinen Anlass, „Zufallsmehrheiten“ herbeizuführen, wenn dies ihre Investitionen entwerte. Zufallsmehrheiten könnten daher allenfalls bei Anomalien in Märkten zu negativen Entwicklungen für die Gesellschaft führen, indem zwar kurzfristig Kurssteigerungen einträten, die die „Zufallsmehrheitsaktionäre“ ausnutzen könnten, aber mittelfristig zu Verlusten führen. Diese Argumentation übersieht aber, dass, wie wir bereits festgestellt haben,[1742] im Falle von Interessenkonflikten überaus ein Interesse von Aktionären bestehen kann, den Aktienkurs zu mindern.

Der Begriff der „Zufallsmehrheit“ suggeriert allerdings, dass ein Interesse der abwesenden Aktionäre an bestimmten – richtigen – Beschlussfassungen feststellbar ist, und dass dieses Interesse der schweigenden Mehrheit der Anteilseigner von der Zufallsmehrheit abweicht.[1743] Diese Annahme ist jedoch fragwürdig, da die objektiv richtige Entscheidung nicht ermittelt werden kann, sofern man unter ihr nicht einfach nur die Meinung der Verwaltung der Gesellschaft oder eines größeren Aktionärs verstehen möchte. Ob daher ein Bedürfnis besteht, Zufallsmehrheiten zu verhindern, ist zweifelhaft und bedarf der rechtstatsächlichen und vergleichenden Untersuchung, insbesondere ob zu erwartende Zufallsmehrheiten zu negativen Kursreaktionen geführt haben.[1744]

1741 *Spindler*, Stimmrecht und Teilnahme an der Hauptversammlung, S. 35 f.; *Spindler/Bednarz*, WM 2006, 601, 606.

1742 Siehe hierzu nur oben S. 127 ff.

1743 *Dauner-Lieb*, WM 2007, 9, 14.

1744 *Vetter*, AG 2006, 32, 33; *Schmolke*, ZGR 2007, 701, 739.

Teil 4. Zusammenfassung und Schlussbetrachtung

A. Hedgefonds und ihre Einflussnahme auf Portfoliogesellschaften

Hedgefonds beeinflussen in jüngerer Zeit verstärkt Portfoliogesellschaften, um ihre strategischen Ziele zu erreichen.

1. Als heterogene Gruppe nicht-traditioneller Investmentgesellschaften versuchen Hedgefonds typischerweise, eine positive absolute Rendite unabhängig von Markttrends zu erwirtschaften. Dabei setzen sie Leerverkäufe ein und nehmen Fremdkapital auf, um börsennotierte Finanztitel zu erwerben. Ihre Manager sind in der Regel mit einem erheblichen Teil ihres Privatvermögens in den Fonds investiert und erhalten eine Vergütung, die sich prozentual am erwirtschafteten Ertrag bemisst. Da Hedgefonds Markt- und insbesondere Informationsineffizienzen nutzen, um Gewinne zu erzielen, legen sie ihre Handelsstrategien nicht offen. Um diese Freiheiten zu genießen, wählen sie häufig ein Umfeld mit niedriger Regulierungsdichte oder passen ihre Rechtsform und die ihrer Kapitalgeber aufsichts- und steuerrechtlichen Ausnahmetatbeständen an. Daher können sich im Regelfall lediglich vermögende Privatpersonen und institutionelle Investoren an Hedgefonds beteiligen. Dabei sehen die Fondsbedingungen vielfach eine kurze Kapitalbindungsfrist von wenigen Monaten vor.

2. Während die meisten Hedgefonds passive Taktiken verfolgen, beeinflusst lediglich eine Minderheit mit unternehmensbezogenen Strategien aktiv Portfoliogesellschaften. Ereignisgetriebene Strategien (*event driven*) nutzen dabei spezielle Situationen eines Unternehmens zur Spekulation aus. Long- und gegebenenfalls Short-Positionen werden in Finanzinstrumente von Unternehmen aufgebaut, deren Titel voraussichtlich innerhalb eines kurzen Zeitraums auf Grund ungewöhnlicher Begebenheiten ihren Wert verändern werden.

a) Bei der *merger arbitrage* als spezieller Untergruppe werden gleichzeitig Long- und/oder Short-Positionen in Finanzinstrumenten von Unternehmen aufgebaut, die – zumindest mutmaßlich – Parteien einer Übernahme sind. Geht ein Hedgefondsmanager von einer erfolgreichen Transaktion aus, investiert er in Finanztitel der Zielgesellschaft (*long*) und verkauft Titel des Bieters leer (*short*). Wetten Hedgefonds auf ein Scheitern der geplanten Übernahme, investieren sie wie im Fall der *Deutschen Börse AG* im Jahr 2005[1745] in entgegengesetzter Richtung. In dieser Situation gehen sie *long* in Werte des Bieters, da sich dessen Kurs nach einem erfolglosen Übernahmeversuch voraussichtlich wieder erholt, und auf der anderen Seite *short* in Werte der Zielgesellschaft, da dieses mutmaßlich an Wert verlieren wird. Bei richtiger Einschätzung lassen sich zudem Gewinne mit Finanztiteln von dritten Gesellschaften wie Konkurrenten oder Partnern erzielen, deren Wert mit dem der Transaktionsparteien korreliert. Aktive Hedgefonds versuchen dabei je nach der von ihnen eingegangenen Wette, Erfolg oder Scheitern einer Übernahme herbeizuführen, indem sie die Entscheidungen der beteiligten Gesellschaften beeinflussen.

b) *Distressed securities/distressed debt*-Hedgefonds erwerben Aktien und Fremdkapitalinstrumente von Unternehmen, die restrukturierungsbedürftig, insolvent oder zumindest insolvenzgefährdet sind. Aktive Vertreter dieser Kategorie versuchen, Einfluss auf den Restrukturierungsprozess zu nehmen, um über eine effizientere Ressourcennutzung eine Erholung und einen gewinnbringenden *exit* zu ermöglichen. Erwerben sie Fremdkapitalinstrumente, versuchen sie häufig, diese im Wege eines *debt-equity-swap* in gewinnberechtigte Eigenkapitalanteile umzuwandeln, die nach Erholung des Unternehmens wieder veräußert werden sollen.

3. Aktivistische Hedgefonds beeinflussen Portfoliogesellschaften sowohl rechtlich als auch faktisch. Zum einen machen sie Mitgliedschafts- und Verwaltungsrechte geltend. Hauptsächlich üben sie auf Hauptversammlungen als Verbandmitglieder ihr Stimmrecht und in vielen Fällen nachhaltig ihr Fragerecht aus, um die Verwaltung zu einem bestimmten Verhalten zu drängen.

a) Die Fonds versuchen, auf die Unternehmenspolitik einzuwirken, ohne die Gesellschaft vollständig übernehmen zu wollen. In aller Regel genügt ihnen dazu eine Beteiligung, die deutlich hinter einer Mehrheit zurückbleibt. Die Aktionärpräsenz auf den Hauptversammlungen deutscher börsennotierter Aktiengesellschaften ist trotz Erholungstendenzen niedrig und bewegt sich durchschnittlich zwischen 45-60 Prozent. Auf diese Weise können Minderheiten die Abwesenheit von fast der Hälfte der Stimmberechtigten dazu nutzen, auf den Hauptversammlungen bereits mit relativ kleinen Anteilsblöcken überproportionalen Einfluss auf weit reichende Unternehmensentscheidungen auszuüben, um hieraus Vorteile zu erzielen. Ferner erleichtern Gesellschaften mit hohem Streubesitz und wenigen Großaktionären wegen einer unterpro-

---

[1745] Siehe zum Fall der *Deutschen Börse AG* oben S. 82 ff.

portional vertretenen Opposition eine Einflussnahme durch Stimmrechtsausübung. Dabei kommt den Fonds entgegen, dass viele deutsche Konzernobergesellschaften keine Großaktionäre mehr haben. Damit werden Hedgefonds selbst mit kleinen Stimmrechtsanteilen an einer Gesellschaft zu einem bedeutenden Einflussfaktor, dem mittlerweile auch viele deutsche Gesellschaften ausgesetzt sind.

Aktivistische Hedgefonds üben einerseits ihre Stimmrechte bei Beschlüssen mit personalpolitischem Bezug aus, um bei ausreichendem Potential insbesondere über einen Einfluss auf die Besetzung der Leitungsorgane auf die Geschäftspolitik einwirken zu können. Daneben können sie in der Hauptversammlung ihren Einfluss dafür einsetzen, dem Vorstand das Vertrauen zu entziehen oder die Entlastung der Mitglieder von Vorstand und Aufsichtsrat zu verweigern, um ihren strategischen Wünschen Nachdruck zu verleihen. Auch nutzen sie ihre Stimmrechte, um Maßnahmen der Kapitalbeschaffung und -herabsetzung herbeizuführen oder zu verhindern.

b) Hedgefonds beeinflussen zudem faktisch die Leitungsorgane von Portfoliogesellschaften. Zum einen versuchen Hedgefonds, Mitglieder von Vorstand und Aufsichtsrat durch Gespräche zu einem bestimmten Handeln zu bewegen. Führen die Gespräche nicht zu dem gewünschten Ergebnis, drohen Hedgefonds den Organmitgliedern – häufig medienwirksam – mit einer Absetzung oder sonstigen Sanktionen, um diese zu einem geschäftspolitischen Handeln zu veranlassen, das der strategischen Ausrichtung der Aktivisten entspricht. Auch wegen des stark angestiegenen Anteilsbesitzes von Hedgefonds kommt ihnen ein großes Einflusspotential bei der Besetzung von Aufsichtsrat und Vorstand zu. Obwohl Hedgefonds als Aktionäre dem Vorstand keine Weisungen im Hinblick auf die Führung der Geschäfte der Gesellschaft zu erteilen können, sind sie doch über die Wahl ihnen verbundener Aufsichtsratsmitglieder in der Lage, für die Bestellung von Vorstandsmitgliedern zu sorgen, die sich im Zweifel nach den Absichten der aktiven Investoren richten werden. Die Position des Vorstands ist zudem dadurch geschwächt, dass er das tatsächliche Einflusspotential der Hedgefonds häufig nicht genau einschätzen kann. Wegen fehlender Transparenz ist er nicht über die Anzahl der kontrollierten Stimmrechte informiert und auf Vermutungen oder freiwillige Auskünfte angewiesen. Auf Grund dieser Machtposition reicht es regelmäßig aus, dass Hedgefonds aktive Maßnahmen lediglich androhen, um die gewünschte Maßnahme beim amtierenden Management durchzusetzen.

4. a) Durch Erwerb von Fremdkapitalinstrumenten können Hedgefonds notleidende Unternehmen gegebenenfalls faktisch beeinflussen. Sie können für den Fall, dass Aktionäre oder Leitungsorgane die strategischen unternehmenspolitischen Vorschläge der Aktivisten nicht unterstützen, die erworbenen Forderungen fällig stellen und im Anschluss möglicherweise die Eröffnung des Insolvenzverfahrens beantragen. Mit diesem Druckmittel können sie Einfluss auf die Gesellschafterstruktur, die Besetzung der Leitungsorgane und auf die operative Geschäftsführung ausüben.

Einige Hedgefonds nehmen zudem durch aktive Teilnahme in Gläubigerversammlungen auf den Restrukturierungs- und Refinanzierungsprozess Einfluss. Erwirbt der Anleger die Schuldtitel in Höhe einer Sperrminorität im Rahmen einer Tranche, so kann er den Restrukturierungsprozess blockieren und gegebenenfalls verhindern. Mit diesem Drohpotential gegenüber den übrigen Gläubigern, Gesellschaftern und Leitungsorganen verschafft sich der Anleger Einfluss auf die Gestaltung des Restrukturierungsplans.

b) In vielen Fällen versuchen Hedgefonds, ihre Fremdkapitalpositionen im Wege eines *debt equity swap* in Eigenkapitalpositionen einzutauschen, um am Restrukturierungsergebnis partizipieren zu können. Nach einem solchen Tausch können die Aktivisten als Verbandsmitglieder Einfluss auf die Portfoliogesellschaft ausüben und auf effizientere Weise ihre Interessen verfolgen.

5. Hedgefonds beeinflussen Portfoliogesellschaften grundsätzlich, um absolute Renditen zu generieren oder zu maximieren. Um dieses Ziel zu erreichen, streben Hedgefonds mit einer Einflussnahme unterschiedliche Veränderungen im Unternehmen an, abhängig von der gewählten Strategie und den jeweiligen Umständen.

a) Einerseits wirken einige Hedgefonds auf den Verlauf von Unternehmensübernahmen ein (*corporate control activism*). Insbesondere im Rahmen einer *merger arbitrage* versuchen Hedgefonds-Manager, durch aktives Handeln Gewinne zu erzielen oder zu erhöhen.

aa) Als Aktionäre der Bietergesellschaft forcieren Hedgefonds als günstig eingeschätzte Transaktionen. Andererseits verhindern sie auch in manchen Fällen geplante Unternehmenskäufe, wenn sie die Transaktion als wertvernichtend einstufen. Sie kritisieren öffentlich die Übernahmepläne des Managements der Portfoliogesellschaft und stellen die Abwahl von Aufsichtsrats- und damit auch Vorstandsmitgliedern in Aussicht. Daneben versuchen sie, im Rahmen der von ihnen gewählten Strategien Beschlüsse über genehmigte Kapitalien oder Kapitalerhöhungen zu blockieren oder solche Kapitalmaßnahmen in ihrem Umfang zu reduzieren. Auf diese Weise schränken sie den Vorstand in seinem Handlungsspielraum für Zukäufe ein und machen Transaktionen von dem Einverständnis der Aktionäre abhängig, wenn die Rücklagen für den Erwerb nicht ausreichen.

Einige Fonds behindern solche Transaktionen auch im Interesse anderer von ihnen aufgebauter Positionen. Blockieren Hedgefonds eine angekündigte Übernahme, gewinnt der Kurs der Bietergesellschaft spätestens nach Aufgabe der Transaktion in der Regel wieder an Wert, während zugleich der Kurs der Zielgesellschaft fallen wird. Auf diese Weise können sie den Kurs sowohl der Bietergesellschaft als auch der Zielgesellschaft beeinträchtigen und die Bewertungskorrektur zur Spekulation nutzen. So können Hedgefonds beim Fehlschlagen einer Übernahme profitieren, wenn sie entweder mit Short-Positionen an der Zielgesellschaft auf fallende Kurse oder mit Long-Positionen an Konkurrenten der Bietergesellschaft auf steigende Kurse gesetzt haben.

bb) Als Aktionäre der Zielgesellschaft drängen Hedgefonds den Vorstand dieser Gesellschaft dazu, auf ein Angebot einzugehen, das ihrer Einschätzung nach eine ausreichende Rendite für die Anteilsinhaber verspricht. Hingegen blockieren sie eine geplante Übernahme zum einen, um den Übernahmepreis und damit die Rendite nach einem Verkauf der Anteile zu erhöhen; zum anderen verhindern sie die Transaktion, wenn andere Interessenten einen höheren Preis zu zahlen bereit sind. Sie wirken faktisch auf den Vorstand ein, die Verhandlungen abzubrechen, Gegenmaßnahmen oder Gespräche mit anderen Interessenten einzuleiten.

Auch eine Übernahmeblockade auf Seiten der Zielgesellschaft erfolgt in manchen Fällen im Interesse anderer Positionen. So können Hedgefonds bei einem Scheitern der Transaktion Gewinn erzielen, wenn sie mit einer größeren Long-Position bei der Bietergesellschaft auf steigende Kurse gesetzt haben. Sind sie in diesem Fall zugleich Aktionäre des Bieters, intervenieren sie effektiv auf beiden Seiten. Ebenso können sie einen Ertrag mit Long-Positionen in Konkurrenten der Zielgesellschaft erwirtschaften, deren Wert bei einem sinkenden Kurs der Zielgesellschaft mutmaßlich steigt.

b) Hedgefonds beeinflussen daneben Portfoliogesellschaften in Angelegenheiten der Unternehmensführung, um besondere Renditen zu erzielen (*Corporate Governance Activism*).

Damit sie ihre unternehmenspolitischen Vorstellungen umsetzen können, nehmen sie auf die Besetzung der Leitungsorgane Einfluss. Neben der Besetzung des Aufsichtsrats durch eine koordinierte Stimmrechtsausübung können sie durch faktische Beeinflussung der Aufsichtsratsmitglieder sowohl die Wahl des Aufsichtsratsvorsitzenden als auch die Wahl und Abberufung des Vorstands mittelbar steuern. Dabei kann ein so beeinflusster Aufsichtsrat den Vorstand im Einzelfall aus wichtigem Grund abberufen, weil das Geschäftsführungsorgan in grundlegenden Fragen eine andere Geschäftspolitik verfolgt als die Aktivisten.

Aktivistische Hedgefonds identifizieren Unternehmen, die eine hohe Eigenkapitalquote aufweisen, und beeinflussen deren Finanzpolitik. Sind die gebildeten Rücklagen nach Ansicht der Fonds zu groß, versuchen sie, eine Auflösung dieser Rücklagen und deren Ausschüttung zu erzwingen, die über Dividendenausschüttungen oder Aktienrückkäufe an die Aktionäre ausgezahlt wird.

Handelt es sich um ein breit diversifiziertes Unternehmen oder besitzt es verwertbare Aktiva, drängen Hedgefonds häufig auf eine Zerschlagung und im Anschluss auf Aktienrückkäufe oder erhöhte Dividendenauszahlungen.

Aktive Fonds im Bereich *distressed securities* versuchen nach dem Erwerb von Anteilen notleidender Gesellschaften direkten Einfluss auf die Restrukturierung zu nehmen und so durch eine effizientere Ressourcennutzung den aktuellen Unternehmenswert zu erhöhen.

c) Auch im Rahmen der Strategie *distressed debt* versuchen aktive Hedgefonds, durch Erwerb von Fremdkapital notleidender Unternehmen Einfluss auf die Gesellschaften zu nehmen. Um effektiven Einfluss auf die Unternehmensführung zu erhalten, können Hedgefonds als bedeutende Gläubiger im Einzelfall auf die personelle Besetzung der Leitungsorgane faktisch einwirken oder dies androhen. Sie versuchen, in Krisensituationen des Unternehmens Einfluss auf die Restrukturierung zu nehmen und so durch eine effizientere Ressourcennutzung den aktuellen Unternehmenswert zu erhöhen. Häufig streben sie an, im Wege einer Kapitalrestrukturierung ihr Fremdkapital in Eigenkapital zu tauschen (*debt equity swap*) und wirken auf die Aktionäre ein, die notwendigen Kapitalbeschlüsse zu fassen, um schließlich am Sanierungsergebnis wirtschaftlich teilnehmen zu können.

6. Hedgefonds bedienen sich vielgestaltiger Einflussinstrumente. Sie erwerben zum einen Aktien und Fremdkapitalinstrumente. Um eine erhebliche Kapital-

belastung durch einen Aktienkauf zu vermeiden, beziehen sie stattdessen Anteile häufig über ein kostengünstiges Wertpapierdarlehen. Über Kaufoptionen und faktische Erwerbsmöglichkeiten im Rahmen von *equity swap*-Vereinbarungen sichern sich die Aktivisten gegebenenfalls einen zukünftigen Erwerb von Aktien und einen damit verbundenen Stimmrechtseinfluss.

Um ein größtmögliches Einflusspotential zu erzielen, gehen Hedgefonds zum anderen häufig gemeinsam vor und treffen Übereinkünfte mit anderen Investoren. Sie stimmen sich in manchen Fällen über einen gemeinsamen Erwerb der Anteile, eine gemeinsame Stimmrechtsausübung und eine gemeinsame faktische Einflussnahme auf Aufsichtsrat und Vorstand ab. So kontrollieren Hedgefonds über die Absprache auch mittelbar Anteilspakete anderer Anleger und vergrößern ihr Einflusspotential. Zusätzlich verfügen sie oft durch Absprachen oder stillschweigende Übereinkünfte im Rahmen von *equity swap*-Vereinbarungen über Stimmrechtseinfluss, wenn der Vertragspartner zu seiner Absicherung Anteile hält und die Abstimmungswünsche der Fonds befolgt.

7. Hedgefonds-Aktivismus ist im Wesentlichen strukturell, durch die ökonomischen Merkmale der Investmentgesellschaften, bedingt.

Einerseits begünstigt die typischerweise erfolgsorientierte Struktur der Vergütungen der Hedgefonds-Manager, dass sie aktiv auf das Unternehmensgeschehen einwirken. Hedgefonds versuchen, absolute Erträge zu erzielen, und sind nicht auf relative Erträge entsprechend einer Benchmark ausgerichtet. Deren Manager erhalten üblicherweise eine *performance fee* in Höhe von 20 Prozent des absoluten Wertzuwachses. Eine solche Vergütung bietet Anreize, durch eine bessere Ressourcennutzung höhere Erträge zu erwirtschaften. Dieser Effekt wird noch vergrößert, wenn die Bedingungen des Fonds eine *hurdle rate* für das Managergehalt vorsehen.

Hedgefonds-Manager sind zudem regelmäßig selbst mit einem erheblichen Teil ihres Privatvermögens in den Fonds investiert. Indem sie auf diese Weise persönlich von erfolgreichen aktivistischen Kampagnen profitieren, wird die Motivation noch verstärkt, durch aktives Tätigwerden in den Portfoliogesellschaften hohe Erträge zu erzielen.

Im Gegensatz hierzu orientiert sich das traditionelle Vergütungssystem gewöhnlicher Investmentfonds lediglich am investierten Vermögen und bietet nicht den Anreiz, zeit- und kostenintensive Methoden zu verfolgen, den Wert einzelner Anteile zu erhöhen. Daneben bedienen sich gerade Hedgefonds aktivistischer Kampagnen zur Renditesteigerung, weil sie nicht in gleichem Umfang dem Trittbrettfahrerproblem ausgesetzt sind wie gewöhnliche Investmentfonds. Erfolgreicher Aktivismus kommt auch konkurrierenden Fonds in Höhe von deren Anteilsbesitz zu Gute, ohne dass letztere an den Aufwendungen partizipieren (*free riding*). Da traditionelle Investmentfonds im Gegensatz zu Hedgefonds nicht an der absoluten, sondern an der relativen Entwicklung zueinander gemessen werden, würde die durch Aktivismus verursachte eigene Kostenbelastung den konkurrierenden nutznießenden Fonds einen Wettbewerbsvorteil verschaffen.

Daneben lässt sich strategischer Aktivismus nur schwer mit den Zielen einer von traditionellen Investmentfonds verfolgten Diversifikationsstrategie vereinbaren. Die von Hedgefonds unternommenen Aktivitäten sind kostenintensiv und erfordern regelmäßig einen erhöhten Kapitalbedarf für große Positionen in wenigen Gesellschaften, was einer breiten Diversifikation entgegensteht. Wegen dieser geringen Diversifikation sind Hedgefonds regelmäßig gezwungen, ein unternehmensspezifisches Risiko zu tragen, für das sie nicht entschädigt werden. Abgesehen von gewinnbringenden *exit*-Varianten lohnt sich diese Rolle als Großaktionär nur, wenn es dem Fonds gelingt, das Management zu einem Verhalten zu veranlassen, das die unternehmerischen Ressourcen effizienter einsetzt.

8. Aktivismus traditioneller Investoren (*shareholder activism*) unterscheidet sich von den von Hedgefonds praktizierten Strategien.

Traditionelle Investoren reagieren auf Missmanagement von Gesellschaften, indem sie entweder Anteile von vornherein nicht erwerben oder, wenn das Missmanagement erst später auftritt oder erkennbar wird, wenn sie bereits investiert sind (ex post). Von Hedgefonds praktizierter Aktivismus ist demgegenüber ex ante und strategisch ausgerichtet: Sie analysieren zunächst die in Frage kommenden Unternehmen und erwerben gegebenenfalls konzentrierte Positionen in Portfoliogesellschaften mit der Absicht, dort aktiv tätig zu werden. Dabei versuchen sie, Ineffizienzen der Unternehmensführung mit den ihnen zur Verfügung stehenden Einflussmöglichkeiten zu korrigieren und anschließend ihre Anteile möglichst schnell wieder zu veräußern.

Wegen der strategischen Ausrichtung ist Hedgefonds-Aktivismus zugleich zeit- und kostenintensiver als Aktivismus traditioneller Investoren. Insbesondere benötigen Hedgefonds viel Kapital für den Erwerb von relativ großen Positionen. Damit benötigen sie größere Ressourcen als gewöhnliche aktive Investmentfonds, die diversifiziert vorgehen. Zudem ist Aktivismus von

Hedgefonds auf signifikante Änderungen in einzelnen Gesellschaften ausgerichtet, während traditionelle Investoren kleine Veränderungen in mehreren Unternehmen gleichzeitig mit relativ geringem Aufwand im Blick haben.

9. Hedgefonds-Aktivismus kann sowohl Vorteile als auch Risiken für Portfoliogesellschaften und deren Aktionäre mit sich bringen:

a) Das aktive Auftreten von Hedgefonds als Stakeholder kann positive Effekte in Bezug auf die *Corporate Governance* der betreffenden Publikumsgesellschaften auslösen. Die von Hedgefonds ausgeübte neue Form von Aktionäraktivismus (*hedge fund activism*) wirkt „rationalen Apathie" der übrigen Anteilseigner entgegen. Dies ermöglicht eine effizientere Kontrolle des Vorstands, der so angehalten werden kann, sein Handeln stärker am Unternehmens- oder Aktionärsinteresses auszurichten. Auch wenn jeder einzelne Fonds nicht über eine ausreichende Beteiligung verfügt, können mehrere, an einer Gesellschaft beteiligte Investoren eine Koalition bilden und etwa eine unwirtschaftliche Diversifikation des Unternehmens unterbinden, die Ablösung eines unfähigen Vorstands durchsetzen oder überhöhte Vorstandsvergütungen verhindern. Des Weiteren trägt das Engagement von Hedgefonds nicht selten zur Sanierung insolvenzgefährdeter Unternehmen bei, da Hedgefonds oftmals auch noch in solchen Situationen Liquidität zur Verfügung stellen, in denen traditionelle Geldgeber Kredite verweigern.

b) Während Aktionäraktivismus (*shareholder activism*) in der Regel eine reine Verbesserung der *Corporate Governance* innerhalb eines Unternehmens anstrebt und daher regelmäßig im Interessengleichlauf mit den übrigen Aktionären erfolgt, rufen Hedgefonds auf Grund ihrer Motivation durch ihren Aktivismus in manchen Fällen Gefahren für die Portfoliogesellschaft und die übrigen Anteilseigner hervor. Sie versuchen, Marktineffizienzen zu nutzen, um Renditen zu generieren. Aus diesem Grund orientieren sich Hedgefonds grundsätzlich nicht am Unternehmensinteresse oder dem Interesse der anderen Aktionäre, wenn sie Einfluss auf die Gesellschaft nehmen.

aa) Zum einen kann der kurzfristige Anlagehorizont von Hedgefonds die Interessen von Gesellschaft und Mitaktionären gefährden.

Insbesondere sind sie durch die kurzen Kapitalbindungsfristen ihrer Anleger dazu angehalten, in einem kurzen Zeitraum Renditen zu erwirtschaften. Es besteht die Gefahr, dass Hedgefonds über ihre Beteiligungen aggressiven Einfluss auf die Unternehmenspolitik von Gesellschaften ausüben und dabei zugunsten kurzfristiger Interessen möglicherweise das langfristige Wohl des Unternehmens außer Acht lassen könnten. Sie würden, so lautet der Vorwurf, als kurzfristig orientierte Investoren Unternehmensstrategien verhindern, die auf eine langfristige Profitabilitätssteigerung abzielen. Befürchtet wird, dass sie die Unternehmen zunächst zerlegen und Reserven auflösen, um dann die Beteiligung wieder zu verkaufen und das Unternehmen geschwächt zurückzulassen.

Gegen die These, dass Hedgefonds Unternehmen zunächst zerlegen, Reserven auflösen und dann die Beteiligungen wieder mit Gewinn verkaufen, wird vorgebracht, dass sie ökonomisch nicht nachvollziehbar sei. Sie unterstelle, dass Investoren systematisch den Wert des Unternehmens zerstörten und anschließend ihre Beteiligungen mit Gewinn realisieren könnten. Unter der Annahme effizienter Aktienmärkte sei aber davon auszugehen, dass sich die Wertminderung bereits vor dem Verkauf der Beteiligung in einer niedrigeren Unternehmensbewertung niederschlage und der Finanzinvestor mit Verlust verkaufen müsse. Dem wiederum kann man allerdings erwidern, dass Hedgefonds gerade Ineffizienzen des Marktes aufspüren und auszunutzen versuchen. Der Vorwurf, dass Hedgefonds als kurzfristige Anleger langfristige Unternehmensstrategien verhindern würden, stößt ebenso auf Kritik. Das Interesse an kurzfristigen Aktiengewinnen besagt nicht ohne weiteres, dass Finanzinvestoren nicht auch an langfristigen Unternehmensstrategien interessiert wären. Denn eine Strategie, die langfristig hohe Profite verspricht, wird sich bei effizienten Kapitalmärkten im Aktienkurs niederschlagen und somit auch kurzfristig Gewinne ermöglichen. Eine Benachteiligung von Aktionären mit langfristigem Anlagehorizont ergibt sich durch einen kurzfristige Anlagestrategien verfolgenden Aktivismus der Hedgefonds daher nur, wenn ein Marktversagen vorliegt und der Kapitalmarkt langfristige Anlagestrategien unterbewertet, also unter einer gewissen „Kurzsichtigkeit“ leidet.

Natürlich können sich Finanzinvestoren und Management in der Bewertung der Unternehmensstrategie und der Wahrscheinlichkeit höherer zukünftiger Gewinne unterscheiden. Zu bedenken ist aber, dass die Anleger am Kapitalmarkt regelmäßig weit weniger über die konkreten Bedingungen, Chancen und Risiken des Unternehmens wissen als das Management und daher den Wert des Unternehmens nicht gut einschätzen können. Die Verschiebung der Aktionärsstruktur hin zu einer stärkeren Orientierung am Unternehmenswert (*shareholder value*) erhöht jedenfalls den Druck auf das Management und schränkt dessen Freiräume ein. Ob dies jedoch zugleich zu einer systematischen Verkürzung des Investitionshorizonts des Unternehmens führt, erscheint aus den vorgebrachten Gründen zumindest zweifelhaft.

bb) Zum anderen entstehen Gefahren bei außergesellschaftlichen Interessenkonflikten, wenn die Einfluss nehmenden Fonds im Interesse eines anderen Engagements und damit möglicherweise nicht im Einklang mit den anderen Aktionären handeln.

Zum einen bauen Hedgefonds in manchen Fällen Positionen in *anderen* Unternehmen auf, deren Wert von Entscheidungen der beeinflussten Gesellschaft abhängt. Eine solche Korrelation besteht beispielsweise bei Konkurrenten oder möglichen Gegenparteien eines Unternehmenskaufs. So können Hedgefonds, wie im Fall der *Deutschen Börse AG* geschehen, als Aktionäre einer Bietergesellschaft zugleich eine Short-Position an der Zielgesellschaft eingehen und insoweit auf fallende Kurse spekulieren. Auf diese Weise manipulieren sie ihr ökonomisches Interesse an der Portfoliogesellschaft. Als Resultat wird ein Aktivist infolge der Doppelpositionierung nicht den Börsenwert einer Gesellschaft, sondern den Gesamtwert beider Beteiligungen maximieren wollen. Verhindern Aktivisten die Übernahme, steht der Kursanstieg der Aktien der Bietergesellschaft nicht mehr im Fokus ihres Interesses, wenn der Kurseinbruch der Aktie der Zielgesellschaft auf der Short-Seite zu einem ausreichenden Gewinn führt. Der Interessengleichlauf zwischen den Aktivisten und den übrigen Aktionären der Bietergesellschaft ist in diesem Fall gestört. So können Hedgefonds beim Fehlschlagen einer Übernahme profitieren, wenn sie entweder mit Short-Positionen an der Zielgesellschaft auf fallende Kurse oder mit Long-Positionen an Konkurrenten der Bietergesellschaft auf steigende Kurse gesetzt haben. Ob die Übernahme für die Bietergesellschaft oder deren Aktionäre vorteilhafte Effekte nach sich ziehen sollte, ist dabei ohne Belang. Dies kann einen Hedgefonds-Manager dazu veranlassen, für die Portfoliogesellschaft nachteilige Maßnahmen herbeizuführen.

Risiken für Portfoliogesellschaft und Mitaktionäre können zum anderen auch daraus erwachsen, dass Aktivisten ihre Gesamtposition gegenüber der beeinflussten Gesellschaft ökonomisch beliebig ausgestalten können. Ein Aktivist kann neben der Aktie zugleich weitere Positionen eingehen, mit denen er auf fallende Kurse setzt. So kann ein Aktivist ein ökonomisches Interesse an einem Kursrückgang generieren, indem er zusätzliche Aktien leerverkauft oder Derivate einsetzt, beispielsweise Verkaufsoptionen oder Differenzkontrakte in Form von *short equity swaps*. Im Extremfall kann er die von ihm gehaltenen Aktien auf diese Weise wirtschaftlich vollständig neutralisieren oder sogar eine Gesamtposition bilden, die bei sinkenden Kursen zu Gewinnen führt. Der Investor verfügt dann rechtlich weiterhin über sein Stimmrecht, ohne wirtschaftlich am Erfolg oder Misserfolg des Unternehmens beteiligt zu sein. Damit kann die gewählte Strategie einen Hedgefonds-Manager dazu veranlassen, den Wert einer Portfoliogesellschaft zu senken, statt ihn zu erhöhen.

B. Rechtliche Schranken aktivistischer Hedgefondsstrategien

Die rechtlichen Schranken zulässigen aktivistischen Verhaltens von Hedgefonds als Aktionäre oder Fremdkapitalgeber sowie an dieses anknüpfende Pflichten ergeben sich je nach Schutzzweck aus kapitalmarktrechtlichen, gesellschaftsrechtlichen und allgemeinen zivilrechtlichen Vorschriften.

I. 1. Nach dem Übernahmerecht kontrolliert ein Hedgefonds eine Zielgesellschaft, wenn er 30 Prozent der Stimmrechte erlangt. Insbesondere hat er den übrigen Aktionären ein Pflichtangebot zu unterbreiten. Die Aktionäre sollen im Fall eines Kontrollerwerbs oder Kontrollwechsels und der mit ihm unter Umständen verbundenen Neuausrichtung der Geschäftspolitik mit ihren Auswirkungen auf die unternehmerischen Chancen und Risiken die Möglichkeit haben, ihre Aktien zu einem angemessenen Preis zu veräußern. Das Pflichtangebot bezweckt also einen Minderheitenschutz in Form einer übernahmerechtlichen Austrittsmöglichkeit.

2. Vergrößern Hedgefonds ihren Einfluss über sonstige Finanzinstrumente, kommt ein mittelbarer Kontrollerwerb durch Stimmrechtszurechnung in Betracht.

Beschaffen sich aktivistische Hedgefonds im Wege eines Wertpapierdarlehens Aktien, um Stimmrechte für eine bevorstehende Hauptversammlung zu erlangen, sind ihnen diese Stimmrechte als Darlehensnehmer und Aktionäre zuzurechnen. Hingegen reicht die rein schuldrechtliche Erwerbsposition börsengängiger Kaufoptionen nicht für eine übernahmerechtliche Zurechnung aus, da sie noch keine Stimmrechtsherrschaft begründet.

Grundsätzlich sind Hedgefonds bei *long equity swap*-Geschäften nicht die Stimmrechte aus den von den Vertragspartnern zur Sicherheit gehaltenen Aktien zuzurechnen. Ein Stimmrechtseinfluss ist nicht tatsächlich zu vermuten. Die Stimmrechte sind aber ausnahmsweise zuzurechnen, wenn der Bieter faktisch auf die Ausübung der Stimmrechte aus den Aktien Einfluss nehmen kann und zumindest teilweise das wirtschaftliche Risiko der veroptionierten Aktien trägt.

3. Beeinflussen Hedgefonds Portfoliogesellschaften gemeinsam, sind ihnen die Stimmrechte nach Maßgabe des § 30 Absatz 2 WpÜG wegen abgestimmten Verhaltens gegenseitig zuzurechnen.

a) Zurechnungsgrund ist, dass auch Machtbündelungen dazu führen, dass sich sowohl der gesellschaftsrechtlich vermittelte als auch der faktische Einfluss der beteiligten Aktionäre vergrößert. Bei einer Einflusskoordination sehen sich die übrigen Aktionäre einer Verschiebung der Machtverhältnisse in der Gesellschaft ausgesetzt. Aus der Perspektive der außenstehenden Aktionäre ist es unerheblich, ob ein einzelner Aktionär oder ein gefestigtes Konsortium die Gesellschaft kontrolliert. Zurechnungsgrund ist die potentielle oder tatsächliche Möglichkeit der Einflussnahme auf die Ausübung der Stimmrechte durch die Einfluss nehmenden Personen. Die Zurechnungsvorschriften berücksichtigen also gemeinsam bestehende unternehmerische Einflussmöglichkeiten mehrer Aktionäre.

b) Nach § 30 Absatz 2 Satz 1 WpÜG werden einem Bieter Stimmrechtsanteile jedes Dritten an einer Zielgesellschaft zugerechnet, wenn der Bieter oder eines seiner Tochterunternehmen sein Verhalten in Bezug auf die Zielgesellschaft auf Grund einer Vereinbarung oder sonstiger Weise mit einem Dritten abstimmt; ausgenommen sind Vereinbarungen in Einzelfällen. Eine Zurechnung setzt eine Abstimmung mit zurechnungsbegründendem Inhalt voraus, die nicht lediglich einen Einzelfall betrifft.

aa) Das abgestimmte Verhalten kann sowohl auf einer Vereinbarung als auch auf einer Abstimmung in sonstiger Weise beruhen. Praktisch bedeutsam ist in erster Linie, ob Hedgefonds durch ihr gemeinschaftliches Verhalten den Tatbestand einer *Abstimmung in sonstiger Weise* erfüllen. Ein abgestimmtes Vorgehen auf Grundlage eines rechtlich nicht verpflichtenden *Gentlemen's Agreement* oder ein lediglich informelles Einvernehmen reichen dafür aus. Gefordert ist ein bewusstes praktiziertes Zusammenwirken. Obligatorisch ist ein Minimum an gegenseitigem Kontakt der Beteiligten. Bloße Zufallsmehrheiten und das schlichte Parallelverhalten insbesondere in der Hauptversammlung führen nicht zu einer Stimmrechtszurechnung. Für ein abgestimmtes Verhalten reicht es damit nicht aus, dass einzelne Hedgefonds ohne kommunikativen Kontakt das Stimmverhalten anderer Aktivisten nachahmen. Geben Hedgefonds aber konkurrierenden Investoren ihre eigene Anlagestrategie unter der Bedingung preis, dass die anderen Investoren gleiche Aktienpositionen einnehmen und ihr Stimmverhalten an dem führenden Fondsmanager ausrichten, liegt eine Verhaltensabstimmung vor. Treffen Hedgefonds eine Übereinkunft mit *equity swap*-Vertragspartnern, die Aktien der Zielgesellschaft halten, dahingehend, dass der Vertragspartner die Stimmrechte im Sinne der Interessenlage der Hedgefonds ausübt, haben sich die Parteien ebenfalls abgestimmt.

bb) Gegenstand der Abstimmungshandlung muss ein Verhalten des Bieters oder eines seiner Tochterunternehmen in Bezug auf die Zielgesellschaft sein. Erforderlich für eine Zurechnung ist eine Abstimmung über die Ausübung von Stimmrechten oder ein Zusammenwirken in sonstiger Weise.

(1) Eine Abstimmung über die Ausübung von Stimmrechten begründete schon vor der Reform durch das Risikobegrenzungsgesetz eine Zurechnung; die von Rechtsprechung und Literatur entwickelten Grundsätze bleiben insoweit anwendbar.

Eine Verabredung über eine Stimmrechtsausübung führt nur zu einer Zurechnung, wenn mit ihr eine dauerhafte und erhebliche Einflussnahme auf die Gesellschaft beabsichtigt ist. Einen Maßstab dafür, was eine „erhebliche" und was eine „unerhebliche" Beeinflussung darstellt, sowie wann eine „unerhebliche" aber „dauerhafte" Beeinflussung vorliegt, liefern weder Gesetzestext noch Begründung.

Daneben setzt eine Zurechnung voraus, dass die Einfluss nehmenden Parteien mit der Abstimmung eine *gemeinsame unternehmerische Strategie* verfolgen. Es müssen weitere konkrete Absprachen über die Unternehmenspolitik stattgefunden haben. Dabei genügt nicht die Vereinbarung allgemeiner Planungshorizonte. Ansonsten würde eine Verständigung zwischen den Aktionären sanktioniert, deren Förderung im Sinne einer guten *Corporate Governance* gerade erwünscht ist.

(2) Ausdrücklich führt nun auch eine Abstimmung über ein Zusammenwirken in sonstiger Weise zu einer Zurechnung. Bereits vor dem *Risikobegrenzungsgesetz* war bei teleologischer Auslegung der Abstimmungsgegenstand nicht auf eine gemeinsame Stimmrechtsausübung zu beschränken. Es handelt sich um eine deklaratorische Klarstellung des Gesetzgebers, die dem Schutzbedürfnis der außenstehenden Aktionäre Rechnung trägt.

Eine Zurechnung setzt voraus, dass die Aktivisten beabsichtigen, die unternehmerische Ausrichtung der Zielgesellschaft dauerhaft und erheblich zu verändern. „Unternehmerische Ausrichtung" meint die vom Vorstand im Rahmen der Kompetenzordnung definierte Unternehmenspolitik, also die operative Betätigung der Gesellschaft und die Umsetzung des in der Satzung festgelegten Unternehmensgegenstands. Erforderlich ist eine Einflussnahme auf zumindest einen zentralen Unternehmensbereich. Allein eine Abstimmung über mehrere Beschlussgegenstände führt nicht zur Zurechnung. Auch ein langfristiger, aber geringfügiger Einfluss von Aktionären auf die unternehmerische Ausrichtung des Emittenten begründet keine Zurechnung; ebenso ist die Abstimmung über eine einzelne gravierende, nicht längerfristig wirkende Maßnahme nicht tatbestandsmäßig. Ein dauerhafter Einfluss auf die Gesellschaft liegt vor, wenn er auf mindestens zwei Hauptversammlungsperioden angelegt ist.

(3) Die Einzelfallausnahme ist in erster Linie formal, nach der Häufigkeit des Abstimmungsverhaltens, und nicht materiell nach inhaltlichen Kriterien zu bestimmen. Eine Abstimmung über eine einzelne gemeinsame Handlung genügt nicht. Eine spontane Aktionärskoalition führt nicht zu einer Zurechnung. Dies gilt selbst dann, wenn von ihr, wie im Falle einer koordinierten Aufsichtsratsbesetzung, eine erhebliche und dauerhafte Beeinflussung der Unternehmenspolitik der Zielgesellschaft ausgeht.

Ein einzelner Abstimmungsvorgang hat hingegen eine Zurechnung zur Folge, wenn er den Auftakt für eine dauerhafte abgestimmte Kontrolle darstellt. Diese Voraussetzung ist erfüllt, wenn sich das abgestimmte Verhalten in zeitlicher Hinsicht auf eine regelmäßige und nicht nur gelegentliche Interessenkoordination bezieht. Eine Zurechnung ist zu bejahen, wenn zwischen mehreren abgestimmten, punktuellen Verhaltensvorgängen ein *Fortsetzungszusammenhang* besteht. Wiederholte Abstimmungen sind demgegenüber als nicht zurechnungsbegründende Einzelfälle zu qualifizieren, wenn sie voneinander unabhängig sind und nicht der fortgesetzten Kontrolle der Zielgesellschaft dienen. Entscheidend ist, dass die Koordination der Aktionäre jeweils auf einem neuen Entschluss beruht.

Ein Fortsetzungszusammenhang kann gegeben sein, wenn vereinbart wird, dass bei jeder Abstimmung zu einem regelmäßig wiederkehrenden Tagesordnungspunkt eine Koalition geschmiedet wird. Hingegen handelt es sich bei der Abstimmung über mehrere Beschlussgegenstände auf derselben Hauptversammlung in der Regel um eine Abstimmung im Einzelfall. Vereinbarungen sind erfasst, in mindestens zwei Hauptversammlungen auf bestimmte Art abzustimmen. Hedgefonds weisen zwar im Vergleich zu anderen Investoren üblicherweise einen relativ kurzfristigen Anlagehorizont auf; auch bei einem Anlagehorizont von 2 Jahren kommt indessen eine dauerhafte Beeinflussung der Geschäftspolitik in diesem Sinne in Betracht.

4. Für typische gemeinschaftliche Verhaltensmuster von Hedgefonds ergibt sich Folgendes:

a) Ein abgestimmter Parallelerwerb von Hedgefonds begründet nur eine Zurechnung, wenn mit ihm zugleich Einflussnahmen auf die Gesellschaft beabsichtigt sind. Die reine Abstimmung über den Erwerb der Aktien allein hat keine Zurechnung zur Folge.

b) Eine von Hedgefonds mit anderen Aktionären abgestimmte Wahl eines Aufsichtsratsmitglieds führt nicht zu einer Zurechnung. Ein erhebliches abgestimmtes Verhalten in Bezug auf die Zielgesellschaft kann vorliegen, wenn die abstimmenden Aktionäre in der nicht mitbestimmten Aktiengesellschaft beabsichtigen, eine Mehrheit der Aufsichtsratsmitglieder zu wählen. Vereinbaren Aktionäre die Wahl mehrerer Aufsichtsratsmitglieder für eine Bestellungsperiode, so liegt kein abgestimmtes Verhalten vor, wenn nicht weitere Absprachen mit dem Ziel nachhaltiger und dauerhafter Einflussnahme hinzutreten. Eine spürbare Einflussnahme ist anzunehmen, wenn die Zusammensetzung des Aufsichtsrats für die Unternehmenspolitik erhebliche Bedeutung hat. Bei der Auswechslung mehrerer Aufsichtsratsmitglieder ist darauf abzustellen, ob mit der Maßnahme konkrete unternehmerische oder finanzwirtschaftliche Entscheidungen beabsichtigt sind, die dazu führen, dass sich bestimmte bislang verfolgte oder geplante strategische oder unternehmerische Politiken nicht mehr umsetzen lassen. Einigen Hedgefonds sich mit anderen Aktionären über eine Änderung der Unternehmensstrategie, und möchten sie diese über eine Besetzung des Aufsichtsrats und gegebenenfalls über eine damit verbundene Neubesetzung des Vorstands verfolgen, liegt ein abgestimmtes Verhalten vor.

Die abgestimmte Abberufung von Aufsichtsratsmitgliedern löst allein keine erhebliche und dauerhafte Einflussnahme auf die Herrschaftsstrukturen der Gesellschaft aus. Eine Stimmrechtsaddition kommt nur in Betracht, wenn die Aktionäre sich zugleich zurechnungsbegründend über die Wahl neuer Aufsichtsratsmitglieder abstimmen.

c) Sprechen sich Aktivisten darüber ab, dem Vorstand das Vertrauen per Beschluss zu entziehen, liegt grundsätzlich kein zurechnungsbegründendes abgestimmtes Verhalten vor. Ausnahmsweise ist aber eine beabsichtigte erhebliche und beständige Einflussnahme anzunehmen, wenn nach dem Gesamtplan der von den Aktionären beeinflusste Aufsichtsrat den Vorstand abberufen und neu besetzen soll, um konkrete unternehmerische Pläne umzusetzen.

d) Versagen mehrere Aktionäre den Mitgliedern von Vorstand oder Aufsichtsrat die Entlastung, um die Geschäftspolitik zu beeinflussen, stellt dies allein kein abgestimmtes Verhalten dar. Ein abgestimmtes Verhalten liegt nur vor, wenn die Maßnahme als Teilstück eines Gesamtplans fungiert, nach dem konkrete unternehmerische Absichten umgesetzt werden sollen.

e) Eine Abstimmung über eine Kapitalmaßnahme hat nicht zwingend in jedem Fall nennenswerten Einfluss auf das operative Geschäft einer Gesellschaft oder die Umsetzung des Unternehmensgegenstands. Ein abgestimmtes Verhalten liegt indes etwa vor, wenn sich eine geplante Übernahme auf Seiten der Bietergesellschaft ohne Kapitalerhöhungen voraussichtlich nicht finanzieren lässt, und eine gemeinschaftliche Ablehnung des Kapitalbeschlusses von einem unternehmerischen Gesamtplan der abgestimmten Aktivisten gedeckt ist.

f) Verlangt der Vorstand ausnahmsweise, dass die Hauptversammlung über eine Geschäftsführungsmaßnahme entscheidet (§ 119 Absatz 2 AktG), liegt bei einer entsprechenden Stimmrechtskoordination häufig eine beabsichtigte erhebliche und dauerhafte Einflussnahme auf die Herrschaftsstrukturen der Gesellschaft vor. Als Teil eines Gesamtplans stellt eine Absprache über Geschäftsführungsbeschlüsse ein abgestimmtes Verhalten dar.

5. Wirken Hedgefonds gemeinschaftlich mit anderen Aktivisten durch Gespräche oder durch ein Drohen mit Sanktionen auf Aufsichtsrat oder Vorstand ein, um auf diese Weise faktisch auf deren Entscheidungen Einfluss zu nehmen, kommt ebenso eine Stimmrechtszurechnung in Betracht.

a) Hedgefonds beeinflussen faktisch die unternehmerische Ausrichtung von Gesellschaften typischerweise in Übernahmesituationen. Verständigen sie sich mit anderen Aktivisten, etwa um die Übernahme einer anderen Gesellschaft mittels einer tatsächlichen Einflussnahme auf den Vorstand zu verhindern, haben sie sich in Bezug auf die Zielgesellschaft abgestimmt. Ebenso erfasst ist, wie etwa im Fall *ABN Amro/Barclays*, die Konstellation, dass Hedgefonds die Übernahme der Zielgesellschaft durch einen Konkurrenten verhindern wollen – sei es wegen der Bevorzugung einer Übernahme durch einen anderen Käufer oder aus anderen Gründen, so dass Vorstand und Aufsichtsrat den Aktionären nicht mehr empfehlen, das jeweilige Angebot anzunehmen.

b) Um eine Einwirkung auf die Geschäftspolitik des Unternehmens vorzubereiten oder zu ermöglichen, können aktivistische Hedgefonds gemeinsam die Personalbesetzung der Gesellschaftsgremien beeinflussen. Neben der Besetzung des Aufsichtsrats durch eine koordinierte Stimmrechtsausübung besteht die Möglichkeit, durch faktische Beeinflussung der Aufsichtsratsmitglieder sowohl die Wahl des Aufsichtsratsvorsitzenden als auch die Wahl und Abberufung des Vorstands mittelbar zu steuern. Das Auswechseln einzelner Personen in Aufsichtsrat und Vorstand kann indes nicht die unternehmerische Ausrichtung der Gesellschaft verändern. Die abgestimmte faktische Einflussnahme auf die Wahl des Aufsichtsratsvorsitzenden stellt grundsätzlich ein abgestimmtes Verhalten nur dar, wenn die abstimmenden Aktionäre zugleich eine mehrheitliche Besetzung des Aufsichtrates beabsichtigen und einen darüber hinausgehenden unternehmerischen Gesamtplan verfolgen. Beabsichtigen die Abstimmenden, dass der Vorsitzende eine bestimmte unternehmerische Neuausrichtung herbeiführen wird und dass ihm dies auf Grund der speziellen Zusammensetzung des Gremiums auch möglich ist,[1746] haben sie sich in Bezug auf die Gesellschaft abgestimmt.

c) Eine von Hedgefonds mit anderen Aktivisten abgestimmte, gemeinschaftlich erzwungene Sonderausschüttung ist nur bei Vorliegen besonderer Umstände geeignet, die unternehmerische Ausrichtung der Zielgesellschaft dauerhaft und erheblich zu beeinflussen. Ausnahmsweise liegt ein abgestimmtes Verhalten vor, wenn durch die Sonderausschüttungen Kapital in solcher Höhe abgezogen werden soll, dass der Vorstand von ihm verfolgte unternehmerische Maßnahmen, etwa ein geplanter Unternehmenszukauf, praktisch nicht finanzieren kann.

d) Die abgestimmte Einwirkung von Hedgefonds auf die Gesellschaft mit dem langfristigen Ziel, sie zu zerschlagen, hat regelmäßig eine Zurechnung zur Folge.

6. Stimmen Hedgefonds nach dem Erwerb von Fremdkapital mit Aktionären ihr Verhalten in Bezug auf die Zielgesellschaft ab, kommt eine Zurechnung der Stimmrechte der Anteilseigner in Betracht. Nicht erforderlich ist, dass der Bieter Aktionär der Zielgesellschaft oder bereits vor der Abstimmung Zurechnungssubjekt von Stimmrechten ist.

a) Einigen sich Hedgefonds als Fremdkapitalgeber mit Aktionären über die Besetzung des Aufsichtsrates, um einen *debt equity swap* oder ein Sanierungskonzept zu flankieren, liegt eine Verhaltensabstimmung in Bezug auf die Zielgesellschaft vor.

b) Jede Koordination von Hedgefonds mit Aktionären der Zielgesellschaft über eine Stimmrechtsausübung bei einer vereinfachten Kapitalherabsetzung, einer Kapitalerhöhung und einem Bezugsrechtsausschluss stellt ein abge-

---

[1746] Vgl. § 29 Absatz 2 MitbestG für die mitbestimmte Aktiengesellschaft.

stimmtes Verhalten in Bezug auf die Zielgesellschaft dar. Eine Zurechnung unterbleibt, wenn sich die Abstimmung des Forderungserwerbers allein auf die Umwandlung der Forderungen in Eigenkapital bezieht. Wenn sich die Abstimmenden anlässlich einer umfangreichen Restrukturierung für einen Zeitraum koordinieren, der sich über mehrere Hauptversammlungsperioden erstreckt, liegt wegen des bestehenden Fortsetzungszusammenhangs kein Einzelfall vor.

c) Drohen Hedgefonds Aktionären damit, Kredite fällig zu stellen oder gar ein Insolvenzverfahren zu beantragen, liegt eine Abstimmung vor, wenn die Anteilseigner auf die Forderungen eingehen. Auf welche Weise eine Verhaltenskoordination geschaffen wird, ist grundsätzlich unerheblich.

Ebenso haben sich Hedgefonds als Gläubiger in Bezug auf die Zielgesellschaft abgestimmt, wenn sie gemeinsam mit Aktionären beabsichtigen, Vorstand oder Aufsichtsrat faktisch zu beeinflussen, um die unternehmerische Ausrichtung der Gesellschaft insbesondere bei Restrukturierungen zu ändern.

In den Fällen einer Zurechnung als Fremdkapitalgeber kommt im Bereich des *Distressed Investing* im Rahmen einer Restrukturierung des Unternehmens allerdings eine Befreiung von den übernahmerechtlichen Verpflichtungen nach § 37 WpÜG in Betracht.

7. a) Beweisvermutungs- und Anscheinsregeln sind im Verwaltungs- und Beschwerdeverfahren gegen Anordnungen der Aufsichtsbehörde nicht anwendbar.

b) Abhängig von dem jeweiligen Verfahren sind die dafür einschlägigen Beweisregeln heranzuziehen. Dass ein *acting in concert* auch ordnungswidrigkeitsrechtliche Tatbestände erfüllen kann, hat keine Auswirkungen auf das zivilprozessuale Beweisverfahren und schließt Beweiserleichterungen sowie andere Modifikationen nicht von vorneherein aus.

aa) Zeigen sich Regelmäßigkeiten bei der Vorgehensweise von Hedgefonds, so kommt eine Anwendung der Regeln zum Anscheinsbeweis in Betracht, um ein konzertiertes Vorgehen beweisen zu können. Gelegentliche Kontakte und Gespräche zwischen Hedgefonds und anderen (Groß-)Aktionären lassen für sich genommen aber nicht typischerweise und zwingend darauf schließen, dass diese Aktionäre sich in ihrer Stimmrechtsausübung koordinieren. In Fällen, in denen Hedgefonds in vorgebrachten oder kontrovers diskutierten Fragen gleich abstimmen und insbesondere zuvor nachweislich in Kontakt standen oder gemeinschaftlich öffentlich Forderungen aufgestellt haben, kann auf

Grund eines hohen Bestätigungsgrades von einem typischen Geschehensablauf ausgegangen werden. Das gleiche gilt für Konstellationen, in denen einer Stimmrechtsabstimmung verdächtige Hedgefonds in der Vergangenheit bei streitigen Fragen in der Hauptversammlung stets gleich abgestimmt haben und nur durch dieses Abstimmverhalten erreichen konnten, dass ein bestimmtes Beschlussergebnis herbeigeführt wurde.

bb) Ein abgestimmtes Verhalten von Hedgefonds lässt sich auch mithilfe eines Indizienbeweises beweisen. Solche Indizien können etwa gemeinsame Treffen, der Austausch und das anschließende Löschen von Emails oder eine langjährige gemeinsame Praxis institutioneller Anleger in der Vergangenheit darstellen. Denkbar erscheint es daneben, dass bei Bestehen einer Bürogemeinschaft mehrerer Hedgefonds, einem gemeinsamen Auftreten in der Öffentlichkeit oder dem Verwenden von identischen Forderungsbriefen auch eine Verhaltenskoordinierung über eine gemeinsame Stimmrechtsausübung stattgefunden hat. Auch ein bewusstes gleichgerichtetes Abstimmungsverhalten in mehreren Tagesordnungspunkten, das nur im Hinblick auf eine Gesamtstrategie Sinn ergibt, spricht im Regelfall für eine Abstimmung. Hingegen rechtfertigt ein gleichförmiges Abstimmungsverhalten allein noch nicht die Vermutung eines abgestimmten Verhaltens. In den bisher entschiedenen Fällen kamen die Gerichte zwar zu dem Ergebnis, dass eine Verhaltensabstimmung sich allein anhand dieser Indizien nicht nachweisen ließ. Dies schließt allerdings nicht aus, dass die Rechtsprechung künftig auf Grund derartiger Indizien zu anderen Ergebnissen gelangt.

8. Im Rahmen der Strategien *„distressed securities“* und *„distressed debt“* können sich Hedgefonds von der *BaFin* von den übernahmerechtlichen Kontrollverpflichtungen nach Maßgabe der § 37 Absatz 1 WpÜG in Verbindung mit § 9 Satz 1 Nr. 3 WpÜG-AngVO befreien lassen. Erforderlich hierfür ist, dass die Zielgesellschaft sanierungsbedürftig sowie sanierungsfähig ist und die Antragsteller Sanierungsbeiträge leisten.

II. Aktive Hedgefonds unterliegen insbesondere den Mitteilungspflichten und den insiderrechtlichen Verhaltenspflichten des Wertpapierhandelsrechts.

1.a) Hedgefonds haben wie andere Kapitalmarktteilnehmer bedeutende Stimmrechtsanteile ab einer Schwelle von drei Prozent des Gesamtstimmrechtsanteils offenzulegen. Die Vorschriften sollen dem Kapitalmarkt und damit den Anlegern eine Information über die Kontrollstrukturen börsennotierter Gesellschaften ermöglichen. Außerdem sollen Vorstand und Aufsichtsrat erfahren, wer auf sie Einfluss üben kann, so dass sie gegebenenfalls frühzeitig auf Veränderungen reagieren und Konfliktpotential durch Gegenmaßnahmen beseitigen können.

b) Wie im Übernahmerecht sind einem Aktionär neben den von ihm selbst gehaltenen auch Stimmrechte anderer Aktionäre zuzurechnen. Die Zurechnungsvoraussetzungen von § 22 WpHG und § 30 WpÜG sind identisch auszulegen.

c) Zusätzlich sieht das Wertpapierhandelsgesetz Meldepflichten beim Halten von Finanzinstrumenten nach § 25 WpHG ab einer Schwelle von fünf Prozent des Gesamtstimmrechtsanteils vor. Anteils- und Derivatepositionen sind zusammenzurechnen. Erfasst sind nur Derivate, die bei Ausübung durch Lieferung von Aktien abgewickelt werden. Nicht physisch unterlegte *equity swap*-Differenzgeschäfte sind ebenso wie sonstige Barausgleichsderivate nicht aufzudecken. Hedgefonds können somit ihre Beteiligung an der Portfoliogesellschaft wirtschaftlich neutralisieren oder negativ ausgestalten. Börsengängige Kaufoptionen sind als schuldrechtliche Erwerbspositionen zu melden; faktische Erwerbsmöglichkeiten aus *long equity swap*-Vereinbarungen haben Aktivisten hingegen nicht offenzulegen.

d) Nach § 27a WpHG haben Hedgefonds ab einer Schwelle von zehn Prozent des Gesamtstimmrechtsanteils insbesondere die mit dem Erwerb der Stimmrechte verfolgten Ziele offenzulegen. Die Vorschrift wird Hedgefonds allerdings selbst bei Erreichen der hohen Meldeschwelle im Regelfall nicht dazu anhalten, dem Kapitalmarkt ihre Absichten aufzudecken. Eine Strategiepublizität steht vielen Hedgefondsstrategien entgegen, die Informationsineffizienzen nutzen; daneben hat der Gesetzgeber keine Sanktionen bei Verstößen gegen die Offenlegungspflicht vorgesehen.

2. Hedgefondsmanager können gegen das Verbot der Insidergeschäfte nach § 14 WpHG verstoßen, wenn sie eine Einflussnahme planen sowie in dieser Absicht Finanzinstrumente erwerben oder diese Information im Rahmen von Vorfeldabsprachen zwecks Machtbündelung verbreiten. Die Insidertatbestände schützen die Funktionsfähigkeit des Wertpapiermarktes, indem sie es untersagen, mit Hilfe von Sonderwissen auf den Kapitalmärkten sich oder anderen Vorteile zu verschaffen oder durch die Weitergabe von Insiderkenntnissen an andere Personen die Ausbreitung von Informationsasymmetrien zu befördern. Der Entschluss, größere Beteiligungen börsennotierter Gesellschaften zu erwerben, stellt eine Insiderinformation dar. Dies ist anzunehmen, wenn die Aktivisten eine Beteiligung anstreben, die die gesetzlichen

Publizitätsmeldeschwellen des WpHG überschreitet. Beteiligen sich *aktivistische* Hedgefonds an einem Unternehmen, werden sie nach dem Erwerb kleinerer Eingangspositionen häufig weitere Zukäufe tätigen, wenn es ihr Vermögen zulässt. Das sukzessive Beteiligungsvorhaben eines aktivistischen Hedgefonds ist daher auch dann eine Insiderinformation, wenn er zwar zunächst eine unerhebliche Position zu kaufen beabsichtigt, Volumen und Bonität des Fonds es aber ermöglichen, dass er einen die gesetzlichen Meldeschwellen überschreitenden Anteil an der Gesellschaft erwirbt. Ebenfalls stellt die bereits zum Vertragsschluss gegebene konkrete und gefestigte Absicht von Aktivisten, faktische Erwerbsmöglichkeiten aus Differenzkontrakten zum Aufbau größerer Beteiligungsblöcke zu nutzen, eine taugliche Insiderinformation dar. Allerdings verwendet ein Aktivist im Falle eines Kaufs nicht Insiderwissen, sondern realisiert lediglich seine eigene Entscheidung. Erwirbt ein Hedgefonds Aktien, um das Unternehmen zu beeinflussen, ist jedoch die innere Beeinflussungsabsicht für sich genommen als taugliche Insiderinformation zu qualifizieren, die der Aktivist beim Kauf verwendet. Indes fällt die Durchführung eigener unternehmerischer Entschlüsse nach Sinn und Zweck der Vorschriften nicht unter die Insiderhandelsverbote, so dass es grundsätzlich ebenso sanktionslos bleibt, wenn ein Hedgefonds anderen Aktivisten die eigene Strategie zwecks Machtbündelung mitteilt. Gehen Hedgefonds andere Engagements ein, um ihr wirtschaftliches Interesse an der Wertentwicklung der Anteilsposition an der Portfoliogesellschaft negativ auszugestalten und um auf diese in schädigender Weise einzuwirken, lässt sich dahingegen keine teleologische Reduktion der Insidertatbestände begründen.

III. Aktivistische Strategien von Hedgefonds weisen gesellschaftsrechtliche Berührungspunkte sowohl mit dem Konzernrecht als auch mit dem Verbandsrecht auf.

1. a) Die konzernrechtlichen Regelungen schützen die Portfoliogesellschaft, die außenstehenden Gesellschafter und die Gesellschaftsgläubiger bei nachteiligen gesellschaftsrechtlich vermittelten Einflussnahmen durch herrschende Unternehmen. Gleichen diese die Folgen der veranlassten Maßnahmen bei dem abhängigen Unternehmen nicht aus, haften die herrschenden Unternehmen nach § 317 AktG verschuldensunabhängig auf Schadensersatz.

b) Auch eine Minderheitsbeteiligung kann ausnahmsweise eine Abhängigkeit der Portfoliogesellschaft begründen, wenn diese Beteiligung wegen weiterer Umstände – wie beispielsweise einer dauerhaft niedrigen Hauptversammlungspräsenz – tatsächlich einen wie eine Mehrheit wirkenden Einfluss vermittelt. Dabei kann eine Gesellschaft nach den Grundsätzen der *Mehrmütterherrschaft* auch von mehreren Unternehmen abhängig sein, wenn sich diese untereinander koordinieren.

c) Im Gegensatz zum Übernahmerecht muss sich die abgestimmte Willensbildung zumindest auch auf die gleichförmige Ausübung des Stimmrechts in der Hauptversammlung der abhängigen Gesellschaft beziehen. Die nicht zugleich auf eine Stimmrechtsabstimmung abzielenden Koordinationen von Hedgefonds scheiden aus, insbesondere ein abgestimmter paralleler Erwerb von Aktien. Zugleich können Einwirkungen von Hedgefonds als Fremdkapitalgeber im Rahmen von *distressed debt*-Strategien für sich genommen keine konzernrechtliche Beherrschung begründen.

d) Eine für die Koordination erforderliche Abstimmung der Anteilseigner kann sowohl auf vertraglichen als auch auf rein tatsächlichen Umständen beruhen. Daneben muss die gemeinsame Beherrschung auf Dauer gesichert sein. Eine in der Vergangenheit gemeinsam betriebene Unternehmenspolitik kann dabei eine ausreichend sichere Grundlage für die Ausübung gemeinsamer Herrschaft darstellen. Regelmäßig müssen aber auch bei faktischen Koordinierungen weitere Absprachen hinzutreten, um eine gemeinsame Beherrschung annehmen zu können. Auch solche Verabredungen von Hedgefonds werden sich nur in seltenen Fällen nachweisen lassen.

Eine gesicherte und beständige Einflussnahme einer Gruppe von Müttern auf die gemeinsame Tochter kann auch gegeben sein, wenn die tatsächliche Gemeinsamkeit der Interessen der Gesellschafter derart stark und dauerhaft ist, dass sie eine gleich bleibende einheitliche Willensbildung erwarten lässt. Nach dieser Ansicht ließe sich zwar im Einzelfall eine gesicherte kollektive Einflussnahme etwa annehmen, wenn sich eine Gruppe von Hedgefonds wie im Fall der *Deutschen Börse AG* durch andere Engagements in einen Interessengegensatz zu den übrigen Aktionären bringt, und diese damit geschaffene besondere wirtschaftliche Beziehung eine gemeinschaftliche Stimmrechtsabgabe mit Sicherheit erwarten lässt und mithin eine – zumindest kurzfristige – Bindung erzeugt. Allerdings ist in diesen Konstellationen eine hinreichend dauerhafte Verbundenheit zwischen den Aktivisten regelmäßig zu verneinen: Zumindest ein transaktionsbezogener Interessengleichlauf mit anderen, gleich positionierten Investoren besteht nur im Hinblick auf die punktuelle Maßnahme und schafft für sich genommen keine Basis für darüber hinausgehende unternehmensbezogene Anliegen. Aus Sicht der beeinflussten Gesellschaft, der außenstehenden Mitaktionäre und der Gesellschaftsgläubiger führt diese gemeinsame Interessenlage ohne hinzutretende Umstände nicht zu einer Gefährdung durch eine beherrschende Einheit, die eine dauerhafte gemeinsam verfolgte Geschäftspolitik der Aktivisten garantiert und vor der das Konzernrecht schützen will.

e) Eine gemeinsame Beherrschung erfordert daneben eine gewisse Breite der Einflussnahme. Die Koordination zwischen den Aktionären muss sich auf wesentliche unternehmerische Bereiche der abhängigen Gesellschaft beziehen. Können Hedgefonds rechtlich oder faktisch die Unternehmenspolitik beeinflussen und verfügen dabei zusammengenommen über eine ausreichende Stimmrechtsmacht, den Aufsichtsrat abzuberufen oder umzubesetzen, kommt eine Stimmrechtszurechnung in Betracht. Abhängig ist die Gesellschaft, wenn es sich dabei um wesentliche Maßnahmen handelt, die die Verwaltung etwa im Hinblick auf Akquisitionen, Restrukturierungen oder eine Aufspaltung des Unternehmens durchführt. Eine gewisse Breite der Einflussnahme liegt insbesondere vor, wenn Hedgefonds die Finanzpolitik eines Unternehmens beeinflussen können. Allein die Möglichkeit, Beschlüsse zu blockieren, gewährt hingegen keinen beherrschenden Einfluss.

2. Hedgefonds können sowohl als Eigenkapitalgeber als auch als Fremdkapitalgeber Adressaten eines Schadensersatzanspruches aus § 117 AktG sein. Verursachen sie durch ihre – rechtliche oder faktische – Einflussnahme ein pflichtwidriges Verhalten der Leitungsorgane, das nicht durch das dem Vorstand eingeräumte Leitungsermessen einschließlich des Maßstabes der *business judgment rule* gedeckt ist, handeln die Aktivisten rechtswidrig. Gefährden Hedgefonds durch ihre Intervention die dauerhafte Ertragsfähigkeit und Wettbewerbsfähigkeit des Unternehmens, liegt ein ermessenswidriges Verhalten des Vorstands gegen das Unternehmensinteresse und damit ein zugleich rechtswidriges Verhalten der Hedgefonds vor. Insbesondere gilt dies für den Fall, in dem Aktivisten ein ökonomisches Interesse an einem Kursrückgang durch Investitionen in andere Finanzinstrumente aufweisen und sie aus diesem Grund für das Unternehmen objektiv erkennbar nachteilige Maßnahmen herbeiführen. Für eine vorsätzliche Schadenszuführung müssen die Aktivisten im Zeitpunkt der Einflussnahme um die generelle Eignung der forcierten Maßnahme gewusst haben, die Gesellschaft oder ihre Aktionäre zu schädigen. Hedgefonds nehmen einen Schaden der Gesellschaft oder der übrigen Aktionäre zumindest in den Fällen in Kauf, in denen sie im Interesse anderer Positionen Einfluss auf eine Gesellschaft nehmen, um den Kurs ihrer Aktien zu senken. Weil der Anspruchssteller die haftungsbegründenden Umstände –

insbesondere der Schädigungseignung – wegen des Fehlens einer Beweislastumkehr darzulegen und zu beweisen hat, gewährt die Norm lediglich einen in der Praxis unwirksamen Schutz.

Da einzelne Hedgefonds regelmäßig keine Beteiligungen erwerben, die für sich allein bereits einen relevanten Einfluss vermitteln würden, kommt auch bei dieser Haftung in der Praxis häufig lediglich eine gemeinschaftliche Begehung in Betracht. Da die Norm als deliktsrechtlicher Spezialtatbestand zu qualifizieren ist, müssen die zusätzlichen Beteiligungsvoraussetzungen des § 830 BGB und § 840 BGB erfüllt sein.

3. Wirken Hedgefonds als Aktionäre oder Fremdkapitalgeber auf die Geschäftsführung faktisch ein, scheidet eine Haftung als faktisches Organ aus.

4. a) Hedgefonds sind als Aktionäre der Treupflicht unterworfen und können ihre Stimmrechte nur im Rahmen dieser Pflichtbindung ausüben, selbst wenn sie nicht koordiniert handeln. Soweit mit einer Einflussnahme spürbar nachteilige Auswirkungen auf die Gesellschaftsinteressen oder der mitgliedschaftlich vermittelten Interessen der Mitaktionäre ausgehen können, hat der Aktionär sein Einflusspotential nur unter verhältnismäßiger Rücksichtnahme auf deren Belange einzusetzen. Dem Grundsatz der Verhältnismäßigkeit entsprechend darf niemand seine Einflussmöglichkeiten dergestalt ausüben, dass er den anderen in die Gefahr erheblicher Nachteile an gewichtigen und schutzwürdigen Interessen bringt, wenn auf seiner Seite keine schutzwürdigen Interessen betroffen sind. Dabei ist das Verhalten unabhängig davon unzulässig, ob sich im Einzelfall das Risiko einer Schädigung der anderen Seite tatsächlich manifestiert oder nicht.

b) Zwar haben Hedgefonds typischerweise ihre Stimmrechtsausübung am Unternehmensinteresse auszurichten, da sie durch ihr aktivistisches Verhalten häufig selbst bei grundsätzlich eigennützigen Beschlussgegenständen einen Bezug zum Gesellschaftszweck herstellen. Beeinflussen sie dabei aber die Gesellschaft, um eine ihrer Einschätzung nach effizientere Unternehmensstrategie zu etablieren und um dadurch – wie im Normalfall – den Anteilswert der Portfoliogesellschaft zu steigern, liegt regelmäßig kein treuwidriges Verhalten vor. Ihre Intervention deckt sich dann mit dem Gesellschaftsinteresse und damit zugleich dem Interesse der anderen Aktionäre, wobei ihnen bei dieser unternehmerischen Entscheidung ein gerichtlich nicht überprüfbarer Ermessensspielraum zukommt. Dies gilt selbst dann, wenn sie ihre Stimmrechte bei sog. uneigennützigen Beschlussgegenständen ausüben, die prinzipiell eine verstärkte Bindung an das Unternehmensinteresse fordern. Eine Ausnahme ergibt sich nur in Extremfällen, wenn das Auswahlermessen der Aktionäre auf Null reduziert ist, weil eine Einflussnahme zum Zeitpunkt der Beschlussfassung objektiv erkennbar existenzbedrohende Auswirkungen auf die Portfoliogesellschaft hat.

Insbesondere handeln aktivistische Aktionäre nicht treupflichtwidrig, wenn sie bei einer personalpolitischen Maßnahme ihre Stimmrechte ausüben, um bestimmte Mitglieder der Leitungsorgane auszutauschen und sie die mit diesen Personen verbundene geschäftspolitische Ausrichtung als nicht rentabel oder wertvernichtend für die Gesellschaft einschätzen. Selbst wenn sich die Maßnahme ex post als wenig zweckmäßig oder gar unzweckmäßig erweist, haben sie im Rahmen des ihnen zur Verfügung stehenden Ermessens gehandelt. Ein treuwidriges Verhalten von Hedgefonds durch rechtliche oder faktische Einflussnahme scheidet demgemäß grundsätzlich aus, wenn sie beabsichtigen, den Beteiligungswert der Portfoliogesellschaft zu erhöhen.

Eine Treupflichtverletzung scheidet ebenso regelmäßig aus, wenn die Fonds im Rahmen der Strategie *merger arbitrage* gegen Kapitalerhöhungen oder die Bereitstellung genehmigten Kapitals stimmen, um die Finanzierung einer avisierten Unternehmensübernahme zu verhindern. Nur ausnahmsweise erwächst aus der mitgliedschaftlichen Treupflicht in ihrer pflichtbegründenden Funktion eine positive Stimmpflicht. Auch dies ist erst anzunehmen, wenn nur eine einzige Entscheidung denkbar erscheint, die dem Wohl der Gesellschaft dient, während jede abweichende Entscheidung zur Folge hätte, dass der Gesellschaft ein erheblicher Schaden zugefügt oder der Verbandszweck gefährdet würde. Wenn die Aktivisten einen Zukauf etwa mit der Begründung blockieren möchten, die Übernahme sei strategisch verfehlt, etwa weil weder Skaleneffekte (*economies of scale*) noch Verbundeffekte (*economies of scope*) zu erwarten sind, richten sie ihre Intervention am Gesellschaftsinteresse und damit auch am Interesse der übrigen Aktionäre aus. Auch dann handeln sie wiederum regelmäßig im Rahmen des ihnen eingeräumten unternehmerischen Ermessens, selbst wenn sich das Unterbinden der Übernahme ex post als nicht zweckmäßig oder ökonomisch nachteilig für die Portfoliogesellschaft erweist. Aus den gleichen Gründen liegt ein Treupflichtverstoß in der Regel nicht vor, wenn aktivistische Hedgefonds im Rahmen der Strategie *distressed securities* nach dem Erwerb von Eigenkapital notleidender Unternehmen oder nach einem *debt equity swap* als Aktionäre Einfluss auf Restrukturierungen ausüben. Eine positive Stimmpflicht besteht demnach lediglich bei solchen Beschlussgegenständen, in denen die wirtschaftliche Existenz des Unternehmens unmittelbar mit dem bevorstehenden Abstimmungsergebnis korreliert. Daher scheidet eine derartige Pflicht im alltäglichen Geschehen regelmäßig aus. Nur in extremen Einzelfällen kann eine Blockadepolitik von Hedgefonds treupflichtwidrig sein und eine positive Stimmpflicht begründen, wenn mit einem negativen Beschlussergebnis der Bestand des Unternehmens zum Zeitpunkt der Beschlussfassung objektiv erkennbar hinreichend gefährdet erscheint.

c) Üben Hedgefonds ihre Stimmrechte dagegen im Interesse anderer Engagements aus, handeln sie gegebenenfalls treupflichtwidrig. Besteht wegen eingegangener externer Positionen ein erhebliches ökonomisches Interesse an einem Wertverlust der Aktie an der Portfoliogesellschaft, üben die Aktivisten ihre Stimmrechte im Interesse dieser externen Positionen und damit zugleich gegen die Interessen der Gesellschaft und übrigen Aktionäre aus. Der Aktionär handelt aber nur im Rahmen des ihm zugewiesenen unternehmerischen Ermessens, solange seine Entscheidung nicht von vornherein ungeeignet erscheint, den Gesellschaftszweck zu fördern und die Entscheidung auf einer sorgfältigen, von gesellschaftsfremden Erwägungen freien Abwägung der gegenläufigen Interessen beruht. Treuwidrig ist das Verhalten, wenn es ex ante, unter Berücksichtigung der im Zeitpunkt der Beschlussfassung erkennbaren Umstände und unter Zugrundelegung der absehbaren Entwicklung, zur Förderung des Gesellschaftszwecks erkennbar nicht geeignet, erforderlich oder verhältnismäßig im engeren Sinne war. Dass Hedgefonds mit ihrer Stimmrechtsabgabe gesellschaftsexterne Spekulationsinteressen verfolgen, die Gefahr einer Schädigung der Gesellschaft und dadurch reflexartig einer Beeinträchtigung der anderen Gesellschafter anstreben oder zumindest in Kauf nehmen, kann nicht das Gesellschaftsinteresse überwiegen. Zum Zeitpunkt der Beschlussfassung ist dann objektiv erkennbar, dass die Einflussnahme nicht frei von gesellschaftsexternen Erwägungen getroffen worden, nicht zur Verfolgung des Gesellschaftszwecks geeignet oder zumindest unverhältnismäßig ist.

5. Wirken Hedgefonds faktisch auf Vorstand und Aufsichtsrat ein, um sie zu einem bestimmten Verhalten in Bezug auf die Gesellschaft zu veranlassen, deckt sich dies mit den bei der Stimmrechtsausübung herausgearbeiteten Ergebnissen.

6. a) Die Ausübung der kollektiven Minderheitenschutzrechte unterliegt ebenfalls den Treubindungen in der Aktiengesellschaft, insbesondere das Recht zur Einberufung der Hauptversammlung. Da Hedgefonds eine außerordentliche Hauptversammlung hauptsächlich einberufen werden, um wegen abwei-

chender geschäftspolitischer Vorstellungen zügig den Aufsichtsrat auszutauschen oder über sonstige besondere Maßnahmen zu beschließen, scheidet regelmäßig eine rechtsmissbräuchliche Ausübung dieses Mitgliedschaftsrechts aus.

b) Auch das Auskunftsrecht ist als eigennütziges Aktionärsrecht der Treupflicht unterworfen und kann nur in deren Grenzen geltend gemacht werden. Ein Verstoß gegen die Treupflicht liegt in der illoyalen, grob eigennützigen, übermäßigen oder widersprüchlichen Ausübung von eigennützigen Mitgliedschaftsrechten. Als Beispiel lässt sich der Fall anführen, dass ein Aktionär eine nicht zu beantwortende Zahl von Fragen an den Vorstand stellt oder das Rederecht im Sinne eines sog. Filibustering ausübt. Eine illoyale und eigennützige Ausübung des Auskunftsrechts liegt vor, wenn Hedgefonds durch ein solches Vorgehen auf die Geschäftsführung des Vorstandes Einfluss nehmen oder bestimmte unternehmerische Entscheidungen erzwingen möchten. Ein Aktivist betreibt die Obstruktion in diesem Fall lediglich, um seine eigenen Vorstellungen über die Geschäftspolitik und das Management der Gesellschaft durchzusetzen und überschreitet die Grenze zur – zulässigen und erwünschten – Opposition. Das praktische Bedürfnis für eine zusätzliche Schranke ist wegen der Einschränkungen und Auskunftsverweigerungsmöglichkeiten des Tatbestandes des § 131 AktG indes gering.

7. Nur ein vorsätzliches treuwidriges Verhalten begründet einen Schadensersatzanspruch.

8. Die gesellschaftsrechtliche Treupflicht rechtfertigt keine über die bestehenden Mitteilungs- und Veröffentlichungspflichten hinausgehende Pflicht zur Offenlegung von Beteiligungen, die eine Einflussnahme ermöglichen sollen. Das gleiche gilt für eine Pflicht zur Aufdeckung von Short-Positionen an der Gesellschaft oder Positionen in anderen Gesellschaften, deren Wert mit dem der Portfoliogesellschaft korreliert.

9. Durch andere Positionen hervorgerufene wirtschaftliche Interessenkonflikte begründen kein Stimmverbot nach § 136 AktG; auch eine analoge Anwendung der Norm ist für diesen Fall ausgeschlossen.

IV. Liegen die Voraussetzungen des § 117 Absatz 1 AktG vor, ist § 826 tatbestandlich gegeben, wenn sich zusätzlich eine vorsätzlich sittenwidrige Schädigungsabsicht nachweisen lässt. Da schon eine Haftung aus§ 117 Absatz 1 AktG sich in der Praxis selten nachweisen lässt, wird die mit höheren Voraussetzungen versehene Norm des bürgerlichen Deliktsrechts im Hinblick auf

Schädigungen der Gesellschaft durch die Einflussnahme aktivistischer Hedgefonds nur in extremen Ausnahmefällen erfüllt und nachweisbar sein.

V. Hedgefonds können als Wertpapierdarlehensnehmer wegen des mit dem Wertpapierdarlehen verbundenen Vollrechtserwerbs regelmäßig die aus der Aktie folgenden Mitgliedschaftsrechte einschließlich Stimmrecht ausüben, ohne sich rechtsmissbräuchlich zu verhalten.

C. Regulierungsbedarf und Maßnahmen de lege ferenda

I. Das geltende Recht schützt vor von aktivistischen Hedgefonds ausgehenden Gefahren nur unvollständig.

1. Vor den mit einer kurzfristigen Anlageausrichtung verbundenen Risiken gewährt das geltende Recht während der Vorbereitung einer Einflussnahme einen unvollständigen und daher nur wenig wirksamen Schutz für Mitaktionäre und Portfoliogesellschaft. Zwar können die Vorschriften zur Beteiligungstransparenz insbesondere Aktionäre und Verwaltung darüber informieren, ob kurzfristig orientierte Anleger infolge der Höhe ihrer Beteiligung Einfluss auf die unternehmerische Ausrichtung der Gesellschaft nehmen können. Da Hedgefonds zwecks effektiver Einflussnahme vor allem in Publikumsgesellschaften auf die Kooperation anderer Marktteilnehmer angewiesen sind, entscheiden aber in erster Linie die Funktionalität und praktische Nachweisbarkeit der von den Zurechnungstatbeständen aufgestellten Voraussetzungen, ob die Vorschriften zur Anteilstransparenz einen ausreichenden Schutz durch umfassende Information der Kapitalmarktteilnehmer sicherstellen. Indes sind durch die bisher in der Praxis restriktiv ausgelegten und prozessual schwer nachweisbaren Zurechnungsvoraussetzungen Machtkonzentrationen für Leitungsorgane und Mitaktionäre in der Regel nicht zu erkennen. Es besteht Bedarf nach einer Regulierung, die den materiell bestehenden Schutz konkretisiert oder hilft, Nachweisprobleme zu beseitigen.

Hedgefonds können darüber hinaus über *long equity swap*-Vereinbarungen unbemerkt von Leitungsorganen und anderen Aktionären den Kauf von wesentlichen Beteiligungen und zugleich eine Beeinflussung des Unternehmens vorbereiten. Auch insoweit besteht eine Schutzlücke, die einen Regulierungsbedarf begründet.

2. Vor den Gefahren einer Interessenkollision auf Grund anderer Engagements gewährt das geltende Recht keinen hinreichenden Schutz für Gesellschaft und Mitaktionäre. Für die Fälle der Interessenkollision, in denen auf Grund von anderen Positionen das grundsätzlich durch die Eigenkapitalposition vermittelte wirtschaftliche Interesse an einer Wertsteigerung neutralisiert oder sogar negativ ausgestaltet ist, besteht Regulierungsbedarf. Bereits während der Vorbereitung einer Einflussnahme sind durch sonstige Positionen hervorgerufene ökonomische Interessenkonflikte nicht aufzudecken. Physisch nicht mit Aktien unterlegte Differenzkontrakte oder (*short-*) *equity swap-*

Vereinbarungen sind nach den Vorschriften zur Anteilstransparenz nicht offenzulegen, da in diesen Konstellationen kein unmittelbarer Stimmrechtsbezug besteht. Indes können Hedgefonds auf diese Weise ihr ökonomisches Interesse an der Portfoliogesellschaft bislang unerkannt neutralisieren oder negativ ausgestalten. Auch Derivatepositionen in anderen Gesellschaften wie Konkurrenten oder potentiellen Partnern sind nicht zu publizieren, wenn sie keinen Stimmrechtseinfluss gewähren. Je nach Ausgestaltung und Umfang dieser kombinierten Investitionen lässt die in diesen Konstellationen bestehende Interessendivergenz zu den übrigen Aktionären und der Gesellschaft eine zu deren Ungunsten ausfallende Einflussnahme erwarten. Die Rechtsverfolgung wird praktisch verhindert, da die für Hedgefonds handlungsbestimmende Interessenkollision den übrigen Aktionären und den Leitungsorganen nicht bekannt ist. Zwar löst eine im Interesse anderer Positionen erfolgende oder schädliche Einflussnahme auf Grund Verletzung der mitgliedschaftlichen Treupflicht, § 117 AktG und § 826 BGB gegebenenfalls Schadensersatzansprüche aus. Ohne Kenntnis davon, dass der/die betreffenden Hedgefonds ihre Position wirtschaftlich neutralisiert oder negativ ausgestaltet haben, können die anderen Marktteilnehmer diese Ansprüche im Regelfall nicht geltend machen.

II. Da Hedgefonds die angeführten Gefahren nur typischerweise verursachen, diese Risiken allerdings potentiell von allen Vertretern der Asset-Branche ausgehen, verbietet sich eine auf Hedgefonds beschränkte Regulierung. Zu empfehlende Regelungen sind damit für sämtliche Marktteilnehmer vorzusehen und nicht auf einzelne Investorengruppen zu beschränken.

1. Zu denken ist an Publizitätsregelungen, die auf eine erhöhte Information des Kapitalmarktes während der Vorbereitung einer Einflussnahme abzielen:

a) Es empfiehlt sich nicht, die bestehenden Schwellen für Meldepflichten zur Beteiligungspublizität weiter abzusenken.

b) Auch eine Ausweitung der Regelungen zur Strategiepublizität ist nicht angezeigt.

c) Um eine potentielle verdeckte Teilhaberschaft über Barausgleichsderivate für den Kapitalmarkt aufzudecken, empfehlen sich dagegen flankierende Vorschriften zur Beteiligungspublizität. Zu befürworten ist eine umfassende Offenlegungspflicht im Rahmen der Mitteilungspflichten beim Halten von sonstigen Finanzinstrumenten nach § 25 WpHG, die grundsätzlich auch an *long equity swap*- oder vergleichbare Vereinbarungen anknüpfen. Der Tatbestand sollte eine Mitteilungspflicht außer für schuldrechtliche auch für faktische Erwerbsmöglichkeiten von Aktien bei *equity swap*-Vereinbarungen vorsehen. Enthalten sollte die Norm punktuelle Ausschlusstatbestände, die eine Aufdeckungspflicht suspendieren, wenn die Parteien erklären, dass ein späterer Erwerb der Anteile ausgeschlossen oder nicht beabsichtigt sei.

d) Daneben sollten relevante investitionsbedingte Interessenkonflikte (*empty voting*) aufzudecken sein:

Um einen effektiven Schutz für Gesellschaft und Aktionäre zu erzielen, empfiehlt sich eine umfassende Pflicht zur Offenlegung solcher Kontrakte, die das wirtschaftliche Interesse des Investors an der Portfoliogesellschaft modifizieren. Um gewöhnliche Hedging-Aktivitäten nicht zu erfassen und andere Marktteilnehmer nicht über Gebühr zu belasten, sollte eine solche Mitteilungspflicht als ultima ratio nur bei Überschreiten hoher Schwellenwerte eingreifen. Zum Schutz von Gesellschaft und Mitaktionären sollte aufzudecken sein, wenn Leerverkäufe, *equity swaps* oder andere Derivate an Portfolio- oder Transaktionsgegenpartei einen Umfang erreichen, in denen wegen der Positionen ein bedeutendes ökonomisches Interesse der Aktivisten vorliegt, den Anteilswert der Aktien zu senken. Offenzulegen sollten Long- und Short-Positionen an der Portfoliogesellschaft, in Übernahmesituationen auch der Transaktionsgegenpartei, sein, wenn durch diese für den Investor per Saldo ein negatives ökonomisches Interesse in Höhe von beispielsweise mindestens 0,5 Prozent des Gesamtstimmrechtsanteils der Portfoliogesellschaft besteht. Um lediglich relevante Konfliktsituationen aufzudecken, sollte diese Publizitätspflicht auf Inhaber wesentlicher Beteiligungen an den Gesellschaften beschränkt sein – beispielsweise auf Meldepflichtige nach den §§ 21, 22 WpHG mit einem Anteilsbesitz von mindestens fünf oder zehn Prozent. Eine solche Meldepflicht für hoch gehedgte Positionen sollte als Indikator für Interessenkonflikte für sämtliche Marktteilnehmer eingeführt und nicht auf Hedgefonds beschränkt werden.

Wenn ein Investor normwidrig eine Mitteilung über die negative wirtschaftliche Ausgestaltung der Aktienposition unterlässt, sollten die Rechte aus den wirtschaftlich neutralisierten Aktien ruhen sowie ein Bußgeld verhängt werden können.

2. Tatbestände, die eine widerlegbare Abstimmungsvermutung aufstellen, könnten im Rahmen der Zurechnungsvorschriften des Übernahmerechts und des WpHG eine Beweis- und Auslegungserleichterung bewirken. Auf diese Weise könnten außenstehende Aktionäre effektiver über eine potentielle –

gegebenenfalls kurzfristig orientierte – Strategieänderung informiert werden. Indem konkrete Verhaltensweisen als Indizien oder Vermutungstatbestände für ein abgestimmtes Aktionärverhalten festgelegt würden, könnten auch Aktionäre zuverlässig einschätzen, ob ihr Verhalten voraussichtlich zu einer Zurechnung führt und ihr Handeln danach ausrichten. Solche Regelungen lassen sich etwa dem englischen City Code und dem österreichischen Übernahmegesetz entnehmen.

3. Da eine Stimmrechtsausübung mit negativ ausgestaltetem wirtschaftlichem Interesse die Interessen der Gesellschaft und der übrigen Aktionäre gefährdet und daher treuwidrig und nichtig ist, ist an ein gesetzliches Stimmverbot zu denken. Dabei wäre ein entsprechendes Stimmverbot dem Regelungsbereich des § 136 AktG zu unterstellen. In den im Tatbestand aufgeführten Fällen gilt eine unwiderlegliche Vermutung der Befangenheit wegen Interessenkollision. Davon wird man auch ausgehen müssen, wenn der Nachteil, den der Aktionär bei einer gesellschaftsschädlichen Abstimmung erleiden würde, durch den Vorteil aus einer eigennützigen Abstimmung aufgewogen wird. Modifiziert der Aktionär durch andere Finanzinstrumente seine wirtschaftliche Position derart, dass ein Wertverlust der Aktie nicht zu einer finanziellen Einbuße, sondern in einer wirtschaftlichen Gesamtschau vielmehr zu einem Ertrag auf Seiten des Aktionärs führt, entfällt die Rechtfertigung für dessen Stimmrecht. Bei einer Stimmrechtsausübung mit negativem wirtschaftlichem Interesse handelt es sich um eine Ausgangslage, die zu einer Gefährdung von Gesellschaft und Mitaktionären führt, wenn der Aktionär aus seiner Perspektive ökonomisch vernünftig handelt. Wäre diese Konstellation von § 136 AktG erfasst, wäre sie nicht mehr lediglich dem Bereich der Treupflicht als beweglicher Stimmrechtsschranke unterstellt, sondern wegen des typischen Risikos schon die Stimmabgabe nicht gestattet. Um Abgrenzungsprobleme zu vermeiden, ob ein konkreter Beschlussgegenstand überhaupt negative Auswirkungen auf das Unternehmensinteresse haben kann, sollte sich das Stimmverbot in diesen Konstellationen auf sämtliche Abstimmungsgegenstände erstrecken.

Letztlich würde auf diese Weise der Schutz von Gesellschaft und Mitaktionären während einer Einflussnahme verbessert. Funktional würde ein Stimmverbot einer zulässigen und begründeten Klage auf Unterlassung des Stimmrechtsgebrauchs gleichstehen, aber einen effektiveren, da praktikableren Schutz bereitstellen. Dass Investoren wie Hedgefonds das Stimmrechtsverbot beachten, wäre zugleich durch die Ordnungswidrigkeitsvorschrift des § 405 Absatz 3 Nr. 5 AktG abgesichert.

4. Ein Verbot der Stimmrechtsausübung aus geliehenen Aktien ist demgegenüber abzulehnen. Da in diesen Fällen kein rechtsmissbräuchliches Verhalten vorliegt, ist eine Sanktionierung nicht angezeigt.

5. Abzulehnen sind daneben Maßnahmen, die auf eine Schwächung des Einflusses potentiell kurzfristig orientierter Anleger abzielen.

6. Ebenso zurückzuweisen sind Maßnahmen, die Ausschüttungssperren ermöglichen.

7. Um Hedgefonds langfristige Anlagestrategien zu ermöglichen und solche Strategien zu fördern, empfiehlt sich als Deregulierungsmaßnahme, eine vertragliche Abdingbarkeit des nach § 116 InvG nur auf 3 Monate begrenzbaren Anlegerrücknahmerechts zu gestatten. Indem damit die Kapitalbindungsfristen ihrer Anleger verlängert würden, würde das Bestreben von Hedgefonds, in einem kurzen Zeitraum hohe Renditen zu erwirtschaften, zumindest abgemildert.

8. Ob Zufallsmehrheiten zu verhindern sind, ist zweifelhaft. Jedenfalls führt ein Präsenzbonus nicht zu einer qualitativ besseren Unternehmenskontrolle, da die Gefahr besteht, dass Aktionäre lediglich auf Grund des ökonomischen Anreizes an der Abstimmung teilnehmen, ohne sich die hierfür erforderlichen Informationen zu beschaffen. Mangels Dividendenausschüttung versagt dieser Ansatz gerade in den Fällen, in denen eine hohe Präsenz besonders wünschenswert ist, nämlich bei außerordentlichen Hauptversammlungen sowie bei Hauptversammlungen in der Krise der Gesellschaft.

D. Schlussbetrachtung

Neben den vorgeschlagenen Maßnahmen de lege ferenda besteht kein Bedürfnis nach weitergehender Regulierung. Der Versuch, jedwedes Risiko auszuschalten, bringt auch unerwünschte Nebenwirkungen wie weniger Innovation und geringeres Wachstum mit sich. Erforderlich für ein innovationsfreudiges Wirtschaftsumfeld sind ein gesundes Gleichgewicht zwischen einem Regulierungsrahmen und wirtschaftlicher Freiheit.[1747] Insbesondere eine spezielle Regulierung für Hedgefonds ist weder praktikabel noch empfehlenswert. Gesetzliche Abwehrmaßnahmen gegen aktivistische Aktionäre würden außerdem die effektive Kontrolle des Vorstands insoweit behindern.[1748]

Auch wenn betroffene Vorstände und Politiker die Hedgefonds-Manager zum Feindbild stilisieren („Heuschrecken"), darf nicht unberücksichtigt bleiben, dass sich im Verhalten der Hedgefonds nur die unterschiedliche Kapitalmarktkultur der angelsächsischen Länder zeigt. So kritisieren dort etwa große Pensionsfonds Unternehmensmanager öffentlich, wenn sie nicht den Unternehmenswert maximieren. Daneben nehmen aktivistische Hedgefonds – mit Ausnahme der Missbrauchsfälle – lediglich Aktionärsrechte in zulässiger Weise wahr, wie dies auch klassische institutionelle Investoren zu Tun pflegen. Dass Hedgefonds damit Ineffizienzen im Markt für Unternehmenskontrolle nutzen, ist nicht nur rechtmäßig, sondern im Sinne einer guten *Corporate Governance* sogar wünschenswert.

Niedrige Präsenzen und die daraus folgende, viel beschworene Gefahr von Zufallsmehrheiten beunruhigen in erster Linie das Management. Während früher die Vorstände deutscher Unternehmen ihre Geschäftsführungstätigkeit relativ unbeeinträchtigt und unbehelligt ausüben konnten, mag diese Entwicklung für einige Organmitglieder unangenehm erscheinen. Letztlich hat das Phänomen aktivistischer Hedgefonds Vorstände und Aufsichtsräte börsennotierter Gesellschaften für die Signale ihrer Aktionäre sensibilisiert.[1749] Eine durch Aktivismus hervorgerufene erhöhte Kontrolldichte zwingt sie zu offenerer Kommunikation mit den Eigenkapitalgebern und zu Änderungen der

---

[1747] Vgl. *McCreevy*, Man kann nicht alles bis ins Letzte regulieren, in: Börsenzeitung vom 27.04.2007, S. 8.

[1748] Vgl. *Döring*, Hedgefonds fördern die Finanzmarkstabilität, in: Börsenzeitung vom 05.05.2007, S. 8.

[1749] *Döring*, Hedgefonds fördern die Finanzmarktstabilität, in: Börsenzeitung vom 05.05.2007, S. 8.

Unternehmenspolitik. Sie können die Strategie des Unternehmens nicht mehr quasi autonom festlegen und erwarten, dass die Aktionäre dies hinnehmen. Vielmehr sind sie nun dazu angehalten, mit ihren Aktionären kontinuierlich zu kommunizieren und deren Wünsche zu berücksichtigen.[1750]

Gute Fundamentaldaten gewähren dabei eine solide Ausgangsbasis für eine erfolgreiche Investorenkommunikation (*investor relations*). Kollektive psychologische und emotionale Urteile entfalten eine bedeutsame Wirkung auf Kapitalmärkte und mithin auch auf die Unternehmensbewertung. Eine gute Reputation signalisiert dem Finanzmarkt, dass der Unternehmenswert in Zukunft gesteigert wird, zumindest aber erhalten bleibt. Daneben schafft sie Vertrauen und Respekt gegenüber einem Unternehmen und seiner Leitungsorgane.[1751] Schon aus diesem Grund sollte die Unternehmensführung darum bemüht sein, solide Fundamentaldaten zu produzieren und damit das Unternehmen im Wettbewerb in Bezug zu anderen Unternehmen desselben Sektors gut zu positionieren. Ein hoher Börsenkurs schützt dabei ebenso wie ein zeitiges Gegensteuern bei unrentablen Betriebseinheiten.[1752]

Auf der anderen Seite wird eine schlechte Reputation insbesondere ausgelöst durch die Mitteilung enttäuschender und überraschender Geschäftsergebnisse. Eine negative Unternehmensreputation signalisiert Unternehmensineffizienzen und ruft zunehmend Interventionen aktivistischer Hedgefonds und anderer Investoren hervor, um Geschäftsbelange und Strategie des Unternehmens zu beeinflussen.[1753] Dabei ist eine Intervention von Hedgefonds lediglich erfolgreich, wenn das Management den Rückhalt der Anteilseigner verloren hat und daher andere Aktionäre sich dem Vorhaben der Aktivisten anschließen.

Aus diesem Grund sollte das Management einen intensiven Dialog mit den Aktionären führen und auf diese Weise proaktiv versuchen, die Wahrnehmung und das Stimmungsbild des Kapitalmarktes zu seinen Gunsten zu beeinflussen. Die strategische Vorbereitung auf die Hauptversammlung beginnt dabei nicht erst wenige Wochen vor dem eigentlichen „Event", sondern ist als eine kontinuierliche und über das ganze Jahr fortdauernde Aufgabe einer zeitgemäßen Investorenkommunikation zu sehen. Dazu zählen regelmäßige Ak-

---

1750 *Dauner-Lieb*, WM 2007, 9, 16.; *Seibert*, in: FS Westermann, S. 1516

1751 *Meckel*, ZCG 2008, 59, 60.

1752 *Thaeter*, Firmen müssen auf Aktionärsaktivismus vorbereitet sein, in: Börsenzeitung vom 03.01.2007, S. 2.

1753 *Meckel*, ZCG 2008, 59, 60.

tionärserhebungen und der intensive Dialog mit Investoren, um Missstimmungen frühzeitig zu erkennen und Gegenmaßnahmen einzuleiten.[1754] Mit einer professionellen Hauptversammlungsvorbereitung lassen sich die Aktionärspräsenz steigern und für das Unternehmen wichtige Beschlüsse in die vom Management gewünschte Richtung lenken.[1755] Dabei ist eine genaue Analyse der Aktionärsstruktur wichtig. Nur auf diese Weise kann festgestellt werden, wo die größten Potentiale zur Aktivierung nicht präsenter Aktionäre liegen. Gerade bei „Roadshows" können Aufklärungsarbeit und Werbung rund um das Thema Hauptversammlung betrieben werden. Dort können Investoren auf die verschiedenen Möglichkeiten der Ausübung ihres Stimmrechts angesprochen und um Zustimmung für die Verwaltungsvorschläge geworben werden.[1756]

Sobald bestimmte, als aktiv bekannte Investoren wie Hedgefonds Aktienpositionen der Gesellschaft aufbauen oder öffentliche unternehmensbezogene Äußerungen abgeben, ist der Vorstand gefordert, hierauf gezielt zu reagieren und auf alle potentiellen Einwände gegen die vom Management vertretene Strategie Antworten vorzubereiten. Dies erfordert, dass die vom Vorstand vertretene Strategie in sich schlüssig und konsistent vermittelt wird. Kommunikations- und Erklärungslücken nutzen Aktivisten nämlich aus.[1757] In der Konsequenz führt dies zu einem erhöhten Rechtfertigungsdruck auf den Vorstand und zu einer effektiveren Kontrolle im Sinne einer guten *Corporate Governance.*

Ein aussichtsreicher Dialog ist vom Management vorzubereiten, indem es relevante Informationen über aktive Investoren wie Hedgefonds beschafft. Entscheidend ist dabei die Kenntnis von strategischer Ausrichtung und Erwartungshaltung aktiver Investoren. Daneben sind Investitionshorizont und Historie solcher Aktivisten zu analysieren; hieraus kann geschlossen werden, ob sie bei Meinungsverschiedenheiten über die Unternehmensführung zunächst das Gespräch mit dem Management im Hintergrund suchen oder sofort an die Öffentlichkeit herantreten.[1758]

1754 Vgl. *O.V.*, Aktive Investoren gewinnen an Bedeutung, in: Börsenzeitung vom 22.05.2007, S. 10.

1755 *Ackermann/Philippi*, „Stimm ab, Aktionär!", in: Börsenzeitung vom 19.05.2007, S. B6.

1756 *Ackermann/Philippi*, „Stimm ab, Aktionär!", in: Börsenzeitung vom 19.05.2007, S. B6.

1757 *Fieseler/Meckel*, Der Feind in meinem Board, in: FAZ vom 04.02.2008, S. 20.

1758 *Fieseler/Meckel*, Der Feind in meinem Board, in: FAZ vom 04.02.2008, S. 20.

Im Falle einer öffentlichen Auseinandersetzung mit aktivistischen Hedgefonds hat die Unternehmensführung unmittelbar zu reagieren. Dabei sind die Aktivisten entweder gezielt in privaten Gesprächen oder im Falle eines öffentlichen Rechtfertigungsdrucks über die Medien anzusprechen. Ignoriert sie die Forderungen, setzt sich die Unternehmensleitung der Gefahr aus, dass die Aktivisten die Streit- und Kritikpräsenz erhöhen und potentiell die Opposition vergrößern. Mithilfe einer aktiven Kommunikation lassen sich möglicherweise Kritikpunkte schon im Vorfeld einer Krise wieder aus der öffentlichen Debatte nehmen.[1759] Auf diese Weise kann vermieden werden, dass Sachentscheidungen in der beschriebenen Weise personalisiert werden oder zu einem Schlagabtausch in den Medien führen.[1760]

Die unternehmenspolitischen Wünsche der Anteilseigner können zwar die Grundlage der Investorenkommunikation, indessen natürlich nicht alleiniger Maßstab für die Strategieorientierung des Unternehmens sein. Der Vorstand hat im Rahmen des ihm eingeräumten Leitungsermessens[1761] selbst zu entscheiden, wie er die – gegebenenfalls partiellen – Aktionärsinteressen gewichtet. Nach wie vor ist es grundsätzlich Aufgabe des Vorstands als Geschäftsführungsorgan, die Unternehmensstrategie den Marktgegebenheiten und anderen äußeren Einflüssen anzupassen.

Gehen die Auffassungen von Finanzinvestoren und Management über die profitablere Strategie auseinander, obliegt es dem Vorstand, die Aktionäre davon zu überzeugen, dass der von ihm verfolgte Kurs langfristig den Unternehmenswert am wahrscheinlichsten und meisten steigert.[1762] Im Rahmen der Investorenkommunikation ist detailliert zu erläutern, aus welchem Grund die vom Vorstand eingeschlagene Strategie im Gegensatz zu den Aktivistenforderungen voraussichtlich Gewinne generiert. Dabei sollten die Stärken der eingeschlagenen Strategie und des Unternehmens nachvollziehbar hervorgehoben werden. Gelingt dem Vorstand dies, wird eine kurzfristig orientierte aktivistische Strategie von Hedgefonds keine Mehrheit finden.

Die Chance und Aufgabe des Vorstands liegt also darin, den verschiedenen Investorengruppen die Unternehmensstrategie nachvollziehbar und überzeugend zu vermitteln und auf diese Weise die Kontrolle über das Schicksal des

---

[1759] *O.V.*, Vorstände sollen offener werden, in: FAZ vom 18.07.2007, S. 19; *Fieseler/Meckel*, Der Feind in meinem Board, in: FAZ vom 04.02.2008, S. 20.

[1760] *Richter*, Eine Zäsur für die Corporate Governance, in: FAZ vom 19.05.2005, S. 27.

[1761] BGHZ 125, 239, 246; *Hüffer*, AktG, § 76 Rn. 12.

[1762] Vgl. *Fleischer*, ZGR 2008, 185, 215.

Unternehmens in der Hand zu behalten.[1763] Dies mag die entscheidende Lehre aus dem Fall *Deutsche Börse AG* sein.[1764] Die Vorgänge um diese Gesellschaft markieren eine Zäsur in Fragen der *Corporate Governance* in deutschen Aktiengesellschaften: In zunehmendem Maße können sich bedeutende Investoren ermutigt fühlen, ihren Einfluss auf Vorstandsentscheidungen geltend zu machen.[1765] So hat *Werner Seifert* als damaliger Vorstandsvorsitzender der *Deutschen Börse AG* der aktiven Aktionärsfront rund um den Hedgefonds *TCI* noch entgegnet: „*This is how we do business in Germany and if you don't like it, you can sell your shares.*"

Diese Zeiten sind vorbei.[1766]

[1763] Vgl. *Thaeter*, Firmen müssen auf Aktionärsaktivismus vorbereitet sein, in: Börsenzeitung vom 03.01.2007, S. 2; *Fieseler/Meckel*, Der Feind in meinem Board, in: FAZ vom 04.02.2008, S. 20; *Seibert*, in: FS Westermann, S. 1516.

[1764] Überzeugend *Seibert*, in: FS Westermann, S. 1516.

[1765] *Richter*, Eine Zäsur für die Corporate Governance, in: FAZ vom 19.05.2005, S. 27.

[1766] Zutreffend *Fieseler/Meckel*, Der Feind in meinem Board, in: FAZ vom 04.02.2008, S. 20.

Literaturverzeichnis

Adolff, Johannes, Meister, Burkhardt, Randell, Charles, Stephan, Klaus	Public Company Takeovers in Germany, München 2002. (zit.: *Adolff/Meister/Randell/Stephan*, Public Company Takeovers in Germany, S.)
Albrecht, Peter, Mandl, Jochen	Hedgefonds in der Kapitalanlage von Versicherungsunternehmen - Caveats aus wissenschaftlicher Sicht, in: Mannheimer Manuskripte zu Risikotheorie, Portfolio Management und Versicherungswirtschaft Nr. 161, 2005. (zit.: *Albrecht/Mandl*, Hedgefonds in der Kapitalanlage von Versicherungsunternehmen - Caveats aus wissenschaftlicher Sicht, S.)
Al-Sharkas, Adel	The Return in Hedge-Fund Strategies, in: International Journal of Business, Vol. 10, No. 3, 2005. (zit.: *Al-Sharkas*, The Return in Hedge-Fund Strategies, S.)
Anabtawi, Iman, Stout, Lynn A.	Fiduciary Duties for Activist Shareholders, in: UCLA School of Law, Law & Economics Research Paper Series No. 08-02. (zit.: *Anabtawi/Stout*, Fiduciary Duties for Activist Shareholders, S.)
Apfelbacher, Gabriele, Barthelmess, Stephan, Buhl, Thomas, von Dryander, Christof	German Takeover Law, München 2002. (zit.: *Autor*, in: Apfelbacher/Barthelmess/Buhl/v. Dryander, German Takeover Law, Sec. Rn.)
Arends, Volker	Die Offenlegung von Aktienbesitz nach deutschem Recht, Wiesbaden 2000. (zit.: *Arends*, Die Offenlegung von Aktienbesitz nach deutschem Recht, S.)
Arnold, Arnd	Die Steuerung des Vorstandshandelns, München 2007. (zit.: *Arnold*, Die Steuerung des Vorstandshandelns, S.)

Ders.	Aktive Aktionäre – Fluch oder Segen für die Corporate Governance?, in: Zeitschrift für Corporate Governance (ZCG) 2008, S. 221-228. (zit.: *Arnold*, ZCG 2008, 221, S.)
Assmann, Heinz-Dieter	Übernahmeangebote im Gefüge des Kapitalmarktrechts, insbesondere im Lichte des Insiderrechts, der Ad hoc-Publizität und des Manipulationsverbots, in: Zeitschrift für Unternehmens- und Gesellschaftsrecht (ZGR) 2002, S. 697-727. (zit.: *Assmann*, ZGR 2002, 697, S.)
Ders.	Erwerbs-, Übernahme- und Pflichtangebote nach dem Wertpapiererwerbs- und Übernahmegesetz aus der Sicht der Bietergesellschaft, in: Die Aktiengesellschaft (AG) 2002, S. 114-125. (zit.: *Assmann*, ZGR 2002, 114, S.)
Ders., Schneider, Uwe H. (Hrsg.)	Wertpapierhandelsgesetz Kommentar, 4. Auflage, Köln 2006. (zit.: *Bearbeiter*, in: Assmann/Schneider, WpHG, § Rn.)
Assmann, Heinz-Dieter, Pötzsch, Thorsten, Schneider, Uwe H. (Hrsg.)	Wertpapiererwerbs- und Übernahmegesetz Kommentar, Köln 2005. (zit.: *Bearbeiter*, in: Assmann/Pötzsch/Schneider, WpÜG, § Rn.)
Bainbridge, Stephen M.	Corporation Law and Economics, New York 2002. (zit.: *Bainbridge*: Corporation Law and Economics, S.)
Bassen, Alexander	Institutionelle Investoren und Corporate Governance, Wiesbaden 2002. (zit.: *Bassen*, Institutionelle Investoren und Corporate Governance, S.)
Baumbach, Adolf, Lauterbach, Wolfgang, Albers, Jan, Hartmann, Peter	Zivilprozessordnung mit Gerichtsverfassungsgesetz und anderen Nebengesetzen, 57. Auflage, München 1999. (zit.: *Bearbeiter*, in: Baumbach/Lauterbach/Albers/Hartmann, ZPO, § Rn.)

Baums, Philipp A. — Der Ausschluss von Minderheitsaktionären nach §§ 327 a ff. AktG n. F., in: Wertpapier-Mitteilungen (WM) 2001, S. 1843-1850. (zit.: *P. Baums*, WM 2001, 1843, S.)

Baums, Theodor — Der Geschäftsleitervertrag, Köln 1987. (zit.: *Baums*, Der Geschäftsleitervertrag, S.)

Ders. — Übernahmeregeln in der Europäischen Gemeinschaft, in: Zeitschrift für Wirtschaftsrecht (ZIP) 1989, S. 1376-1381. (zit.: *Baums*, ZIP 1989, 1376, S.)

Ders. — Empfiehlt sich eine Neuregelung des aktienrechtlichen Anfechtungs- und Organhaftungsrechts, insbesondere der Klagemöglichkeiten von Aktionären? Gutachten F zum 63. Deutschen Juristentag, München 2000. (zit.: *Baums*, Gutachten F zum 63. DJT, S.)

Ders. — Die Fremdkapitalfinanzierung der AG durch das Publikum, in: Bayer/Habersack, Aktienrecht im Wandel, Band 2, Tübingen 2007, S. 955- 994. (zit.: *Baums*, in: Bayer/Habersack, Aktienrecht im Wandel, Bd. 2, S.)

Ders. — Rücklagenbildung und Gewinnausschüttung im Aktienrecht, in: Festschrift für Karsten Schmidt zum 70. Geburtstag, Köln 2009, S. 57-83. (zit. *Baums*, in: FS K. Schmidt, S.)

Ders., Thoma, Georg (Hrsg.) — Kommentar zum Wertpapiererwerbs- und Übernahmegesetz, Loseblattsammlung, 2. Lieferung, Köln 2007. (zit.: *Bearbeiter*, in: Baums/Thoma, WpÜG, § Rn.)

Ders., Sauter, Maike — Anschleichen an Übernahmeziele mittels Cash Settled Equity Derivaten – ein Regelungsvorschlag, Institute for Law and Finance Working Paper No. 97. (zit.: *Baums/Sauter*, Anschleichen an Übernahmeziele mittels Cash Settled Equity Derivaten – ein Regelungsvorschlag, S.)

Ders., von Randow, Philipp	Der Markt für Stimmrechtsvertreter, in: Die Aktiengesellschaft (AG) 1995, S. 145-163. (zit.: *Baums/v. Randow*, AG 1995, 145, S.)
Beckerhoff, Tom	Treupflichten bei der Stimmrechtsausübung und Eigenhaftung des Stimmrechtsvertreters, Frankfurt 1996. (zit.: *Beckerhoff*, Treupflichten bei der Stimmrechtsausübung und Eigenhaftung des Stimmrechtsvertreters, S.)
Beckmann, Ralph, Kersting, Mark Oliver, Mielke, Werner	Das neue Übernahmerecht, München 2003. (zit.: *Beckmann/Kersting/Mielke*, Übernahmerecht, Rn.)
Bednarz, Sebastian	Die US-amerikanische Regulierung von Hedgefonds, in: Recht der Internationalen Wirtschaft (RIW) 2007, S. 34-42. (zit.: *Bednarz*, RIW 2007, 34, S.)
Bekier, Matthias	Marketing of Hedge Funds: a key strategic variable in defining possible roles of an emerging investment force, 2.Auflage, Bern 1998. (zit.: *Bekier*, Marketing of Hedge Funds, S.)
Berg, Bernd	Hedge Fonds in Deutschland, Marburg 2004. (zit.: *Berg*, Hedge Fonds in Deutschland, S.)
Berger, Hanno, Steck, Kai-Uwe	Regulierung von Hedgefonds in Deutschland, in: Zeitschrift für Bankrecht und Bankwirtschaft (ZBB) 2003, S. 192-202. (zit.: *Berger/Steck*, ZBB 2003, 192, S.)
Berger, Klaus Peter, Filgut, Esther	„Acting in Concert" nach § 30 Abs. 2 WpÜG, in: Die Aktiengesellschaft (AG) 2004, S. 592-603. (zit.: *Berger/Filgut*, AG 2004, 592, S.)
Berle, Adolf A. Jr., Means, Gardiner C.	The modern Corporation and private Property, New York 1933. (zit.: *Berle/Means*, The modern Corporation and private Property, S.)
Berner, Mirko	Der neue Rahmenvertrag für Wertpapierdarlehen, in: Die Bank, 1999, S. 867-971. (zit.: *Berner*, Die Bank 1999, 867, S.)

Böttcher, Lars Liekefett, Kai Haakon	Mitbestimmung bei Gemeinschaftsunternehmen mit mehr als zwei Muttergesellschaften, in: Neue Zeitschrift für Gesellschaftsrecht (NZG) 2003, S. 701-708. (zit.: *Böttcher/Liekefett*, NZG 2003, 701, S.)
Borges, Georg	Acting in Concert: Vom Schreckgespenst zur praxistauglichen Zurechnungsnorm, in: Zeitschrift für Wirtschaftsrecht (ZIP) 2007, S. 357-365. (zit.: *Borges*, ZIP 2007, 357, S.)
Bratton, William	Hedge Funds and Governance Targets, Georgetown Law and Economic Research Paper No. 928689. (zit.: *Bratton,* Hedge Funds and Governance Targets)
Brav, Alon, Jiang, Wie, Partnoy, Frank, Thomas, Randall	Hedge Fund Activism, Corporate Governance and Firm Performance, European Corporate Governance Institute Finance Working Paper No. 139/2006. (zit.: *Brav/Jiang/Partnoy/Thomas*, Hedge Fund Activism, Corporate Governance and Firm Performance)
Bretzler, Marcus, Rudolph, Dirk	Hedge Fonds & Alternative Investments, Frankfurt 2004. (zit.: *Bretzler/Rudolph*, Hedge Fonds & Alternative Investments, S.)
Briggs, Thomas W.	Corporate Governance and the new Hedge Fund Activism: An emperial Analysis, Journal of Corporation Law, Vol. 32, No.4, 2007. (zit. *Briggs,* Corporate Governance and the new Hedge Fund Activism: An emperial Analysis, S.)
Brüggemeier, Gert	Die Einflussnahme auf die Verwaltung einer Aktiengesellschaft, in: Die Aktiengesellschaft (AG) 1988, S. 93-102). (zit.: *Brüggemeier*, AG 1988, 93, S.)

Bülow, Christoph von, Bücker, Thomas — Abgestimmtes Verhalten im Kapitalmarkt- und Gesellschaftsrecht,
in: Zeitschrift für Unternehmens- und Gesellschaftsrecht (ZGR) 2004, S. 669-720.
(zit.: *v. Bülow/Bücker*, ZGR 2004, 669, S.)

Bülow, Christoph von, Stephanblome, Markus — Acting in Concert und neue Offenlegungspflichten nach dem Risikobegrenzungsgesetz,
in: Zeitschrift für Wirtschaftsrecht (ZIP) 2008, S. 1797-1806.
(zit.: *v. Bülow/Stephanblome*, ZIP 2008, 1797, S.)

Bürgers, Tobias — Das Anlegerschutzverbesserungsgesetz,
in: Zeitschrift für Bank- und Kapitalmarktrecht (BKR) 2004, S. 424-432.
(zit.: *Bürgers*, BKR 2004, 424, S.)

Bungert, Hartwin — Die Treupflicht des Minderheitsaktionärs,
in: Der Betrieb (DB) 1995, S. 1749-1756.
(zit.: *Bungert*, DB 1995, 1749, S.)

Burgard, Ulrich — Die Offenlegung von Beteiligungen, Abhängigkeits- und Konzernlagen bei der Aktiengesellschaft, Berlin 1990.
(zit.: *Burgard*, Die Offenlegung von Beteiligungen, Abhängigkeits- und Konzernlagen bei der Aktiengesellschaft, S.)

Ders. — Die Offenlegung von Beteiligungen bei der Aktiengesellschaft,
in: Die Aktiengesellschaft (AG) 1992, S. 41-54.
(zit.: *Burgard*, AG 1992, 41, S.)

Ders. — Ad-hoc-Publizität bei gestreckten Sachverhalten und mehrstufigen Entscheidungsprozessen,
in: Zeitschrift für das gesamte Handelsrecht und Wirtschaftsrecht (ZHR), Band 162 (1998), S. 51-100
(zit.: *Burgard*, ZHR 162, 51, S.)

Cahn, Andreas — Grenzen des Markt- und Anlegerschutzes durch das WpHG,
in: Zeitschrift für das gesamte Handelsrecht und Wirtschaftsrecht (ZHR), Band 162 (1998), S. 1-50.
(zit.: *Cahn*, ZHR 162, 1, S.)

Ders.	Probleme der Mitteilungs- und Veröffentlichungspflichten nach dem WpHG bei Veränderungen des Stimmrechtsanteils an börsennotierten Gesellschaften, in: Die Aktiengesellschaft (AG), 1997, S. 502-512. (zit.: *Cahn,* AG 1997, 502, S.)
Ders.	Das neue Insiderrecht, in: Der Konzern 2005, S. 5-13. (zit.: *Cahn*, Der Konzern 2005, 5, S.)
Cascante, Christian, Topf, Cornelia	„Auf leisen Sohlen"? – Stakebuilding bei der börsennotierten AG, in: Die Aktiengesellschaft (AG), 2009 S. 53-72. (zit.: *Cascante/Topf*, AG 2009, 53, S.)
Caspari, Karl-Burkhard	Die geplante Insiderregelung in der Praxis, in: Zeitschrift für Unternehmens- und Gesellschaftsrecht (ZGR) 1994, S. 530-546. (zit.: *Caspari*, ZGR 1994, 530, S.)
Ders.	Anlegerschutz in Deutschland im Lichte der Brüsseler Richtlinien, in: Neue Zeitschrift für Gesellschaftsrecht (NZG) 2005, S. 98-103. (zit.: *Caspari*, NZG 2005, 98, S.)
Casper, Matthias	Acting in Concert - Grundlagen eines neuen kapitalmarktrechtlichen Zurechnungstatbestandes, in: Zeitschrift für Wirtschaftsrecht (ZIP) 2003, S. 1469-1477. (zit.: *Casper*, ZIP 2003, 1469, S.)
Ders., Bracht, Hannes	Abstimmung bei der Wahl des Aufsichtsrats: Ein Fall für ein Pflichtangebot?, in: Neue Zeitschrift für Gesellschaftsrecht (NZG) 2005, S. 839-841. (zit.: *Casper/Bracht*, NZG 2005, 839, S.)
Clashinrichs, Ralf	Hedge Funds – Grundlagen, Chancen, Risiken, Zukunft, Berlin 2005. (zit.: *Clashinrichs*, Hedge Funds, S.)
Claussen, Carsten Peter (Hrsg.)	Bank- und Börsenrecht für Studium und Praxis, 4. Auflage, München 2008. (zit.: *Bearbeiter*, in: Claussen, Bank- und Börsenrecht für Studium und Praxis, § Rn.)

Cottier, Philipp — Hedge Funds and Managed Futures – Performance, Risks, Strategies, and Use in Investment Portfolios, Wien 1997.
(zit.: *Cottier*, Hedge Funds and Managed Futures, S.)

Dauner-Lieb, Barbara — Aktuelle Vorschläge zur Präsenzsteigerung in der Hauptversammlung,
in: Wertpapier-Mittelungen (WM) 2007, S. 9-16.
(zit.: *Dauner-Lieb*, WM 2007, 9, S.)

Davies, Paul L. — Gower and Davie's Principles of Modern Company Law, 7. Auflage, London 2003.
(zit.: *Davies*, Gower and Davie's Principles of Modern Company Law, S.)

Dichtl, Hubert, Kleeberg, Jochen, Schlenger, Christian (Hrsg.) — Handbuch Hedge Funds, Bad Soden 2005.
(zit.: *Autor*, Beitrag, in: Dichtl/Kleeberg/Schlenger, Handbuch Hedge Funds, 2005, S.)

Diem, Andreas — Akquisitionsfinanzierungen, München 2005.
(zit.: *Diem*, Akquisitionsfinanzierungen, S.)

Dietel, Peter — Der Widerruf der Bestellung zum Vorstandsmitglied bei Vertrauensentzug der Hauptversammlung, Köln 1965.
(zit.: *Dietel*, Der Widerruf der Bestellung zum Vorstandsmitglied bei Vertrauensentzug der Hauptversammlung, S.)

Dreher, Meinrad — Treuepflichten zwischen Aktionären und Verhaltenspflichten bei der Stimmrechtsbündelung,
in: Zeitschrift für das gesamte Handelsrecht und Wirtschaftsrecht (ZHR), Band 157 (1993), S. 150-171.
(zit.: *Dreher*, ZHR 157, 150, S.)

Easterbrook, Frank, Fischel, Daniel — The Economic Structure of Corporate Law, Cambridge 1991.
(zit.: *Easterbrook/Fischel*, The Economic Structure of Corporate Law, S.)

Ehricke, Ulrich, Ekkenga, Jens, Oechsler, Juergen — Kommentar zum Wertpapiererwerbs- und Übernahmegesetz, München 2003
(zit.: *Bearbeiter*, in: Ehricke/Ekkenga/Oechsler, WpÜG, § Rn.)

Eichengreen, Barry, Mathieson, Donald (Hrsg.) — Hedge Funds and Financial Market Dynamics, Washington DC 1998.
(zit.: *Autor*, Beitrag, in: Eichengreen/Mathieson, Hedge Funds and Financial Market Dynamics, S.)

Eidenmüller, Horst — Unternehmenssanierung zwischen Markt und Gesetz, Köln 1999.
(zit.: *Eidenmüller*, Unternehmenssanierung zwischen Markt und Gesetz, S.)

Ders. — Regulierung von Finanzinvestoren, in: Deutsches Steuerrecht (DStR) 2007, S. 2116-2121.
(zit.: *Eidenmüller*, DStR 2007, 2116, S.)

Emmerich, Volker, Habersack, Mathias — Aktien- und GmbH-Konzernrecht, 3. Auflage, München 2003.
(zit.: *Bearbeiter*, in: Emmerich/Habersack, Aktien- und GmbH-Konzernrecht, § Rn.)

Emmerich, Volker, Sonnenschein, Jürgen, Habersack, Mathias — Konzernrecht, 7. Auflage, München 2001.
(zit.: *Emmerich/Sonnenschein/Habersack*, Konzernrecht, S.)

Engert, Andreas — Hedgefonds als aktivistische Aktionäre in: Zeitschrift für Wirtschaftsrecht (ZIP) 2006, S. 2105-2113.
(zit.: *Engert*, ZIP 2006, 2105, S.)

Enos, Gary Gmür, Stefan — Hedgefondsanlagen für institutionelle Investoren – USA als Vorbild?, in: Zeitschrift für das gesamte Kreditwesen 2006, S. 849-851.
(zit.: *Enos/Gmür*, ZfgK 2006, 849, S.)

European Central Bank — Financial Stability Review, 2004.
(zit.: *European Central Bank*, Financial Stability Review, S.)

Financial Services Authority — Hedge Funds: A discussion of risk and regulatory engagement, Discussion Paper, Juni 2005.
(zit.: *FSA*, Hedge Funds: A discussion of risk and regulatory engagement, Discussion Paper, S.)

Dies. Hedge Funds: A discussion of risk and regulatory engagement, Feedback Statement, März 2006. (zit.: *FSA*, Hedge Funds: A discussion of risk and regulatory engagement, Feedback Statement, S.)

Dies. Implementation of the Transparency Directive, Investment Entities Listing Review, 2006. (zit.: *FSA*, Implementation of the Transparency Directive, Investment Entities Listing Review, S.)

Dies. Disclosure of Contracts for Difference, Consultation and draft Handbook text, November 2007. (zit.: *FSA*, Disclosure of Contracts for Difference, Consultation and draft Handbook text, Rn.)

Finanzmarktaufsicht Hedge Fonds – Bedeutung am Finanzplatz Österreich und regulatorischer Rahmen, 2005, abrufbar unter: http://www.fma.gv.at/cms/site/DE/detail.html?channel=CH0087&doc=CMS1140180843370 (zit.: *FMA*, Hedge Fonds – Bedeutung am Finanzplatz Österreich und regulatorischer Rahmen, S.)

Fischer, Julian Insiderrecht und Kapitalmarktkommunikation, Berlin 2006. (zit.: *Fischer*, Insiderrecht und Kapitalmarktkommunikation, S.)

Fleischer, Holger (Hrsg.) Handbuch des Vorstandsrechts, München 2006. (zit.: *Bearbeiter*, in: Fleischer, Handbuch des Vorstandsrechts, § Rn.)

Ders. Zur aktienrechtlichen Verantwortlichkeit faktischer Organe, in: Die Aktiengesellschaft (AG), 2004, S. 517-528. (zit.: *Fleischer*, AG 2004, 517, S.)

Ders. Finanzinvestoren im ordnungspolitischen Gesamtgefüge von Aktien- Bankaufsichts- und Kapitalmarktrecht, in: Zeitschrift für Unternehmens- und Gesellschaftsrecht (ZGR) 2008, S. 185-224. (zit.: *Fleischer*, ZGR 2008, 185, S.)

Ders., Schmolke, Klaus Ulrich — Kapitalmarktrechtliche Beteiligungstransparenz nach §§ 21 ff. WpHG und „Hidden Ownership“, in: Zeitschrift für Wirtschaftsrecht (ZIP) 2008, S. 1501-1512.
(zit.: *Fleischer/Schmolke*, ZIP 2008, 1501, S.)

Franken, Paul, Heinsius, Theodor — Das Spannungsverhältnis der allgemeinen Publizität zum Auskunftsrecht des Aktionärs, in: Rechenschaftslegung im Wandel, Festschrift für Wolfgang Dieter Budde, München 1995, S. 213-242.
(zit.: *Franken/Heinsius*, in: FS Budde, S.)

Friedrich, Marcus, Bahr, Dietmar — Hedge Funds – Die Königsklasse der Investments, München 2003.
(zit.: *Friedrich/Bahr*, Hedge Funds, S.)

Fröde, Christian — Missbräuchlicher Squeeze-out gem. §§ 327a ff. AktG, in: Neue Zeitschrift für Gesellschaftsrecht (NZG) 2007, S. 729-735.
(zit.: *Fröde*, NZG 2007, 729, S.)

Garbaravicius, Tomas, Dierick, Frank — Hedge Funds and their Implications for Financial Stability, European Central Bank Occasional Paper Series No. 34, 2005.
(zit.: *Garbaravicius/Dierick*, Hedge Funds and their implications for financial stability, S.)

Geibel, Stephan, Süßmann, Rainer (Hrsg.) — Wertpapiererwerbs- und Übernahmegesetz Kommentar, München 2002.
(zit.: *Bearbeiter*, in: Geibel/Süßmann, WpÜG, § Rn.)

Geißler, Markus — Der aktienrechtliche Auskunftsanspruch im Grenzbereich des Missbrauchs, in: Neue Zeitschrift für Gesellschaftsrecht (NZG) 2001, S. 539-545.
(zit.: *Geißler*, NZG 2001, 539, S.)

Gerke,Wolfgang, Mager, Ferdinand, Kiehn, Daniela — Zur Konzeption eines deutschen Hedgefonds in: Zeitschrift für Bankrecht und Bankwirtschaft (ZBB), 2004, S. 479-492.
(zit: *Gerke/Mager/Kiehn,* ZBB 2002, 479, S.)

Gerster, Kathrin — Informationsasymmetrien im Finanzdienstleistungsbereich, Bern 2005.
(zit.: *Gerster*, Informationsasymmetrien im Finanzdienstleistungsbereich, S.)

Gesell, Harald — Wertpapierleihe und Repurchase Agreement im deutschen Recht, Köln 1995.
(zit.: *Gesell*, Wertpapierleihe und Repurchase Agreement im deutschen Recht, S.)

Geßler, Jörg, Hefermehl, Wolfgang, u. a. — Aktiengesetz, Band 2 (§§ 76-147), München 1974.
(zit.: *Bearbeiter*, in: Geßler/Hefermehl, AktG, § Rn.)

Gillor, Viviane — Der Rahmenvertrag für Finanzgeschäfte der Europäischen Bankenvereinigung (EMA), Baden-Baden 2006.
(zit.: *Gillor*, Der Rahmenvertrag für Finanzgeschäfte der Europäischen Bankenvereinigung (EMA), S.)

Greger, Reinhard — Praxis und Dogmatik des Anscheinsbeweises, in: Zeitschrift für Versicherungsrecht (VersR) 1980, S. 1091-1104.
(zit.: *Greger*, Praxis und Dogmatik des Anscheinsbeweises, VersR 1980, 1091, S.)

Guntz, Peter — Treubindungen von Minderheitsaktionären, Berlin 1997.
(zit.: *Guntz*, Treubindungen von Minderheitsaktionären, S.)

Haarmann, Wilhelm, Riehmer, Klaus, Schüppen, Matthias (Hrsg.) — Öffentliche Übernahmeangebote, Frankfurt 2002.
(zit.: *Bearbeiter*, in: Haarmann/Riehmer/Schüppen, WpÜG, § Rn.)

Haarmann, Wilhelm, Schüppen, Matthias (Hrsg.) — Frankfurter Kommentar zum Wertpapiererwerbs- und Übernahmegesetz, 2. Auflage, Frankfurt 2005.
(zit.: *Bearbeiter*, in: Haarmann/Schüppen, Frankfurter Kommentar WpÜG, § Rn.)

Habersack, Mathias — Die Mitgliedschaft – subjektives und ‚sonstiges' Recht, Tübingen 1996.
(zit.: *Habersack*, Die Mitgliedschaft – subjektives und ‚sonstiges' Recht, S.)

Häsemeyer, Ludwig — Obstruktion gegen Sanierungen und gesellschaftsrechtliche Treuepflichten,
in: Zeitschrift für das gesamte Handelsrecht und Wirtschaftsrecht (ZHR), Band 160 (1996), S. 109-132.
(zit.: *Häsemeyer*, ZHR 160, 109, S.)

Halász, Christian, Kloster, Lars — Acting in concert im Lichte der aktuellen höchstrichterlichen Rechtsprechung,
in: Der Konzern 2007, S. 344-350.
(zit.: *Halász/Kloster*, Der Konzern 2007, 344, S.)

Dies. — § 30 Abs. 2 WpÜG im Zusammenhang mit einem Debt-Equity-Swap,
in: Wertpapier-Mittelungen (WM) 2006, S. 2152 – 2160.
(zit.: *Halász/Kloster*, WM 2006, 2152, S.)

Hamann, Hanjo — In concert or not in concert ?,
in: Zeitschrift für Wirtschaftsrecht (ZIP) 2007, S.1088-1095.
(zit.: *Hamann*, ZIP 2007, 1088, S.)

Handelsrechtsausschuss des Deutschen Anwaltsvereins — Stellungnahme zum Regierungsentwurf eines Gesetzes zur Begrenzung der mit Finanzinvestitionen verbundenen Risiken (Risikobegrenzungsgesetz),
in: Neue Zeitschrift für Gesellschaftsrecht (NZG) 2008, S. 60-63.
(zit.: *Handelsrechtsausschuss des Deutschen Anwaltsvereins*, NZG 2008, 60, S.)

Harbarth, Stephan — Kontrollerlangung und Pflichtangebot
in: Zeitschrift für Wirtschaftsrecht (ZIP) 2002, S. 321-332.
(zit.: *Harbarth*, ZIP 2002, 321, S.)

Hedge Fund Working Group — Hedge Fund Standards: Final Report, 2008, abrufbar unter: http://www.hfwg.co.uk
(zit.: *Hedge Fund Working Group*, Hedge Fund Standards: Final Report, S.)

Hefermehl, Wolfgang — Umfang und Grenzen des Auskunftsrechts des Aktionärs in der Hauptversammlung,
in: Festschrift für Konrad Duden zum 70. Geburtstag, München 1977, S. 109-135.
(zit.: *Hefermehl*, in: FS Duden, S.)

Heidel, Thomas (Hrsg.)	Anwaltskommentar Aktienrecht, Bonn 2003. (zit.: *Bearbeiter*, in: Heidel, Anwaltskommentar AktG, § Rn.)
Heinrich, Tobias	Kapitalmarktrechtliche Transparenzbestimmungen und die Offenlegung von Beteiligungsverhältnissen, Frankfurt 2006. (zit.: *Heinrich*, Kapitalmarktrechtliche Transparenzbestimmungen und die Offenlegung von Beteiligungsverhältnissen, S.)
Henn, Günter	Handbuch des Aktienrechts, 7. Aufl., Heidelberg 2002. (zit.: *Henn*, Handbuch des Aktienrechts, S.)
Hennrichs, Joachim	Treupflichten im Aktienrecht, in: Archiv für die civilistische Praxis (AcP) 1995, S. 221-273. (zit.: *Hennrichs*, AcP 1995, 221, S.)
Henze, Hartwig	Aktienrecht – Höchstrichterliche Rechtsprechung, 5. Auflage, Köln 2002. (zit.: *Henze*, Aktienrecht, Rn.)
Ders.	Zur Treupflicht unter Aktionären, in: Festschrift Kellermann zum 70. Geburtstag, Berlin 1991, S. 141-152. (zit.: *Henze*, in: FS Kellermann, S.)
Ders.	Die Treupflicht im Aktienrecht, in: Betriebs-Berater (BB) 1996, S. 489-499. (zit.: *Henze*, BB 1996, 489, S.)
Hirschmann, Albert Otto	Abwanderung und Widerspruch, Tübingen 1974. (zit.: *Hirschmann*, Abwanderung und Widerspruch, S.)
Hirte, Heribert	Wertpapiererwerbs- und Übernahmegesetz mit Übernahmekodex und City Code, Hamburg 2002. (zit.: *Hirte*, WpÜG, S.)
Hirte, Heribert (Hrsg.)	Kölner Kommentar zum WpÜG, Köln 2003. (zit.: *Bearbeiter*, in: Kölner Kommentar WpÜG, § Rn.)
Hirte, Heribert (Hrsg.)	Kölner Kommentar zum WpHG, München 2007 (zit.: *Bearbeiter*, in: Kölner Kommentar WpHG, § Rn.)

Hoffmann-Becking, Michael (Hrsg.) — Münchener Handbuch des Gesellschaftsrechts, Band 3, GmbH, 2. Auflage, München 2003.
(zit.: *Bearbeiter*, in: Münchener Handbuch GmbH, § Rn.)
Band 4, Aktiengesellschaft, 2. Auflage, München 1999.
(zit.: *Bearbeiter*, in: Münchener Handbuch AG, § Rn.)

Holzborn, Timo — Die Nichtzurechnung nach §§ 20, 36 WpÜG und die Befreiung vom Pflichtangebot nach § 37 WpÜG §§ 8 ff. WpÜGAngVO,
in: Neue Zeitschrift für Gesellschaftsrecht (NZG) 2002, S. 948-954.
(zit.: *Holzborn*, NZG 2002, 948, S.)

Hommelhoff, Peter, Hopt, Klaus J., von Werder, Axel (Hrsg.) — Handbuch Corporate Governance, Köln 2003.
(zit.: *Autor*, in: Hommelhoff/Hopt/v. Werder, Handbuch Corporate Governance, S.)

Hopt, Klaus J. — Europäisches und deutsches Insiderrecht,
in: Zeitschrift für Unternehmens- und Gesellschaftsrecht (ZGR) 1991, S. 17-73.
(zit.: *Hopt*, ZGR 1991, 17, S.)

Ders. — Aktionärskreis und Vorstandsneutralität,
in: Zeitschrift für Unternehmens- und Gesellschaftsrecht (ZGR) 1993, S. 534-566.
(zit.: *Hopt*, ZGR 1993, 534, S.)

Ders. — Grundsatz- und Praxisprobleme nach dem Wertpapiererwerbs- und Übernahmegesetz,
in: Zeitschrift für das gesamte Handelsrecht und Wirtschaftsrecht (ZHR), Band 166 (2002), S.383-432.
(zit.: *Hopt*, ZHR 166, 383, S.).

Ders. — Feindliche Übernahmen, Protektionismus, One share one vote?,
in: Europäische Zeitschrift für Wirtschaftsrecht (EuZW) 2007, S. 257-258.
(zit.: *Hopt*, EuZW 2008, 257, S.)

Hopt, Klaus J. (Hrsg.) Großkommentar zum Aktiengesetz,
10. Lieferung (§ 17), 4. Auflage, Berlin 1999.
22. Lieferung (§ 53a), 4. Auflage, Berlin 2004.
26. Lieferung (§§ 84-91), 4. Auflage, Berlin 2006.
24. Lieferung (§§ 95-117), 4. Auflage, Berlin 2005.
6. Lieferung (§§ 241-255), 4. Auflage, Berlin 1996.
(zit.: *Bearbeiter*, in Großkomm. AktG, § Rn.)

Hu, Henry T., Black, Bernhard The New Vote Buying: Empty Voting and Hidden (Morphable) Ownership,
in: Southern California Law Review, Volume 79 (2006), S. 811-908.
(zit.: *Hu/Black*, S. Cal. L. Rev. 79 (2006), 811, S.)

Dies. Empty Voting and Hidden (Morphable) Ownership: Taxonomy, Implications and Reforms,
in: The Business Lawyer, Volume 61 (2006), S. 1011-1070.
(zit.: *Hu/Black*, Bus. Law. 61 (2006), 1011, S.)

Dies. Hedge Funds, Insiders, and Decoupling of Economic and Voting Ownership in Public Corporations,
European Corporate Governance Institute Working Paper 56/2006.
(zit.: *Hu/Black*, Hedge Funds, Insiders, and Decoupling of Economic and Voting Ownership in Public Corporations, S.)

Hüffer, Uwe Zur gesellschaftsrechtlichen Treuepflicht,
in: Festschrift für Ernst Steindorff, Berlin 1990, S. 59-78.
(zit.: *Hüffer*, in: FS Steindorff, S.)

Ders. Der korporationsrechtliche Charakter von Rechtsgeschäften,
in: Festschrift für Theodor Heinsius zum 65. Geburtstag, Berlin 1991, S. 337-356.
(zit.: *Hüffer*, in: FS Heinsius, S.)

Ders. Aktiengesetz, 8. Aufl., München 2008.
(zit.: *Hüffer*, AktG, § Rn.)

Hutter, Stephan, Kaulamo, Katja — Das Transparenzrichtlinie-Umsetzungsgesetz: Änderungen der anlassabhängigen Publizität, in: Neue juristische Wochenschrift (NJW) 2007, 471-478.
(zit.: *Hutter/Kaulamo*, NJW 2007, 471, S.)

Hutter, Stephan, Kaulamo, Katja, Plepelits, Marc — Die Verwendung von Total Return Equity Swaps bei feindlichen Übernahmen, in: Gedächtnisschrift für Michael Gruson, Berlin 2009, S. 213-246.
(zit.: *Hutter/Kaulamo/Plepelits*, in: GS Gruson, S.)

Ibbotson, Roger G., Chen, Peng — The A,B,Cs of Hedge Funds: Alphas, Betas and Cost, Yale ICF Working Paper No. 06-10, September 2006.
(zit: Ibbotson/ Chen, The A,B,Cs of Hedge Funds: Alphas, Betas and Cost, S.)

Ineichen, A.M. — Absolute Returns: the Risk and Opportunities of Hedge Fund Investing, New Jersey 2003.
(zit.: *Ineichen*, Absolute Returns: the Risk and Opportunities of Hedge Fund Investing, S.)

Jensen, Michael C. — The Free Cash Flow Theory of Takeovers: A Financial Perspective on Mergers and Acquisitions and the Economy, in: The Merger Boom, Proceedings of a Conference sponsored by Federal Reserve Bank of Boston, 1987, S. 102-143.
(zit.: *Jensen*, The Free Cash Flow Theory of Takeovers: A Financial Perspective on Mergers and Acquisitions and the Economy, S.)

Joussen, Edgar — Die Treuepflicht des Aktionärs bei feindlichen Übernahmen, in: Betriebs-Berater (BB) 1992, S. 1075-1081.
(zit.: *Joussen*, BB 1992, 1075, S.)

Jud, Kurt — Das Prime Brokerage Geschäft mit Hedgefonds, Bern 1996.
(zit.: *Jud*, Das Prime Brokerage Geschäft mit Hedgefonds, S.)

Junker, Michael — Das "wirtschaftliche Eigentum" als sonstiges Recht im Sinne des § 823 Abs 1 BGB, in: Archiv für die civilistische Praxis (AcP), Band 193 (1993), S. 348-363. (zit.: *Junker*, AcP 193, 348, S.)

Kahan, Marcel, Rock, Edward B. — Hedge Funds in Corporate Governance and Corporate Control, University of Pennsylvania Law School, Paper 99, 2006. (zit.: *Kahan/Rock*, Hedge Funds in Corporate Governance and Corporate Control, S.)

Kaiser, Dieter, Hilpold, Claus — Alternative Investment-Strategien, Weinheim 2005. (zit.: *Kaiser/Hilpold*, Alternative Investment-Strategien, S.)

Kalss, Susanne, Oppitz, Martin, Zollner, Johannes — Kapitalmarktrecht, Band I, Wien 2005. (zit.: *Kalss/Oppitz/Zollner*, Kapitalmarktrecht, § Rn.)

Kaiser, Dieter — Hedgefonds - Entmystifizierung einer Anlageklasse, Wiesbaden 2004. (zit.: *Kaiser*, Hedgefonds, S.)

Kestler, Matthias, Striegel, Andreas, Jesch, Thomas A. — Distressed Debt Investments – Insolvenzrechtliche Instrumentarien der Unternehmenssanierung über Fremdkapital in: Neue Zeitschrift für das Recht der Insolvenz und Sanierung (NZI) 2005, S. 417-424. (zit.: *Kestler/Striegel/Jesch*, NZI 2005, 417, S.)

Klein, April, Zur, Emanuel — Hedge Fund Activism, European Corporate Governance Institute Finance Working Paper No. 140/2006. (zit.: *Klein/Zur*, Hedge Fund Activism, S.)

Klühs, Hannes — Präsenzbonus für die Teilnahme an der Hauptversammlung, in: Zeitschrift für Wirtschaftsrecht (ZIP), 2006, S.107- 118. (zit: *Klühs,*ZIP 2006, 107, S.)

König, Wolfgang | Das Risikobegrenzungsgesetz – offene und gelöste Fragen, in: Betriebes-Berater (BB) 2008, 1910-1914. (zit.: *König*, BB 2008, 1910, S.)

Kollhosser, Helmut | Anscheinsbeweis und freie richterliche Beweiswürdigung, in: Archiv für die civilistische Praxis (AcP) Band 165 (1965), S. 46- 83. (zit.: *Hennrichs*, AcP 1965, 46, S.)

Korff, Matthias | Das Risikobegrenzungsgesetz und seine Auswirkungen auf das WpHG, in: Die Aktiengesellschaft (AG) 2008, S. 692-699. (zit.: *Korff*, AG 2008, 692, S.)

Kort, Michael | Das rechtliche und wirtschaftliche Aktieneigentum beim Wertpapierdarlehen, in: Wertpapier-Mitteilungen (WM), 2006, S.2149-2152. (zit.: *Kort,* WM 2006, 2149, S.)

Ders. | Die Haftung des Einflussnehmers auf Kapitalgesellschaften in ausländischen Rechtsordnungen – Vorbild für ein neues Verständnis von § 117 AktG?, in: Die Aktiengesellschaft (AG) 2005, S. 453-459. (zit.: *Kort*, AG 2005, 453, S.)

Krause, Hartmut | Zwei Jahre Praxis mit dem Wertpapiererwerbs- und Übernahmegesetz, in: Neue juristische Wochenschrift (NJW) 2004, S. 3681-3688. (zit.: *Krause*, NJW 2004, 3681, S.)

Krieger, Gerd | Personalentscheidungen des Aufsichtsrats, Köln 1981. (zit.: *Krieger*, Personalentscheidungen des Aufsichtsrats, S.)

Kropff, Bruno, Semler, Johannes (Hrsg.) — Münchener Kommentar zum Aktiengesetz.
Band 2, §§ 53a-75, 2. Auflage, München 2003.
Band 3, §§ 76-117, 2. Auflage, München 2004.
Band 4, §§ 118-147, 2. Auflage, München 2004.
Band 6, §§ 179-221, 2. Auflage, München2005.
Band 7, §§ 222-277, 2. Auflage, München 2001.
Band 9/1, §§ 327a – 327 f AktG, 2. Auflage, München 2004.
(zit.: *Bearbeiter*, in Münchener Kommentar AktG, § Rn.)

Kümpel, Siegfried — Die Grundstruktur der Wertpapierleihe und ihre rechtlichen Aspekte,
in: Wertpapier-Mitteilungen (WM), 1990, S. 909-916.
(zit.: *Kümpel*, WM 1990, 909, S.)

Ders., Peters, Martin — Aktuelle Rechtsfragen der Wertpapierleihe,
in: Die Aktiengesellschaft (AG) 1994, S. 525-531.
(zit.: *Kümpel/Peters*, AG 1994, 525, S.)

Kümpel, Siegfried — Bank- und Kapitalmarktrecht, 3. Auflage, Köln 2004.
(zit.: *Kümpel*, Bank- und Kapitalmarktrecht, Rn.)

Kumpan, Christoph — Börsenmacht Hedgefonds – Die Regelungen in den USA und mögliche Implikationen für Deutschland,
in: Zeitschrift für das gesamte Handelsrecht und Wirtschaftsrecht (ZHR), Band 170 (2006), S.39-71.
(zit.: *Kumpan*, ZHR 170, 39, S.)

Ders. — Private Equity und der Schutz deutscher Unternehmen
in: Die Aktiengesellschaft (AG) 2007, S. 461-472.
(zit.: *Kumpan*, AG 2007, 461, S.)

Kuthe, Thorsten, Brockhausen, Guido — Anmerkung zu OLG München, DB 2005, 1264
in: Der Betrieb (DB) 2007, S. 1266-1267.
(zit.: *Kuthe/Brockhausen*, DB 2005, 1266, S.)

Lähn, Marcel — Hedge Fonds, Banken und Finanzkrisen, Wiesbaden 2004.
(zit.: *Lähn*, Hedge Fonds, S.)

Lange, Oliver — Die Auswirkungen der Zurechnungsvorschriften des WpÜG auf Vorstandsmitglieder in: Der Konzern 2003, S. 675-683. (zit.: *Lange*, Der Konzern 2003, 675, S.)

Ders. — Aktuelle Rechtsfragen der kapitalmarktrechtlichen Zurechnung, in: Zeitschrift für Bankrecht und Bankwirtschaft (ZBB) 2004, S. 22-28. (zit.: *Lange*, ZBB 2004, 22, S.)

Lenenbach, Markus — Kapitalmarkt- und Börsenrecht, Köln 2002. (zit.: *Lenenbach*, Kapitalmarkt- und Börsenrecht, Rn.)

Lhabitant, Francois-Serge — Hedge Funds – Myths and Limits, Chichester 2002. (zit.: *Lhabitant*, Hedge Funds, S.)

Liebscher, Thomas — Das Übernahmeverfahren nach dem neuen Übernahmegesetz, in: Zeitschrift für Wirtschaftsrecht (ZIP) 2001, S. 853-869. (zit.: *Liebscher*, ZIP 2001, 853, S.)

Ders. — Die Zurechnungstatbestände des WpHG und WpÜG, in: Zeitschrift für Wirtschaftsrecht (ZIP) 2002, S. 1005-1017. (zit.: *Liebscher*, ZIP 2002, 1005, S.)

von Livonius, Hilger — Investmentrechtliche Rahmenbedingungen für Hedgefonds in Deutschland in: Wertpapier-Mitteilungen (WM), 2004, S. 60-69. (zit: *v.Livonius*, WM 2004, 60, S.)

Louven, Christoph — BB-Kommentar zu OLG München, BB 2005, 1411, in: Betriebes-Berater (BB) 2005, 1414-1415. (zit.: *Louven*, BB 2005, 1414, S.)

Lutter, Marcus — Zur Treupflicht des Großaktionärs, in: Juristenzeitung (JZ) 1976, S. 225-233. (zit.: *Lutter*, JZ 1976, 225, S.)

Ders. — Die Treupflicht des Aktionärs, in: Zeitschrift für das gesamte Handelsrecht und Wirtschaftsrecht (ZHR), Band 153 (1989), S. 446-471.
(zit.: *Lutter*, ZHR 153, 446, S.)

Ders. — Das Girmes-Urteil, in: Juristenzeitung (JZ) 1995, S. 1053-1056.
(zit: *Lutter*, JZ 1995, 1053, S.)

Ders. — Treupflichten und ihre Abgrenzungsprobleme, in: Zeitschrift für das gesamte Handelsrecht und Wirtschaftsrecht (ZHR), Band 162 (1998), S. 164-185.
(zit.: *Lutter*, ZHR 162, 164, S.)

Ders., Krieger, Gerd — Rechte und Pflichten des Aufsichtsrats, 4. Auflage, Köln 2002.
(zit.: *Lutter/Krieger*, Rechte und Pflichten des Aufsichtsrats, § Rn.)

Luttermann, Claus, Backmann, Julia — Rechtsverhältnisse bei Hedgefonds („Risikofonds“) in Deutschland und den USA, in: Zeitschrift für Wirtschaftsrecht (ZIP) 2002, S. 1017-1024.
(zit.: *Luttermann/Backmann*, ZIP 2002, 1017, S.)

Maatman, Rene H. Raaijmakers, Gert T.M.J. — Hedge funds in company law: virus or vaccine?, University of Maastricht Faculty of Law Legal Studies Research Paper Series, 2006.
(zit.: *Maatman/Raaijmakers*, Hedge Funds in Company Law: Virus or Vaccine?, S.)

Marchand, Gerhart — Abhängigkeit und Konzernzugehörigkeit von Gemeinschaftsunternehmen, Berlin 1985.
(zit.: *Marchand*, Abhängigkeit und Konzernzugehörigkeit von Gemeinschaftsunternehmen, S.)

Markwardt, Karsten — Diskussionsbericht zu den Referenten „Acting in Concert“ von Casper und Pentz, in: Zeitschrift für Wirtschaftsrecht (ZIP) 2003, S. 1492-1494.
(zit.: *Markwardt*, ZIP 2003, 1492, S.)

Marsch-Barner, Reinhard, Schäfer, Frank (Hrsg.) — Handbuch börsennotierte AG, Köln 2005.
(zit.: *Bearbeiter*, in: Marsch-Barner/Schäfer, Handbuch börsennotierte AG, § Rn.)

Marsch-Barner, Reinhard — Treuepflichten zwischen Aktionären und Verhaltenspflichten bei der Stimmrechtbündelung, in: Zeitschrift für das gesamte Handelsrecht und Wirtschaftsrecht (ZHR), Band 157 (1993), S. 172-195.
(zit.: *Marsch-Barner*, ZHR 157, 172, S.)

Ders. — Treupflicht und Sanierung, in: Zeitschrift für Wirtschaftsrecht (ZIP) 1996, S. 853-857.
(zit.: *Marsch-Barner*, ZIP 1996, 853, S.)

Martens, Klaus-Peter — Missbrauch des Auskunfts-, Frage- und Rederechts sowie im Spruchstellenverfahren, Theoretische Grundlagen, in: Timm (Hrsg.), Missbräuchliches Aktionärsverhalten, Köln 1990, S. 63-84.
(zit.: *Martens*, Missbrauch des Auskunfts-, Frage- und Rederechts sowie im Spruchstellenverfahren, S.)

Meckel, Miriam, Fieseler, Christian, Mohr, Kathrin, Vater, Hendrik — Unternehmenskommunikation und Corporate Governance als qualitative Erfolgsfaktoren in der Kapitalmarktpraxis, in: Zeitschrift für Corporate Governance (ZCG) 2008, S.59-64.
(zit.: *Meckel*, ZCG 2008, 59, S.)

Merkt, Hanno, Göthel, Stephan — US-amerikanisches Gesellschaftsrecht, 2. Auflage, Frankfurt 2006.
(zit.: *Merkt/Göthel*, US-amerikanisches Gesellschaftsrecht, Rn.)

Mestmäcker, Ernst-Joachim — Verwaltung, Konzerngewalt und Rechte der Aktionäre, Karlsruhe 1958.
(zit.: *Mestmäcker*, Verwaltung, Konzerngewalt und Rechte der Aktionäre, S.)

Mertens, Hans-Joachim (Hrsg.) — Kölner Kommentar zum Aktiengesetz
Band 1, §§ 1-75, 2. Auflage, Köln 1988.
Band 2, §§ 76-117 und Mitbestimmung im Aufsichtsrat, 2. Aufl., Köln 1996.
Band 5/1, §§ 179-240, 2. Aufl., Köln 1995.
(zit.: *Bearbeiter*, in: Kölner Kommentar AktG, § Rn.)

Meyer, Andreas, Bundschuh, Michaela — Sicherungsübereignung börsennotierter Aktien, Pflichtangebot und Meldepflichten – Praxisfragen im Spannungsfeld zwischen Wertpapierhandels- und Übernahmerecht –, in: Wertpapier-Mitteilungen (WM) 2003, S. 960-966. (zit.: *Meyer/Bundschuh*, WM 2003, 960, S.)

Meyer-Landrut, Andreas — Zur Suspendierung eines Vorstandsmitglieds, in: Festschrift für Robert Fischer, Berlin 1979, S. 477-486. (zit.: *Meyer-Landrut*, in: FS Fischer, S.)

Mietzner, Mark, Schweizer, Denis — Hedge Funds versus Private Equity Funds as Shareholder Activists – Differences in Value Creation, Oestrich-Winkel 2008. (zit.: *Mietzner/Schweizer*, Hedge Funds versus Private Equity Funds as Shareholder Activists, S.)

Möller, Andreas — Rechtsmittel und Sanktionen nach dem Wertpapiererwerbs- und Übernahmegesetz, in: Die Aktiengesellschaft (AG) 2002, S. 170-176. (zit.: *Möller*, AG 2002, 170, S.)

Mühlhoff, Dirk — Kapitalersatzrecht und Kompetenzordnung der Aktiengesellschaft, Münster 1989. (zit.: *Mühlhoff*, Kapitalersatzrecht und Kompetenzordnung der Aktiengesellschaft, S.)

Mülbert, Peter — Shareholder Value aus rechtlicher Sicht, in: Zeitschrift für Unternehmens- und Gesellschaftsrecht (ZGR) 1997, S. 129-172. (zit: *Mülbert*, ZGR 1997, 129, S.)

Ders. — Umsetzungsfragen der Übernahmerichtlinie - erheblicher Änderungsbedarf bei den heutigen Vorschriften des WpÜG, in: Neue Zeitschrift für Gesellschaftsrecht (NZG) 2004, S. 633-642. (zit: *Mülbert*, NZG 2004, 633, S.)

Müller, Welf, Rödder, Thomas (Hrsg.) — Beck'sches Handbuch der AG, 2004. (zit.: *Bearbeiter*, in: Müller/Rödder, AG, § Rn.)

Musielak, Hans-Joachim — Kommentar zur Zivilprozessordnung, 5. Auflage, München 2007. (zit.: *Bearbeiter*, in: Musielak, ZPO, § Rn.)

Nehls, Albrecht — Die gesellschaftliche Treuepflicht im Aktienrecht, Hamburg 1993.
(zit.: *Nehls*, Die gesellschaftsrechtliche Treuepflicht im Aktienrecht, S.)

Nicholas, Joseph — Marktneutrale Investments- Hedge Fund Strategien für volatile Märkte, Frankfurt 2002.
(zit.: *Nicholas*, Marktneutrale Investments, S.)

Nietsch, Michael — Internationales Insiderrecht, Berlin 2004.
(zit.: *Nietsch*, Internationales Insiderrecht, S.)

Nodoushani, Andreas — Die Treuepflicht der Aktionäre und ihrer Stimmrechtsvertreter, Baden-Baden 1997.
(zit.: *Nodoushani*, Die Treuepflicht der Aktionäre und ihrer Stimmrechtsvertreter, S.)

Organisation for Economic Co-operation and Development — Financial Market Trends, 1999, No. 73.
(zit.: *OECD*, Financial Market Trends, S.)

Oho, Wolfgang, Remel, Matthias — Die Besteuerung von Hedge-Fonds-Zertifikaten im Privatvermögen,
in: Betriebs-Berater (BB) 2002, S. 1449-1456.
(zit.: *Oho/Remel*, BB 2002, 1449, S.)

Olson, Mancur — Die Logik des kollektiven Handelns, 2. Auflage, Tübingen 1985.
(zit.: *Olson*, Die Logik des kollektiven Handelns, S.)

Otto, Hans-Jochen — Die Verteilung der Kontrollprämie bei Übernahme von Aktiengesellschaften und die Funktion des Höchststimmrechts,
in: Die Aktiengesellschaft (AG) 1994, S. 167-175.
(zit.: *Otto*, AG 1994, 167, S.)

Palandt, Otto — Bürgerliches Gesetzbuch, 68. Auflage, München 2009.
(zit.: *Bearbeiter*, in: Palandt, BGB, § Rn.)

Pentz, Andreas — Acting in Concert – Ausgewählte Einzelprobleme zur Zurechnung und zu den Rechtsfolgen,
in: Zeitschrift für Wirtschaftsrecht (ZIP) 2003, S. 1478-1492.
(zit.: *Pentz*, ZIP 2003, 1478, S.)

Pichl, Andrea — Hedge Funds, Stuttgart 2001.
(zit.: *Pichl*, Hedge Funds, S.)

Pittroff, Holger — Die Zurechnung von Stimmrechten gemäß § 30 WpÜG, Frankfurt 2004.
(zit.: *Pittroff*, Die Zurechnung von Stimmrechten gemäß § 30 WpÜG, S.)

Pluskat, Sorika — Nicht missbräuchliche Gestaltungen zur Erlangung der Beteiligungshöhe beim Squeeze Out, in: Neue Zeitschrift für Gesellschaftsrecht (NZG) 2007, S. 725-729.
(zit.: *Pluskat*, NZG 2007, 725, S.)

Prahl, Reinhard, Neumann, Thomas — Überlegungen für eine sachgerechte Bilanzierung der Wertpapierleihe, in: Wertpapier-Mitteilungen (WM), 1992, S. 1173-1181.
(zit.: Prahl/Neumann, WM 1992, 1173, S.)

Prinz, Udo — Umstrukturierung durch Schemes of Arrangement mit Gesellschaftern im englischen Recht, Frankfurt 2004.
(zit.: *Prinz*, Umstrukturierung durch Schemes of Arrangement mit Gesellschaftern im englischen Recht, S.)

Pütz, Achim, Schmies, Christian — Die Umsetzung der neuen rechtlichen Rahmenbedingungen für Hedgefonds in der Praxis, in: Zeitschrift für Bank- und Kapitalmarktrecht (BKR) 2004, S. 51- 60.
(zit.: *Pütz/Schmies*, BKR 2004, 51, S.)

Quack, Karlheinz — Das Rederecht des Aktionärs in der Hauptversammlung. Eine Selbstverständlichkeit ?, in: Festschrift für Hans Erich Brandner zum 70. Geburtstag, Köln 1996, S. 113-119.
(zit.: *Quack*, in: FS Brandner, S.)

Raiser, Thomas — Grundlagen der Rechtssoziologie, 4. Auflage, Tübingen 2007.
(zit.: *Raiser*, Grundlagen der Rechtssoziologie, S.)

Ders., Veil, Rüdiger — Recht der Kapitalgesellschaften, 4. Auflage, München 2006.
(zit.: *Raiser/Veil*, Recht der Kapitalgesellschaften, § Rn.)

Rathenau, Walther — Vom Aktienwesen: eine geschäftliche Betrachtung, Berlin 1918.
(zit.: *Rathenau*, Vom Aktienwesen, S.)

Rauscher, Thomas (Hrsg.) — Münchener Kommentar zur Zivilprozessordnung, 2. Auflage, München 2000.
Band 1, §§ 1- 354.
(zit.: *Bearbeiter*, in: Münchener Kommentar ZPO, § Rn.)

Rebmann, Kurt (Hrsg.) — Münchener Kommentar zum Bürgerlichen Gesetzbuch,
Band 5, Schuldrecht Besonderer Teil III (§§ 705-853), 4. Auflage, München 2004.
(zit.: *Bearbeiter*, in: Münchener Kommentar BGB, § Rn.)

Renz, Hartmut, Rippel, Julia-Christine — Die Informationspflichten gemäß §§ 21 ff. WpHG und deren Änderungen durch das Risikobegrenzungsgesetz,
in: Zeitschrift für Bank- und Kapitalmarktrecht (BKR) 2008, S. 309-315.
(zit.: *Renz/Rippel*, BKR 2008, 309, S.)

Ricke, Markus — Stichwort: Hedge Fonds,
in: Zeitschrift für Bank- und Kapitalmarktrecht (BKR) 2004, S. 60- 65.
(zit.: *Ricke*, BKR 2004, 60, S.)

Rodewald, Jörg — Zusätzliche Transparenz für die europäischen Kapitalmärkte – die Umsetzung der EU-Transparenzrichtlinie in Deutschland,
in: Betriebs-Berater (BB) 2006, S. 1917-1919
(zit.: *Rodewald*, BB 2006, 1917, S.)

Rosenberg, Leo, Schwab, Karl Heinz, Gottwald, Peter — Zivilprozessrecht, 16. Auflage, München 2004.
(zit.: *Rosenberg/Schwab/Gottwald*, Zivilprozessrecht, § Rn.)

Roth, Günter — Die (Ohn-)Macht der Hauptversammlung,
in: Zeitschrift für Wirtschaftsrecht (ZIP) 2003, S. 369-378.
(zit.: *Roth,* ZIP 2003, 369, S.)

Ruffner, Markus	Die ökonomischen Grundlagen eines Rechts der Publikumsgesellschaft, Zürich 2000. (zit.: *Ruffner*, Die ökonomischen Grundlagen eines Rechts der Publikumsgesellschaft, S.)
Rutkis, Andre	Hedgefonds als alternative Investments, Frankfurt 2002. (zit.: *Rutkis*, Hedgefonds als alternative Investments, S.)
Sachverständigenrat zur Begutachtung der gesamtwirtschaftlichen Situation	Das Erreichte nicht verspielen; Jahresgutachten 2007/08. (zit.: *Sachverständigenrat zur Begutachtung der gesamtwirtschaftlichen Entwicklung*, Das Erreichte nicht verspielen, Jahresgutachten 2007/08, S.)
Ders.	Die Chancen nutzen – Reformen mutig voranbringen; Jahresgutachten 2005/06. (zit: *Sachverständigenrat zur Begutachtung der gesamtwirtschaftlichen Entwicklung*, Die Chancen nutzen – Reformen mutig voranbringen, Jahresgutachten 2005/06, S.)
Säcker, Franz-Jürgen	Widerruf der Organmitgliederbestellung, in: Arbeitsleben und Rechtspflege, Festschrift für Gerhard Müller, Berlin 1981, S. 745-763. (zit: *Säcker*, in: FS Gerhard Müller, S.)
Saenger, Ingo, Kessler, Nicholas	Abgestimmtes Verhalten i. S. d. § 30 Abs. 2 WpÜG bei der Aufsichtsratswahl, in: Zeitschrift für Wirtschaftsrecht (ZIP) 2006, S. 837-842. (zit.: *Saenger/Kessler*, ZIP 2006, 837, S.)
Schäfer, Carsten	Diskussionsbericht zu den Referaten Dreher und Marsch-Barner (Diskussionsleitung: Prof. Dr. Ulmer), in: Zeitschrift für das gesamte Handelsrecht und Wirtschaftsrecht (ZHR), Band 157 (1993), S. 192-195. (zit.: *Schäfer*, ZHR 157, 192, S.)

Schäfer, Frank
Kurs- und Marktpreismanipulation bei Erwerb von Wertpapieren in betrügerischer Absicht, in: Zeitschrift für Bank- und Kapitalmarktrecht (BKR) 2004, S. 78-79.
(zit.: *Schäfer*, BKR 2004, 78, S.)

Ders. (Hrsg.)
Kapitalmarktgesetze, 2. Auflage, Loseblattsammlung, Stand: 01/2006.
(zit.: *Bearbeiter*, in: Schäfer, Kapitalmarktgesetze, § Rn.)

Schilken, Eberhard
Zivilprozessrecht, 5. Auflage, Köln 2006.
(zit.: Schilken, Zivilprozessrecht, § Rn.)

Schimansky, Herbert, Bunte, Hermann-Josef, Lwowski, Hans-Jürgen (Hrsg.)
Bankrechts-Handbuch, Band III, 2. Auflage, München 2001.
(zit.: *Bearbeiter*, in: Schimansky/Bunte/Lwowski, Bankrechts-Handbuch, § Rn.)

Schmid, Hubert, Mühlhäuser, Felix
Wirtschaftliches Eigentum und Gewinnrealisierung bei der Wertpapierleihe, in: Betriebs-Berater (BB) 2001, S. 2609-2618.
(zit.: *Schmid/Mühlhäuser*, BB 2001, 2609, S.)

Schmidt, Karsten
Gesellschaftsrecht, 4. Auflage, Köln 2002.
(zit.: *K. Schmidt*, Gesellschaftsrecht, S.)

Schmidt, Reinhard, Spindler, Gerald
Finanzinvestoren aus ökonomischer und juristischer Perspektive, Baden Baden 2008.
(zit.: *Schmidt/Spindler*, Finanzinvestoren aus ökonomischer und juristischer Perspektive, S.)

Schmidtbleicher, Roland
Das „neue" acting in concert – ein Fall für den EuGH?, in: Die Aktiengesellschaft (AG) 2008, S. 73-78.
(zit.: *Schmidtbleicher*, AG 2008, 73, S.)

Schneider, Uwe H.
Alternative Geldgeber oder Eigenkapitalräuber?, in: Die Aktiengesellschaft (AG) 2006, S. 577-580.
(zit.: *Schneider*, AG 2006, 577, S.)

Ders.
Acting in Concert – ein kapitalmarktrechtlicher Zurechnungstatbestand, in: Wertpapier-Mitteilungen (WM) 2006, S. 1321-1368.
(zit.: *Schneider*, WM 2006, 1321, S.)

Ders. Missbräuchliches Verhalten durch Private Equity, in: Neue Zeitschrift für Gesellschaftsrecht (NZG) 2007, S. 888- 893.
(zit.: *Schneider*, NZG 2007, 888, S.)

Ders. Acting in Concert: Vereinbarung oder Abstimmung über Ausübung von Stimmrechten?, in: Zeitschrift für Unternehmens- und Gesellschaftsrecht (ZGR) 2008, S. 440-455.
(zit.: *Schneider*, ZGR 2008, 440, S.)

Ders., Brouwer, Tobias Kapitalmarktrechtliche Meldepflichten bei Finanzinstrumenten, in: Die Aktiengesellschaft (AG) 2005, S. 557-565.
(zit.: *Schneider/Brouwer*, AG 2008, 557, S.)

Schmolke, Klaus Ulrich Institutionelle Anleger und Corporate Governance – Traditionelle institutionelle Investoren vs. Hedgefonds, in: Zeitschrift für Unternehmens- und Gesellschaftsrecht (ZGR) 2007, S. 701-744.
(zit.: *Schmolke*, ZGR 2007, 701, S.)

Schockenhoff, Martin, Schumann, Alexander Acting in Concert – geklärte und ungeklärte Rechtsfragen, in: Zeitschrift für Unternehmens- und Gesellschaftsrecht (ZGR) 2005, S. 568-610.
(zit.: *Schockenhoff/Schumann*, ZGR 2005, 568, S.)

Schwark, Eberhard (Hrsg.) Kapitalmarktrechts-Kommentar, 3. Auflage, München 2004.
(zit.: *Bearbeiter*, in: Schwark, Kapitalmarktrecht, § Rn.)

Schwintowski, Hans-Peter, Schäfer, Frank Bankrecht, 2. Auflage, Köln 2004.
(zit.: *Bearbeiter*, in: Schwintowski/Schäfer, Bankrecht, § Rn.)

Seibert, Ulrich Gute Aktionäre – schlechte Aktionäre – „Aktive Finanzinvestoren“ und Stimmrecht, in: Festschrift für Harm Peter Westermann zum 70. Geburtstag, Köln 2008, S. 1505-1517.
(zit.: *Seibert*, in: FS Westermann, S.)

Seibt, Christoph — Grenzen des übernahmerechtlichen Zurechnungstatbesatandes in § 30 Abs. 2 WpÜG (Acting in Concert),
in: Zeitschrift für Wirtschaftsrecht (ZIP) 2004, S. 1829-1837.
(zit.: *Seibt*, ZIP 2004, 1829, S.)

Seifert, Werner, Voth, Hans-Joachim — Invasion der Heuschrecken, Berlin 2006.
(zit.: *Seifert/Voth*, Invasion der Heuschrecken, S.)

Seifert, Stephanie — Managing Currency Risk for Emerging Markets Hedge Funds, München 2005.
(zit.: *Seifert*, Managing Currency Risk for Emerging Markets Hedge Funds, S.)

Semler, Johannes — Leitung und Überwachung der Aktiengesellschaft, 2. Auflage, München 1996.
(zit.: *Semler*, Leitung und Überwachung der Aktiengesellschaft, S.)

Semler, Johannes, Peltzer, Martin (Hrsg.) — Arbeitshandbuch für Vorstandsmitglieder, München 2005.
(zit.: *Bearbeiter*, in Semler/Peltzer, Arbeitshandbuch für Vorstandsmitglieder, § Rn.)

Semler, Johannes, v. Schenck, Kersten (Hrsg.) — Arbeitshandbuch für Aufsichtsratsmitglieder, 2. Auflage, München 2004.
(zit.: *Bearbeiter*, in: Semler/v. Schenck, Arbeitshandbuch für Aufsichtsratsmitglieder, § Rn.)

Semler, Johannes, Volhard, Rüdiger (Hrsg.) — Arbeitshandbuch für die Hauptversammlung, 2. Auflage, München 2003.
(zit.: *Bearbeiter*, in: Semler/Volhard, Arbeitshandbuch für die Hauptversammlung, § Rn.)

Senge, Lothar (Hrsg.) — Karlsruher Kommentar zum Ordnungswidrigkeitengesetz, 3. Auflage, München 2006.
(zit.: *Bearbeiter*, in: Karlsruher Kommentar OWiG, § Rn.)

Sethe, Rolf — Die Verschärfung des insiderrechtlichen Weitergabeverbotes,
in: Zeitschrift für Bankrecht und Bankwirtschaft (ZBB) 2006, S. 243-257.
(zit.: *Sethe*, ZBB 2006, 243, S.)

Siebel, Ulf — Zur Auskunftspflicht des Aktionärs, in: Festschrift für Theodor Heinsius zum 65. Geburtstag, Berlin 1991, S. 771-808. (zit.: *Siebel*, in: FS Heinsius, S.)

Sieger, Jürgen, Hasselbach, Kai — Wertpapierdarlehen – Zurechnungsfragen im Aktien-, Wertpapierhandels- und Übernahmerecht, in: Wertpapier-Mitteilungen (WM) 2004, S. 1370-1378. (zit.: *Sieger/Hasselbach*, WM 2004, 1370, S.)

Single, Gerhard — Hedge-Fonds – Anlageform der Zukunft?, in: Zeitschrift für das gesamte Kreditwesen 2001, S. 240-244. (zit.: *Single*, ZfgK 2001, 240, S.)

Socialist Group in the European Parliament — Hedge Funds and Private Equity – a critical analysis – Executive Summary, 2007, abrufbar unter: http://www.socialistgroup.eu/gpes/media/documents/38710_38708_publication_hedge_funds.pdf (zit.: *Socialist Group in the European Parliament*, Hedge Funds and Private Equity – a critical analysis – Executive Summary, S.)

Soergel, Hans Theodor (Hrsg.) — Bürgerliches Gesetzbuch, Band 12, Schuldrecht 10 (§§ 823-853), 13. Auflage, Stuttgart 2005. Band 15/1, Sachenrecht 2/1 (§§ 985 – 1017), 13. Auflage, Stuttgart 2007. (zit.: *Bearbeiter*, in: Soergel, BGB, § Rn.)

Spindler, Gerald, Stilz, Eberhard (Hrsg.) — Kommentar zum Aktiengesetz, Band 1 (§§ 1-178), München 2007. (zit.: *Bearbeiter*, in: Spindler/Stilz, § Rn.)

Spindler, Gerald — Stimmrecht und Teilnahme an der Hauptversammlung, in: VGR, Gesellschaftsrecht in der Diskussion 2005, 2006. (zit.: *Spindler*, Stimmrecht und Teilnahme an der Hauptversammlung, S.)

Ders. Acting in Concert – Begrenzung von Risiken durch Finanzinvestoren?.
in: Wertpapier-Mitteilungen (WM) 2007, S. 2357-2364.
(zit.: *Spindler*, WM 2007, 2357, S.)

Ders., Bednarz, Sebastian Die Regulierung von Hedgefonds im Kapitalmarkt- und Gesellschaftsrecht,
Teil I: Die Rechtslage,
in: Wertpapier-Mitteilungen (WM) 2006, S. 553-560.
(zit.: *Spindler/Bednarz*, WM 2006, 553, S.)
Teil II: Der Stand der Reformdiskussion,
in: Wertpapier-Mitteilungen (WM) 2006, S. 601-607.
(zit.: *Spindler/Bednarz*, WM 2006, 601, S.)

Starke, Till Beteiligungstransparenz im Gesellschafts- und Kapitalmarktrecht, Baden Baden 2002.
(zit.: *Starke*, Beteiligungstransparenz im Gesellschafts- und Kapitalmarktrecht, S.)

Stastny, Michael Hedge-Fonds und Finanzmarkstabilität, Arbeitspapiere der Wirtschaftsuniversität Wien, Wien 2005.
(zit.: *Stastny*, Hedge-Fonds und Finanzmarkstabilität, S.)

Staudinger, Julius von (Hrsg.) Kommentar zum Bürgerlichen Gesetzbuch, Buch 2, Recht der Schuldverhältnisse, §§ 826-829, Neubearbeitung, Berlin 2003.
(zit.: *Bearbeiter*, in Staudinger, BGB, § Rn.)

Stein, Friedrich (Hrsg.) Kommentar zur Zivilprozessordnung, Band 3 (§§ 253-299a), 21. Auflage, Tübingen 1997.
(zit.: *Bearbeiter*, in: Stein/Jonas, ZPO, § Rn.)

Stein, Ursula Das faktische Organ, Köln 1984.
(zit.: *Stein*, Das faktische Organ, S.)

Steinbrück, Peer Hedgefonds – Brauchen wir eine internationale Regulierung?,
in: Zeitschrift für das gesamte Kreditwesen (ZfgK) 2007, S. 393-396.
(zit.: *Steinbrück*, ZfgK 2007, 393, S.)

Steinmeyer, Roland, Häger, Michael	Kommentar zum Wertpapiererwerbs- und Übernahmegesetz mit Erläuterungen zum Minderheitenausschluss nach §§ 327a AktG, 2. Auflage Berlin 2007. (zit.: *Steinmeyer/Häger*, WpÜG, § Rn.)
v. Sydow, Christian, Beyer, Oliver	Erwerb von notleidenden Krediten und anschließende Kapitalerhöhung mit Sacheinlage in: Die Aktiengesellschaft (AG) 2005, S. 635-644. (zit.: *v. Sydow/Beyer*, AG 2005, 635, S.)
Timm, Wolfram	Treuepflichten im Aktienrecht, in: Wertpapier-Mitteilungen (WM) 1991, S. 481-494. (zit.: *Timm*, WM 1991, 481, S.)
Thaeter, Ralf, Brandi, Tim Oliver (Hrsg.)	Öffentliche Übernahmen, München 2003. (zit.: *Bearbeiter*, in: Thaeter/Brandi, Öffentliche Übernahmen, Teil Rn.)
Thaeter, Ralf, Guski, Roman	Shareholder Activism: Gesellschaftsrechtliche Schranken aktiven Aktionärsverhaltens, in: Die Aktiengesellschaft (AG) 2007, S. 301-308. (zit.: *Thaeter/Guski*, AG 2007, 301, S.)
Thoma, Georg,	Der neue Übernahmekodex der Börsensachverständigenkommission, in: Zeitschrift für Wirtschaftsrecht (ZIP) 1996, S. 1725-1734. (zit.: *Thoma*, ZIP 1996, 1725, S.)
Ders.	Das Wertpapiererwerbs- und Übernahmegesetz im Überblick, in: Neue Zeitschrift für Gesellschaftsrecht (NZG) 2002, S. 105-112. (zit.: *Thoma*, NZG 2002, 105, S.)
Thoma, Robert	Der Wettbewerb um Stimmen im US-amerikanischen und deutschen Aktienrecht, Frankfurt 2005. (zit.: *Thoma*, Der Wettbewerb um Stimmen im US-amerikanischen und deutschen Aktienrecht, S.)

Thompson, Robert	The Limits of Hedge Fund Activism University of California, Berkeley, Law and Economics Workshop, Paper 7, 2006. (zit: *Thompson,* The Limits of Hedge Fund Activism, S.)
Toth-Feher, Geza, Schick, Olaf	Distressed Opportunities – Rechtliche Probleme beim Erwerb notleidender Forderungen von Banken in: Zeitschrift für Wirtschaftsrecht (ZIP) 2004, S. 491-497. (zit.: *Toth-Feher/Schick*, ZIP 2004, 491, S.)
Ulmer, Peter, Habersack, Mathias, Henssler, Martin	Kommentierung des Mitbestimmungsgesetzes, des Drittelbeteiligungsgesetzes und der §§ 34 bis 38 SEBG, 2. Auflage, München 2006. (zit.: *Bearbeiter,* in: Ulmer/Habersack/Henssler, MitbestG, § Rn.)
Verret, J. W.	Dr. Jones and the raiders of lost capital; Hedge Fund Regulation, Part II, Harvard Law School Law & Economics, Research Paper Series, 2007. (zit: *Verret*, Dr. Jones and the raiders of lost capital, S.)
Vetter, Eberhard	Handgeld für in der Hauptversammlung präsente Aktionäre?, in: Die Aktiengesellschaft (AG) 2006, S. 32-35. (zit.: *Vetter*, AG 2006, 32, S.)
Voigt, Hans-Christoph	Haftung aus Einfluss auf die Aktiengesellschaft, München 2004. (zit.: *Voigt*, Haftung aus Einfluss auf die Aktiengesellschaft, S.)
Wackerbarth, Ulrich	Die Auslegung des § 30 Abs. 2 WpÜG und die Folgen des Risikobegrenzungsgesetzes, in: Zeitschrift für Wirtschaftsrecht (ZIP) 2007, S. 2340-2348. (zit.: *Wackerbarth*, ZIP 2007, 2340, S.)
Wand, Peter, Tillmann, Tobias	EU-Richtlinienvorschlag zur Erleichterung der Ausübung von Aktionärsrechten, in: Die Aktiengesellschaft (AG) 2006, S. 443-450. (zit.: *Wand/Tillmann*, AG 2006, 443, S.)

Wansleben, Till — Derivative Finanzinstrumente und Meldepflichten nach dem WpHG, in: Studentische Zeitschrift für Rechtswissenschaft (StudZR) 2009, S. 465-489. (zit.: *Wansleben*, StudZR 2009, 465, S.)

Weber, Helmut — Der Kausalitätsbeweis im Zivilprozess, Tübingen 1997 (zit.: *Weber*, Der Kausalitätsbeweis im Zivilprozess, S.)

Weber, Martin — Kursmanipulationen am Wertpapiermarkt, in: Neue Zeitschrift für Gesellschaftsrecht (NZG) 2000, S. 113-129. (zit.: *Weber*, NZG 2000, 113, S.)

Ders. — Scalping – Erfindung und Folgen eines Insiderdelikts, in: Neue juristische Wochenschrift (NJW) 2000, S. 562-564. (zit.: *Weber*, NJW 2000, 562, S.)

Ders. — Die Entwicklung des Kapitalmarktrechts im Jahre 2004, in: Neue juristische Wochenschrift (NJW) 2004, S. 3674-3680. (zit.: *Weber*, NJW 2004, 3674, S.)

Weber, Thomas — Das Einmaleins der Hedge Funds, 2. Auflage, Frankfurt 2004. (zit.: *Weber*, Hedge Funds, S.)

Wehner, Holger — Wandelanleihen in Spezialfonds, in: Zeitschrift für das gesamte Kreditwesen 2003, S. 928-929. (zit.: *Wehner*, ZfgK 2003, 928, S.)

Weiler, Lothar, Meyer, Ingo — „Abgestimmtes Verhalten“ gemäß § 30 WpÜG: Neue Ansätze der Bundesanstalt für Finanzdienstleistungsaufsicht?, in: Neue Zeitschrift für Gesellschaftsrecht (NZG) 2003, S. 909-911. (zit.: *Weiler/Meyer*, NZG 2003, 909, S.)

Weitnauer, Wolfgang — Handbuch Venture Capital: von der Innovation zum Börsengang, 2. Auflage, München 2001. (zit.: *Weitnauer*, Venture Capital, S.)

Wiedemann, Herbert	Minderheitenschutz und Aktienhandel, Stuttgart 1968. (zit.: *Wiedemann*, Minderheitenschutz und Aktienhandel, S.)
Ders.	Gesellschaftsrecht, Band I Grundlagen, München 1980. (zit.: *Wiedemann*, Gesellschaftsrecht I, S.)
Ders.	Zu den Treuepflichten im Gesellschaftsrecht, in: Festschrift für Theodor Heinsius zum 65. Geburtstag, Berlin 1991, S. 949-966. (zit.: *Wiedemann*, in: FS Heinsius, S.)
Wilhelmi, Rüdiger	Möglichkeiten und Grenzen der wirtschaftsrechtlichen Regelung von Hedgefonds, in: Wertpapier-Mitteilungen (WM) 2008, S. 861-868. (zit.: *Wilhelmi*, WM 2008, 861, S.)
Wimmer-Leonhardt, Susanne	Konzernhaftungsrecht, Tübingen 2004. (zit.: *Wimmer-Leonhardt*, Konzernhaftungsrecht, S.)
Winter, Martin	Mitgliedschaftliche Treubindungen im GmbH-Recht, München 1988. (zit.: *Winter*, Mitgliedschaftliche Treubindungen im GmbH-Recht, S.)
Zimmermann, Klaus	Vertrauensentzug und Stimmrechtsausübung, in: Festschrift für Heinz Rowedder zum 75. Geburtstag, München 1994, S. 593-604. (zit.: *Zimmermann*, in: FS Rowedder, S.)
Zöller, Richard	Zivilprozessordnung, Kommentar, 26. Auflage, Köln 2007. (zit.: *Bearbeiter*, in: Zöller, ZPO, § Rn.)
Zöllner, Wolfgang	Die Schranken mitgliedschaftlicher Stimmrechtsmacht bei den privatrechtlichen Personenverbänden, Berlin 1963. (zit.: *Zöllner*, Die Schranken mitgliedschaftlicher Stimmrechtsmacht bei den privatrechtlichen Personenverbänden, S.)

Ders. (Hrsg.) Kölner Kommentar zum Aktiengesetz, Einleitungs-Band, Köln 1984.
(zit.: *Zöllner*, in: Kölner Kommentar AktG (1. Aufl.), Rn.)

Zschocke, Christian, Schuster, Stefan, Holzborn, Timo Bad Homburger Handbuch zum Übernahmerecht, Bad Homburg 2003.
(zit.: *Zschocke/Schuster/Holzborn*, Übernahmerecht, Rn.)

Frankfurter wirtschaftsrechtliche Studien

Herausgegeben von
Theodor Baums, Andreas Cahn, Friedrich Kübler, Hans-Joachim Mertens,
Eckard Rehbinder, Gunther Teubner

Band 1 Tomas Brinkmann: Unternehmensinteresse und Unternehmensrechtsstruktur. Aufgaben und Grenzen eines normativen Regulativs unternehmenspolitischer Prozesse. 1983.

Band 2 Rüdiger Hahn: Behinderungsmißbräuche marktbeherrrschender Unternehmen. Eine Untersuchung der Beeinträchtigung von Wettbewerb und Marktstruktur durch horizontalen Nichtleistungswettbewerb als Gegenstand der Mißbrauchaufsicht nach § 22 Abs. 4 S. 2 Nr. 1 GWB. 1984.

Band 3 Peter Buchmann: Registerpublizität und Gläubigerschutz bei der Einmann-Gesellschaft. 1984.

Band 4 Christian Joerges/Eugen Hiller/Knut Holzscheck/Hans-W. Micklitz: Vertriebspraktiken im Automobilersatzteilsektor. Ihre Auswirkungen auf die Interessen der Verbraucher. 1985.

Band 5 Annette Boerner: Die Haftung des herrschenden Kommanditisten. 1985.

Band 6 Dirk H. Mahler: Rechtsmißbrauch und einstweiliger Rechtsschutz bei Dokumentenakkreditiven und "Akkreditiven auf erstes Anfordern": Eine rechtsvergleichende Untersuchung. 1986.

Band 7 Brigitte Kratz: Ausländische Eingriffsnorm und inländischer Privatrechtsvertrag. 1986.

Band 8 Dimitris Tsibanoulis: Die genossenschaftliche Gründungsprüfung. 1987.

Band 9 Jürgen Braun: Rechtsfragen des Transport-Unfall-Informations- und Hilfeleistungs-Systems der deutschen chemischen Industrie. 1987.

Band 10 Thomas Pfeiffer: Die Bedeutung des privatrechtlichen Immissionsschutzes. Eine Untersuchung zu §§ 1004, 906 BGB. 1987.

Band 11 Michael Bothe/Josef Brink/Christian Kirchner/Albrecht Stockmayer: Rechtsfragen der internationalen Verschuldungskrise. Voraussetzungen, Formen und Verfahren internationaler Umschuldungsmaßnahmen und Umschuldungsvereinbarungen. 1988.

Band 12 Felix Dörr: Die fehlerhafte GmbH. 1989.

Band 13 Rolf Trittmann: Anwendungsprobleme des Haager Beweisübereinkommens im Rechtshilfeverkehr zwischen der Bundesrepublik und den Vereinigten Staaten von Amerika. Exklusive Regelung zur Überbrückung der Unterschiede zwischen dem kontinental-europäischen und anglo-amerikanischen Zivilprozeßrechtssystem? 1989.

Band 14 Margaretha Sudhof: Dreieckige Rechtsverhältnisse im Wirtschaftsverwaltungsrecht - Am Beispiel von Konkurrentenklagen. 1989.

Band 15 Michael Weigel: Schriftformklauseln in Allgemeinen Geschäftsbedingungen. 1989.

Band 16 Hans-Peter Schröder: Der sichere Weg bei der Vertragsgestaltung. 1990.

Band 17 Matthias Haas: Haftungsfreizeichnungsklauseln in Allgemeinen Geschäftsbedingungen. Eine rechtsdogmatische und ökonomische Analyse. 1991.

Band 18 Andreas Hahn: Instandhaltungsverträge. Begriffe, Einordnung, Rechtsfolgenbestimmung, Auswirkung auf die Kautelarpraxis. 1991.

Band 19 Jürgen Götz: Der Entherrschungsvertrag im Aktienrecht. 1991.

Band 20 Friedrich Wächtershäuser: Das Gesellschaftsrecht des internationalen Joint Ventures. 1992.

Band 21 Christina Escher-Weingart: Nutzungsausfall als Schaden und sein Ersatz. 1993.

Band 22 Jean-Claude Zerey: Rechtliche Probleme der Finanzierung von *Leveraged Buyouts* und *Tender Offers* durch Banken in den USA und in der Bundesrepublik Deutschland. Eine rechtsvergleichende Studie über die Rolle der Banken bei Unternehmenskontrolltransaktionen in den USA und in der Bundesrepublik Deutschland. 1994.

Band 23 Markus Bauer: Gläubigerschutz durch eine formelle Nennkapitalziffer - Kapitalgesellschaftsrechtliche Notwendigkeit oder überholtes Konzept? Eine rechtsvergleichende Untersuchung der Gläubigerschutzkonzepte des amerikanischen und deutschen Kapitalgesellschaftsrechts. 1995.

Band 24 Marion Vollmann: Minderheitenschutz im aktienrechtlichen Beschlußmängelrecht. Eine Bestandsaufnahme und Vorschläge zu einer rechtspolitischen Reform. 1997.

Band 25 Lydia Klose-Mokroß: Gläubigerschutz im Kapitalgesellschaftsrecht am Beispiel der Lehre von der verdeckten Sacheinlage. 1997.

Band 26 Stephan Aubel: Der vereinfachte Bezugsrechtsausschluß. Aktionärs- und Gesellschaftsinteressen beim vereinfachten Bezugsrechtsausschluß nach Maßgabe des § 186 Absatz 3 Satz 4 AktG. 1998.

Band 27 Kurt Peter Dittrich: Die Privatplazierung im deutschen Kapitalmarktrecht. Eine Untersuchung der Vorschriften des Auslandinvestmentgesetzes, des Wertpapier-Verkaufsprospektgesetzes und des Gesetzes über Kapitalanlage-Gesellschaften unter Berücksichtigung des Rechts der Vereinigten Staaten von Amerika und des Vereinigten Königreichs. 1998.

Band 28 Viola Sailer: Aktienrechtliche Minderheitskompetenzen zwischen Mißbrauch und unternehmerischer Entscheidungsfreiheit. 1999.

Band 29 Marc Zimmerling: Kapitalerhaltung und Konzernfinanzierung. Eine Untersuchung der kapitalerhaltungsrechtlichen Problematik aufsteigender Sicherheiten im Konzern. 1998.

Band 30 Joachim Wichert: Die Finanzen der Kommanditgesellschaft auf Aktien. 1999.

Band 31 Kerstin Andrea Müller: Produktverantwortung und ihre Durchsetzung. Eine kartellrechtliche Beurteilung von Selbstverpflichtungen im Umweltrecht aus deutscher und europäischer Sicht unter besonderer Berücksichtigung der Altautoentsorgung. 1999.

Band 32 Bettina Friedrich: Konvergenzen im Gesellschaftsrecht. Recht-Fertigung durch Status- und Befundsicherung. 2000.

Band 33 Rudolf Lemke: Haftungsrechtliche Fragen des Ratingwesens – ein Regelungsproblem? 2000.

Band 34 Klaus R. Roller: Die Vergütung des Aufsichtsrats in Abhängigkeit vom Aktienkurs. 2000.

Band 35 Bettina Bokelmann: Personelle Verflechtungen über Aufsichtsräte. Aufsichtsratsmitglieder mit hauptberuflicher Vorstandsfunktion. 2000.

Band 36 Kai-Uwe Steck: Regulierung von US-amerikanischen Investmentgesellschaften (Investment Companies). Unter besonderer Berücksichtigung des National Securities Markets Improvement Act of 1996 (NSMIA) und anderer aktueller Rechtsanpassungen. 2000.

Band 37 Kristofer Bott: Wissenszurechnung bei Organisationen. 2000.

Band 38 Ursula Lenzen: Unerlaubte Eingriffe in die Börsenkursbildung. 2000.

Band 39 Martin Schulz: Verfassungsrechtliche Vorgaben für das Kollisionsrecht in einem Gemeinsamen Markt. Eine rechtsvergleichende Untersuchung zu den Grenzen einzelstaatlicher Anknüpfungsmethoden im internationalen Vertrags-, Delikts- und Gesellschaftsrecht am Beispiel der Vereinigten Staaten von Amerika. 2000.

Band 40 Maximilian Koch: Diversifizierung und Vorstandskompetenzen. 2001.

Band 41 Corrado Wohlwend: Die Hauptversammlung im Wandel der Kommunikationsformen. 2001.

Band 42 Michael Rozijn: Der Unternehmensmaklervertrag. Zur Anwendung des allgemeinen Maklervertragsrechts auf Mergers & Acquisitions-Dienstleistungen. 2001.

Band 43 Konstantinos N. Kyriakakis: Die Überwachung einer US-amerikanischen Aktiengesellschaft durch institutionelle Anleger. 2002.

Band 44 Uta Fredebeil: Aktienemissionen. Das underwriting agreement (der Übernahmevertrag) und seine spezifischen Klauseln. 2002.

Band 45 Michaela G. Döbler: Die Einführung des WTO-weiten Erschöpfungsgrundsatzes in das Markenrecht der EU und der USA. 2002.

Band 46 Jan Liersch: Regulierung des Blockhandels an den organisierten Aktienmärkten der Vereinigten Staaten, Großbritanniens und Deutschlands. 2002.

Band 47 Sascha Lotze: US-amerikanisches Kapitalmarktrecht und Internet. Aufsichts- und haftungsrechtliche Fragen des Internet-Einsatzes bei Wertpapieremissionen und im Wertpapierhandel. 2002.

Band 48 Boris Trautmann: Die Konkurrenz von Haftpflicht- und Versicherungsanspruch. Ein Beitrag zur ökonomischen Analyse des Rechts unter Berücksichtigung von Unsicherheit und Verhaltensanomalien. 2002.

Band 49 Matthias Möller: Rechtsformen der Wagnisfinanzierung. Eine rechtsvergleichende Studie zu den USA und zu Deutschland. 2003.

Band 50 Heiner Feldhaus: Die Eignung zur erheblichen Kursbeeinflussung bei der Ad-hoc-Publizität. Eine rechtsvergleichende und interdisziplinäre Untersuchung unter Berücksichtigung der europarechtlichen Vorgaben. 2003.

Band 51 Matthias Janke: Gesellschaftsrechtliche Treuepflicht. Neubewertung der richterrechtlichen Generalklausel im Rahmen einer rechtsvergleichenden und ökonomischen Analyse. 2003.

Band 52 Katrin Thoma: Eigengeschäfte des Vorstands mit der Aktiengesellschaft. Eine vergleichende Untersuchung zum englischen, U.S.-amerikanischen und deutschen Recht. 2003.

Band 53 Mathias Stöcker: Rechtsfragen grenzüberschreitender Unternehmenszusammenschlüsse - unter besonderer Berücksichtigung des Falles Daimler/Chrysler - 2003.

Band 54 Otto Korte: Zur mißbräuchlichen Wahrnehmung der aktienrechtlichen Anfechtungsbefugnis. 2003.

Band 55 Wilhelm Wilderink: Die Auflösung, die Übertragung und die Verschmelzung von In vestmentfonds. 2003.

Band 56 Anja Birkenkämper: Rechtsfragen feindlicher Übernahmen. Jurisitische Nachlese zum Fall Krupp/Thyssen. 2003.

Band 57 Manuel Lorenzo Alonso: Die Neuausrichtung der Zwischenstaatlichkeitsklausel der Art. 81, 82 EG. Folgen der neuesten Entwicklungen des Gemeinschaftsrechts für die Zwischenstaatlichkeitsklausel - unter besonderer Berücksichtigung des Bankenbereichs. 2003.

Band 58 Dirk Kocher: Kapitalgesellschaft & Co. KG in Finnland. Eine Untersuchung zur Frage der Übertragbarkeit der deutschen Grundtypenvermischung auf das finnische Recht. 2003.

Band 59 Ruiting Qin: Parteiautonomie: Eine rechtsvergleichende Untersuchung. Versuch zur Entwicklung einer Gerechtigkeitsjurisprudenz im IPR. 2003.

Band 60 René Runte: Walter Julius Derenberg – Leben und Werk. 2004.

Band 61 Udo Prinz: Umstrukturierung durch *Schemes of Arrangement* mit Gesellschaftern im englischen Recht. – Ein Vorbild? 2004.

Band 62 Rainer Schmitz: Die Haftung des Vorstands gegenüber den Aktionären. Eine rechtsvergleichende Untersuchung nach deutschem und US-amerikanischem Recht. 2004.

Band 63 York Oehlschläger: Die typische und atypische stille Beteiligung an einer Aktiengesellschaft. Möglichkeiten und Grenzen der Gestaltung für die stille Gesellschaft zwischen Personengesellschaftsrecht, Aktienrecht, Konzernrecht und Umwandlungsrecht. 2004.

Band 64 Stefan Klein: Die Rechtsstellung auswärtiger Gesellschaften im deutschen und US-amerikanischen Recht. Ein Beitrag zur Neuausrichtung des deutschen internationalen Gesellschaftsrechts unter besonderer Berücksichtigung des Europäischen Gemeinschaftsrechts. 2004.

Band 65 Knut Sauer: Haftung für Falschinformation des Sekundärmarktes. 2004.

Band 66 Michael Senger: Bankenaufsicht, Unternehmensverbindungen und Bankengruppen. 2004.

Band 67 Maximilian Rittmeister: Gewährleistung beim Unternehmenskauf. Die Gewährleistungshaftung des Verkäufers bei einem Unternehmenskauf seit In-Kraft-Treten des Schuldrechtsmodernisierungsgesetzes. 2005.

Band 68 Ole Ziegler: Der Anteilserwerb am Kapitalmarkt nach der Schuldrechtsreform. 2005.

Band 69 Maia Tacheva: Rechtsbehelfe des Käufers im Warenkaufrecht. Eine rechtsvergleichende Untersuchung des Übereinkommens der Vereinten Nationen über Verträge über den internationalen Warenkauf (CISG), des englischen Sale of Goods Act, des bulgarischen Kaufrechts und des deutschen Kaufrechts vor und nach dem Schuldrechtsmodernisierungsgesetz. 2005.

Band 70 Michael Lange: Rechtsfragen der Finanzierung eines feindlichen Übernahmeangebotes. Am Beispiel der großen Publikumsgesellschaft nach US-amerikanischem und deutschem Recht. 2005.

Band 71 Niklas Dieterich: Outsourcing bei Kapitalanlagegesellschaften. 2005.

Band 72 Julia Sernetz: Derivate und Corporate Governance. Kompetenzen und Pflichten des Vorstands von Aktiengesellschaften beim Einsatz von Derivaten. 2006.

Band 73 Marcel Polte: Aktiengattungen. Eine rechtsvergleichende Untersuchung zum deutschen, US-amerikanischen und englischen Recht. 2005.

Band 74 Jens Bornscheid: Stapled Stock (Verbundaktien). 2006.

Band 75 Robert F. Thoma: Der Wettbewerb um Stimmen im US-amerikanischen und deutschen Aktienrecht. 2006.

Band 76 Markus Lauer: Gemeinsam geführte Unternehmen im Bilanz- und Gesellschaftsrecht. 2006.

Band 77 Arne Christian Lawall: Die virtuelle Holding nach deutschem Aktienrecht. 2006.

Band 78 Marcel Barth: Schadensberechnung bei fehlerhafter Kapitalmarktinformation. 2006.

Band 79 Dirk Reidenbach: Aktienanalysten und Ratingagenturen – Wer überwacht die Überwacher? 2006.

Band 80 Jochen Herr: Neue EU-Wettbewerbsregeln für Technologietransfer-Vereinbarungen. 2006.

Band 81 Simon Markus Beck: Kritik des Eigenkapitalersatzrechts. Zugleich ein Beitrag zur Stärkung des insolvenzrechtlichen Gläubigerschutzes. 2006.

Band 82 Emrullah Kervankiran: Haftungsbeschränkung im türkischen Gesellschaftsrecht. Ein Rechtsvergleich. 2007.

Band 83 David C. Donald: Der Einfluss der Wertpapierabwicklung auf die Ausübung von Aktionärsrechten. Eine Untersuchung der Entstehungsgeschichte und Auswirkungen des U.S.-amerikanischen „Indirect Holding System". 2008.

Band 84 Mathias Eisen: Haftung und Regulierung internationaler Rating-Agenturen. 2007.

Band 85 Nina Bogenschütz: Neuausrichtung des Eigenkapitalbegriffs. Dogmatische Überlegungen im Lichte hybrider Finanzierungen. 2008.

Band 86 Hans-Jürgen Schmitt: Das Geldwäsche-Risikomanagement der Kreditinstitute. 2008.

Band 87 Daniel Komo: Grenzüberschreitende Zusammenschlüsse britischer und deutscher Unternehmen. 2008.

Band 88 Stefan Rothweiler: Der Informationsfluss vom beherrschten zum herrschenden Unternehmen im Gesellschafts- und Kapitalmarktrecht. 2008.

Band 89 Stefan Berg: Kreditderivate im deutschen Privatrecht. 2008.

Band 90 Christian Fischer: Rechtsfragen grenzüberschreitender Übernahmeangebote. 2008.

Band 91 Volker Konopatzki: Funktionsauslagerung bei Kreditinstituten. Gesellschaftsrechtlicher und bankenaufsichtsrechtlicher Rahmen. 2008.

Band 92 Nicolas A. Ostler: Stimmrecht ohne Beteiligungsinteresse. Erwerb und Ausübung des Aktienstimmrechts ohne das Vermögensinteresse an der Beteiligung. 2010.

Band 93 Stefan Brass: Hedgefonds als aktive Investoren. Rechtliche Schranken und rechtspolitische Vorschläge. 2010.

www.peterlang.de